Schriften zum Bildungs- und Wissenschaftsrecht

Herausgegeben von

Prof. Dr. Volker Epping, Universität Hannover
Prof. Dr. Winfried Kluth, Universität Halle
Prof. Dr. Wolfgang Löwer, Universität Bonn
Prof. Dr. Michael Sachs, Universität zu Köln

Band 2

Judith Müller

Schulische Eigenverantwortung und staatliche Aufsicht

Eine Untersuchung der Möglichkeiten und Grenzen schulischer Eigenverantwortung unter Geltung des Grundgesetzes

 Nomos

Die Deutsche Bibliothek verzeichnet diese Publikation in
der Deutschen Nationalbibliografie; detaillierte bibliografische
Daten sind im Internet über http://dnb.ddb.de abrufbar.

Zugl.: Hannover, Univ., Diss., 2006

ISBN 3-8329-2158-3

1. Auflage 2006
© Nomos Verlagsgesellschaft, Baden-Baden 2006. Printed in Germany. Alle Rechte, auch die des Nachdrucks von Auszügen, der photomechanischen Wiedergabe und der Übersetzung, vorbehalten. Gedruckt auf alterungsbeständigem Papier.

Vorwort

Die vorliegende Arbeit wurde im Wintersemester 2005/2006 von der Juristischen Fakultät der Universität Hannover als Dissertation angenommen. Gesetzgebung, Rechtsprechung und Literatur sind auf dem Stand von November 2005. Später erschienene Veröffentlichungen konnten weitgehend bis April 2006 berücksichtigt werden.

Mein besonderer Dank gilt meinem Doktorvater, Herrn Professor Dr. *Volker Epping*, der die Entstehung der Arbeit mit überaus großem Engagement begleitet und mich durch seine offene Art der Diskussion sehr gefördert hat. Ebenso herzlich danke ich Herrn Professor Dr. *Bernd-Dieter Meier*, nicht nur für die Erstellung des Zweitgutachtens, sondern auch für die Unterstützung bei der konzeptionellen Entwicklung des vierten Teils der Arbeit. Herrn Professor Dr. *Hermann Butzer* danke ich für die zügige Abwicklung des Promotionsverfahrens.

Für die freundliche Aufnahme der Arbeit in die Reihe der Schriften zum Bildungs- und Wissenschaftsrecht danke ich neben Herrn Professor *Epping* auch Herrn Professor *Kluth*, Herrn Professor *Löwer* sowie Herrn Professor *Sachs*.

Schließlich danke ich all jenen, die durch ihre vielfältige Unterstützung zum Entstehen der Arbeit beigetragen haben. Mein besonderer Dank gilt hier Herrn Dr. *Andreas Lambiris*.

Hamburg, im April 2006

Judith Müller

Inhaltsverzeichnis

Abkürzungsverzeichnis	15
Einleitung	19
A. Problemstellung	19
B. Stand der Wissenschaft	25
C. Gang der Untersuchung	28

Erster Teil – Die Schule   31

- A. Der Begriff der Schule   31
  - I. Schule im Sinne des Gesetzes   31
  - II. Die Schulgemeinde   32
  - III. Zusammenfassung   35
- B. Der Status quo der rechtlichen Gestalt der Schule   36
  - I. Die nichtrechtsfähige öffentliche Anstalt als Rechtsform   37
  - II. Schule als nichtrechtsfähige öffentliche Anstalt   38
    1. Anstaltsträgerschaft   38
       a) Gesetzliche Lage   39
       b) Anstaltsträgerschaft als kommunal-staatliches Kondominium?   41
    2. Konkrete Gestalt der Anstalt Schule   44
  - III. Zusammenfassung   46
- C. Auftrag der Schule   46
  - I. Ausgangspunkt des staatlichen Bildungs- und Erziehungsauftrags   47
  - II. Ziel und Zweck des staatlichen Bildungs- und Erziehungsauftrags   51
    1. Persönlichkeitsentfaltung als Ziel und Zweck des staatlichen Auftrags   51
    2. Verankerung des Selbstentfaltungsrechts in Art. 2 Abs. 1 GG   54
    3. Bedeutung des Ziels „Persönlichkeitsentfaltung" für das Schulwesen   56
  - III. Zusammenfassung   57

Zweiter Teil – Die Schulaufsicht 59

A. Das Schulaufsichtsmodell der Gegenwart – tauglich für die Zukunft? 59
   I. Das traditionelle Verständnis des Aufsichtsbegriffs des
      Art. 7 Abs. 1 GG 59
      1. Historische Entwicklung von Schulaufsicht und
         Schulaufsichtsbegriff seit 1794 60
      2. Das Verständnis des Aufsichtsbegriffs des Art. 7 Abs. 1 GG 64
   II. Die einfachrechtliche Ausgestaltung der Schulaufsicht
      in den Ländern – Der gesetzliche Status quo 67
      1. Schulaufsicht als Fachaufsicht über die Unterrichts- und
         Erziehungsarbeit der Schulen 68
         a) Umfassende Fachaufsicht 69
         b) Einschränkung der Fachaufsicht intendiert 69
         c) Rechtlich verbindliche Beschränkung der Fachaufsicht 72
            aa. Normierung abstrakter Beschränkungen 72
            bb. Normierung konkreter Eingriffsvoraussetzungen 75
         d) Zusammenfassung 79
      2. Schulaufsicht als Dienstaufsicht über die Lehrer und
         das sonstige pädagogische Personal 79
      3. Schulaufsicht als Rechtsaufsicht über den (kommunalen)
         Schulträger 80
      4. Zusammenfassung 80
   III. Defizite des heutigen Schulaufsichtsmodells als Konsequenz des
      traditionellen Aufsichtsverständnisses 81
   IV. Beschränkung der Schulaufsicht auf eine reine Rechts-
      aufsicht – ein Modell für die Zukunft? 82
   V. Konsequenzen der Beschränkung auf eine reine Rechtsaufsicht 86
   VI. Zusammenfassung 89
B. Reduktion des Aufsichtsbegriffs des Art. 7 Abs. 1 GG durch
   grammatische und teleologische Auslegung 89
   I. Historische Auslegung des Art. 7 Abs. 1 GG 90
      1. Das historische Begriffsverständnis 90
      2. Kritik der historischen Interpretation 91
   II. Systematische Auslegung 92
      1. Interpretation des Aufsichtsbegriffs bezogen auf die
         Gesetzessystematik 92
      2. Kritik der systematischen Interpretation 93
   III. Grammatische Auslegung 94
   IV. Teleologische Auslegung 97
   V. Zusammenfassung 98
C. „Neue" Rolle des Staates im Schulwesen – Staatliche Beratungs- und
   Evaluationsagenturen 98
   I. Die Lage in den Ländern 99

		1. Die Beratung	99

	2. Die Evaluation	100
II.	Bedeutung für die Qualitätssicherung	102
III.	Evaluations- und Beratungsinstanz	104
IV.	Internationaler Ausblick: Die niederländische Schulinspektion	107
V.	Zusammenfassung	110

Dritter Teil – Eigenverantwortung der Schule 111

A. Abriss der historischen Entwicklung der schulischen Eigenverantwortung 111
    I. Empfehlungen des deutschen Bildungsrates 113
    II. Denkschrift der Bildungskommission NRW 116
B. Theorien der schulischen Eigenverantwortung 117
    I. Demokratisierungstheorie 117
    II. Vorbildtheorie 118
    III. Pluralismustheorie 118
    IV. Ökonomische Theorie 118
    V. Soziologische Theorie 119
    VI. Bewertung der Ansätze 119
    VII. Das Prinzip Selbstverwaltung 120
        1. Begriff der Selbstverwaltung 121
        2. Sinn und Begründung der Selbstverwaltung 123
        3. Bedeutung des Prinzips Selbstverwaltung für das Schulwesen 124
    VIII. Zusammenfassung 125
C. Rechtliche Verankerung der schulischen Eigenverantwortung 126
    I. Einfachrechtliche Gesetzeslage 126
        1. Pädagogische Eigenverantwortung 126
            a) Schulprogramme und -profile 126
                aa. Berlin 128
                bb. Brandenburg 129
                cc. Bremen 130
                dd. Hamburg 130
                ee. Hessen 131
                ff. Mecklenburg-Vorpommern 131
                gg. Nordrhein-Westfalen 132
                hh. Rheinland-Pfalz 132
                ii. Sachsen 133
                jj. Schleswig-Holstein 133
                kk. Vergleich der Regelungen 134
            b) Sonstige Ansätze 136
        2. Personelle Eigenverantwortung 137
        3. Finanzielle Eigenverantwortung 139

	4.	Ein Versuch – Das Modellvorhaben „Selbstständige Schule" in Nordrhein-Westfalen	143
		a) Konzeption und Ziele des Modellvorhabens	144
		b) Bewertung des Modellvorhabens	147
		aa. Umfang der gesetzlichen Regelungen	148
		bb. Rechtliche Absicherung der schulischen Eigenverantwortung	149
	5.	Zusammenfassung	152
II.	Verfassungsrechtliche Anknüpfungspunkte		153
	1.	Art. 5 Abs. 1 S. 1 Var. 1 GG	155
	2.	Art. 33 Abs. 5 GG	158
	3.	Art. 5 Abs. 3 S. 1 GG	160
	4.	Art. 2 Abs. 1 GG	163
	5.	Art. 7 Abs. 1 GG	167
	6.	Art. 7 Abs. 1 GG i.V.m. Art. 2 Abs. 1 GG	168
	7.	Zusammenfassung	169
III.	Pädagogische Freiheit des Lehrers und Eigenverantwortung der Schule als subjektive Rechte?		169
	1.	Pädagogische Freiheit und schulische Eigenverantwortung als Grundrecht, grundrechtsgleiches Recht oder sonstiges subjektives Recht mit Verfassungsrang?	170
		a) Art. 7 Abs. 1 GG i.V.m. Art. 2 Abs. 1 GG als Grundrecht?	170
		b) Art. 7 Abs. 1 GG i.V.m. Art. 2 Abs. 1 GG als grundrechtsgleiches Recht?	172
		c) Art. 7 Abs. 1 GG i.V.m. Art. 2 Abs. 1 GG als sonstiges subjektives Recht mit Verfassungsrang?	174
	2.	Vereinbarkeit der Aspekte „fiduziarisches Recht" und „subjektives Recht"?	178
	3.	Subjektives Recht oder wehrfähige Innenrechtsposition?	179
		a) Klagegegner	181
		b) Tatsächliche Rechtsnatur der beiden Rechte	182
	4.	Konflikte zwischen Schule und Lehrer	183
	5.	Zusammenfassung	186
D. (Verfassungs-) Rechtliche Grenzen der pädagogischen Freiheit und der schulischen Eigenverantwortung			187
I.	Staatliche Schulhoheit, Art. 7 Abs. 1 GG		187
II.	Demokratiegebot, Art. 20 Abs. 2 S. 1 GG		190
	1.	Das traditionelle Modell repräsentativer Demokratie – umfassende personelle und sachlich-inhaltliche Legitimation	191
		a) Formen demokratischer Legitimation	191
		aa. Personelle demokratische Legitimation	191
		bb. Sachlich-inhaltliche demokratische Legitimation	192

		b)	Beurteilung der demokratischen Legitimation pädagogischer Freiheit und schulischer Eigenverantwortung nach dem traditionellen Modell	192
	2.		Andere Ansätze demokratischer Legitimation schulischer Eigenverantwortung und pädagogischer Freiheit	196
		a)	Weitere Formen demokratischer Legitimation	197
			aa. Funktionell-institutionelle demokratische Legitimation	197
			bb. Funktionale Selbstverwaltung als demokratische Legitimation	197
		b)	Beurteilung der demokratischen Legitimation pädagogischer Freiheit und schulischer Eigenverantwortung nach dem pluralistisch-differenzierten Legitimationsmodell	199

- III. Sozialstaatsprinzip, Art. 20 Abs. 1 GG — 205
- IV. Chancengleichheit und Gleichheitsgebot, Art. 3 Abs. 1 GG — 206
- V. Staatliche Neutralitätspflicht, Art. 4 Abs. 1 GG — 216
- VI. Grundrechte der Eltern, Art. 6 Abs. 2 GG, und der Schüler, Art. 2 Abs. 1 GG — 218
- VII. Zusammenfassung — 222

E. Reformansätze – Rechtsfähigkeit der Schule — 224
  I. Privatisierung der Institution Schule — 229
    1. Spezifische Probleme von Verein und GmbH als Rechtsformen für öffentliche Schulen — 229
       a) Der eingetragene Verein — 229
          aa. Schule als Verein — 230
          bb. Schule und Verein — 235
       b) Schule als GmbH — 236
    2. Übergreifende verfassungsrechtliche Probleme der Organisation der Schule als Privatrechtssubjekt — 237
       a) Verfassungsrechtliche Zulässigkeit der Nichtverbeamtung von Lehrern und Schulleitern — 237
       b) Verfassungsrechtliche Zulässigkeit der Führung öffentlicher Schulen in Privatrechtsform — 246
  II. Schule als juristische Person des öffentlichen Rechts — 250
    1. Schule als Stiftung des öffentlichen Rechts — 251
       a) Die hamburgische „Stiftung Berufliche Schulen Hamburg" — 251
       b) Rechtliche Bewertung des Vorhabens — 253
    2. Schule als rechtsfähige öffentlich-rechtliche Anstalt — 258
       a) Anwendung der Merkmale der rechtsfähigen Anstalt auf die Gegebenheiten der Schule — 258
       b) Das Bremer Gesetz über die Umwandlung öffentlicher Schulen in juristische Personen — 260
          aa. Beschreibung des Vorhabens — 260

		bb. Bewertung des Vorhabens	262
	c)	Das schleswig-holsteinische Projekt „Weiterentwicklung der Beruflichen Schulen zu Regionalen Berufsbildungszentren (RBZ)"	266
		aa. Beschreibung des Vorhabens	266
		bb. Bewertung des Vorhabens	268
	d)	Gesamteinschätzung der Vor- und Nachteile der Umwandlung öffentlicher Schulen in rechtsfähige Anstalten des öffentlichen Rechts	268
3.	Die Körperschaft des öffentlichen Rechts		269
	a)	Abgrenzung von rechtsfähiger öffentlich-rechtlicher Anstalt und öffentlich-rechtlicher Körperschaft	269
	b)	Die Rechtsgestalt der Universität als Modell für die Organisation von Schulen	273
		aa. Beschreibung der rechtlichen Situation der Universität	273
		bb. Anwendung auf die Situation der Schulen	278
		cc. Stellungnahme	284
		dd. Verfassungsrechtliche Möglichkeit der Errichtung einer neuen Selbstverwaltungseinheit Schule	285
		ee. Schulische Eigenverantwortung als subjektiv-öffentliches Recht im engeren Sinne	289
III. Zusammenfassung			291

Vierter Teil – Die Bostoner „Pilot Schools" 293

A.	Kurzdarstellung des amerikanischen Schulsystems	293
	I. Zuständigkeiten	293
	II. Die Gliederung des allgemeinbildenden Schulwesens	295
	III. Reformbestrebungen	296
	1. „No Child Left Behind" und das amerikanische Testwesen	296
	2. Autonomie der Einzelschule	297
	IV. Zusammenfassung	299
B.	Das Modellvorhaben „Pilot Schools" in Boston	299
	I. Geschichte der „Pilot Schools"	300
	II. Rechtliche Grundlagen der „Pilot Schools"	301
	III. Charakteristika der „Pilot Schools"	302
	1. Die fünf Autonomiebereiche der „Pilot Schools"	303
	a) Personal	303
	b) Budget	303
	c) Curriculum und Leistungsüberprüfungen	304
	d) Leitungsstrukturen	304
	e) Schulkalender	305
	2. Weitere Merkmale der „Pilot Schools"	305

		IV. Zusammenfassung	306
C.		„Pilot School"-Profile – dargestellt am Beispiel fünf ausgewählter Schulen	307
	I.	Boston Arts Academy	307
	II.	Health Careers Academy	309
	III.	Boston Day and Evening Academy	310
	IV.	Boston Community Leadership Academy	311
	V.	Mission Hill School	312
	VI.	Zusammenfassung	313
D.		Die Leistungsfähigkeit der „Pilot Schools"	313
E.		Schulautonomie aus Sicht der Betroffenen in den Schulen	318
	I.	Schulleiter	319
	II.	Lehrer	322
	III.	Schüler	324
	IV.	Eltern	326
	V.	Distrikt	327
	VI.	Zusammenfassung	329
F.		Parallelen zu deutschen Bestrebungen und Übertragbarkeit rechtlicher Regelungen	330
	I.	Für die deutsche Diskussion relevante Probleme der „Pilot Schools"	330
	II.	Übertragbarkeit rechtlicher Regelungen	334
		1. Das „Collective Bargaining Agreement"	334
		a) Kooperationsvereinbarungen zwischen Staat und (kommunalem) Schulträger	335
		b) Kooperationsvereinbarungen zwischen Land, Kommune und Schule	337
		2. Die „Election to work agreements"	338
	III.	Zusammenfassung	340

Abschließende Gedanken und Ausblick   343

Zusammenfassende Thesen   345

Literaturverzeichnis   351

Materialsammlung   363

Abkürzungsverzeichnis

ALR	Allgemeines Landrecht für die preußischen Staaten
AöR	Archiv des öffentlichen Rechts
BayEUG	Bayerisches Gesetz über das Erziehungs- und Unterrichtswesen
BayHSchG	Bayerisches Hochschulgesetz
BayV	Verfassung des Freistaates Bayern
BayVBl.	Bayerische Verwaltungsblätter
BayVerfGH	Bayerischer Verfassungsgerichtshof
BBesG	Bundesbesoldungsgesetz
BBG	Bundesbeamtengesetz
BGB	Bürgerliches Gesetzbuch
BRRG	Beamtenrechtsrahmengesetz
BVerfGE	Entscheidungen des Bundesverfassungsgerichts (Amtliche Sammlung)
BVerwGE	Entscheidungen des Bundesverwaltungsgerichts (Amtliche Sammlung)
DÖV	Die Öffentliche Verwaltung
DVBl.	Deutsches Verwaltungsblatt
DVP	Deutsche Verwaltungspraxis
GG	Grundgesetz
GmbH	Gesellschaft mit beschränkter Haftung
GmbHG	Gesetz betreffend die Gesellschaften mit beschränkter Haftung
GO NW	Gemeindeordnung Nordrhein-Westfalen
HG NRW	Gesetz über die Hochschulen des Landes Nordrhein-Westfalen
HRG	Hochschulrahmengesetz
JA	Juristische Arbeitsblätter
JuS	Juristische Schulung
JZ	Juristenzeitung
NdsVBl.	Niedersächsische Verwaltungsblätter
NHG	Niedersächsisches Hochschulgesetz

NJW	Neue Juristische Wochenschrift
NVwZ	Neue Zeitschrift für Verwaltungsrecht
NVwZ-RR	Neue Zeitschrift für Verwaltungsrecht – Rechtsprechungs-Report
OECD	Organisation für Economic Co-operation and Development
OVG	Oberverwaltungsgericht
PISA	Programme for International Student Assessment
RdJB	Recht der Jugend und des Bildungswesens
ROG	Raumordnungsgesetz
SchEntwG	Schulentwicklungsgesetz
SchulaufsichtsG	Schulaufsichtsgesetz
SchulfinanzierungsG	Schulfinanzierungsgesetz
SchulG	Schulgesetz
SchulmitbestimmungsG	Schulmitbestimmungsgesetz
SchulordnungsG	Schulordnungsgesetz
SchulpflichtG	Schulpflichtgesetz
SchulverwaltungsG	Schulverwaltungsgesetz
SPE NF	Ergänzbare Sammlung schul- und prüfungsrechtlicher Entscheidungen, neue Folge
VBlBW	Verwaltungsblätter für Baden-Württemberg
VerfGH	Verfassungsgerichtshof
VerwArchiv	Verwaltungsarchiv
VGH	Verwaltungsgerichtshof
VOSS	Verordnung zur Durchführung des Modellvorhabens „Selbstständige Schule" (Verordnung „Selbstständige Schule")
VVDStRL	Veröffentlichungen der Vereinigung der Deutschen Staatsrechtslehrer
VwGO	Verwaltungsgerichtsordnung
VwVfG	Verwaltungsverfahrensgesetz
WRV	Weimarer Reichsverfassung
ZBR	Zeitschrift für Beamtenrecht
ZBV	Zeitschrift für Bildungsverwaltung
ZRP	Zeitschrift für Rechtspolitik

Im Übrigen wird auf das Abkürzungsverzeichnis von *Hildebert Kirchner* und *Cornelie Butz* – Abkürzungsverzeichnis der Rechtssprache, 5., völlig neu bearbeitete und erweiterte Auflage, Berlin 2003 – verwiesen.

Einleitung

A. Problemstellung

Seit einigen Jahren wird in der Bundesrepublik Deutschland eine breite Auseinandersetzung über die Leistungsfähigkeit des deutschen Bildungswesens geführt. Insbesondere angeregt durch die Ergebnisse der internationalen Schulleistungsstudie PISA (Programme for International Student Assessment) ist dabei die Verbesserung der Qualität schulischer Arbeit in den Mittelpunkt des öffentlichen Interesses gerückt. Die Veröffentlichung der ersten Ergebnisse der im dreijährigen Turnus erfolgenden Studie im Jahre 2001 hatte in Deutschland zu dem sprichwörtlichen „PISA-Schock" geführt. Denn die Ergebnisse deutscher Schüler befanden sich, anders als von deutscher Seite erhofft und international von einer der wohlhabendsten Industrienationen erwartet, nicht einmal im Mittelfeld der OECD-Länder. In der Studie, die in erster Linie die Lesekompetenz 15-jähriger Schüler in 32 Staaten testete, lagen deutsche Schüler mit ihren durchschnittlichen Leistungen von 484 Punkten etwa eine Kompetenzstufe[1] hinter ihren – die internationale Spitze bildenden – finnischen Mitschülern mit 546 Punkten.

PISA 2000

Finnland	546	Island	507
Kanada	534	Norwegen	505
Neuseeland	529	Frankreich	505
Australien	528	Vereinigte Staaten	504
Irland	527	OECD-Durchschnitt	500
Korea	525	Dänemark	497
Vereinigtes Königreich	523	Schweiz	494
Japan	522	Spanien	493
Schweden	516	Tschechische Republik	492
Österreich	507	Italien	487
Belgien	507	Deutschland	484

Diese Liste enthält nur die oberen Rangplätze bis Deutschland sowie den OECD-Durchschnitt.

---

1 Eine Kompetenzstufe entspricht 73 Punkten.

Die OECD beschreibt den Unterschied von einer Kompetenzstufe wie folgt:

„Ein Unterschied von einer Kompetenzstufe kann konkret als ein vergleichsweise großer Unterschied zwischen der Leistung verschiedener Schüler angesehen werden. Stufe 3 auf der Subskala >Textbezogenes Interpretieren< unterscheidet beispielsweise Schülerinnen und Schüler, die für gewöhnlich in der Lage sind, mehrere Teile eines Textes miteinander zu verknüpfen, Zusammenhänge zu begreifen oder den Sinn eines Ausdrucks oder eines Satzes zu analysieren, konkurrierende Informationen zu vergleichen und einander gegenüberzustellen und anhand mehrerer Kriterien in Kategorien zu unterteilen, von denen auf Stufe 2, die in der Regel nur das Hauptthema eines Texts identifizieren, Zusammenhänge begreifen und einfache Kategorien aufstellen oder anwenden und den Sinn eines nur begrenzten Textteils analysieren können, bei dem keine anspruchsvollen Schlüsse gezogen werden müssen"[2].

Auch die Ergebnisse der zweiten PISA-Erhebung, die Ende des Jahres 2004 veröffentlicht wurden, boten keinen Anlass zur Freude über das deutsche Schulsystem. Zwar erreichten deutsche Schüler in dieser zweiten Studie, in deren Mittelpunkt mathematische Kompetenz stand, den OECD-Durchschnitt. Doch lagen sie nach wie vor 26 bis 41 Punkte hinter Schülern aus Staaten wie Finnland – mit 544 Punkten wiederum an der Spitze –, Belgien und den Niederlanden zurück, was einem Unterschied von einem halben bis einem ganzen Schuljahr entspricht[3].

PISA 2003

Finnland	544	Tschechische Republik	516
Korea	542	Island	515
Niederlande	538	Dänemark	514
Japan	534	Frankreich	511
Kanada	532	Schweden	509
Belgien	529	Österreich	506
Schweiz	527	Deutschland	503
Australien	527	OECD-Durchschnitt	500
Neuseeland	523		

Diese Liste enthält nur die oberen Rangplätze bis Deutschland sowie den OECD-Durchschnitt.

Diese Ergebnisse blieben – national wie international – nicht ohne Folgen. Allerorten wurde nach dem „Erfolgsrezept" der an der internationalen Spitze liegenden Staaten geforscht. Wie sich indes erwies, gibt es kein einheitliches „Erfolgsrezept" zur Steigerung der Leistungsfähigkeit von Schulen und Schülern. Jedoch fanden mehrere Studien den Spitzenländern gemeinsame, erfolgversprechende Grundbedin-

---

2 *OECD*, Lernen für das Leben – Erste Ergebnisse der internationalen Schulleistungsstudie PISA 2000, S. 65.
3 *Prenzel/Baumert/Blum/Lehmann/Leutner/Neubrand/Pekrun/Rolff/Rost/Schiefele*, PISA 2003 – Ergebnisse des zweiten internationalen Vergleichs. Zusammenfassung., S. 5.

gungen[4]. Eine dieser Grundbedingungen, deren Betrachtung aus rechtlicher Perspektive die vorliegende Arbeit gewidmet ist, ist die sog. „Schulautonomie"[5]. So heißt es beispielsweise in dem vom Bundesministerium für Bildung und Forschung angestellten Vergleich der Schulsysteme ausgewählter PISA-Staaten, dass als begründete Vermutung aus dem Vergleich abgeleitet werden könne, dass sich als Ansatzpunkt für Reformen und Innovationen unter anderem insbesondere die Erhöhung der Eigenverantwortung der Schulen herauskristallisiert habe[6]. In den untersuchten Staaten sei „vor allem die Dezentralisierung der Entscheidungsbefugnisse (bei gleichzeitiger Senkung des Verwaltungsaufkommens) und damit verbunden die Erhöhung der Schulautonomie für die Verbesserung der Qualität im Schulbereich produktiv gemacht worden"[7]. Eben diese Vermutung stellt auch die OECD in ihren beiden Berichten der PISA-Ergebnisse an. So wird im Jahre 2004 festgestellt:

---

[4] *Bundesministerium für Bildung und Forschung*, Vertiefender Vergleich der Schulsysteme ausgewählter PISA-Staaten (2003); *OECD*, Messages from PISA 2000 (2004); *OECD*, First results from PISA 2003. Executive Summary (2004); *OECD*, What makes school systems perform? Seeing school systems through the prism of PISA (2004); *OECD*, Lernen für das Leben – Erste Ergebnisse der internationalen Schulleistungsstudie PISA 2000 (2001); *OECD*, Lernen für die Welt von morgen – Erste Ergebnisse von PISA 2003 (2004); *Välijärvi/Linnakylä/Kupari/Reinikainen/Arffman,* The finnish success in PISA – and some reasons behind it (2002).

[5] Die Begrifflichkeiten sind insoweit in Deutschland nicht eindeutig. Teilweise wird der Begriff der Autonomie im Zusammenhang mit Schulen rigoros abgelehnt, da Autonomie im strengen Sinne des Verwaltungsrechts die Fähigkeit einer juristischen Person des öffentlichen Rechts bezeichnet, ihre eigenen Angelegenheiten durch den Erlass von Rechtsnormen, also in Form einer Satzung, zu regeln. Schulen sind aber – zumindest derzeit noch – in allen Ländern nichtrechtsfähige öffentliche Anstalten und schon deshalb nicht „satzungsfähig". In diese Richtung argumentiert beispielsweise *Brückelmann*, Die verfassungsrechtlichen Grenzen von Freiräumen zur Selbstgestaltung an öffentlichen Schulen, S. 82. Er bevorzugt den Begriff der Selbstgestaltung. *Avenarius* spricht teilweise von Selbstverwaltung von Schulen (so z.B. in dem Aufsatz „Schulische Selbstverwaltung – Grenzen und Möglichkeiten", RdJB 1994, 256 ff.), teilweise von schulischer Autonomie, die er im Sinne der Pädagogik verstanden wissen will (so in „Autonomie im Schulsystem – verfassungsrechtliche Möglichkeiten und Grenzen", in: Koch/Fisch, Schulen für die Zukunft, S. 93 ff.). Daneben werden noch die Begriffe der Teilautonomie (siehe *Jach,* Abschied von der verwalteten Schule, S. 81; *Bildungskommission NRW,* Zukunft der Bildung – Schule der Zukunft, S. 64 ff.), der selbstständigen Schule (so der gleichnamige Modellversuch in NRW, siehe www.selbststaendige-schule.de), der Selbstverantwortung (*Jach*, Abschied von der verwalteten Schule, S. 85), der Eigenverantwortung (*Jach,* Abschied von der verwalteten Schule, S. 83) und der Eigengestaltung (*Bildungskommission NRW,* Zukunft der Bildung – Schule der Zukunft, S. 152) gebraucht. Da alle Begriffe in der Sache das Gleiche bezeichnen, soll an dieser Stelle keine Abgrenzung erfolgen. Die verschiedenen Begriffe werden im Folgenden synonym verwendet.

[6] *Bundesministerium für Bildung und Forschung*, Vertiefender Vergleich der Schulsysteme ausgewählter PISA-Staaten, S. 260.

[7] *Bundesministerium für Bildung und Forschung*, Vertiefender Vergleich der Schulsysteme ausgewählter PISA-Staaten, S. 260.

> „Gleichwohl lässt sich aus den vorliegenden Daten schließen, dass in jenen Ländern, in denen die Schulen laut Aussagen der Schulleitungen im Durchschnitt über ein höheres Maß an Autonomie in Bezug auf bestimmte Aspekte der Schulverwaltung verfügen, die durchschnittlichen Leistungen in Mathematik in der Regel höher sind, [...]."[8]

Die Ergebnisse legen den Schluss nahe, „dass eine stärkere Beteiligung der Schulen in verschiedenen Bereichen der Entscheidungsfindung, [...], in einem positiven Zusammenhang mit den Mathematikergebnissen steht."[9] Etwas spezifischere Aussagen trifft der OECD-Bericht „What makes school systems perform?":

> „In PISA countries, there is a clear positive relationship between certain aspects of autonomy and performance, most notably the choice of which courses are offered, and to a lesser extent autonomy over budget allocation."[10]

Schließlich nennt auch die Untersuchung des finnischen Erfolgs bei PISA die Schulautonomie als einen entscheidenden Faktor:

> „A high degree of school and teacher autonomy in decision-making may thus be assumed to have been one decisive factor contributing to Finland´s high performance in PISA."[11]

In Anbetracht dieser Aussagen stellt sich die Frage, wie es um die Schulautonomie in Deutschland bestellt ist. Im internationalen Vergleich wird kein positives Bild für Deutschland gezeichnet. Während beispielsweise im OECD-Durchschnitt 71 % der getesteten Schüler Schulen besuchen, die jedenfalls ein Mitspracherecht bei der Auswahl der angebotenen Kurse haben und die Schulen von 69 % der getesteten Schüler auch über den Kursinhalt selbst entscheiden können, sind es in Deutschland nur 35 % der Kinder, die Schulen mit diesen Entscheidungsmöglichkeiten besuchen. Betrachtet man die Zahlen des Spitzenreiters Finnland, erscheint der Kontrast zu Deutschland noch größer. In Finnland besuchen 95 % der Kinder Schulen, die über ihr Kursangebot entscheiden können, und in 91 % der Fälle legen die Schulen auch die Kursinhalte selbst fest. Selbst in Japan und Korea, deren Schulsysteme in der allgemeinen Vorstellung als zentralistisch gelten, besuchen 98% bzw. 93 % der

---

8   *OECD*, Lernen für die Welt von morgen – Erste Ergebnisse von PISA 2003, S. 268.
9   *OECD*, Lernen für die Welt von morgen – Erste Ergebnisse von PISA 2003, S. 268.
10 *OECD*, What makes school systems perform? Seeing school systems through the prism of PISA, S. 20. Sinngemäß übersetzt heißt dies, dass in PISA-Staaten ein positiver Zusammenhang zwischen bestimmten Aspekten von Autonomie und Schülerleistungen bestehe, wobei insbesondere die Autonomie hinsichtlich der Auswahl der angebotenen Kurse und hinsichtlich des Budgets hervorgehoben werden.
11 *Välijärvi/Linnakylä/Kupari/Reinikainen/Arffman*, The finnish success in PISA – and some reasons behind it, S. 44. – Paradoxerweise hat die finnische Regierung kurz nach der Veröffentlichung der PISA-Ergebnisse die Schulautonomie – wenn auch nur in geringem Umfang – beschränkt, indem sie verpflichtende Kurse für alle Schüler vorschrieb und sog. Kernfächern mehr Gewicht gab. Dass dieser Schritt angesichts der hervorragenden PISA-Ergebnisse nicht ohne weiteres verständlich ist, hebt auch der soeben erwähnte finnische Bericht hervor: „Assessment results and political decision-making on education do not always go hand in hand", S. 44.

Schüler Schulen, die ihr Kursangebot bestimmen, und 99% Schulen, die eigenständig über die Kursinhalte entscheiden[12].

Auch wenn die vorliegenden Zahlen anderes auszusagen scheinen, ist die Diskussion über mögliche Gestaltungsspielräume der Einzelschule nicht neu in der Bundesrepublik Deutschland. Bereits 1954 bemerkte *Hellmut Becker* in seinem vielbeachteten Aufsatz „Die verwaltete Schule", dass die Schule „sich immer mehr zur untersten Verwaltungshierarchie entwickelt [hat]; sie steht heute auf einer ähnlichen Stufe des Verwaltungsaufbaus wie das Finanzamt, das Arbeitsamt, die Ortspolizei"[13]. *Becker* zog daraus den Schluss, dass die Schule im Augenblick nur „befreit" werden könne[14]. Auch der Deutsche Bildungsrat forderte 1970 in seinem Strukturplan für das Bildungswesen, dass die Bildungsinstitutionen im Rahmen der öffentlichen Verantwortung „eine begrenzte Selbständigkeit" erhalten und „partiell aus der Abhängigkeit von der staatlichen Bildungsverwaltung gelöst" werden sollten[15]. Eine weit gehende Begrenzung staatlicher Einflussnahme auf die Eigenständigkeit der Schulen sah schließlich auch der (Muster-) Entwurf eines Landesschulgesetzes des 51. Deutschen Juristentages von 1981 vor, in dem die staatliche Aufsicht über das Unterrichtsgeschehen auf eine reine Rechtsaufsicht beschränkt wurde[16].

Die zahlreichen Plädoyers für eine größere Eigenständigkeit der Schulen fanden indes – wie bereits der internationale Vergleich zeigt – keinen Eingang in die schulrechtliche Realität. Zwar trifft das Grundgesetz in Art. 7 Abs. 1 GG keine abschließende Bestimmung über den Umfang staatlicher Einflussnahme[17]. Doch wird der Begriff der Schulaufsicht in Art. 7 Abs. 1 GG bis zum heutigen Tage als „die Gesamtheit der staatlichen Befugnisse zur Organisation, Planung, Leitung und Beaufsichtigung des Schulwesens" definiert[18]. Dies bedeutet, dass der Staat umfassende Gestaltungsbefugnisse im Schulwesen besitzt (sog. Schulhoheit). Diese werden aufgrund der grundgesetzlichen Kompetenzverteilung gem. Art. 30 GG von den Ländern wahrgenommen. Beispiele solcher Gestaltungsbefugnisse sind die Festlegung der Schulstufen, der Schularten, der Lehrziele, der Leistungs- und Prüfungsanforderungen, die Bestimmung der Lehrer-, Klassen- und Stundeneinteilung, die Auswahl der Lehr- und Lernmittel sowie die Aufnahme, Versetzung und Verweisung von Schülern[19].

Diese – legislativ und exekutiv wahrgenommene – umfassende staatliche Schulhoheit wird ergänzt durch die Schulaufsicht im engeren Sinne. Der Begriff der Schulaufsicht im engeren Sinne bezeichnet die Verwaltungstätigkeit, die nicht in der

---

12 *OECD*, Messages from PISA 2000, S. 34 ff.
13 *Becker*, Die verwaltete Schule (1954), Nachdruck in RdJB 1993, 130 (130).
14 *Becker*, Die verwaltete Schule (1954), Nachdruck in RdJB 1993, 130 (136).
15 *Deutscher Bildungsrat*, Empfehlungen der Bildungskommission, Strukturplan für das Bildungswesen 1970, S. 262 ff.
16 *Deutscher Juristentag*, Schule im Rechtsstaat, Band I, München 1981.
17 So *Maunz*, in: Maunz/Dürig, GG, Art. 7 Rn. 17.
18 BVerwGE 47, 201 (204); *Gröschner*, in: Dreier, GG, Art. 7 Rn. 39.
19 *Gröschner*, in: Dreier, GG, Art. 7 Rn. 40.

Wahrnehmung eigener Gestaltungsbefugnisse besteht, sondern in der Kontrolle der Schulen bei der Erfüllung der ihnen zugewiesenen Aufgaben[20]. In den Ländergesetzen ist die Aufsicht im engeren Sinne konkretisiert als Fach-, Dienst- und Rechtsaufsicht[21]. Wichtigster Teil der Schulaufsicht ist die Fachaufsicht. Diese ermächtigt die Schulaufsichtsbehörden zur Überprüfung sowohl der Rechtmäßigkeit als auch der Zweckmäßigkeit der schulischen Aufgabenwahrnehmung und beinhaltet die Befugnis, jederzeit durch Erlasse oder Einzelweisungen lenkend in das Schulleben und insbesondere in das Unterrichtsgeschehen einzugreifen[22]. Zwar sehen die meisten Landesgesetze mittlerweile vor, dass die schulische Eigenständigkeit zu achten ist[23]. Doch hat bisher noch kein Landesgesetzgeber die Eigenverantwortung der einzelnen Schule auch juristisch eindeutig gesetzlich garantiert. Denn der Einzelschule Eigenverantwortung als subjektives Funktionsrecht gesetzlich zuzugestehen, würde nicht nur bedeuten, ihr eine entsprechende öffentlich-rechtliche (Teil-) Rechtsfähigkeit zuzuerkennen, sondern würde auch eine Umwandlung der Fachaufsicht in eine bloße Rechtsaufsicht mit sich bringen[24].

Untersucht werden sollen in der vorliegenden Arbeit die rechtlichen Möglichkeiten und Grenzen schulischer Eigenverantwortung und damit auch die rechtlichen Möglichkeiten und Grenzen einer Beschränkung der staatlichen Aufsicht. Diese Prüfung zieht konsequenterweise zwei Fragen nach sich. Zum einen soll erörtert werden, welche (anderen) Aufgaben die – dann ihrer Fachaufsichtsfunktion entledigte – Schulaufsicht im engeren Sinne wahrnehmen müsste und in welcher Form dies sinnvollerweise zu geschehen hätte. Zum anderen ist zu diskutieren, ob und gegebenenfalls welche anderen denkbaren Modelle von Rechtsformen für Schulen neben

---

20 *Gröschner*, in: Dreier, GG, Art. 7 Rn. 48.
21 § 32 SchulG Baden-Württemberg, Art. 111 BayEUG, § 105 SchulG Berlin, § 130 Abs. 1 SchulG Brandenburg, § 1 Abs. 1 SchulverwaltungsG Bremen, § 85 Abs. 1 SchulG Hamburg, § 92 Abs. 3 SchulG Hessen, § 95 Abs. 1 SchulG Mecklenburg-Vorpommern, § 120 SchulG Niedersachsen, § 86 Abs. 2 SchulG Nordrhein-Westfalen, § 96 Abs. 2 SchulG Rheinland-Pfalz, § 52 Abs. 2 SchulG Saarland, § 58 Abs. 2 SchulG Sachsen, § 83 Abs. 3, 4 SchulG Sachsen-Anhalt, § 120 Abs. 4 SchulG Schleswig-Holstein, § 2 Abs. 2 SchulaufsichtsG Thüringen. Teilweise fehlt eine ausdrückliche Anordnung der Dienstaufsicht oder der Rechtsaufsicht über den Schulträger. Eine Fachaufsicht über die Schulen ordnen jedoch alle Länder ausdrücklich an.
22 Siehe dazu eingehend unten 2. Teil A. II. 1.
23 Vgl. zum Beispiel § 121 Abs. 1 S. 1 SchulG Niedersachsen, nach dem die Fachaufsicht so gehandhabt werden soll, dass die Eigenverantwortlichkeit der Schule nicht beeinträchtigt wird. Ähnliche Regelungen finden sich auch in § 106 Abs. 2 S. 2 SchulG Berlin, § 86 Abs. 3 S. 5 SchulG Nordrhein-Westfalen, § 40 SchulG Thüringen i.V.m. § 3 Abs. 2 SchulaufsichtsG Thüringen, § 130 Abs. 2 S. 1 SchulG Brandenburg, § 85 Abs. 1 SchulG Hamburg, § 93 Abs. 2 S. 5 SchulG Hessen, § 95 Abs. 2 S. 2 SchulG Mecklenburg-Vorpommern und § 22 Abs. 2 SchulverwaltungsG Bremen.
24 Vgl. dazu auch *Stock*, RdJB 2002, 468 (492 f.).

der bisher üblichen Form der nichtrechtsfähigen öffentlichen Anstalt[25] existieren. Zu denken ist hierbei in erster Linie an Modelle, die der pädagogischen Eigenständigkeit der Schule zu besserer Durchsetzung zu verhelfen vermögen.

Neben der Eigenständigkeit der Schule spielt in diesem Zusammenhang auch die pädagogische Freiheit der Lehrer eine bedeutende Rolle. Denn eine Eigenständigkeit der Schule lässt sich nur im Zusammenwirken aller an der Schule Beteiligten verwirklichen. Die Schule als solche ist nicht handlungsfähig. Erst das Mitwirken aller „Betroffenen", die Zusammenarbeit der „Schulgemeinde"[26], bestehend aus Lehrern, Eltern und Schülern, ermöglicht eine schulische Selbstständigkeit. Hierbei kommt den Lehrern als dem professionellen Element der Schulgemeinde eine besondere Bedeutung zu. Die Lehrer sind es, welche die im Rahmen der schulischen Eigenverantwortung getroffenen Entscheidungen in ihrem Unterricht umsetzen müssen. Insofern stellt sich die Frage, ob den Lehrern ein rechtlich geschützter Freiraum für ihre Tätigkeit zusteht und wie weit dieser Freiraum reicht. Konkret ist zu untersuchen, in welchem Verhältnis die pädagogische Freiheit des Lehrers zu der Eigenständigkeit der Schule steht, das heißt inwieweit die pädagogische Freiheit des Lehrers durch die Schule in Wahrnehmung ihrer schulischen Eigenverantwortung (z.B. durch Konferenzbeschlüsse) beschränkt werden kann. Ferner ist die pädagogische Freiheit des Lehrers auch in ihrer Abgrenzung zu staatlicher Einflussnahme durch die Schulaufsicht zu betrachten.

B. Stand der Wissenschaft

Die oben genannten Aspekte der schulischen Eigenverantwortung und der pädagogischen Freiheit des Lehrers waren in jüngster Zeit Gegenstand verschiedener Ver-

---

25 § 23 Abs. 1 S. 1 SchulG Baden-Württemberg, Art. 3 Abs. 1 S. 4 BayEUG, § 7 Abs. 1 S. 1 SchulG Berlin, § 6 S. 1 SchulG Brandenburg, § 111 Abs. 2 S. 1 SchulG Hamburg, § 127a Abs. 2 S. 1 SchulG Hessen, § 52 Abs. 1 SchulG Mecklenburg-Vorpommern, § 1 Abs. 3 S. 2 SchulG Niedersachsen, § 6 Abs. 3 S. 2 SchulG Nordrhein-Westfalen, § 73 S. 2 SchulG Rheinland-Pfalz, § 16 Abs. 1 SchulordnungsG Saarland, § 32 Abs. 1 S. 1 SchulG Sachsen, § 2 Abs. 2 S. 2 SchulG Sachsen-Anhalt, § 2 Abs. 2 S. 2 SchulG Schleswig-Holstein, § 13 Abs. 1 S. 2 SchulG Thüringen. § 21 Abs. 1 S. 1 SchulverwaltungsG Bremen nimmt insoweit eine Ausnahmestellung ein, da dort nur normiert ist, dass die Schulen nicht rechtsfähig sind, nicht aber, dass sie Anstalten sind.

26 Der Begriff der Schulgemeinde taucht in der pädagogischen Literatur seit Ende des neunzehnten Jahrhunderts immer wieder, wenn auch in teilweise unterschiedlicher Bedeutung, auf. Siehe dazu beispielsweise *Dörpfeld*, Die freie Schulgemeinde und ihre Anstalten, Gütersloh 1863; *Rolle*, in: Rein, Encyklopädisches Handbuch der Pädagogik, S. 156 ff., Langensalza 1908; *Kloss*, Lehrer – Eltern – Schulgemeinden, Stuttgart 1949. In jüngerer Zeit hat der Begriff auch Einzug in einige Schulgesetze gehalten, vgl. z.B. § 128 Abs. 1 SchulG Hessen. Eine eingehende Beschäftigung mit der Relevanz dieses Begriffs für die vorliegende Arbeit erfolgt im ersten Teil, siehe unten 1. Teil A. II.

öffentlichungen. Zumeist handelte es sich dabei allerdings um erziehungswissenschaftliche Abhandlungen. Aus dem rechtswissenschaftlichen Kontext sind insbesondere zwei Monographien hervorzuheben, die sich mit den genannten Themenkomplexen beschäftigen[27].

Mit der Frage der verfassungsrechtlichen Grenzen von Freiräumen zur Selbstgestaltung an öffentlichen Schulen befasst sich die Dissertation von *Brückelmann* aus dem Jahre 2000[28]. *Brückelmann* legt in seinem Werk den umfassenden Aufsichtsbegriff des Art. 7 Abs. 1 GG, verstanden als staatliche Schulhoheit, zugrunde. Ausgehend von dieser Interpretation des Art. 7 Abs. 1 GG bestimmt er das verfassungsrechtlich zulässige Maximum an schulischer Selbstgestaltung. Im Zentrum der Betrachtung stehen dabei das in Art. 20 Abs. 2 GG wurzelnde Demokratieprinzip, die in Art. 7 Abs. 1 GG normierte staatliche Schulverantwortung und die betroffenen Grundrechte der Eltern (Art. 6 GG) und Schüler (Art. 2 Abs. 1 GG). *Brückelmann* kommt zu dem Ergebnis, dass eine Stärkung der Eigenverantwortlichkeit der Schulen nur in engen Grenzen möglich sei. Eine Eigenverantwortung der Schulen widerspreche der staatlichen Verantwortlichkeit aus Art. 7 Abs. 1 GG. Substanzielle Entscheidungen könnten nicht ohne staatliche Einwirkungsmöglichkeit auf einzelne Schulen delegiert werden[29]. Auch das Demokratieprinzip stehe einer gesetzlichen Einräumung von Entscheidungsbefugnissen an die Schulgemeinde entgegen. Die Schulgemeinde als solche sei nicht demokratisch legitimiert. Demnach durchtrenne die Übertragung rechtsverbindlicher Entscheidungen an die einzelne Schule die erforderliche Anbindung der Staatsgewalt an das Volk[30]. Schließlich sprächen die Grundrechte der Eltern (Art. 6 GG) und Schüler (Art. 2 Abs. 1 GG) gegen eine größere Eigenständigkeit der Schulen. Eigenständigkeit von Schulen bedeute stets auch die Teilhabe der Schulgemeinde an hoheitlichen Entscheidungen. Dabei fehle es den beteiligten Eltern und Schülern aber an der erforderlichen Legitimation, in die entgegenstehenden Grundrechte der von den Entscheidungen betroffenen anderen Eltern und Schüler einzugreifen.

Im Gegensatz zu der auf abstrakter Ebene bleibenden verfassungsrechtlichen Untersuchung *Brückelmanns* will sich die vorliegende Arbeit in erster Linie mit der Schulaufsicht im engeren Sinne, das heißt mit der konkreten Art und dem Umfang staatlicher Aufsicht über die schulische Arbeit, beschäftigen. Auch die Untersuchung dieser Frage bedarf selbstverständlich einer Klärung der verfassungsrechtlichen Möglichkeiten und Grenzen schulischer Autonomie. Denn nur wenn eine Stär-

---

27 Da sich die auch in den schulrechtlichen Kontext gehörende Kölner Dissertation „Der Erziehungsauftrag des Staates in der Schule", Berlin 2000, von *Markus Thiel* aus dem Jahre 1999 nur am Rande mit den für diese Untersuchung relevanten Fragen beschäftigt, muss aufgrund der gebotenen Kürze eine Auseinandersetzung mit dem Werk an dieser Stelle unterbleiben.
28 *Brückelmann*, Die verfassungsrechtlichen Grenzen von Freiräumen zur Selbstgestaltung an öffentlichen Schulen, 2000 (Jur. Diss. Köln 2000).
29 *Brückelmann*, Die verfassungsrechtlichen Grenzen von Freiräumen zur Selbstgestaltung an öffentlichen Schulen, S. 115 ff. (121 f.).
30 *Brückelmann,* Die verfassungsrechtlichen Grenzen von Freiräumen zur Selbstgestaltung an öffentlichen Schulen, S. 125 ff.

kung der Eigenverantwortung der Schulen verfassungsrechtlich möglich ist, kann auch über eine Veränderung der Schulaufsicht im engeren Sinne nachgedacht werden. Insoweit erscheint es aber fraglich, ob die von *Brückelmann* vorgelegte Einschätzung der verfassungsrechtlichen Lage in ihrer Restriktion haltbar ist[31]. Fasst man den verfassungsrechtlichen Rahmen weiter, als *Brückelmann* dies tut, ergeben sich eine Reihe von Folgefragen für die Gestaltung der Schulaufsicht im engeren Sinne[32]. Ebenso muss über die rechtliche Gestalt der Schule nachgedacht werden. Eine umfassende juristische Analyse dieser Fragen ist bisher nicht vorgenommen worden. Insbesondere eine Bezugnahme auf die internationalen Entwicklungen in diesem Bereich, die gerade seit der Veröffentlichung der PISA-Ergebnisse von besonderem Interesse sind, fehlt bislang.

Die pädagogische Freiheit des Lehrers ist Gegenstand der Dissertation von *Rux* aus dem Jahre 2002[33]. *Rux* untersucht die Verankerung der pädagogischen Freiheit sowohl im Verfassungsrecht als auch in den verschiedenen Landesschulgesetzen. Er kommt zu dem Schluss, dass dem einzelnen Lehrer die pädagogische Freiheit jedenfalls einfachrechtlich als subjektiv-öffentliches Recht zuerkannt sei[34]. Demzufolge sei die – in nahezu allen Ländern unbeschränkt als Fachaufsicht[35] bestehende – Aufsicht auf eine Rechtsaufsicht zu beschränken. Ansonsten sei die pädagogische Freiheit des Lehrers inhaltsleer[36].

Rux' Untersuchung der verfassungsrechtlichen Verankerung der pädagogischen Freiheit ist sehr knapp gehalten. Eine Verankerung der pädagogischen Freiheit in Art. 5 Abs. 3 GG und Art. 33 Abs. 5 GG lehnt er ab. Er kommt jedoch zu dem Schluss, dass eine objektive Verpflichtung des Staates bestehe, den Lehrern einen hinreichenden Freiraum für die eigenverantwortliche Gestaltung des Unterrichts zu belassen[37]. Denn nur ein Lehrer, der weit gehend selbstständig entscheiden könne, welche Maßnahmen er in einer bestimmten Situation für pädagogisch zweckmäßig erachte, könne die ihm anvertrauten Schüler zu selbstverantwortlichen Bürgern er-

---

31 Näher dazu unten 2. Teil B. und 3. Teil D.
32 Vgl. dazu unten 2. Teil C.
33 *Rux*, Die pädagogische Freiheit des Lehrers, Berlin 2002 (zugl. Jur. Diss. Tübingen 2001/2002).
34 *Rux*, Die pädagogische Freiheit des Lehrers, S. 135 ff.
35 Ausnahmen stellen insoweit nur Hessen, Niedersachsen und Mecklenburg-Vorpommern dar. Hier können pädagogische Bewertungen sowie unterrichtliche und erzieherische Entscheidungen und Maßnahmen von der Schulaufsicht nur beanstandet werden, wenn 1. wesentliche Verfahrens- und Rechtsvorschriften verletzt worden sind, 2. von unrichtigen Voraussetzungen oder sachfremden Erwägungen ausgegangen worden ist oder 3. gegen allgemein anerkannte pädagogische Grundsätze oder Bewertungsmaßstäbe oder gegen den Grundsatz der Gleichbehandlung der Schüler verstoßen worden ist. Siehe § 93 Abs. 3 SchulG Hessen, § 95 Abs. 4 SchulG Mecklenburg-Vorpommern und § 121 Abs. 2 SchulG Niedersachsen.
36 *Rux*, Die pädagogische Freiheit des Lehrers, S. 214 ff.
37 *Rux*, Die pädagogische Freiheit des Lehrers, S. 104 f.

ziehen[38]. Ein subjektives Recht des Lehrers auf pädagogische Freiheit lasse sich aus der Verfassung hingegen nicht ableiten[39].

Zwar ist auch die von *Rux* entwickelte einfachgesetzliche Garantie der pädagogischen Freiheit als subjektives Recht zu begrüßen. Vorzugswürdig erscheint jedoch das Auffinden eines verfassungsrechtlichen Ansatzpunktes. Insoweit knüpft die vorliegende Arbeit insbesondere an Art. 2 Abs. 1 GG und Art. 7 Abs. 1 GG an. Eine Untersuchung dieser Normen im Hinblick auf eine in ihnen verankerte Garantie der pädagogischen Freiheit ist bisher in der juristischen Literatur nur ansatzweise erfolgt[40]. Insbesondere die Möglichkeit einer Verbindung der beiden Artikel (Art. 7 Abs. 1 GG i.V.m. Art. 2 Abs. 1 GG) wurde bisher, soweit ersichtlich, nicht thematisiert.

Rux umreißt in seiner Arbeit ferner kurz das Verhältnis der pädagogischen Freiheit des Lehrers zu der Eigenverantwortung der Schule[41]. Dieser Aspekt verdient in der vorliegenden Untersuchung aufgrund der umfassenderen Fragestellung stärkere Beachtung. Schulische Arbeit ist nur im gedeihlichen Zusammenwirken der Betroffenen möglich. Auch ist eine Entwicklung der Schule nur dann sinnvoll und machbar, wenn ein Großteil der Schulgemeinde aktiv mitwirkt und die anderen der Entwicklung zumindest neutral gegenüberstehen. Demzufolge ist bei einer Kollision der pädagogischen Freiheit des Lehrers mit der Eigenverantwortung der Schule ein Ausgleich der widerstreitenden Positionen im Wege praktischer Konkordanz zu suchen. Trotz der praktischen Relevanz, die diese Thematik für den Schulalltag aufweist, fehlt es bisher – soweit ersichtlich – an einer eingehenden juristischen Auseinandersetzung mit diesem Problemkreis.

C. Gang der Untersuchung

Die Arbeit gliedert sich in vier Teile. Der erste Teil widmet sich der Institution Schule als solcher. Es sollen die für die Untersuchung grundlegenden Begriffe Schule und Schulgemeinde geklärt werden. Dem Begriff der Schulgemeinde kommt dabei für das Verständnis der weiteren Ausführungen eine wesentliche Bedeutung zu. Ferner wird der Status quo der rechtlichen Gestalt der Schule dargestellt. Im Hinblick darauf wird der Anstaltsbegriff des Verwaltungsrechts erläutert und es wird historisch entwickelt, warum Schulen – im Gegensatz zu Universitäten – als nichtrechtsfähige öffentliche Anstalten geführt werden und was dies praktisch für sie be-

---

38 *Rux*, Die pädagogische Freiheit des Lehrers, S. 104.
39 *Rux*, Die pädagogische Freiheit des Lehrers, S. 104.
40 Vgl. dazu z.B. *Avenarius/Heckel*, Schulrechtskunde, S. 342; *Niehues*, Schulrecht, Rn. 516; *Eiselt*, DÖV 1981, 821 (825); *Hennecke*, RdJB 1986, 233 (240).
41 *Rux*, Die pädagogische Freiheit des Lehrers, S. 224 ff.

deutet. Abschließend wird der Blick auf den Inhalt des in Art. 7 Abs. 1 GG verankerten staatlichen Bildungs- und Erziehungsauftrags gerichtet.

Ausgehend von diesen grundsätzlichen Erwägungen befasst sich der zweite Teil mit der staatlichen Schulaufsicht. Zum besseren Verständnis der grundgesetzlichen Konzeption erfolgt zunächst ein kurzer Rückblick auf die historische Entwicklung der Schulaufsicht seit dem Preußischen Allgemeinen Landrecht (1794). Es schließen sich Ausführungen zu dem Begriff der Schulaufsicht an. Einer Klärung bedarf hierbei insbesondere die Doppelbedeutung des Aufsichtsbegriffs in Art. 7 Abs. 1 GG, der sich in die Schulaufsicht im weiteren Sinne (sog. Schulhoheit) und die Schulaufsicht im engeren Sinne unterteilt. Im Anschluss wird auf die traditionellen Aufgaben und Funktionen der Schulaufsicht im engeren Sinne – wie sie in den Landesgesetzen geregelt sind – eingegangen. Den Schwerpunkt des zweiten Teils bildet die Entfaltung der rechtlichen Möglichkeiten einer Beschränkung der Schulaufsicht auf eine reine Rechtsaufsicht. Dies hätte erhebliche Auswirkungen auf die Eigenverantwortung der Schulen[42] und auf die pädagogische Freiheit des einzelnen Lehrers. Es folgen Überlegungen zu der „neuen" Rolle der Schulaufsicht im engeren Sinne als Beratungs- und Evaluationsinstanz. In diesem Zusammenhang erscheint ein Ausblick auf die internationalen Entwicklungen auf diesem Gebiet geboten[43].

Der dritte Teil hat – ausgehend von den in den ersten beiden Teilen gewonnenen Ergebnissen – die Eigenverantwortung der Schule zum Gegenstand. Hier wird zunächst der Begriff der schulischen Eigenverantwortung entwickelt. Es werden Überlegungen zu der Notwendigkeit und theoretischen Begründung einer schulischen Eigenverantwortung angestellt. Es folgt eine Darstellung der bisherigen rechtlichen Entwicklungen auf diesem Gebiet. Dabei gilt es, die Unterschiede und Gemeinsamkeiten in den einzelnen Ländern herauszuarbeiten. Es wird geprüft, inwieweit die schulische Eigenverantwortung bereits Eingang in das einfache Landesrecht gefunden hat. Daran anschließend werden verfassungsrechtliche Anknüpfungspunkte der schulischen Eigenverantwortung beleuchtet. In diesem Zusammenhang wird auch auf die – hinsichtlich etwaiger verfassungsrechtlicher Anknüpfungspunkte in der Literatur bereits ausführlich behandelte – pädagogische Freiheit des Lehrers eingegangen. Dabei werden Gemeinsamkeiten und Unterschiede beider Institute herausgearbeitet. Kernpunkt der Erörterungen ist die Frage, ob schulische Eigenverantwortung einerseits und pädagogische Freiheit andererseits subjektiv-öffentliche Rechte der Schule beziehungsweise des Lehrers sind. Auch ist zu untersuchen, ob es sich bei derartigen Rechten um subjektive Rechte im engeren Sinne oder um wehrfähige Innenrechtspositionen handelt. Ferner wird das Verhältnis der schulischen Eigenverantwortung zur pädagogischen Freiheit des Lehrers betrachtet. Im An-

---

42 Insofern besteht ein enger Zusammenhang mit der im dritten Teil zu behandelnden Frage der Veränderung der Rechtsform von Schulen. Siehe dazu unten 3. Teil E.
43 Dies gilt um so mehr in Anbetracht der Tatsache, dass viele der Länder, die in der PISA-Untersuchung deutlich besser als Deutschland abgeschnitten haben, in den letzten Jahren ihre Schulaufsichts- und Steuerungssysteme tiefgreifend verändert haben. Zu nennen sind hier insbesondere Schweden, Finnland und die Niederlande.

schluss werden die verfassungsrechtlichen Grenzen der schulischen Eigenverantwortung sowie der pädagogischen Freiheit thematisiert. Dem Demokratiegebot des Art. 20 Abs. 2 S. 1 GG kommt dabei ein besonderer Stellenwert zu. Abschließend sollen Reformansätze im Hinblick auf eine größere Eigenverantwortung der Schule entwickelt werden. Dabei interessiert insbesondere die Frage, welche anderen Modelle denkbarer Rechtsformen für Schulen existieren.

Im vierten Teil erfolgt ein abschließender Ausblick in die Praxis. Ausgewählt wurde dazu ein Modellversuch des Schuldistrikts Boston im Bundesstaat Massachusetts in den USA. Wesentlich erschien bei der Auswahl, auf Erfahrungen zurückgreifen zu können, die bei einer vergleichbaren Problemlage – nur durchschnittliches Abschneiden in der Leistungserhebung PISA – und einer hinsichtlich der föderalen Kompetenzverteilung vergleichbaren Rechtslage mit einer zunächst versuchsweise eingeführten stärkeren Schulautonomie gewonnen worden sind. Die in dem Modellversuch geschaffenen „Pilot Schools" sind öffentliche Schulen, denen im Rahmen des Versuchs nahezu vollständige Autonomie gewährt worden ist. Kernpunkt der Erörterungen ist eine Darstellung der rechtlichen Gestaltung des Vorhabens sowie der Wahrnehmung der Autonomie durch die und von den Betroffenen in den Schulen. Ziel ist es zum einen, eine Einschätzung zu erhalten, wie sich schulische Autonomie vor Ort auswirkt und was von den Betroffenen als ihre Vor- und Nachteile empfunden werden. Zum anderen soll Stellung dazu genommen werden, inwieweit sich die rechtliche Gestaltung des Vorhabens auf die rechtlichen Verhältnisse in der Bundesrepublik übertragen lässt.

Erster Teil – Die Schule

Der Begriff Schule hat im Alltagsleben eine Vielfalt von Bedeutungen[44]. So wird zum Beispiel die konkrete Einzelschule („die Schillerschule in X"), eine bestimmte Schulgattung (Schulart oder -form), die Gesamtheit des Schulwesens (Schule als Institution), das einzelne Schulgebäude („in der Schule fehlt ein Fenster") oder eine bestimmte Lehr- und Geistesrichtung (die „Frankfurter Schule") als Schule bezeichnet. Auch im übertragenen Sinn findet der Begriff Verwendung („durch eine harte Schule gehen"). Davon zu unterscheiden ist das rechtliche Verständnis des Schulbegriffs. In diesem Zusammenhang sind auch Rechtsgestalt und Auftrag der Schule von Interesse.

A. *Der Begriff der Schule*

I. Schule im Sinne des Gesetzes

Schulen sind nach der Definition des § 6 Abs. 1 SchulG Nordrhein-Westfalen – der hier stellvertretend für die gesetzlichen Definitionen in den verschiedenen Landesgesetzen genannt werden soll – „Bildungsstätten, die unabhängig vom Wechsel der Lehrerinnen und Lehrer sowie der Schülerinnen und Schüler nach Lehrplänen Unterricht in mehreren Fächern erteilen." Ähnliche Formulierungen finden sich in der Literatur. Nach einer Definition des Schulrechtlers *Heckel* aus dem Jahre 1955 ist Schule „eine auf gewisse Dauer berechnete, an fester Stätte, unabhängig vom Wechsel der Lehrer und Schüler, in überlieferten Formen organisierte Einrichtung der Erziehung und des Unterrichts, die durch planmäßige und methodische Unterweisung eines größeren Personenkreises in einer Mehrzahl allgemeinbildender oder berufsbildender Fächer bestimmte Bildungs- und Erziehungsziele zu verwirklichen bestrebt ist und die nach Sprachsinn und allgemeiner Auffassung als Schule angesehen wird"[45]. Vier wesentliche Merkmale des Schulbegriffs lassen sich aus den genannten Definitionen ableiten: 1. die Dauerhaftigkeit der Einrichtung, 2. die Unabhängigkeit

---

[44] Vgl. zum Folgenden *Avenarius/Heckel*, Schulrechtskunde, S. 4 f.; *Niehues*, Schulrecht, S. 3.
[45] *Heckel*, Deutsches Privatschulrecht, S. 218.

vom Lehrer- und Schülerwechsel, 3. die Mehrzahl allgemein- oder berufsbildender Fächer und 4. die (lehr-) planmäßige methodische Unterweisung[46].

Die so charakterisierten Schulen lassen sich weiter untergliedern. Ein bedeutendes Kriterium zur Untergliederung des Schulwesens ist in Art. 7 GG angelegt. Gem. Art. 7 GG wird das Schulwesen in öffentliche und private Schulen unterteilt[47]. Zwar obliegt dem Staat die Aufsicht über das *gesamte* Schulwesen. Doch besteht kein staatliches Schulmonopol[48]. Das Recht zur Errichtung privater Schulen ist in Art. 7 Abs. 4 GG ausdrücklich gewährleistet. Als öffentliche Schulen werden gemeinhin die von den Gebietskörperschaften (Staat, Gemeinden, Gemeindeverbänden) getragenen Schulen bezeichnet[49]. Alle übrigen Schulen sind Privatschulen. Träger der Privatschulen können Personenvereinigungen, Einzelpersonen, privatrechtliche Stiftungen oder auch öffentlich-rechtliche Korporationen wie beispielsweise die Kirchen sein[50]. Staatliche Aufsicht über die Privatschulen beschränkt sich regelmäßig auf eine reine Rechtsaufsicht[51]. Nur soweit einer privaten Schule durch staatliche Anerkennung Hoheitsrechte verliehen worden sind, kann die Aufsichtskompetenz der Schulaufsicht bei der Zeugniserteilung und der Prüfungsgestaltung bis in die Einzelheiten des Prüfungsstoffs und des Prüfungsablaufs hineinreichen[52]. Da die Privatschulen insofern im Hinblick auf die staatliche Aufsicht eine Sonderstellung einnehmen, befasst sich die vorliegende Arbeit im Weiteren ausschließlich mit dem öffentlichen Schulwesen.

II. Die Schulgemeinde

Prägendes Merkmal der gesetzlichen Definition des Schulbegriffs ist, wie eben dargestellt, die Unabhängigkeit vom Wechsel der Beteiligten[53]. Juristisch ist diese Beschreibung der Schule – gemessen an der gesetzlichen Realität – zutreffend. Doch vermag sie nicht dasjenige zu erfassen, was für die Arbeit in den Schulen tatsächlich wesentlich ist.

---

46 *Gröschner*, in: Dreier, GG, Art. 7 Rn. 24 f.; vgl. zum Schulbegriff auch *Avenarius/Heckel*, Schulrechtskunde, S. 4 ff.; *Niehues*, Schulrecht, S. 3. Nicht als Schulen sind demnach unter anderem einzelne Lehrgänge, Koranschulen, Tanzschulen, Fahrschulen, Volkshochschulen, Musik- und Sportschulen, Vortragsreihen sowie Nachhilfeunterricht einzuordnen.
47 Vgl. Art. 7 Abs. 3 GG einerseits und Art. 7 Abs. 4 GG andererseits.
48 Statt aller *Avenarius/Heckel*, Schulrechtskunde, S. 37.
49 Teilweise werden auch die sog. Kammerschulen, deren Träger Innungen, Handwerkskammern, Industrie- und Handelskammern und Landwirtschaftskammern sind, unter den Begriff der öffentlichen Schule gefasst (vgl. z.B. § 6 Abs. 4 SchulG Nordrhein-Westfalen).
50 *Avenarius/Heckel*, Schulrechtskunde, S. 37 f.
51 Bei genehmigten Ersatzschulen erstreckt sich die staatliche Aufsicht auch darauf, ob die Genehmigungsvoraussetzungen des Art. 7 Abs. 4 GG weiterhin eingehalten werden.
52 *Avenarius/Heckel*, Schulrechtskunde, S. 222.
53 Siehe oben 1. Teil A. I.

Schulen sind die Institutionen, an denen der staatliche Bildungs- und Erziehungsauftrag[54] erfüllt werden soll. Bildung und Erziehung sind nur im freiwilligen Zusammenspiel von Menschen erfolgreich möglich. Es muss Menschen geben, die sich bilden wollen und die sich erziehen lassen wollen. Und es muss Menschen geben, die bereit sind, Bildung zu vermitteln und zu erziehen. Voraussetzung für das Gelingen eines Bildungs- und Erziehungsprozesses ist eine Interaktion der Beteiligten[55]. Es kommt ganz entscheidend auf die beteiligten Personen, ihren Willen zur Zusammenarbeit und ihr Engagement an. Dieser Gedanke gilt nicht nur für die konkrete Unterrichts- und Erziehungssituation, sondern für die gesamte schulische Arbeit. Beispielhaft dafür steht die – neuerdings in vielen Ländern übliche – Entwicklung eines Schulprogramms.

Bildungspolitik, pädagogische Diskussion und nicht zuletzt die schulrechtliche Entwicklung tendieren derzeit dahin, den Schulen mehr Selbstständigkeit zuzugestehen[56]. Zu den Schwerpunkten dieser Entwicklung gehört die – teilweise als Verpflichtung, teilweise nur als Option[57] ausgestaltete – Aufgabe der Schulen, sich ein Schulprogramm zu geben[58]. Darin legt die Schule „die besonderen Ziele, Schwerpunkte und Organisationsverfahren ihrer pädagogischen Arbeit sowie Kriterien für die Zielerreichung [...] fest. Sie konkretisiert [...] den allgemeinen Bildungs- und Erziehungsauftrag im Hinblick auf die spezifischen Voraussetzungen und Merkmale ihrer Schülerschaft und die spezifischen Gegebenheiten der Schule und ihres regionalen Umfeldes"[59]. In dieser Definition wird deutlich, dass die Arbeit der Schule nicht unabhängig vom Wechsel der Beteiligten ist. Es kommt gerade auf die „*spezifischen* Voraussetzungen und Merkmale der Schülerschaft und die *spezifischen* Gegebenheiten der Schule und ihres regionalen Umfeldes" an. Die Schulen sind dazu aufgefordert, die ihnen eigenen Gegebenheiten zu analysieren und für ihre Arbeit nutzbar zu machen. Eine derartige Analyse kann sinnvollerweise nur unter Beteiligung aller in der Schule vertretenen Gruppen geschehen. Schüler, Lehrer und Eltern müssen gemeinsam herausfinden, wo die Stärken und Schwächen der Schule[60] liegen. Ausgehend von diesem Befund können sie dann gemeinsam die Schwer-

---

54   Aus welchen Normen sich dieser – jedenfalls nach überwiegender Auffassung bestehende – Auftrag konkret ableitet, wird noch zu klären sein. Siehe unten 1. Teil C. I.
55   Erziehung und auch Bildung stellen sich „als ein dialogischer Prozess dar, bei dem Persönlichkeitsentfaltung durch die geistige Einwirkung anderer und durch eigene Anstrengungen ineinander wirken", *Jach*, Vom staatlichen Schulsystem zum öffentlichen Schulwesen, S. 44; ebenso *Evers*, VVDStRL 23 (1966), 147 (177 f.).
56   In diesem Sinne auch *Avenarius/Heckel*, Schulrechtskunde, S. 112.
57   Vgl. dazu unten 3. Teil C. I. 1. a).
58   Auf Inhalt, Sinn und Zweck eines Schulprogramms wird noch näher eingegangen werden, siehe unten 3. Teil C. I. 1. a).
59   So lautet die Beschreibung des Schulprogramms in § 51 Abs. 1 SchulG Hamburg. Ähnliche Definitionen finden sich in anderen Schulgesetzen.
60   Dabei kann die Schule als solche – bis auf ihren Gebäudebestand – keine Stärken und Schwächen haben. Entscheidend sind vielmehr die Stärken und Schwächen der der Schule angehörigen Lehrer, Schüler und Eltern.

punkte der Schule festlegen und ein Schulprogramm entwickeln. Dass in diesen Prozess alle Gruppierungen eingebunden werden, ist für den Erfolg der Arbeit von wesentlicher Bedeutung. Nur ein Programm, das von allen mitgetragen wird, kann die angestrebte Identifikationswirkung für die Schulmitglieder haben. Programme, die Inhalte vermitteln, die bei den Beteiligten keine Resonanz finden, sind zum Scheitern verurteilt[61].

Dieser Grundsatz der Einbeziehung aller Gruppierungen wurde bereits Ende des neunzehnten Jahrhunderts als wesentlich für die schulische Arbeit erkannt. Aus diesem Grund wurde der Gedanke der „Schulgemeinde" entwickelt[62].

Dörpfeld verstand unter der Schulgemeinde „eine Verbindung von Familien [...] zu gemeinsamer Sorge für die Bildung ihrer Kinder"[63]. Für jede Schule sollte eine Genossenschaft[64] aus den an der Schule beteiligten Familien gebildet werden[65]. Diese Genossenschaft sollte die Schule selbst verwalten und einen Großteil der Finanzierung der Schule tragen. Im Mittelpunkt der Schulgemeinde sollten nach *Dörpfeld* die Familien stehen. Denn die Familie sei die von Gott selbst gestiftete Normal-Erziehungsanstalt für die Unmündigen[66]. Nur ein Zusammenwirken von Elternhaus und Schule könne zum Erfolg der schulischen Arbeit führen[67]. Die Rolle der Schüler in der Schulgemeinde – sofern ihnen denn überhaupt eine solche zugedacht war – blieb bei *Dörpfeld* weit gehend im Dunkeln.

Während die Schulgemeinde bei *Dörpfeld* demnach einen örtlichen Zusammenschluss von Eltern, deren Kinder dieselbe Schule besuchten, bezeichnete, fasste *Rolle*[68] den Begriff der Schulgemeinde bereits etwas weiter. Nach ihm erfasste die Schulgemeinde „die Erzieher und Zöglinge mit den ihrigen"[69]. Er rechnete alle Erziehungsfaktoren mit ein, die unmittelbaren, die leitenden und die helfenden, nicht bloß die Lehrer oder die fachwissenschaftlich ausgebildeten Erzieher, sondern auch die Eltern und sonstigen Familienmitglieder[70]. *Rolle* sah den Sinn einer derartigen Schulgemeinde darin, dass eine Gemeinschaft, in der ein jeder lebendig Anteil

---

61 *Allhoff/Herden/Müller*, Ohne SchülerInnen und Eltern geht es nicht, in: Risse, Schulprogramm, S. 243 (244).
62 Einer der ersten und wichtigsten Vertreter dieser Richtung war wohl *Friedrich Wilhelm Dörpfeld*. Aus seinem umfassenden Werk sei zur Thematik der Schulgemeinde insbesondere seine Arbeit „Die freie Schulgemeinde und ihre Anstalten", Gütersloh 1863, genannt.
63 *Dörpfeld*, Die freie Schulgemeinde und ihre Anstalten, S. 86.
64 In diesem Zusammenhang ist der Begriff der Genossenschaft indes nicht als Erwerbs- oder Wirtschaftgenossenschaft zu verstehen. Vielmehr bezeichnet Genossenschaft einen Verband, der in einem relativ kleinen örtlichen Rahmen geschaffen wird und in dem sich Menschen zu gemeinsamem Handeln zusammenschließen.
65 *Dörpfeld*, Die freie Schulgemeinde und ihre Anstalten, S. 86.
66 *Dörpfeld*, Die freie Schulgemeinde und ihre Anstalten, S. 29.
67 *Dörpfeld* schreibt, dass nur „durch Mitrathen und Mitthaten [...] Sinn und Interesse" für schulische Angelegenheiten geweckt werden könne; siehe *Dörpfeld*, Die freie Schulgemeinde und ihre Anstalten, S. 205.
68 *Rolle*, in: Rein, Encyklopädisches Handbuch der Pädagogik, 8. Band, S. 156 ff.
69 *Rolle*, in: Rein, Encyklopädisches Handbuch der Pädagogik, 8. Band, S. 156 (157).
70 *Rolle*, in: Rein, Encyklopädisches Handbuch der Pädagogik, 8. Band, S. 156 (157).

nimmt und sich mit seinen Fähigkeiten und Fertigkeiten einbringt, mehr leisten könne als ein Einzelner. Es gelte seitens der Lehrer, die Angst vor der Zusammenarbeit mit den „Nicht-Fachleuten" zu verlieren[71]. Auch nach *Rolle* lag das Schwergewicht der Schulgemeinde noch bei den Eltern. Deren Beteiligung am Schulleben stand im Vordergrund der Überlegungen.

In der Mitte des zwanzigsten Jahrhunderts wandelte sich die Bedeutung des Begriffs zugunsten der Schüler. Die Schulgemeinde bezeichnet seitdem vornehmlich die Gesamtheit aller Lehrer und Schüler. Die Elternschaft wird allenfalls als dritte Gruppe zugelassen[72].

Die verschiedenen Beschreibungen der Schulgemeinde zeigen, dass durchaus unterschiedliche Akzente bei der Definition der Schulgemeinde gesetzt werden. Einige sehen den Schwerpunkt mehr bei den Eltern, andere stellen die Schüler oder auch die Lehrer in den Vordergrund. Allen Beschreibungen gemein ist jedoch der Gedanke der Einbeziehung aller an der Schule vertretenen Gruppen. Alle Autoren gehen davon aus, dass sich die schulische Arbeit verbessert, wenn die Schule nicht nur von den Lehrern dominiert wird, sondern auch Eltern und Schüler in die Gestaltung des Schullebens einbezogen werden. Die Erkenntnis, dass die Beteiligung von Eltern, Lehrern und Schülern notwendig für den Erfolg der schulischen Arbeit ist, hat sich heute, jedenfalls in der (pädagogischen) Theorie[73], durchgesetzt[74]. Lehrer, Eltern und Schüler werden als grundsätzlich gleichwertige Elemente der Schule verstanden[75]. Sie bilden die Schulgemeinde[76], die der Motor der schulischen Arbeit ist. Erst durch die Gemeinschaft und das Zusammenwirken der Betroffenen wird Schule überhaupt möglich. Fehlt dieses Element, so ist die Schule „bloß Anstalt, bloß im Schulgebäude verkörpert"[77] und damit sinnentfremdete Substanz.

III. Zusammenfassung

Während Schule nach der gesetzlichen Definition eine vom Wechsel der Beteiligten unabhängige Unterrichts- und Erziehungseinrichtung ist, stellt der Begriff der Schulgemeinde gerade die konkret Beteiligten in den Vordergrund der Betrachtungen. Die Schulgemeinde, die aus Lehrern, Schülern und Eltern besteht, ist wesent-

---

71 *Rolle,* in: Rein, Encyklopädisches Handbuch der Pädagogik, 8. Band, S. 156 (161 f.).
72 Vgl. *Kloss,* Lehrer – Eltern – Schulgemeinden, S. 19.
73 Praktisch ist von dieser Zusammenarbeit von Eltern, Schülern und Lehrern indes an vielen Schulen noch wenig zu merken.
74 Siehe nur *Achilles,* RdJB 1998, 345 (346).
75 Was nicht bedeutet, dass den Lehrern, beispielsweise in Gremien, nicht die Mehrheit zustehen kann, d.h., dass gegen ihren Willen kein Beschluss gefasst werden kann. Siehe dazu unten 3. Teil D. II. 2. b).
76 So auch die Legaldefinition in § 128 Abs. 1 S. 1 SchulG Hessen.
77 *Rolle,* in: Rein, Encyklopädisches Handbuch der Pädagogik, S. 156 (156).

lich für die Arbeit der Schule. Die Qualität der schulischen Arbeit wird maßgeblich davon beeinflusst, inwieweit sich die jeweils Betroffenen engagieren und die Entwicklung der Schule zu „ihrer" Sache machen. Die Arbeit der Schule muss an den spezifischen Voraussetzungen der ihr eigenen Schulgemeinde und ihres Umfelds ausgerichtet sein. Bildungs- und Erziehungsprozesse können nur in einer Interaktion der Beteiligten erfolgreich stattfinden. Damit dieses aber gelingen kann, ist es erforderlich, dass alle an der Schule vertretenen Gruppierungen mit ihren Wünschen und Bedürfnissen ernst genommen werden und bereit sind, gemeinsam an dem einen Ziel der Bildung und Erziehung zu arbeiten.

B. *Der Status quo der rechtlichen Gestalt der Schule*

Um die im Zusammenhang mit der Frage einer vergrößerten Eigenständigkeit der Schule auftretenden (rechtlichen) Probleme möglichst umfassend erörtern zu können, ist neben dem Verständnis des Begriffs der Schule und des damit beschriebenen Sozialgebildes auch eine Auseinandersetzung mit der Rechtsform der Schule nötig. Die gewählte Rechtsform und das von ihr erfasste Sozialgebilde beeinflussen sich gegenseitig. So wie die Wahl der Rechtsform abhängig von dem zu regelnden Sozialgebilde ist, so prägt die Rechtsform umgekehrt die in ihr zusammengefassten Menschen[78].

Schon seit mehr als zweihundert Jahren werden die Schulen in den Gesetzen als „Anstalten" des Staates bezeichnet. So heißt es bereits im Jahre 1794 in § 1 II 12 des Preußischen Allgemeinen Landrechts – ALR –, dass Schulen (und Universitäten) „Veranstaltungen" des Staates seien. Ebenso normiert Art. 23 Abs. 1 der Verfassungsurkunde des preußischen Staates von 1850, dass alle „Erziehungs- und Unterrichtsanstalten" unter der Aufsicht vom Staat ernannter Behörden stünden. Der Gebrauch des Wortes „Anstalt" in diesen Gesetzen bedeutete jedoch wohl nicht, dass die Schulen die heute gebräuchliche Rechtsform einer öffentlich-rechtlichen Anstalt hatten. Vielmehr sollte er lediglich dazu dienen, das Verhältnis der öffentlichen Schule zum Staat zu bezeichnen[79], welches sich durch ein umfassendes Bestimmungsrecht des Staates über die Schulen auszeichnete[80]. Dass der damalige Begriff der Anstalt nicht mit der Anstalt im heutigen Sinne gleichzusetzen ist, ergibt sich schon daraus, dass der Begriff in seiner heute üblichen Verwendung erst in der zweiten Hälfte des neunzehnten Jahrhunderts von *Otto Mayer* geprägt wurde[81]. Dieser begründete die Anstalt als verwaltungsrechtliches Institut und definierte sie

---

78 *Wolff*, Die Rechtsgestalt der Universität, S. 6.
79 *Anschütz*, Die Verfassungsurkunde für den preußischen Staat, S. 402.
80 *Anschütz*, Die Verfassungsurkunde für den preußischen Staat, S. 413.
81 So ausdrücklich für die Schulen *Jecht*, Die öffentliche Anstalt, S. 11 f. Im Hinblick auf die Verhältnisse im Hochschulrecht konstatieren dies beispielsweise u.a. auch *Thieme*, Deutsches Hochschulrecht, Rn. 176 und *Lüthje*, in: Denninger, HRG, § 58 Rn. 7.

erstmalig wie folgt: „Die öffentliche Anstalt ist ein Bestand von Mitteln, sächlichen wie persönlichen, welche in der Hand eines Trägers öffentlicher Verwaltung einem besonderen öffentlichen Zweck dauernd zu dienen bestimmt sind."[82] Der Tradition der Bezeichnung der Schule als Anstalt folgend, werden die Schulen heute noch in den Schulgesetzen aller Länder als nichtrechtsfähige öffentliche Anstalten bezeichnet[83]. Im heutigen Zusammenhang ist damit jedoch auch die Einordnung der Schule in eine bestimmte Rechtsform gemeint. Damit unterfallen Schulen der Definition, die *Mayer* für die öffentliche Anstalt geprägt hat.

I. Die nichtrechtsfähige öffentliche Anstalt als Rechtsform

Die Anstalt *Mayers* wird durch drei Merkmale bestimmt[84]:
1. Sie ist eine organisatorische Zusammenfassung von persönlichen und sächlichen Mitteln (Gebäude, Anlagen, technische Geräte) zu einer selbstständigen Verwaltungseinheit.
2. Sie nimmt – entsprechend ihrer jeweils spezifisch festgelegten Zwecksetzung – bestimmte Verwaltungsaufgaben wahr und erbringt insbesondere Leistungen.
3. Sie hat i.d.R. Benutzer, die aufgrund eines einmaligen, wiederkehrenden oder länger dauernden Benutzungsverhältnisses Empfänger der durch die Anstalt dargebotenen Leistungen sind.

Die nichtrechtsfähigen Anstalten, zu denen auch die Schulen gehören, sind darüber hinaus dadurch gekennzeichnet, dass sie nur organisatorisch selbstständig sind[85].

---

82   *Mayer*, Deutsches Verwaltungsrecht Bd. II, S. 268.
83   § 23 Abs. 1 S. 1 SchulG Baden-Württemberg, Art. 3 Abs. 1 S. 4 BayEUG, § 7 Abs. 1 S. 1 SchulG Berlin, § 6 S. 1 SchulG Brandenburg, § 111 Abs. 2 S. 1 SchulG Hamburg, § 127a Abs. 2 S. 1 SchulG Hessen, § 52 Abs. 1 S. 1 SchulG Mecklenburg-Vorpommern, § 1 Abs. 3 S. 2 SchulG Niedersachsen, § 6 Abs. 3 S. 2 SchulG Nordrhein-Westfalen, § 73 S. 2 SchulG Rheinland-Pfalz, § 16 Abs. 1 SchulordnungsG Saarland, § 32 Abs. 1 S. 1 SchulG Sachsen, § 2 Abs. 2 S. 2 SchulG Sachsen-Anhalt, § 2 Abs. 2 S. 2 SchulG Schleswig-Holstein, § 13 Abs. 1 S. 2 SchulG Thüringen. § 21 Abs. 1 S. 1 SchulverwaltungsG Bremen nimmt insoweit eine Ausnahmestellung ein, da dort nur normiert ist, dass die Schulen nicht rechtsfähig sind, nicht aber, dass sie Anstalten sind. *Kaschner* schreibt dazu in einem Aufsatz in RdJB 1995, 321 (321 ff.), dass der bremische Gesetzgeber sich bezüglich der Rechtsform der Schule bewusst nicht festgelegt habe, da die herkömmliche Beschreibung der Anstalt auf Schulen nicht passe. Da Bremen insoweit eine Sonderstellung unter den Schulgesetzen einnimmt, soll auf die bremische Regelung an dieser Stelle nicht näher eingegangen werden. Jedoch wird im dritten Teil der Arbeit die Frage erörtert, welche anderen denkbaren Rechtsformen für Schulen existieren. Im Rahmen dieser Erörterungen wird auch die Ansicht des bremischen Gesetzgebers noch einmal Erwähnung finden. Siehe dazu unten 3. Teil E.
84   Vgl. dazu *Maurer*, Allgemeines Verwaltungsrecht, § 23 Rn. 47.
85   *Maurer*, Allgemeines Verwaltungsrecht, § 23 Rn. 48.

Rechtlich sind sie demgegenüber lediglich Teil eines Verwaltungsträgers[86]. Dieser ist regelmäßig eine juristische Person und als solche zwar rechtsfähig, nicht aber handlungsfähig[87]. Um handeln zu können, bedarf der Verwaltungsträger der Hilfe von Organen. Nichtrechtsfähige öffentliche Anstalten sind als organisatorisch selbstständige Teile eines Verwaltungsträgers dessen Organen zuzurechnen, welche mit Hilfe von Organwaltern, das heißt den der Anstalt zugehörigen natürlichen Personen, handlungsfähig sind. Sie sind damit in die Verwaltungshierarchie des Trägers eingeordnete Behörden[88].

II. Schule als nichtrechtsfähige öffentliche Anstalt

1. Anstaltsträgerschaft

Nach dem oben Gesagten ist festzuhalten, dass Schulen als nichtrechtsfähige Anstalten nicht selbst Verwaltungsträger sind, sondern lediglich organisatorisch ver-

---

[86] Der Verwaltungsträger repräsentiert gegenüber den Bürgern im konkreten Fall den Staat. Die rechtlichen Verhältnisse zwischen Staat und Bürger werden durch den jeweiligen Verwaltungsträger auf der einen Seite und den Bürger auf der anderen Seite bestimmt. Verwaltungsträger können sein: der Staat, d.h. Bund und Länder, rechtsfähige Körperschaften, Anstalten und Stiftungen des öffentlichen Rechts, teilrechtsfähige Verwaltungseinheiten, soweit ihre Rechtsfähigkeit reicht, Beliehene und (ggf.) privatrechtlich organisierte Verwaltungsträger. Der Staat ist in dieser Aufzählung der einzige originäre Verwaltungsträger, da er seine Existenz von keiner anderen Instanz ableitet. Demgegenüber bedürfen alle anderen Verwaltungsträger der Errichtung durch den Staat. Sie sind als derivative Verwaltungsträger an den Staat angebunden. Neben ihrer Existenz leiten sie auch ihre Aufgaben vom Staat ab. Sie sind an die staatlichen Gesetze gebunden und unterliegen der staatlichen Aufsicht. Vgl. dazu *Maurer*, Allgemeines Verwaltungsrecht, § 21 Rn. 7 f.
Dass in der Wahrnehmung der Bürger oftmals weniger ein Verwaltungsträger als eine von dessen Behörden die Beziehung der Bürger zum Staat bestimmt, liegt daran, dass die für einen Verwaltungsträger handelnden Behörden berechtigt sind, nach außen im eigenen Namen aufzutreten. Dies ändert aber nichts daran, dass das dem Bürger gegenüberstehende Verwaltungsrechtsubjekt der Verwaltungsträger und nicht die Behörde ist. Vgl. dazu *Maurer*, Allgemeines Verwaltungsrecht, § 21 Rn. 3.
[87] Dies gilt nicht für den seltenen Fall, dass eine natürliche Person Beliehener ist. Diese ist sowohl rechts- als auch handlungsfähig.
[88] Siehe nur *Jecht*, Die öffentliche Anstalt, S. 35 m.w.N.
Der Begriff der Behörde wird weder in der Lehre noch in der Praxis einheitlich verwendet. Einigkeit besteht lediglich darüber, dass Behörden jedenfalls Organe des Staates oder sonstiger Verwaltungsträger sind. Für die nähere Definition wird häufig danach unterschieden, ob es sich um Behörden im organisatorischen oder im funktionellen Sinne handelt. Behörden im organisatorischen Sinne sind die in die staatliche Verwaltungshierarchie eingeordneten Organe sowie die Vollzugsorgane der nichtstaatlichen Verwaltungsträger. Behörden im funktionellen Sinne sind dagegen alle Organe, wenn und soweit sie zur hoheitlichen Durchführung konkreter Verwaltungsmaßnahmen im Außenverhältnis berufen sind.

selbstständigte Teile eines Verwaltungsträgers. Dies wirft die Frage auf, welchem Verwaltungsträger die Schulen konkret zuzuordnen sind. Die Gesetze geben darauf zum überwiegenden Teil keine Antwort. Und auch in der einschlägigen Literatur wird das Problem, soweit ersichtlich, nicht erörtert. Dabei ist die Frage nach dem Träger der Anstalt Schule nicht so eindeutig zu beantworten, wie es auf den ersten Blick scheint.

a) Gesetzliche Lage

Im Wesentlichen lassen sich zwei verschiedene Gruppen von Regelungen in den Ländern unterscheiden[89]. Der überwiegende Teil der Landesgesetze ordnet lediglich an, dass Schulen nichtrechtsfähige öffentliche Anstalten sind, ohne dabei einen Anstaltsträger zu benennen[90]. Der weitaus kleinere Teil der Schulgesetze ordnet an, dass die Schulen nichtrechtsfähige öffentliche Anstalten des Schulträgers sind[91]. Wenn auch die Landesgesetze der erstgenannten Gruppe keine Regelung über die *Anstaltsträgerschaft* treffen, so enthalten sie doch Regelungen über die *Schulträgerschaft*. Diese liegt in allen Ländern regelmäßig[92] bei den Kommunen bzw. den Kreisen[93]. Hier stellt sich die Frage, ob damit auch die Anstaltsträgerschaft geklärt ist, das heißt ob die Schulträgerschaft zwingend mit der Anstaltsträgerschaft gleichzusetzen ist. Dies ist auch hinsichtlich der Länder interessant, welche die Anstaltsträ-

---

89   Auf den Ausnahmefall Niedersachsen wird später ausführlich eingegangen.
90   So in § 23 Abs. 1 S. 1 SchulG Baden-Württemberg, Art. 3 Abs. 1 S. 4 BayEUG, § 7 Abs. 1 S. 1 SchulG Berlin, § 111 Abs. 2 S. 1 SchulG Hamburg, § 127a Abs. 2 S. 1 SchulG Hessen, § 52 Abs. 1 S. 1 SchulG Mecklenburg-Vorpommern, § 73 S. 2 SchulG Rheinland-Pfalz, § 32 Abs. 1 S. 1 SchulG Sachsen, § 2 Abs. 2 S. 2 SchulG Sachsen-Anhalt, § 13 Abs. 1 S. 2 SchulG Thüringen,
91   So in § 6 S. 1 SchulG Brandenburg, § 6 Abs. 3 S. 2 SchulG Nordrhein-Westfalen, § 16 Abs. 1 SchulordnungsG Saarland, § 2 Abs. 2 S. 2 SchulG Schleswig-Holstein.
92   Das Land selbst ist – mit Ausnahme der Stadtstaaten – nur in bestimmten Fällen (z.B. Versuchsschulen, Schulen mit einem besonderen Bildungsangebot oder einem überregionalen Einzugsbereich, vgl. z.B. § 78 Abs. 7 SchulG Nordrhein-Westfalen) Schulträger.
93   Der Übersichtlichkeit halber wird im Folgenden ausschließlich von den Kommunen als Schulträgern gesprochen. Dies ist insofern unproblematisch, als das Gesagte im Ergebnis stets auch für die Kreise als Schulträger gilt. Regelungen zur Schulträgerschaft treffen §§ 27, 28 SchulG Baden-Württemberg, § 109 SchulG Berlin (Diese Vorschrift spricht nicht ausdrücklich von Schulträgerschaft, sondern ordnet lediglich an, dass die Bezirke für die äußeren Schulangelegenheiten zuständig sind. Da die äußeren Schulangelegenheiten nach herkömmlicher Begrifflichkeit aber stets vom Schulträger wahrgenommen werden, kann § 109 SchulG Berlin als eine Regelung über die Schulträgerschaft aufgefasst werden.), § 100 SchulG Brandenburg, § 4 SchulverwaltungsG Bremen, § 138 SchulG Hessen, § 103 SchulG Mecklenburg-Vorpommern, § 102 SchulG Niedersachsen, § 78 SchulG Nordrhein-Westfalen, § 76 SchulG Rheinland-Pfalz, § 38 SchulordnungsG Saarland, § 22 SchulG Sachsen, § 65 SchulG Sachsen-Anhalt, § 67 ff. SchulG Schleswig-Holstein, § 13 Abs. 2 SchulG Thüringen.

gerschaft ausdrücklich dem Schulträger zuweisen. In diesen Fällen bleibt zu prüfen, ob die entsprechenden Regelungen der tatsächlichen Sachlage gerecht werden.

Hinsichtlich der Schulträgerschaft hat sich in den Landesschulgesetzen im Wesentlichen eine Terminologie durchgesetzt, nach welcher der Schulträger die äußeren Schulangelegenheiten[94] verwaltet und die sächlichen Schulkosten trägt[95]. Er ist für organisatorische Maßnahmen, das heißt für die Errichtung, Änderung und Aufhebung der Schulen, zuständig, er deckt den Sachbedarf der Schulen und stellt das Verwaltungspersonal, er ist für die laufende Verwaltung der Schulen zuständig, und er trägt die mit den genannten Aufgaben verbundenen Ausgaben. Dies alles können auch Aufgaben eines Anstaltsträgers sein. Jedoch ist die Wahrnehmung der genannten Aufgaben nicht zwingend mit der Innehabung der Anstaltsträgerschaft verbunden. So ist der Anstaltsträger bei *Wolff/Bachof/Stober* beschrieben als „diejenige Hoheitsperson, welche die Anstalt errichtet hat, deren Aufgaben sie zu ihrem Teil wahrnimmt und deren Wille durch sie und in ihr zur Geltung kommt. [...] Die Anstalt ist Organ oder Glied ihres externen Trägers (des >Anstaltsherrn<), welcher selbst [...] oder durch sein hierfür zuständiges Organ [...] idR ständigen Einfluss auf die Anstalt ausübt."[96] Ob nach dieser Beschreibung der Schulträger, der lediglich die oben genannten Aufgaben erfüllt, (alleiniger) Anstaltsträger sein kann, erscheint fraglich. Denn die Schulen nehmen in ihrer Unterrichts- und Erziehungstätigkeit keine Aufgaben des Schulträgers, das heißt der Kommune, wahr, sondern sie erfüllen nach herrschender Auffassung den *staatlichen* Bildungs- und Erziehungsauftrag. Das Land und nicht die Kommune bestimmt die inhaltliche Ausgestaltung der Schulen. Das Land und nicht die Kommune führt die Aufsicht über die Schulen. Und das Land und nicht die Kommune stellt regelmäßig das pädagogische Personal, das maßgeblichen Einfluss auf das Geschehen in der Schule hat[97]. Damit übt das Land jedenfalls auch – wenn nicht nahezu ausschließlich – ständigen Einfluss auf die Anstalt Schule aus. Die umfassenden Rechte des Landes erscheinen aber unerklärlich, wenn es sich bei den Schulen um rein kommunale Anstalten handeln wür-

---

94   Äußere Schulangelegenheiten sind nach einer Definition des Reichsgerichts aus dem 80. Band, S. 338 (340) „diejenigen, welche die Errichtung, Ausstattung und Unterhaltung sowie das Vermögen der Schule betreffen. Zu den äußeren Schulangelegenheiten gehört wesentlich die Herstellung der für den Betrieb der Schule erforderlichen Vorbedingungen und die Beschaffung der dazu nötigen Mittel."
95   Zwar bestehen in einigen Ländern Besonderheiten hinsichtlich der Schulträgerschaft, doch ist der Aufgabenbereich des Schulträgers weit gehend gleichartig. So auch *Avenarius/Heckel*, Schulrechtskunde, S. 157 ff. Dort findet sich ein knapper Überblick über die Besonderheiten in den einzelnen Ländern.
96   *Wolff/Bachof/Stober*, Verwaltungsrecht III, § 88 Rn. 13 f.
97   In Bayern können auch kommunale Körperschaften gem. Art. 3 Abs. 1 BayEUG Dienstherren des Lehrpersonals sein, allerdings trägt auch hier der Staat die Kosten für das Personal, Art. 6 SchulfinanzierungsG Bayern. In Bremen sind gem. § 8 SchulverwaltungsG Bremen regelmäßig die Stadtgemeinden Anstellungskörperschaften der Lehrer.

de[98]. Bereits die Aufsicht des Landes über die Schulen wird bei dieser Konstruktion fragwürdig. So wären Aufsichtsmaßnahmen, da es sich bei Schulen um nichtrechtsfähige Anstalten handelt, stets gegen den Anstaltsträger, das heißt die Kommune, und nicht gegen die Anstalt selbst zu richten[99]. Dies wiederum hätte aber wenig Sinn, da die Kommune keinerlei Einfluss auf die Schule ausüben könnte, sofern es sich um Vorgaben handelt, die das innere Schulleben betreffen. Dieses liegt nämlich allein in der Verantwortung des Landes. Insofern scheint es geboten, der Beziehung des Landes zur Schule auch in irgendeiner Weise Ausdruck zu verleihen. Die Schulen nur als Anstalt des kommunalen Schulträgers aufzufassen – wie es ausdrücklich in Brandenburg, Nordrhein-Westfalen, dem Saarland und Schleswig-Holstein geschieht –, scheint der Sachlage und den rechtlichen Rahmenbedingungen nicht zu entsprechen. Da Schulträger und Anstaltsträger demnach nicht, zumal nicht ohne entsprechende gesetzliche Anordnung, gleichgesetzt werden können, bleibt in den Ländern ohne entsprechende Regelung nach wie vor unklar, wer Anstaltsträger ist.

b) Anstaltsträgerschaft als kommunal-staatliches Kondominium?

Dies lässt Raum für Überlegungen, wie das Verhältnis von Kommune und Land zur Anstalt Schule nach der heutigen Rechtslage zutreffend beschrieben werden könnte. Will man an der alleinigen Anstaltsträgerschaft des Schulträgers, das heißt der Kommune, festhalten, muss der Einfluss des Landes auf die Schule auf andere Weise ausgedrückt werden. So könnte man an eine „Zwitterstellung" der Schule denken. Einerseits wäre sie nichtrechtsfähige Anstalt des kommunalen Schulträgers. Andererseits wäre sie aber auch unterstes Glied in der Hierarchie der öffentlichen Schulverwaltung und damit staatliche Einrichtung[100]. Auf diese Weise wäre zumindest der

---

98 Ferner erscheint es fraglich, ob das Land überhaupt berechtigt ist, in den Schulgesetzen anzuordnen, dass Schulen nichtrechtsfähige Anstalten der Kommunen sind. Denn die Schulträgerschaft der Kommunen gehört regelmäßig zu den pflichtigen Selbstverwaltungsaufgaben. Dies bedeutet, dass die Kommunen lediglich hinsichtlich des „Ob" der Aufgabenwahrnehmung, nicht aber hinsichtlich des „Wie" gebunden sind. Folglich müsste es grundsätzlich auch den Kommunen überlassen sein, ob sie Schulen als nichtrechtsfähige Anstalten errichten oder eine andere Rechtsform vorziehen. Dass dem nicht so ist, lässt sich nur so erklären, dass der Gesetzgeber bei der Normierung einer pflichtigen Selbstverwaltungsaufgabe bis ins Einzelne gehende Maßstäbe für die Durchführung dieser Aufgabe festlegen kann. Dem Land ist es demnach rechtlich gestattet, die Anordnung der Schulträgerschaft der Kommunen mit der Festlegung zu verbinden, dass die Schulen als kommunale Anstalten zu errichten sind. Aufgrund der unklaren Gesetzeslage erscheint es jedoch fraglich, ob dies tatsächlich die Intention des Gesetzgebers war. Siehe dazu *Seewald*, Kommunalrecht, in: Steiner, Besonderes Verwaltungsrecht, Teil I Rn. 101 ff. (insbes. 107).
99 Vgl. *Wolff/Bachof/Stober*, Verwaltungsrecht III, § 88 Rn. 50.
100 *Avenarius*, RdJB 2001, 470 (471).

umfassende Einfluss des Staates auf die Schulen erklärlich. Denn auf die Einrichtungen, die unmittelbar seiner Verwaltungshierarchie unterstehen, hat der Staat selbstverständlich uneingeschränkten Einfluss.

In Betracht käme aber auch, Kommunen und Land die Anstaltsträgerschaft für die Schulen *gemeinsam* zu übertragen. Denn es ist möglich, dass mehrere Hoheitspersonen eine Anstalt gemeinsam tragen[101]. Diesen naheliegenden Weg ist Niedersachsen als einziges Bundesland ausdrücklich gegangen. So heißt es in § 1 Abs. 3 S. 2 SchulG Niedersachsen, dass die Schulen „nichtrechtsfähige Anstalten ihres Trägers und des Landes" sind. Warum der niedersächsische Gesetzgeber im Gegensatz zu allen anderen Landesparlamenten die Anstaltsträgerschaft ausdrücklich den Schulträgern *und* dem Land zugeschrieben hat, ergibt sich aus der Gesetzgebungsgeschichte. In dem ursprünglichen Gesetzentwurf[102] hieß es zunächst noch, dass die Schulen nichtrechtsfähige Anstalten seien. Hier fehlte, ebenso wie in der Mehrzahl der anderen Schulgesetze, eine Anordnung über die Trägerschaft. Diese traf erst der Kultusausschuss, dem der Gesetzentwurf zur Beratung und Berichterstattung überwiesen worden war. Der Kultusausschuss sah in seinen Beschlussempfehlungen[103] die Formulierung vor, die letztlich in § 1 Abs. 3 S. 2 des Schulgesetzes übernommen worden ist. Danach sind die Schulen nichtrechtsfähige Anstalten ihres Trägers und des Landes. Zur Begründung dieses Zusatzes wurde angeführt, dass er kein eigenes sachliches Gewicht habe, sondern lediglich zur Klarstellung des Entwurfstextes dienen solle[104]. Sowohl der Kultusausschuss als auch der Landtag, wie er durch die diskussionslose Übernahme dieses Vorschlages dokumentiert hat, gingen demnach selbstverständlich davon aus, dass die Schulen Anstalten von Schulträger *und* Land seien. Mit dieser Annahme vermied der niedersächsische Gesetzgeber die oben erwähnte Doppelkonstruktion von kommunaler Anstalt und staatlicher Einrichtung. Er schuf durch seine Regelung der gemeinsamen Anstaltsträgerschaft ausdrücklich auch rechtlich ein kommunal-staatliches Kondominium[105]. Da dies die derzeitige Sach- und Rechtslage im Schulwesen (tatsächliches kommunal-staatliches Kondominium) weitaus einfacher erklärt als die genannte Doppelkonstruktion und auch keine Gründe ersichtlich sind, die gegen eine gemeinsame Anstaltsträgerschaft von Kommunen und Land sprechen, erscheint diese der Doppelkonstruktion kommunale Anstalt/staatliche Einrichtung jedenfalls bei der jetzigen Rechtslage vorzugswürdig.

Während man die Landesgesetze ohne entsprechende Regelung noch dahingehend auslegen kann, dass eine gemeinsame Anstaltsträgerschaft von Kommunen und

---

101 *Wolff/Bachof/Stober,* Verwaltungsrecht III, § 88 Rn. 13.
102 Drucks. Nr. 7/2190 der Landtagsdrucksachen des Niedersächsischen Landtages.
103 Drucks. Nr. 7/2681 der Landtagsdrucksachen des Niedersächsischen Landtages.
104 So der Berichterstatter des Kultusausschusses *Hinrichs* in der zweiten und dritten Beratung des Entwurfs eines Niedersächsischen Schulgesetzes am 8. Mai 1974, Verhandlungen des Niedersächsischen Landtages, Wahlperiode 1970, Stenographische Berichte, S. 9950 f.
105 Auch bei der Doppelkonstruktion kommunale Anstalt/staatliche Einrichtung liegt zwar wohl ein Kondominium vor. Dieses hat aber den Nachteil, dass es an einer ausdrücklichen Anordnung diesbezüglich fehlt.

Land gewollt sei, ergeben sich Schwierigkeiten bei den Ländern, welche die Anstaltsträgerschaft ausdrücklich nur dem Schulträger zuschreiben. Hier stellt sich die Frage, was dies für Auswirkungen auf die Anstalt Schule hat. Nach der Definition *Mayers* ist die öffentliche Anstalt ein Bestand von sächlichen und persönlichen Mitteln in der Hand eines Trägers öffentlicher Verwaltung. Für die Schule bedeutet dies in den genannten Ländern, dass sie ein Bestand von sächlichen und persönlichen Mitteln in der Hand der Kommune ist. Sächliche Mittel der Schule sind insbesondere die Gebäude, die technischen Geräte, die Inneneinrichtungen und gegebenenfalls die Lehrmittel, die zum Bestand der Schule gehören. Persönliche Mittel sind nach allgemeinem Verständnis einerseits das nichtlehrende Personal (Verwaltungspersonal, Hausmeister, Reinigungskräfte u.a.), andererseits aber wohl auch das lehrende Personal, das heißt Lehrer und Schulleitung. Hier ergibt sich nun folgendes Problem: Die Lehrer sind in allen Ländern – unabhängig von der Schulträgerschaft – regelmäßig Landesbedienstete. Das Land ist Dienstherr der Lehrer und trägt als solcher die sich daraus ergebenden Personalkosten[106]. Träger der Schulen als Anstalten sind aber in den hier interessierenden Ländern die Kommunen. Die Lehrer sind demnach keine persönlichen Mittel „in der Hand" des Schulträgers. Vielmehr sind sie „in der Hand" eines anderen Trägers öffentlicher Verwaltung, nämlich des Landes. Damit ist die Frage aufgeworfen, was dies für die Schule als Anstalt bedeutet. Es könnte bedeuten, dass die Lehrer gar nicht zum Bestand der Anstalt Schule gehören. Setzt man nämlich voraus, dass die Definition der Anstalt von *Mayer* davon ausgeht, dass die Mittel der Anstalt *aus der Hand ihres Trägers* kommen, würde dies auf die Lehrer als Landesbedienstete nicht zutreffen. Die Lehrer würden demnach nicht zu den persönlichen Mitteln gehören, die „einem besonderen öffentlichen Zweck dauernd zu dienen bestimmt sind". Dies hieße zwangsläufig, dass Zweck der Anstalt Schule nicht die Unterrichts- und Erziehungstätigkeit sein könnte. Denn ohne das dafür erforderliche Personal sind Unterricht und Erziehung unmöglich. Zweck der Anstalt Schule könnte demnach nur sein, die sächlichen und persönlichen Mittel (das pädagogische Personal ausgeschlossen) bereitzustellen, damit Unterrichts- und Erziehungsaufgaben wahrgenommen werden können. Schule als Anstalt hätte nur die Funktion, die äußeren Gegebenheiten zu garantieren, damit Unterricht und Erziehung stattfinden können. Unterricht und Erziehung selbst wären demgegenüber keine Zwecke der Anstalt Schule. Sie würden lediglich (räumlich) *in* der Anstalt Schule, nicht aber *von* ihr verfolgt.

Um dieses wenig plausible Ergebnis zu umgehen, bieten sich zwei Lösungswege an. Zum einen könnte der oben bereits erwähnte Ansatz aufgegriffen werden, die Schule sowohl als kommunale Anstalt als auch als staatliche Einrichtung aufzufassen. Denn dann könnte die staatliche Einrichtung Schule ihre staatlichen Unterrichts- und Erziehungsziele *in* der kommunalen Anstalt Schule verfolgen. Auch

---

106 Selbst wenn die Lehrer ausnahmsweise nicht Landesbedienstete, sondern Bedienstete der Kommune sind, erstattet das Land dieser ganz oder jedenfalls teilweise die Personalkosten. Das Land trägt folglich nahezu ausnahmslos die gesamten Kosten für das pädagogische Personal, siehe *Avenarius/Heckel*, Schulrechtskunde, S. 167.

dann wären zwar Unterricht und Erziehung nicht Zweck der kommunalen Anstalt Schule, aber immerhin Zweck der staatlichen Einrichtung Schule. Auf diesem Weg könnte zumindest der zu Beginn genannten Schuldefinition[107] Genüge getan werden, nach der Unterricht und Erziehung wesentliche Merkmale der Schule sind. Zum anderen könnte man annehmen, dass die Mittel *in* der Hand des Trägers öffentlicher Verwaltung nicht auch *aus* seiner Hand kommen müssen. Dies würde bedeuten, dass die Schulen zwar ausschließlich kommunale Anstalten sind, aber das Land diesen Anstalten das pädagogische Personal als persönliche Mittel zur Verfügung stellt. Auch wenn nach der Anstaltsdefinition *Mayers* nicht ausdrücklich ausgeschlossen ist, dass der Bestand an Mitteln einer Anstalt von verschiedenen Verwaltungsträgern zusammengetragen wird, erscheint eine derartige Konstruktion doch unpassend. Denn auch sie vermag nicht den umfassenden Einfluss des Landes auf die Schulen zu erklären. Will man nicht trotz des entgegenstehenden Wortlauts eine gemeinsame Anstaltsträgerschaft von Land und Kommune annehmen, wird man demnach davon ausgehen müssen, dass die Schulen sowohl kommunale Anstalten als auch staatliche Einrichtungen sein sollen[108]. Überzeugender erscheint jedoch aufgrund der Sach- und Rechtslage eine gemeinsame Anstaltsträgerschaft von Land und Kommunen. Geht man von dieser Konstruktion aus, erweist sich der Gesetzeswortlaut in den Ländern, die ausschließlich dem Schulträger – das heißt in der Regel der Kommune – die Anstaltsträgerschaft zuweisen, als unzutreffend.

2. Konkrete Gestalt der Anstalt Schule

Unabhängig von den unklaren Regelungen der Anstaltsträgerschaft lässt sich die Frage beantworten, was es für Schulen konkret bedeutet, nichtrechtsfähige Anstalten des öffentlichen Rechts zu sein. Schulen sind als nichtrechtsfähige Anstalten in erster Linie von Körperschaften abzugrenzen. Auch Körperschaften sind öffentlich-rechtliche Einrichtungen. Doch unterscheiden sie sich in verschiedener Hinsicht deutlich von (nichtrechtsfähigen) Anstalten. Körperschaften sind regelmäßig von dem Gedanken der Selbstverwaltung getragen. Dies bedeutet, dass der Staat bestimmte öffentliche Aufgaben nicht selbst durch eigene Behörden erledigt, sondern sie in die Hände der unmittelbar Beteiligten und Betroffenen gibt. Diese verfügen – so die Annahme – über bessere Kenntnisse der konkreten Gegebenheiten und können daher anstehende Probleme besser bewältigen, als dies der Staat könnte. Auch steht dahinter die Idee, dass konkret Betroffene sich regelmäßig in größerem Maße als entfernte Staatsbedienstete persönlich für eine Sache einsetzen und an der Beseitigung von Mängeln und ständiger Verbesserung interessiert sind[109]. Aus diesem

---

107 Siehe oben 1. Teil A. I.
108 Anders natürlich dann, wenn das Land ausnahmsweise Schulträger ist.
109 *Wolff/Bachof/Stober*, Verwaltungsrecht II, § 84 Rn. 4.

Grund werden die jeweiligen Betroffenen zu einer Körperschaft des öffentlichen Rechts zusammengefasst. Diese wird durch oder aufgrund eines Gesetzes errichtet und von den Betroffenen als ihren Mitgliedern getragen[110]. Die Mitglieder nehmen die der Körperschaft übertragenen Aufgaben eigenverantwortlich wahr und gestalten die Arbeit der Körperschaft gemeinsam. Dabei unterliegen sie (jedenfalls) staatlicher Rechtsaufsicht[111]. Die Körperschaft selbst ist regelmäßig vollrechtsfähig und juristische Person des öffentlichen Rechts.

Im Gegensatz zur Körperschaft spielt in der Schule als Anstalt der Gedanke der Selbstverwaltung keine Rolle. Anstalten werden regelmäßig zur Ausgliederung spezieller Verwaltungsfunktionen errichtet, ohne dass es dabei auf die spezifischen Verhältnisse und das Engagement der betroffenen Menschen erheblich ankommt[112]. Ausreichend ist die Erreichung des konkreten Anstaltszwecks mit den dafür am besten geeigneten (technischen)[113] Mitteln. Um dieses Ziel zu verfolgen, werden die erforderlichen sächlichen und persönlichen Mittel aus der allgemeinen Verwaltung ausgegliedert. Dies hat auch den Grund, dass der sonstige Verwaltungsapparat durch die Verfolgung des konkreten Anstaltszwecks nicht gestört und belastet werden soll[114]. Für die Schulen als nichtrechtsfähige Anstalten heißt dies, dass sie aus der allgemeinen Verwaltung ausgegliedert sind, um der Unterrichts- und Erziehungsfunktion nachkommen zu können. Anders als bei der Körperschaft setzt man dabei nicht auf das Engagement oder die besonderen Fähigkeiten der Betroffenen. Es geht allein um die technische Erfüllung der Unterrichts- und Erziehungsfunktion. Demzufolge haben Anstalten auch keine Mitglieder, sondern Benutzer. Diese sind bei der Schule als nichtrechtsfähiger Anstalt in den Schülern und (wohl auch) den Eltern zu sehen. Das gesamte pädagogische Personal zählt demgegenüber zu den Mitteln der Anstalt. Benutzer einer Anstalt haben grundsätzlich keine Mitwirkungsbefugnisse[115]. Dies schließt allerdings nicht aus, dass der Gesetzgeber ihnen gewisse Mitspracheoder Mitbestimmungsrechte einräumt. Nur so lassen sich auch die Mitwirkungsrechte von Schülern und Eltern, beispielsweise in der Schulkonferenz, erklären. Räumt der Gesetzgeber aber derartige Mitbestimmungsrechte ein, liegt bereits eine Zwischenform zwischen Körperschaft und Anstalt vor[116].

Auch sind nichtrechtsfähige Anstalten im Gegensatz zu Körperschaften, wie es ihr Name bereits sagt, nicht rechtsfähig. Dies bedeutet, dass Schulen als nichtrechtsfähige Anstalten grundsätzlich nicht Träger von Rechten und Pflichten sein können. Sie können prinzipiell kein eigenes Vermögen haben und keine Rechtsgeschäfte ab-

---

110 Grundsätzlich bedeutet dies, dass die Mitglieder die Körperschaft auch finanziell tragen. Dies ist jedoch nicht zwingend, wie man an dem Beispiel der Hochschulen sehen kann; siehe *Wolff/Bachof/Stober*, Verwaltungsrecht II § 84 Rn. 36.
111 *Wolff/Bachof/Stober*, Verwaltungsrecht III, § 88 Rn. 82.
112 *Wolff/Bachof/Stober*, Verwaltungsrecht II, § 84 Rn. 3.
113 *Wolff/Bachof/Stober*, Verwaltungsrecht II, § 84 Rn. 3.
114 *Wolff/Bachof/Stober*, Verwaltungsrecht II, § 84 Rn. 3.
115 *Maurer*, Allgemeines Verwaltungsrecht, § 23 Rn. 52.
116 *Maurer*, Allgemeines Verwaltungsrecht, § 23 Rn. 52.

schließen. Dass Schulen dies teilweise heute dennoch tun (können), liegt daran, dass in diesen Fällen die Schulträger den Schulen bestimmte Mittel zur eigenverantwortlichen Bewirtschaftung überlassen und sie zur Vornahme von Rechtsgeschäften ermächtigt haben. Es handelt sich dabei aber nicht um eigene, originäre Rechte der Schulen, sondern lediglich um „geliehene", derivative Rechte, die jederzeit durch den Schulträger wieder eingeschränkt werden können[117]. Rechtlich sind derartige Ermächtigungen wohl nur als Organisationsverlagerung der entsprechenden Kompetenzen auf die Schule, jedoch nicht als wirkliche schulische Selbstverantwortung einzuordnen[118].

III. Zusammenfassung

Zusammenfassend lässt sich demnach feststellen, dass die Schulen zwar in allen Ländern nichtrechtsfähige Anstalten sind, eine Regelung der Anstaltsträgerschaft aber – mit Ausnahme der niedersächsischen Regelung – nicht oder jedenfalls nicht befriedigend erfolgt ist. Die bestehenden Gesetze erklären den Einfluss des Staates auf das Schulwesen nur unzureichend. Die Rechtsform der nichtrechtsfähigen Anstalt bedeutet für die Schulen konkret, dass sie grundsätzlich nicht Träger von Rechten und Pflichten sein können. Während die Lehrer zu den persönlichen Mitteln der Schule gehören, sind die Schüler und (wohl auch) Eltern Benutzer der Anstalt Schule. Als solche haben sie prinzipiell keinerlei Mitwirkungsrechte.

C. *Auftrag der Schule*

Unabhängig davon, welche Rechtsform die Schule hat, stellt sich die Frage, welchen Auftrag sie verfolgt. Der Auftrag der Schule wird in den Schulgesetzen der Länder und teilweise bereits in den Landesverfassungen größtenteils sehr ausführlich beschrieben. Dort ist beispielsweise von der Erziehung „zur Selbstbestimmung in Verantwortung vor Gott und den Mitmenschen, zur Anerkennung ethischer Normen, zur Gleichberechtigung von Frau und Mann, zur Gleichstellung von behinderten und nichtbehinderten Menschen, zur Achtung der Überzeugung anderer, zur Bereitschaft, die sozialen und politischen Aufgaben im freiheitlich-demokratischen und sozialen Rechtsstaat zu übernehmen, zum gewaltfreien Zusammenleben und zur verpflichtenden Idee der Völkergemeinschaft"[119] die Rede. Die Schule soll „zu selb-

---

117 Sofern die Mittelüberlassung an die Schulen nicht gesetzlich festgelegt ist.
118 Siehe zu dieser Unterscheidung *Stern*, Autonomie der Schule?, in: Merten/Schmidt/Stettner, Der Verwaltungsstaat im Wandel, S. 333 (334).
119 § 1 Abs. 2 S. 1 SchulG Rheinland-Pfalz.

ständigem Urteil, zu eigenverantwortlichem Handeln und zur Leistungsbereitschaft"[120] führen. Sie soll Kenntnisse und Fertigkeiten mit dem Ziel vermitteln, „die freie Entfaltung der Persönlichkeit und die Orientierung in der modernen Welt zu ermöglichen, Verantwortungsbewusstsein für Natur und Umwelt zu fördern sowie zur Erfüllung der Aufgaben in Staat, Gesellschaft und Beruf zu befähigen"[121]. Diese Beschreibungen konstituieren nicht ausdrücklich einen Bildungs- und Erziehungsauftrag des Staates seinen (jungen) Bürgern gegenüber[122], sondern setzen das Bestehen eines solchen voraus. Damit ist die Frage aufgeworfen, worin die Grundlage für diesen Auftrag des Staates zu sehen ist. Als Grundlage kommen insbesondere grundgesetzliche Ansatzpunkte in Betracht.

I. Ausgangspunkt des staatlichen Bildungs- und Erziehungsauftrags

Da Art. 7 GG die einzige Norm der Verfassung ist, die sich mit dem Schulwesen befasst, liegt eine Verankerung des staatlichen Bildungs- und Erziehungsauftrags in Art. 7 GG, insbesondere in dessen Absatz 1, nahe[123]. Maßgebliche Bedeutung könnte in diesem Zusammenhang dem Begriff der Aufsicht zukommen. So wird argumentiert, dass der Begriff der Aufsicht hier, anders als sonst im Verwaltungsrecht, als umfassende Befugnis zur Organisation, Planung, Leitung und Beaufsichtigung des Schulwesens zu verstehen sei[124]. Aus dieser umfassenden Befugnis leite sich ein staatlicher Bildungs- und Erziehungsauftrag ab.

Denkbar ist ebenfalls, Art. 7 Abs. 1 GG zwar als Ausgangsnorm des staatlichen Bildungs- und Erziehungsauftrags anzusehen, ergänzend jedoch das Sozialstaatsprinzip hinzuzuziehen. Die öffentliche Verantwortlichkeit für das Schulwesen und

---

120 § 1 Abs. 2 S. 2 Hs. 1 SchulG Rheinland-Pfalz.
121 § 1 Abs. 2 S. 2 Hs. 2 SchulG Rheinland-Pfalz.
122 Gegen eine Ableitung des staatlichen Bildungs- und Erziehungsauftrags aus den landesrechtlichen Regelungen spricht, dass diese nur landesweit Geltung beanspruchen können und damit für die Herleitung eines für alle Länder geltenden Bildungsauftrags ungeeignet sind. Dem kann auch nicht entgegengehalten werden, dass das Schulwesen nach der Kompetenzordnung des Grundgesetzes in den Kompetenzbereich der Länder falle. Denn indem Art. 7 GG grundsätzliche Regelungen hinsichtlich des Schulwesens trifft, wird die Frage nach dem staatlichen Bildungs- und Erziehungsauftrag auf die bundesverfassungsrechtliche Ebene gehoben. Wird durch das Grundgesetz bundesweit eine Aufsicht über das Schulwesen angeordnet, muss damit auch ein bundesweiter (nicht notwendig einheitlich ausgestalteter) Bildungs- und Erziehungsauftrag des Staates einhergehen. Zur Ableitung eines solchen sind aber nicht Landesverfassungen und -gesetze, sondern ist lediglich das Grundgesetz geeignet. Ähnlich wie hier – allerdings nur auf den Erziehungsauftrag des Staates bezogen – *Thiel*, Der Erziehungsauftrag des Staates in der Schule, S. 48 f.
123 *Robbers*, in: v. Mangoldt/Klein/Starck, GG, Art. 7 Abs. 1 Rn. 80; *Schmitt-Kammler*, in: Sachs, GG, Art. 7 Rn. 22; *Stock*, RdJB 1986, 212 (218); *Dittmann*, VVDStRL 54 (1995), 47 (55); *Huber*, BayVBl. 1994, 545 (546).
124 BVerwGE 6, 101 (104). Siehe zu dieser extensiven Interpretation auch unten 2. Teil A. I. 2.

damit auch der staatliche Bildungs- und Erziehungsauftrag ergäben sich danach aus einer Zusammenschau von Art. 7 Abs. 1, Art. 20 Abs. 1 und Art. 28 Abs. 1 GG[125]. Sozialstaatlichkeit als die Sorge um das Wohl aller würde folglich beinhalten, dass staatlicherseits ein Mindestmaß an Bildungsvorsorge betrieben werden muss[126].

Schließlich könnte der staatliche Bildungs- und Erziehungsauftrag auch in den naturrechtlichen Bereich vorverlagert werden. Art. 7 Abs. 1 GG normiert nicht ausdrücklich ein staatliches Erziehungsmandat. Allerdings scheint Art. 7 Abs. 1 GG von einem solchen auszugehen[127]. Gestützt werden kann dieser Gedanke durch einen Rückgriff auf die Weimarer Reichsverfassung. In Art. 148 Abs. 1 WRV war ein staatlicher Bildungs- und Erziehungsauftrag eindeutig angelegt. Möglicherweise sind die Väter und Mütter des Grundgesetzes mithin vom Bestehen eines solchen Auftrags ausgegangen, weshalb es keiner ausdrücklichen Aufnahme des Bildungs- und Erziehungsauftrags in das Grundgesetz bedurfte[128].

Festzuhalten ist, dass ein staatlicher Bildungs- und Erziehungsauftrag besteht[129]. Die Annahme, dass sich dieser nur deshalb aus Art. 7 Abs. 1 GG ergebe, weil dieser ein umfassendes Bestimmungsrecht des Staates über die Schulen beinhalte und sich

---

125 *Oppermann*, Nach welchen rechtlichen Grundsätzen sind das öffentliche Schulwesen und die Stellung der an ihm Beteiligten zu ordnen? in: Ständige Deputation des Deutschen Juristentages, Verhandlungen des einundfünfzigsten Deutschen Juristentages, Bd. 1 Teil C, S. 21. Ebenso *Bothe*, VVDStRL 54 (1995), 7 (17 f.).
126 *Oppermann*, Nach welchen rechtlichen Grundsätzen sind das öffentliche Schulwesen und die Stellung der an ihm Beteiligten zu ordnen?, in: Ständige Deputation des Deutschen Juristentages, Verhandlungen des einundfünfzigsten Deutschen Juristentages, Bd. 1 Teil C, S. 25.
127 BVerfGE 34, 165 (183); *Ossenbühl*, DÖV 1977, 801 (807).
128 Im Ergebnis so *Ossenbühl,* DÖV 1977, 801 (807).
129 Insbesondere in den letzten Jahren sind vereinzelt Stimmen aufgetreten, die das Bestehen eines staatlichen Bildungs- und Erziehungsauftrags gänzlich negieren. Ein bekannter Vertreter dieser Richtung aus früheren Tagen war *Ekkehart Stein*. Dieser sah in seinem Werk „Das Recht des Kindes auf Selbstentfaltung in der Schule", Neuwied, Berlin 1967, Sinn und Zweck der Schule zutreffend in der Persönlichkeitsentfaltung des Kindes. Daraus zog er jedoch den unzutreffenden Schluss, dass der Staat folglich keinen Bildungs- und Erziehungsauftrag haben könne. Denn der Staat könne nicht neutral sein und nicht gewährleisten, dass den Kindern und Jugendlichen in der Schule alle existierenden geistigen Strömungen gleichmäßig vermittelt würden. Ähnlich argumentiert auch *Jach,* der den Staat ebenfalls als zur Bildung und Erziehung ungeeignet ansieht. Denn die einseitig intellektuell-kognitive Ausrichtung des staatlichen Schulwesens verletze die Grundrechte der Kinder und ihrer Eltern. Demnach müsse einzige Aufgabe des Staates sein, Bildungseinrichtungen zur Verfügung zu stellen, in denen sich alle gesellschaftlichen Strömungen entfalten können. Vgl. dazu insbesondere *Jach*, Schulvielfalt als Verfassungsgebot, Berlin 1991. Schließlich ist auch *Bärmeier* den Kritikern eines staatlichen Bildungs- und Erziehungsauftrags zuzuordnen. In seinem Werk „Über die Legitimität staatlichen Handelns unter dem Grundgesetz der Bundesrepublik Deutschland", Frankfurt a.M. 1992 legt er dar, dass staatliche Bildung und Erziehung in den Schulen einen nicht erforderlichen Eingriff in die Grundrechte der Betroffenen darstelle und damit unverhältnismäßig sei.
Da diese grundsätzliche Kritik nur von einzelnen Stimmen erhoben worden ist, würde eine eingehende Auseinandersetzung damit an dieser Stelle den Rahmen der vorliegenden Untersuchung sprengen.

erst aus dem umfassenden Bestimmungsrecht des Staates sein Bildungs- und Erziehungsauftrag ableiten lasse, erscheint indes problematisch. Ein umfassendes Bestimmungsrecht des Staates über das Schulwesen ist zur Begründung des staatlichen Bildungs- und Erziehungsauftrags nicht erforderlich. Art. 7 Abs. 1 GG normiert, dass das gesamte Schulwesen unter der Aufsicht des Staates steht. Stellt der Staat einen bestimmten Lebensbereich unter seine Aufsicht, übernimmt er Verantwortung für diesen Bereich[130]. Dies gilt unabhängig davon, wie die Aufsicht konkret ausgestaltet ist[131]. Aufsichtsbefugnisse und Verantwortung stehen in einem unauflöslichen Zusammenhang. Aufsicht ist nur dort erforderlich, wo der Staat Verantwortung für einen bestimmten Bereich trägt. Verantwortung kann dem Staat wiederum nur dann aufgebürdet werden, wenn er auch die Möglichkeit des aufsichtlichen Einschreitens hat. Denn eine Zurechnung von Handlungen und Entscheidungen – und nichts anderes als Zurechnung bedeutet Verantwortung in letzter Konsequenz – ist nur dann gerechtfertigt, wenn eine Möglichkeit der Einflussnahme auf das zuzurechnende Verhalten besteht[132].

Die Verantwortung des Staates drückt sich im Schulbereich in dem Bestehen eines staatlichen Bildungs- und Erziehungsauftrags aus. Der Staat hat aus der aus Art. 7 Abs. 1 GG rührenden Verantwortung für das Schulwesen die Pflicht, Bildung und Erziehung zu ermöglichen. Verantwortung, Auftrag und Pflicht des Staates umschreiben insoweit denselben Sachverhalt. Davon deutlich zu unterscheiden sind zum einen Ziel und Zweck des staatlichen Bildungs- und Erziehungsauftrags und

---

130 *Leisner* formuliert dies auf Art. 7 Abs. 1 GG bezogen so, dass das Recht zur Aufsicht dem Staat auch die Pflicht gibt, sich des Schulwesens anzunehmen. Siehe *Leisner*, ZBR 1980, 361 (365).
131 Dies bedeutet natürlich auch, dass die Verantwortung des Staates niemals weiter reichen kann als die aufsichtlichen Kompetenzen des Staates. Denn das Tragen einer Verantwortung ist nur dort gerechtfertigt, wo eine Möglichkeit des korrigierenden Eingreifens besteht. Für Entscheidungen und Handlungen, die nicht dem Aufsichtsbereich des Staates unterfallen, kann dieser keine Verantwortung übernehmen.
132 Hier stellt sich die Frage, in welchem genauen Kausalzusammenhang Aufsicht und Verantwortung stehen. Denkbar ist zum einen, dass der Staat zuerst ausdrücklich eine Verantwortung für einen bestimmten Lebensbereich an sich zieht und daran anschließend seine Aufsichtsbefugnisse festlegt. Denkbar ist zum anderen aber auch, dass der Staat lediglich Aufsichtsbefugnisse festschreibt, aus denen sich mittelbar die Verantwortung des Staates für den zu beaufsichtigenden Bereich ergibt. Eine grundsätzliche Klärung dieser Frage kann letztlich dahinstehen, da sie keinerlei praktische Auswirkungen hat. Für den Schulbereich jedenfalls ist die letztgenannte Alternative nahe liegender. Art. 7 Abs. 1 GG spricht nicht von einer Verantwortung des Staates für das Schulwesen. Auch sonst wird dem Staat an keiner Stelle der Verfassung ausdrücklich eine Verantwortung für das Schulwesen übertragen. Ihm wird lediglich in Art. 7 Abs. 1 GG die Aufsicht über das Schulwesen zugestanden. Da Aufsicht und Verantwortung, wie gesehen, zwei Seiten einer Medaille sind, heißt dies zugleich, dass der Staat Verantwortung für das Schulwesen hat. Dies gilt unabhängig davon, welcher Art die Aufsichtsbefugnisse des Staates sind.

zum anderen die sich aus diesem Auftrag ergebenden Rechte des Staates[133]. Diese Aspekte werden in der juristischen Auseinandersetzung nicht immer sauber voneinander getrennt[134]. Eine Vermischung liegt insbesondere dann vor, wenn der staatliche Bildungs- und Erziehungsauftrag aus einem umfassenden Bestimmungsrecht des Staates über das Schulwesen aus Art. 7 Abs. 1 GG abgeleitet wird. Denn damit werden zwei Aspekte verknüpft, die nicht notwendig zusammenhängen[135]. Auch ohne ein umfassendes Bestimmungsrecht des Staates besteht, wie gesehen, ein staatlicher Bildungs- und Erziehungsauftrag. Insofern kann lediglich der Verortung des Bildungs- und Erziehungsauftrags in Art. 7 Abs. 1 GG zugestimmt werden, nicht aber der Ableitung des Auftrags aus einem umfassenden Bestimmungsrecht des Staates. Auch die beiden anderen Ansätze führen an diesem Punkt nicht weiter. Die Heranziehung des Sozialstaatsprinzips zur Begründung des staatlichen Bildungs- und Erziehungsauftrags in Ergänzung zu Art. 7 Abs. 1 GG bringt keinen inhaltlichen Gewinn. Das Sozialstaatsprinzip ist in seinem Inhalt und seinen Folgen für das Schulwesen zu unbestimmt, als dass es als dogmatische Grundlage des staatlichen Bildungs- und Erziehungsauftrags geeignet wäre[136]. Insofern ist seine Heranziehung überflüssig. Damit verbleibt wiederum Art. 7 Abs. 1 GG als Grundlage des Bildungs- und Erziehungsauftrags. Zu eben diesem Ergebnis kommt man, wenn man den Bildungs- und Erziehungsauftrag in den naturrechtlichen Bereich vorverlagert. Auch dann ergibt sich der Bildungs- und Erziehungsauftrag jedenfalls deklaratorisch aus Art. 7 Abs. 1 GG.

Demnach ist festzuhalten, dass Art. 7 Abs. 1 GG einen staatlichen Bildungs- und Erziehungsauftrag – konstitutiv oder deklaratorisch – normiert. Nicht beantwortet ist damit aber die Frage nach Ziel und Zweck des staatlichen Bildungs- und Erziehungsauftrags[137].

---

133 *Dass* sich Rechte des Staates aus seiner Verantwortung für das Schulwesen ergeben müssen, steht außer Frage. Fraglich ist aber, ob diese derart umfassend sein müssen, wie es bisher angenommen wird. Auf diese Frage wird im zweiten Teil ausführlich eingegangen. Siehe unten 2. Teil B.
134 Ähnlich wie hier auch *Thiel*, Der Erziehungsauftrag des Staates in der Schule, S. 43 f. Unklar ist insoweit *Rux*, der den Erziehungs*anspruch*, also das Recht des Staates in den Mittelpunkt stellt und den Erziehungs*auftrag* den Schulen zuweist, denen innerhalb des Staates die Aufgabe zukomme, die vom Staat aufgrund seines Anspruches definierten Ziele umzusetzen, siehe *Rux*, Die pädagogische Freiheit des Lehrers, S. 28 Fn. 10. Das Recht des Staates und nicht dessen Pflicht und Verantwortung zum Ausgangspunkt zu machen, erscheint angesichts der freiheitlichen Grundordnung des Grundgesetzes fragwürdig.
135 Zwar ist die Ansicht nicht falsch, da das Bestehen eines umfassenden Bestimmungsrechts des Staates über das Schulwesen natürlich das Bestehen eines staatlichen Bildungs- und Erziehungsauftrags voraussetzt. Doch holt sie in der Begründung unnötig weit aus, da man den Bildungs- und Erziehungsauftrag des Staates bereits aus dem Wortlaut des Art. 7 Abs. 1 GG ableiten kann.
136 So auch *Thiel*, Der Erziehungsauftrag des Staates in der Schule, S. 68.
137 Ebenso bedarf der Klärung, welche Rechte des Staates sich aus dem Bildungs- und Erziehungsauftrag ergeben. Dies wird im zweiten Teil der Arbeit thematisiert. Siehe unten 2. Teil B. und C.

II. Ziel und Zweck des staatlichen Bildungs- und Erziehungsauftrags

1. Persönlichkeitsentfaltung als Ziel und Zweck des staatlichen Auftrags

Die konkrete Wahrnehmung des staatlichen Bildungs- und Erziehungsauftrags stellt, gleich welcher Art sie ist und welchen Umfang sie hat[138], einen Eingriff in die Rechte der Kinder und Jugendlichen dar[139], dem sie sich aufgrund der Schulpflicht[140] nicht entziehen können[141]. Insbesondere Art. 2 Abs. 1 GG ist in diesem Zusammenhang betroffen. Art. 2 Abs. 1 GG kann auf verschiedene Weise durch die Tätigkeit des Staates im Schulwesen berührt werden: Zum einen sind „klassische" Eingriffe denkbar, wie beispielsweise die Erteilung von Noten, die (Nicht-) Versetzung, der Schulverweis. Zum anderen zeigt sich, dass auch Leistungen des Staates – die Tätigkeit des Staates im Schulwesen ist in erster Linie als Erbringung von Leistungen zu qualifizieren[142] – mit Grundrechten in Konflikt geraten können[143]. In der Schulzeit kann der Staat länger und stärker als in jedem anderen Lebensabschnitt auf die Persönlichkeitsentfaltung des Einzelnen Einfluss nehmen[144]. Die Entfaltung der Persönlichkeit vollzieht sich dabei in erster Linie durch die geistige Verarbeitung des vermittelten Bildungsgutes[145]. Durch die inhaltliche Schulgestaltung und die Schulorganisation wirkt der Staat auf den Kern der kindlichen Persönlichkeit ein. Oftmals ist diese Einwirkung stärker als die Einwirkung durch Eingriffe im eigentlichen Sinne[146]. Deshalb bedarf der Bildungs- und Erziehungsauftrag des Staates, den er in den und durch die Schulen wahrnimmt, der Rechtfertigung[147]. Für das Recht auf Persönlichkeitsentfaltung gilt die Schrankentrias des Art. 2 Abs. 1 GG. Insbesondere die verfassungsmäßige Ordnung, nach der grundsätzlich jede formell und materiell verfassungsmäßige Norm einen Eingriff rechtfertigen kann, ist einschlägig.

---

138 Dazu später. Siehe unten 2. Teil B. und C.
139 *Rux*, Die pädagogische Freiheit des Lehrers, S. 26.
140 Diese besteht in allen Ländern. Siehe Art. 14 Abs. 1 Verfassung Baden-Württemberg, Art. 129 Abs. 1 Verfassung Bayern, § 41 SchulG Berlin, Art. 30 Abs. 1 Verfassung Brandenburg, Art. 30 Abs. 1 Verfassung Bremen, § 37 SchulG Hamburg, Art. 56 Abs. 1 S. 1 Verfassung Hessen, Art. 15 Abs. 2 S. 2 Verfassung Mecklenburg-Vorpommern, Art. 4 Abs. 2 S. 1 Verfassung Niedersachsen, Art. 8 Abs. 2 Hs. 1 Verfassung Nordrhein-Westfalen, § 56 SchulG Rheinland-Pfalz, § 30 SchulordnungsG Saarland, Art. 102 Abs. 1 S. 2 Verfassung Sachsen, Art. 25 Abs. 2 Verfassung Sachsen-Anhalt, Art. 8 Abs. 1 Verfassung Schleswig-Holstein, Art. 23 Abs. 1 Verfassung Thüringen.
141 Daran ändert auch die Tatsache nichts, dass es sich bei der Wahrnehmung des staatlichen Bildungs- und Erziehungsauftrags zu einem großen Teil um eine Leistung des Staates, also um Leistungs- und nicht Eingriffsverwaltung handelt. Siehe dazu auch unten 3. Teil E. I. 2. a).
142 *Stein*, Das Recht des Kindes auf Selbstentfaltung in der Schule, S. 37.
143 *Starck*, in: v. Mangoldt/Klein/Starck, GG, Art. 2 Abs. 1 Rn. 150.
144 *Stein*, Das Recht des Kindes auf Selbstentfaltung in der Schule, S. 3.
145 *Stein*, Das Recht des Kindes auf Selbstentfaltung in der Schule, S. 50.
146 *Starck*, in: v. Mangoldt/Klein/Starck, GG, Art. 2 Abs. 1 Rn. 150.
147 *Rux*, Die pädagogische Freiheit des Lehrers, S. 26, 28.

Der Schwerpunkt der Prüfung liegt hierbei auf der Prüfung der Verhältnismäßigkeit. Nur wenn der Bildungs- und Erziehungsauftrag ein verfassungsrechtlich legitimiertes Ziel verfolgt, ist – bei unterstelltem Vorliegen der sonstigen Voraussetzungen des Verhältnismäßigkeitsgebots – eine Rechtfertigung möglich. Art. 7 Abs. 1 GG gibt insoweit keine Ziele vor. Diese sind vielmehr aus sonstigen Verfassungswerten zu gewinnen[148]. Denn der staatliche Bildungs- und Erziehungsauftrag besteht nicht um seiner selbst willen, sondern hat eine „dienende" Funktion im Interesse anderer Grundentscheidungen der Verfassung[149]. Demnach sind verschiedene Ziele denkbar. In Betracht kommt beispielsweise die Integrationsfunktion der öffentlichen Schule. Junge Staatsbürger müssen in die Gesellschaft und die Rechtsordnung der Bundesrepublik integriert werden[150], um ein geordnetes gesellschaftliches Zusammenleben zu ermöglichen. Dieses vor allem vom Demokratieprinzip her motivierte Ziel strebt die Herstellung des notwendigen Maßes an wertorientierter Homogenität an, ohne die das Zusammenleben in einer offenen Gesellschaft und einem freiheitlichen Verfassungsstaat nicht funktionieren kann[151]. In ähnlicher Richtung geht die Zielsetzung, die Schüler auf die verantwortliche Wahrnehmung ihrer Rollen in Staat und Gesellschaft vorzubereiten[152]. Insbesondere die Fähigkeit zur Teilnahme an Wahlen wird hier angeführt. Bürger könnten bei Wahlen und Abstimmungen überhaupt nur dann sachgerecht entscheiden, wenn sie über eine hinreichende (politische) Bildung verfügten. Indem der Staat den jungen Menschen eine möglichst breite Allgemeinbildung vermittele, sichere er zugleich die Funktionsfähigkeit der demokratischen Institutionen[153]. Ein weiteres Ziel könnte die Herstellung von Chancengleichheit sein, wie sie insbesondere durch das Sozialstaatsprinzip und den Gleichheitssatz des Art. 3 Abs. 1 GG gefordert wird. Der Staat könne (und müsse) es sich zum Ziel machen, die sozialen Unterschiede insoweit auszugleichen, als allen Kindern in den Schulen annähernd gleiche Bildungschancen eröffnet werden[154]. All dies mögen legitime Ziele des staatlichen Bildungs- und Erziehungsauftrags sein. Und doch können es nur Nebenziele sein. Die eigentliche Zielsetzung muss stets die Entfaltung der Kindespersönlichkeit sein[155]. Denn der Eingriff des Staates in das Recht des

148 *Dittmann*, VVDStRL 54 (1995), 47 (59 f.); *Huber*, BayVBl. 1994, 545 (548).
149 *Huber*, BayVBl. 1994, 545 (546); ähnlich auch *Dittmann*, VVDStRL 54 (1995), 47 (57).
150 *Schmitt-Kammler*, in: Sachs, GG, Art. 7 Rn. 14.
151 *Huber*, BayVBl. 1994, 545 (548).
152 Vgl. *Evers*, Die Befugnis des Staates zur Festlegung von Erziehungszielen in der pluralistischen Gesellschaft, S. 64.
153 *Rux*, Die pädagogische Freiheit des Lehrers, S. 39.
154 *Huber*, BayVBl. 1994, 545 (547).
155 So die wohl heute überwiegende Auffassung. Vgl. u.a. *Evers*, Die Befugnis des Staates zur Festlegung von Erziehungszielen in der pluralistischen Gesellschaft, S. 58 f.; *Jach*, Vom staatlichen Schulsystem zum öffentlichen Schulwesen, S. 133 f., m.w.N.; *Dittmann*, VVDStRL 54 (1995), 47 (57); *Huber*, BayVBl. 1994, 545 (547). Ähnlich *Oppermann*, Schule und berufliche Ausbildung, in: Isensee/Kirchhof, Handbuch des Staatsrechts der Bundesrepublik Deutschland, Band VI, § 135 Rn. 4. Siehe auch zur Bedeutung des Art. 2 Abs. 1 GG im Schulwesen generell BVerfGE 45, 400 (417); *Starck*, in: v. Mangoldt/Klein/Starck, GG, Art. 2 Abs. 1 Rn. 149 ff.

Kindes auf Persönlichkeitsentfaltung aus Art. 2 Abs. 1 GG, der mit der Wahrnehmung des Bildungs- und Erziehungsauftrags notwendig einhergeht, kann am ehesten gerechtfertigt werden, wenn er zugleich der Entfaltung des entsprechenden Grundrechts dient. Der Eingriff in Art. 2 Abs. 1 GG stellt sich dann als weniger gravierend dar, wenn und weil er als positive Kehrseite die Grundrechtsverwirklichung des Kindes unterstützt. Eine derartige „Janusköpfigkeit" – Eingriff und zugleich Unterstützung der Grundrechtsverwirklichung – weist lediglich das Ziel der Entfaltung der Kindespersönlichkeit auf. Dies schließt nicht aus, dass der Staat auch die anderen genannten Ziele verfolgen kann[156]. Die Einheit der Verfassung ermöglicht es, neben dem Grundrecht des Kindes auf Persönlichkeitsentfaltung auch „überindividuelle" Verfassungswerte als Ziele des Bildungs- und Erziehungsauftrags einzubeziehen. Das Recht auf Persönlichkeitsentfaltung steht nicht außerhalb der übergreifenden Werteordnung des Grundgesetzes. Die Erziehung zur Demokratie, die Integration in die Gesellschaft und der Ausgleich sozialer Unterschiede stehen dem Recht auf Persönlichkeitsentfaltung des Schülers nicht entgegen, sondern ermöglichen dessen Wahrnehmung in einer an der Werteordnung des Grundgesetzes ausgerichteten Gesellschaft gerade erst[157]. Die weiteren Ziele tragen somit zur Verstärkung der Rechtfertigung des Eingriffs in Art. 2 Abs. 1 GG bei. Primäres Ziel ist jedoch – aufgrund der dargestellten „Janusköpfigkeit" – die Entfaltung der Kindespersönlichkeit. Art. 2 Abs. 1 GG garantiert jedem Menschen das Recht auf die freie Entfaltung seiner Persönlichkeit. Nach der Rechtsprechung[158] folgt daraus das Recht eines jeden Kindes auf eine möglichst ungehinderte Entfaltung seiner Persönlichkeit, seiner Anlagen und Befähigungen in der Schule. Die Persönlichkeit des Kindes darf nicht nach einem bestimmten Muster geprägt werden. Lernziele und Lernschritte müssen so zurückhaltend formuliert werden, dass eine freie Entfaltung der Kindespersönlichkeit möglich ist[159]. Dies verpflichtet den Staat, sofern er überhaupt auf die Persönlichkeitsentwicklung Einfluss nehmen darf, auf ihre freie Entfaltung hinzuwirken[160]. Tut er dies nicht, steht dem Kind, sofern etwaige staatliche Einwirkungen nicht durch die Schranken des Art. 2 Abs. 1 GG gerechtfertigt werden können, ein Abwehrrecht aus Art. 2 Abs. 1 GG zur Verfügung[161]. Damit ist das Recht des Kindes auf freie Entfaltung der Persönlichkeit primär Ziel und Zweck des staatlichen

---

156 *Dittmann*, VVDStRL 54 (1995), 47 (58), schreibt dazu, dass der Staat nicht auf die den Grundrechten „dienende" Funktion festgelegt sei.
157 *Dittmann*, VVDStRL 54 (1995), 47 (58).
158 BVerfGE 45, 400 (417); 53, 185 (203); BVerwGE 56, 155 (158); HessStGH NJW 1982, 1381 (1385).
159 *Starck*, in: v. Mangoldt/Klein/Starck, GG, Art. 2 Abs. 1 Rn. 151; *Tomuschat*, Der staatlich geplante Bürger, in: Delbrück/Ipsen/Rauschnig, Recht im Dienst des Friedens, S. 21 (36 ff.); ähnlich *Oppermann*, Nach welchen rechtlichen Grundsätzen sind das öffentliche Schulwesen und die Stellung der an ihm Beteiligten zu ordnen?, in: Ständige Deputation des Deutschen Juristentages, Verhandlungen des einundfünfzigsten Deutschen Juristentages, Bd. 1 Teil C, S. 85 f.
160 *Stein*, Das Recht des Kindes auf Selbstentfaltung in der Schule, S. 7 f.
161 *Starck*, in: v. Mangoldt/Klein/Starck, GG, Art. 2 Abs. 1 Rn. 150.

Bildungsauftrags[162], es kann aber durch weitere, sich aus der Verfassungsordnung ergebende Ziele ergänzt werden.

2. Verankerung des Selbstentfaltungsrechts in Art. 2 Abs. 1 GG

Gem. Art. 2 Abs. 1 GG hat jeder das Recht auf die freie Entfaltung seiner Persönlichkeit. Dieser Satz hat zu einer Fülle von Deutungen geführt, welche verschiedene Einzelansprüche (z.B. Vertragsfreiheit, Unternehmerfreiheit, körperliche Bewegungsfreiheit etc.[163]) aus Art. 2 Abs. 1 GG herzuleiten versuchen. Überwiegend wird davon gesprochen, dass Art. 2 Abs. 1 GG zum einen das Recht der allgemeinen Handlungsfreiheit, zum anderen das allgemeine Persönlichkeitsrecht enthalte[164]. Die allgemeine Handlungsfreiheit schützt dabei jegliches menschliche Handeln vor staatlichen Eingriffen und füllt als Generalklausel alle Lücken aus, die von den speziellen Freiheitsrechten gelassen werden[165]. Das allgemeine Persönlichkeitsrecht, welches wiederum verschiedene Facetten aufweist, schützt die „engere persönliche Lebenssphäre und die Erhaltung ihrer Grundbedingungen"[166]. Es schützt im weitesten Sinne das Recht des Grundrechtsträgers, „in Ruhe gelassen zu werden"[167] und eine Privatsphäre zu haben[168]. Insbesondere sind von der Rechtsprechung die Privat- und Intimsphäre des Menschen, die persönliche Ehre, das Recht am eigenen Bild und der Schutz davor, dass jemandem Äußerungen in den Mund gelegt werden, die er nicht getan hat und die seinen sozialen Geltungsanspruch beeinträchtigen könnten, als Schutzgüter anerkannt worden[169]. Da das allgemeine Persönlichkeitsrecht einen starken Bezug zu der Menschenwürdegarantie des Art. 1 Abs. 1 GG aufweist, wird dieser regelmäßig als Grundlage mitgenannt. Art. 2 Abs. 1 GG hat mithin eine doppelte Schutzrichtung: Zum einen bietet er durch die allgemeine Handlungsfreiheit Aktivitätsschutz, zum anderen garantiert er durch das allgemeine Persönlichkeitsrecht Integritätsschutz[170]. Während die allgemeine Handlungsfreiheit die aktive Entfaltung schützt, dient das allgemeine Persönlichkeitsrecht eher passiv der Re-

---

162 Siehe auch *Brückelmann*, Die verfassungsrechtlichen Grenzen von Freiräumen zur Selbstgestaltung an öffentlichen Schulen, S. 35 f.
163 Siehe dazu statt vieler *Jarass*, in: Jarass/Pieroth, GG, Art. 2 Rn. 4 ff.
164 Vgl. nur *Dreier*, in: Dreier, GG, Art. 2 Abs. 1 Rn. 23; *Murswiek*, in: Sachs, GG, Art. 2 Rn. 60; *Jarass*, in: Jarass/Pieroth, GG, Art. 2 Rn. 1; *Epping*, Grundrechte, Rn. 456 ff. (Allg. Handlungsfreiheit) und Rn. 524 ff. (Allg. Persönlichkeitsrecht).
165 *Dreier*, in: Dreier, GG, Art. 2 Abs. 1 Rn. 27.
166 BVerfGE 54, 148 (153); 72, 155 (170).
167 *Dreier*, in: Dreier, GG, Art. 2 Abs. 1 Rn. 68 ff.; *Jarass*, in: Jarass/Pieroth, GG, Art. 2 Rn. 30.
168 Die einzelnen Facetten des allgemeinen Persönlichkeitsrechts, die insbesondere durch die Rechtsprechung geprägt worden sind, sind nahezu unüberschaubar.
169 BVerfGE 54, 148 (153 f.); 54, 208 (217); *Starck*, in: v. Mangoldt/Klein/Starck, GG, Art. 2 Abs. 1 Rn. 92 f.; auch *Rohlf*, Der grundrechtliche Schutz der Privatsphäre, S. 76 ff.
170 *Dreier*, in: Dreier, GG, Art. 2 Abs. 1 Rn. 23.

spektierung der Privatsphäre[171]. Fraglich ist, ob das Recht auf freie Entfaltung der eigenen Persönlichkeit einem der genannten, von Rechtsprechung und Literatur entwickelten Rechte zugeordnet werden kann, oder ob es sich dabei um ein gänzlich eigenständiges, originär in Art. 2 Abs. 1 GG wurzelndes Recht handelt.

Bei der nahezu unübersehbaren Literatur zu Art. 2 Abs. 1 GG fällt ins Auge, dass der allgemeine Sinn der Worte: „Jeder hat das Recht auf die freie Entfaltung seiner Persönlichkeit" kaum untersucht worden ist[172]. Die Entfaltung der Persönlichkeit bedeutet, „jedem – dem Ausdruck echten Menschentums entsprechend – die Auswirkung seiner ihm vom Schöpfer verliehenen Persönlichkeit zu ermöglichen"[173]. Jeder hat das Recht auf Selbstentfaltung. Und jeder ist in dieser Entfaltung frei und kann über das Ob und Wie der Selbstentfaltung autonom bestimmen[174]. Der Mensch soll die ihm eigenen Anlagen nach seinem Belieben entwickeln und entfalten können. Dass er dabei bestimmte Grenzen einhalten muss, steht außer Frage. Darum normiert Art. 2 Abs. 1 GG auch, dass die Freiheit der Persönlichkeitsentfaltung nur gilt, „soweit er [d.h. der Mensch, Anm. d. Verf.] nicht die Rechte anderer verletzt und nicht gegen die verfassungsmäßige Ordnung oder das Sittengesetz verstößt". Der Staat kann bestimmte Mittel der Persönlichkeitsentfaltung verbieten oder auch bestimmte Betätigungsformen vorschreiben. Stets muss dem Menschen aber jedenfalls *eine* Möglichkeit offen bleiben, seine Zwecke inhaltlich derart zu verfolgen, dass eine Persönlichkeitsentfaltung möglich ist[175].

Diesem Verständnis des Wortlauts des Art. 2 Abs. 1 GG entspricht weder das, was gemeinhin unter die allgemeine Handlungsfreiheit, noch was unter das allgemeine Persönlichkeitsrecht gefasst wird. Zwar ist es erforderlich, dass der Mensch grundsätzlich „tun und lassen kann, was er will", um sich selbst entfalten zu können. Er wählt bestimmte Handlungen oder Unterlassungen aus, um sich selbst zu verwirklichen. Ebenso bedarf er eines geschützten, privaten Raumes zu seiner ungestörten Entfaltung. Doch stellen die allgemeine Handlungsfreiheit und auch das allgemeine Persönlichkeitsrecht insoweit nur die *Mittel* zur Selbstentfaltung dar. Sie sind hingegen nicht Selbstzweck. Sie dienen lediglich dem einen „großen" Ziel der Entfaltung der menschlichen Persönlichkeit. Die Persönlichkeit des Menschen lässt sich nicht in einzelne (Abwehr-) Rechte aufspalten. Sie bedarf dieser (Abwehr-) Rechte, liegt jedoch selbst auf einer höheren Ebene[176]. Insbesondere das allgemeine Persönlichkeitsrecht ist – auch wenn es auf den ersten Blick so scheinen mag – nicht deckungsgleich mit dem Recht auf freie Entfaltung der Persönlichkeit. Die Entfal-

---

171 *Dreier*, in: Dreier, GG, Art. 2 Abs. 1 Rn. 23; *Murswiek*, in: Sachs, GG, Art. 2 Rn. 60; *Starck*, in: v. Mangoldt/Klein/Starck, GG, Art. 2 Abs. 1 Rn. 85 ff.
172 Dies stellte bereits *Stein* im Jahre 1967 in seinem Werk „Das Recht des Kindes auf Selbstentfaltung in der Schule" fest, S. 11.
173 So *Peters*, Die freie Entfaltung der Persönlichkeit als Verfassungsziel, in: Constantopoulos/Wehberg, Gegenwartsprobleme des internationalen Rechtes und der Rechtsphilosophie, S. 669 (673 f.), ähnlich auch *ders.*, BayVBl. 1965, 37 (39).
174 *Stein*, Das Recht des Kindes auf Selbstentfaltung in der Schule, S. 20.
175 *Stein*, Das Recht des Kindes auf Selbstentfaltung in der Schule, S. 22.
176 *Peters*, BayVBl. 1965, 37 (39).

tung der Persönlichkeit erschöpft sich nicht nur in passivem Integritätsschutz, sondern bedarf ebenso eines aktiven, tätigen Elements. Dieses jedoch lediglich in der allgemeinen Handlungsfreiheit, also dem Recht, „zu tun und zu lassen, was man will", zu sehen, scheint der Entfaltung der gesamten Persönlichkeit nicht gerecht zu werden. Auch das Bundesverfassungsgericht konstatiert, dass die bisherigen Konkretisierungen des Art. 2 Abs. 1 GG durch die Rechtsprechung den Inhalt des Persönlichkeitsrechts nicht abschließend umschreiben[177]. Damit soll keinesfalls der, mittlerweile überkommenen, Kernbereichs-/Persönlichkeitskerntheorie das Wort geredet werden, nach der Art. 2 Abs. 1 GG nur die Entfaltung der Persönlichkeit innerhalb eines für das Wesen des Menschen als geistig-sittliche Person ausschlaggebenden Kernbereichs erfasst[178]. Vielmehr werden sowohl die allgemeine Handlungsfreiheit als auch das allgemeine Persönlichkeitsrecht als notwendig für die Entfaltung der Persönlichkeit angesehen. Jedoch ist die Persönlichkeitsentfaltung nicht bloß die Summe der genannten Rechte. Insofern kann das Recht der freien Persönlichkeitsentfaltung weder der allgemeinen Handlungsfreiheit, noch dem allgemeinen Persönlichkeitsrecht, noch einer Kombination beider Rechte endgültig zugeordnet werden. Das Recht auf freie Entfaltung der eigenen Persönlichkeit ist vielmehr ein eigenständiges, übergeordnetes Recht, das unmittelbar in dem Wortlaut des Art. 2 Abs. 1 GG verankert ist und keiner weiteren abstrakten theoretischen Hüllen bedarf[179].

3. Bedeutung des Ziels „Persönlichkeitsentfaltung" für das Schulwesen

Ist nun geklärt, worin das Recht – auch des Schülers – auf Selbstentfaltung wurzelt, stellt sich nochmals die Frage, auf welche Weise dieses Recht den staatlichen Bil-

---

177 BVerfGE 54, 148 (153 f.).
178 So insbesondere *Peters*, BayVBl. 1965, 37 ff.; *ders.*, Die freie Entfaltung der Persönlichkeit als Verfassungsziel, in: Constantopoulos/Wehberg, Gegenwartsprobleme des internationalen Rechtes und der Rechtsphilosophie, S. 669 ff.(673 f.). Vgl. auch *Epping*, Grundrechte, Rn. 459. Auch die Rechtsprechung hatte zunächst offengelassen, ob durch Art. 2 Abs. 1 GG nur der Kernbereich der Persönlichkeitsentfaltung oder die menschliche Freiheit im weitesten Sinne erfasst sei, siehe BVerfGE 4, 7 (15 f.).
179 So – jedenfalls für das Schulwesen – auch die Rechtsprechung, nach der aus Art. 2 Abs. 1 GG – und nicht aus Art. 2 Abs. 1 i.V.m. Art. 1 Abs. 1 GG – das Recht des einzelnen Kindes „auf eine möglichst ungehinderte Entfaltung seiner Persönlichkeit" folgt; BVerfGE 45, 400 (417); 53, 185 (203); BVerwGE 56, 155 (158); HessStGH NJW 1982, 1381 (1385). Siehe auch *Brückelmann*, Die verfassungsrechtlichen Grenzen von Freiräumen zur Selbstgestaltung an öffentlichen Schulen, S. 35 f., der schreibt, dass „ohne Rückgriff auf die weitreichende Dogmatik zum allgemeinen Persönlichkeitsrecht bereits unmittelbar aus Verfassungstext und Systematik Rückschlüsse auf eine vom Staat verantwortete Bildungs- und Erziehungsarbeit gezogen werden [können]". Ähnlich wie hier auch *Stein/Frank*, Staatsrecht, S. 251 f.

dungs- und Erziehungsauftrag konkret beeinflusst. Wie aufgezeigt, ergibt sich der staatliche Bildungs- und Erziehungsauftrag aus Art. 7 Abs. 1 GG. Diese Vorschrift überträgt dem Staat die Aufsicht über das Schulwesen und damit auch die Verantwortung für ebendieses. Art. 7 Abs. 1 GG statuiert das Recht und die Pflicht des Staates, Bildung und Erziehung zu ermöglichen. Keine Aussagen trifft Art. 7 Abs. 1 GG indes zu der Frage der inhaltlichen Ausgestaltung des Bildungs- und Erziehungsauftrags. Ziel und Zweck des staatlichen Bildungsauftrags und, damit einhergehend, dessen inhaltliche Ausgestaltung ergeben sich nicht aus Art. 7 Abs. 1 GG, sondern sind an anderer Stelle der Verfassung zu suchen. Hier werden die eben entwickelten Gedanken zu Art. 2 Abs. 1 GG relevant. Ziel und Zweck des staatlichen Bildungs- und Erziehungsauftrags kann primär nur die freie Entfaltung der Kindespersönlichkeit sein. Art. 2 Abs. 1 GG bietet den materiellen Gehalt des staatlichen Bildungs- und Erziehungsauftrags. Während Art. 7 Abs. 1 GG die „Hülle" ist, die dem Staat erst seinen Bildungs- und Erziehungsauftrag überträgt, füllt das Grundrecht des Kindes aus Art. 2 Abs. 1 GG diese Hülle inhaltlich aus. Der Staat muss in der Wahrnehmung seines Bildungs- und Erziehungsauftrags das Recht des Kindes auf freie Entfaltung der Persönlichkeit aus Art. 2 Abs. 1 GG zum obersten Maßstab machen[180]. Zum umfassenden Verständnis des staatlichen Bildungs- und Erziehungsauftrags ist es demnach erforderlich, sowohl Art. 7 Abs. 1 GG als auch Art. 2 Abs. 1 GG zu zitieren. Erst aus der Gesamtschau der beiden Normen ergibt sich die eigentliche Aufgabe des Staates. Bezogen auf das Schulwesen bedeutet das, dass der Staat die Pflicht hat, „ein Schulsystem zu gewährleisten, das allen jungen Bürgern gemäß ihren Fähigkeiten die dem heutigen gesellschaftlichen Leben entsprechenden Bildungsmöglichkeiten eröffnet"[181]. Wie dieses Schulsystem konkret gestaltet sein muss und wem welche Befugnisse im Schulwesen zukommen, insbesondere welche Befugnisse dem Staat zukommen, ergibt sich hingegen aus Art. 7 Abs. 1 GG i.V.m. Art. 2 Abs. 1 GG nicht[182].

III. Zusammenfassung

Die Schule nimmt mit ihrer Tätigkeit den staatlichen Bildungs- und Erziehungsauftrag wahr. Dieser leitet sich aus Art. 7 Abs. 1 GG ab. Indem Art. 7 Abs. 1 GG dem Staat die Aufsicht über das Schulwesen zuweist, wird ihm eine Verantwortung für

---

180   *Brückelmann*, Die verfassungsrechtlichen Grenzen von Freiräumen zur Selbstgestaltung an öffentlichen Schulen, S. 36; *Oppermann*, Nach welchen rechtlichen Grundsätzen sind das öffentliche Schulwesen und die Stellung der an ihm Beteiligten zu ordnen?, in: Ständige Deputation des Deutschen Juristentages, Verhandlungen des einundfünfzigsten Deutschen Juristentages, Bd. 1 Teil C, S. 106 (These 8); zur Bedeutung des Art. 2 Abs. 1 GG nach der Rechtsprechung siehe BVerfGE 45, 400 (417).
181   BVerfGE, 59, 360 (377).
182   Auf diese Fragen wird später zurückzukommen sein. Siehe unten 2. Teil B. und C.

dasselbe gegeben. Ziel und Zweck des staatlichen Bildungs- und Erziehungsauftrags ist die Persönlichkeitsentfaltung des Kindes. Dies liegt darin begründet, dass der Staat mit der Wahrnehmung seines Auftrags durch die Schulen in die Rechte der Kinder und Jugendlichen, insbesondere in Art. 2 Abs. 1 GG, eingreift. Der Staat nimmt durch die Schulen entscheidenden Einfluss auf die Persönlichkeitsentfaltung des Kindes. Dabei ist er durch das Recht des Kindes aus Art. 2 Abs. 1 GG dazu verpflichtet, auf eine freie Entfaltung der Persönlichkeit hinzuwirken. Art. 2 Abs. 1 GG stellt damit den materiellen Gehalt des staatlichen Bildungs- und Erziehungsauftrags dar. Erst die Zusammenschau von Art. 7 Abs. 1 GG und Art. 2 Abs. 1 GG gibt einen umfassenden Überblick über den Bildungs- und Erziehungsauftrag des Staates.

Zweiter Teil – Die Schulaufsicht

„Partnerschaftliche Unterstützung der Schulen auf Augenhöhe". So charakterisierte der niedersächsische Kultusminister *Bernd Busemann* im Frühjahr 2005 die Arbeit der neueingerichteten Schulinspektion[183]. Die auch als „Schul-TÜV" bezeichnete Inspektion dient der Sicherung und Weiterentwicklung der Qualität schulischer Arbeit. Stärken und Schwächen der Schule werden durch externe Visitatoren – Dezernenten der niedersächsischen Schulaufsicht mit besonderer Ausbildung[184] – gespiegelt und zum Anknüpfungspunkt der weiteren Arbeit der Schule gemacht[185].

Die Schulaufsicht als Partner der Schulen: Ist dies das Bild, welches das Verständnis des insoweit maßgeblichen Aufsichtsbegriffs in Art. 7 Abs. 1 GG prägt? Art. 7 Abs. 1 GG ordnet an, dass das gesamte Schulwesen unter der Aufsicht des Staates steht. Einer näheren Beschreibung der mit dem Begriff „Aufsicht" einhergehenden Befugnisse des Staates enthält sich das Grundgesetz. Dementsprechend lässt die Verfassung weiten Raum für die Auslegung und konkrete Bestimmung des Aufsichtsbegriffs[186].

A. Das Schulaufsichtsmodell der Gegenwart – tauglich für die Zukunft?

I. Das traditionelle Verständnis des Aufsichtsbegriffs des Art. 7 Abs. 1 GG

Wie zu Beginn der Arbeit aufgezeigt, gehören Dezentralisierung und Übertragung von Entscheidungsverantwortung auf die Einzelschule zu den international vorgenommenen erfolgversprechenden Reformmodellen[187]. Von dieser Entwicklung ist selbstverständlich auch – und gerade – die staatliche Schulaufsicht betroffen. Je mehr Verantwortung die Schule selbst übernimmt, desto mehr wird die Schulaufsicht ihrer ursprünglichen Funktionen beraubt und in die Übernahme neuer Aufga-

---

183 http://www.mk.niedersachsen.de/master/C10063461_N12132_L20_D0_I579.html (1.8.2005). Die Schulinspektion ist kein Ersatz, sondern nur eine Ergänzung der niedersächsischen Schulaufsicht.
184 http://www.mk.niedersachsen.de/master/C2989004_N2988959_L20_D0_I579.html (1.8.2005).
185 http://www.mk.niedersachsen.de/master/C10063461_N12132_L20_D0_I579.html (1.8.2005).
186 Zum Aufsichtsbegriff allgemein ist in jüngerer Zeit die Habilitationsschrift von *Wolfgang Kahl* mit dem Titel „Die Staatsaufsicht: Entstehung, Wandel und Neubestimmung unter besonderer Berücksichtigung der Aufsicht über die Gemeinden", Tübingen 2000, erschienen.
187 Siehe in der Einleitung A.

ben gedrängt. Indes ist von dieser Aufgabenveränderung in Deutschland noch nicht viel zu spüren. Zwar finden sich in einigen Ländern Ansätze, die der oben angesprochenen niedersächsischen Initiative vergleichbar sind[188]. Doch stehen derartige Entwicklungen als Teil der allgemeinen Entwicklung schulischer Eigenständigkeit und veränderter Staatsaufgaben im Schulwesen – verglichen mit anderen Staaten – noch am Anfang[189]. Auch stellen sie regelmäßig nur eine Ergänzung, nicht aber einen Ersatz der traditionellen, die Fach-, Dienst- und Rechtsaufsicht umfassenden Schulaufsicht dar[190]. Das Festhalten an dieser Form der Schulaufsicht lässt sich damit erklären, dass prägend für das Verständnis des insoweit maßgeblichen Aufsichtsbegriffs des Art. 7 Abs. 1 GG gerade nicht das Modell der Schulaufsicht als Partner der Schulen ist. Vielmehr wird die Aufsicht in Art. 7 Abs. 1 GG auch heute noch definiert als „die Gesamtheit der staatlichen Befugnisse zur Organisation, Planung, Leitung und Beaufsichtigung des Schulwesens"[191]. Dieses Verständnis des Art. 7 Abs. 1 GG ist in erster Linie der historischen Entwicklung von Schulaufsicht und Schulaufsichtsbegriff zuzuschreiben.

1. Historische Entwicklung von Schulaufsicht und Schulaufsichtsbegriff seit 1794

Die Institution der Schulaufsicht war, ebenso wie das Schulwesen selbst, viele Jahrhunderte eine Domäne der Kirchen[192]. Örtliche Geistliche oder kirchliche Schulinspektoren übten die Aufsicht über die Schulen aus[193]. Mit der Zeit entwickelten sich verschiedene Formen der (kirchlichen) Schulaufsicht, die jeweils abhängig von regionalen Besonderheiten waren[194]. Erst im achtzehnten Jahrhundert begann der Staat, die Kirchen bei der Wahrnehmung der Schulaufsicht abzulösen. Dieser Ablösungsprozess gipfelte in dem Erlass des § 1 II 12 des Allgemeinen Landrechts für die

---

188 So zum Beispiel in Bayern, Nordrhein-Westfalen und Schleswig-Holstein. Siehe dazu den Überblick unter http://www.bildungsserver.de/zeigen.html?seite=2652 (1.8.2005).
189 Darauf deuten die in der Einleitung genannten Zahlen zur schulischen Autonomie im internationalen Vergleich hin. Siehe in der Einleitung A.
190 Siehe dazu die Analyse der Landesregelungen, nach Maßgabe derer in allen Ländern nach wie vor eine Fachaufsicht besteht. Unten 2. Teil A. II. 1.
191 BVerwGE 47, 201 (204). Dieser, in ständiger Rechtsprechung verwendeten, Definition entsprechen die Umschreibungen in der Literatur inhaltlich. Siehe nur *Gröschner,* in: Dreier, GG, Art. 7 Rn. 39; *Robbers,* in: v. Mangoldt/Klein/Starck, GG, Art. 7 Abs. 1 Rn. 61; *Schmitt-Kammler,* in: Sachs, GG, Art. 7 Rn. 17; *Brückelmann,* Die verfassungsrechtlichen Grenzen von Freiräumen zur Selbstgestaltung an öffentlichen Schulen, S. 9 f.; *Thiel,* Der Erziehungsauftrag des Staates in der Schule, S. 61 f.; *Kurtz,* Zur Geschichte der Schulaufsicht im deutschsprachigen Raum, S. 293 f.; *Starck,* NJW 1976, 1375 (1376).
192 Siehe ausführlich dazu *Kurtz,* Zur Geschichte der Schulaufsicht im deutschsprachigen Raum, Darmstadt 1982.
193 *Rux,* Die pädagogische Freiheit des Lehrers, S. 30 f.
194 *Kurtz,* Zur Geschichte der Schulaufsicht im deutschsprachigen Raum, S. 111.

preußischen Staaten vom 5. Februar 1794, welcher normierte, dass „Schulen und Universitäten [...] Veranstaltungen des Staates [sind], welche den Unterricht der Jugend in nützlichen Kenntnissen und Wissenschaften zur Absicht haben"[195]. Mit dieser Bestimmung wurde zum ersten Mal in der Geschichte des deutschen Schulwesens die staatliche Herrschaft über die Schulen gesetzlich festgelegt. Gleichzeitig wurden sämtliche Rechte der Kirche am Schulwesen negiert. Die Herrschaft des Staates konkretisierte sich dabei in den Befugnissen zur Organisation, Planung und Beaufsichtigung des Schulwesens[196]. Auch wenn damit rechtlich der kirchliche Einfluss auf die Schulen abgeschafft worden war, behielten die Kirchen doch tatsächlich weiterhin großen Einfluss auf das Schulwesen. Der Staat konnte schon aus finanziellen Gründen nicht auf die Mitarbeit der Kirchen verzichten. So wirkte die Geistlichkeit nach wie vor bei der Ausübung der Schulaufsicht über das niedere Schulwesen mit, und die meisten Kinder besuchten kirchlich gelenkte Schulen[197].

Eine endgültige Abwendung des kirchlichen Einflusses auf die Schulen brachte erst das in der Zeit des Kulturkampfs unter *Bismarck* entstandene „Gesetz betreffend die Beaufsichtigung des Unterrichts- und Erziehungswesens" vom 11. März 1872. Dieses sog. Schulaufsichtsgesetz enthielt in § 1 die Regelung, dass „ die Aufsicht über alle öffentlichen und Privat-Unterrichts- und Erziehungs-Anstalten dem Staate [zusteht]. Demgemäß handeln alle mit dieser Aufsicht betrauten Behörden und Beamten im Auftrag des Staates."[198] Rechtlich handelte es sich hierbei um keine Neuerung, da die uneingeschränkte staatliche Schulaufsicht schon durch § 1 II 12 ALR festgeschrieben worden war. Dennoch sprach der damalige Kultusminister *Falk* von einer „principiellen Änderung bisheriger Verhältnisse"[199]. Zwar konnten weiterhin Geistliche die Aufsicht über die Schulen führen. Doch handelte es sich in diesem Fall stets um Auftragsangelegenheiten des Staates und nicht mehr um originär kirchliche Angelegenheiten. Ferner durften die Kirchendiener die Aufsichtsfunktion über die Schulen nur noch im Nebenamte wahrnehmen, während die Schulaufsicht bis dato als ohne weiteres mit dem geistlichen Amt verbunden galt[200].

Nicht nur in Preußen, sondern auch in anderen Staaten fand eine Trennung von Staat und Kirche im Schulbereich statt. Insbesondere in Baden, Hessen und der Schweiz führten die Auseinandersetzungen zwischen der Geistlichkeit und dem Staat zu ähnlichen Ergebnissen wie in Preußen. Auch in Sachsen-Meiningen und Württemberg wurde die Kirche von der Mitwirkung im Schulwesen ausgeschlossen[201].

Mit Beginn der Weimarer Republik im Jahre 1918 traten noch einmal entscheidende Veränderungen im Schulwesen ein. Diese wurden im Wesentlichen von einer

---

195 Zitiert nach *Kurtz*, Zur Geschichte der Schulaufsicht im deutschsprachigen Raum, S. 232.
196 *Kurtz*, Zur Geschichte der Schulaufsicht im deutschsprachigen Raum, S. 7.
197 *Kurtz*, Zur Geschichte der Schulaufsicht im deutschsprachigen Raum, S. 235.
198 Zitiert nach *Kurtz*, Zur Geschichte der Schulaufsicht im deutschsprachigen Raum, S. 260.
199 Zitiert nach *Kurtz*, Zur Geschichte der Schulaufsicht im deutschsprachigen Raum, S. 261.
200 *Kurtz*, Zur Geschichte der Schulaufsicht im deutschsprachigen Raum, S. 261.
201 *Kurtz*, Zur Geschichte der Schulaufsicht im deutschsprachigen Raum, S. 265.

pädagogischen Bewegung angestoßen, die grundsätzliche Neuerungen im Bildungswesen anstrebte. Hauptforderung der Reformbewegung war die effektive und nicht nur theoretische Trennung von Kirche und Staat im Schulwesen. Mit dem Ende der Monarchie konnte dieser Forderung entsprochen werden und die in einigen Bereichen bis dahin noch aufrechterhaltene Verknüpfung von Staat und Kirche endete[202]. Aufgrund der nunmehr bestehenden rechtlichen und tatsächlichen Alleinzuständigkeit des Staates für das Schulwesen wurde eine neue Ordnung erforderlich. Während bis zum Erlass der Weimarer Reichsverfassung das Schulwesen ausschließlich in den Zuständigkeitsbereich der Einzelstaaten fiel, sah Art. 10 Ziffer 2 WRV eine grundsätzliche Gesetzgebungskompetenz des Reiches für das Schulwesen vor. Das Reich sollte danach die verfassungsrechtlichen Grundlagen sowie durch Einzelgesetze die obersten leitenden Grundsätze des Unterrichtswesens festlegen[203]. In Wahrnehmung dieser Kompetenz tagte im Jahre 1920 eine Reichsschulkonferenz in Berlin, die zu einer Vereinheitlichung des Schulwesens durch den Entwurf eines Reichsschulgesetzes beitragen sollte. Das Reichsschulgesetz konnte jedoch wegen grundlegender politischer Differenzen nie verabschiedet werden[204]. Insoweit blieb die Regelung des Schulwesens nahezu ausschließlich den Ländern überlassen[205]. Jedoch fand sich bereits in der Weimarer Reichsverfassung selbst eine Bestimmung zur Schulaufsicht. In Art. 144 WRV hieß es: „Das gesamte Schulwesen steht unter der Aufsicht des Staates; er kann die Gemeinden hieran beteiligen. Die Schulaufsicht wird durch hauptamtlich tätige, fachmännisch vorgebildete Beamte ausgeübt." Zwar enthielt Art. 144 WRV keine Definition des Begriffs der Schulaufsicht. Doch wurde dieser als bekannt vorausgesetzt. Denn Art. 144 WRV beinhaltete lediglich die Übernahme des historisch entwickelten Begriffsverständnisses in das Verfassungsrecht[206]. Danach vermittelte der Begriff der Aufsicht dem Staat die Herrschaft über die Schulen im Sinne eines umfassenden Bestimmungsrechts[207]. Dieses Bestimmungsrecht bezeichnete dabei einerseits leitende, andererseits aber auch im eigentlichen Sinne kontrollierende und unmittelbar administrative Funktionen[208]. Es wurde kein Unterschied zwischen der Schulverwaltung und der Schulaufsicht gemacht, da nach der Auffassung *Anschütz´*, des wohl bedeutendsten Kommentators der Schulartikel der Weimarer Reichsverfassung, die Aufsicht unter den Oberbegriff der Verwaltung fiel[209]. Die Schulverwaltung, zu der folglich auch die Schulaufsicht gehörte, hatte nach *Anschütz* die Aufgabe der Leitung und Verwaltung der inneren Schulangelegenheiten[210]. *Anschütz* differenzierte demnach, wie auch

---

202 *Thiel,* Der Erziehungsauftrag des Staates in der Schule, S. 39.
203 *Anschütz,* Die Verfassung des Deutschen Reichs, S. 667.
204 *Thiel,* Der Erziehungsauftrag des Staates in der Schule, S. 39.
205 *Kurtz,* Zur Geschichte der Schulaufsicht im deutschsprachigen Raum, S. 273.
206 *Thiel,* Der Erziehungsauftrag des Staates in der Schule, S. 40.
207 *Zubke,* Schulaufsicht der allgemeinbildenden Schulen, dargestellt am Beispiel Niedersachsen, S. 12.
208 *Anschütz,* Die Verfassung des Deutschen Reichs, S. 672.
209 *Anschütz,* Die Verfassung des Deutschen Reichs, S. 672.
210 *Anschütz,* Die Verfassung des Deutschen Reichs, S. 672.

heute noch üblich, nach inneren und äußeren Schulangelegenheiten[211]. Nach einer Definition des Reichsgerichts sind äußere Schulangelegenheiten „diejenigen, welche die Errichtung, Ausstattung und Unterhaltung sowie das Vermögen der Schule betreffen. Zu den äußeren Schulangelegenheiten gehört wesentlich die Herstellung der für den Betrieb der Schule erforderlichen Vorbedingungen und die Beschaffung der dazu nötigen Mittel. Zu den inneren Angelegenheiten gehört alles, was sich auf das innere Leben der Schule, auf den Unterricht, den Lehrplan, die Methode, den Schulbesuch und die Schulzucht bezieht."[212] Die Unterscheidung von inneren und äußeren Schulangelegenheiten war nicht nur von akademischem Interesse, sondern hatte praktische Auswirkungen für die Frage der staatlichen Einflussnahme auf das Schulwesen. Während im Bereich der äußeren Schulangelegenheiten lediglich eine Rechtsaufsicht bestand[213], handelte es sich im inneren Bereich weniger um eine Aufsicht im eigentlichen Sinne als vielmehr um unmittelbare Rechtssetzungs- und Exekutivrechte. Diese umfassenden Befugnisse des Staates zur inhaltlichen Gestaltung des Schulwesens stellten ein Novum in der Geschichte des Schulwesens dar. Vor der Ausgrenzung der Kirchen aus dem Schulwesen hatten jedenfalls diese gewisse Mitwirkungsrechte. Nun schloss die weitreichende Interpretation des Art. 144 WRV nicht nur die Kirchen, sondern auch Eltern und Kommunen[214] von der Mitgestaltung des öffentlichen Schulwesens aus[215]; der Staat hatte nach der extensiven Interpretation des Art. 144 WRV die umfassende Schulhoheit[216]. Diese lag bei den Ländern, da sie in der föderalen Struktur des Reiches für Bildung und Erziehung zuständig waren[217].

War die Kulturhoheit der Länder bis zum Ende der Weimarer Republik ein Charakteristikum des Schulwesens, erfolgte in der Zeit des Nationalsozialismus eine völlige Gleichschaltung der Schulen im ganzen Reich. Durch Art. 2 Abs. 1 des Gesetzes über den Neuaufbau des Reichs vom 30. Januar 1934[218], nach dem die Hoheitsrechte der Länder auf das Reich übergingen, verloren die Länder ihre Kompetenzen[219]. Die Befugnis, schulpolitische Anordnungen für das Reich zu treffen, fiel

---

211 Vgl. dazu bereits oben 1. Teil B. II. 1. a).
212 RGZ 80, 338 (344).
213 *Kurtz*, Zur Geschichte der Schulaufsicht im deutschsprachigen Raum, S. 277.
214 Zwar *konnten* diese nach Art. 144 WRV an der Ausübung der Schulaufsicht beteiligt werden, sie *mussten* es aber nicht. Aufgrund dessen erfolgte praktisch keine Beteiligung der Gemeinden.
215 *Anschütz*, Die Verfassung des Deutschen Reichs, S. 669.
216 Der Begriff der Schulhoheit, der eine relativ neue Wortschöpfung ist, bezeichnet dabei die Befugnisse des Staates im Schulwesen, die nicht die Aufsicht im eigentlichen Sinn umfassen, sondern Planung, Organisation und Leitung des Schulwesens betreffen. Vgl. dazu z.B. *Kurtz*, Zur Geschichte der Schulaufsicht im deutschsprachigen Raum, S. 7; *Avenarius/Heckel*, Schulrechtskunde, S. 234.
217 Dies ergibt eine Auslegung aller Verfassungsbestimmungen mit bildungsrechtlichen Bezügen. So lautet beispielsweise Art. 146 WRV: „Das Nähere bestimmt die Landesgesetzgebung...".
218 RGBl. 1934 I, S. 75.
219 *Eilers*, Die nationalsozialistische Schulpolitik, S. 54.

zunächst in den Zuständigkeitsbereich des Reichsministeriums des Inneren[220]. Am 1. Mai 1934 wurde schließlich ein eigenes Reichskulturministerium gegründet, das den Bereich der Schule an sich zog. Durch die Entföderalisierung des Schulwesens und die Bündelung der Macht beim Reich wurde eine einheitliche Gesetzgebung für das gesamte Schulwesen möglich. Trotz dieser weitreichenden Unterschiede in der Gestaltung des Schulwesens im Vergleich zu der Weimarer Zeit wurden die maßgeblichen Verfassungsbestimmungen der Weimarer Reichsverfassung weder außer Kraft gesetzt noch geändert. Art. 144 WRV, der die Aufsicht des Staates über das gesamte Schulwesen anordnete, kam gar den machtmissbräuchlichen Zielsetzungen der Nationalsozialisten entgegen. Gemeinsam mit den ministeriellen Erlassen ermöglichte insbesondere die extensive Interpretation des Aufsichtsbegriffs in Art. 144 WRV einen umfassenden Einfluss des Staates auf die Schulen und damit eine Ausrichtung der schulischen Inhalte auf die nationalsozialistischen Bildungsideale[221].

2. Das Verständnis des Aufsichtsbegriffs des Art. 7 Abs. 1 GG

Ebenso wie Art. 144 S. 1 WRV normiert Art. 7 Abs. 1 GG, dass das gesamte Schulwesen unter der Aufsicht des Staates steht. Was dabei unter Aufsicht zu verstehen ist, ist dem Grundgesetz nicht zu entnehmen. Weder in Art. 7 Abs. 1 GG noch an anderer Stelle der Verfassung findet sich eine Definition des Aufsichtsbegriffs[222]. Dabei findet der Begriff der Aufsicht im Recht in einer Vielzahl von Zusammenhängen Verwendung. So ist beispielsweise von einer Bundesaufsicht, einer Wirtschaftsaufsicht, einer Behördenaufsicht, einer Organaufsicht, einer Sonderaufsicht, einer Dienstaufsicht, einer Rechtsaufsicht und einer Fachaufsicht die Rede[223]. Inhaltlich bestehen dabei erhebliche Unterschiede zwischen den einzelnen Aufsichtsarten. Für den Bereich des Schulrechts interessieren ausschließlich die Begriffe der Rechts-, Fach- und Dienstaufsicht.

Rechts- und Fachaufsicht haben ihre bedeutendsten normativen Anknüpfungspunkte in den Art. 84, 85 GG. Gem. Art. 84 Abs. 3 S. 1 GG übt die Bundesregierung im Falle der Landeseigenverwaltung die Aufsicht darüber aus, dass die Länder die Bundesgesetze dem geltenden Rechte gemäß ausführen. Demgegenüber legt Art. 85

---

220 Gem. Art. 5 des Gesetzes über den Neuaufbau des Reichs vom 30.1.1934 erlässt das Reichsministerium des Innern die zur Durchführung des Gesetzes erforderlichen Rechtsverordnungen und Verwaltungsvorschriften. Siehe auch *Zubke*, Schulaufsicht der allgemeinbildenden Schulen, dargestellt am Beispiel Niedersachsen, S. 17; *Eilers*, Die nationalsozialistische Schulpolitik, S. 54.
221 *Kurtz*, Zur Geschichte der Schulaufsicht im deutschsprachigen Raum, S. 283.
222 Ähnlich auch *Kahl*, Die Staatsaufsicht, S. 350 f.
223 Vgl. dazu *Groß*, DVBl. 2002, 793 (795 ff.); *Kluth*, Funktionale Selbstverwaltung, S. 270; ausführlich *Kahl*, Die Staatsaufsicht, S. 362 ff.

Abs. 4 S. 1 GG fest, dass sich die Bundesaufsicht im Bereich der Auftragsverwaltung auf die Gesetzmäßigkeit und Zweckmäßigkeit der Ausführung der Bundesgesetze erstreckt. Auch wenn das Grundgesetz insoweit weder den Begriff der Rechts- noch der Fachaufsicht kennt, umschreibt es in den Art. 84 und 85 GG doch das, was gemeinhin unter Rechts- und Fachaufsicht verstanden wird: Während die Rechtsaufsicht sich ausschließlich auf eine Überwachung der *Rechtmäßigkeit* der Handlungen des zu Beaufsichtigenden bezieht[224], beinhaltet die Fachaufsicht eine Überwachung der *Rechtmäßigkeit* und der *Zweckmäßigkeit* des Handelns des zu Beaufsichtigenden[225]. Diese Definitionen können – auch wenn im Einzelnen Unklarheiten über den genauen Prüfungsmaßstab bestehen – als allgemeingültig für die Rechts- und Fachaufsicht angesehen werden[226]. Als Mittel der Rechtsaufsicht kommen insbesondere Informationsrechte, Beanstandungen, Anordnungen, Genehmigungsvorbehalte und Ersatzvornahmen in Betracht[227]. Mittel der Fachaufsicht sind demgegenüber in erster Linie Weisungen[228]. Diese können zum einen durch allgemeine Vorschriften, das heißt durch Verwaltungsvorschriften, erfolgen, zum anderen aber auch als Einzelweisungen ergehen[229].

Die Dienstaufsicht, die kein verfassungsrechtliches Vorbild hat, bezieht sich auf die innere Ordnung, die allgemeine Geschäftsführung und die Personalangelegenheiten einer Behörde[230]. Neben Informationsrechten steht der Aufsichtsbehörde auch hier die Befugnis zu Weisungen zu, die allgemein oder im Einzelfall erlassen werden können[231].

Trotz dieser recht klaren Umschreibung der im Schulrecht relevanten Aufsichtsbegriffe, wird die Aufsicht in Art. 7 Abs. 1 GG in einem umfassenderen Sinne verstanden. Nach übereinstimmender Auffassung in Literatur und Rechtsprechung wird Aufsicht in Art. 7 Abs. 1 GG definiert als „die Gesamtheit der staatlichen Befugnisse zur Organisation, Planung, Leitung und Beaufsichtigung des Schulwesens"[232]. Auch wenn im Ergebnis über den Umfang der durch den Aufsichtsbegriff umschrie-

---

224 Vgl. *Groß*, DVBl. 2002, 793 (796).
225 Vgl. *Maurer*, Allgemeines Verwaltungsrecht, § 23 Rn. 23.
226 Vgl. *Zippelius/Würtenberger*, Deutsches Staatsrecht, S. 416.
227 So – allerdings für den Bereich des Kommunalrechts – *Maurer*, Allgemeines Verwaltungsrecht, § 23 Rn. 18 ff.; vgl. auch *Schnapp*, Staatsaufsicht über die Studentenwerke, in: v. Mutius, Autonomie öffentlicher Unternehmen in Anstaltsform, S. 165 (172).
228 *Zippelius/Würtenberger*, Deutsches Staatsrecht, S. 416.
229 *Zippelius/Würtenberger*, Deutsches Staatsrecht, S. 416.
230 *Maurer*, Allgemeines Verwaltungsrecht, § 22 Rn. 32.
231 Vgl. *Schenke*, Polizei- und Ordnungsrecht, in: Steiner, Besonderes Verwaltungsrecht, Teil II Rn. 259.
232 BVerwGE 47, 201 (204). Dieser, in ständiger Rechtsprechung verwendeten, Definition entsprechen die Umschreibungen in der Literatur inhaltlich. Siehe nur *Gröschner*, in: Dreier, GG, Art. 7 Rn. 39; *Robbers*, in: v. Mangoldt/Klein/Starck, GG, Art. 7 Rn. 61; *Schmitt-Kammler*, in: Sachs, GG, Art. 7 Rn. 17; *Brückelmann*, Die verfassungsrechtlichen Grenzen von Freiräumen zur Selbstgestaltung an öffentlichen Schulen, S. 9 f.; *Thiel*, Der Erziehungsauftrag des Staates in der Schule, S. 61 f.; *Kurtz*, Zur Geschichte der Schulaufsicht im deutschsprachigen Raum, S. 293 f.; *Starck*, NJW 1976, 1375 (1376).

benen staatlichen Befugnisse Einigkeit besteht, finden sich doch Unterschiede in den Begrifflichkeiten.

Teilweise werden alle Befugnisse des Staates umfassend ohne weitere Differenzierungen unter den Begriff der Aufsicht subsumiert[233]. Die Aufsicht des Staates umfasse eine Fülle verschiedenartiger Tätigkeiten auf dem Gebiet des Schulwesens. Zu diesen gehörten sowohl legislative als auch exekutive Funktionen. In den Exekutivbereich fielen beispielsweise das Recht zur Bestimmung der Lehrpläne und Curricula, das Recht zur Festlegung der Schultypen, das Recht zur Schließung, Verlegung und Errichtung von Schulen, die Zeugnis- und Notenerteilung und die Zulassung von Schulbüchern[234]. Überwiegend stelle der Begriff der Aufsicht demnach unmittelbare und eigene staatliche Verwaltung und Lenkung dar. Nur zum geringsten Teil bedeute der Begriff der Aufsicht dagegen echte Aufsicht im Sinne der oben beschriebenen Fach-, Dienst- und Rechtsaufsicht.

Andere untergliedern die in Art. 7 Abs. 1 GG beschriebene Aufsicht anhand ihrer verschiedenen Merkmale[235]. So umschreibe der Schulaufsichtsbegriff zwei sehr unterschiedliche Tatbestände[236]. Zum einen erfasse er die von der Legislative und der Exekutive wahrzunehmenden Funktionen der Organisation, Planung und Leitung des Schulwesens. Dieses Konglomerat von Herrschaftsrechten sei aber nur schwerlich unter das herkömmliche Verständnis des Aufsichtsbegriffs zu fassen[237]. Demnach seien diese Befugnisse als Schulhoheit[238], Schulverantwortung[239] oder Schulgestaltungsmacht[240] zu bezeichnen. Zum anderen seien mit Schulaufsicht die – oben bereits beschriebenen – echten Kontrollbefugnisse der Schulaufsichtsbehörden gemeint. Diese bestünden, im Gegensatz zur Schulaufsicht im weiteren Sinne, nicht in der Wahrnehmung von Gestaltungsrechten, sondern bezeichneten eine besondere Verwaltungstätigkeit[241]. Die – Schulaufsicht im engeren Sinne genannte – Tätigkeit

---

233 So z.B. *Starck*, NJW 1976, 1375 (1376); *Schmitt-Kammler*, in: Sachs, GG, Art. 7 Rn. 17; *Robbers*, in: v. Mangoldt/Klein/Starck, GG, Art. 7 Rn. 61; *Thiel*, Der Erziehungsauftrag des Staates in der Schule, S. 61 f; *Brückelmann,* Die verfassungsrechtlichen Grenzen von Freiräumen zur Selbstgestaltung an öffentlichen Schulen, S. 9 f.
234 *Schmitt-Kammler*, in: Sachs, GG, Art. 7 Rn. 17.
235 *Oppermann*, Schule und berufliche Ausbildung, in: Isensee/Kirchhof, Handbuch des Staatsrechts der Bundesrepublik Deutschland, Band VI, § 135 Rn. 12; *Avenarius/Heckel*, Schulrechtskunde, 234 f.; *Gröschner*, in: Dreier, GG, Art. 7 Rn. 37 ff.
236 *Oppermann*, Schule und berufliche Ausbildung, in: Isensee/Kirchhof, Handbuch des Staatsrechts der Bundesrepublik Deutschland, Band VI, § 135 Rn. 12.
237 *Kurtz,* Die Geschichte der Schulaufsicht im deutschsprachigen Raum, S. 7; *Avenarius/Heckel*, Schulrechtskunde, S. 234 f.
238 So *Avenarius/Heckel*, Schulrechtskunde, S. 234 f.; *Kurtz,* Die Geschichte der Schulaufsicht im deutschsprachigen Raum, S. 7 m.w.N.
239 *Gröschner*, in: Dreier, GG, Art. 7 Rn. 37.
240 *Oppermann*, Schule und berufliche Ausbildung, in: Isensee/Kirchhof, Handbuch des Staatsrechts der Bundesrepublik Deutschland, Band VI, § 135 Rn. 12.
241 *Gröschner*, in: Dreier, GG, Art. 7 Rn. 48; *Avenarius/Heckel*, Schulrechtskunde, S. 234.

der Schulaufsichtsbehörden sei die Überwachung der inneren und äußeren Schulangelegenheiten und umfasse die Fach-, Dienst- und Rechtsaufsicht[242].

Zur Erleichterung des Verständnisses sollen die – nach allgemeiner Auffassung – in Art. 7 Abs. 1 GG im Schulaufsichtsbegriff zusammengefassten Befugnisse des Staates auch hier begrifflich unterschieden werden. Da der Begriff der Schulhoheit als Bezeichnung für die Befugnisse des Staates, die sich nicht in bloßer Aufsichtstätigkeit erschöpfen, am weitesten verbreitet zu sein scheint, soll dieser vorliegend verwendet werden. Schulhoheit bezeichnet demnach die dem Staat nach überwiegender Auffassung zuerkannten Funktionen der Organisation, Planung und Leitung des Schulwesens, die von Legislative und Exekutive wahrgenommen werden[243]. Demgegenüber ist im Folgenden mit dem Begriff der Schulaufsicht nur die Schulaufsicht im engeren Sinne gemeint, also die von den Schulaufsichtsbehörden ausgeübte Überwachung der inneren und äußeren Schulangelegenheiten durch Wahrnehmung der Fach-, Dienst- und Rechtsaufsicht[244].

II. Die einfachrechtliche Ausgestaltung der Schulaufsicht in den Ländern – Der gesetzliche Status quo

Die Schulaufsicht im engeren Sinne wird aufgrund der Kompetenzverteilung des Grundgesetzes gem. Art. 30 GG von den staatlichen Schulverwaltungen der Länder wahrgenommen. Oberste Schulaufsichtsbehörde ist in allen Ländern das jeweilige Kultusministerium. Diesem unterstehen zumeist nachgeordnete Schulaufsichtsbehörden. In der überwiegenden Anzahl der Länder existiert eine zweistufige Gliederung der Behörden. Untere Schulaufsichtsbehörde sind dabei in der Regel die auf Kreisebene bestehenden Schulämter[245] oder eigene Sonderbehörden[246]. Berlin, Bremen, Hamburg und das Saarland haben jeweils nur eine einzige Schulaufsichtsbe-

---

242 *Oppermann*, Schule und berufliche Ausbildung, in: Isensee/Kirchhof, Handbuch des Staatsrechts der Bundesrepublik Deutschland, Band VI, § 135 Rn. 12.
243 Ob dem Staat tatsächlich die Schulhoheit in dem umfassenden Sinn zusteht, wie es die überwiegende Meinung annimmt, wird an späterer Stelle zu thematisieren sein. Siehe unten 2. Teil B.
244 So auch *Avenarius/Heckel*, Schulrechtskunde, S. 234.
245 So z.B. in § 131 Abs. 2 S. 1 SchulG Brandenburg, § 125 Abs. 1 S. 1 SchulG Schleswig-Holstein.
246 So neuerdings z.B. in Niedersachsen, siehe § 119 Nr. 2 SchulG Niedersachsen. Ebenfalls in Rheinland-Pfalz, § 97 Abs. 1 SchulG Rheinland-Pfalz.

hörde[247]. In Baden-Württemberg, Bayern und Nordrhein-Westfalen gibt es eine dreistufige Gliederung. Die Schulaufsichtsbehörden der mittleren Ebene (obere Schulaufsichtsbehörden) sind dabei bei den Bezirksregierungen bzw. dem Regierungspräsidium angesiedelt[248]. Untere Schulaufsichtsbehörden sind auch hier die Schulämter[249]. Welche Befugnisse der Schulaufsicht im Detail zukommen, wird in den Landesgesetzen geregelt.

1. Schulaufsicht als Fachaufsicht über die Unterrichts- und Erziehungsarbeit der Schulen

Die Fachaufsicht über die Unterrichts- und Erziehungsarbeit der Schulen erstreckt sich auf die rechtmäßige und zweckmäßige Wahrnehmung der schulischen Aufgabenerfüllung. Die Schulaufsichtsbehörden kontrollieren, ob die Schulen die Rechts- und Verwaltungsvorschriften einhalten, und sie wachen darüber, dass Unterricht und Erziehung dem fachlichen Standard entsprechen. Ist die Schulaufsicht der Auffassung, dass eine Schule oder ein Lehrer sich rechtswidrig oder unzweckmäßig verhält, kann sie Maßnahmen ergreifen. Diese reichen von bloßen unverbindlichen Beratungsgesprächen über den Erlass generell verbindlicher Verwaltungsvorschriften und konkreter Einzelweisungen bis hin zur Ersatzvornahme[250]. Letztlich kann die Schulaufsichtsbehörde in Wahrnehmung ihrer Fachaufsicht – jedenfalls theoretisch – das Unterrichts- und Erziehungsgeschehen an den Schulen vollständig lenken[251]. Bisher sehen – noch – alle Schulgesetze der Länder die Fachaufsicht über die Schulen grundsätzlich vor. Es bestehen jedoch bereits jetzt in den einzelnen Schulgesetzen erhebliche Unterschiede, welchen Umfang diese Fachaufsicht hat.

---

247 In Berlin ist die zuständige Senatsverwaltung Schulaufsichtsbehörde, § 105 Abs. 1 S. 2 SchulG Berlin. In Bremen ist dies der Senator für Bildung und Wissenschaft, § 11 Abs. 2 SchulverwaltungsG Bremen. In Hamburg ist es die Behörde für Schule, Jugend und Berufsbildung, § 85 Abs. 1 SchulG Hamburg, wo allerdings nur von der „zuständigen" Behörde die Rede ist. Im Saarland ist Schulaufsichtsbehörde das Ministerium für Bildung, Kultur und Wissenschaft, § 57 Abs. 1 SchulordnungsG Saarland.
248 Vgl. § 34 Abs. 1 SchulG Baden-Württemberg, § 114 Abs. 1 Nr. 5 BayEUG, § 88 Abs. 2 S. 1 SchulG Nordrhein-Westfalen.
249 Vgl. § 33 Abs. 1 SchulG Baden-Württemberg, Art. 114 Abs. 1 Nr. 6 BayEUG, § 88 Abs. 3 S. 1 SchulG Nordrhein-Westfalen.
250 Vgl. z.B. Art. 113 BayEUG, § 106 SchulG Berlin, § 93 SchulG Hessen, § 124 SchulG Schleswig-Holstein.
251 So – bezogen auf das Hochschulwesen – *Groß*, DÖV 1999, 895 (901). Praktisch ist eine derartige vollständige Lenkung und Überwachung durch die Schulaufsichtsbehörden aber nahezu ausgeschlossen, da dafür bereits zumeist die personellen Kapazitäten in den Behörden fehlen.

a) Umfassende Fachaufsicht

Zu den Ländern, welche die Fachaufsicht über die Unterrichts- und Erziehungstätigkeit rechtlich in keiner Weise eingeschränkt haben, gehören Bayern, Baden-Württemberg, Rheinland-Pfalz, Saarland, Sachsen, Sachsen-Anhalt und Schleswig-Holstein.
Art. 111 Abs. 1 BayEUG normiert, dass „zur staatlichen Schulaufsicht [...] die Aufsicht über die inneren und äußeren Schulverhältnisse" gehört. Zwar wird die Fachaufsicht als solche in Art. 111 Abs. 1 BayEUG nicht ausdrücklich genannt. Doch ist die Aufsicht über die inneren Schulverhältnisse die Fachaufsicht. Denn zu den inneren Schulverhältnissen gehört, wie bereits gesehen[252], alles, was das innere Leben der Schule, also Unterricht, Erziehung und das sonstige Schulleben, betrifft. Dies entspricht dem oben beschriebenen Aufgabenbereich der Fachaufsicht. Die Fachaufsicht wird durch den Wortlaut des Art. 111 Abs. 1 BayEUG in keiner Weise eingeschränkt. Vielmehr stehen der Behörde umfassende Eingriffsbefugnisse zu. Die Schulaufsichtsbehörde kann – rein rechtlich gesehen – jederzeit eingreifen, wenn sie die pädagogischen Maßnahmen einer Schule oder das Verhalten eines einzelnen Lehrers für unzweckmäßig erachtet. Dies bedeutet, dass der Schule als solcher und auch dem einzelnen Lehrer nur der Raum zur freien Gestaltung verbleibt, den die Schulaufsicht faktisch lässt. Rechtlich ist die Behörde nicht verpflichtet, eine etwaige Eigenverantwortung der Schule oder die pädagogische Freiheit des Lehrers zu beachten. Vielmehr kann sie immer bereits dann Maßnahmen veranlassen, wenn sie in einem konkreten Fall anders handeln würde. Dies gilt auch dann, wenn das entsprechende Verhalten der Schule oder des Lehrers durchaus (pädagogisch bzw. fachlich) vertretbar ist.
Ebenso verhält es sich in § 32 Abs. 1 Nr. 3 SchulG Baden-Württemberg. Danach umfasst die staatliche Schulaufsicht „die Fachaufsicht über die Schulen, nämlich a) die Aufsicht über die schulfachlichen Angelegenheiten und b) die Aufsicht über die Rechts- und Verwaltungsangelegenheiten". § 58 Abs. 2 SchulG Sachsen normiert, dass die Schulaufsicht über die öffentlichen Schulen insbesondere die Fachaufsicht über Unterricht und Erziehung in den Schulen beinhaltet. Gleiches findet sich in § 96 Abs. 2 S. 2 Nr. 5 SchulG Rheinland-Pfalz, § 52 Abs. 2 Nr. 2 SchulG Saarland, § 83 Abs. 1 Nr. 1 und 3 SchulG Sachsen-Anhalt und § 120 Abs. 4 Nr. 2 SchulG Schleswig-Holstein.

b) Einschränkung der Fachaufsicht intendiert

Beispielhaft für eine intendierte Beschränkung der Fachaufsicht ist § 106 SchulG Berlin. Gem. § 106 Abs. 2 S. 1 SchulG Berlin *soll* die Schulaufsichtsbehörde vor-

---

252 Siehe oben 2. Teil A. I. 1.

rangig beratend und unterstützend tätig werden. Zwar *hat* sie gem. § 106 Abs. 2 S. 2 SchulG Berlin bei der Ausübung der fachlichen Aufsicht die Selbstständigkeit und Eigenverantwortung der Schulen zu beachten. Doch sind ihre Eingriffsbefugnisse durch diese Norm in keiner Weise eingeschränkt. Sie kann nach wie vor in die Gestaltung des Unterrichts und der Erziehung in den einzelnen Schulen eingreifen. Dies ergibt der Umkehrschluss aus § 106 Abs. 3 SchulG Berlin. Danach *soll* die Schulaufsichtsbehörde „im Rahmen ihrer fachlichen Aufsicht nur dann in die Gestaltung des Unterrichts und der Erziehung eingreifen, wenn es zur rechtmäßigen, sachgerechten oder geordneten Durchführung von Unterricht und Erziehung, insbesondere bei einem Verstoß gegen Weisungen der Schulaufsichtsbehörde oder bei schwerwiegenden Mängeln in der Qualität der pädagogischen Arbeit, geboten ist". Aus dieser Vorschrift lässt sich schließen, dass ein Eingreifen der Schulaufsicht in die Unterrichts- und Erziehungstätigkeit grundsätzlich umfassend möglich ist. Durch die Gestaltung der Norm als „Soll-Vorschrift" ist das Handeln der Behörde allerdings dahingehend gelenkt, dass ein Eingriff nur dann geschehen soll, wenn dies zur rechtmäßigen, sachgerechten oder geordneten Durchführung von Unterricht und Erziehung geboten ist. Wie stets bei „Soll-Vorschriften" ist damit gemeint, dass regelmäßig ein Eingreifen nur unter den genannten Voraussetzungen erfolgen soll. Nur ausnahmsweise kann auch ohne Vorliegen der genannten Voraussetzungen eingegriffen werden. Dies wirkt auf den ersten Blick wie eine echte Einschränkung der staatlichen Befugnisse im Bereich der Fachaufsicht. Analysiert man die Norm jedoch genauer, stellt man fest, dass tatsächlich keine Einschränkung bewirkt wird. Denn die Behörde soll regelmäßig eingreifen, wenn es zur rechtmäßigen, sachgerechten oder geordneten Durchführung von Unterricht und Erziehung geboten ist. Dass die Behörde bei rechtswidrigem Verhalten der Schule oder eines Lehrers eingreifen soll, steht außer Frage und kann insofern hier außen vor bleiben. Fraglich ist aber, wann die Durchführung von Unterricht und Erziehung nicht mehr sachgerecht oder geordnet ist. Das Gesetz selbst enthält hierfür keinerlei Kriterien. Folglich liegt es allein in den Händen der Schulaufsichtsbehörde zu bestimmen, wann die Durchführung von Unterricht und Erziehung nicht mehr sachgerecht oder geordnet ist. Damit kann die Schulaufsichtsbehörde sich selbst ihren konkreten „Eingriffstatbestand" schaffen. Von einer echten Einschränkung ihrer Befugnisse kann insofern keine Rede sein. Dies ändert sich auch nicht dadurch, dass ein Eingreifen der Behörde „insbesondere [*nur,* Anm. d. Verf.] bei einem Verstoß gegen Weisungen der Schulaufsichtsbehörde oder bei schwerwiegenden Mängeln in der Qualität der pädagogischen Arbeit" erfolgen soll. Indem der Gesetzgeber das Wort „insbesondere" verwendet, gibt er zu erkennen, dass die folgende Aufzählung nur beispielhaften Charakter hat. Ein Eingreifen der Schulaufsichtsbehörde ist also ebenso in anderen, nicht genannten Fällen möglich. Zwar sollten diese den aufgezählten Beispielen vergleichbar sein. Doch entscheidet über die Vergleichbarkeit letztlich wieder die Schulaufsichtsbehörde selbst. Die Voraussetzungen des Eingreifens stehen damit – im weiten Rahmen der gesetzlichen Vorschriften – vollständig in ihrem Ermessen.

Es kann – nach jedenfalls heute überwiegender Auffassung – auch keine Überprüfung der Maßnahmen der Schulaufsichtsbehörde durch die Gerichte erfolgen. Denn eine Klage vor dem Verwaltungsgericht setzt stets das Bestehen eines subjektiv-öffentlichen Rechts voraus[253]. Weder die pädagogische Eigenverantwortung der Schule noch die pädagogische Freiheit des Lehrers sind aber bisher von der Rechtsprechung als subjektiv-öffentliche Rechte anerkannt worden[254]. Auch in der Literatur gibt es nur vereinzelte Stimmen, die in der pädagogischen Freiheit des Lehrers ein subjektives Recht sehen[255]. Ist jedoch kein subjektives Recht auf schulische Eigenverantwortung bzw. pädagogische Freiheit vorhanden, kann die Schulaufsichtsbehörde durch ihre Maßnahmen auch nicht nur möglicherweise in diese Rechte eingreifen. Insofern fehlt es Schulen und Lehrern im Hinblick auf fachaufsichtliche Weisungen bereits an der Klagebefugnis[256].

Eine ähnliche Regelung wie in § 106 Abs. 2 S. 1 SchulG Berlin findet sich in § 121 Abs. 1 S. 1 SchulG Niedersachsen. Dort heißt es, dass die Fachaufsicht so gehandhabt werden *soll*, dass die Eigenverantwortlichkeit der Schule nicht beeinträchtigt wird. Eigenverantwortlichkeit der Schulen bedeutet nach § 32 S. 1 SchulG Niedersachsen, dass die Schulen im Rahmen der staatlichen Verantwortung und der Rechts- und Verwaltungsvorschriften eigenverantwortlich in Planung, Durchführung und Auswertung des Unterrichts, in der Erziehung, in ihrer Organisation und Verwaltung sind. Hier ist die in § 121 Abs. 1 S. 1 SchulG Niedersachsen intendierte Einschränkung der Fachaufsicht gleich in zweifacher Hinsicht konterkariert worden. Zum einen dadurch, dass die Schulen eigenverantwortlich nur im Rahmen der Verwaltungsvorschriften sind. Dies bedeutet, dass die Schulaufsichtsbehörden jederzeit für alle Schulen verbindliche Vorschriften über die Gestaltung der Unterrichts- und Erziehungstätigkeit erlassen können, welche die schulische Eigenverantwortlichkeit ohne weiteres einschränken. Die schulische Eigenverantwortlichkeit kann also bereits im Vorfeld durch die Schulaufsichtsbehörden eingeschränkt werden. Zum anderen wird die Einschränkung der Fachaufsicht dadurch konterkariert, dass die – gegebenenfalls schon im Vorfeld beschränkte – Eigenverantwortlichkeit der Schule durch die Ausübung der Fachaufsicht lediglich nicht beeinträchtigt werden *soll*[257]. Wiederum liegt es also im Ermessen der Behörde, wie sie ihren Spielraum definiert und wo sie die schulische Eigenverantwortung beeinträchtigt sieht[258].

---

253 Vgl. § 42 Abs. 2 VwGO.
254 Vgl. nur OVG Berlin, SPE NF 470 Nr. 55, OVG Münster, ZBR 1992, 25 f., OVG Schleswig, ZBR 1992, 186 f., VGH Mannheim, VBlBW 1998, 108 f.; insoweit nicht eindeutig OVG Lüneburg, RdJB 1994, 147 ff. und VGH Kassel, NVwZ-RR 1993, 483 ff.
255 Siehe dazu unten 3. Teil C. III. Hinsichtlich der schulischen Eigenverantwortung ist dies – soweit ersichtlich – bisher noch nicht Diskussionsgegenstand gewesen.
256 Ob dem Lehrer und der Schule – entgegen der genannten Auffassung – nicht doch ein justitiables subjektives Recht auf pädagogische Freiheit bzw. schulische Eigenverantwortung eingeräumt werden muss, wird an späterer Stelle zu erörtern sein. Siehe unten 3. Teil C. III.
257 § 121 Abs. 1 S. 1 SchulG Niedersachsen.
258 Allerdings enthält § 121 SchulG Niedersachsen in Abs. 2 hinsichtlich der Fachaufsicht über pädagogische Bewertungen und unterrichtliche und pädagogische Entscheidungen, anders als § 106 SchulG Berlin, eine echte Beschränkung der Fachaufsicht. Siehe dazu unten 2. Teil A. II. 1. c). bb.

Eine entsprechende Regelung findet sich in § 86 Abs. 3 S. 5 SchulG Nordrhein-Westfalen, in welchem es heißt, dass die Schulaufsicht die Eigenverantwortung der einzelnen Schule beachten *soll*. Was unter der Eigenverantwortung der Schule zu verstehen ist, ergibt sich aus § 3 Abs. 1 SchulG Nordrhein-Westfalen, nach dem die Schule den Unterricht, die Erziehung und das Schulleben im Rahmen der Rechts- und Verwaltungsvorschriften in eigener Verantwortung gestaltet. Sie verwaltet und organisiert ihre inneren Angelegenheiten selbstständig. Hier gilt das für die niedersächsische Regelung bereits Gesagte: Zum einen kann die schulische Eigenverantwortung jederzeit durch Rechts- und Verwaltungsvorschriften eingeschränkt werden. Zum anderen ist der Behörde ein weiter Spielraum dadurch eröffnet, dass die Eigenverantwortung der Schule lediglich beachtet werden *soll*.

Schließlich sieht auch § 40 SchulG Thüringen i.V.m. § 3 Abs. 2 des Thüringer Gesetzes über die Schulaufsicht vor, dass die Schulaufsicht so gehandhabt werden *soll*, dass die pädagogische Eigenverantwortung der Schule und des einzelnen Lehrers nicht gefährdet werden. Was allerdings unter der Eigenverantwortung der Schule und des Lehrers zu verstehen ist, bleibt unklar. Damit ist der Spielraum der Schulaufsichtsbehörde noch größer als in der niedersächsischen oder nordrhein-westfälischen Regelung. Von einer echten Beschränkung schulaufsichtlicher Befugnisse kann also auch hier keine Rede sein.

c) Rechtlich verbindliche Beschränkung der Fachaufsicht

In den Schulgesetzen, die echte Beschränkungen der Fachaufsicht vorsehen, lassen sich zwei verschiedene Arten der Beschränkungen feststellen. Teilweise wird nur abstrakt angeordnet, dass die Schulaufsicht die „Selbstständigkeit der Schule zu achten [hat]"[259]. Teilweise normiert das Gesetz selbst konkrete Eingriffsvoraussetzungen.

aa. Normierung abstrakter Beschränkungen

Gem. § 130 Abs. 2 S. 1 SchulG Brandenburg *hat* die Schulaufsicht die Selbstständigkeit der Schule zu achten. Was unter der Selbstständigkeit der Schule zu verstehen ist, ist in § 7 SchulG Brandenburg definiert. Danach bestimmen die Schulen im Rahmen der Rechts- und Verwaltungsvorschriften[260] ihre pädagogische, didaktische,

---

259 So z.B. in § 130 Abs. 2 S. 1 SchulG Brandenburg.
260 Hierzu ist prinzipiell das Gleiche zu sagen wie zu § 32 S. 1 SchulG Niedersachsen. Denn auch hier kann die Schulaufsicht durch das Setzen enger Verwaltungsvorschriften die Schule von vornherein in der Wahrnehmung ihrer Eigenständigkeit beschränken.

fachliche und organisatorische Tätigkeit selbst, § 7 Abs. 1 S. 1 SchulG Brandenburg. Was dies konkret bedeutet, ist wiederum in den weiteren Absätzen des § 7 SchulG Brandenburg geregelt. So können sich die Schulen ein eigenes Profil geben (Abs. 1 S. 2), sie sollen ein Schulprogramm entwickeln (Abs. 2 S. 1), sie evaluieren ihre Arbeit selbst (Abs. 2 S. 2), sie können bestimmte Anteile der Schulstunden zur eigenen Schwerpunktbildung nutzen (Abs. 3) und sie können in gewissem Umfang über Sach- und Personalmittel selbst entscheiden (Abs. 4 und 5). All diese Befugnisse machen die Selbstständigkeit der Schule aus, welche die Schulaufsicht gem. § 130 Abs. 2 S. 1 SchulG Brandenburg zu achten hat. Fraglich bleibt indes, was es bedeutet, dass die Schulaufsichtsbehörde die Selbstständigkeit zu *achten* hat. Es kann zum einen bedeuten, dass ein Eingriff in die Bereiche, die in § 7 SchulG Brandenburg genannt sind, gänzlich ausgeschlossen sein soll. Zum anderen kann dies aber auch bedeuten, dass Eingriffe in die genannten Bereiche zwar durchaus möglich sind, aber die Schulaufsicht dabei stets die Selbstständigkeit der Schulen im Blick haben soll. Auch hier besteht insofern ein Spielraum der Schulaufsichtsbehörde, da diese selbst bestimmen kann, wann die Selbstständigkeit der Schule noch geachtet ist und wann dies nicht mehr der Fall ist[261].

Ähnlich verhält es sich mit § 85 Abs. 1 SchulG Hamburg. Danach ist die Behörde „unter Beachtung der Grundsätze der Selbstverwaltung verantwortlich für [...] 2. die Führung der Fachaufsicht über Unterricht und Erziehung in den Schulen". Die Grundsätze der schulischen Selbstverwaltung sind in § 50 SchulG Hamburg angelegt. Die Schulen sind gem. § 50 SchulG Hamburg im Rahmen der staatlichen Gesamtverantwortung verantwortlich für die planmäßige Erteilung von Unterricht, die Erziehung der Schülerinnen und Schüler und die Verwaltung und Organisation ihrer inneren Angelegenheiten. Auch hier stellt sich die Frage, was unter der *Beachtung* der Grundsätze der Selbstverwaltung in § 85 Abs. 1 SchulG Hamburg zu verstehen ist. Möglicherweise ist für die Auslegung des Wortes „beachten" ein Blick in andere Rechtsgebiete hilfreich. Zurückgegriffen werden soll insoweit vorliegend auf das Raumordnungsrecht, da dort eine gesicherte Auslegung des Wortes „beachten" besteht. Während die Grundsätze der Raumordung gem. § 4 Abs. 2 ROG nur *berücksichtigt* werden müssen, müssen Ziele der Raumordung *beachtet* werden, § 4 Abs. 1 ROG. Berücksichtigen bedeutet in diesem Zusammenhang lediglich eine Einbeziehung in die Ermessensentscheidung als abwägungs- und ermessensrelevanter Belang. Beachtung bedeutet demgegenüber, dass das betreffende Ziel nicht durch Abwägung überwunden werden kann[262]. Anders ausgedrückt heißt das, dass der zu beachtende Belang stets Vorrang vor anderen Belangen genießt. Würde man die Bedeutung, die dem Wort „beachten" im Raumordnungsrecht zugemessen wird, auf das Schulrecht übertragen, würde dies im Fall des § 85 SchulG Hamburg heißen, dass die Fachaufsichtsbehörde den Erwägungen der Schule, die sie in Wahrnehmung

---

261 Siehe zur derzeit nicht möglichen gerichtlichen Überprüfbarkeit oben 2. Teil A. II. 1. b).
262 Vgl. nur *Krebs*, Baurecht, in: Schmidt-Aßmann, Besonderes Verwaltungsrecht, S. 367 (394 f., Rn. 39).

ihrer Selbstverwaltung getroffen hat, stets Vorrang vor eigenen Erwägungen einräumen müsste. Ein Eingreifen der Schulaufsichtsbehörde im Rahmen ihrer Fachaufsicht wäre damit praktisch nur noch dann möglich, wenn die Schule nicht im Bereich der Selbstverwaltung handelte oder sie sich rechtswidrig verhielte[263]. Legte man § 85 Abs. 1 SchulG Hamburg in dieser Weise aus, läge darin tatsächlich eine echte Beschränkung der Fachaufsicht. Indes muss derselbe Begriff nicht auch stets in derselben Weise ausgelegt werden[264]. Dies dürfte insbesondere dann gelten, wenn die Auslegung eines Begriffs von einem Rechtsgebiet auf ein anderes übertragen werden soll. Insofern bleibt die Bedeutung des Wortes „beachten" unklar.

Schließlich treffen auch § 93 Abs. 2 S. 5 SchulG Hessen und § 12 Abs. 4 SchulverwaltungsG Bremen entsprechende Regelungen. § 93 Abs. 2 S. 5 SchulG Hessen normiert, dass die Aufsichtsmaßnahmen so zu gestalten sind, dass die pädagogische Freiheit der Lehrer und die pädagogische Eigenverantwortung der Schule gewahrt werden. Die pädagogische Eigenverantwortung der Schule wird in § 127a Abs. 1 SchulG Hessen umschrieben als die Befugnis der Schule, Unterricht, Schulleben und Erziehung selbstständig zu planen und durchzuführen und ihre eigenen Angelegenheiten zu verwalten. Jedoch besteht diese Befugnis nur im Rahmen der Rechts- und Verwaltungsvorschriften, § 127a Abs. 1 SchulG Hessen, und der Anordnungen der Schulaufsicht, § 127b Abs. 1 SchulG Hessen, welche allerdings die pädagogische Eigenverantwortung nicht unnötig oder unzumutbar einschränken sollen. In § 12 Abs. 4 S. 2 SchulverwaltungsG Bremen heißt es, dass Aufsichtsmaßnahmen so zu gestalten sind, dass die konzeptionell begründete pädagogische Arbeit von Lehrkräften und Schulleitung in der erforderlichen Eigenständigkeit sowie die Beteiligung von Eltern und Schülerinnen und Schülern weitestmöglich gewahrt und gestützt werden. Auch hier gilt, ebenso wie für die anderen genannten Beispiele, dass die Formulierungen der Schulaufsichtsbehörde einen weiten Spielraum eröffnen. Es obliegt der Schulaufsicht zu entscheiden, wann die pädagogische Eigenverantwortung unnötig oder unzumutbar eingeschränkt ist beziehungsweise die erforderliche Eigenständigkeit nicht weitestmöglich gewahrt ist. Eine gerichtliche Überprüfung dieser Entscheidung ist – wie gesehen – mangels eines subjektiv-öffentlichen Rechts auf schulische Eigenverantwortung nicht möglich.

---

263 Dass im letzteren Fall ein Eingreifen der Schulaufsichtsbehörde möglich sein muss, steht außer Frage. Doch betrifft dieser Fall auch nicht die Fachaufsicht im eigentlichen Sinn, sondern die Rechtsaufsicht als Teil der Fachaufsicht.
264 BVerfGE 6, 32 (38); *Zippelius/Würtenberger*, Deutsches Staatsrecht, S. 54; deutlicher noch in der Vorauflage *Maunz/Zippelius*, Deutsches Staatsrecht, S. 46 f.

bb. Normierung konkreter Eingriffsvoraussetzungen

In der anderen Gruppe der Gesetze, die eine Beschränkung der Fachaufsicht vorsehen, hat der Gesetzgeber konkrete Voraussetzungen normiert, unter denen der Schulaufsichtsbehörde ein Eingreifen gestattet ist. Für einen bestimmten Bereich fachaufsichtlicher Maßnahmen hat der hessische Gesetzgeber, der in dieser Beziehung stets eine Vorreiterrolle eingenommen hat[265], nicht nur die bereits erwähnte abstrakte Regelung getroffen, sondern detailliert dargelegt, unter welchen Voraussetzungen der Schulaufsicht ein Eingreifen gestattet ist. So legt § 93 Abs. 3 SchulG Hessen fest, dass die Schulaufsicht in ihrer Rolle als Fachaufsicht Maßnahmen im Hinblick auf pädagogische Bewertungen sowie unterrichtliche und erzieherische Entscheidungen und Maßnahmen der Schule bzw. der Lehrer nur dann ergreifen kann, wenn 1. wesentliche Verfahrens- und Rechtsvorschriften verletzt wurden, 2. von unrichtigen Voraussetzungen oder sachfremden Erwägungen ausgegangen wurde oder 3. gegen allgemein anerkannte pädagogische Grundsätze oder Bewertungsmaßstäbe oder den Grundsatz der Gleichbehandlung der Schülerinnen und Schüler verstoßen wurde. Mit dieser Festlegung ist zwar nicht die Fachaufsicht insgesamt beschränkt worden, wohl aber ein wesentlicher Teil[266]. Die Vorgaben des § 93 Abs. 3 Nr. 1-3 SchulG Hessen erinnern stark an die Kriterien, die von den Verwaltungsgerichten für die eingeschränkte Überprüfbarkeit unbestimmter Rechts-

---

265 Siehe die Nachweise bei *Rux*, Die pädagogische Freiheit des Lehrers, S. 142.
266 Unklar bleibt jedoch, was unter pädagogischen Bewertungen und unterrichtlichen und erzieherischen Entscheidungen zu verstehen ist. Richtigerweise wird davon auszugehen sein, dass dadurch das gesamte Verhalten des Lehrers gegenüber seinen Schülern erfasst ist. Ähnlich auch *Rux*, Die pädagogische Freiheit des Lehrers, S. 146 ff., der jedoch unverständlicherweise Leistungsbewertungen von den pädagogischen Bewertungen ausnehmen will. Gerade bei Leistungsbewertungen handelt es sich jedoch um originär pädagogische Bewertungen.

begriffe entwickelt worden sind[267]. Der hessische Gesetzgeber scheint demnach den Schulen durch die Fassung des § 93 Abs. 3 SchulG Hessen eine Einschätzungsprärogative zugestehen zu wollen. Offenkundig wollte er einen Freiraum für die Schule und die einzelnen Lehrer schaffen, in den die Schulaufsicht nicht ohne weiteres eingreifen kann. Betrachtet man den Wortlaut des § 93 Abs. 3 SchulG Hessen eingehender, stellt man fest, dass die eigentlich bestehende Fachaufsicht durch die Einschränkungen der Nummern 1-3 in eine bloße Rechtsaufsicht verwandelt worden ist. § 93 Abs. 3 Nr. 1 SchulG Hessen statuiert, dass ein Einschreiten der Schulaufsichtsbehörde nur möglich ist, wenn wesentliche Verfahrens- und Rechtsvorschriften verletzt wurden. Eine Verletzung von Rechtsvorschriften führt jederzeit zur Rechtswidrigkeit einer schulischen Maßnahme. Ebenso verhält es sich mit der Verletzung wesentlicher Verfahrensvorschriften. (Formell) rechtswidrig wird eine Maßnahme durch die Verletzung von Verfahrensvorschriften allemal. Insofern normiert § 93 Abs. 3 Nr. 1 SchulG Hessen keine Voraussetzungen für das Eingreifen der Fachaufsicht im eigentlichen Sinne, sondern lediglich für die Rechtsaufsicht als Teil der Fachaufsicht. Der Schulaufsichtsbehörde wird, wie gesehen, ein Eingreifen nur dann gestattet, wenn die Maßnahme der Schule oder des Lehrers rechtswidrig ist. Ebenso verhält es sich mit § 93 Abs. 3 Nr. 2 SchulG Hessen. Geht die Schule oder der Lehrer von unrichtigen Voraussetzungen oder sachfremden Erwägungen aus, hat sie also den Sachverhalt unzulänglich ermittelt oder fehlerhaft bewertet, führt dies ebenfalls zur Rechtswidrigkeit der Maßnahme[268]. Begründet werden kann dies in erster Linie mit einem Verstoß gegen den Verhältnismäßigkeitsgrundsatz. Wird von

---

267 Nach der sog. normativen Ermächtigungslehre verfügt die Rechtsprechung grundsätzlich unbeschränkt über die Möglichkeit, Auslegung und Anwendung unbestimmter Rechtsbegriffe zu überprüfen. Dies folgt schon aus der Rechtsschutzgarantie des Art. 19 Abs. 4 GG. Eine Ausnahme liegt jedoch dann vor, wenn die Verwaltung nach materiellem Recht zur Letztentscheidung ermächtig worden ist. Problematisch an diesem Ansatz ist, dass vielen Gesetzen nicht mit hinreichender Sicherheit zu entnehmen ist, ob der Verwaltung ein derartiger Beurteilungsspielraum eingeräumt wird oder nicht. Im Laufe der Zeit haben sich jedoch bestimmte Fallgruppen herausgebildet, in denen regelmäßig ein Beurteilungsspielraum der Verwaltung angenommen wird. Diese sind: Prüfungsentscheidungen, beamtenrechtliche Beurteilungen, Wertentscheidungen durch unabhängige Sachverständige und pluralistisch zusammengesetzte Ausschüsse, Prognose- und Risikoentscheidungen und Planungsentscheidungen. Bei Vorliegen eines Beurteilungsspielraums richtet sich die Überprüfung des Verwaltungsgerichtes im Wesentlichen nach folgenden Kriterien: 1. Einhaltung der Verfahrensvorschriften, 2. zutreffende Sachverhaltsermittlung, 3. richtige Anwendung des Prüfungsmaßstabs, 4. Beachtung allgemein anerkannter Prüfungsmaßstäbe und fachwissenschaftlich vertretbarer Auffassungen, 5. keine sachfremden Erwägungen; siehe *Ossenbühl*, Rechtsquellen und Rechtsbindung der Verwaltung, in: Erichsen/Ehlers, Allgemeines Verwaltungsrecht, § 10 Rn. 35 ff. (insbesondere zur Kontrolle von Prüfungsentscheidungen). Siehe insgesamt zur Frage der Überprüfbarkeit unbestimmter Rechtsbegriffe *Ossenbühl*, Rechtsquellen und Rechtsbindung der Verwaltung, in: Erichsen/Ehlers, Allgemeines Verwaltungsrecht, § 10 Rn. 31 ff.; *Wolff/Bachof/Stober*, Verwaltungsrecht I, § 31 Rn. 14 ff; *Maurer*, Allgemeines Verwaltungsrecht, § 7 Rn. 31 ff.; *Hofmann*, NVwZ 1995, 740 ff.; *Schmidt-Aßmann/Groß*, NVwZ 1993, 617 ff.
268 *Maurer*, Allgemeines Verwaltungsrecht, § 10 Rn. 2.

unrichtigen Voraussetzungen oder sachfremden Erwägungen ausgegangen, kann bereits kein legitimer Zweck mehr verfolgt werden. Auch ist die Maßnahme einer Schule oder eines Lehrers in einem solchen Fall stets unangemessen im engeren Sinne. Außerdem kann eine Maßnahme eines Lehrers oder einer Schule, die auf unrichtigen Voraussetzungen oder sachfremden Erwägungen beruht, nicht das primäre Ziel des staatlichen Bildungs- und Erziehungsauftrags – die Entfaltung der Kindespersönlichkeit – verfolgen. Ist dies aber nicht der Fall, erweist sich der Eingriff in das Recht des Kindes aus Art. 2 Abs. 1 GG als nicht gerechtfertigt und damit als rechts- bzw. verfassungswidrig. Ferner kann zur Begründung der Rechtswidrigkeit darauf abgestellt werden, dass bei Vorliegen von unrichtigen Voraussetzungen oder sachfremden Erwägungen der Tatbestand der entsprechenden Ermächtigungsgrundlage regelmäßig nicht erfüllt werden kann, weil die einschlägigen tatbestandlichen Voraussetzungen – gemessen an dem „richtigen" Sachverhalt – nicht vorliegen. Schließlich führt das Ausgehen von unrichtigen Voraussetzungen oder sachfremden Erwägungen im Falle von ermessensbasierten Ermächtigungsgrundlagen zu einem Ermessensfehlgebrauch und damit zur Rechtswidrigkeit der Maßnahme[269]. Bei Vorliegen der Voraussetzungen der Nummer 2 ist mithin ebenfalls eine Rechtswidrigkeit gegeben, so dass ein Eingreifen der Schulaufsichtsbehörde wieder nur in ihrer Funktion als Rechtsaufsicht (als Teil der Fachaufsicht) in Betracht kommt. Schließlich führt auch das Vorliegen der Voraussetzungen des § 93 Abs. 3 Nr. 3 SchulG Hessen zu einer Rechtswidrigkeit der entsprechenden Maßnahme. Der Verstoß gegen allgemein anerkannte pädagogische Grundsätze und Bewertungsmaßstäbe bewirkt, dass eine schulische Maßnahme zur Zielerreichung offensichtlich nicht geeignet ist. Dies wiederum bedeutet aber einen unverhältnismäßigen und damit rechtswidrigen Eingriff in die Rechte des Betroffenen[270]. Dass schließlich auch ein Verstoß gegen den Grundsatz der Gleichbehandlung (Art. 3 Abs. 1 GG) zur Rechtswidrigkeit einer Maßnahme führt, liegt auf der Hand. Damit bleibt im Ergebnis festzuhalten, dass ein Eingreifen der Schulaufsicht in ihrer Funktion als Fachaufsicht gem. § 93 Abs. 3 SchulG Hessen nur bei gegebener Rechtswidrigkeit einer pädagogischen Bewertung oder unterrichtlichen oder erzieherischen Entscheidung möglich ist. Das Einschreiten bei Rechtswidrigkeit betrifft aber nur die Rechtsaufsicht als Teil der Fachaufsicht. Die Fachaufsicht im eigentlichen Sinne als Überprüfung der Zweckmäßigkeit einer schulischen Maßnahme ist durch § 93 Abs. 3 SchulG Hessen praktisch ausgeschlossen[271].

---

269 Siehe zu Ermessensfehlern allgemein *Wolff/Bachof/Stober*, Verwaltungsrecht I, § 31 Rn. 45 ff.; *Ipsen*, Allgemeines Verwaltungsrecht, Rn. 536 ff.; *Ossenbühl*, Rechtsquellen und Rechtsbindung der Verwaltung, in: Erichsen/Ehlers, Allgemeines Verwaltungsrecht, § 10 Rn. 15 ff.
270 Betroffen können sowohl Schüler als auch Eltern sein.
271 Siehe zum Ganzen auch *Rux*, Die pädagogische Freiheit des Lehrers, S. 149 ff.

Eine gleichlautende Regelung[272] findet sich in § 95 Abs. 4 SchulG Mecklenburg-Vorpommern, für den § 93 Abs. 3 SchulG Hessen seinerzeit Pate gestanden hat. Sehr ähnlich ist auch die Regelung in § 121 Abs. 2 SchulG Niedersachsen. Auch in Mecklenburg-Vorpommern und Niedersachsen ist damit bezüglich der pädagogischen Bewertungen und der unterrichtlichen und pädagogischen Entscheidungen die Fachaufsicht auf eine Rechtsaufsicht beschränkt.

Dass die in § 93 Abs. 3 SchulG Hessen, § 95 Abs. 4 SchulG Mecklenburg-Vorpommern und § 121 Abs. 2 SchulG Niedersachsen normierten Voraussetzungen sich lediglich auf die Rechtsaufsicht beziehen, findet – jedenfalls strukturell-systematisch – Bestätigung durch § 12 SchulverwaltungsG Bremen. In dessen Abs. 3 heißt es, dass die Rechtsaufsicht als Teil der Fachaufsicht eingreift, wenn 1. gegen Rechts- oder Verwaltungsvorschriften, auch gegen verbindliche überregionale Vereinbarungen, gegen den Grundsatz der Gleichbehandlung oder gegen das Erziehungsrecht der Eltern verstoßen worden ist oder 2. von unrichtigen Voraussetzungen oder sachfremden Erwägungen ausgegangen oder gegen den Grundsatz der Verhältnismäßigkeit verstoßen worden ist. In § 12 SchulverwaltungsG Bremen wird demnach deutlich zwischen der Rechtsaufsicht als Teil der Fachaufsicht und der Fachaufsicht im Übrigen, im eigentlichen Sinne, unterschieden. Dabei kommt der Beschreibung der Rechtsaufsicht in § 12 Abs. 3 SchulverwaltungsG Bremen jedoch keine eigenständige Bedeutung zu. Denn die dort genannten Voraussetzungen führen bei ihrem Vorliegen zur Rechtswidrigkeit schulischer Entscheidungen oder Maßnahmen. Ist eine Entscheidung oder Maßnahme aber rechtswidrig, ist ein Eingreifen der Rechtsaufsicht, die ja gerade die Überprüfung der Rechtmäßigkeit zum Gegenstand hat, ohne weiteres möglich. Es bedarf dazu keiner Normierung weiterer Eingriffsvoraussetzungen. Insofern hat § 12 Abs. 3 SchulverwaltungsG Bremen lediglich deklaratorischen Charakter.

Für die Fachaufsicht im Übrigen sah § 12 Abs. 3 SchulverwaltungsG Bremen a.F.[273] echte Einschränkungen vor. Diese bezogen sich auch, anders als in Hessen, Mecklenburg-Vorpommern und Niedersachsen, nicht bloß auf pädagogische Bewertungen oder unterrichtliche und erzieherische Entscheidungen. So konnte die Fachaufsicht im Übrigen nur eingreifen, wenn 1. die Gleichwertigkeit des schulischen Angebots in den Stadtgemeinden oder ein geordneter Unterrichtsablauf anders nicht gewährleistet werden konnte, 2. das Schulprogramm in erheblicher Weise den pädagogischen Grundsätzen und Zielen des Bremischen Schulgesetzes widersprach, 3. gegen überregionale Vereinbarungen verstoßen worden ist, 4. kein hinreichendes Einvernehmen unter Lehrkräften und Eltern und altersangemessen auch Schülerinnen und Schülern über die Sicherung notwendiger Standards erzielt werden konnte

---

272 Einzige Ausnahme ist, dass § 95 Abs. 4 Nr. 1 SchulG Mecklenburg-Vorpommern ein Eingreifen der Schulaufsichtsbehörde nicht von der Verletzung *wesentlicher* Verfahrens- und Rechtsvorschriften abhängig macht. Praktisch liegt darin aber kein Unterschied zu § 93 Abs. 3 SchulG Hessen.

273 Die im Folgenden dargestellten Einschränkungen sind durch die Neufassung des Bremischen Schulverwaltungsgesetzes vom 28. Juni 2005 abgeschafft worden.

oder 5. nach schulinternem Schlichtungsverfahren im Einzelfall keine Einigung zwischen Betroffenen erzielt werden konnte. § 12 SchulverwaltungsG Bremen a.F. ging damit einerseits weiter als die Regelungen in Hessen, Mecklenburg-Vorpommern und Niedersachsen, da sich die Beschränkung der Fachaufsicht auf die Fachaufsicht insgesamt und nicht nur auf einen speziellen Teil – pädagogische Bewertungen und unterrichtliche oder erzieherische Entscheidungen – bezog. Andererseits blieb er aber auch hinter den genannten Regelungen zurück, da jedenfalls bezüglich der pädagogischen Bewertungen und der unterrichtlichen oder erzieherischen Entscheidungen anders als in Hessen, Mecklenburg-Vorpommern und Niedersachsen ein Eingreifen der Fachaufsicht in ihrer Funktion als wirkliche Fach- und nicht nur Rechtsaufsicht nach wie vor möglich war[274]. Mit der Neufassung des Bremischen Schulverwaltungsgesetzes vom 28. Juni 2005 sind die genannten Einschränkungen jedoch hinfällig geworden.

d) Zusammenfassung

Abschließend kann festgehalten werden, dass alle Länder nach wie vor die Fachaufsicht über die schulische Arbeit in ihren Schulgesetzen vorgesehen haben. Der Umfang der Fachaufsicht ist aber in den einzelnen Ländern sehr unterschiedlich ausgestaltet. In einigen Ländern ergibt sich bei genauer Betrachtung in bestimmten Bereichen sogar eine Beschränkung auf eine Rechtsaufsicht. Kein Land hat jedoch bisher *ausdrücklich* die Aufsicht über die schulische Tätigkeit auf eine reine Rechtsaufsicht beschränkt.

2. Schulaufsicht als Dienstaufsicht über die Lehrer und das sonstige pädagogische Personal

Weiterer Bestandteil der Schulaufsicht ist die Dienstaufsicht über die Lehrer und das sonstige pädagogische Personal. Zumeist ist die Dienstaufsicht in den Schulgesetzen ausdrücklich erwähnt. Indes ergibt sich die Befugnis zur Dienstaufsicht bereits aus dem allgemeinen öffentlichen Dienstrecht. Einer gesonderten Normierung hätte es nicht bedurft. Im Rahmen der Dienstaufsicht wacht die Schulaufsichtsbehörde über die ordnungsgemäße Pflichterfüllung des pädagogischen Personals. Insbesondere hat sie die fachliche und persönliche Eignung des Personals zu prüfen. Hierbei entstehen häufig Überschneidungen mit den Aufgaben der Fachaufsicht[275].

---

274 Dies natürlich nur unter den in § 12 Abs. 3 SchulverwaltungsG Bremen a.F. genannten Voraussetzungen.
275 Vgl. dazu auch *Avenarius/Heckel*, Schulrechtskunde, S. 253 f.

3. Schulaufsicht als Rechtsaufsicht über den (kommunalen) Schulträger

Dem Schulträger obliegt die Regelung der sog. äußeren Schulangelegenheiten[276]. Im Bereich der öffentlichen Schulen sind Schulträger überwiegend die Gemeinden[277]. Die Gemeinden als Schulträger nehmen diese Aufgabe als (pflichtige) Selbstverwaltungsaufgabe wahr[278]. Die Aufsicht über die Schulträger muss sich demnach auf eine reine Rechtsaufsicht beschränken, da nicht unmittelbar in die kommunale Selbstverwaltung eingegriffen werden darf. Die meisten Länder normieren ausdrücklich eine reine Rechtsaufsicht über den kommunalen Schulträger[279]. In anderen Ländern ergibt sich dies aus der Gesetzessystematik[280]. Demnach wird im Hinblick auf die (kommunalen) Schulträger nur überwacht, ob diese den Gesetzen entsprechend handeln. Eine Prüfung der Zweckmäßigkeit des Handelns des Schulträgers darf demgegenüber nicht erfolgen.

4. Zusammenfassung

Wie die Analyse der einschlägigen Landesgesetze zeigt, sind die Fachaufsichtsbefugnisse der Schulbehörden in den einzelnen Ländern sehr unterschiedlich ausgestaltet. Während in einigen Ländern nach wie vor eine umfassende Fachaufsicht besteht, ist in anderen Ländern eine Beschränkung der Fachaufsicht intendiert und hat eine dritte Gruppe von Ländern gar rechtlich verbindliche Beschränkungen der Fachaufsicht vorgenommen. Kein Land hat die Fachaufsicht jedoch vollständig abgeschafft. Neben der differenziert ausgestalteten Fachaufsicht besteht in allen Ländern nach wie vor die Dienstaufsicht über die Lehrer und das sonstige pädagogische Personal und die Rechtsaufsicht über die kommunalen Schulträger.

---

276 Siehe dazu schon oben 1. Teil B. II. 1. a).
277 Siehe dazu bereits oben 1. Teil B. II. 1. a).
278 Siehe z.B. § 102 Abs. 1 SchulG Mecklenburg-Vorpommern.
279 So z.B. in § 131 Abs. 1 S. 3 SchulG Brandenburg.
280 So heißt es z.B. in § 86 Abs. 2 S. 2 SchulG Nordrhein-Westfalen, dass die Schulaufsicht die Aufgabe hat, die Schulträger zur Erfüllung ihrer Pflichten anzuhalten. Was dies bedeutet, ist nicht geregelt. Demnach greift die für die Aufsicht über Selbstverwaltungsaufgaben maßgebliche Vorschrift des § 116 Abs. 1 GO NW, welche normiert, dass sich die Aufsicht des Landes darauf erstreckt, dass die Gemeinden im Einklang mit den Gesetzen verwaltet werden. Auch hier ist also im Ergebnis eine reine Rechtsaufsicht über die Kommunen vorgesehen.

III. Defizite des heutigen Schulaufsichtsmodells als Konsequenz des traditionellen Aufsichtsverständnisses

Das Verständnis des Schulaufsichtsbegriffs als die Fach-, Dienst- und Rechtsaufsicht umfassend führt dazu, dass das deutsche Schulwesen mit weit gehend standardisierten Modellen betrieben wird und einer Herausforderung durch alternative und konkurrierende pädagogische und organisatorische Modelle kaum ausgesetzt ist[281]. Indes kann ein zentralistisches[282], ein einheitliches Schulwesen den veränderten Bedingungen in einer immer pluralistischer werdenden Welt nicht mehr gerecht werden. Dies gilt gerade auch im Hinblick auf die Werteordnung des Grundgesetzes. Während die Weimarer Reichsverfassung auf „dem allgemeinen Grundgedanken aller nationalstaatlich, durchformten Rechtssysteme, die stets von der prinzipiellen Höherwertigkeit der Lebensnotwendigkeiten des nationalen Gemeinschaftskreises über die Interessen aller ihm eingeordneten Rechtskreise ausgehen"[283], beruhte, liegt dem Grundgesetz eine wertgebundene Ordnung zugrunde, welche die öffentliche Gewalt begrenzt und das Ziel verfolgt, die Eigenständigkeit, die Selbstverantwortlichkeit und die Würde des Menschen in der staatlichen Gemeinschaft zu sichern[284]. Das Grundgesetz akzeptiert und fördert die Individualität der Menschen und ermöglicht plurale Anschauungen und Lebensmuster. War die Schulbildung zur Zeit der Weimarer Reichsverfassung darauf ausgerichtet, gute Untertanen heranzuziehen[285], steht unter Geltung des Grundgesetzes – wie bereits im ersten Teil der Arbeit entwickelt[286] – die Persönlichkeitsentfaltung des Einzelnen durch Bildung im Mittelpunkt der schulischen Aufgaben[287]. Die Schule ist um des Schülers willen da, und dieser ist nicht Objekt, sondern gleichwertiger Partner des Erziehungsprozesses[288]. Die

---

281 *Bildungskommission NRW*, Zukunft der Bildung – Schule der Zukunft, S. 152.
282 So *Jach*, Abschied von der verwalteten Schule, S. 81: „Im europäischen Vergleich ist das bundesrepublikanische Schulwesen ungeachtet seiner föderalen Grundstruktur auf Länderebene als zentralistisch einzuordnen."
283 Zitiert nach *Bärmeier*, Über die Legitimität staatlichen Handelns unter dem Grundgesetz der Bundesrepublik Deutschland, S. 283.
284 BVerfGE 6, 32 (40).
285 Ebenso *Jach*, Vom staatlichen Schulsystem zum öffentlichen Schulwesen, S. 32 f. und 26 f. Vgl. auch *Thode*, Das kommunal-staatliche Kondominium in der Schulträgerschaft, S. 61. f., der von der „Vorstellung von der Allmacht des absoluten Staates" spricht.
286 Siehe oben 1. Teil C. II. 1.
287 In diesem Sinne auch *Jach*, Vom staatlichen Schulsystem zum öffentlichen Schulwesen, S. 133 f.: „Die objektivrechtliche Bindung des Staates an das Recht des Kindes auf freie Entfaltung seiner Persönlichkeit ist heute allgemein anerkannt. Unter der Geltung des GG kann seit *Ekkehart Stein* die Selbstentfaltung des Kindes zur freien Entfaltung seiner Persönlichkeit gem. Art. 2 Abs. 1 GG als Rechtfertigung und Zielnorm staatlicher Schulerziehung angesehen werden."
288 Vgl. *Jach*, Vom staatlichen Schulsystem zum öffentlichen Schulwesen, S. 116 m.w.N.

Entfaltung der Persönlichkeit des Einzelnen ist ein höchst individueller Vorgang. Demzufolge ist es erforderlich, dass in der Schule eine möglichst individuelle Bildung und Förderung des einzelnen Kindes erfolgt[289]. Schulen aber, die selbst vom Staat zentral gesteuert werden, können auch ihre Schüler zwangsläufig nur „zentral" fördern. Demgegenüber kann eine Schule, der genug Freiraum gelassen wird, um flexibel auf die sich verändernden Herausforderungen reagieren zu können, auch auf die Bedürfnisse ihrer Schüler eingehen.

IV. Beschränkung der Schulaufsicht auf eine reine Rechtsaufsicht – ein Modell für die Zukunft?

Flexibilisierung und Profilierung der Schulen sind nur möglich, wenn Schulen über größere Eigenverantwortlichkeit verfügen und nicht mehr zentral gesteuert werden.

> „Schule kann ihren Auftrag, selbstverantwortlich und eigentätig gestaltete Bildungsprozesse von Schülerinnen und Schülern zu ermöglichen, zu initiieren und zu fördern, [...] nur wirksam erfüllen, wenn sie sich als ein >Haus des Lernens<[290] entwickeln kann, das auf die besonderen Bedürfnisse seiner Schüler ausgerichtet ist und die Handlungsmotive und Initiativen der übrigen Beteiligten integriert. Hierzu brauchen die Schulen einen nicht nur tatsächlich erweiterten, sondern auch rechtlich gesicherten Freiraum zur Eigengestaltung"[291].

Man mag dem entgegenhalten, dass eine zentrale Steuerung der Schulen in den letzten Jahren jedenfalls faktisch immer mehr abgenommen hat, und auch die Gesetze in immer stärkerem Maße die Eigenverantwortung der Schulen betonen. Dies ist grundsätzlich zutreffend. Doch ist in keinem Landesgesetz die Eigenverantwortung

---

289 Jedes Kind hat ein Recht darauf, Individuum zu werden und gerade auch diejenigen Fähigkeiten und Eigenschaften zu entwickeln, die es von anderen unterscheiden. Dies bedeutet für die Schule, dass sie nicht die unterschiedlichen Lernfähigkeiten und Interessen zu einem Einheitsschüler nivellieren darf, sondern durch differenzierte Angebote die Bildung von individuellen Schwerpunkten zu fördern hat. Vgl. dazu auch *Jach*, Vom staatlichen Schulsystem zum öffentlichen Schulwesen, S. 138 m.w.N.

290 „Schule als >Haus des Lernens< ist ein Ort, an dem alle willkommen sind, die Lehrenden wie die Lernenden in ihrer Individualität angenommen werden, die persönliche Eigenart in der Gestaltung von Schule ihren Platz findet, ist ein Ort, an dem Zeit gegeben wird zum Wachsen, gegenseitige Rücksichtnahme und Respekt voreinander gepflegt werden, ist ein Ort, dessen Räume einladen zum Verweilen, dessen Angebote und Herausforderungen zum Lernen, zur selbsttätigen Auseinandersetzung locken, ist ein Ort, an dem Umwege und Fehler erlaubt sind und Bewertungen als Feedback hilfreiche Orientierung geben, ist ein Ort, wo intensiv gearbeitet wird und die Freude am eigenen Lernen wachsen kann, ist ein Ort, an dem Lernen ansteckend wirkt. Im >Haus des Lernens< sind alle Lernende, in ihm wächst das Vertrauen, dass alle lernen können. Diese Schule ist ein Stück Leben, das es zu gestalten gilt." So die Beschreibung der Schule als „Haus des Lernens" der *Bildungskommission NRW*, Zukunft der Bildung – Schule der Zukunft, S. 86.

291 *Bildungskommission NRW*, Zukunft der Bildung – Schule der Zukunft, S. 61.

der Schulen und auch der Lehrer wirklich rechtlich abgesichert[292]. Über die Mittel der Fachaufsicht, die nach wie vor in allen Ländern eingesetzt werden können, kann letztlich der Staat immer noch bis in das kleinste Detail regelnd in das Schulwesen eingreifen[293]. Die entsprechenden Regelungen der Länder, die den Schulen ansatzweise Eigenverantwortung garantieren, sind auf das alte System der umfassenden staatlichen Steuerung und Aufsicht lediglich „*draufgesetzt*". Sie haben es nicht *ersetzt*. Echte Eigenverantwortung in einem System umfassender Steuerung aufzubauen, ist aber schwierig, wenn nicht gar unmöglich. Eigenverantwortung der Schulen setzt voraus, dass die Schulen Verantwortung für ihr Handeln bekommen und auch tragen müssen. Solange sich der Staat jedenfalls hilfsweise die ungeschmälerten fachaufsichtlichen Durchgriffsbefugnisse vorbehält, laufen alle gutgemeinten „Autonomiegarantien" letztlich ins Leere[294]. Deshalb ist es erforderlich, dass die Selbstständigkeit der Schule auch rechtlich durch die Beschränkung des Staates auf eine reine Rechtsaufsicht[295] anerkannt wird[296].

---

292   Diese Einschätzung wird auch von *Jach*, Pädagogik, Heft 9/1995, 48 (49 f.) geteilt.
293   So – für die Hochschulen – *Groß*, DÖV 1999, 895 (901).
294   Bezogen auf das Hochschulwesen ist Kritik an dem deutschen (Reform-) Weg – der sich zwischen Etatismus und Teilautonomie bewege und damit zu einer Blockade der Reformen führe – nachzulesen bei *Kahl*, Hochschule und Staat, S. 2, welcher die verschiedenen Ansichten über den deutschen (Reform-) Weg darstellt.
295   So im Ergebnis auch *Stock*, RdJB 2002, 468 (492 f.) und RdJB 1986, 212 (223) und *Jach*, Abschied von der verwalteten Schule, S. 84. Auch *Vogel* teilt im Ergebnis diese Auffassung. Er begründet sie jedoch mit einem Vergleich des staatlichen Schulwesens mit dem Privatschulwesen. Den autonomen Schulen in freier Trägerschaft stehe eine Schulaufsicht gegenüber, „die auf die Rechtsaufsicht in den drei Eckpunkten Lehrziele, Einrichtungen und Lehrerqualifikation zurückgenommen ist. Nach Auffassung des Verfassungsgebers reicht diese reduzierte Aufsicht aus, um ein bestimmtes Unterrichtsniveau nach staatlichen Vorgaben zu garantieren. Meine These ist nun: Wenn diese Schulaufsicht ausreicht und die Privatschulbestimmungen im übrigen, wie wir gesehen haben, Grundsätze enthalten, die über das Privatschulwesen auf das gesamte Schulwesen hinausweisen, dann kann auch die für die Schulen in freier Trägerschaft vorgesehene und für ausreichend gehaltene Schulaufsicht auf das gesamte Schulwesen übertragen werden." Siehe *Vogel*, Neue Sammlung 1988, 367 (372); vgl. auch *Vogel*, Zeitschrift für Pädagogik 41 (1995) Heft 1, 39 (44 f.).

Dass bei fortbestehender Fachaufsicht eine rechtlich abgesicherte Freiheit nicht bestehen kann, erkannte bereits der 51. Deutsche Juristentag. In einem (Muster-) Entwurf für ein Landesschulgesetz aus dem Jahre 1981 unterbreitete er unter anderem den Vorschlag, die Aufsicht über die Unterrichts- und Erziehungsarbeit des Lehrers auf eine reine Rechtsaufsicht zu beschränken. Begründet wurde dies damit, dass die bisherigen administrativen Regelungen die pädagogische Freiheit des Lehrers gefährdeten, die er zur Erfüllung seiner Aufgaben benötige. Diese Gefahr könne sich fortsetzen, wenn die parlamentarischen Leitentscheidungen weiterhin durch – von der Sache her nicht gebotene – Rechtsverordnungen und Verwaltungsvorschriften im Übermaß ausgefüllt würden[297]. Die mit dem Entwurf betraute Kommission schlug deshalb vor, die Aufsicht im Bereich von Unterricht und Erziehung auf eine Rechtsaufsicht zu begrenzen – unbeschadet der Möglichkeit, in diesem Bereich die Lehrer zu beraten und ihnen unverbindliche Empfehlungen zu geben[298].

Dieser Vorschlag des 51. Deutschen Juristentages zeigt, dass bereits vor mehr als zwei Jahrzehnten auch die juristische Fachwelt die Notwendigkeit einer rechtlichen Absicherung der pädagogischen Freiheit erkannt hat. Als adäquates Mittel dazu wurde zutreffend die Beschränkung der Aufsicht auf eine Rechtsaufsicht gewählt. Jedoch stießen die Vorschläge der Kommission auf heftigen Widerstand. Die Beschränkung der Aufsicht auf eine Rechtsaufsicht wurde als „ein höchst gefährlicher Vorschlag"[299] bezeichnet, der die Rechte der Schüler und Eltern gefährde. Es wurde die verantwortungsvolle Handhabung der Weisungsfreiheit seitens der Lehrer sowie ihr pädagogisches, methodisches und didaktisches Geschick bezweifelt[300]. Außerdem erfordere die Schulpflicht gerade auch die fachlich-pädagogische Verantwortung des demokratisch legitimierten und kontrollierten Ministers[301]. Dieser Wider-

---

[296] Selbstverständlich kann man der Beschränkung der Schulaufsicht auf eine Rechtsaufsicht entgegenhalten, dass die Rechtsaufsicht sich im praktischen Ergebnis möglicherweise kaum von der Fachaufsicht unterscheiden würde. Denn die Regelungsdichte der für die Schulen maßgeblichen Normen kann natürlich so engmaschig gestaltet werden, dass der Gestaltungs- und Entscheidungsfreiraum der Schulen auf ein Minimum reduziert wird. Die Regelungsdichte kann sogar so weit gehen, dass nur Raum für eine einzige Entscheidung verbleibt, weshalb eine Kontrolle nach Zweckmäßigkeitsgesichtspunkten nicht mehr erforderlich wäre und der Staat sich „mit einer Geste anscheinender Großzügigkeit auf eine bloße >Rechtsaufsicht< beschränken" könnte, vgl. *Schnapp*, Staatsaufsicht über die Studentenwerke, in: v. Mutius, Autonomie öffentlicher Unternehmen in Anstaltsform, S. 165 (168 f.). Diese Gefahr ist in der Tat nicht von der Hand zu weisen. Doch kann es als Aufgabe und Pflicht des Gesetzgebers angesehen werden, sich in seinen Regelungen auf das Wesentliche zu beschränken. Was er zu dem von ihm zu regelnden Wesentlichen zählt, unterfällt allerdings seiner Einschätzungsprärogative. Es kann jedoch davon ausgegangen werden, dass der Gesetzgeber schon aus praktischen Gründen nicht eine derartige Fülle von Detailvorschriften erlassen könnte, wie es die Exekutive bisher durch die Verwaltungsvorschriften getan hat.
[297] *Deutscher Juristentag*, Schule im Rechtsstaat Band I, S. 40.
[298] *Deutscher Juristentag*, Schule im Rechtsstaat Band I, S. 40.
[299] So der Titel eines Aufsatzes von *Eiselt* in RdJB 1981, 169 ff.
[300] *Eiselt*, RdJB 1981, 169 (170 f.).
[301] *Ebert*, RdJB 1981, 207 (209).

stand erklärt, warum sich die Rechtslage seit dem Vorstoß des 51. Deutschen Juristentages bis auf wenige, vorwiegend kosmetische, Korrekturen nicht geändert hat[302]. Dabei ist der Bedarf einer rechtlichen Absicherung der inhaltlichen Kompetenzen von Schule und Lehrern heute, wie insbesondere der internationale Vergleich zeigt, noch sehr viel dringender geworden. Denn heute steht nicht mehr nur die rechtliche Absicherung der pädagogischen Freiheit des einzelnen Lehrers in Rede[303]. Vielmehr interessiert (auch) eine rechtliche Absicherung der schulischen Eigenverantwortung. Es geht in der derzeitigen Diskussion und auch in den neuen Schulgesetzen weniger um die Rechte des Einzellehrers als um die Rechte der Schule als solcher. Diese soll Eigenverantwortung erhalten und „autonom" werden. Demnach geht der hier vertretene Ansatz weiter als der Vorschlag des 51. Deutschen Juristentages. Die Aufsicht des Staates soll bezüglich der gesamten inhaltlichen schulischen Arbeit und nicht nur bezüglich der Arbeit des einzelnen Lehrers[304] auf eine Rechtsaufsicht beschränkt werden[305]. Ferner sollten nach dem Vorschlag des Juristentages die Lehrpläne als Rechtsverordnungen ausgestaltet werden, so dass deren Einhaltung durch die Rechtsaufsicht überprüft werden könnte, § 7 Abs. 1 Schulgesetzentwurf. Bei der üblichen detaillierten Ausgestaltung der Lehrpläne hätte dies aller Wahrscheinlichkeit nach dazu geführt, dass den Lehrern nicht viel Raum für

---

302 Siehe dazu schon die Analyse der einzelnen Landesgesetze diesbezüglich, oben 2. Teil A. II. 1.
303 Auch der Vorschlag der Schulrechtskommission des 51. Deutschen Juristentages wurde damals teilweise bereits als eine Erweiterung der Selbstverwaltungsmöglichkeiten der Schule als solcher gesehen. Für die einzelne Schule bedeutete der Vorschlag nach *Nevermann*, Schule und Schulverfassung in der Bundesrepublik Deutschland, in: Lenzen, Enzyklopädie Erziehungswissenschaft, Bd. 5, S. 393 (397), „daß sie nicht mehr nur als unselbständige Anstalt zu betrachten ist, sondern allmählich auch über (zum Teil bereits formal gesicherte) Selbstverwaltungsrechte einer Körperschaft (wie eine Universität) verfügt." Auch wenn diese Interpretation in ihrer Aussage sehr fortschrittlich ist, kann ihr dennoch nicht zugestimmt werden. Denn die Beschränkungen der staatlichen Aufsicht bezogen sich ausweislich des Gesetzeswortlauts ausschließlich auf die Unterrichts- und Erziehungsarbeit des *Lehrers*, § 73 Abs. 2 S. 4. Die Schule als solche als eigenständige Einheit mit eigener (pädagogischer) Verantwortung taucht in dem Entwurf hingegen nicht auf. Ziel der Schulrechtskommission war es allein, die Rechte des einzelnen Lehrers (und ggf. der Lehrerkonferenz) zu stärken.
304 Auf die pädagogische Freiheit des Lehrers allgemein und insbesondere auf die Konsequenzen, welche die Beschränkung der Aufsicht für die pädagogische Freiheit des Lehrers hat, wird später ausführlich eingegangen. Siehe unten 3. Teil C. II.
305 In der Begründung des Schulgesetzentwurfs wird dargelegt, dass die Beschränkung der staatlichen Schulverwaltung auch gegenüber den Kollegialorganen der Lehrer gelten solle, *Deutscher Juristentag*, Schule im Rechtsstaat Band I, S. 306. Auch dies geht jedoch noch nicht so weit wie der hier vertretene Ansatz, da sich hier die Beschränkung der staatlichen Aufsicht auch auf Kollegialorgane beziehen soll, in denen neben den Lehrern auch Eltern und Schüler vertreten sind.

die Wahrnehmung ihrer pädagogischen Freiheit geblieben wäre[306]. Auch darin unterscheidet sich der vorliegende Ansatz von dem des 51. Deutschen Juristentages. Die staatlichen Vorgaben sollen zukünftig nur noch Rahmenvorgaben sein, die Ziele und zu erreichende Kompetenzen definieren, nicht aber den genauen Unterrichtsverlauf vorschreiben[307]. Dies lässt sowohl dem einzelnen Lehrer als auch der Schule als solcher mehr Raum zur eigenverantwortlichen Gestaltung.

Natürlich birgt der Verzicht auf die Fachaufsicht die Gefahr des Missbrauchs durch die Schulen. Soll jedoch den Schulen Freiheit und Verantwortung gewährt werden – wie dies ausweislich der neueren schulgesetzlichen Bestimmungen dem Willen der Landesgesetzgeber entspricht[308] –, so muss auch die Gefahr des Missbrauchs hingenommen werden[309]. Die Missbrauchsgefahr ist der Gewährung von Freiheit stets inhärent, ohne dass dadurch der Wert der Gewährung von Freiheit in Frage gestellt würde[310]. Auch bedeutet eine Beschränkung des Staates auf eine reine Rechtsaufsicht über die Schulen keinen völligen Kontrollverlust. Nach wie vor kann der Gesetzgeber den Rahmen des Schulwesens regulieren[311]. Ebenso kann die Verwaltung bei echtem Fehlverhalten von Schulen durch die Ausübung der Rechtsaufsicht korrigierend eingreifen. Schließlich sind andere, nicht-aufsichtliche Möglichkeiten staatlicher Einflussnahme auf das Schulwesen denkbar[312].

V. Konsequenzen der Beschränkung auf eine reine Rechtsaufsicht

Wie dargelegt, erscheint das nach wie vor in allen Ländern grundsätzlich bestehende umfassende Bestimmungsrecht des Staates über die Schulen nicht mehr zeitgemäß. Vielmehr ist eine Beschränkung des Staates insgesamt auf eine reine Rechtsaufsicht

---

306 Zwar sah § 8 Abs. 1 S. 2 des Schulgesetzentwurfs vor, dass die Unterrichtsinhalte nur in dem Maße bestimmt werden dürfen, wie es erforderlich ist, um die wesentlichen Ziele der Unterrichtsfächer zu erreichen. Doch sollten nach wie vor Unterrichtsinhalte vorgegeben werden, § 8 Abs. 1 S. 1 Nr. 2 und konnten Lernerfolgskontrollen bestimmt werden, § 8 Abs. 2 Nr. 1. Außerdem konnte der Kultusminister die Stundentafel gem. § 6 Abs. 3 Nr. 5 festlegen, was eine freie Gestaltung des Unterrichts (z.B. Epochalisierung o.ä.) unmöglich machte.
307 Siehe dazu die Beschreibung der Rahmenvorgaben durch das Südtiroler Autonomiegesetz. Unten 2. Teil A. V.
308 Vgl. dazu die eingehende Analyse der einschlägigen Landesregelungen. Unten 3. Teil C. I.
309 So auch *Hennecke*, Fachaufsicht – Rechtsaufsicht, in: Sievering, Schulrecht – Schulpraxis, S. 104 (119); *Geiger*, Zur pädagogischen Freiheit des Lehrers, in: Sievering, Schulrecht – Schulpraxis, S. 92 (103) und *Burmeister*, RdJB 1989, 415 (421), allerdings alle zur pädagogischen Freiheit des Lehrers.
310 Ebenso *Hennecke*, Fachaufsicht – Rechtsaufsicht, in: Sievering, Schulrecht – Schulpraxis, S. 104 (119).
311 Der Gesetzgeber kann allerdings schon aus praktischen Gründen nicht so detaillierte Regelungen treffen, wie dies die Verwaltung bisher konnte.
312 Siehe unten 2. Teil C. Auch ist hier das eingangs erwähnte niedersächsische Inspektionsmodell zu nennen.

geboten. Was bedeutet dies jedoch praktisch? Soll mit der Forderung nach der Beschränkung auf eine Rechtsaufsicht der Privatisierung des Schulwesens das Wort geredet werden? Und wie kann der Staat der ihm aus Art. 7 Abs. 1 GG auferlegten Verantwortung für das Schulwesen sinnvollerweise gerecht werden, wenn ihm die Möglichkeit der unmittelbaren Gestaltung des Schulwesens genommen ist?

Die Beschränkung des Staates auf eine Rechtsaufsicht bedeutet keinesfalls zwangsläufig eine Privatisierung des Schulwesens[313]. Vielmehr soll gerade im öffentlichen Schulwesen der erforderliche Freiraum für Schulen gewährt und Vielfalt ermöglicht werden. Art. 7 Abs. 1 GG gibt dem Staat eine Verantwortung für das Schulwesen. Der Staat wird durch Art. 7 Abs. 1 GG verpflichtet, „ein Schulsystem zu gewährleisten, das allen jungen Bürgern gemäß ihren Fähigkeiten die dem heutigen gesellschaftlichen Leben entsprechenden Bildungsmöglichkeiten eröffnet"[314]. Diese Verantwortung des Staates lässt sich auf drei Kernaufgaben reduzieren: So muss der Staat 1. die Qualität des Schulwesens sichern, 2. die Chancengleichheit gewährleisten und 3. die Integration junger Menschen in die Gesellschaft ermöglichen[315]. Will der Staat diesen Aufgaben gerecht werden, bedeutet dies zum einen, dass er dafür zuständig ist, die für die Unterhaltung von Schulen erforderlichen Kosten zu tragen[316]. Zum anderen wird man darin aber auch die Pflicht des Gesetzgebers sehen müssen, bestimmte (Bildungs-)Standards und (Bildungs-)Ziele für die Schulen[317] vorzugeben[318]. Der Staat muss einen einheitlichen Rahmen schaffen, innerhalb dessen die Schulen agieren können[319]. Er muss Ziele vorgeben, welche die Schulen erreichen müssen. Auf welchem Weg sie das tun, muss ihnen jedoch weit gehend selbst überlassen sein. Dabei dürfen die Rahmenvorgaben des Staates nicht

---

313 Welche Auswirkungen die gewünschte Beschränkung auf eine Rechtsaufsicht auf die Rechtsform der Schule hat, wird an späterer Stelle ausführlich zu thematisieren sein. Siehe unten 3. Teil E.
314 BVerfGE, 59, 360 (377).
315 Ähnlich *Avenarius*, RdJB 1994, 256 ff.
316 Wie sich die Finanzierung konkret gestalten soll, d.h. welche Mittel den Schulen selbst zur eigenverantwortlichen Verwaltung übergeben werden sollten, wird an späterer Stelle zu thematisieren sein. Unten 3. Teil C. I. 3.
317 Dass der Staat nach wie vor definieren kann und soll, welche Schultypen es gibt, welche Abschlüsse dort erworben werden können und von welcher Dauer die Schulpflicht ist, erscheint im Lichte einer gewissen Ordnung des Schulsystems unabdingbar und soll hier nicht weiter diskutiert werden.
318 Dass der Gesetzgeber im Schulbereich Regelungen treffen kann, ergibt sich nicht erst aus Art. 7 Abs. 1 GG. Vielmehr besteht die Kompetenz zur Gesetzgebung schlechthin in allen denkbaren Bereichen. Der Gesetzgeber bedarf – anders als die Verwaltung – keiner ausdrücklichen Ermächtigung zum Tätigwerden. Ihm steht eine prinzipielle Allzuständigkeit zu. Dabei ist jedoch die Kompetenzverteilung des Grundgesetzes zu beachten. Für den Bereich der Schule besteht danach eine Gesetzgebungskompetenz der Länder gem. Art. 30, 70 GG.
319 Dies ergibt sich u.a. aus dem Gebot der Chancengleichheit. Dazu und zu den anderen Verfassungsprinzipien, die in diesem Zusammenhang eine Rolle spielen, siehe unten 3. Teil D. insbesondere IV.

so eng sein, dass eine Profilierung der einzelnen Schule praktisch unmöglich gemacht wird.

Als Beispiel für mögliche Rahmenvorgaben des Staates soll hier Art. 5 Abs. 1 des Autonomiegesetzes der Provinz Südtirol vom 29. Juni 2000 dienen. Durch dieses Gesetz wurde den Schulen in Südtirol Autonomie i.S. echter Rechtspersönlichkeit zuerkannt. Dass der Gesetzgeber damit jedenfalls nicht zum Nachteil der betroffenen Schüler gehandelt hat, zeigen auf beeindruckende Weise die Mathematik-Ergebnisse der Provinz Südtirol in PISA 2003. Im Gegensatz zu Restitalien[320], das mit 466 Punkten unterhalb des OECD-Durchschnitts lag, befanden sich Südtiroler Schüler mit 536 Punkten deutlich im oberen Bereich der Punkteskala. Deutsche Schüler erreichten im Vergleich dazu im Schnitt 503 Punkte in der mathematischen Wertung und lagen damit mit ihrem Wissensstand etwa ein halbes Jahr hinter Südtiroler Schülern zurück.

Gem. Art. 5 Abs. 1 des Autonomiegesetzes der Provinz Südtirol bestimmt der zuständige Gesetzgeber

a) die allgemeinen Bildungsziele,
b) die spezifischen Lernziele, bezogen auf die Kompetenzen der Schüler und Schülerinnen,
c) die grundlegenden Fächer und deren Jahresstundenkontingente,
d) die Gesamtzahl der jährlichen Pflichtstunden der Curricula, bestehend aus einer verbindlichen Grundquote und einer Pflichtquote, die der Schule vorbehalten ist,
e) die Grenzen für den flexiblen Austausch von Stunden zwischen den grundlegenden Fächern und Tätigkeiten der Grundquote des Curriculums,
f) die Qualitätsstandards des Dienstes und
g) die allgemeinen Richtlinien für die Schüler- und Schülerinnenbewertung und die Zuerkennung von Bildungsguthaben und -rückständen.

Die Einhaltung derartiger staatlicher Rahmenvorgaben wäre – bezogen auf die deutsche Rechtslage – Gegenstand der staatlichen Rechtsaufsicht, da es sich um Legislativakte handelt. Der Staat könnte demnach kontrollieren, ob die Schulen beispielsweise die von ihm gesetzten Bildungsstandards erfüllen und die Schüler die vorgegebenen Kompetenzen erworben haben. Indem der Gesetzgeber einen Rahmen für die Schulen setzt und die Schulaufsicht die Einhaltung dieses Rahmens kontrolliert, wird den oben genannten verfassungsrechtlichen Aspekten Rechnung getragen. Durch das Setzen eines verbindlichen Rahmens und durch die damit korrespondierende Kontrolle gewährleistet der Gesetzgeber ein Mindestmaß an gleicher Qualität der Schulen. Dadurch wird dem in Art. 3 Abs. 1 GG wurzelnden Gebot der Chancengleichheit Genüge getan, welches den Staat verpflichtet, allen Schülern annähernd gleiche Bildungsmöglichkeiten zu eröffnen[321]. Ebenso wird dadurch eine Sicherung der Qualität der Schulen bezweckt. Drittens wird die Integrationsfunktion

---

320 Mit Ausnahme der Provinz Trentino.
321 *Avenarius*, RdJB 1994, 256 (263).

erfüllt, da sich alle Schulen in ihrer Arbeit im Rahmen der staatlichen Vorgaben halten müssen und damit alle Schüler jedenfalls ein Mindestmaß an Fähigkeiten erwerben, die für das Leben in der heutigen Gesellschaft erforderlich sind. Schließlich wird auch der, nach langer Diskussion im Schulrecht anerkannten, Wesentlichkeitslehre[322] genügt. Denn der Gesetzgeber regelt die wesentlichen Fragen des Schulwesens selbst.

VI. Zusammenfassung

In Anbetracht der geänderten gesellschaftlichen und (verfassungs-) rechtlichen Umstände unter der Geltung des Grundgesetzes im Gegensatz zur Zeit der Weimarer Reichsverfassung erscheint eine Beschränkung der Schulaufsicht auf eine Rechtsaufsicht überfällig. Diese Notwendigkeit wird gerade auch im internationalen Vergleich deutlich. Deutsche Schulen verfügen – verglichen mit Schulen in anderen Staaten – über ein sehr geringes Maß an Eigenverantwortung. Dieser Befund stimmt insbesondere in Anbetracht der Ergebnisse in internationalen Schulleistungsstudien nachdenklich, in denen Staaten mit größerer Schulautonomie durchweg bessere Ergebnisse erzielten. Die aus diesen Befunden resultierende wünschenswerte Beschränkung der Schulaufsicht auf eine Rechtsaufsicht bedeutet nicht, dass der Staat das Schulwesen völlig in die Hand privater Kräfte geben soll. Der Staat kann und soll die Rahmenbedingungen für das Schulwesen setzen und zentrale Standards und zu erreichende Kompetenzen vorgeben. Den Weg zu den staatlich gesetzten Zielen müssen und dürfen die Schulen hingegen in eigener Verantwortung finden. Insoweit beschränkt sich die Kompetenz des Staates auf die Ausübung der Rechtsaufsicht und andere, nicht-aufsichtliche Mittel.

B. *Reduktion des Aufsichtsbegriffs des Art. 7 Abs. 1 GG durch grammatische und teleologische Auslegung*

Dass eine Beschränkung der Schulaufsicht auf eine Rechtsaufsicht aus vielerlei Gründen sinnvoll wäre, wurde im vorgehenden Abschnitt aufgezeigt. Ob dies allerdings nach deutschem Recht möglich ist, richtet sich nach dem Verständnis des Aufsichtsbegriffs in Art. 7 Abs. 1 GG.

---

322 Siehe zur Geltung der Wesentlichkeitslehre im Schulrecht z.B. BVerfGE 34, 165 (192 f.); BVerwGE 56, 155 (157).

I. Historische Auslegung des Art. 7 Abs. 1 GG

1. Das historische Begriffsverständnis

Wie bereits angedeutet, wird als Hauptargument für die extensive Interpretation des Art. 7 Abs. 1 GG der historische Gehalt dieser Norm angeführt. Art. 7 Abs. 1 GG selbst sei nicht zu entnehmen, wie der Begriff der Aufsicht zu verstehen sei[323]. Jedoch übernehme Art. 7 Abs. 1 GG wörtlich die Formulierung des Art. 144 S. 1 WRV. Demnach gelte auch für den Aufsichtsbegriff in Art. 7 Abs. 1 GG die Interpretation des Aufsichtsbegriffs in Art. 144 S. 1 WRV weiter[324]. Danach war unter Schulaufsicht das „dem Staate ausschließlich zustehende administrative Bestimmungsrecht über die Schule"[325] zu verstehen. Dieses Bestimmungsrecht wurde nicht als eine einheitliche, homogene Gewalt verstanden, sondern als ein Inbegriff verschiedenartiger, teils im engeren Sinne aufsichtlicher, teils leitender, teils unmittelbar verwaltender Funktionen[326]. Die Schulaufsicht war nicht nur Aufsicht im engeren und eigentlichen Sinne, das heißt keine bloße Kontrolle einer von der Staatsverwaltung im Subjekt verschiedenen Selbstverwaltung, „sondern mehr und etwas anderes: Leitung und Verwaltung der inneren Schulangelegenheiten durch den Staat"[327]. Auch diese Interpretation des Aufsichtsbegriffs wurde indes nicht originär in Bezug auf Art. 144 S. 1 WRV entwickelt. Vielmehr schloss sie sich an die entsprechende Interpretation des § 1 II 12 ALR, der Vorläuferregelung des Art. 144

---

323 *Thiel*, Der Erziehungsauftrag des Staates in der Schule, S. 62.
324 *Schmitt-Kammler*, in: Sachs, GG, Art. 7 Rn. 21; *Hofmann*, in: Schmidt-Bleibtreu/Klein, GG, Art. 7 Rn. 9; *Thiel*, Der Erziehungsauftrag des Staates in der Schule, S. 65 f.; *Brückelmann*, Die verfassungsrechtlichen Grenzen von Freiräumen zur Selbstgestaltung an öffentlichen Schulen, S. 9 ff.; *Hennecke*, Staat und Unterricht, S. 108 ff.; weitere Nachweise zur herrschenden Meinung bei *Stephany*, Staatliche Schulhoheit und kommunale Selbstverwaltung, S. 27 f. – Die Entstehungsgeschichte des Art. 7 Abs. 1 GG steht einem derartigen Verständnis nicht entgegen. Der Begriff der Aufsicht wurde weder vom Verfassungskonvent auf Herrenchiemsee noch vom Parlamentarischen Rat erörtert. Vielmehr schienen die Beteiligten in den Debatten und Entwürfen die Bedeutung des Aufsichtsbegriffs als bekannt vorauszusetzen. Lediglich die religiös-weltanschauliche Prägung der Schule und das Elternrecht waren Gegenstand der Diskussion. Vgl. dazu auch *Parlamentarischer Rat,* Verhandlungen des Hauptausschusses, Stenographische Protokolle über die 21. Sitzung vom 7. Dezember 1948, S. 239 ff. (insbesondere S. 245 ff.), die 43. Sitzung vom 18. Januar 1949, S. 545 ff. (insbesondere S. 555 ff.), die 47. Sitzung vom 8. Februar 1949, S. 603 ff. (insbesondere S. 615) und die 57. Sitzung vom 5. Mai 1949, S. 743 ff. (insbesondere S. 760 f.). Siehe ferner *Leibholz/v. Mangoldt*, Jahrbuch des öffentlichen Rechts der Gegenwart, Neue Folge, Band 1, S. 101 ff.; *Hennecke*, Staat und Unterricht, S. 108; *Thiel*, Der Erziehungsauftrag des Staates in der Schule, S. 64; *Stephany*, Staatliche Schulhoheit und kommunale Selbstverwaltung, S. 26.
325 *Anschütz*, Die Verfassung des Deutschen Reichs, S. 672.
326 *Anschütz*, Die Verfassung des Deutschen Reichs, S. 672.
327 *Anschütz*, Die Verfassung des Deutschen Reichs, S. 672.

S. 1 WRV, an[328]. Darin hieß es, dass „Schulen und Universitäten [...] Veranstaltungen des Staates [sind]"[329]. Dieser Satz wurde gemeinhin derart verstanden, dass die Schulen Anstalten des Staates seien, über die der Staat Aufsichts-, Verwaltungs- und Leitungsbefugnisse ausübe. Nach und nach erfolgte eine Kumulierung dieser verschiedenartigen Befugnisse in dem Begriff der Schulaufsicht[330]. So ist auch die Aussage *Landés* zu verstehen, wonach „die Schule als Veranstaltung des Staates und der Staat als Träger der Schulaufsicht [...] zwei Formulierungen für die gleiche Norm [sind]"[331]. Dieses extensive Verständnis des Schulaufsichtsbegriffs wurde gemeinhin für die Interpretation des Art. 144 S. 1 WRV übernommen, welcher wiederum maßgeblich die Interpretation des Art. 7 Abs. 1 GG beeinflusst.

2. Kritik der historischen Interpretation

Ursprung des weiten Verständnisses des Aufsichtsbegriffs ist, wie gesehen, § 1 II 12 ALR. Auch wenn die überwiegende Auffassung der damaligen Zeit diese Norm in der eben beschriebenen extensiven Weise ausgelegt hat, erscheint es wenig wahrscheinlich, dass die Väter des § 1 II 12 ALR eine derart umfassende Interpretation des Aufsichtsbegriffs bewirken wollten[332]. § 1 II 12 ALR besagt, dass die Schulen, und zwar *alle* Schulen, Veranstaltungen des Staates seien. Wäre diese Aussage in dem Sinne gemeint gewesen, dass alle Schulen Anstalten des Staates seien, über die der Staat ein umfassendes Bestimmungsrecht habe, hätte sich der Gesetzgeber mit dieser Regelung in Widerspruch zu der sonstigen Gesetzessystematik gesetzt. So normiert beispielsweise § 3 II 12 ALR das Recht auf die Gründung von Privatschulen. Privatschulen sind auch Schulen i.S.d. § 1 II 12 ALR. Doch können sie begriffslogisch niemals staatliche Anstalten sein. Ferner sieht der Gesetzgeber in § 9 II 12 ALR ein ausdrückliches Aufsichtsrecht des Staates über die öffentlichen Schulen vor. Auch dieses würde gegenstandslos, wenn sich aus § 1 II 12 ALR ein umfassendes Bestimmungsrecht des Staates über die Schulen ergeben sollte. Denn wären die Schulen Staatsanstalten, wären sie in die normale staatliche Verwaltungshierarchie eingegliedert und damit Teil des staatlichen Verwaltungsapparates. Der gesonderten Anordnung einer Aufsicht über die Schulen hätte es in diesem Fall nicht bedurft. Selbst *Anschütz*, einer der maßgeblichen Vertreter der extensiven Interpretation des Aufsichtsbegriffs, bemerkte bereits 1912, dass die Schule in Preußen nicht

---

328 Vgl. dazu *Kurtz*, Zur Geschichte der Schulaufsicht im deutschsprachigen Raum, S. 274; *Becker*, Aufsicht über Privatschulen, S. 91 ff.
329 Nachzulesen bei *Kurtz*, Zur Geschichte der Schulaufsicht im deutschsprachigen Raum, S. 232.
330 Siehe dazu *Becker*, Aufsicht über Privatschulen, S. 93 f.
331 *Landé*, in: v. Brauchitsch, Verwaltungsgesetze für Preußen, Band VI, erster Halbband, S. 73.
332 Vgl. dazu auch *Becker*, Aufsicht über Privatschulen, S. 91ff.; *Landé*, in: v. Brauchitsch, Verwaltungsgesetze für Preußen, Band VI, erster Halbband, S. 72.

Staatsanstalt sei, weil § 1 II 12 ALR sie so bezeichne[333]. Sinn und Zweck der Schaffung des § 1 II 12 ALR war lediglich, das alleinige Recht des Staates auf das Schulwesen in Abgrenzung zu etwaigen Rechten der Kirche zu dokumentieren[334]. Schulen sollten nur insoweit Veranstaltungen des Staates sein, als sich dieser einen gewissen Einfluss auf das Schulwesen sichern wollte[335]. Demnach kann die historische Interpretation des Art. 7 Abs. 1 GG schon allein deshalb in Frage gestellt werden, weil bereits der Ausgangspunkt des § 1 II 12 ALR falsch gewählt ist. Darüber hinaus erscheint fraglich, ob die Übernahme einer mittlerweile über zweihundert Jahre alten Interpretation unter der Geltung des Grundgesetzes tatsächlich möglich und gewollt sein kann. Zu klären ist demnach, ob die extensive Interpretation des Art. 7 Abs. 1 GG – der, anders als Art. 144 S. 1 WRV, heute geltendes Recht darstellt und damit einer Neuinterpretation zugänglich ist[336] – einer kritischen Überprüfung mittels systematischer, grammatischer und teleologischer Interpretation standhalten kann.

II. Systematische Auslegung

1. Interpretation des Aufsichtsbegriffs bezogen auf die Gesetzessystematik

Die Systematik eines Gesetzes, der Kontext einer Norm ist für deren Interpretation entscheidend. Im Hinblick auf den Aufsichtsbegriff des Art. 7 Abs. 1 GG könnte dies bedeuten, dass sich der Gehalt des Begriffs erst im Vergleich mit weiteren Verfassungsvorschriften erschließt. Das Wort der Aufsicht kommt außer in Art. 7 Abs. 1 GG auch in anderen Verfassungsbestimmungen vor. Art. 84 Abs. 3 S. 1 GG beispielsweise normiert, dass die Bundesregierung die Aufsicht darüber ausübt, dass die Länder die Bundesgesetze – sofern sie diese als eigene Angelegenheiten ausführen – dem geltenden Rechte gemäß ausführen. Art. 85 Abs. 4 S. 1 GG legt für die Auftragsverwaltung der Länder fest, dass sich die Bundesaufsicht auf Gesetzmäßigkeit und Zweckmäßigkeit erstreckt. Aus diesen Normen wird teilweise geschlossen, dass – auch wenn sie in beiden Normen unterschiedlich ausgestaltet sei – die Aufsicht doch immer nur die *Kontrolle* einer Stelle bezüglich der Tätigkeit einer anderen Stelle bedeute[337]. Diese Kontrolle beziehe sich entweder – wie in Art. 84 Abs. 3 S. 1 GG – nur auf die Rechtmäßigkeit oder aber – wie in Art. 85 Abs. 4 S. 1 GG –

---

333 *Anschütz,* Die Verfassungs-Urkunde für den Preußischen Staat, S. 414.
334 Für das Hochschulwesen äußert sich entsprechend auch *Kahl,* Hochschule und Staat, S. 12.
335 *Becker,* Aufsicht über Privatschulen, S. 93.
336 *Peters,* Auslegung der Grundrechtsbestimmungen aus der Geschichte, in: Spörl, Historisches Jahrbuch, S. 457 (459 f.). Auch bei *Jarass,* in: Jarass/Pieroth, GG, Einl. Rn. 8, findet sich der Hinweis, dass Verfassungsnormen einem Bedeutungswandel unterliegen können. Vgl. auch BVerfGE 2, 380 (401).
337 So sehr deutlich *Peters,* Der Städtetag 1952, 99 (101).

auch auf die Zweckmäßigkeit. Der Begriff der Aufsicht erfasse demgegenüber aber nicht die Leitung und Organisation, kurz die Eigenverwaltung der zu beaufsichtigenden Angelegenheit[338]. Da unterstellt werden müsse, dass dasselbe Wort in derselben Verfassung überall denselben Sinn habe, könne auch der Begriff der Aufsicht in Art. 7 Abs. 1 GG keinesfalls ein derart umfassendes Bestimmungsrecht bezeichnen, wie es die herrschende Meinung annehme[339].

2. Kritik der systematischen Interpretation

Bereits die Prämisse, dass dasselbe Wort in einem Gesetzeswerk stets auch dieselbe Bedeutung haben müsse, ist nicht zwingend. Als Beispiel sei hier der Begriff der „verfassungsmäßigen Ordnung" angeführt. Während dieser in Art. 2 Abs. 1 GG das *gesamte* verfassungskonforme Recht bezeichnet, ist in Art. 20 Abs. 3 GG mit demselben Ausdruck ausschließlich das *eigentliche Verfassungsrecht* gemeint, und sind in Art. 9 Abs. 2 GG gar nur die *wesentlichen Grundsätze* der Verfassung angesprochen[340]. Ähnlich verhält es sich mit dem Begriff der öffentlichen bzw. staatlichen Gewalt. Im Sprachgebrauch werden beide Ausdrücke synonym verwandt und bezeichnen an sich die Gesamtheit der drei Gewalten Legislative, Exekutive und Judikative. Im Grundgesetz wird der Begriff jedoch einmal – in Art. 1 Abs. 1 S. 2 GG – tatsächlich in diesem, alle Gewalten umfassenden, Sinn verstanden, einmal – in Art. 19 Abs. 4 S. 1 GG – soll damit hingegen nur die Exekutive gemeint sein[341]. Die Beispiele belegen, dass ein und dasselbe Wort je nach dem Zweck der auszulegenden Norm in verschiedenen Verfassungsnormen Unterschiedliches bedeuten kann[342]. Auch für den Begriff der Aufsicht lässt sich demnach nicht zwangsläufig schließen, dass er in allen Vorschriften denselben Inhalt haben muss. Der Begriff der Aufsicht ist vielmehr ein offener Begriff, dessen konkrete Ausgestaltung sich erst aus der jeweiligen Norm ergibt[343]. Es ist kein Grund dafür ersichtlich, warum der Aufsichtsbegriff in Art. 7 Abs. 1 GG nicht etwas anderes als in Art. 84 Abs. 3 S. 1 GG oder in Art. 85 Abs. 4 S. 1 GG bezeichnen soll.

---

338 Nicht einmal bei der Bundesauftragsverwaltung ist das der Fall. Vielmehr ist es gerade kennzeichnend für die Bundesauftragsverwaltung, dass die Länder die Gesetze eigenständig ausführen, dabei jedoch der Fachaufsicht des Bundes unterstehen.
339 *Peters*, Der Städtetag 1952, 99 (101).
340 *Zippelius/Würtenberger*, Deutsches Staatsrecht, S. 54.
341 Vgl. zum Ganzen auch *Zippelius/Würtenberger*, Deutsches Staatsrecht, S. 54; deutlicher noch in der Vorauflage *Maunz/Zippelius*, Deutsches Staatsrecht, S. 46; *Thiel*, Der Erziehungsauftrag des Staates in der Schule, S. 69 f.; *Stephany*, Staatliche Schulhoheit und kommunale Selbstverwaltung, S. 25 f.; *Becker*, Aufsicht über Privatschulen, S. 99 f., alle m.w.N.
342 BVerfGE 6, 32 (38); *Zippelius/Würtenberger*, Deutsches Staatsrecht, S. 54.
343 Selbstverständlich ist auch der Begriff der Aufsicht nicht gänzlich inhaltsleer. Siehe dazu unten 2. Teil B. III.

III. Grammatische Auslegung

Sind historische und systematische Auslegung folglich zur Entwicklung des Gehaltes des Aufsichtsbegriffs des Art. 7 Abs. 1 GG wenig geeignet, erweist sich diesbezüglich möglicherweise die grammatische Auslegung als hilfreicher[344]. Aus der Formulierung „Aufsicht *über* jemanden führen" ergibt sich, dass ein Aufsichtsverhältnis notwendig zwei handlungsfähige Subjekte voraussetzt, die in einem Über-/Unterordnungsverhältnis zueinander stehen[345]. Um handeln zu können, müssen beide Subjekte zumindest über Handlungsbewusstsein verfügen. Sie müssen die Fähigkeit haben, einen eigenen Willen bilden zu können und diesen zu realisieren[346]. Dafür müssen beide Subjekte über einen je eigenen Wirkungskreis verfügen. Der Aufsichtführende muss im Rahmen seiner Aufsichtstätigkeit das Handeln des zu Beaufsichtigenden kontrollieren[347]. Dies setzt nach allgemeinem Verständnis sowohl Beobachtungs- als auch Berichtigungsbefugnisse voraus[348]. Wesentlich für das Vorliegen eines Aufsichtsverhältnisses ist neben der Beobachtung auch die Möglichkeit der Berichtigung, des korrigierenden Eingreifens[349]. Allein die Beobachtung eines anderen macht noch keine Aufsicht aus. Der Aufsichtführende beobachtet das Handeln des zu Beaufsichtigenden zum Zwecke der Einwirkung und kann bei gegebenem Fehlverhalten berichtigend eingreifen[350]. Ob ein Fehlverhalten des zu Beaufsichtigenden vorliegt, kann indes nur festgestellt werden, wenn ein Maßstab existiert, an dem das Handeln des zu Beaufsichtigenden gemessen wird. Der Maßstab muss genau normiert sein, damit es dem zu Beaufsichtigenden möglich ist, sein Verhalten an diesem Maßstab auszurichten. Der Aufsichtsführer ist allein dazu berufen, im Konfliktfall über die richtige Anwendung des festgelegten Maßstabs zu entscheiden[351]. Ist demnach das Vorhandensein eines Kontrollmaßstabs Voraussetzung für das Bestehen eines Aufsichtsverhältnisses, so kann Aufsicht grundsätzlich keine Prüfung der Zweckmäßigkeit einer Handlung bedeuten[352]. Denn für die Prüfung der Zweckmäßigkeit kann es kein im Voraus feststehendes Richtmaß geben. Vielmehr bestehen regelmäßig mehrere „richtige" Ansichten über die Zweckmäßigkeit einer Handlung. Geht es nicht um die Frage von richtig oder falsch, sondern von zweckmäßiger oder unzweckmäßiger, das heißt besser oder schlechter, liegt eine reine Wertungsfrage vor. Ohne einen eindeutigen Maßstab, nach dem sich zweifelsfrei

---

344 Vgl. zum Folgenden *Stephany*, Staatliche Schulhoheit und kommunale Selbstverwaltung, S. 22 ff; *Gallas*, Die Staatsaufsicht über die wissenschaftlichen Hochschulen, S. 24 ff.
345 *Stephany*, Staatliche Schulhoheit und kommunale Selbstverwaltung, S. 23.
346 *Kahl*, Die Staatsaufsicht, S. 353.
347 Zur Unterscheidung zwischen Kontrolle und Aufsicht siehe *Kahl*, Die Staatsaufsicht, S. 402 ff.
348 So ganz deutlich in jüngster Zeit *Kahl*, Die Staatsaufsicht, S. 353. Vgl. auch *Gallas*, Die Staatsaufsicht über die wissenschaftlichen Hochschulen, S. 24 f.
349 So auch *Jecht*, Die öffentliche Anstalt, S. 86.
350 Dieses „finale" Beobachten hebt auch *Kahl*, Die Staatsaufsicht, S. 355, hervor.
351 *Gallas*, Die Staatsaufsicht über die wissenschaftlichen Hochschulen, S. 24.
352 *Stephany*, Staatliche Schulhoheit und kommunale Selbstverwaltung, S. 23.

entscheiden lässt, ob sich der zu Beaufsichtigende „richtig" oder "falsch" verhalten hat, kann es keine Aufsicht geben. Kann der Aufsichtführende dem zu Beaufsichtigenden prinzipiell unbegrenzt Weisungen hinsichtlich seiner Tätigkeit erteilen, so ist die eigene Willensbildung des zu Beaufsichtigenden derart eingeschränkt und vom Verhalten des Aufsichtführenden abhängig, dass kein Aufsichts-, sondern ein Leitungsverhältnis vorliegt[353]. Aufsicht im eigentlichen Wortsinn kann demnach grundsätzlich nicht Dienst- und Fachaufsichts- oder gar Leitungsfunktionen bezeichnen. Allein die Überprüfung der Rechtmäßigkeit einer Handlung ist anhand eines vorgegebenen Maßstabs möglich. Kern des Aufsichtsbegriffs ist damit lediglich die Rechtsaufsicht. Dies schließt indes nicht aus, dass dem Aufsichtführenden darüber hinaus Befugnisse im Sinne von Fachaufsichts-, Dienstaufsichts- oder gar Leitungsfunktionen zustehen können. Insoweit ist der Aufsichtsbegriff offen. Soll dies aber der Fall sein, ist diesbezüglich eine ausdrückliche, gesonderte Festlegung erforderlich[354], wie sie beispielsweise in Art. 85 Abs. 4 S. 1 GG erfolgt ist. Allein die Anordnung des Bestehens einer nicht näher beschriebenen „Aufsicht" ist hingegen nicht ausreichend. Nach der grammatischen Auslegung werden mit der Verwendung des Wortes „Aufsicht" demnach lediglich drei Faktoren beschrieben: Erstens setzt Aufsicht das Bestehen eines Über-/Unterordnungsverhältnisses voraus, zweitens übt der Aufsichtführende Beobachtungs- und Berichtigungsfunktionen aus, und drittens ist Maßstab der Kontrolle – sofern nicht ausdrücklich anders angeordnet – allein die Rechtmäßigkeit des Handelns des zu Beaufsichtigenden.

Kommt man nun zurück zum Ausgangspunkt des Art. 7 Abs. 1 GG, ergibt sich für die Auslegung des Aufsichtsbegriffs in dieser Norm Folgendes: Anders als in Art. 84 Abs. 3 S. 1 GG und Art. 85 Abs. 4 S. 1 GG findet sich in Art. 7 Abs. 1 GG keine weitere Beschreibung, welchen Inhalt der Aufsichtsbegriff haben soll. Dort heißt es schlicht, dass das gesamte Schulwesen unter der Aufsicht des Staates stehe. Indem der Verfassungsgeber keine nähere Beschreibung des Aufsichtsbegriffs unternimmt, bedeutet dies nach dem oben entwickelten Grundsatz, dass die Verfassung hinsichtlich der Aufsicht über das Schulwesen lediglich das Bestehen eines Über-/Unterordnungsverhältnisses zwischen Staat und Schulwesen und die Überwachung der Rechtmäßigkeit schulischen Handelns durch den Staat, die Beobachtungs-

---

353 *Kluth*, Funktionale Selbstverwaltung, S. 272; in diese Richtung auch *Kahl*, Die Staatsaufsicht, S. 357 f.
354 In derartigen Fällen kann, wie gesehen, eigentlich nicht mehr von Aufsicht gesprochen werden, da vielmehr Leitung vorliegt. Da sich die Begrifflichkeiten jedoch eingebürgert haben, soll auch vorliegend daran festgehalten werden.

und Berichtigungsfunktionen beinhaltet, vorsieht[355]. Darüber hinausgehende Aussagen über die Ausgestaltung der staatlichen Schulaufsicht enthält die Verfassung demgegenüber nicht.

Dies wirft die Frage auf, ob damit durch die Verfassung zwingend vorgeschrieben ist, dass der Staat über das Schulwesen lediglich eine Rechtsaufsicht ausüben darf, oder ob der in Art. 7 Abs. 1 GG festgelegte Mindestgehalt des Aufsichtsbegriffs als Rechtsaufsicht von den Landesgesetzgebern in ihrer Zuständigkeit gem. Art. 30, 70 GG beliebig erweitert werden kann. Wäre Ersteres zutreffend, wäre das gesamte einfache Schulrecht, das seit Erlass des Grundgesetzes von den Ländern geschaffen worden ist, verfassungswidrig. Nach wie vor sehen alle Ländergesetze eine Fach-, Dienst- und Rechtsaufsicht über die Schulen vor[356]. Da ein derart offenkundiger und ungeahndeter Verfassungsbruch nicht angenommen werden kann[357], ist von letzterer Erwägung auszugehen. Dafür spricht auch der Wortlaut des Art. 84 Abs. 3 S. 1 GG. Dort hat der Verfassungsgeber ausdrücklich angeordnet, dass die Aufsicht *nur* überwacht, ob die Gesetzesausführung dem geltenden Recht gemäß erfolgt. Aufgrund des insoweit eindeutigen Wortlauts wäre es dem Bundesgesetzgeber nicht möglich, im Rahmen der Gesetzesausführung nach Art. 84 GG eine weiter als eine Rechtsaufsicht gehende Aufsicht durch einfaches Gesetz vorzuschreiben, ohne sich verfassungswidrig zu verhalten. Im Rahmen des Art. 84 Abs. 3 S. 1 GG hat der Verfassungsgeber dem einfachen Gesetzgeber keinen Raum zur eigenen Ausgestaltung der Aufsicht überlassen. Vielmehr hat er selbst den materiellen Inhalt der Aufsicht festgelegt. Anders hingegen in Art. 7 Abs. 1 GG. Dort hat der Verfassungsgeber sich jeder näheren Ausdeutung des Aufsichtsbegriffs enthalten. Hätte er eine reine Rechtsaufsicht des Staates über das Schulwesen zwingend festlegen wollen, hätte er dies, ebenso wie in Art. 84 Abs. 3 S. 1 GG, ausdrücklich festlegen müssen. Dies widerspricht auch nicht dem eben entwickelten Verständnis des Aufsichtsbegriffs. Denn es wurde aufgezeigt, dass der Aufsichtsbegriff als solcher ein offener Begriff

---

355 Dem kann auch nicht entgegengehalten werden, dass die Väter und Mütter der Verfassung sich möglicherweise über den Inhalt des Aufsichtsbegriffs in Art. 7 Abs. 1 GG keine Gedanken gemacht haben, da sie davon ausgegangen sind, dass der Begriff den umfassenden Inhalt habe, der auch unter der Weimarer Reichsverfassung gegolten habe. Grenze jeder Interpretation muss der Wortlaut sein, vgl. BVerwGE 90, 265 (269). Der allgemeingültige Inhalt des Aufsichtsbegriffs erschöpft sich aber, wie gesehen, in dem Bestehen eines Über-/Unterordnungsverhältnisses und einer Rechtsaufsicht. Hätte der Verfassungsgeber demnach verfassungsrechtlich bindend eine weitergehende Aufsicht anordnen wollen, hätte er dies konkret in der Verfassung – wie auch in Art. 85 Abs. 4 S. 1 GG – normieren müssen. So im Ergebnis, allerdings ohne Begründung, auch *Becker*, Aufsicht über Privatschulen, S. 100.

356 Lediglich Bayern ordnet die Aufsicht nach Maßgabe des Art. 7 Abs. 1 GG an. Dies würde in konsequenter Fortführung des eben entwickelten verfassungsrechtlichen Aufsichtsbegriffs bedeuten, dass nur eine Rechtsaufsicht besteht. Indes wird die Aufsicht auch in Bayern als Fachaufsicht ausgeübt. Dies gibt Anlass zu der Überlegung, ob die Schulaufsicht dort ohne entsprechende gesetzliche Ermächtigung und damit rechtswidrig handelt.

357 So aber, wenn auch mit anderer Begründung, *Bärmeier*, Über die Legitimität staatlichen Handelns unter dem Grundgesetz der Bundesrepublik Deutschland, S. 410 und *Jach*, Vom staatlichen Schulsystem zum öffentlichen Schulwesen, S. 227 f.

ist. Er erfordert lediglich das Bestehen einer Rechtsaufsicht als Mindestgehalt. Alles, was darüber hinausgeht, kann und muss der (einfache) Gesetzgeber ausdrücklich festlegen, wenn ihm dies nicht – wie in Art. 84 Abs. 3 S. 1 GG – durch den Verfassungsgeber untersagt ist. Mangels eingehenderer Erläuterungen des Aufsichtsbegriffs in Art. 7 Abs. 1 GG ist demnach davon auszugehen, dass der Verfassungsgeber die nähere Ausgestaltung bewusst dem einfachen Gesetzgeber, das heißt den Landesparlamenten überlassen hat[358]. Folglich ist sowohl die heutige Praxis einer, die Fach-, Dienst- und Rechtsaufsicht umfassenden, Leitung der Schulen durch den Staat von Art. 7 Abs. 1 GG gedeckt als auch eine Reduktion der staatlichen Aufsicht über das Schulwesen auf eine bloße Rechtsaufsicht[359].

IV. Teleologische Auslegung

Diesem Ergebnis steht auch die teleologischen Auslegung des Art. 7 Abs. 1 GG nicht entgegen. Reduziert man den Gehalt des Art. 7 Abs. 1 GG auf seinen eigentlichen Kern, so soll Art. 7 Abs. 1 GG nichts weiter ausdrücken, als dass der Staat in letzter Konsequenz die Verantwortung für das Schulwesen trägt[360]. Er ist dafür verantwortlich, ein funktionsfähiges Schulwesen zu gewährleisten. Auf welche Weise dies konkret geschehen soll, ist Art. 7 Abs. 1 GG nicht zu entnehmen. Der Staat kann seiner Verantwortung sowohl dann gerecht werden, wenn die Schulen tatsächlich – wie bis heute – Anstalten des Staates sind und der Staat ein umfassendes Bestimmungsrecht über sie hat, als auch dann, wenn die Schulen über einen großen Freiraum verfügen und der Staat sich im Wesentlichen auf eine Rechtsaufsicht be-

---

358 Siehe auch *Maunz*, in: Maunz/Dürig, GG, Art. 7 Rn. 17: „[...] über den Umfang des staatlichen Einflusses trifft das Grundgesetz keine abschließende Bestimmung. Der Begriff der Aufsicht über das Schulwesen bedarf der näheren Ausgestaltung durch den Gesetzgeber [...]".
Einem derartigen Verständnis des Aufsichtsbegriffs in Art. 7 Abs. 1 GG steht auch nicht entgegen, dass die Väter und Mütter des Grundgesetzes möglicherweise bei Schaffung des Art. 7 Abs. 1 GG das damals herrschende extensive Verständnis des Aufsichtsbegriffs im Sinn hatten. Denn es kann jedenfalls nicht nachgewiesen werden, dass die Auffassung vorherrschte, dass Art. 7 Abs. 1 GG selbst diese extensive Auslegung *zwingend* gebiete. Sieht man die extensive Auslegung des Art. 7 Abs. 1 GG aber durch die Konkretisierung in den Ländergesetzen als möglich an, tut man dem Verfassungsgeber in dieser Hinsicht keine Gewalt an. Sein möglicherweise bestehendes Verständnis des Aufsichtsbegriffs ist nach wie vor von der Verfassung gedeckt. Ob ein derart extensives Verständnis des Aufsichtsbegriffs heute noch zeitgemäß ist, ist eine andere Frage. Dazu bereits oben 2. Teil A. III.
So im Ergebnis auch *Bärmeier*, Über die Legitimität staatlichen Handelns unter dem Grundgesetz der Bundesrepublik Deutschland, S. 273.
359 So im Ergebnis auch *Becker*, Aufsicht über Privatschulen, S. 100.
360 Siehe dazu bereits oben 1. Teil C. I.

schränkt[361]. Demnach deckt auch die teleologische Auslegung das Ergebnis, dass Art. 7 Abs. 1 GG lediglich das erforderliche Mindestmaß (Über-/Unterordnungsverhältnis und Ausübung der Rechtsaufsicht) staatlicher Einflussnahme im Schulwesen beschreibt, die nähere Ausgestaltung aber den Landesgesetzgebern überlässt.

V. Zusammenfassung

Maßgeblich für die extensive Interpretation des Aufsichtsbegriffs in Art. 7 Abs. 1 GG ist nahezu ausschließlich die historische Auslegungsmethode. Nach dieser wird das unter der Geltung der Weimarer Reichsverfassung vorherrschende Verständnis des Schulaufsichtsbegriffs übernommen, welches sich wiederum auf § 1 II 12 ALR bezog. Da es unwahrscheinlich erscheint, dass die Väter des § 1 II 12 ALR ein derart umfassendes Verständnis staatlicher Schulaufsicht im Sinn hatten, kann schon bereits aus diesem Grund Kritik an der historischen Auslegung geübt werden. Nichtsdestotrotz ist ihr aber zuzugeben, dass sich im Laufe der Zeit das extensive Verständnis des Schulaufsichtsbegriffs durchgesetzt hat. Dies bedeutet jedoch nicht zwingend, dass das extensive Verständnis auch unter dem Grundgesetz der Bundesrepublik Deutschland weiterhin Geltung beanspruchen muss und kann. Zieht man andere Auslegungsmethoden zu Rate, ergibt sich, dass der Begriff der Aufsicht in Art. 7 Abs. 1 GG nicht notwendig als umfassendes staatliches Bestimmungsrecht über die Schulen zu verstehen ist. Art. 7 Abs. 1 GG legt lediglich fest, dass der Staat jedenfalls eine Rechtsaufsicht über die Schulen haben muss. Diese muss in allen Ländern gewährleistet sein. Was die Länder darüber hinaus an staatlichen Befugnissen im Schulwesen vorsehen, bleibt ihrer Kultushoheit überlassen.

C. „Neue" Rolle des Staates im Schulwesen – Staatliche Beratungs- und Evaluationsagenturen

Lässt die Verfassung somit einen größeren gesetzgeberischen Spielraum, als ihn die Länder bisher genutzt haben, ist im Zuge einer etwaigen Neugestaltung der rechtlichen Regelungen zur Schulaufsicht die Frage zu bedenken, welche Rolle die dann zum Teil ihrer Funktionen beraubte Schulaufsicht in Zukunft übernehmen soll. In erster Linie sind hierbei – gerade auch in Anbetracht internationaler Entwicklungen – Evaluations- und Beratungsaufgaben in Betracht zu ziehen.

---

361 Insoweit ist *Jach*, Vom staatlichen Schulsystem zum öffentlichen Schulwesen, S. 227 f., zu widersprechen, der den herrschenden extensiven Schulaufsichtsbegriff als unzulässig ansieht. Das extensive Verständnis mag zwar unangemessen und unzeitgemäß sein, unzulässig ist es aber nicht.

Der Staat wird durch Art. 7 Abs. 1 GG verpflichtet, „ein Schulsystem zu gewährleisten, das allen jungen Bürgern gemäß ihren Fähigkeiten die dem heutigen gesellschaftlichen Leben entsprechenden Bildungsmöglichkeiten eröffnet"[362]. Der Staat hat eine Verantwortung für das Schulwesen. Er ist unter anderem dafür zuständig, die Qualität schulischer Arbeit zu sichern. Die Mittel der Qualitätssicherung sind zunächst die oben entwickelten, nämlich die Finanzierung des Schulwesens, die Vorgabe zentraler Rahmenbedingungen und die Ausübung der Rechtsaufsicht. Neben diese treten jedoch weitere Möglichkeiten der Qualitätssicherung, die vom Staat wahrzunehmen sind. Diese sind im Wesentlichen die Beratung der Schulen, die Evaluation schulischer Arbeit und, daran anknüpfend, die Erstellung von Bildungsberichten. Gerade im Zuge der Übertragung größerer Verantwortlichkeiten auf die einzelne Schule gewinnen diese Mittel der Qualitätssicherung enorm an Bedeutung. Der Staat muss die Schulen in ihrer Arbeit begleiten und unterstützen. Er muss sich als „Serviceeinrichtung verstehen, die [der] einzelnen Schule eine optimale Arbeit ermöglicht"[363]. In erster Linie muss Ziel demnach die Sicherung der Qualität der Einzelschule sein. Daneben muss aber auch das Ziel der Qualitätssicherung bezogen auf das gesamte Schulsystem stehen. Durch die Evaluation der schulischen Arbeit und die Erstellung von Bildungsberichten werden wertvolle Informationen über das gesamte Bildungswesen gewonnen, die dem Staat für eventuelle Korrekturen seiner Vorgaben für das Schulsystem dienen können.

I. Die Lage in den Ländern

1. Die Beratung

Die Bedeutung von Beratung und Evaluation, das heißt von Qualitätssicherung im Schulwesen, haben auch die Länder in den letzten Jahren erkannt. Die gesetzliche Verankerung dieser Funktionen staatlicher Stellen und deren Ausgestaltung ist jedoch größtenteils nur lückenhaft erfolgt. Am eingehendsten hat die *Beratung* der Schulen Eingang in die Schulgesetze gefunden. Dies bedeutet indes lediglich, dass nahezu alle Schulgesetze die Beratung der Schulen als eine Aufgabe der Schulauf-

---

362 BVerfGE, 59, 360 (377).
363 *Schulz-Vanheyden*, 1992, zitiert nach *Gampe*, Kooperation zwischen Schulaufsicht und Schule, S. 192.

sicht, zumeist in ihrer Funktion als Fachaufsicht, festlegen[364]. Regelmäßig verbleibt es aber auch bei dieser Festlegung. Eine nähere Beschreibung dessen, was unter Beratung zu verstehen ist, wie oft sie zu erfolgen hat, ob ihre Wahrnehmung für die Schulen verpflichtend ist, oder ob sie nur auf freiwillige Anforderung der Schulen erfolgt etc., enthält die überwiegende Anzahl der Landesgesetze nicht. Etwas detailliertere Beschreibungen finden sich insoweit nur in den Gesetzen Brandenburgs, Hamburgs, Hessens und Mecklenburg-Vorpommerns. Beispielhaft für die nur leicht unterschiedlichen Regelungen sei hier § 129 Abs. 3 SchulG Brandenburg genannt. Dort heißt es: „Die Schulberatung als Aufgabe der Schulaufsicht bereitet auf neue pädagogische Problemstellungen vor und fördert die pädagogische Selbstverantwortung der Lehrkräfte und der Schulen, insbesondere durch das Hinwirken auf eine verbindliche Verabredung von pädagogischen Zielen und Schwerpunkten ihrer Arbeit sowie bei der Entwicklung von Schulprogrammen. Sie gibt Rückmeldungen zu den Berichten der Schulen und unterstützt die Schulleitungen und die schulischen Gremien. Sie fördert die Selbstständigkeit der Schulen bei ihrer pädagogischen, didaktischen, fachlichen und organisatorischen Tätigkeit und die Zusammenarbeit benachbarter Schulen. Sie berät die Schulen bei der internen Evaluation und der Auswertung und Vermittlung von Ergebnissen externer Evaluation." Auch wenn von einer umfassenden Regelung der Beratung keine Rede sein kann, wird durch diese Erläuterungen wenigstens ansatzweise gesetzlich festgelegt, in welchen Bereichen eine Beratung der Schulen erfolgen soll.

2. Die Evaluation[365]

Neben der nur unzureichenden Regelung der Beratungstätigkeit fällt auf, dass der Begriff der Evaluation lediglich in der Minderheit der Schulgesetze auftaucht. Vage Andeutungen hinsichtlich der Evaluation finden sich unter anderem in Brandenburg, Bremen, Mecklenburg-Vorpommern, Nordrhein-Westfalen, Rheinland-Pfalz und Sachsen-Anhalt.

So findet in Brandenburg die externe Evaluation in § 7 Abs. 2 S. 3 SchulG Brandenburg Erwähnung. Danach nehmen die Schulen an den durch die Schulbehörden

---

364 Vgl. § 32 Abs. 1 S. 2 SchulG Baden-Württemberg, Art. 111 Abs. 1 BayEUG, § 106 Abs. 2 S. 1 SchulG Berlin, § 129 Abs. 1 S. 2 SchulG Brandenburg, § 85 Abs. 2 SchulG Hamburg, § 92 Abs. 1 S. 2 SchulG Hessen, § 95 Abs. 2 S. 1 SchulG Mecklenburg-Vorpommern, § 120 Abs. 1 S. 1 SchulG Niedersachsen, § 86 Abs. 3 S. 3 SchulG Nordrhein-Westfalen, § 96 Abs. 2 S. 2 Nr. 2 SchulG Rheinland-Pfalz, § 58 Abs. 1 SchulG Sachsen, § 83 Abs. 1 Nr. 2 SchulG Sachsen-Anhalt, § 120 Abs. 4 Nr. 1 SchulG Schleswig-Holstein, § 2 Abs. 2 S. 2 Nr. 3 SchulaufsichtsG Thüringen. Keine Regelungen diesbezüglich findet sich im Saarland.
365 Bei der Evaluation kann zwischen der internen und der externen Evaluation unterschieden werden. Da es vorliegend ausschließlich um Möglichkeiten staatlicher Einflussnahme auf die Schulen geht, soll die externe Evaluation im Vordergrund der Betrachtungen stehen.

veranlassten Überprüfungen teil (externe Evaluation). Nicht weiter ausgeführt ist, wie oft eine externe Evaluation stattfinden soll – z.B. nur anlassbezogen bei bereits bekannten Mängeln der schulischen Arbeit oder in regelmäßigen Abständen – und welche Form diese haben soll. § 9 Abs. 1 S. 2 Nr. 2 SchulG Bremen legt fest, dass die externe Evaluation und Qualitätssicherung in der Verantwortung des Senators für Bildung und Wissenschaft durchgeführt wird. Dieser beauftragt gem. § 13 SchulverwaltungsG Bremen externe Evaluatorinnen und Evaluatoren mit der Untersuchung der Arbeit der öffentlichen Schulen. In § 4 Abs. 8 SchulG Mecklenburg-Vorpommern heißt es, dass zu den Maßnahmen der Evaluation schulischer Arbeit insbesondere die interne und externe Evaluation gehören. Das nordrhein-westfälische Schulgesetz schreibt in § 86 Abs. 3 S. 3 vor, dass die Schulaufsicht die Schulentwicklung durch die Förderung von Evaluationsmaßnahmen der Schulen sowie durch eigene Evaluation unterstützt. Das rheinland-pfälzische Schulgesetz regelt in § 23 Abs. 2 S. 2, dass die Schulen an Maßnahmen der externen Evaluation, insbesondere an internationalen, länderübergreifenden und landesinternen Vergleichsuntersuchungen, teilnehmen. In Sachsen-Anhalt wird die externe Evaluation schließlich als ein Aspekt der kontinuierlichen Qualitätssicherung schulischer Arbeit in § 11a Abs. 1 SchulG Sachsen-Anhalt angesprochen.

Eine deutlich eingehendere Regelung bezüglich der externen Evaluation findet sich im Berliner Schulgesetz. Dort heißt es in § 9 Abs. 1: „Die Schulen und die Schulaufsichtsbehörden sind zu kontinuierlicher Qualitätssicherung verpflichtet. Die Qualitätssicherung schulischer Arbeit erstreckt sich auf die gesamte Unterrichts- und Erziehungstätigkeit, die Organisation der Schule, das Schulleben sowie die außerschulischen Kooperationsbeziehungen. Das Maß und die Art und Weise, wie Klassen, Kurse, Jahrgangsstufen und Schulen den Bildungs- und Erziehungsauftrag der Schule erfüllen, soll durch Maßnahmen der Evaluation einschließlich von Methoden der empirischen Sozialforschung ermittelt werden. Hierzu zählen insbesondere die interne und externe Evaluation, schul- und schulartübergreifende Vergleiche sowie zentrale Schulleistungsuntersuchungen." Abs. 3 bestimmt, aufbauend auf dieser allgemeinen Beschreibung von Qualitätssicherung, die Ziele und Aufgaben externer Evaluation: „Die externe Evaluation einer Schule obliegt der Schulaufsichtsbehörde [...]. Die externe Evaluation dient dazu, die Standards, die für die Schulen gelten, zu sichern, die Entwicklung und Fortschreibung der Schulprogramme zu unterstützen, Erkenntnisse über den Stand und die Qualität von Unterricht und Erziehung, Schulorganisation und Schulleben zu liefern sowie die Gleichwertigkeit, Durchgängigkeit und Durchlässigkeit des schulischen Bildungsangebots zu gewährleisten." Schließlich heißt es in Abs. 5, dass die Schulaufsichtsbehörde regelmäßig, spätestens alle fünf Jahre, einen Bildungsbericht veröffentlicht, in dem, differenziert nach Bezirken, Schularten und Bildungsgängen, über den Entwicklungsstand und die Qualität der Schulen berichtet wird. Die Evaluationsergebnisse sind darin in angemessener Weise darzustellen. Diese ausführliche Regelung demonstriert, welch hohe Bedeutung der Gesetzgeber der Evaluation für die Qualitätssicherung zugemessen hat. Evaluation wird als ein (neues) Instrument der Qualitätssicherung und der staatlichen Steuerung verstanden. Anhand der Evaluationsergebnisse können Erkenntnisse über das gesamte Schulwesen gewonnen werden, mit Hilfe derer der Staat einerseits seine zentralen Vorgaben überprüfen und korrigieren und andererseits seine Beratungs- und Unterstützungsangebote für die Schulen auf den tatsächlichen Bedarf abstimmen kann.

II. Bedeutung für die Qualitätssicherung

Die größtenteils unzureichende Regelung der Beratung der Schulen und der Evaluation schulischer Arbeit ist auf dem Hintergrund des bisherigen Schulaufsichtssystems verständlich. Denn bisher stand nicht die Beratung der Schulen im Vordergrund[366] – auch wenn dies vielleicht der Wunsch mancher Schulaufsichtsbeamter gewesen wäre –, sondern die Wahrnehmung der eigentlichen fach- und dienstaufsichtlichen Befugnisse (z.B. Beurteilungen, Weisungen, Kontrolle)[367]. Für echte Beratung fehlte oft bereits die Kapazität, aber häufig auch das für eine Beratung erforderliche Vertrauensverhältnis zwischen der Schule und der Schulaufsicht. Ebenso verhielt es sich hinsichtlich der Evaluation. Bislang stand die Kontrolle im Mittelpunkt schulaufsichtlichen Handelns. Die Schulaufsichtsbehörden beschränkten sich regelmäßig darauf, die Einhaltung der Gesetzes- und Verwaltungsvorschriften zu kontrollieren. Dabei ging es weniger um eine Weiterentwicklung der Qualität schulischer Arbeit, als vielmehr um eine Sicherung des Status quo, um eine Perpetuierung des Bestehenden[368]. Bei der Evaluation steht demgegenüber nicht die Kontrolle im eigentlichen Sinn im Vordergrund, sondern die Optimierung der Abläufe und Ergebnisse. Evaluation soll die Funktion der Gegenspiegelung haben, die der Bestätigung oder Korrektur der eigenen Einschätzung der Beteiligten dient[369]. Die Evaluation soll dazu führen, dass alle Beteiligten – seitens der Schule und seitens des Staates – gemeinsam darüber nachdenken, wie die bei der Evaluation eventuell konstatierten Mängel beseitigt werden können. Dagegen ist es nicht Ziel der Evaluation, einen „Schuldigen" für Missstände zu finden. Fehler müssen in erster Linie als Diagnosemittel und als Anlass zu Veränderungen gesehen werden[370] und erst in

---

366 Vgl. insoweit z.B. den Antrag der Fraktion der SPD und der Fraktion Bündnis 90/Die Grünen im nordrhein-westfälischen Landtag vom 28.1.2004, Drs. 13/4971: „Zurzeit kann die örtliche Schulaufsicht aus Kapazitätsgründen ihrer wichtigsten Aufgabe, der Beratung und Qualitätsentwicklung, nur sehr eingeschränkt nachkommen."
367 Siehe auch *Bildungskommission NRW*, Zukunft der Bildung – Schule der Zukunft, S. 192 f.
368 In diese Richtung *Lange*, Bildungspolitik für eine neue Schule: Schlussfolgerungen aus PISA, in: Koch/Fisch, Schulen für die Zukunft, S. 52: „Man glaubt, durch Vorgaben zu Strukturen, Prozessen und Programmen ausreichende Bedingungen für die Sicherung der Zielerreichung gesetzt zu haben, und kümmert sich um die tatsächlichen Ergebnisse nicht mehr."
369 *Bildungskommission NRW*, Zukunft der Bildung – Schule der Zukunft, S. 195.
370 *Koch/Gräsel*, Schulreformen und Neue Steuerung – erziehungs- und verwaltungswissenschaftliche Perspektiven, in: Koch/Fisch, Schulen für die Zukunft, S. 6.

zweiter Linie als Anknüpfungspunkt für staatliche Sanktionen[371]. Der Staat soll vor allem beratend tätig werden und die Schulen durch Gespräche unterstützen. Die evaluierten Schulen müssen auf professionelle Beratung und Unterstützung zurückgreifen können. Auch Zielvereinbarungen erscheinen sinnvoll. Über diese wird eine konkrete Absprache der zu erreichenden Erfolge und der dazu erforderlichen Schritte zwischen Staat und Schule ermöglicht. Erst wenn die Lösungsversuche der Schule über längere Zeit nicht zu befriedigenden Erfolgen führen, kommen andere Interventionen des Staates in Betracht[372].

Haben Evaluation und Beratung bisher weder in den Gesetzen noch in der Praxis eine große Rolle gespielt, so ist beides umso wichtiger, je mehr Eigenverantwortung den Schulen zugestanden wird. Je weniger zentral vorab geregelt und festgelegt wird, desto wichtiger ist es, dass berichtende Erfahrungen und deren Auswertung im Nachhinein zu Veränderungen führen können. Hier kommt auch den bereits erwähnten Bildungsberichten ein großer Stellenwert zu. Sowohl für die einzelnen Schulen als auch für das gesamte Bildungssystem sollten in regelmäßigen Abständen Bildungsberichte erstellt werden, in welche die Ergebnisse der Evaluation mit einfließen, und die den Stand und die Qualität der Einzelschule bzw. des Bildungswesens beschreiben[373]. Ausgehend davon können sowohl die Beteiligten vor Ort als auch der Staat die Wahrnehmung ihrer Aufgaben optimieren. Damit Evaluation, Berichterstattung und Beratung nicht dem Zufall überlassen bleiben, wäre eine verbindliche Festlegung diesbezüglich sinnvoll. Um ihr die nötige Symbol- und Durchsetzungskraft zu geben, erscheint eine gesetzliche Festlegung angebracht. So sollte jedenfalls festgelegt werden, in welchen Abständen die Evaluation zu erfolgen hat, auf welche Aspekte sie sich bezieht, welche Kriterien ihr zugrunde liegen, in welcher Form die Bildungsberichte zu erstatten sind, welchen Inhalt sie haben müssen und ob und gegebenenfalls in welchen Fällen (z.B. im Anschluss an die Evaluation) eine Beratung der Schulen sowohl für die Schulen als auch für die Beratungsinstanz verbindlich ist. Nur durch klare und verbindliche Regelungen kann ein strukturiertes System der Qualitätssicherung geschaffen werden.

---

371 So auch *Lange*, allerdings zum Begriff „Controlling" – der aber mit dem der Evaluation insoweit durchaus vergleichbar ist – in seinem Aufsatz „Bildungspolitik für eine neue Schule: Schlussfolgerungen aus PISA", in: Koch/Fisch, Schulen für die Zukunft, S. 67.
372 In dieser Art funktioniert auch das niederländische Inspektionssystem, das *Theo Liket* in dem Buch „Freiheit und Verantwortung", Gütersloh 1993, S. 40 ff. beschreibt. Siehe dazu unten 2. Teil C. IV. Vgl. auch das im Abschlussbericht der Arbeitsgruppe „Schulinspektionssystem" geschilderte niedersächsische Schulinspektionsmodell vom 21.2.2005, zu finden unter http://cdl.niedersachsen.de/blob/images/C8892332_L20.pdf (15.2.2006).
373 Vgl. dazu *Bildungskommission NRW*, Zukunft der Bildung – Schule der Zukunft, S. 194 ff.

III. Evaluations- und Beratungsinstanz

Wurde vorgehend versucht, die Bedeutung von Evaluation und Beratung für das Schulwesen deutlich zu machen, stellt sich nun die Frage, welche Instanz diese Funktionen übernehmen soll. Bislang stellt sich die Lage in den Ländern regelmäßig so dar, dass sowohl die Beratung als auch die Evaluation – sofern sie überhaupt vorgesehen sind – von den traditionellen Schulaufsichtsbehörden in ihrer Funktion als Fachaufsicht wahrgenommen werden. Mit der eingangs erwähnten Einrichtung der Schulinspektion ist Niedersachsen hier einen Sonderweg gegangen, indem es eine eigenständige und (von der staatlichen Schulaufsicht) unabhängige Schulinspektion[374] geschaffen hat[375]. Angesichts dieses Befundes ist zu klären, welcher Weg hier der erfolgversprechendere ist. Kann und soll die traditionelle Schulaufsichtsbehörde[376] in Personalunion auch Beratungs- und Evaluationsinstanz sein? Oder ist eine instanzielle Trennung der Beratungs- und Evaluationsfunktionen von den traditionellen Aufsichtsfunktionen erforderlich?

Bereits die Denkschrift „Zukunft der Bildung – Schule der Zukunft" der Bildungskommission NRW aus dem Jahre 1995 sah die Einrichtung eines staatlichen, aber gleichwohl unabhängig arbeitenden Pädagogischen Dienstes vor. Nicht ganz klar wird in den Ausführungen allerdings, wofür dieser Pädagogische Dienst zuständig sein soll. Die rechtlichen Befugnisse des Pädagogischen Dienstes erscheinen in manchen Formulierungen widersprüchlich. So heißt es auf S. 195 f., dass der pädagogische Dienst fachaufsichtliche Funktionen wahrnehmen soll, „allerdings in veränderter Form und in einem anderen als dem derzeitigen Verständnis von Fachaufsicht. Die im Ausnahmefall notwendigen anweisenden oder sanktionierenden Interventionen sollen den jeweils zuständigen dienst- bzw. rechtsaufsichtlichen Institutionen obliegen." Eine Fachaufsicht ohne Aufsichtsbefugnisse, das heißt ohne die Möglichkeit des korrigierenden Eingreifens, ist indes keine Aufsicht mehr. Zum Begriff der Aufsicht gehört, wie gesehen[377], zwingend neben der Beobachtungs- auch eine Berichtigungsfunktion. Insofern ist die Beschreibung der Aufgaben des Pädagogischen Dienstes in der Denkschrift juristisch ungenau. Der Pädagogische

---

374 Nähere Informationen hierzu finden sich auf der Homepage des niedersächsischen Kultusministeriums unter www.mk.niedersachsen.de. Siehe insbesondere http://www.mk.niedersachsen.de/master/C10063461_N12132_L20_D0_I579.html (1.8.2005). Zwar sind auch hier Schulaufsichtsbeamte an den Inspektionen beteiligt, doch diese wurden eigens für die Inspektionen ausgebildet und handeln insoweit wohl auch nicht in ihrer Funktion als Schulaufsichtsbeamte im traditionellen Sinne.
375 Gem. § 120 Abs. 1 S. 1 SchulG Niedersachsen werden Beratungsaufgaben jedoch zusätzlich auch von den Schulbehörden wahrgenommen.
Auch in anderen Bundesländern – so z.B. in Hamburg und Hessen – befindet sich die Einrichtung einer Schulinspektion in der Planung oder bereits in der Erprobungsphase.
376 Auch wenn die Schulaufsicht nach dem hier entwickelten Konzept nur noch die Aufgaben der Rechts- und (möglicherweise) Dienstaufsicht hat, ist sie doch noch die traditionelle Aufsichtsbehörde.
377 Siehe oben 2. Teil B. III.

Dienst kann entweder Fachaufsicht sein, wobei er als solche dann auch über Weisungs- und Sanktionsbefugnisse verfügen muss, oder er kann eine von der Schulaufsicht im eigentlichen Sinn unabhängige Instanz sein. Letzteres ist wohl in der Denkschrift, entgegen dem Wortlaut, gemeint. Der Pädagogische Dienst soll unter anderem die Aufgaben der Evaluation, Bildungsberichterstattung und der Beratung haben und ausdrücklich *nicht* auf andere Weise intervenieren können. Insofern hat die Bildungskommission, ohne dies jedoch beim Namen zu nennen[378], einen weitreichenden Vorschlag gemacht. Die Einrichtung des Pädagogischen Dienstes, der, anders als in der Denkschrift ausgeführt, nicht Fachaufsicht ist, bedeutet einerseits wohl die Abschaffung der eigentlichen Fachaufsicht. So sollen die Interventionsbefugnisse den zuständigen „dienst- bzw. rechtsaufsichtlichen Institutionen obliegen"[379]. Von einer fachaufsichtlichen Institution ist, außer dem insoweit unrichtig bezeichneten Pädagogischen Dienst, keine Rede mehr. Daraus kann geschlossen werden, dass die Fachaufsicht als solche abgeschafft und durch ein „nicht-aufsichtliches" Evaluations- und Beratungssystem ersetzt werden soll. Andererseits hat sich die Bildungskommission mit der Einrichtung des Pädagogischen Dienstes aber auch im Sinne der zu Beginn gestellten Frage für eine unabhängige Evaluations- und Beratungsinstanz entschieden. Der Pädagogische Dienst soll sich deutlich von der intervenierenden Dienst- und Rechtsaufsicht absetzen. Ferner soll er nicht in die Verwaltungshierarchie eingegliedert, sondern dem Ministerium direkt zugeordnet sein und unabhängig von unmittelbaren staatlichen Weisungen arbeiten[380].

In eben dieser Weise hat sich auch der niedersächsische Gesetzgeber entschieden. Mit der Einrichtung der Schulinspektion hat er eine unabhängige Institution geschaffen, die funktional und organisatorisch von der Schulaufsicht getrennt ist und unmittelbar der Aufsicht des Kultusministeriums untersteht.

Fraglich ist nun, ob sich diese beiden Beispiele der Trennung von Aufsicht einerseits und Evaluation und Beratung andererseits generalisieren lassen, das heißt ob eine separate Wahrnehmung dieser Funktionen allgemein erfolgversprechender ist. Betrachtet man die nationalen, aber vor allem auch internationalen, Entwicklungen, muss diese Frage eindeutig bejaht werden. So existieren beispielsweise in den Niederlanden, in Großbritannien und in der Schweiz unabhängige Evaluationsagenturen[381]. Auch das deutsche Bundesministerium für Bildung und Forschung hat, ausgelöst durch den „PISA-Schock", in dem sog. Fünf-Punkte-Programm „Zukunft

---

378 Ob die Unklarheit in den Formulierungen auf fehlendem juristischem Sachverstand (so in anderem Zusammenhang *Stock*, Autonomie von Schulen und ihre rechtliche Bedeutung für die Stellung des Lehrers, in: Zedler/Fickermann, Pädagogik und Recht, S. 75 (86)) oder auf politischem Kalkül beruht, oder ob sich die Verfasser der Denkschrift tatsächlich nicht eindeutig festlegen wollten, kann und muss hier nicht entschieden werden.
379 *Bildungskommission NRW*, Zukunft der Bildung – Schule der Zukunft, S. 195 f.
380 *Bildungskommission NRW*, Zukunft der Bildung – Schule der Zukunft, S. 199.
381 Eingehend dazu *Oelkers*, Ziele der öffentlichen Bildung und die Entwicklung der Institution Schule, in: Koch/Fisch, Schulen für die Zukunft, S. 46 f.

Bildung" die Einführung einer (nationalen) Evaluationsagentur gefordert[382]. Dass dies unter föderalen Gesichtspunkten eine problematische Forderung ist, sei hier einmal dahingestellt. Entscheidend ist an dieser Stelle lediglich die Erkenntnis der Notwendigkeit einer derartigen Institution. Doch nicht nur die Konvergenz der Entwicklungen spricht für eine Trennung von Aufsicht einerseits und Evaluation und Beratung andererseits. Auch die Aufgaben selbst erfordern eine derartige Trennung. Um Evaluation wirklich als ein Diagnose- und nicht ein Sanktionsinstrument zu verstehen, muss ein gewisses Vertrauensverhältnis zwischen den Schulen und der Evaluationsinstanz entstehen. Die Schulen müssen den Evaluatoren offen gegenüber treten und Auskunft über ihre Arbeit mit ihren Stärken und Schwächen erteilen. Erst anhand der ermittelten Ergebnisse kann eine sinnvolle Beratung der Schulen stattfinden und es können gemeinsam Strategien zur Verbesserung der Arbeit entwickelt werden. Die Offenheit der Schulen ist demnach erforderlich, um die Schulrealität möglichst unverfälscht zu erfassen und Innovationsimpulse zu geben, die von den Schulen angenommen werden können. Offenheit und Vertrauen können aber nur entstehen, wenn die Schulen bei Offenlegung von Schwierigkeiten und Missständen nicht unmittelbar Sanktionen befürchten müssen. Sie müssen davon ausgehen können, dass zunächst versucht wird, Probleme im Dialog zu lösen. Sie müssen die Evaluations- und Beratungsinstanz als wirkliche Hilfs- und Serviceeinrichtung verstehen können. Dem würde es widersprechen, wenn die Evaluations- und Beratungsinstanz zugleich Aufsichtsfunktionen[383] wahrnehmen würde. Denn wo im Hintergrund stets das Damoklesschwert der Weisungen und Sanktionen schwebt[384], kann sich mutmaßlich kein echtes Vertrauensverhältnis entwickeln. Auch wird Schulaufsicht – ob berechtigt oder unberechtigt, sei einmal dahingestellt – von den Lehrkräften als eine wenig hilfreiche Kontrolle empfunden. Die Schulaufsicht hat sich zu einem „kollektiven Feindbild" für die Lehrerschaft entwickelt[385]. Dies sind denkbar schlechte Voraussetzungen für die Verbindung von Aufsicht und Evaluation/Beratung.

Demnach erscheint es angebracht, eine unabhängige Evaluationsagentur[386] einzurichten. Diese könnte beispielsweise in Form einer öffentlich-rechtlichen Körperschaft errichtet werden. Auf diesem Weg könnte sie eine staatliche Aufgabe erfüllen,

---

382 Das Fünf-Punkte-Programm ist abrufbar unter http://www.bmbf.de/_media/press/pm_2002 0625-129.pdf – Pressemitteilung 129/02 vom 25.6.2002 – (30.8.2005).
383 Nach dem hier entwickelten Konzept würden sich die Aufsichtsfunktionen allerdings ohnehin auf die Dienst- und die Rechtsaufsicht beschränken.
384 Die drastische Beschreibung des „>Damoklesschwertes< jederzeitigen Eingreifens" findet sich bei *Püttner/Rux*, Schulrecht, in: Achterberg/Püttner/Würtenberger, Besonderes Verwaltungsrecht, S. 1124 (1149).
385 *Lange*, Bildungspolitik für eine neue Schule: Schlussfolgerungen aus PISA, in: Koch/Fisch, Schulen für die Zukunft, S. 68.
386 Diese könnte ebenso gut Inspektion genannt werden. Allein die in der Schweiz gebräuchliche Bezeichnung als „Neue Schulaufsicht" gefällt nicht, da Beratung und Evaluation gerade *keine* Aufsichtstätigkeiten im eigentlichen Sinn sind und der Begriff der Schulaufsicht jedenfalls in Deutschland eher negativ besetzt ist.

wäre aber nicht in die Verwaltungshierarchie eingegliedert, sondern von (fachlichen) Weisungen unabhängig. Die Agentur würde die Arbeit der Schulen nach gesetzlich klar definierten Kriterien in regelmäßigen Abständen evaluieren. Im Rahmen der Evaluation würden Mitarbeiter der Agentur jede Schule für mehrere Tage besuchen und dort Daten erheben und einen Bericht verfassen, der die Stärken und Schwächen der Schule beschreibt. Die Ergebnisse dieser Evaluation würden jedenfalls in den Schulen kommuniziert und in Beziehung zu den Ergebnissen der ebenfalls regelmäßig nach einheitlichen Maßstäben durchgeführten Selbstevaluationen der Schule gesetzt[387]. Ob darüber hinaus eine Veröffentlichung der Ergebnisse erfolgen sollte – wodurch zweifelsohne ein gewisser Druck auf die Schulen erzeugt würde –, ist in erster Linie eine politisch zu entscheidende Frage, die auch im internationalen Kontext nicht einheitlich gehandhabt wird.

IV. Internationaler Ausblick: Die niederländische Schulinspektion

Wie die Arbeit einer „Evaluationsagentur" praktisch aussieht, kann am besten am Beispiel der niederländischen Schulinspektion aufgezeigt werden. Die niederländische Schulinspektion verfügt im europäischen Vergleich über eine vergleichsweise lange Tradition und Erfahrung[388]. Auch spricht das überdurchschnittliche Abschneiden niederländischer Schüler in PISA 2003 – 538 Punkte in Mathematik im Vergleich zu 503 Punkten deutscher Schüler, was einem Wissensunterschied von etwa einem halben Schuljahr entspricht – für das gute Funktionieren des niederländischen Systems.

Die Schulen in den Niederlanden verfügen über ein großes Maß an Autonomie, das auch verfassungsrechtlich garantiert ist[389]. Art. 23 der niederländischen Verfassung garantiert die Freiheit, Schulen zu gründen, die ideelle und pädagogische Ausrichtung der Schule zu bestimmen (Wahl von Philosophie und Curriculum) und den Unterricht materiell zu gestalten und zu organisieren (Wahl von Unterrichtsmaterialien, Schulbüchern und anderen Lehrmitteln). Ferner entscheiden die Schulen eigenständig über die Einstellung von Lehrern und sie werden, unabhängig davon, ob es sich um öffentliche oder private Schulen handelt, vollständig staatlich subventioniert. Lediglich in drei Punkten sind die Schulen in ihrer Autonomie beschränkt[390]. Diese sind 1. die Verpflichtung zur Teilnahme an den landesweit durchgeführten

---

387 Die Vorschläge sind angelehnt an die Arbeitsweise der schweizerischen „Neuen Schulaufsicht". Vgl. dazu *Oelkers*, Ziele der öffentlichen Bildung und die Entwicklung der Institution Schule, in: Koch/Fisch, Schulen für die Zukunft, S. 46.
388 Die Schulinspektion wurde in den Niederlanden bereits in den 80er Jahren eingeführt, vgl. *Liket*, Freiheit und Verantwortung, S. 27 ff.
389 *Liket*, Freiheit und Verantwortung, S. 28.
390 Diese sind bereits in Art. 23 Abs. 2 der niederländischen Verfassung angelegt, können und müssen aber durch Parlamentsgesetz konkretisiert werden.

Abschlussprüfungen am Ende der Sekundarstufe, 2. hinsichtlich des Personals die Verpflichtung zur Einhaltung der arbeitsrechtlichen Bestimmungen, die zwischen den Arbeitnehmervertretungen und dem Staat ausgehandelt worden sind sowie 3. die Verpflichtung zur Duldung einer staatlichen Inspektion unter der Aufsicht des Ministeriums für Bildung und Wissenschaft.

Darüber hinaus muss sich die spezifische Zielsetzung der Einzelschule an den, durch den niederländischen Gesetzgeber festgelegten, allgemeinen Bildungszielen orientieren. An diesem Punkt wird die Schulinspektion zum ersten Mal relevant. Die Schulen müssen ihre schulspezifischen Ziele nach gesetzlich festgelegten Kriterien definieren und in eigenen Dokumenten niederschreiben[391]. Diese Planungsdokumente werden der Schulinspektion zur Verfügung gestellt, die sie nach folgenden Kriterien überprüft: 1. keine Widersprüche zu den gesetzlichen Zielen der Bildung sowie 2. das Vorhandensein aller gesetzlich benannten Aspekte, die in den Planungsdokumenten berücksichtigt werden müssen.

Nur wenn diese Kriterien nicht erfüllt werden, nimmt die Inspektion Kontakt mit der Schule auf. Inhalt der dann gegebenenfalls stattfindenden Gespräche ist die Frage, wie die konstatierten Mängel beseitigt werden können. Erst wenn diese Gespräche dauerhaft nicht zu befriedigenden Resultaten führen, können weitere Schritte veranlasst werden[392]. Die Inspektion selbst verfügt aber nicht über eine intervenierende, sondern nur über eine ermittelnde Funktion.

Die Planungsdokumente sind das selbstgewählte Regelinstrumentarium der Schule, anhand dessen sich die interne und auch die externe Evaluation vollzieht. Die Instrumente, die dem Staat für die Evaluation zur Verfügung stehen, sind im Wesentlichen die periodisch zu verfassenden Berichte der Schulen, in denen sie unter anderem auf das Verhältnis von Planung und Ausführung eingehen sowie staatliche Inspektionen des Unterrichts.

Üblicherweise finden externe Evaluationen in feststehenden regelmäßigen Abständen statt[393]. Die Schule, die Gegenstand der Evaluation sein soll, wird ein bis zwei Jahre vor der geplanten Evaluation über diese informiert. Gleichzeitig erhält die Schule Anweisungen, wie sie sich auf die Evaluation vorzubereiten hat. Hierfür existieren keine vorgeschriebenen Verfahren. Regelmäßig wird die Schule jedoch aufgefordert, einen Selbstevaluationsbericht über ihre Arbeit abzugeben, in dem eventuell näher bezeichnete Aspekte besonders berücksichtigt werden müssen. In diesen Bericht sollen einerseits objektiv messbare Daten wie z.B. Daten über den Zustrom und die soziale Herkunft von Schülern, Prüfungsergebnisse und die Qualifikation des Lehrerkollegiums einfließen, die an allen Schulen ohne Rücksicht auf ihr spezifisches Profil erhoben werden können. Andererseits soll aber auch das jeweilige Profil der Schule Berücksichtigung finden. Deshalb soll die Schule Indikatoren formulieren, anhand derer sich die Qualität der schulspezifischen Arbeit ablesen

---

391   Maßgeblich ist nun insoweit der Education Inspection Act (WOT) vom 1.9.2002.
392   Letztendlich ist sogar ein Eingriff des Ministers für Bildung und Wissenschaft möglich.
393   Vgl. zum Folgenden *Liket*, Freiheit und Verantwortung, S. 218 ff.

lässt. Diese Indikatoren sollen in Verbindung mit der tatsächlich geleisteten Arbeit der Schule gebracht werden und sie sind Bestandteil des Selbstevaluationsberichts. Auf der Grundlage des Berichts der Schule findet eine Visitation statt. Während der Visitation besucht eine Gruppe von anerkannten Fachleuten die Schule für maximal eine Woche und versucht, eine Idee von möglichen Diskrepanzen zwischen der Theorie (des schulischen Berichts) und der Wirklichkeit zu bekommen. Die Angst, dass die Schulen in den Berichten und während der Visitation ihre Arbeit „schönen" und darum keine realistische externe Evaluation stattfinden kann, hat sich als weit gehend unbegründet erwiesen. Zum einen gehen mit der Evaluation vertraute Schulen offener mit ihren Schwächen um. Zum anderen hat sich aber auch gezeigt, dass die nur kurzen Besuche der Visitatoren ausreichen, um geschönte Berichte zu entlarven. Die Visitatoren sammeln während der Visitation durch Hospitationen und Gespräche mit der Schulleitung und mit Lehrern, Eltern und Schülern ausreichende Informationen und Eindrücke, um diese mit dem von der Schule gezeichneten Bild abzugleichen. So ergibt sich insgesamt ein realistisches Bild der Qualität der schulischen Arbeit[394]. Unmittelbar im Anschluss an die Visitation werden die Eindrücke der Visitatoren mit der Schule besprochen. Die Schule kann frei entscheiden, welche Schulmitglieder von dieser ersten Rückmeldung Kenntnis erhalten sollen. Denkbar ist sowohl, nur die Schulleitung zu informieren als auch, die Besprechung mit einer repräsentativen Vertretung aller Gruppen durchzuführen. Die Visitatoren sollen in dieser ersten Rückmeldung bereits ihre wichtigsten Befunde mitteilen, damit die Schule im anschließend erscheinenden Endbericht keine (bösen) Überraschungen erlebt. Der von den Visitatoren erstellte Endbericht wird regelmäßig nicht veröffentlicht. Das Interesse der externen Evaluation liegt mehr darin, den Schulen ihre eigene Arbeit zu spiegeln als sie zu öffentlicher Rechenschaftslegung zu zwingen und sie unter öffentlichen Druck zu setzen. Aufgrund des Endberichts treten Schule und Visitatoren in einen Dialog ein, in dem sie versuchen, Konzepte für die Verbesserung und Weiterentwicklung der schulischen Arbeit zu entwickeln. Die Visitatoren können in diesem Prozess konkrete Ratschläge erteilen. Es können aber auch andere Beratungs- oder Fortbildungsinstitutionen hinzugezogen werden. Schließlich kann auch ein Termin für eine weitere externe Evaluation außerhalb des üblichen Turnus festgelegt werden. Aufgabe der Schule ist es dann, die erkannten Mängel bis zu diesem Zeitpunkt durch geeignete Maßnahmen zu beheben. In Ausnahmefällen können die Evaluationsberichte über die Schule veröffentlicht werden, um auf diesem Weg Druck zu erzeugen und Veränderungen zu erzwingen[395]. Ist die Arbeit einer Schule dauernd mangelhaft und zeigt sie sich auch Ratschlägen und Beratungen gegenüber resistent, kann der Staat der Schule als Ultima Ratio die finanziellen Zuwendungen kürzen oder ganz entziehen. Dieses Recht ist ausdrücklich gesetzlich geregelt und steht allein dem Bildungsminister zu. Die bisherigen Erfahrungen mit der externen Evaluation deuten jedoch darauf hin, dass es zu diesem letzten Schritt

---

394 Siehe dazu *Liket*, Freiheit und Verantwortung, S. 249 f.
395 Vgl. *Liket*, Freiheit und Verantwortung, S. 42 f.

mit großer Wahrscheinlichkeit nie wird kommen müssen. Die Schulen begreifen die externe Evaluation in der Regel als Chance zum Feedback über ihre Arbeit[396]. Den Schulen, die ernsthaft versuchen, den Unterricht so gut wie möglich zu gestalten – und dies ist in der überwiegenden Anzahl der Schulen der Fall – ist viel am Urteil kompetenter Außenstehender gelegen[397].

V. Zusammenfassung

Durch die Abschaffung der Fachaufsicht und die Beschränkung des Staates auf eine Rechtsaufsicht gewinnen externe Evaluation und Beratung enorm an Bedeutung. Diese nicht-aufsichtlichen Mittel staatlicher Einflussnahme auf das Schulwesen sind de lege lata nur von geringer Bedeutung. Zwar findet die Beratung in der Mehrzahl der Schulgesetze Erwähnung. Doch ist sie zumeist nur als eine Teilaufgabe der Fachaufsicht erwähnt und Umfang und Verfahren der Beratung werden nicht näher erläutert. Noch geringere Beachtung kommt der externen Evaluation in den derzeitigen Schulgesetzen zu. Bis auf wenige Ausnahmen bleibt sie gesetzlich gänzlich unerwähnt. Geht man de lege ferenda von einer Abschaffung der Fachaufsicht und einer damit einhergehenden größeren Eigenverantwortung der Schulen aus, müssen auch Beratung und externe Evaluation eingehend gesetzlich geregelt werden. Denn die Schulen bedürfen des systematischen Feedbacks durch Dritte und fachkundiger Beratung zur Verbesserung ihrer Arbeit. Dabei dient die Implementation eines Evaluationssystems nicht nur der Qualitätsentwicklung der Einzelschule, sondern kann auch zur Korrektur staatlicher Vorgaben für das Gesamtsystem genutzt werden. Da Beratung und Evaluation nach dem hier vertretenen Verständnis gerade keine aufsichtlichen Tätigkeiten sind, empfiehlt sich die Einrichtung einer von der Schulaufsicht unabhängigen, wenngleich staatlichen, Evaluations- und Beratungsagentur. Dies gilt insbesondere auch angesichts der immer noch vorherrschenden negativen Prägung des Verhältnisses von Schulaufsicht und Schule. Dass ein derartiges Beratungs- und Evaluationssystem nicht bloß theoretisches Wunschdenken ist und bleiben muss, beweist die in den Niederlanden bereits seit geraumer Zeit vorbildlich funktionierende Schulinspektion.

---

396 Vgl. *Liket*, Freiheit und Verantwortung, S. 219 f.
397 Vgl. *Liket*, Freiheit und Verantwortung, S. 120.

Dritter Teil – Eigenverantwortung der Schule

Ziel der Veränderung staatlicher Schulaufsicht ist, wie im zweiten Teil gesehen, die umfassende rechtliche Absicherung der Eigenverantwortung der Schule. Nur eine Abschaffung der staatlichen Fachaufsicht führt zu einer echten rechtlichen – im Gegensatz zur derzeit häufig bestehenden faktischen – Eigenverantwortung der Schule. Was Eigenverantwortung der Schule ist, worauf sie sich konkret beziehen soll und welche Rechte und Pflichten sie für die Schulen mit sich bringt, wurde bisher noch weit gehend im Dunkeln gelassen.

A. Abriss der historischen Entwicklung der schulischen Eigenverantwortung

Die Forderung nach einer Eigenverantwortung der Schulen ist nicht neu. Insbesondere in der pädagogischen Literatur hat es immer wieder Stimmen gegeben, die eine Dezentralisierung des Schulwesens forderten. *Herbart* beispielsweise setzte sich schon Ende des achtzehnten Jahrhunderts dafür ein, die schulische Erziehung nicht durch den Staat, sondern durch die Städte vornehmen zu lassen[398]. Andere folgten ihm in diesen Bestrebungen[399]. Im neunzehnten Jahrhundert wurde die Forderung nach einer Loslösung des Schulwesens aus der Staatsgewalt immer deutlicher. Ziel der Kritiker war die Schaffung eines freien, sich selbst verwaltenden Schulwesens[400]. Die Revolution von 1848 förderte die Idee der Selbstverwaltung. Auch die Paulskirchenverfassung von 1849 wies eine Tendenz hin zur Abmilderung des Staatsmonopols durch die Anerkennung von Privatschulen auf. Trotz dieser rechtlichen Anerkennung an prominenter Stelle nahmen die Privatschulen in der Wirklichkeit – ebenso wie heute – nur eine unbedeutende Position ein. Auch ansonsten konnte von der Existenz eines freien, sich selbst verwaltenden Schulwesens keine Rede sein. In der Weimarer Zeit setzte sich der Wunsch nach einer Emanzipation der Schulen vom Staat fort. Angeregt von der reformpädagogischen Bewegung zu Beginn des zwanzigsten Jahrhunderts wurde die individuelle Förderung aller schöpferischen Kräfte und Fähigkeiten des Kindes von den Kritikern des Staatsschulwesens in das Zentrum schulischer Arbeit gestellt. Mit diesem Ziel – so die Annahme der Kritiker – waren die „unpädagogischen" staatlichen Einflüsse nicht zu vereinba-

---
398 Vgl. dazu *Robert*, Schulautonomie und -selbstverwaltung am Beispiel der Waldorfschulen in Europa, S. 57.
399 Vgl. zum Ganzen *Robert*, Schulautonomie und -selbstverwaltung am Beispiel der Waldorfschulen in Europa, S. 56 ff.
400 Wobei die „Selbstverwaltung" zumeist eine Anbindung an die Kommunen beinhaltete.

ren. Unter der Diktatur der Nationalsozialisten wurde der Gedanke der Eigenverantwortung der Schulen zugunsten der zentralistischen Staatsmacht zurückgedrängt. Das Bestreben nach Eigenständigkeit und Vielfalt der Schulen vermochte sich gegenüber der staatlichen Gleichschaltung nicht durchzusetzen. Erst nach dem Krieg gewann die Frage der Eigenverantwortung von Schulen wieder neues Gewicht. Erste Kritik an der staatlichen Lenkung der Schulen kam bereits in den fünfziger Jahren auf. Insbesondere der – zu Beginn der Arbeit bereits erwähnte – Jurist *Hellmut Becker* brachte die Kritik an der damaligen Lage der Schulen pointiert zum Ausdruck:

> „Unsere Schule ist eine >verwaltete Schule<; während die moderne Schule, die ihre geistige Grundlegung in der Aufklärung erfuhr, zunächst noch ein Lebenszusammenhang selbständiger Menschen war, die vom Staat nur überwacht wurde, hat sie sich immer mehr zur untersten Verwaltungshierarchie entwickelt; sie steht heute auf einer ähnlichen Stufe des Verwaltungsaufbaus wie das Finanzamt, das Arbeitsamt, die Ortspolizei und in einem deutlichen Gegensatz zur Selbstverwaltung der Ortsgemeinde. Die Lehrer entwickeln sich zu Funktionären, und die Schule ist in Gefahr, nur noch Funktionäre zu bilden. Das Bildungsergebnis der modernen Schule wird langsam der konformistische, einfallslose, mühelos gleichschaltbare Mensch, dessen Kenntnisse zwar zum Teil vielseitig, aber qualitativ nicht hochwertig, dafür leicht nachprüfbar sind."[401]

Spätestens in den siebziger Jahren vollzog sich ein Paradigmenwechsel, welcher die Orientierung staatlicher Bemühungen von der zentralen Planung des Gesamtsystems Schule hin zur einzelnen Schule als pädagogische Handlungseinheit lenkte. War zunächst versucht worden, das Schulsystem auf staatlicher Ebene durch zentrale Bildungsplanung auf die kommenden Herausforderungen vorzubereiten, zeigte sich mit der Zeit, dass für die Qualität schulischer Arbeit nicht zentrale Planungen, sondern die einzelne Schule entscheidend war[402]. Es wurde immer deutlicher, dass Schulen nur die gewünschte Qualität erbringen können, wenn ihnen mehr Gestaltungsfreiheit zukommt. Der Staat selbst stellte fest, dass der bisherige Ansatz staatlicher Lenkung des Schulwesens nicht die gewünschten Ergebnisse mit sich brachte[403]. Zum ersten Mal war die Diskussion der Frage der Eigenverantwortung von Schulen damit nicht nur staatsfernen Kritikern überlassen. Auftrieb gab der Bewegung auch die Demokratisierungswelle dieser Zeit. Es entsprach den damaligen Überzeugungen, die Schulen zu demokratisieren und Mitbestimmungsrechte für alle Beteiligten einzuräumen. Die bedeutendsten Dokumente dieser Zeit sind wohl die Empfehlungen des deutschen Bildungsrates von 1970 und 1973 und der – bereits im zweiten Teil dargestellte – Entwurf eines Schulgesetzes des 51. Deutschen Juristentages von 1981.

---

401 *Becker*, Die verwaltete Schule (1954), Nachdruck in RdJB 1993, 130 (130 f.).
402 *Terhart*, Zwischen Aufsicht und Autonomie, S. 27.
403 Für das dem Schulwesen verwandte Hochschulwesen konstatiert dies auch *Kahl*, Hochschule und Staat, S. 92 m.w.N.

I. Empfehlungen des deutschen Bildungsrates[404]

Beruhend auf der Erkenntnis von der Notwendigkeit einer Anpassung des Schulwesens an den gesellschaftlichen Wandel, fand am 17. März 1966 der Deutsche Bildungsrat in seiner konstituierenden Sitzung zusammen. Der Deutsche Bildungsrat verstand sich als ein Gremium, in dem wissenschaftliche Erkenntnisse und politischer Auftrag integriert werden sollten. Der aus 36 Mitgliedern bestehende Bildungsrat setzt sich aus einer Bildungskommission mit achtzehn Mitgliedern und einer Regierungskommission mit weiteren achtzehn Mitgliedern zusammen. Die Bildungskommission war für Sachverständige und für Vertreter der Öffentlichkeit zugänglich, während die Regierungskommission Regierung und Verwaltung vorbehalten war. Beide Kommissionen stimmten getrennt voneinander ab, was die Freiheit zu eigenen Konzeptionen vergrößern sollte. Der Bildungsrat tagte mit dem Anspruch, notwendige bildungspolitische Reformentscheidungen wissenschaftlich zu beleuchten. Der damalige Bundespräsident *Lübke* formulierte hohe Erwartungen an die Arbeit des Bildungsrates:

> „Die Leistungsfähigkeit der nachfolgenden Generationen hängt zu einem guten Teil davon ab, ob es Ihnen gelingt, die Erwartungen zu erfüllen [...]. Bund und Länder haben [mit dem Bildungsrat, Anm. d. Verf.] ein Gremium geschaffen, das dank seiner Zusammensetzung über genügend Autorität verfügt, umfassende Pläne für Reformen des Bildungswesens in unserem Land zu entwerfen und alle damit zusammenhängenden Sachfragen neu zu durchleuchten."[405]

Zum Abschluss der ersten Amtsperiode im Jahre 1970 veröffentlichte die Bildungskommission einen Strukturplan für das Bildungswesen, der in der Öffentlichkeit große Beachtung fand. Die Empfehlungen der Bildungskommission wurzelten in dem Idealkonstrukt der Freiheit des Individuums in der Gesellschaft. Die Grundrechte des Einzelnen wurden in das Zentrum der Überlegungen gestellt.

> „Das umfassende Ziel der Bildung ist die Fähigkeit des einzelnen zu individuellem und gesellschaftlichem Leben, verstanden als seine Fähigkeit, die Freiheit und die Freiheiten zu verwirklichen, die ihm die Verfassung gewährt und auferlegt."[406]

Die Strukturreform des Bildungswesens sollte dazu dienen, die Wahrnehmung dieser Rechte durch den Einzelnen zu befördern. Im Rahmen des Abschnitts „Öffentliche Verantwortung und institutionelle Ordnung im Bildungswesen" legte die Bildungskommission Vorschläge für eine Veränderung der Verwaltung vor.

---

404 Vgl. zum Folgenden *Beetz*, Hoffnungsträger „Autonome Schule", S. 259 ff.
405 *Lübke*, Ansprache anlässlich der konstituierenden Sitzung des Deutschen Bildungsrates am 17.3.1966, zitiert nach *Beetz*, Hoffnungsträger „Autonome Schule", S. 261.
406 *Deutscher Bildungsrat*, Empfehlungen der Bildungskommission. Strukturplan für das Bildungswesen, S. 29.

> „Die Verwaltung muß in Zukunft die Lehrenden und Lernenden in stärker verselbständigten Bildungsinstitutionen an langfristiger und wissenschaftlich fundierter Planung in vielfältigen Formen beteiligen. Sie muß gleichzeitig zentral entwickelte objektivierte Leistungsnormen mit individueller Förderung und Beratung der einzelnen Lernenden verbinden. Sie wird auf diese Weise einerseits stärker zentralisiert, andererseits stärker dezentralisiert."[407]

Zentraler Bestandteil der Empfehlungen für eine Verwaltungsreform war die bereits im Zitat erwähnte Verselbstständigung der Bildungsinstitutionen. Aus der Fokussierung auf die Grundrechte der Betroffenen wuchs die Erkenntnis in die Notwendigkeit wenigstens partieller Befreiung der Schulen von administrativen Maßnahmen. Die angestrebte Befreiung der Schulen war jedoch tatsächlich nur eine partielle. So sollten die Schulen ausdrücklich weder Rechtsfähigkeit erlangen noch sollte die staatliche Aufsicht im Grundsatz beschränkt werden[408]. In den Empfehlungen heißt es dazu:

> „Die Bildungsinstitutionen erhalten im Rahmen der öffentlichen Verantwortung eine begrenzte Selbständigkeit, deren Ausmaß und Inhalt sich nach der Art der Bildungsinstitutionen sowie nach der Trägerschaft richtet, aber auch von der Initiative der einzelnen Bildungsinstitutionen abhängen kann. Die öffentlichen Einrichtungen werden partiell aus der Abhängigkeit von der staatlichen Bildungsverwaltung gelöst, ohne aber in der Regel den Status rechtsfähiger juristischer Personen des öffentlichen Rechts mit formeller Selbstverwaltung zu erhalten."[409].

Trotz der nur begrenzten Selbstständigkeit der Bildungsinstitutionen wurde eine Spannung zwischen dieser und der „öffentlichen Verantwortung" für das Bildungswesen gesehen. Es sollte deshalb „Aufgabe der Umsetzung dieser Gedanken in institutionalisierte Verfahren sein, die beiden Prinzipien innewohnenden Gefahren zu begrenzen und die Spannung zwischen zentraler Planung und Autonomie der einzelnen Bildungsinstitutionen im Sinne der Gesamtverantwortung fruchtbar zu machen."[410]

In ihrer zweiten Amtsperiode erarbeitete die Bildungskommission eine weitere, zweiteilige Empfehlung, deren erster Teil 1973 unter dem Titel „Verstärkte Selbständigkeit der Schule und Partizipation der Lehrer, Schüler und Eltern" erschien. In den Grundsätzen der Empfehlungen heißt es:

> „Die Bildungskommission empfiehlt, den Schulen eine verstärkte Selbständigkeit zu übertragen. Die Eigenverantwortung der Schule steht im Rahmen der öffentlichen Gesamtverantwortung für das Bildungswesen und ihrer parlamentarischen Legitimation."[411]

---

407 *Deutscher Bildungsrat*, Empfehlungen der Bildungskommission. Strukturplan für das Bildungswesen, S. 254.
408 Vgl. dazu *Beetz*, Hoffnungsträger „Autonome Schule", S. 261 f.
409 *Deutscher Bildungsrat*, Empfehlungen der Bildungskommission. Strukturplan für das Bildungswesen, S. 262 ff.
410 *Deutscher Bildungsrat*, Empfehlungen der Bildungskommission. Strukturplan für das Bildungswesen, S. 264.
411 *Deutscher Bildungsrat*, Empfehlungen der Bildungskommission. Zur Reform von Organisation und Verwaltung im Bildungswesen. Teil I. Verstärkte Selbständigkeit der Schule und Partizipation der Lehrer, Schüler und Eltern, S. 17.

Verstärkte Selbstständigkeit der Schule bedeutete für die Bildungskommission eine Übertragung von Entscheidungskompetenzen an die Einzelschule. Pädagogische und organisatorische Angelegenheiten sollten weit gehend dezentral entschieden werden. Damit trug die Kommission der Tatsache Rechnung, „dass eine Institution nicht unabhängig von den in ihr tätigen Menschen wirksam entscheiden und handeln kann. Durch Partizipation sollen die gemeinsame Verantwortung und das Zusammenwirken der Lehrer, Schüler und Eltern in dem sozialen System Schule ermöglicht und gestärkt werden."[412] Die Beteiligung von Lehrern, Schülern und Eltern sollte sich dabei auf die Organisation von Lernprozessen, auf die Bewirtschaftung finanzieller Mittel, auf die Mitwirkung bei Leitungsfunktionen und Berufungsverfahren sowie bei Personalentscheidungen und auf die Gestaltung des schulischen Alltags erstrecken[413]. Diese Vorschläge fanden jedoch nicht einmal in der Bildungskommission selbst ungeteilte Zustimmung. So sahen sich fünf Mitglieder der Kommission veranlasst, ein Minderheitenvotum zu verfassen, in dem sie bezüglich der Gestaltung der Schulaufsicht, der Aktivitäten der Schülervertretung sowie der Frage der Funktionsfähigkeit der Schule ein Veto einlegten. Dieses begründeten sie damit, dass sie den Verzicht der Ausübung des Weisungsrechts durch die Schulaufsicht befürchteten, da diese aufgrund der Empfehlungen der Kommission möglicherweise eine – falsch verstandene – Rücksicht auf die Schulen üben werde. Ferner bestehe die Gefahr der Politisierung der Schulen durch Schülervertretungen mit allgemeinpolitischem Mandat. Schließlich führe das angestrebte Partizipationsmodell zu einer Arbeitsüberlastung der Beteiligten[414]. Ebenso wie in den eigenen Reihen stießen die Empfehlungen der Bildungskommission auch bei der Kultusministerkonferenz und in den Ministerien nicht auf uneingeschränkte Zustimmung. Die Diskussionen führten schließlich 1975 zur Auflösung des Bildungsrates[415].

Während die Autonomiediskussion in den Erziehungswissenschaften in den achtziger Jahren fortgesetzt wurde, hatten die Vorschläge des Bildungsrates und auch des 51. Deutschen Juristentages *rechtlich* zunächst keine Auswirkungen. Erst in den neunziger Jahren rückte die Schulautonomie wieder in das Blickfeld der Rechtswissenschaften. Der politische Wille, den Gedanken der schulischen Eigenverantwortung auch rechtlich umzusetzen, begann sich abzuzeichnen. Ausdruck fand dieser Wille wohl am stärksten in der – bereits im zweiten Teil erwähnten – vielbeachteten Denkschrift „Zukunft der Bildung – Schule der Zukunft" der Bildungskommission NRW.

---

412 *Deutscher Bildungsrat*, Empfehlungen der Bildungskommission. Zur Reform von Organisation und Verwaltung im Bildungswesen. Teil I. Verstärkte Selbständigkeit der Schule und Partizipation der Lehrer, Schüler und Eltern, S. 17.
413 Vgl. dazu *Beetz*, Hoffnungsträger „Autonome Schule", S. 268.
414 Vgl. *Beetz*, Hoffnungsträger „Autonome Schule", S. 270.
415 Vgl. *Beetz*, Hoffnungsträger „Autonome Schule", S. 272 und *Evers*, RdJB 1993, 205 (207 f.).

II. Denkschrift der Bildungskommission NRW

Die 1992 vom damaligen nordrhein-westfälischen Ministerpräsidenten *Johannes Rau* ins Leben gerufene Bildungskommission NRW stellte den Versuch dar, eine Diskussion über das Bildungswesen in Gang zu bringen, die über die Tagesaktualität hinaus weit in die Zukunft weisen sollte. Angesichts der gesellschaftlichen Umbruchsituation sollte deutlich werden, dass Antworten auf grundlegende Fragen nicht „von oben" verordnet werden können[416]. Ein zentrales Anliegen der Bildungskommission war die Selbstgestaltung und Verantwortung der Einzelschule. So heißt es in der Denkschrift:

> „Die Kommission sieht für die einzelne Schule einen herausragenden Platz selbstverantworteter Arbeit im künftigen Schulsystem vor. Sie tut das im Vertrauen in die Initiativkraft, die heute schon in vielen Schulen sichtbar wird, in die Fähigkeit zur Selbstgestaltung und zu verantwortlichem pädagogischen Handeln."[417]

Damit wandte sich die Kommission gegen die bestehende Lage, in der die Selbstgestaltungsmöglichkeiten der Einzelschule häufig auf den faktisch regelungs- und anweisungsfrei bleibenden Raum verwiesen blieben (und zum großen Teil auch heute noch bleiben). Das Arbeiten in Grauzonen, das Suchen nach Handlungsmöglichkeiten im Regelungsdickicht und das Einholen von Sondergenehmigungen vielfältiger Art behindere Eigeninitiative und absorbiere Arbeitskraft[418]. Insbesondere kritisierte die Kommission, dass die pädagogische Freiheit[419] bis zum damaligen Zeitpunkt ausschließlich auf den einzelnen Lehrer bezogen wurde und nur diesen vor unzumutbaren Eingriffen in seine Arbeit schützen sollte[420]. Die Kommission forderte demgegenüber, das Prinzip „Pädagogische Freiheit" auch auf die Institution Schule als solche zu beziehen. Die Schule sollte über ein großes Maß an Gestaltungsfreiheit im pädagogischen Bereich verfügen und diese im Rahmen deutlich reduzierter Pflichtvorgaben realisieren[421]. Diese sog. „teilautonome" Schule sollte verpflichtet werden, ein Schulprogramm zu erarbeiten, in dem sie die Schwerpunkte und Entwicklungsperspektiven ihrer pädagogischen Arbeit darstellt und begründet. Das Schulprogramm sollte erstellt werden unter Berücksichtigung der Tradition und der regionalen und lokalen Situation der Schule. Es sollte verdeutlichen, wie die Schule die Realisierung der in Verfassung und Gesetz niedergelegten Ziele zu erreichen gedenkt. Zur Umsetzung des Programms schlug die Kommission vor, den Schulen größere Freiräume im organisatorischen, personellen und finanziellen Be-

---

416 So *Rau* in seinem Geleitwort zur Denkschrift „Zukunft der Bildung – Schule der Zukunft" der Bildungskommission NRW, S. V.
417 *Bildungskommission NRW*, Zukunft der Bildung – Schule der Zukunft, S. 157.
418 *Bildungskommission NRW*, Zukunft der Bildung – Schule der Zukunft, S. 158.
419 Zur pädagogischen Freiheit des Einzellehrers siehe unten 3. Teil C. II.
420 Auch der Schulgesetzentwurf des 51. Deutschen Juristentages setzte sich – wie gesehen – lediglich mit der pädagogischen Freiheit des einzelnen Lehrers auseinander. Siehe dazu oben 2. Teil A. IV.
421 *Bildungskommission NRW*, Zukunft der Bildung – Schule der Zukunft, S. 160.

reich zu gewähren. So sollten die Schulen über den zeitlichen Rahmen der schulischen Arbeit flexibler disponieren, Lehr- und Lernzeiten sowie Unterrichts- und Arbeitsformen variantenreicher gestalten und Lerngruppen flexibel bilden können. Ferner sollte ihnen die Auswahl des pädagogischen und nicht-pädagogischen Personals der Schule überlassen werden und sie sollten die Zuständigkeit für die Personalentwicklung erhalten. Schließlich sollten die Schulen das Recht haben, bestimmte ihnen zugewiesene Mittel eigenverantwortlich zu bewirtschaften[422].

B. Theorien der schulischen Eigenverantwortung

Ausgehend von der Erkenntnis der Notwendigkeit einer erweiterten Eigenverantwortung der Schulen und gestützt auf den politischen Willen zur Gewährung derselben, wurden vielfältige Versuche der theoretischen Begründung schulischer Eigenverantwortung unternommen. Eine gewisse Ordnung in die unterschiedlichen Argumentationsansätze hat *Ingo Richter* mit seinen „Theorien der Schulautonomie"[423] gebracht. *Richter* stellt verschiedene theoretische Ansätze der Begründung von Schulautonomie vor und ordnet diese verschiedenen Wissenschaften zu.

I. Demokratisierungstheorie

Kernpunkt dieses Ansatzes, der den Politikwissenschaften zuzuordnen ist, ist der Gedanke, dass politische Willensbildung nicht auf Bund, Länder und Kommunen beschränkt sei, sondern alle gesellschaftlichen Bereiche erfasse. Demokratische Willensbildung solle auch in privaten Unternehmen und öffentlichen Einrichtungen wie Schulen, Hochschulen und Kirchen stattfinden. Die Einführung demokratischer Entscheidungsstrukturen in den genannten Einrichtungen setze aber voraus, dass ihnen ein eigenständiger Kompetenzbereich zugestanden werde. Denn ohne Macht gebe es auch keine Mitbestimmung[424]. Zur Demokratisierung der Gesellschaft sei es erforderlich, kleinen Einheiten Autonomie zuzuweisen und den Beteiligten das Recht zu geben, die Angelegenheiten der autonomen Einrichtung im Wege demokratischer Willensbildung zu regeln.

---

422 *Bildungskommission NRW*, Zukunft der Bildung – Schule der Zukunft, S. 161 ff.
423 *Richter*, RdJB 1994, 5 ff.
424 *Richter*, RdJB 1994, 5 (7).

II. Vorbildtheorie

Hinter diesem Ansatz steht die Idee, dass Kinder und Jugendliche nur durch praktische Übung zu einem Leben in der Demokratie befähigt werden können. Demzufolge sei es nicht ausreichend, in der Schule theoretisches Wissen über die Demokratie als Staatsform zu vermitteln, sondern es bedürfe der praktischen Einübung demokratischer Strukturen in einer demokratisch verfassten Schule. Dieses wiederum setze aber voraus, dass den Schulen ein Kompetenzbereich zur Verfügung stehe, der es wert sei, demokratisch geregelt zu werden. Anders als im ersten Ansatz geht es nicht um eine unmittelbare Demokratisierung der Gesellschaft, sondern die Demokratie wird als Erziehungsziel angesehen. Damit ist dieser Ansatz den Erziehungswissenschaften zuzuordnen.

III. Pluralismustheorie[425]

Die (kollektiven) Rechte der Eltern und Schüler stehen im Mittelpunkt dieses Ansatzes. Angesichts der Pluralität der Werte und Anschauungen in der Gesellschaft sei es geboten, ein plurales Schulwesen zu ermöglichen. Eltern und Schüler hätten aus Art. 6 GG bzw. Art. 2 Abs. 1 GG ein Recht darauf, ihre individuellen pädagogischen Vorstellungen auch im Schulwesen verwirklicht zu sehen. Dabei dürften sie nicht allein auf das Privatschulwesen verwiesen werden. Vielmehr müsse auch das öffentliche Schulwesen eine Vielfalt pädagogischer Ausrichtungen zulassen. Dies aber setze die Autonomie der einzelnen Schule voraus. Aufgrund seiner Begründung im Verfassungsrecht ist dieser Ansatz der Rechtswissenschaft zuzuordnen.

IV. Ökonomische Theorie

Auch die Betriebswirtschaft ist als Begründungsfundus für die Autonomiedebatte entdeckt worden. Dahinter steht die Erfahrung, dass dezentrale autonome Einheiten regelmäßig effektivere unternehmerische Entscheidungen treffen, als dies bei einer Zentralisierung der Mittel der Fall ist. Autonome Einrichtungen, welche die Verantwortung für die von ihnen zu bewirtschaftenden Mittel tragen, erzielen günstigere Zweck-Mittel-Relationen als zentrale Verwaltungen.

---

[425] Siehe dazu auch sehr eingehend *Jach*, Schulvielfalt als Verfassungsgebot, Berlin 1991.

V. Soziologische Theorie

Diesen funktionellen Ansatz, der die pädagogische Freiheit in den Mittelpunkt stellt, ordnet *Richter* der Soziologie zu. Leitgedanke des Ansatzes ist, dass das Wesen der Erziehung Autonomie verlange. Schule müsse ein Lebens- und Erfahrungsraum für Schüler sein, in dem sich autonome Persönlichkeiten begegnen. Die Schüler müssten die Lehrer als autonome Persönlichkeiten erleben, um selbst autonom werden zu können. Um dies zu ermöglichen, müsse auch die Schule als solche autonom und von dem Druck staatlicher Machtträger befreit werden. Sinn der Erziehung sei Autonomie, und dieser könne nur in Autonomie verfolgt werden.

VI. Bewertung der Ansätze

Sinn und Zweck des staatlichen Bildungs- und Erziehungsauftrags und damit auch des Schulwesens ist, wie im ersten Teil ausgeführt, die freie Entfaltung der Kindespersönlichkeit. Jedes Kind hat ein Recht darauf, seine ihm eigenen Fähigkeiten und Anlagen in der Schule so weit als möglich zu entfalten. Dies gilt unabhängig von der pädagogischen Ausrichtung der Schule. Insofern überzeugt die dargestellte Pluralismustheorie nicht. Es ist nicht erforderlich, dass jede gesellschaftliche Minderheit ihre pädagogischen Vorstellungen in einer Schule verwirklicht sehen kann. Persönlichkeitsentfaltung kann nicht nur im Rahmen einer bestimmten pädagogischen Schule – im Sinne einer spezifischen Ausrichtung innerhalb der Erziehungswissenschaften – stattfinden. Vielmehr ist *jede* Schule – im Sinne der konkreten Schule, die das Kind besucht – unabhängig von ihren pädagogischen Leitvorstellungen der Entfaltung der ganzen Kindespersönlichkeit verpflichtet. Das Recht des Kindes auf Persönlichkeitsentfaltung beinhaltet nicht das Recht, die Persönlichkeit innerhalb einer bestimmten pädagogischen Ausrichtung zu entfalten. Sehen Eltern und Kind den Besuch einer Schule mit einer spezifischen pädagogischen Ausrichtung als zwingend an, sind sie nach wie vor auf das Privatschulwesen zu verweisen. Dass die für die Persönlichkeitsentfaltung erforderliche individuelle Förderung eines Kindes unter Umständen gewisse Methoden (z.B. Freiarbeit) erfordert, die ursprünglich bestimmten pädagogischen Schulen (im Falle der Freiarbeit der Montessori-Pädagogik) vorbehalten waren, steht außer Frage. Dies bedeutet jedoch nicht, dass die gesamte Schule nach diesem Ansatz gestaltet werden muss. Vielmehr werden sich „gute Schulen" ihr eigenes Repertoire, abgestimmt auf die Bedürfnisse der Kinder, aus verschiedenen pädagogischen Richtungen zusammenstellen.

Ebenso wenig vermögen im Hinblick auf den Zweck des staatlichen Bildungs- und Erziehungsauftrags die genannten Demokratieansätze zu überzeugen. Ausschließlicher Sinn der Schule ist weder, eine Demokratisierung der Gesellschaft zu erreichen, noch die Schüler auf ein Leben in der Demokratie vorzubereiten. Zwar sind dies zweifellos wichtige Aspekte schulischer Arbeit. Denn die Fähigkeit zu einem Leben in der Demokratie ist in der heutigen Gesellschaft für ein selbstbestimmtes Leben zwingend erforderlich. Doch ist dies nur *eine* Fähigkeit, die es zu entwickeln gilt. Es bleibt lediglich *ein* Aspekt des Ziels der Persönlichkeitsentfaltung. Das Kind darf nicht ausschließlich als „zukünftiger Demokrat" gesehen werden, der dem Staat nützlich sein kann. Das Kind ist in seiner Gesamtheit zu sehen und nicht auf staatsbürgerliche Fähigkeiten zu reduzieren.

Auch der ökonomische Ansatz kann in seiner Ausschließlichkeit nicht geteilt werden. Die Einsparung von Kosten kann ein durchaus positiver und erwünschter Nebeneffekt der Autonomie von Schulen sein. Sie kann hingegen nicht zur inhaltlichen Begründung der Autonomie taugen. Allein die Tatsache, dass der Staat durch eine Dezentralisierung des Schulwesens Einsparungen erreichen kann, legitimiert schulische Autonomie nicht. Autonomie ist nur dann zu rechtfertigen, wenn sie – mutmaßlich – zu einer Verbesserung der Aufgabenwahrnehmung führt. Können dabei auch noch die Kosten gesenkt werden, ist dies um so begrüßenswerter. Darum ist es fatal, dass gerade Lehrer die Autonomiedebatte mit dem Vorwurf des Sparens im Bildungsbereich begleiten[426]. Denn eine an sich sinnvolle Entwicklung nur deshalb abzulehnen, weil sie auch ökonomisch effektiv ist, erscheint unangebracht[427]. Um den kritischen Stimmen gut gerüstet begegnen zu können, ist es demnach erforderlich, das Ökonomieargument mit anderen, inhaltlichen Ansätzen zu verbinden.

Ein solcher könnte zum Beispiel der soziologische Ansatz sein. Der Kerngedanke dieses Ansatzes, nach dem Erziehung und Bildung ein bestimmtes Maß an Freiheit des Erziehers voraussetzen, ist richtig. Erziehung und Bildung können nur in Interaktion von Lehrer und Schüler geschehen. Im Rahmen der Interaktion entwickeln sich laufend vorher unabsehbare Situationen, auf die der Lehrer flexibel reagieren können muss. Auch ist zutreffend, dass eine Erziehung zur Autonomie die Autonomie des Erziehers voraussetzt. Ohne vorgelebte Autonomie kann auch bei den Kindern kein Gefühl für Autonomie entstehen. Damit das Eingehen auf die Bedürfnisse der Kinder nicht nur dem einzelnen Lehrer überlassen bleibt, muss auch die Schule als solche mehr Gestaltungsfreiheit erhalten. Dem soziologischen Ansatz ist demnach inhaltlich nichts entgegenzusetzen. Größere Schlagkraft würde der Gedanke der schulischen Eigenverantwortung aber gewinnen, wenn eine Referenz auf andere Wissenschaften möglich wäre.

VII. Das Prinzip Selbstverwaltung

Der soziologische Ansatz kann durch eine Bezugnahme auf das Prinzip der Selbstverwaltung an Gewicht gewinnen. Diesem funktionellen Ansatz zufolge braucht ei-

---

426 Vgl. *Risse*, Schulprogramm – worum es in der Praxis geht, in: Risse, Schulprogramm, S. 151 (152).
427 Ähnlich *Risse*, Schulprogramm – worum es in der Praxis geht, in: Risse: Schulprogramm, S. 151 (152).

ne differenzierte Gesellschaft wie die heutige organisatorisch differenzierte Handlungsformen. Aus der Pluralisierung der gesellschaftlichen Lebensformen folgen die Dezentralisierung und Delegation von Kompetenzen. Dieses bringt eine stärkere Beteiligung der Betroffenen mit sich. Leitidee der (funktionalen) Selbstverwaltung ist, dass sich die Qualität gesellschaftlicher Leistungserbringung verbessert, wenn bestimmte Bereiche in die Hände der konkret Betroffenen gegeben werden[428].

1. Begriff der Selbstverwaltung[429]

Das Prinzip der Selbstverwaltung geht zurück auf den Beginn des neunzehnten Jahrhunderts[430]. Ursprung des Selbstverwaltungsgedankens ist die 1808 erlassene „Steinsche Städteordnung"[431], nach der den Kommunen das Selbstverwaltungsrecht zuerkannt wurde. Mit dem Entwurf seiner Städteordnung verfolgte *vom Stein* die Idee, die Gesellschaft stärker an den öffentlichen Angelegenheiten zu beteiligen. Bestimmten gesellschaftlichen Gruppen sollte im Rahmen einer übergreifenden Staatsordnung die Möglichkeit gegeben werden, in dezentralen Verwaltungseinheiten solche öffentlichen Angelegenheiten, von denen sie besonders betroffen waren, weitgehend unabhängig von staatlicher Einflussnahme zu erledigen. Ausgehend von dem Punkt der kommunalen Selbstverwaltung dehnte sich der Gedanke der Selbstverwaltung auf den ökonomischen, akademischen und sozialversicherungsrechtlichen Bereich aus[432]. In Abgrenzung zur kommunalen Selbstverwaltung wird die Selbstverwaltung in diesen Bereichen als „funktionale Selbstverwaltung" bezeichnet[433]. Denn maßgeblich ist hier nicht die Ansässigkeit in einem bestimmten Gebiet, sondern die Ausübung eines bestimmten Berufs (so bei den wirtschaftlichen und berufsständischen Kammern), das Innehaben einer bestimmten Funktion (so bei den Hochschulen) oder aber die Betroffenheit von einer bestimmten Aufgabe (so etwa bei der sozialen Selbstverwaltung)[434]. Im Laufe des neunzehnten Jahrhunderts wandelte sich das Verständnis der Selbstverwaltung und spaltete sich in einen politischen und ei-

---

428 *Richter*, RdJB 1994, 5 (9).
429 Da die Selbstverwaltung als solche nicht Untersuchungsgegenstand der vorliegenden Arbeit ist, erfolgt nur eine überblicksartige Betrachtung der Selbstverwaltung insoweit, als diese für die hiesigen Erwägungen von Bedeutung ist.
430 Vgl. zum Prinzip der Selbstverwaltung auch *Hendler*, Das Prinzip Selbstverwaltung, in: Isensee/Kirchhof, Handbuch des Staatsrechts der Bundesrepublik Deutschland, Band IV, § 106, S. 1133 ff.
431 Die preußische Städteordnung vom 19. November 1808 war im Wesentlichen ein Werk des *Freiherrn vom Stein* und wird deshalb in der Regel als „Steinsche Städteordnung" bezeichnet.
432 *Hendler*, Das Prinzip Selbstverwaltung, in: Isensee/Kirchhof, Handbuch des Staatsrechts der Bundesrepublik Deutschland, Band IV, § 106 Rn. 2.
433 Siehe Beispiele hierfür bei *Wolff/Bachof/Stober*, Verwaltungsrecht III, § 97 Rn. 34 ff.
434 *Wolff/Bachof/Stober*, Verwaltungsrecht III, § 97 Rn. 2.

nen juristischen Selbstverwaltungsbegriff[435]. Politische Selbstverwaltung lag dort vor, wo Aufgaben öffentlicher Verwaltung durch ehrenamtlich tätige Personen aus der Bevölkerung wahrgenommen wurden[436]. Selbstverwaltung im juristischen Sinne war demgegenüber dort gegeben, wo eine „selbständige, fachweisungsfreie Wahrnehmung enumerativ oder global überlassener oder zugewiesener eigener öffentlicher Angelegenheiten durch unterstaatliche Träger oder Subjekte öffentlicher Verwaltung"[437] vorlag. Mit dieser begrifflichen Unterscheidung wurde der Gedanke der Betroffenenpartizipation, welcher der „Steinschen Städteordnung" zugrunde lag, nahezu völlig aus dem juristischen Selbstverwaltungsverständnis in den politischen Bereich abgedrängt. Nach der juristischen Definition war Selbstverwaltung eine rein formale Kategorie, die sich auf das Verhältnis des Selbstverwaltungskörpers als untergeordnetem Gemeinwesen zum übergeordneten Gemeinwesen bezog[438]. Auch wenn die rein formale Begrifflichkeit bis heute vorherrschend ist, finden sich doch Ansätze zur Bildung eines einheitlichen Selbstverwaltungsbegriffs. So versucht *Hendler* eine Zusammenführung von politischer Idee und juristischem Begriff[439]. Nach seiner Definition handelt es sich bei der Selbstverwaltung „um öffentlich rechtliche Organisationseinheiten, die gegenüber dem staatsunmittelbaren Behördensystem institutionell verselbständigt, aber gleichwohl dem Staatsverband eingegliedert sind und sich dadurch auszeichnen, daß bestimmte öffentliche Angelegenheiten von den davon besonders berührten Personen, den Betroffenen, eigenverantwortlich (das heißt höchstens unter staatlicher Rechtsaufsicht) verwaltet werden"[440]. Auch das Bundesverfassungsgericht erkennt den Gedanken der Betroffenenpartizipation als Kernelement der Selbstverwaltung an. So sieht es den Grundgedanken der mit der Selbstverwaltung eng verwandten Selbstgesetzgebung autonomer Körperschaften darin, die in den gesellschaftlichen Gruppen lebendigen Kräfte in eigener Verantwortung zur Ordnung der sie besonders berührenden Angelegenheiten heranzuziehen[441]. Ziel sei eine Aktivierung der Beteiligten für ihre eigenen Angelegenheiten[442]. Auch *Wolff/Bachof/Stober* konstatieren, dass dem – eigentlich der politischen Selbstverwaltung zugehörigen – Gedanken der Betroffenenpartizipation auch nach dem formalen juristischen Verständnis insofern entsprochen werde, als die wesentlichen Organe von Selbstverwaltungsträgern durch die Verwalteten, also

---

435 *Kluth*, Funktionale Selbstverwaltung, S. 19.
436 Vgl. zu der Unterscheidung *Wolff/Bachof/Stober*, Verwaltungsrecht II, § 84 Rn. 33 f.
437 *Wolff/Bachof/Stober*, Verwaltungsrecht II, § 84 Rn. 34.
438 *Hendler*, Das Prinzip Selbstverwaltung, in: Isensee/Kirchhof, Handbuch des Staatsrechts der Bundesrepublik Deutschland, Band IV, § 106 Rn. 11.
439 *Hendler*, Das Prinzip Selbstverwaltung, in: Isensee/Kirchhof, Handbuch des Staatsrechts der Bundesrepublik Deutschland, Band IV, § 106 Rn. 15.
440 *Hendler*, Das Prinzip Selbstverwaltung, in: Isensee/Kirchhof, Handbuch des Staatsrechts der Bundesrepublik Deutschland, Band IV, § 106 Rn. 20.
441 BVerfGE 33, 125 (159).
442 BVerfGE 11, 266 (275).

die Betroffenen selbst, besetzt würden[443]. Kann demnach festgestellt werden, dass Selbstverwaltung stets durch eine Beteiligung der Betroffenen gekennzeichnet ist, stellt sich die Frage nach Sinn und Begründung dieser Betroffenenpartizipation und damit die Frage nach Sinn und Begründung der Selbstverwaltung überhaupt.

2. Sinn und Begründung der Selbstverwaltung

Nach der oben genannten Definition *Hendlers* werden im Rahmen der Selbstverwaltung „bestimmte öffentliche Angelegenheiten von den davon besonders berührten Personen, den Betroffenen, eigenverantwortlich [...] verwaltet"[444]. Selbstverwaltung zeichnet sich mithin neben der Partizipation der Betroffenen dadurch aus, dass es um die Erledigung *öffentlicher Angelegenheiten* geht. Die Existenz öffentlicher Angelegenheiten beruht stets auf dem Vorliegen eines allgemeinen Bedürfnisses. Der Staat erklärt eine Angelegenheit nur dann zu einer öffentlichen, wenn eine gesellschaftliche Notwendigkeit zur Regelung der entsprechenden Angelegenheit besteht. Um eine öffentliche Angelegenheit möglichst effektiv regeln und die täglich neu auftretenden und gegebenenfalls wechselnden Bedürfnisse des öffentlichen Lebens bestmöglich befriedigen zu können, bedarf es genauer Kenntnisse der zu regelnden Materie. Dabei ist zu beachten, dass „öffentliche Angelegenheiten" keine abstrakten, auf dem Reißbrett zu lösenden Aufgaben sind. Es sind vielmehr Aufgaben, die im Zusammenhang mit einem konkreten Umfeld mit seinen spezifischen Bedingungen und den von der Angelegenheit betroffenen Menschen zu sehen sind. Erforderlich ist demnach eine möglichst genaue Kenntnis der tatsächlichen Gegebenheiten des Umfelds, der wirtschaftlichen, der sozialen und der politischen Verhältnisse, des Menschenschlages und des Charakters beteiligter Personen. Es müssen Menschen da sein oder gewonnen werden, welche gewillt und befähigt sind, sich für die Verwirklichung eines Vorhabens einzusetzen[445]. Diese Voraussetzungen sind in aller Regel bei den jeweils von einer Materie Betroffenen am ehesten gegeben. Aufgrund ihrer Sachnähe verfügen sie über die genauesten Kenntnisse hinsichtlich des spezifischen Umfelds und der besonderen Gegebenheiten. Sie erscheinen für sach- und bürgernahe, bedarfsgerechte und flexible Problemlösungen besonders geeignet[446]. Ihre Detailkenntnisse und ihr spezifischer Sachverstand können für die öffentliche Verwaltung nutzbar gemacht werden. Die Einbindung der Betroffenen verfolgt dabei das Ziel, die Qualität der Erledigung der jeweiligen öffentlichen Angele-

---

443 *Wolff/Bachof/Stober*, Verwaltungsrecht II, § 84 Rn. 34; siehe auch – wenn auch nicht so deutlich – in der Neuauflage *Wolff/Bachof/Stober*, Verwaltungsrecht III, § 98 Rn. 10.
444 *Hendler*, Das Prinzip Selbstverwaltung, in: Isensee/Kirchhof, Handbuch des Staatsrechts der Bundesrepublik Deutschland, Band IV, § 106 Rn. 20.
445 *Wolff/Bachof/Stober*, Verwaltungsrecht II, § 84 Rn. 1.
446 Vgl. *Hendler*, Das Prinzip Selbstverwaltung, in: Isensee/Kirchhof, Handbuch des Staatsrechts der Bundesrepublik Deutschland, Band IV, § 106 Rn. 73.

genheit zu erhöhen. Der Umstand, dass in den Selbstverwaltungseinheiten öffentliche Angelegenheiten von den damit besonders vertrauten Personen wahrgenommen werden, spricht für eine Qualitätsverbesserung der Verwaltungsleistungen[447]. Verwaltung, die sich in Sach- und Ortsnähe zu ihrem Objekt vollzieht, wird im Idealfall zur Selbstentfaltung des Objekts.[448] Die Zusammenführung spezifischer Kenntnisse ist demnach einer der Faktoren, die eine Steigerung der Arbeitsqualität erwarten lassen. Es gibt jedoch noch einen weiteren Faktor. So kann davon ausgegangen werden, dass sich persönlich von einer Angelegenheit Betroffene regelmäßig in weitaus stärkerem Maße bei der Erledigung der Angelegenheit engagieren, als dies Nichtbetroffene tun würden. Da sie selbst von dem Erfolg und der Qualität der Arbeit profitieren, ist ihr Interesse an einer effektiven Wahrnehmung der anstehenden Aufgaben größer als das des nicht betroffenen Bürgers. Sie sind an einer Erhaltung und Pflege des Bewährten, an Abstellung von Mängeln und an ständiger Verbesserung interessiert[449]. Dieses gesteigerte Interesse führt zu höherer Arbeitsmotivation, die sich wiederum positiv auf die Arbeitsergebnisse auswirkt.

Spezifische Kenntnisse und größeres Engagement sind damit die Faktoren, die Anlass geben, im Fall der Aufgabenwahrnehmung durch Selbstverwaltungseinheiten von einer Qualitätssteigerung auszugehen. Dass diese Annahme sich grundsätzlich als zutreffend erwiesen hat, beweist die Tatsache, dass sich das „Prinzip Selbstverwaltung" im Verfassungs- und Verwaltungsrecht in den letzten Jahren in großem Maße durchgesetzt hat. In der Organisation der sog. mittelbaren Staatsverwaltung ist das Prinzip Selbstverwaltung in weitem Umfang – so z.B. in den Industrie- und Handelskammern, den Handwerkskammern, den Allgemeinen Ortskrankenkassen, den Berufsgenossenschaften, den Rechtsanwalts-, Ärzte- und Steuerberaterkammern und nicht zuletzt im Hochschulwesen – verwirklicht worden[450].

3. Bedeutung des Prinzips Selbstverwaltung für das Schulwesen

Betrachtet man die Ausbreitung des Prinzips Selbstverwaltung in den verschiedensten gesellschaftlichen Bereichen, fällt auf, dass ein wesentlicher und großer gesellschaftlicher Bereich, das Schulwesen, von der Selbstverwaltung ausgenommen ist. Schulen sind, wie im ersten Teil dargelegt, als Anstalten organisiert und verfolgen damit bereits begrifflich nicht den Gedanken der Selbstverwaltung. Dies ist angesichts des oben genannten Befundes der Qualitätssteigerung durch Selbstverwaltung

---

447 *Hendler*, Das Prinzip Selbstverwaltung, in: Isensee/Kirchhof, Handbuch des Staatsrechts der Bundesrepublik Deutschland, Band IV, § 106 Rn. 73 m.w.N.
448 *Hennecke*, Schule und Selbstverwaltung – Schülermitverwaltung und Elternmitwirkung in der Schulorganisation, in: von Mutius, Selbstverwaltung im Staat der Industriegesellschaft, S. 931 (935).
449 *Wolff/Bachof/Stober*, Verwaltungsrecht II, § 84 Rn. 4.
450 *Richter*, RdJB 1994, 5 (9).

bemerkenswert. Denn dem deutschen Schulwesen sind gerade in letzter Zeit – gedacht ist insbesondere an die internationale Leistungsvergleichsstudie PISA – erhebliche Defizite bescheinigt worden. Umso erstaunlicher ist es, dass ein mutmaßlich qualitätssteigerndes Konzept wie die Selbstverwaltung bisher keinen Eingang in das Schulwesen finden konnte. Auch der internationale Vergleich muss diesbezüglich nachdenklich stimmen. Denn in den meisten der bei PISA erfolgreichen Länder[451] verfügen die Schulen – wie bereits dargelegt – über ein weitaus größeres Maß an Eigenverantwortung als in der Bundesrepublik.

Die Übertragung des Gedankens der Selbstverwaltung auf die Situation der Schulen bedeutet, die Eigenverantwortung der Schulen – anders als in anderen Begründungsansätzen[452] – nicht als Zweck an sich, sondern lediglich als Mittel zum Zweck zu sehen. Durch eine Übertragung größerer Verantwortlichkeiten auf die einzelne Schule wird sich – so die Annahme – die Qualität schulischer Arbeit verbessern. Da jede Veränderung des Schulwesens nur dann legitim ist, wenn durch sie eine Verbesserung der schulischen Arbeit herbeigeführt werden kann und soll, stellt der Selbstverwaltungsgedanke eine taugliche Begründung für die Eigenverantwortung der Schulen dar.

VIII. Zusammenfassung

Die aus dem neunzehnten Jahrhundert stammende Idee der Selbstverwaltung beruht auf der Vorstellung, dass durch eine Dezentralisierung von Aufgaben die Qualität der Ergebnisse verbessert wird. Da die Betroffenen vor Ort oftmals über eingehendere Kenntnisse der jeweiligen Materie verfügen, als dies zentrale staatliche Verwaltungseinheiten tun, werden bestimmte öffentliche Aufgaben aus der unmittelbaren Staatsverwaltung ausgegliedert und den konkret Betroffenen zur Erledigung übergeben. Überträgt man diese Idee auf das Schulwesen, ist die schulische Eigenverantwortung nicht Selbstzweck, sondern wird von der Idee der Verbesserung der Qualität schulischer Arbeit getragen. Durch eine Überantwortung größerer Kompetenzen an die Einzelschule sollen deren spezifische Kenntnisse und Fähigkeiten im Sinne einer Qualitätssteigerung genutzt werden.

---

451 Ähnlich *Lange*, Bildungspolitik für eine neue Schule: Schlussfolgerungen aus PISA, in: Koch/Fisch, Schulen für die Zukunft, S. 51 (66).
452 So z.B. in den beiden Demokratisierungsansätzen, nach denen der Zweck der schulischen Autonomie das Heranziehen guter Demokraten ist.

C. Rechtliche Verankerung der schulischen Eigenverantwortung

I. Einfachrechtliche Gesetzeslage[453]

Wie bereits erwähnt, richtete sich in den neunziger Jahren des letzten Jahrhunderts auch das juristische Interesse (wieder) auf die Schulautonomie. Begriffe wie „Selbstständigkeit" und „Eigenverantwortung" der Schulen fanden erstmals Eingang in die Schulgesetze. Seitdem ist ein kontinuierlicher Erneuerungs- und Innovationsprozess im schulgesetzlichen Bereich zu verzeichnen. Die Eigenverantwortung der Schulen erstreckt sich in den Gesetzen – ebenso wie in der Denkschrift der Bildungskommission NRW – auf verschiedene Bereiche. Der Schwerpunkt der Eigenverantwortung liegt dabei eindeutig im pädagogischen Bereich. Daneben sind teilweise Bestrebungen zu erkennen, Schulen an der Personalauswahl zu beteiligen. Schließlich wird den Schulen in gewissem Rahmen die Verantwortung hinsichtlich der Verwaltung finanzieller Mittel zugestanden.

1. Pädagogische Eigenverantwortung

a) Schulprogramme und -profile

„Der einzelnen Schule [...] bleibt die hervorragend wichtige Aufgabe, in Übereinstimmung mit allgemeinen Gesetzen und Richtungen ihre Lebenssphäre so zu gestalten, daß sie ihre Aufgaben in ihren besonderen Lebensverhältnissen zu lösen vermag. Diese Anpassung der Organisation ist ebenso schwer wie notwendig; ihre Notwendigkeit entzieht sich nur der schematisierenden Betrachtungsweise [...]. Der gesamten örtlich bedingten Organisation muß Variabilität und die Möglichkeit der Anpassung an wechselnde Verhältnisse eigen sein, weil steife Starrheit im Wider-

---

453 Die Betrachtungen beziehen sich im Folgenden nahezu ausschließlich auf die formellgesetzliche Lage in den Ländern. Zwar kommt es vor, dass bestimmte Rechte und Pflichten der Schule, die in einigen Ländern formell-gesetzlich geregelt sind, auch in anderen Ländern existieren, aber dort nur durch Rechtsverordnung oder Erlass festgelegt werden. Auf letztere Regelungen kann vorliegend indes nicht eingegangen werden. Denn dieses würde zum einen den Rahmen der Untersuchung sprengen. Zum anderen drückt sich aber auch die Wertigkeit einer Materie durch den Ort ihrer Regelung aus. Da der folgende Überblick unter anderem einen Eindruck davon geben soll, welche Bedeutung die schulische Eigenverantwortung in den einzelnen Ländern hat, erscheint es gerechtfertigt, nur auf die Länder einzugehen, die ihr durch formell-gesetzliche Regelungen eine hohe Priorität einräumen.

spruch zu dem starken Wechsel steht, dem für den empfindlichen Beobachter die >Verhältnisse< der Schule namentlich in unserer Zeit [...] ausgesetzt sind."[454] Diese Forderung des Leipziger Oberschulrates und Schuldirektors *Hugo Gaudig* aus dem Jahre 1917 ist heute ebenso aktuell wie vor rund 90 Jahren. Auch heute werden die Schulen – in den meisten Ländern – (wieder) dazu aufgefordert, eigene Profile zu entwickeln und Programme für ihre Arbeit festzulegen[455]. Dabei sind diese Forderungen heute nicht nur pädagogische, sondern regelmäßig gesetzliche Anforderungen an die Schulen.

Die Ziele der Entwicklung von Profilen und Programmen sind vielfältig. Zum einen ermöglichen sie einen intensiven Diskurs innerhalb der Schule über die Arbeit und die Schwerpunkte der Schule. Dieser Diskurs führt, wenn er mit der ganzen Schulgemeinde geführt wird, zur Bildung eines gemeinsamen Verständnisses der schulischen Arbeit und zu einer stärkeren Identifikation der Beteiligten mit der Schule. Die Schule wird zu „ihrer" Schule, an deren Gestaltung eine aktive Beteiligung möglich und gewünscht ist. Dabei kann allein der Diskurs in der Schulgemeinde größere Energien freisetzen und von größerem Nutzen sein, als es das fertige Profil oder Programm kann[456]. Ferner ermöglichen Programme und Profile eine Transparenz innerhalb der Schullandschaft. Schulen unterscheiden sich durch ihre Programme und Profile mehr oder weniger deutlich voneinander, was eine begründete Wahl zwischen verschiedenen Schulen möglich macht[457]. Aber nicht nur nach außen, sondern auch innerhalb der Schule sind Programme und Profile Wegweiser. Sie bieten, ausgehend von der tatsächlichen Lage der Schule, einen Zielhorizont für die schulische Arbeit. Sie legen die zukünftige Arbeit nicht im Einzelnen fest, aber sie bieten Halt und Orientierung für Planungen. Und schließlich dienen sie auch als Maßstab für die Überprüfung der Qualität der eigenen Arbeit. Als selbstgesetzte Ziele sind sie Richtlinien für die interne (und externe) Evaluation. Sie helfen, planlose Verzettelungen zu vermeiden, da sie schon im Voraus festlegen, woran sich die schulische Arbeit ausrichten soll, und woran sie sich wird messen lassen müssen.

Die Verpflichtung zur Schaffung eines Schulprogramms findet sich nicht in den Schulgesetzen aller Länder. So haben Baden-Württemberg, Bayern, Niedersachsen,

---

454 *Gaudig*, Die Schule im Dienst der werdenden Persönlichkeit, Erster Band, 1917, S. 219 f., zitiert nach *Schirp*, Das Schulprogramm als Innovationsinstrument von Schulentwicklung, in: Risse, Schulprogramm, S. 5 (5).
455 Der Unterschied von Profil und Programm liegt darin, dass das Profil der Schule ihr „Gesicht" nach außen ist, das Schwerpunkte und Stärken herausstellt, abgrenzt und Unterscheidungen ermöglicht, einen Wiedererkennungswert besitzt und Identifikation möglich macht. Das Programm ist hingegen die Konkretisierung und Umsetzung des Profils, das flexible Reaktionen ermöglicht und das Profil operationalisierbar macht. Programm und Profil stehen somit in ständiger Wechselwirkung: Das Programm setzt das Profil der Schule um und durch die konkrete Arbeit mit dem Programm entsteht ein Profil der Schule. Vgl. dazu *Bildungskommission NRW*, Zukunft der Bildung – Schule der Zukunft, S. 161.
456 *Hameyer*, Vision und Wegweiser des Handelns, in: Risse/Allhoff/Müller: Gymnasium heute – ... und es bewegt sich doch!, S. 79 (81).
457 Zur Problematik der freien Schulwahl siehe unten 3. Teil D. IV.

Saarland, Sachsen-Anhalt[458] und Thüringen keine diesbezüglichen formell-gesetzlichen Regelungen getroffen[459]. Aber auch in den Ländern, in denen eine derartige gesetzliche Verpflichtung existiert, ist sie in ihrer rechtlichen Konkretisierung höchst unterschiedlich.

aa. Berlin

Eine der ausführlichsten Regelungen hinsichtlich der Schulprogrammgestaltung trifft das Berliner Schulgesetz. Gem. § 7 Abs. 2 S. 1 SchulG Berlin gestaltet und organisiert jede Schule im Rahmen der staatlichen Verantwortung und der Rechts- und Verwaltungsvorschriften den Unterricht, die Erziehung, das Schulleben sowie ihre personellen und sächlichen Angelegenheiten selbstständig und in eigener Verantwortung. In Wahrnehmung dieser Selbstständigkeit gibt sich jede Schule gem. § 8 Abs. 1 S. 1 SchulG Berlin ein Schulprogramm. In diesem Schulprogramm legt die einzelne Schule dar, wie sie den Bildungs- und Erziehungsauftrag und die Grundsätze seiner Verwirklichung ausfüllt, § 8 Abs. 1 S. 2 SchulG Berlin. Dabei soll sie den besonderen Voraussetzungen ihrer Schülerinnen und Schüler sowie den besonderen Merkmalen der Schule und ihres regionalen Umfelds in angemessener Weise inhaltlich und unterrichtsorganisatorisch Rechnung tragen. Das Schulprogramm muss Auskunft geben, welche Entwicklungsziele und Leitideen die Planungen der pädagogischen Arbeiten und Aktivitäten der Schule bestimmen und muss die Handlungen der in der Schule tätigen Personen koordinieren, § 8 Abs. 1 S. 3 und 4 SchulG Berlin. Gem. § 8 Abs. 2 SchulG Berlin legt die Schule dabei insbesondere 1. ihre pädagogischen Ziele, Schwerpunkte und Organisationsformen in Unterricht, Erziehung, Beratung und Betreuung, 2. ihre Umsetzung der Rahmenlehrplanvorgaben zu einem schuleigenen pädagogischen Handlungskonzept, 3. die Ausgestaltung der pädagogischen Schwerpunkte und besonderen Organisationsformen durch die Stundentafel, 4. die Evaluationskriterien, mit denen sie die Qualität ihrer Arbeit beurteilt und die Annäherung an die gesetzten und vereinbarten Ziele misst, 5. die Ziele und besonderen Formen der Zusammenarbeit mit den Erziehungsberechtigten hinsicht-

---

458 Gem. § 24 Abs. 4 S. 1 SchulG Sachsen-Anhalt *kann* jede Schule sich ein Schulprogramm geben, sie ist hierzu jedoch nicht verpflichtet.
459 Dies schließt indes nicht aus, dass auch in diesen Ländern Schulprogramme von den Schulen angefertigt werden. Teilweise werden die Schulen im Rahmen einer Testphase zur Entwicklung von Schulprogrammen aufgefordert. So findet sich zum Beispiel in Niedersachsen in jüngster Zeit in dem Abschlussbericht der Arbeitsgruppe „Eigenverantwortliche Schule" auf S. 10 unter Punkt 4.2.1.1. die Aussage, dass Schulen ein Schulprogramm als Leitfaden ihres Handelns entwickeln sollen. Siehe http://cdl.niedersachsen.de/blob/images/C8892273_L20.pdf (30.8.2005). Auch sieht der Gesetzentwurf zur „Einführung der Eigenverantwortlichen Schule" in Niedersachsen vom 24. Januar 2006 in § 32 Abs. 2 S. 1 die Pflicht der Schulen vor, sich ein Schulprogramm zu geben. Der Gesetzentwurf ist zu finden unter http://cdl.niedersachsen.de/blob/images/C16077680_L20.pdf (15.2.2006).

lich der Ausübung der gemeinsamen Verantwortung für die Bildung und Erziehung ihrer Kinder, 6. die Ziele, Inhalte und Rahmenbedingungen der Zusammenarbeit mit außerschulischen Kooperationspartnern, 7. die Kooperationsformen der Lehrkräfte und der schulischen Mitarbeiterinnen und Mitarbeiter, 8. den Beratungs- und Fortbildungsbedarf sowie die erforderlichen Maßnahmen zur Organisationsentwicklung und zur Personalentwicklung und 9. die finanzielle Absicherung der besonderen pädagogischen Schwerpunkte und Aktivitäten durch das Schulbudget, fest. Über das Schulprogramm entscheidet gem. § 76 Abs. 1 Nr. 2 SchulG Berlin die Schulkonferenz, die sich aus dem Schulleiter, je vier Eltern-, Lehrer- und Schülervertretern sowie einem externen Berater zusammensetzt. Das Schulprogramm bedarf der Genehmigung der Schulaufsichtsbehörde, die nur verweigert werden darf, wenn das Schulprogramm gegen Rechts- oder Verwaltungsvorschriften verstößt, nicht mit dem Bildungs- und Erziehungsauftrag der Schule vereinbar ist oder die Gleichwertigkeit des schulischen Angebots nicht gewährleistet, § 8 Abs. 4 SchulG Berlin. Die Schule ist verpflichtet, in regelmäßigen Abständen, spätestens aber nach drei Jahren, den Erfolg ihrer pädagogischen Arbeit in einer internen Evaluation zu überprüfen, § 8 Abs. 5 SchulG Berlin.

bb. Brandenburg

Gem. § 7 Abs. 1 SchulG Brandenburg bestimmen die Schulen im Rahmen der Rechts- und Verwaltungsvorschriften ihre pädagogische, didaktische, fachliche und organisatorische Tätigkeit selbst. In diesem Rahmen können sie sich ein eigenes Profil geben. Die Schulen legen pädagogische Ziele und Schwerpunkte ihrer Arbeit mit der Perspektive fest, diese in einem Schulprogramm für die Sicherung und Entwicklung der Qualität schulischer Arbeit zusammenzuführen, § 7 Abs. 2 S. 1 SchulG Brandenburg. Über das Schulprogramm entscheidet gem. § 91 Abs. 2 Nr. 1 die Schulkonferenz, die aus dem Schulleiter, vier Lehrern und je fünf Schüler- und Elternvertretern besteht[460], § 90 Abs. 1 S. 2 SchulG Brandenburg. Erforderlich für den Beschluss des Programms ist die Zustimmung der Mehrheit der Lehrervertreter in der Schulkonferenz, § 91 Abs. 2 S. 1 SchulG Brandenburg. Anhand des Schulprogramms überprüfen die Schulen regelmäßig das Erreichen ihrer pädagogischen Ziele und die Umsetzung ihrer verabredeten Arbeitsschwerpunkte. Die pädagogischen Ziele und Schwerpunkte ihrer Arbeit und das Schulprogramm sind mit dem staatlichen Schulamt zu erörtern, § 7 Abs. 2 S. 3 SchulG Brandenburg.

---

460 Ferner soll der Schulkonferenz ein Vertreter des sonstigen Personals mit beratender Stimme angehören, § 90 Abs. 1 S. 3 SchulG Brandenburg.

cc. Bremen

Die Bremer Regelung zum Schulprogramm findet sich in § 9 Abs. 1 SchulG Bremen. Danach ist jede Schule eine eigenständige pädagogische Einheit und verwaltet sich nach Maßgabe der Gesetze selbst. Die Schule ist aufgefordert, unter Nutzung der Freiräume für die Ausgestaltung von Unterricht und weiterem Schulleben eine eigene Entwicklungsperspektive herauszuarbeiten, die in pädagogischer und sozialer Verantwortung die Interessen der Schüler berücksichtigt und individuell angemessene Lern- und Entwicklungsmöglichkeiten eröffnet. Das so zu entwickelnde Profil soll durch ein Schulprogramm gestaltet und fortgeschrieben werden, § 9 Abs. 1 S. 2 Nr. 1 SchulG Bremen. Dieses wird gem. § 33 Abs. 2 Nr. 1 SchulverwaltungsG Bremen von der Schulkonferenz beschlossen, die zu 50 % aus lehrendem und nichtlehrendem Personal und zu 50 % aus Eltern und Schülern besteht, § 34 Abs. 2 SchulverwaltungsG Bremen. Das Schulprogramm ist regional mit den benachbarten Schulen abzustimmen, § 9 Abs. 1 S. 2 Nr. 1 SchulG Bremen.

dd. Hamburg

Ähnlich wie das Berliner Schulgesetz trifft auch das Hamburgische Schulgesetz in § 51 sehr detaillierte Regelungen hinsichtlich der Schulprogrammgestaltung. Gem. § 51 Abs. 1 SchulG Hamburg legt die Schule die besonderen Ziele, Schwerpunkte und Organisationsformen ihrer pädagogischen Arbeit sowie Kriterien für die Zielerreichung in einem Schulprogramm fest. Sie konkretisiert darin den allgemeinen Bildungs- und Erziehungsauftrag im Hinblick auf die spezifischen Voraussetzungen und Merkmale ihrer Schülerschaft und die spezifischen Gegebenheiten der Schule und ihres regionalen Umfelds unter Nutzung der ihr nach dem Schulgesetz gegebenen inhaltlichen und unterrichtsorganisatorischen Gestaltungsmöglichkeiten. Mögliche Inhalte des Schulprogramms sind unter anderem besondere didaktisch-methodische Schwerpunkte im Unterricht, die Umsetzung der fächerübergreifend zu unterrichtenden Aufgabengebiete, Abweichungen von den Stundentafeln, besondere Beratungs-, Betreuungs- und Freizeitangebote, besondere Formen der Schülermitwirkung, besondere Maßnahmen zur Förderung des Schullebens und die Kooperation mit anderen Schulen und Einrichtungen des Stadtteils. Das Schulprogramm wird gem. § 53 Abs. 1 SchulG Hamburg auf der Grundlage von Vorschlägen der Lehrerkonferenz von der drittelparitätisch besetzten Schulkonferenz beschlossen. Es ist gem. § 51 Abs. 2 S. 2 SchulG Hamburg von der zuständigen Behörde zu genehmigen und ist Grundlage der internen Evaluation der Schule, § 51 Abs. 3 SchulG Hamburg.

ee. Hessen

Gem. § 127b Abs. 2 SchulG Hessen gestaltet die Schule durch das Schulprogramm den Rahmen, in dem sie ihre pädagogische Verantwortung für die eigene Entwicklung und die Qualität ihrer pädagogischen Arbeit wahrnimmt. Im Schulprogramm legt sie auf der Grundlage einer Bestandsaufnahme die Ziele ihrer Arbeit in Unterricht, Erziehung, Beratung und Betreuung unter Berücksichtigung des allgemeinen Bildungs- und Erziehungsauftrags der Schule und der Grundsätze ihrer Verwirklichung, die wesentlichen Mittel zum Erreichen dieser Ziele und die erforderlichen Formen der Zusammenarbeit der Lehrer fest. Es sind Aussagen zum Beratungs- und Fortbildungsbedarf, zur Organisationsentwicklung und zur Personalentwicklung der Schule zu machen. Die Schule kann unter Nutzung der unterrichtsorganisatorischen und inhaltlichen Gestaltungsräume ihre Schwerpunkte setzen, sich so ein eigenes pädagogisches Profil geben und, insbesondere unter Berücksichtigung der Bedürfnisse ihres Umfelds, besondere Aufgaben wählen. Die Schule entwickelt das Programm in Abstimmung mit den Schulen, mit denen sie zusammenarbeitet, § 127b Abs. 3 S. 1 SchulG Hessen. Sie soll sich bei der Entwicklung durch geeignete Einrichtungen beraten lassen, § 127b Abs. 3 S. 2 SchulG Hessen. Über das Schulprogramm und seine Fortschreibung beschließt die Schulkonferenz, § 129 Nr. 1 SchulG Hessen, – bestehend zu 50 % aus Lehrervertretern und zu 50 % aus Schülern und Eltern zuzüglich des Schulleiters, § 131 Abs. 1 SchulG Hessen – auf der Grundlage eines Vorschlags der Gesamtkonferenz (Konferenz der Gesamtheit der Lehrer, § 133 SchulG Hessen). Ferner ist das Programm gem. § 127b Abs. 3 S. 3 SchulG Hessen Grundlage regelmäßiger interner Evaluation. Das Programm ist fortzuschreiben, wobei eine Notwendigkeit dafür insbesondere dann besteht, wenn sich die Rahmenbedingungen der Schule ändern oder die Schule ihre pädagogischen Ziele neu bestimmen will, § 127b Abs. 3 S. 4 SchulG Hessen. Das Schulprogramm bedarf der Zustimmung des Staatlichen Schulamts, die nur zu versagen ist, wenn das Programm nicht mit den Bildungs- und Erziehungszielen des Schulgesetzes vereinbar ist, wenn die Gleichwertigkeit des schulischen Angebots nicht gewährleistet ist oder das Programm nicht den o.g. Anforderungen an die Gestaltung eines Schulprogramms entspricht, § 127 Abs. 4 SchulG Hessen.

ff. Mecklenburg-Vorpommern

Die Regelung hinsichtlich des Schulprogramms findet sich in Mecklenburg-Vorpommern in § 39a SchulG Mecklenburg-Vorpommern. Danach legt jede Schule in einem Schulprogramm dar, wie sie den Bildungs- und Erziehungsauftrag und die Grundsätze seiner Verwirklichung ausfüllt, § 39a Abs. 1 S. 2 SchulG Mecklenburg-Vorpommern. Dabei ist den besonderen Voraussetzungen ihrer Schüler sowie den besonderen Merkmalen der Schule und ihres regionalen Umfeldes Rechnung zu tragen. Die Erarbeitung des Schulprogramms erfolgt gem. § 39a Abs. 1 S. 5 SchulG

Mecklenburg-Vorpommern in Zusammenarbeit mit dem Schulträger. Das Schulprogramm wird durch die Schulkonferenz beschlossen, die zu gleichen Teilen mit Lehrern, Eltern und Schülern zuzüglich des Schulleiters besetzt ist, § 76 Abs. 1 SchulG Mecklenburg-Vorpommern. Die Schule überprüft in regelmäßigen Abständen die Umsetzung des Schulprogramms und entwickelt es den Erfordernissen entsprechend weiter, § 39a Abs. 3 SchulG Mecklenburg-Vorpommern. Schulprogramme bedürfen der Genehmigung der zuständigen Schulaufsichtsbehörde gem. § 39a Abs. 2 SchulG Mecklenburg-Vorpommern.

gg. Nordrhein-Westfalen

§ 3 Abs. 2 S. 1 SchulG Nordrhein-Westfalen schreibt vor, dass die Schulen auf der Grundlage ihres Bildungs- und Erziehungsauftrags die besonderen Ziele, Schwerpunkte und Organisationsformen ihrer pädagogischen Arbeit in einem Schulprogramm festlegen und es regelmäßig fortschreiben. Über das Schulprogramm entscheidet gem. § 65 Abs. 2 Nr. 1 SchulG Nordrhein-Westfalen die regelmäßig drittelparitätisch besetzte Schulkonferenz, § 66 Abs. 3 S. 1 SchulG Nordrhein-Westfalen. Das Schulprogramm dient als Grundlage für die Überprüfung des Erfolgs der schulischen Arbeit, § 3 Abs. 2 S. 2 SchulG Nordrhein-Westfalen.

hh. Rheinland-Pfalz

Die gesetzliche Regelung in Rheinland-Pfalz nimmt insofern eine Sonderstellung ein, als sie als einzige nicht die Bezeichnung „Schulprogramm" für die eigenverantwortliche Schwerpunktsetzung der Schulen wählt. So heißt es in § 23 Abs. 2 SchulG Rheinland-Pfalz schlicht, dass die Schulen pädagogische Ziele und Schwerpunkte festlegen, um die Qualität schulischer Arbeit zu entwickeln und zu sichern. Die Schulen überprüfen regelmäßig das Erreichen dieser Ziele in einer internen Evaluation. Welches Organ für die Festlegung der Ziele und Schwerpunkte zuständig ist, ist nicht ausdrücklich geregelt. Jedoch beraten und beschließen die Lehrkräfte in Konferenzen über alle wichtigen Fragen der Erziehungs- und Unterrichtsarbeit im Rahmen des Bildungsauftrags der Schule, die ihrer Art nach ein Zusammenwirken der Lehrkräfte erfordern und für die keine andere Zuständigkeit begründet ist, § 27 Abs. 1 SchulG Rheinland-Pfalz. Die pädagogischen Ziele und Schwerpunkte einer Schule sind als wichtige Fragen der Erziehungs- und Unterrichtsarbeit anzusehen. Auch erfordert ihre Festlegung als Ziele der gesamten Schule ein Zusammenwirken der Lehrkräfte. Schließlich ist keine andere Zuständigkeit begründet, so dass davon auszugehen ist, dass die Lehrkräfte über die Ziele und Schwerpunkte der Schule gem. § 23 Abs. 2 SchulG Rheinland-Pfalz entscheiden. Sieht man die Festlegung der

Ziele und Schwerpunkte der Schule als wesentlichen Beschluss an, so soll ferner der mit Lehrern, Eltern und Schülern drittelparitätisch besetzte Schulausschuss gem. § 48 Abs. 2 S. 1 SchulG Rheinland-Pfalz gehört werden.

ii. Sachsen

Gem. § 1 Abs. 3 SchulG Sachsen entwickeln die Schulen in Verwirklichung ihres Erziehungs- und Bildungsauftrags ihre eigenen pädagogischen Konzepte und planen und gestalten den Unterricht und seine Organisation auf der Grundlage der Lehrpläne in eigener Verantwortung. Die pädagogischen, didaktischen und schulorganisatorischen Grundsätze zur Erfüllung des Bildungsauftrags im Rahmen der zur Verfügung stehenden Ressourcen legen die Schulen in einem Schulprogramm fest. Auf der Grundlage dieses Schulprogramms bewerten Schulen und Schulaufsichtsbehörden in regelmäßigen Abständen das Ergebnis der pädagogischen Arbeit. Nicht ausdrücklich geregelt ist, welches Organ der Schule für die Festlegung des Schulprogramms zuständig ist. Im Umkehrschluss aus § 43 Abs. 2 Nr. 1 SchulG Sachsen, nach dem der Beschluss der Lehrerkonferenz über das Schulprogramm des Einverständnisses der Schulkonferenz, die zu 50 % mit Lehrern und zu 50 % mit Schülern und Eltern besetzt ist, bedarf, ergibt sich jedoch, dass die Lehrerkonferenz gem. § 44 Abs. 1 SchulG Sachsen über das Schulprogramm beschließt.

jj. Schleswig-Holstein

Eine ähnlich kurze Regelung wie in Sachsen findet sich auch in Schleswig-Holstein. Gem. § 3 Abs. 1 SchulG Schleswig-Holstein gibt sich die einzelne Schule zur Ausgestaltung ihrer pädagogischen Arbeit und des Schullebens ein Schulprogramm. Maßstab für das Schulprogramm und seine Überprüfung sind insbesondere die gesetzlichen Bildungs- und Erziehungsziele. Das Programm wird gem. § 92 Abs. 1 Nr. 2 SchulG Schleswig-Holstein von der drittelparitätisch aus Lehrern, Eltern und Schülern zusammengesetzten Schulkonferenz beschlossen. Diese ist auch dafür zuständig, das Programm in regelmäßigen Abständen zu überprüfen. Das Programm muss gem. § 3 Abs. 1 S. 2 SchulG Schleswig-Holstein der Schulaufsichtsbehörde vorgelegt werden.

kk. Vergleich der Regelungen

Betrachtet man die dargestellten Regelungen, zeigen sich starke Gemeinsamkeiten, aber auch große Unterschiede. Gemeinsam sind allen Regelungen die Festlegungen hinsichtlich der Inhalte der Schulprogramme. Zwar haben die Gesetzgeber unterschiedlich detaillierte Normierungen vorgenommen. Doch ist das Schulprogramm in allen Ländern das Medium, mit Hilfe dessen die Schule ihre eigenen pädagogischen Schwerpunkte festlegt. Sie ist aufgefordert, durch die Schwerpunkte des Schulprogramms einen Bezug zu ihrer Schülerschaft, ihrem Umfeld und ihrer spezifischen Tradition herzustellen. Das Schulprogramm wird durchweg als ein Instrument zur Profilierung der Einzelschule verstanden. Schulen sollen sich voneinander unterscheiden, sie sollen in ihrer Individualität kenntlich werden. Schulvielfalt ist in einem gewissen Rahmen gewünscht. Um die Schulvielfalt nicht ausufern zu lassen, sind die Schulen nach wie vor an Gesetze, Verordnungen und Verwaltungsvorschriften gebunden. Ebenso stimmen die Schulgesetze darin überein, dass die Schulprogramme als Richtschnur für die interne (und externe) Evaluation interpretiert werden. Die Schulen sollen regelmäßig überprüfen, wie weit sie auf dem Weg zu den selbstgesetzten Zielen vorangeschritten sind und gegebenenfalls Kurskorrekturen vornehmen. Anhand der Ergebnisse soll auch das Schulprogramm selbst fortgeschrieben werden.

Auch wenn dies alles sehr fortschrittlich klingt und in der Tendenz zu begrüßen ist, sind die Regelungen doch stets im Zusammenhang mit den Regelungen über die Schulaufsicht zu sehen. Wie im zweiten Teil dargelegt wurde, besteht in allen Ländern nach wie vor eine – zum Teil begrenzte – Fachaufsicht über die Schulen. Dies bedeutet, dass die Schulaufsichtsbehörden jedenfalls durch Verwaltungsvorschriften die Richtung der Schulprogramme maßgeblich lenken können. Aber auch durch individuelle Maßnahmen können sie – sogar dann, wenn keine Genehmigungspflicht für die Schulprogramme besteht – Einfluss auf die Gestaltung der Schulprogramme nehmen. Insofern ist die Aufforderung zur „Individualisierung" der Schulen nur eine halbherzige. Der Gesetzgeber will zwar augenscheinlich eine größere Schulvielfalt, doch bringt er den Schulen (noch) nicht das nötige Vertrauen entgegen. Anders lässt sich nicht erklären, warum er sich trotz Übertragung von Verantwortung auf die Schulen die Möglichkeit des aufsichtlichen Einschreitens aus Zweckmäßigkeitsgründen vorbehält.

Große Unterschiede in den Gesetzen finden sich im Bereich der Beschlussfassung über das Schulprogramm. In der Mehrzahl der Länder ist die Schulkonferenz für den Beschluss über das Schulprogramm zuständig. Die Schulkonferenz ist stets das Gremium, das Lehrer, Eltern und Schüler in sich vereint. Abweichungen bestehen jedoch hinsichtlich der Zusammensetzung der Schulkonferenz. Während in Hamburg, Mecklenburg-Vorpommern, Nordrhein-Westfalen[461] und Schleswig-Holstein

---

461 Dies ist jedenfalls in der Mehrzahl der Fälle in Nordrhein-Westfalen zutreffend. Siehe oben 3. Teil C. I. 1. a) gg.

die Schulkonferenz zu gleichen Teilen mit Lehrern, Eltern und Schülern besetzt ist, besteht sie in Hessen und Sachsen zu 50 % aus Lehrern und zu 50 % aus Eltern und Schülern. Bremen, Brandenburg und Berlin lassen sich keiner der beiden Gruppen zuordnen. Bremen beteiligt als einziges Land auch das nichtlehrende Personal an der Schulkonferenz. Dieses hat sich 50 % der Sitze der Schulkonferenz mit dem lehrenden Personal zu teilen. Die anderen 50 % werden von Eltern und Schülern besetzt. Berlin, das im Prinzip eine drittelparitätische Sitzverteilung hat, beteiligt zusätzlich einen externen Berater an der Konferenz, der von der Schule bestimmt wird. In Brandenburg haben schließlich Schüler und Eltern mit zehn zu vier Sitzen die Mehrheit. Allerdings kann das Schulprogramm nur mit der Mehrheit der Lehrerstimmen beschlossen werden. Betrachtet man Sinn und Zweck eines Schulprogramms, ergibt sich zwangsläufig, dass das Schulprogramm nur von der Schulkonferenz beschlossen werden kann. Denn nur in diesem Gremium ist die ganze Schulgemeinde repräsentiert. Soll das Schulprogramm aber, wie bereits dargelegt, unter anderem dazu dienen, einen gemeinsamen Zielhorizont zu erarbeiten und eine Identifikation mit der Schule zu ermöglichen, ist eine Beteiligung aller Gruppierungen zwingend erforderlich[462].

Insofern sind auch die Regelungen der Länder kritisch zu betrachten, in denen nicht die Schulkonferenz, sondern die (Gesamt-) Lehrerkonferenz über das Schulprogramm beschließt. Derartige Regelungen finden sich in Rheinland-Pfalz und Sachsen. In Rheinland-Pfalz ist die Lehrerkonferenz ausschließlich für den Beschluss zuständig. Ausdrücklich ist keine Beteiligung von Eltern und Schülern bei der Entscheidung über das Schulprogramm vorgesehen. Nur wenn der Beschluss über das Schulprogramm als wesentlich angesehen wird, „soll" vor diesem der – mit Eltern, Schülern und Lehrern besetzte – Schulausschuss gem. § 48 Abs. 2 S. 1 SchulG Rheinland-Pfalz „gehört" werden. Weder ist jedoch die Anhörung verpflichtend, noch hat der Schulausschuss irgendeine Möglichkeit, verbindlich Einfluss auf die Gestaltung des Schulprogramms zu nehmen. In Sachsen entscheidet hingegen zwar die Lehrerkonferenz über das Schulprogramm, doch kann sie dies nur mit dem Einverständnis der Schulkonferenz. Beide Länder stimmen indes darin überein, dass sie das Schulprogramm in erster Linie als Angelegenheit der Lehrkräfte verstehen. Dies kann mit dem dargestellten Sinn und Zweck von Schulprogrammen nicht in Einklang gebracht werden. Denn dieser liegt gerade darin, einen gemeinsamen, alle Gruppierungen erfassenden Dialog zu initiieren. Dabei liegt es in der Natur der Sache, dass die inhaltlichen Schwerpunkte von der Lehrerschaft maßgeblich geprägt werden. Denn die Lehrer sind die einzige Gruppe, die regelmäßig auf Dauer an der Schule vertreten ist und die sich in ihrer täglichen Arbeit an dem

---

462 Ob diese Beteiligung so weit gehen muss und darf, dass auch das nichtlehrende Personal beteiligt wird, sei an dieser Stelle dahingestellt. Ebenso soll an dieser Stelle die Frage offen bleiben, ob eine Zusammensetzung der Schulkonferenz bzw. eine Ordnung der Beschlussfassung, die nicht ein Letztentscheidungsrecht der Lehrer gewährleistet, verfassungsgemäß ist. Auf diese Frage wird an späterer Stelle zurückzukommen sein. Siehe unten 3. Teil D. II. 1. b) und 2. b).

Programm orientieren muss[463]. Doch auch wenn die Lehrer die Arbeit an dem Schulprogramm entscheidend prägen, sind Eltern und Schüler eine unverzichtbare Ergänzung und ein notwendiges Korrektiv im Entwicklungsprozess. Die Elternschaft ist dabei insofern von entscheidender Bedeutung, als sich im Schulprogramm die wesentlichen Erziehungsziele der Schule widerspiegeln. Schule und Elternhaus haben nach Auffassung des Bundesverfassungsgerichts einen gemeinsamen Erziehungsauftrag. Der staatliche Erziehungsauftrag ist dem elterlichen Erziehungsrecht „nicht nach-, sondern gleichgeordnet", da die gemeinsame Erziehungsaufgabe von Eltern und Schule die „Bildung der *einen* Persönlichkeit des Kindes zum Ziel" habe[464]. Sollen Schule und Eltern aber diesen gemeinsamen Erziehungsauftrag effektiv wahrnehmen können, ist es erforderlich – und aufgrund des Elternrechts aus Art. 6 GG geboten –, dass auch die Eltern an der Entwicklung eines gemeinsamen Programms beteiligt werden[465]. Ebenso verhält es sich mit der Gruppe der Schüler. Die Schüler prägen mit ihrer Präsenz entscheidend den Schulalltag. Durch ihre Interessen, ihr Verhalten, ihre Fähigkeiten, ihre Bedürfnisse und ihre Wünsche nehmen sie Einfluss auf das Schulleben. Dies kann bei der Entwicklung eines Schulprogramms nicht ignoriert werden. Programme, die Inhalte vermitteln, die bei den Schülern keine Resonanz finden, sind zum Scheitern verurteilt[466]. Die Beteiligung von Eltern und Schülern an der Schulprogrammarbeit ist demnach von großer Bedeutung. Unterbleibt eine Beteiligung, ist der Effekt des Schulprogramms gefährdet. Wo kein Konsens über gemeinsame Ziele angestrebt wird, wo sich wesentliche Gruppen der Schule von wichtigen Entscheidungen ausgeschlossen fühlen, kann sich keine Verbesserung der Arbeitsqualität einstellen. Und dies ist letztlich die Idee, die hinter der Schulprogrammentwicklung steht.

b) Sonstige Ansätze

Neben der Pflicht zur Schulprogrammentwicklung sehen einige Länder weitere Möglichkeiten für die Schulen vor, die pädagogische Arbeit eigenverantwortlich zu gestalten. Am häufigsten taucht dabei das Recht der Schulen auf, von einzelnen Bestimmungen der Stundentafeln abzuweichen. Die Stundentafeln regeln die Anzahl der Stunden, die in einer Jahrgangsstufe auf ein bestimmtes Unterrichtsfach entfallen und sie legen regelmäßig die Anzahl der Wochenstunden für das jeweilige Fach

---

463   Ob darüber hinaus für die Frage des Einflusses der Lehrer auf das Schulprogramm auch die Tatsache entscheidend ist, dass sie die einzigen an der Schule beschäftigten „Hoheitsträger" sind, wird an späterer Stelle erörtert. Siehe unten 3. Teil D. II. 1. b) und 2. b).
464   BVerfGE 34, 165 (183). Hervorhebung im Original.
465   *Allhoff/Herden/Müller*, Ohne SchülerInnen und Eltern geht es nicht, in: Risse, Schulprogramm, S. 243 (243).
466   *Allhoff/Herden/Müller*, Ohne SchülerInnen und Eltern geht es nicht, in: Risse, Schulprogramm, S. 243 (244).

fest. Erhält die Schule das Recht, von den Stundentafeln in gewissem Rahmen abzuweichen, kann sie dies für ihre eigene Schwerpunktsetzung nutzen. So kann sie in den ihr zur Verfügung stehenden Stunden bestimmte Fächer vertiefen oder andere schulspezifische Projekte anbieten. Auch wäre es beispielsweise denkbar, dass sie ihren Unterricht epochalisiert oder fachübergreifend unterrichtet, wenn die – in der Regel durch Rechtsverordnung oder Verwaltungsvorschriften zu treffenden – Ermächtigungen dies erlauben. Regelungen, die grundsätzlich ein Abweichen von den Stundentafeln erlauben, sehen § 14 Abs. 4 SchulG Berlin, § 7 Abs. 3 SchulG Brandenburg, § 8 Abs. 4 S. 2 SchulG Hamburg, § 9 Abs. 5 SchulG Hessen und § 9 Abs. 2 SchulG Mecklenburg-Vorpommern vor.

2. Personelle Eigenverantwortung

Die Gestaltung und die Umsetzung eines Schulprogramms in den konkreten Schulalltag ist in großem Maße von dem an der Schule beschäftigten Personal abhängig. Insbesondere den Lehrern kommt hier eine hervorgehobene Position zu. Um Wirkung entfalten zu können, muss das Schulprogramm den Schulalltag und damit auch den Unterricht prägen. Dies ist aber nur möglich, wenn die Schwerpunkte des Programms von allen Lehrern mitgetragen werden. Je größer des Engagement der Lehrerschaft ist, desto besser gelingt die Profilbildung der einzelnen Schule. Folglich ist es für eine Schule mit Profil nicht einerlei, welche Lehrer dort arbeiten. Eine Schule mit Profil braucht Lehrer, die zu dem Profil passen und sich mit dem Profil identifizieren können[467]. Hiergegen könnte zwar eingewendet werden, dass jeder Lehrer seine Pflichten zu erfüllen habe, unabhängig davon, ob er sich mit dem Profil und Programm seiner Schule identifiziert oder nicht. Auch ein Lehrer, der die programmatische Schwerpunktsetzung seiner Schule nicht teilt, könnte verpflichtet sein, diese in die Tat umzusetzen. Denn er könnte verpflichtet sein, sich der Konferenzmehrheit zu beugen, die das Schulprogramm beschlossen hat. Ob letztere Annahme zutreffend ist, ist eine Frage des Verhältnisses der pädagogischen Freiheit des Lehrers zur (pädagogischen) Eigenverantwortung der Schule, die sich in der Regel in Konferenzbeschlüssen ausdrückt[468]. Jedenfalls kann aber davon ausgegangen werden, dass ein auf dem Lehrer lastender Zwang zur Umsetzung des Schulprogramms der Intention eines Schulprogramms eher entgegenliefe und sich letztlich kontraproduktiv auswirken würde[469]. Um eine derartige Situation zu vermeiden, ist es erforderlich, den Schulen das Recht zur Auswahl ihres Lehrpersonals einzuräumen. Schulen müs-

---

467 So auch *Avenarius*, Autonomie im Schulsystem – verfassungsrechtliche Möglichkeiten und Grenzen, in: Koch/Fisch, Schulen für die Zukunft, S. 93 (97).
468 Siehe dazu unten 3. Teil C. III. 4.
469 Vgl. auch *Avenarius*, Autonomie im Schulsystem – verfassungsrechtliche Möglichkeiten und Grenzen, in: Koch/Fisch, Schulen für die Zukunft, S. 93 (97 f.).

sen in die Lage versetzt werden, neu zu besetzende Stellen selbst auszuschreiben und ein Auswahlverfahren durchzuführen. Bislang gilt für die Einstellungen regelmäßig ein fächerbezogenes Ranglistenverfahren. Die Ergebnisse der beiden Staatsexamina entscheiden, unter Umständen kombiniert mit einem Bonussystem und sozialen Gesichtspunkten, über die Rangfolge der Einstellungen. Die Schulen geben Bedarfsmeldungen ab und können vakante Stellen mit Ranglistenbewerbern besetzen, falls die Stellensituation dies erlaubt[470]. Bei einer Ausschreibung von Stellen durch die Schulen selbst könnten auch andere Qualifikationen als die Ergebnisse in den Staatsexamina in die Auswahl mit einfließen. So könnte eine Schule mit einem ökologischen Schwerpunkt einen Physiklehrer suchen, der Kenntnisse in der Solartechnik mitbringt und bereit ist, gemeinsam mit den Schülern eine Solaranlage auf dem Schuldach zu installieren. Eine Schule mit einem kulturellen Schwerpunkt könnte einen Deutschlehrer suchen, der Erfahrung in der Leitung von Theatergruppen hat, eine Schule, die Wert auf Freiarbeit legt, einen Lehrer mit einer Montessori-Qualifikation. Bei all diesen Erwägungen muss die Schule selbstverständlich das Prinzip der Bestenauslese aus Art. 33 Abs. 2 GG beachten, wonach jeder Deutsche[471] nach seiner Eignung, Befähigung und fachlichen Leistung gleichen Zugang zu jedem öffentlichen Amt hat[472]. Dies bedeutet indes nicht, dass die Schule letztlich doch nur nach den Examensnoten vorgehen kann. Denn auch andere Qualifikationen des Bewerbers können bei der Auswahl des Besten berücksichtigt werden. In diesen Fällen muss die Schule ihre Erwägungen jedoch hinreichend ausführlich darlegen. Die Schule kann den ausgewählten Bewerber nicht selbst einstellen, sondern ihn lediglich der Dienstbehörde zur Ernennung vorschlagen. Diese muss den entsprechenden Bewerber, wenn keine zwingenden Gründe entgegenstehen, ernennen.

Das Recht zur – wenigstens teilweisen – Auswahl des Lehrpersonals ist in einigen Ländern bereits formell-gesetzlich festgelegt. So erfolgen nach § 7 Abs. 3 S. 1 SchulG Berlin schulbezogene Ausschreibungen durch die Schule. Nach § 67 Abs. 1 S. 3 SchulG Brandenburg ist die Schulleitung vor der Neubesetzung von Stellen oder der Versetzung von Lehrkräften im Hinblick auf die zu übertragenden Aufgaben zu hören. § 127b Abs. 6 SchulG Hessen sieht vor, dass die Schule an der Personalentwicklung insbesondere über Stellenausschreibungen, die ihr Programm berücksichtigen, mitwirkt. § 57 Abs. 5 SchulG Nordrhein-Westfalen legt fest, dass Ausschreibungen im Lehrereinstellungsverfahren sowie die Auswahl der Lehrkräfte durch die Schule erfolgen und die Schulen vor Versetzungen von Lehrern aus dienstlichen Gründen zu hören sind. Gem. § 23 Abs. 3 S. 2 SchulG Rheinland-Pfalz können die Schulen in die Auswahl von Lehrkräften einbezogen werden, wobei das Nähere vom fachlich zuständigen Ministerium durch Rechtsverordnung geregelt

---

470 Vgl. dazu die Beschreibung des hessischen Systems von *Seyler,* Auf dem Weg zur Personalentwicklung an der selbstverwalteten Schule, in: Risse, Schulprogramm, S. 225 (226).
471 Mittelbar trifft dies auch für jeden Unionsbürger zu.
472 Ebenso *Avenarius,* Autonomie im Schulsystem – verfassungsrechtliche Möglichkeiten und Grenzen, in: Koch/Fisch, Schulen für die Zukunft, S. 93 (98).

wird. § 33 Abs. 1 S. 4 SchulG Thüringen normiert schließlich, dass der Schulleiter bei der Einstellung des pädagogischen Personals an seiner Schule zu beteiligen ist.

Angesichts der Bedeutung, die das Personal für die Entwicklung und die Profilbildung einer Schule hat, nimmt sich dieses Ergebnis recht mager aus. Allein in Berlin, Hessen und Nordrhein-Westfalen sehen die Schulgesetze eindeutig das Recht der Schulen zur Personalauswahl vor. In Rheinland-Pfalz *können* die Schulen lediglich in die Auswahl der Lehrkräfte einbezogen werden, in Brandenburg ist die Schulleitung nur zu *hören* und in Thüringen zu *beteiligen*. Damit hat die Personalauswahl durch die Schulen noch lange nicht die Verbreitung gefunden, die im Sinne einer gestärkten Eigenverantwortung der Schulen sinnvoll erscheint.

3. Finanzielle Eigenverantwortung

Schulen, die ein Profil gewinnen sollen, bedürfen dafür regelmäßig gewisser finanzieller Mittel. Bislang verfügen die Schulen jedoch in der Regel nicht über eigene Mittel. Benötigen sie bestimmte sächliche Ausstattungen oder nichtpädagogisches Personal, können sie diesen Bedarf bei dem Schulträger[473] anmelden, der alle Mittel zentral verwaltet. Auch sind die Schulen nach der heutigen Rechtslage nicht ohne weiteres in der Lage, selbst Rechtsgeschäfte zu tätigen, da es ihnen an der dafür erforderlichen Rechtsfähigkeit fehlt[474]. Um diesen Defiziten entgegenzuwirken, gewähren einige Länder den Schulen formell-gesetzlich eine gewisse finanzielle Eigenständigkeit. Dazu werden in der Regel die Schulträger verpflichtet, den Schulen Mittel der laufenden Verwaltung und Unterhaltung zur eigenverantwortlichen Bewirtschaftung zu überlassen. Die Mittel sind im Allgemeinen gegenseitig deckungsfähig und übertragbar[475]. Mit Letzterem soll insbesondere den am Ende des Haushaltsjahres häufig getätigten „Panikkäufen" entgegengewirkt werden, mit denen die Schulen einen Verfall der Haushaltsmittel verhindern wollen. Die Übertragbarkeit der Mittel ermöglicht es den Schulen, ihre finanziellen Ausgaben auf lange Sicht zu planen und für größere Anschaffungen ausreichende Mittel anzusparen. Auffällig ist, dass die Landesgesetzgeber die Übertragung finanzieller Mittel auf die Schulen in deutlich größerem Umfang ermöglicht haben als die im vorigen Abschnitt angesprochene Personalauswahl durch die Schulen. Dies lässt sich möglicherweise damit erklären, dass der Kontrollverlust des Staates bei der Übertragung finanzieller Mittel deutlich geringer ist als bei der Personalauswahl. Denn zum einen sind es in erster

---

473 Der folgende Abschnitt bezieht sich nicht auf das pädagogische Personal. Für dessen Einstellung ist allein das Land verantwortlich. Die Thematik des pädagogischen Personals wurde insoweit schon oben unter der personellen Autonomie der Schulen behandelt. Vgl. 3. Teil C. I. 2.
474 Siehe oben 1. Teil B. II. 2.
475 *Avenarius*, Autonomie im Schulsystem – verfassungsrechtliche Möglichkeiten und Grenzen, in: Koch/Fisch, Schulen für die Zukunft, S. 93 (98).

Linie sächliche Mittel, das heißt Mittel des Schulträgers und gerade nicht des Landes, die auf die Schulen übertragen werden können und sollen. Zum anderen sind die übertragenen finanziellen Mittel gemessen an der Bedeutung und dem Umfang der Aufgaben der Schulen im Allgemeinen sehr gering. Vergleicht man die finanziellen Möglichkeiten der deutschen Schulen mit Schulen in anderen europäischen Staaten, „sind die deutschen Schulen geradezu Leichtgewichte"[476].

„Kann-Vorschriften" sehen die Gesetze Bayerns, Nordrhein-Westfalens und Thüringens vor. So kann der Aufwandsträger gem. Art. 14 Abs. 1 S. 3 des bayerischen Schulfinanzierungsgesetzes dem Schulleiter oder einer anderen Lehrkraft ganz oder teilweise die Bewirtschaftung der für den Schulaufwand bereitgestellten Haushaltsmittel übertragen. Gleiches bestimmt § 10 Abs. 1 S. 3 des thüringischen Schulfinanzierungsgesetzes. § 95 Abs. 1 SchulG Nordrhein-Westfalen sieht vor, dass das Land den Schulen nach Maßgabe des Haushalts Personalmittel zur eigenverantwortlichen Bewirtschaftung überlassen kann. Die Überlassung von Sachmitteln richtet sich gem. § 95 Abs. 2 S. 1 SchulG Nordrhein-Westfalen nach den für den Schulträger geltenden haushalts- und kassenrechtlichen Regelungen. Durch die Ausgestaltung als „Kann-Vorschrift" steht es gänzlich im Ermessen des Schul- bzw. Aufwandträgers, ob er den Schulen Mittel zur eigenverantwortlichen Nutzung zur Verfügung stellt. Damit ist die finanzielle Eigenverantwortung der Schulen hier – noch stärker als in den anderen Ländern – eine Eigenverantwortung nach Maßgabe des Schulträgers. Es besteht keine gesetzliche Verpflichtung des Schulträgers, den Schulen finanzielle Mittel zur eigenverantwortlichen Verfügung zuzuteilen.

Größerer Nachdruck wird dem Ziel der Übertragung von Mitteln auf die Schulen in Baden-Württemberg, Brandenburg, Hessen, Mecklenburg-Vorpommern, Niedersachsen, Sachsen und Sachsen-Anhalt verliehen. Nach § 48 Abs. 2 S. 2 SchulG Baden-Württemberg soll der Schulträger die zur Deckung des laufenden Lehrmittelbedarfs erforderlichen Mittel zur selbstständigen Bewirtschaftung überlassen. Ebendies bestimmen § 23 Abs. 2 S. 4 SchulG Sachsen, § 112 SchulG Mecklenburg-Vorpommern und § 111 Abs. 1 SchulG Niedersachsen, wobei in letzterem Fall die Mittel für gegenseitig deckungsfähig erklärt werden sollen, soweit sie unmittelbaren pädagogischen Zwecken dienen. Ähnlich heißt es in § 24 Abs. 2 SchulG Sachsen-Anhalt, nach dem den Schulen für ihre pädagogische Arbeit Budgets zur Verwendung in eigener Verantwortung zur Verfügung gestellt werden sollen. Auch § 7 Abs. 4 SchulG Brandenburg bestimmt, dass der Schule Entscheidungsbefugnisse für die Verwendung von Sachmitteln zumindest in dem Umfang eingeräumt werden sollen, wie diese für Lehr- und Lernmittel und zur Deckung der laufenden Verwaltungskosten bestimmt sind. Ferner wird ausgeführt, dass den Schulen ermöglicht werden kann,

---

476 *Avenarius*, Autonomie im Schulsystem – verfassungsrechtliche Möglichkeiten und Grenzen, in: Koch/Fisch, Schulen für die Zukunft, S. 93 (98). Ebenso *Bellenberg/Böttcher* in RdJB 1999, 439 (451): „Es geht, wenn dieser Vergleich erlaubt ist, um das >Taschengeld<. Ein schneller Blick über die Grenzen zeigt, daß wir bislang nur einen kleinen Schritt gegangen sind: In England und Wales sind seit dem Education Act von 1988 [...] 80 % des Budgets, neuerdings ist das gesamte Budget den Schulen zugewiesen."

Sachmittel, einschließlich der Mittel, die der Ausstattung und Unterhaltung von Gebäuden und Anlagen dienen, selbst zu bewirtschaften. Der Schulträger kann die Mittel als in nachfolgende Haushaltsjahre übertragbar ausweisen. Soweit die Schule Ausgaben spart oder Einnahmen erzielt, sollen diese für die Schule verwendet werden. Außerdem sollen gem. § 7 Abs. 5 SchulG Brandenburg die staatlichen Schulämter (= Schul(aufsichts)behörden) den Schulen Entscheidungsbefugnisse über die Verwendung von Personalmitteln einräumen. Den Schulen kann ermöglicht werden, Personalmittel selbst zu bewirtschaften. Nach § 127a Abs. 3 SchulG Hessen sollen die Schulträger schließlich den Schulen für einen eigenen Haushalt die Mittel der laufenden Verwaltung und Unterhaltung und die Mittel zur Verbesserung der Lernbedingungen zur Verfügung stellen sowie ihnen die Entscheidungsbefugnis über deren Verwendung nach Maßgabe der jeweiligen Richtlinien einräumen. Der Schule kann die Bewirtschaftung der zur Verfügung gestellten Mittel übertragen werden, wenn die haushaltsrechtlichen Voraussetzungen dafür gegeben sind. Schulen können gem. § 127a Abs. 2 SchulG Hessen auf Grundlage einer allgemein oder im Einzelfall erteilten Ermächtigung im Rahmen der ihnen zur Verfügung stehenden Mittel Rechtsgeschäfte mit Wirkung für den ermächtigenden Rechtsträger abschließen und für diesen Verpflichtungen eingehen. Die Rechtsgeschäfte müssen zur Erfüllung des Bildungs- und Erziehungsauftrags dienen, § 127a Abs. 2 S. 4 SchulG Hessen. Durch den Einsatz von „Soll-Vorschriften" hat der Gesetzgeber festgelegt, dass die genannten Mittel den Schulen in der Regel zu überlassen sind, sofern nicht zwingende Gründe im Einzelfall dagegen sprechen. Auch wenn dem Schulträger damit letztlich immer noch die Entscheidung über die Mittelüberlassung zukommt, sind die gesetzlichen Vorschriften diesbezüglich deutlich verbindlicher als die zuerst genannten „Kann-Vorschriften".

Berlin und Bremen gehen mit ihren Regelungen noch ein Stück weiter, indem sie die Übertragung der Mittel verbindlich anordnen. Gem. § 7 Abs. 4 SchulG Berlin erhält die Schule im Rahmen ihrer sächlichen Verantwortung von der zuständigen Schulbehörde die erforderlichen Mittel für die laufende Verwaltung und Unterhaltung der Schule, für die notwendige Ausstattung und den ordnungsgemäßen Betrieb der Schule zur Sicherung von Unterricht und Erziehung und einer kontinuierlichen Verbesserung der Lern- und Lehrbedingungen sowie für außerschulische Kooperationen. Insbesondere fallen darunter Gelder für Lehr- und Lernmittel einschließlich der Kommunikationstechnik, für schulische Veranstaltungen, für den Geschäftsbedarf, für die Ausstattung mit Schul- und Hausgeräten und für kleine bauliche Unterhaltungsmaßnahmen. Zur Wahrnehmung ihrer Selbstgestaltung und Eigenverantwortung hat jede Schule im Rahmen der Rechts- und Verwaltungsvorschriften gem. § 7 Abs. 5 SchulG Berlin die Befugnis, diese Mittel selbst zu bewirtschaften. Sie kann nicht verbrauchte Mittel in folgende Haushaltsjahre übertragen und etwaige Ersparnisse verbleiben ihr in voller Höhe. Schließlich erhält die Schule nach § 7 Abs. 3 S. 3 und 4 SchulG Berlin auch Mittel zum Abschluss befristeter Verträge zur Sicherstellung der Unterrichtsversorgung und zur Durchführung pädagogischer und sonstiger Aufgaben. Auch nach § 4 Abs. 3 SchulverwaltungsG Bremen stellen die Schulträger den Schulen nach Maßgabe des Haushalts sowie nach nachvollziehbaren

Kriterien die zur Erfüllung ihrer Aufgaben erforderlichen Haushaltsmittel sowie Einrichtungen zur Verfügung. Diese werden den Schulen gem. § 4 Abs. 4 S. 1 SchulverwaltungsG Bremen zur Selbstbewirtschaftung überlassen.

Nicht eindeutig sind die Regelungen in Rheinland-Pfalz und Schleswig-Holstein. Gemäß § 23 Abs. 4 S. 1 SchulG Rheinland-Pfalz nehmen die Schulen ihre wirtschaftlichen Angelegenheiten selbstständig und selbstverantwortlich im Rahmen der vom Schulträger zur Verfügung gestellten Haushaltsmittel wahr. § 3 Abs. 2 SchulG Schleswig-Holstein bestimmt, dass öffentliche Schulen auf der Grundlage einer allgemein oder im Einzelfall erteilten Vollmacht und im Rahmen der ihnen zur Verfügung stehenden Mittel in Erfüllung ihres Bildungs- und Erziehungsauftrags Rechtsgeschäfte mit Wirkung für den Schulträger oder das Land schließen und Verpflichtungen eingehen können. Nicht deutlich wird in beiden Regelungen, ob und in welchem Umfang der Schulträger verpflichtet ist, den Schulen Mittel zur eigenverantwortlichen Nutzung zur Verfügung zu stellen. Beide Vorschriften treffen lediglich Aussagen zu den Rechten der Schule für den Fall, *dass* ihr Mittel überlassen worden sind. Sie regeln aber nicht die Verpflichtung des Schulträgers zur Überlassung von Mitteln an die Schule.

4. Ein Versuch – Das Modellvorhaben „Selbstständige Schule" in Nordrhein-Westfalen

Eine Erfassung aller drei „Autonomie-Bereiche" wird vom nordrhein-westfälischen Projekt „Selbstständige Schule" geleistet. Dieses Projekt des Ministeriums für Schule, Jugend und Kinder des Landes Nordrhein-Westfalen und der Bertelsmann Stiftung steht beispielhaft für andere Modellversuche[477] in diesem Bereich[478].

---

[477] Genannt werden soll hier insbesondere das niedersächsische Vorhaben „Eigenverantwortliche Schule". Im Abschlussbericht vom 24.2.2005 schlug die zur konzeptionellen Entwicklung des Vorhabens eingesetzte Arbeitsgruppe vor, ab dem Jahre 2006 (oder zu einem späteren Zeitpunkt) alle niedersächsischen Schulen zu eigenverantwortlichen Schulen zu machen. Dieser Status würde dem der selbstständigen Schulen in Nordrhein-Westfalen gleichen. Bemerkenswert ist allerdings, dass die Arbeitsgruppe sich in ihrem Abschlussbericht dafür ausspricht, allen Schulen zeitgleich Eigenverantwortung zu geben, um einen Mischzustand mit eigenverantwortlichen und (noch) nicht eigenverantwortlichen Schulen zu vermeiden. Der Abschlussbericht steht zum Download unter http://cdl.niedersachsen.de/blob/images/C8892273_L20.pdf (16.8.2005) zur Verfügung. Siehe auch den Gesetzentwurf zur „Einführung der Eigenverantwortlichen Schule" in Niedersachsen vom 24. Januar 2006, zu finden unter http://cdl.niedersachsen.de/blob/images/C16077680_L20.pdf (15.2.2006). Auch in Hamburg sollen die in dem im Jahre 2004 begonnenen Schulversuch „Selbstverantwortete Schule" gewonnenen Erkenntnisse in ein neues Schulgesetz einfließen. Siehe dazu den Gesetzentwurf unter http://fhh.hamburg.de/stadt/Aktuell/behoerden/bildung-sport/aktuelles/gesetzentwurf-schulreformgesetz,property=source.pdf (27.2.2006). Seit Beginn des Schuljahres 2005/2006 werden auch in Thüringen im Rahmen des Entwicklungsvorhabens „Eigenverantwortliche Schule in Thüringen" Erfahrungen im Bereich der Eigenverantwortung von Schulen gesammelt. Nähere Informationen finden sich unter http://www.thueringen.de/de/tkm/schule/schulwesen/schulentwicklung/evas/content.html (22.4.2006).

[478] Wesentliche Elemente des Modellvorhabens finden sich nun auch in dem Gesetzentwurf für ein zweites Gesetz zur Änderung des Schulgesetzes für das Land Nordrhein-Westfalen vom 28. März 2006. Der Entwurf ist zu finden unter http://www.landtag.nrw.de/portal/WWW/Webmaster/GB_I/I.4/Dokumentenarchiv/dokument.php?k=MMD14/1572&quelle=alle (22.4.2006).

a) Konzeption und Ziele des Modellvorhabens

In der Broschüre des Projektes heißt es zu den Zielsetzungen:

„Im Modellvorhaben >Selbstständige Schule< erproben wir, wie viel Freiheit Schulen brauchen, wie viel Eigenverantwortung sie übernehmen können und welche Herausforderungen es dabei zu bewältigen gilt. Schulleitung, Lehrerinnen und Lehrer, Eltern sowie Schülerinnen und Schüler sollen gemeinsam in eigener Verantwortung ihr Haus des Lernens in einer regionalen Bildungslandschaft gestalten. [...] Diese Aufgabe stellt sich insbesondere auf dem Hintergrund der PISA-Ergebnisse. [...] Größere Selbstständigkeit soll Schulen helfen, im Rahmen einer qualitätsorientierten Selbststeuerung ihrem Bildungs- und Erziehungsauftrag besser gerecht zu werden."[479]

Im Sommer 2001 verständigten sich das Ministerium für Schule, Jugend und Kinder des Landes Nordrhein-Westfalen und die Bertelsmann Stiftung auf die Durchführung des Projektes „Selbstständige Schule". Auf der Grundlage einer gemeinsamen Projektbeschreibung der beiden Projektträger wurde das auf sechs Jahre angelegte Modellvorhaben im Sommer 2001 ausgeschrieben. Zum Schuljahr 2002/2003 startete das Projekt mit 237 Schulen aller Schulformen in achtzehn Regionen des Landes mit 46 Schulträgern[480]. Gesetzliche Grundlagen des Projektes sind das eigens zu diesem Zweck verabschiedete Schulentwicklungsgesetz (SchEntwG) vom 27. November 2001[481] und die daraufhin erlassene Verordnung „Selbstständige Schule" (VOSS) vom 12. April 2002[482], in denen die wesentlichen Elemente der zu erprobenden erweiterten Gestaltungsfreiräume für die beteiligten Modellschulen festgelegt wurden. Diese erweiterten Gestaltungsfreiräume beziehen sich auf verschiedene Bereiche und ermöglichen den Schulen, neue Konzepte zu erproben[483]. Dabei handelten Gesetz- und Verordnungsgeber in der Überzeugung, dass die jeweils betroffenen Lehrer, Eltern und Schüler regelmäßig am besten wissen, wie der Lernerfolg der Schüler verbessert werden kann[484]. Aus diesem Grund sollen Entscheidungen, die Schule und Unterricht betreffen, in zunehmendem Maße vor Ort in den Schulen

---

479 So die Ausführungen in dem Flyer zum Projekt, S. 3 ff. Im Internet zum Download unter http://www.selbststaendige-schule.nrw.de/dasProjekt/projektideen_ziele/ordner_template/ flyer_neuauflage.pdf (16.8.2005).
480 Angaben nach *Lohre*, „Selbstständige Schule": Konzept und Profil eines gemeinsamen Projektes des Landes Nordrhein-Westfalen und der Bertelsmann Stiftung, in: Koch/Fisch, Schulen für die Zukunft, S. 141 (141 f.).
481 Im Internet zum Download unter http://www.selbststaendige-schule.nrw.de/dasProjekt/ rechtlicheGrundlagen/ordner_template/Schulentwicklungsgesetz_Original_27-11-01.pdf (16.8.2005).
482 Zu erhalten im Internet unter http://www.selbststaendige-schule.nrw.de/dasProjekt/rechtliche Grundlagen/ordner_template/9969_VOSS_Original.pdf (16.8.2005).
483 *Lohre*, „Selbstständige Schule": Konzept und Profil eines gemeinsamen Projektes des Landes Nordrhein-Westfalen und der Bertelsmann Stiftung, in: Koch/Fisch, Schulen für die Zukunft, S. 141 (142).
484 *Lohre*, „Selbstständige Schule": Konzept und Profil eines gemeinsamen Projektes des Landes Nordrhein-Westfalen und der Bertelsmann Stiftung, in: Koch/Fisch, Schulen für die Zukunft, S. 141 (143).

getroffen werden. Denn dort sind ihre Auswirkungen unmittelbar spürbar und dort ist auch der Wille zur selbst gestalteten und verantworteten Veränderung vorhanden[485]. Die Selbstständigkeit der Schulen ist dabei nicht Selbstzweck. In dem Modellvorhaben soll nicht erprobt werden, inwieweit Selbstständigkeit von Schulen überhaupt funktioniert. Vielmehr soll überprüft werden, inwieweit sich die Qualität schulischer Arbeit durch eine größere Selbstständigkeit von Schulen verbessert[486]. Alle Teilvorhaben auf schulischer oder regionaler Ebene müssen deshalb mittelbar oder unmittelbar der Verbesserung der Qualität schulischer Arbeit und insbesondere des Unterrichts dienen[487].

Demnach ist es folgerichtig, dass den Schulen in der das Schulentwicklungsgesetz konkretisierenden Verordnung zur Durchführung des Modellvorhabens „Selbstständige Schule" an erster Stelle in § 2 Freiräume hinsichtlich der Unterrichtsorganisation und -gestaltung eingeräumt werden. So können die Versuchsschulen gem. § 2 Abs. 1 VOSS von allgemeinen Vorgaben zur Unterrichtsorganisation und -gestaltung in folgenden Bereichen abweichen:
- Bildung von Lerngruppen (z.B. durch Bildung jahrgangsübergreifender Lerngruppen)
- Organisation des Unterrichts (z.B. durch Neuzuschnitt der Fächer)
- Formen der äußeren Differenzierung (z.B. durch Zusammenfassung lernschwacher Schüler in einer Lerngruppe zur Erreichung eines bestimmten Leistungsziels)
- Ausgestaltung der Leistungsbewertungen und deren Bescheinigungen (z.B. durch Ausstellung von Portfolios[488]) mit Ausnahme von Abschluss-, Überweisungs- und Abgangszeugnissen sowie der Abiturprüfung
- Übergang in eine höhere Klasse oder Jahrgangsstufe (z.B. durch Bildung von „Springergruppen", d.h. Schülergruppen, die ein Schuljahr aufgrund ihrer Leistungen überspringen können)
- Stundentafeln, Richtlinien und Lehrpläne (z.B. durch Epochalisierung von Fächern)

---

485 *Lohre*, „Selbstständige Schule": Konzept und Profil eines gemeinsamen Projektes des Landes Nordrhein-Westfalen und der Bertelsmann Stiftung, in: Koch/Fisch, Schulen für die Zukunft, S. 141 (143 f.).
486 *Lohre*, „Selbstständige Schule": Konzept und Profil eines gemeinsamen Projektes des Landes Nordrhein-Westfalen und der Bertelsmann Stiftung, in: Koch/Fisch, Schulen für die Zukunft, S. 141 (147); vgl. auch die Begründung zum Gesetzentwurf, Drucks. 13/1173, S. 13.
487 *Lohre*, „Selbstständige Schule": Konzept und Profil eines gemeinsamen Projektes des Landes Nordrhein-Westfalen und der Bertelsmann Stiftung, in: Koch/Fisch, Schulen für die Zukunft, S. 141 (142).
488 Das Portfolio dient der Sammlung der Kompetenzen, die ein Schüler in der gesamten Schulzeit in einem bestimmten Bereich erworben hat. Anders als in Zeugnissen erscheinen dort auch außerunterrichtliche Qualifikationen des Schülers, z.B. in den Fremdsprachen die Teilnahme an einem Austauschprogramm oder einem Fremdsprachenwettbewerb, im Medienbereich die Mitarbeit in der Schülerzeitung etc.

Bevor die Schulkonferenz derartige Abweichungen beschließt, muss eine Beratung darüber mit der oberen Schulaufsichtsbehörde stattfinden, § 2 Abs. 2 VOSS.

Mit der Gewährung größerer Freiheiten an die Einzelschule gehen verstärkte Anforderungen an die Qualitätssicherung und die Rechenschaftslegung einher. Gem. § 2 Abs. 3 VOSS legt die obere Schulaufsichtsbehörde im Benehmen mit der Schule und unter Berücksichtigung der in Anspruch genommenen Freiräume geeignete Verfahren der Qualitätssicherung und Rechenschaftslegung fest. Dabei deutet die „Berücksichtigung der in Anspruch genommenen Freiräume" darauf hin, dass die Kontrolldichte umso höher sein soll, je größer der von der Schule beanspruchte Freiraum ist[489].

Neben der Gewährung einer weitreichenden pädagogischen Autonomie können den Modellschulen Freiräume im Finanzbereich eingeräumt werden. So können Land und Schulträger den Schulen gem. Art. 1 Abs. 4 S. 1 SchEntwG Stellen, Personal- und Sachmittel im Rahmen eines einheitlichen Budgets zur selbstständigen Bewirtschaftung zur Verfügung stellen. Soweit ihnen Mittel zur Verfügung gestellt werden, sind die Schulen berechtigt, für das Land oder den Schulträger im Rahmen der Zweckbindung finanzielle Verpflichtungen einzugehen, Art. 1 Abs. 4 S. 3 SchEntwG.

Ferner wird die Stellung des Schulleiters gestärkt. Dieser wird zum Dienstvorgesetzten der Lehrer in bestimmten, enumerativ (teils obligatorisch, teils fakultativ) aufgelisteten Bereichen. Besonders hervorzuheben ist hierbei die dem Schulleiter künftig obliegende Auswahl der Lehrer für und die Berufung in das Beamtenverhältnis auf Probe (Einstellung), § 4 Abs. 1 Nr. 1 VOSS.

Ebenso können in den Bereichen der Schulmitwirkung und der Personalvertretung Änderungen von den Schulen vorgenommen werden. Nach § 3 VOSS kann die Schule neue Formen der Mitwirkung ausprobieren, insbesondere auch die Zusammensetzung der Gremien und deren Aufgaben ändern. Dabei soll erprobt werden, ob und wie durch eine veränderte Beteiligung von Eltern, Lehrern und Schülern an den Entscheidungsprozessen eine stärkere Identifikation mit den Zielen der einzelnen Schule und eine größere Zufriedenheit mit der schulischen Situation erreicht werden könnte[490]. Im Bereich der Personalvertretung geht der Gesetzgeber offensichtlich davon aus, dass der Stärkung der Stellung des Schulleiters auch eine Stärkung der Position der Lehrer an die Seite gestellt werden müsse. So übernimmt der Lehrerrat gem. Art. 1 Abs. 2 S. 2 ff. SchEntwG i.V.m. § 5 VOSS die bisherigen Aufgaben des Personalrats. Damit werden den externen Personalräten zugunsten der schulinternen Lehrerräte ihre Kompetenzen genommen. Die Lehrerräte bleiben dabei Organe der Schulmitwirkung. Doch wenden sie ebenfalls – zum Teil auch analog[491] – Vorschriften des Landespersonalvertretungsgesetzes an und treten der Schulleitung als eine Art innerschulische Personalräte gegenüber.

---

489   So auch *Stock*, RdJB 2002, 468 (486).
490   *Stock*, RdJB 2002, 468 (488).
491   Vgl. dazu auch *Stock*, RdJB 2002, 468 (488).

All diese Aktivitäten der Schule sind – so der gewünschte Idealfall – eingebettet in ein regionales Netzwerk, das dem Ziel des Gesamtprojektes verpflichtet ist. Unter Wahrung der Zuständigkeiten soll die Kooperation zwischen Schulträger und Schulaufsicht gestärkt und zu einer regionalen Verantwortungsgemeinschaft entwickelt werden. Ebenso sollen langfristig alle, in irgendeiner Weise mit Bildung befassten, Akteure der Region (z.B. Volkshochschulen, Betriebe, Musikschulen, Kindergärten, Bibliotheken, Museen, Sportvereine, Kirchen etc.) in das regionale Netzwerk eingebunden werden[492]. Gesteuert werden die Aktivitäten zum einen von schulinternen Steuergruppen, zum anderen von regionalen Steuergruppen, in denen Schulen, Schulträger und Schulaufsicht vertreten sind[493]. Schließlich soll die Entwicklung des Vorhabens in einer wissenschaftlichen Zwischenevaluation zum Ende des Schuljahres 2004/2005[494] und in einer Abschlussevaluation zum Ende des Schuljahres 2007/2008 überprüft werden.

b) Bewertung des Modellvorhabens

Das Modellvorhaben „Selbstständige Schule" sei das interessanteste und anspruchsvollste Schulentwicklungsvorhaben des Landes und wohl auch der ganzen Bundesrepublik, äußerte einer der wissenschaftlichen Berater des Projektes anlässlich der öffentlichen Anhörung des Ausschusses für Schule und Weiterbildung des Landtags Nordrhein-Westfalen zum Thema „Selbstständige Schule" am 29. August 2001[495]. Ob dieser Aussage in ihrem umfassenden Enthusiasmus zugestimmt werden kann, bleibt zu prüfen. Jedoch steht fest, dass der Staat hier die Zügel beträchtlich, über alles bisher Bekannte hinaus, lockert[496]. Denn er gewährt den beteiligten Schulen erstmals eine nahezu umfassende pädagogische Autonomie im oben dargestellten Sinne. Insofern ist das Modellvorhaben sowohl in seiner Intention als auch hinsichtlich der einbezogenen Themenbereiche (Schul- und Unterrichtsgestaltung, Mitwirkung, Personalauswahl, Stärkung des Schulleiters, Schaffung eines gemeinsamen Haushalts) sehr weit gehend. Kritisch zu begutachten ist hingegen die – hier allein interessierende – rechtliche Umsetzung der Idee der selbstständigen Schule. Dieses in gleich zweierlei Hinsicht: Zum einen nehmen sich die rechtlichen Regelungen in

---

492 Vgl. *Lohre*, „Selbstständige Schule": Konzept und Profil eines gemeinsamen Projektes des Landes Nordrhein-Westfalen und der Bertelsmann Stiftung, in: Koch/Fisch, Schulen für die Zukunft, S. 141 (145).
493 Siehe dazu auch im Flyer des Modellvorhabens S. 13 ff.
494 Die Ergebnisse der Zwischenevaluation lagen bis zum Abschluss der Korrekturarbeiten noch nicht vor.
495 So *Rolff*, der Leiter des Instituts für Schulentwicklungsforschung an der Universität Dortmund. Zitiert nach *Stock*, RdJB 2002, 468 (468).
496 *Stock*, RdJB 2002, 468 (489).

ihrem Umfang recht dürftig aus. Zum anderen hat die gewollte Autonomie keine echte rechtliche Absicherung erfahren.

aa. Umfang der gesetzlichen Regelungen

Erklärtes Ziel des Modellvorhabens „Selbstständige Schule" ist ausweislich der Vorbemerkungen der betreffenden Verordnung wie gesehen die Verbesserung der Qualität schulischer Arbeit, insbesondere des Unterrichts[497]. Um so erstaunlicher ist es, dass der Gesetzgeber den Qualitätsbegriff in dem einschlägigen Schulentwicklungsgesetz mit keinem Wort erwähnt. In dem fünf Absätze umfassenden Art. 1 SchEntwG werden in Abs. 1 Intention – die Erprobung neuer Modelle der Selbstständigkeit und Eigenverantwortung – und Zeitrahmen des Projektes beschrieben[498]. Abs. 2 regelt ausführlich die neuen Kompetenzen des Schulleiters und die Änderung der Personalvertretungsstrukturen. Abs. 3 befasst sich mit den Rechten und Aufgaben der Gleichstellungsbeauftragten. Abs. 4 regelt die Übertragung von Haushaltsmitteln auf die Schule und Abs. 5 enthält eine Verordnungsermächtigung. Der Qualitätsbegriff spielt an keiner Stelle eine Rolle. Und auch die konkretisierende Verordnung (VOSS) enthält keine eingehenderen Aussagen zum Qualitätsbegriff. Dabei ist in der momentanen Bildungsdiskussion Weniges so konturenlos und ungeklärt wie der Qualitätsbegriff[499]. Was ist schulische Qualität? Wann ist die Arbeit einer Schule qualitativ hochwertig? Was muss eine Schule leisten, um Qualität zu besitzen? Auf all diese Fragen gibt es (noch) keine eindeutige Antwort. Dennoch müssen Maßstäbe geschaffen werden, an denen schulische Arbeit gemessen werden kann. Ohne im Voraus festgelegte Qualitätsmaßstäbe kann ein Projekt, dass das Ziel der Qualitätsverbesserung verfolgt, nicht sinnvoll durchgeführt werden. Denn weder wissen die Beteiligten, auf welches Ziel sie hinarbeiten, noch ist eine effektive Evaluation der Arbeit möglich. Selbstverständlich können und müssen die an dem Vorhaben beteiligten Schulen konkrete Ziele im Einzelnen für sich selbst definieren, die ebenfalls Richtschnur und Maßstab der Arbeit sind. Die Formulierung konkreter Ziele kann kein Gesetzgeber leisten. Doch ist es originäre Aufgabe des Gesetzge-

---

[497] Siehe Vorbemerkungen S. 1. Im Internet zum Download unter http://www.selbstaendigeschule.nrw.de/dasProjekt/rechtlicheGrundlagen/ordner_template/9970_Einfuehrungstext_VOSS.pdf (16.8.2005).

[498] „Zur Erprobung neuer Modelle der Selbstständigkeit und Eigenverantwortung kann das Ministerium für Schule, Wissenschaft und Forschung [das heutige Ministerium für Schule und Weiterbildung, Anm. d. Verf.] für die Dauer von bis zu sechs Jahren abweichend von den bestehenden Rechtsvorschriften einer begrenzten Zahl von Schulen ermöglichen, zur Weiterentwicklung des Schulwesens bei der Personalverwaltung, Stellenbewirtschaftung und Sachmittelbewirtschaftung sowie in der Unterrichtsorganisation und -gestaltung selbstständige Entscheidungen zu treffen und neue Modelle der Schulmitwirkung und der Personalvertretung zu erproben."

[499] Ebenso *Stock*, RdJB 2002, 468 (484).

bers, allgemeine Standards und Ziele für die schulische Arbeit festzulegen und dadurch sein Verständnis des Qualitätsbegriffs[500] darzulegen. Dazu verpflichtet ihn nicht nur die praktische Notwendigkeit, sondern auch die aus dem, in Art. 20 Abs. 2 GG verankerten, Rechtsstaatsprinzip abgeleitete Wesentlichkeitsdoktrin des Bundesverfassungsgerichts[501]. Nach der Wesentlichkeitsdoktrin muss der formelle Gesetzgeber wesentliche Fragen selbst regeln und darf sie nicht der Exekutive zur Regelung überlassen. Der schulische Qualitätsbegriff, der letztlich die gesamte schulische Arbeit prägt, ist eine derart wesentliche Frage. Dies gilt zum einen in Anbetracht der Verantwortung, die Art. 7 Abs. 1 GG dem Staat für das Schulwesen gibt[502]. Zum anderen ergibt sich die Wesentlichkeit der Qualitätsfrage aber auch aus den Grundrechten der Schüler. Wie bereits in den ersten beiden Teilen ausgeführt, wird durch die Wahrnehmung des staatlichen Bildungs- und Erziehungsauftrags auf das Recht der Schüler auf freie Entfaltung der Persönlichkeit aus Art. 2 Abs. 1 GG eingewirkt. Durch die Vermittlung von Bildungsinhalten nimmt der Staat Einfluss auf die Persönlichkeitsentwicklung des Schülers. In diesem Zusammenhang ist die Frage der Qualität schulischer Arbeit von entscheidender Bedeutung. Auch spielt im Rahmen der Qualitätsfrage die aus Art. 3 Abs. 1 GG abgeleitete Chancengleichheit eine Rolle. Diese gebietet, dass alle Schulen wenigstens ein Mindestmaß an gleicher Qualität aufweisen[503]. Demnach ist eine eindeutige Definition dessen erforderlich, was unter schulischer Qualität zu verstehen ist. Der nordrhein-westfälische Gesetzgeber ist seiner Verpflichtung zur Regelung der wesentlichen Fragen in seinem Schulentwicklungsgesetz insoweit nicht nachgekommen[504].

bb. Rechtliche Absicherung der schulischen Eigenverantwortung

Weiterer Kritikpunkt ist unter juristischen Gesichtspunkten die mangelhafte rechtliche Absicherung der schulischen Eigenverantwortung. Denn auch im Rahmen des

---

500 Dass dieser nicht allgemeine Gültigkeit besitzt und von allen geteilt wird, steht außer Frage. Denn die Frage nach Qualität ist stets auch eine Wertungsfrage. Diese aber muss der Gesetzgeber für sein Hoheitsgebiet verbindlich entscheiden. Dabei schadet es nicht, wenn die Formulierungen allgemeiner Natur sind. Denn sie sollen lediglich die Erwartungen widerspiegeln, welche die Gesellschaft an schulische Bildung hat. Damit ist der Qualitätsbegriff letztlich veränderbar und gesellschaftlichen und politischen Entwicklungen unterworfen. Da er jedoch nur die prinzipiellen Ausgangspunkte angeben soll, von denen der Staat bei der Unterhaltung und Finanzierung des Schulwesens ausgeht, müsste es möglich sein, auch auf lange Sicht – über den Wechsel politischer Mehrheiten hinweg – einen einheitlichen Qualitätsbegriff zu entwickeln. Vgl. zum gleichgelagerten Problem bei der Entwicklung der Standards im niederländischen Schulsystem *Liket*, Freiheit und Verantwortung, S. 40 f.
501 BVerfGE 61, 260 (275); 49, 89 (126); 77, 170 (230 f.).
502 Siehe dazu bereits oben 1. Teil C. I.
503 Siehe dazu unten 3. Teil D. IV.
504 Ähnlich auch *Stock*, RdJB 2002, 468 (484).

Modellversuchs soll die Schule nichtrechtsfähige Anstalt des öffentlichen Rechts bleiben. Der Schule werden weitreichende Autonomierechte eingeräumt: So kann sie Mittel selbstständig bewirtschaften, Personal auswählen und ihre pädagogischen Tätigkeiten in größter Selbstständigkeit wahrnehmen. Dennoch wird ihr keine Rechtsfähigkeit zuerkannt. Die „Selbstständige Schule" soll rechtlich gesehen eine unselbstständige staatlich-kommunale Schulanstalt bleiben[505]. Ein Gebilde ohne Rechtsfähigkeit verfügt indes nicht über das zur Selbstständigkeit und Selbstregulierung erforderliche rechtliche „Selbst". Es ist rechtlich gesehen irrelevant. Dies hindert den Gesetzgeber selbstverständlich nicht, der Schule die Rechte zu übertragen, die er ihr in dem Modellvorhaben gewährt. Dennoch erscheint es wenig konsequent, die Schulen mit weitreichenden Ermächtigungen, beispielsweise im finanziellen Bereich, auszustatten, aber ihnen nicht generell die Rechtsfähigkeit zuzuerkennen. Dass die fehlende Rechtsfähigkeit durchaus zu praktischen Schwierigkeiten führen kann, zeigt bereits der Text des Art. 1 Abs. 1 SchulEntwG. Danach ermöglicht das Ministerium einer Anzahl von Schulen im Rahmen von Kooperationsvereinbarungen die Wahrnehmung der oben bereits genannten größeren Entscheidungsspielräume. Derartige Kooperationsvereinbarungen können aber von den Schulen selbst gar nicht geschlossen werden. Denn diese sind nicht rechtsfähig und können damit nicht Träger von Rechten und Pflichten, also auch keine Vertragspartner sein. Folglich bedarf es stets einer Einbindung des Schulträgers.

Über die praktischen Probleme hinaus hat die Beibehaltung der Nichtrechtsfähigkeit weitere negative Auswirkungen. Mit der rechtlich halbherzigen Lösung nimmt der Gesetzgeber seinen sonst weitreichenden Autonomiegewährungen ein Stück an Qualität. Denn auch die Beteiligten spüren, dass der Gesetzgeber eine echte rechtliche Selbstständigkeit der Schulen in letzter Konsequenz nicht befürwortet. Dabei wäre gerade ein Modellvorhaben dazu geeignet gewesen, auch mit anderen Rechtsformen für Schulen zu experimentieren und den beteiligten Schulen – jedenfalls probeweise – Rechtsfähigkeit zuzuerkennen[506]. Eine Außerkraftsetzung des einschlägigen § 6 Abs. 3 S. 2 SchulG Nordrhein-Westfalen wäre nach dem Text des Art. 1 Abs. 1 SchulEntwG ohne weiteres möglich gewesen. Allerdings wäre dafür eine entsprechende Verordnung gem. Art. 1 Abs. 5 S. 1 Nr. 1 SchulEntwG erforderlich gewesen[507]. Indem das nordrhein-westfälische Vorhaben diese Möglichkeit nicht genutzt hat, hat es eine Chance vertan[508].

Auch in einem weiteren Bereich ist das Vorhaben rechtlich hinter dem zurückgeblieben, was möglich gewesen wäre. Nach wie vor steht dem Staat – jedenfalls rechtlich – das umfassende Bestimmungsrecht über die Schulen durch die Wahr-

---

505 *Stock*, RdJB 2002, 468 (491).
506 Die Auseinandersetzung mit anderen möglichen Rechtsformen für Schulen erfolgt am Ende dieses Teils. Siehe unten 3. Teil E.
507 So auch *Stock,* RdJB 2002, 468 (491 Fn. 128).
508 Gleicher Ansicht ist auch *Stock*, RdJB 2002, 468 (494): „Eine pädagogisch tatsächlich selbstständige, aber rechtlich unfreie und gewissermaßen subjektlose, >nichtrechtsfähige< Schule – das wäre nur eine halbe Lösung. Es wäre kein wirklich überzeugendes Reformziel."

nehmung der Fach-, Dienst- und Rechtsaufsicht zu. Ebenso wie die weiterbestehende Nichtrechtsfähigkeit der Schulen erscheint dieser Befund den Zielsetzungen des Projektes nicht zu entsprechen. Ausweislich der Vorbemerkungen zur einschlägigen Verordnung (VOSS) soll das Vorhaben der Erprobung neuer Modelle eigenverantwortlicher Steuerung von Schulen dienen[509]. Die beteiligten Schulen erhalten in dem Vorhaben gem. § 2 VOSS weitreichende Möglichkeiten, von den allgemeinen Vorgaben zur Unterrichtsgestaltung und -organisation abzuweichen und eigene pädagogische und curriculare Konzepte zu entwickeln. Dies kann mit dem Fortbestehen einer Fachaufsicht nicht in Einklang gebracht werden. Die Fachaufsicht kann aus Zweckmäßigkeitserwägungen grundsätzlich in alle pädagogischen Prozesse einer Schule eingreifen und Weisungen zur Gestaltung derselben geben. Damit aber würde der Gedanke der Selbstständigkeit und Eigenverantwortung ad absurdum geführt.

Es stellt sich mithin die Frage, warum der Gesetzgeber auf die Frage der Aufsicht nicht näher eingegangen ist. Zum einen könnte angenommen werden, dass der Gesetzgeber davon ausging, dass ein Eingreifen der Fachaufsicht faktisch nicht vorkommen werde und eine Regelung deshalb überflüssig sei. Zum anderen könnte der Gesetzgeber sogar eine rechtliche Beschränkung der Fachaufsicht intendiert haben, ohne dies allerdings ausdrücklich festzulegen. Möglicherweise ging der Gesetzgeber davon aus, dass die in § 86 Abs. 2 Nr. 1 SchulG Nordrhein-Westfalen angelegte Fachaufsicht des Staates insoweit suspendiert würde, als die Rechte der Schule nach der einschlägigen Verordnung reichen. Legt man diese beiden Betrachtungsweisen zugrunde, erscheint das Fortbestehen der Fachaufsicht umso erstaunlicher. Denn wenn die Fachaufsicht faktisch oder gar rechtlich ohnehin nicht mehr in das pädagogische Geschehen der Schule eingreifen können sollte, wäre ihre Existenz überflüssig geworden. Es wäre Aufgabe des Gesetzgebers gewesen, die Abschaffung der Fachaufsicht ausdrücklich festzuschreiben. Im Falle der nur faktischen Einschränkung der Fachaufsicht wäre die ausdrückliche Abschaffung der Fachaufsicht erforderlich gewesen, um auch eine rechtliche Absicherung der intendierten Beschränkung zu erreichen. Im Falle der unterstellten rechtlichen Beschränkung der Fachaufsicht durch die erweiterten Rechte der Schule wäre die ausdrückliche Abschaffung der Fachaufsicht jedenfalls aus Klarstellungsgründen erforderlich gewesen. Denn so bleibt die Frage der Aufsicht eine Auslegungsfrage[510].

Es bietet sich aber noch eine dritte Antwort auf die Frage an, warum der Gesetzgeber nicht auf das Problem der Schulaufsicht eingegangen ist. Möglicherweise wollte der Gesetzgeber bewusst nichts an der bisherigen Rechtslage ändern und sich die Möglichkeit fachaufsichtlichen Einschreitens vorbehalten, um im Falle eines – aus seiner Sicht – falschen Kurses regelnd eingreifen zu können. Sollte diese Antwort zutreffen, erwiese sich das ganze Modellvorhaben „Selbstständige Schule" als jedenfalls fragwürdig. Denn das Prinzip der Fachaufsicht und der Gedanke der schulischen Selbstständigkeit verfolgen derart konträre Zielsetzungen, dass sie nicht

---

509 Vorbemerkungen zur Verordnung S. 1.
510 So auch *Stock,* RdJB 2002, 468 (492).

in einem Modellvorhaben untergebracht werden können. Schulische Selbstständigkeit setzt Vertrauen des Staates in die Schulen voraus. Die Fachaufsicht hat demgegenüber Kontrollfunktion. Der nordrhein-westfälische Gesetzgeber wollte sich mit dem Modellvorhaben „Selbstständige Schule" für Ersteres entscheiden. Indem er die Fachaufsicht – jedenfalls ausdrücklich – nicht aufgehoben hat, ist er jedoch den entscheidenden letzten Schritt nicht gegangen[511]. Unabhängig davon, wie man das Fortbestehen der Fachaufsicht demnach deutet, wirft es Fragen hinsichtlich der konsequenten Umsetzung der Idee des Modellversuchs auf. Eine Suspendierung des § 86 Abs. 2 Nr. 1 SchulG Nordrhein-Westfalen wäre auf der Grundlage des Abs. 1 SchulEntwG durch eine Verordnung gem. Art. 1 Abs. 5 S. 1 Nr. 1 SchulEntwG ohne weiteres möglich gewesen. Der nordrhein-westfälische Verordnungsgeber ist diesen Weg indes nicht gegangen[512].

5. Zusammenfassung

Der Überblick über die gesetzliche Lage in den einzelnen Ländern hat gezeigt, dass rechtlich im Bereich der schulischen Eigenverantwortung viel im Flusse ist. Im Zentrum der Regelungen steht dabei die pädagogische Eigenverantwortung, die sich insbesondere in der Verpflichtung zur Erstellung von Schulprogrammen ausdrückt. Die Schulprogramme sollen zur Profilentwicklung der einzelnen Schule dienen und ihre wesentlichen Schwerpunkte und ihr pädagogisches Konzept widerspiegeln. Zur Umsetzung dieser Schwerpunkte werden den Schulen ferner in einer Mehrheit der Länder gewisse finanzielle Mittel zur eigenverantwortlichen Bewirtschaftung zur Verfügung gestellt. Wenig ausgeprägt ist demgegenüber die Beteiligung der Schulen an der Auswahl des pädagogischen Personals. Nur wenige Länder sehen das Recht der Schulen vor, selbstständig Lehrerstellen auszuschreiben und Bewerbungsverfahren durchzuführen. Alle drei „Autonomie-Bereiche" werden von dem nordrhein-westfälischen Modellvorhaben „Selbstständige Schule" erfasst. Das Modellvorhaben geht in seinen Zielsetzungen über Bekanntes hinaus, doch lässt die rechtliche Umsetzung zu wünschen übrig. Zum einen hat es der parlamentarische Gesetzgeber an wesentlichen Regelungen fehlen lassen. Zum anderen ist die Eigenverantwortung der Schule auch hier aufgrund des Fortbestehens der Fachaufsicht und der weiterhin nicht gegebenen Rechtsfähigkeit der Schule rechtlich nicht umfassend abgesichert.

---

511 Dieses Defizit bemerkt auch *Stock* kritisch, RdJB 2002, 468 (493).
512 Dabei hängen die Frage der Rechtsfähigkeit von Schulen und die Frage der Aufsicht sehr eng zusammen. Andere Rechtsformen von Schulen, die mit der Anerkennung der Rechtsfähigkeit einhergehen, bringen regelmäßig auch eine Beschränkung der staatlichen Aufsichtsbefugnisse mit sich. Siehe dazu unten 3. Teil E. und *Stock*, RdJB 2002, 468 (492).

II. Verfassungsrechtliche Anknüpfungspunkte

Auch wenn die einfachrechtlichen Gewährleistungen durchaus zu begrüßen sind, ergeben sie doch kein einheitliches Institut einer Eigenverantwortung der Schule[513]. Demnach stellt sich die Frage, ob die Verfassung selbst wenigstens einen Kernbereich schulischer Eigenverantwortung verbürgt.

Die Erörterung dieser Frage ist sinnvollerweise im Zusammenhang mit einer anderen Thematik, nämlich der pädagogischen Freiheit des Lehrers, zu sehen. Die pädagogische Eigenverantwortung der Schule ist das institutionelle Pendant zu der pädagogischen Freiheit des einzelnen Lehrers[514]. Sowohl der einzelne Lehrer als Individuum als auch die Schule als Institution sind dem staatlichen Bildungs- und Erziehungsauftrag verpflichtet. Was oben für die Schule als Institution dargelegt wurde, gilt demnach grundsätzlich ebenso für den einzelnen Lehrer: Zur sachgerechten und effektiven Wahrnehmung der Bildungs- und Erziehungsaufgaben bedarf auch der einzelne Lehrer eines gewissen Freiraums zur eigenverantwortlichen Gestaltung. Auch der einzelne Lehrer kann seinen Schülern am besten dann zur Persönlichkeitsentfaltung verhelfen, wenn er in der Lage ist, flexibel auf die jeweiligen Bedürfnisse und Situationen zu reagieren und er nicht an strikte Vorgaben gebunden ist.

Was genau unter dem Begriff der pädagogischen Freiheit zu verstehen ist, ist unklar. Trotz des umfangreichen Schrifttums zur Thematik der pädagogischen Freiheit[515] erweist sich eine eindeutige Begriffsklärung als schwierig. Dies stellte *Ossenbühl* bereits im Jahre 1982 fest:

---

513   Dies tun im Übrigen auch nicht die einfachgesetzlichen Gewährleistungen, die von der Eigenverantwortung, der Selbstständigkeit oder Selbstverantwortung der Schule sprechen. Wie im zweiten Teil im Rahmen der Fachaufsicht bereits erörtert wurde, sind diese Bezeichnungen regelmäßig nur leere Worthülsen und keine echten rechtlichen Gewährleistungen schulischer Eigenverantwortung. Siehe dazu oben 2. Teil A. II. und IV.

514   *Bildungskommission NRW*, Zukunft der Bildung – Schule der Zukunft, S. 159; *Oppermann*, Kulturverwaltungsrecht, S. 51, der dies zwar nicht ausdrücklich ausspricht, aber von *einem* Grundrecht der pädagogischen Freiheit spricht, bei dem er zwischen der institutionellen pädagogischen Freiheit der Einzelschule und der individuellen pädagogischen Freiheit des Lehrers unterscheidet; *Heckel*, Eine Grundordnung der deutschen Schule, S. 31.

515   Siehe u.a. *Beck*, Die Geltung der Lehrfreiheit des Art. 5 Abs. 3 GG für Lehrer an Schulen, Bonn 1975; *Burmeister*, Die „pädagogische Freiheit" – ein klagloses Recht?, RdJB 1989, S. 415 ff.; *Fauser*, Pädagogische Freiheit in Schule und Recht, Weinheim 1986; *Hennecke*, Versuch einer juristischen Begründung von pädagogischer Freiheit, RdJB 1986, S. 233 ff.; *Höfling*, Öffentliches Schulwesen und pädagogische Autonomie, DÖV 1988, S. 416 ff.; *Maunz*, Gestaltungsfreiheit des Lehrers und Schulaufsicht des Staates, in: Maurer, Das akzeptierte Grundgesetz. Festschrift für Günter Dürig zum 70. Geburtstag, München 1990, S. 269 ff.; *Ossenbühl*, Die pädagogische Freiheit und die Schulaufsicht, DVBl. 1982, S. 1157 ff.; *Pieske*, Gesetzesvorbehalt im schulrechtlichen Bereich unter besonderer Berücksichtigung der pädagogischen Freiheit, DVBl. 1979, S. 329 ff.; *Rux*, Die pädagogische Freiheit des Lehrers, Berlin 2002; *Starck*, Staatliche Schulhoheit, pädagogische Freiheit und Elternrecht, DÖV 1979, S. 269 ff.; *Stock*, Pädagogische Freiheit und politischer Auftrag der Schule, Heidelberg 1971; *ders.*, Die pädagogische Freiheit des Lehrers im Lichte des schulischen Bildungsauftrags, RdJB 1986, S. 212 ff.

> „Als Rechtsbegriff bleibt die >pädagogische Freiheit< [...] weiterhin dunkel [...]. Der Reformgedanke ist seiner Intention nach deutlich, aber noch nicht zu einer juristisch verwertbaren sprachlichen Gestalt gediehen"[516].

Die meisten Autoren nehmen überhaupt keine Begriffsdefinition vor, sondern setzen ein gemeinsames Verständnis der Begrifflichkeiten stillschweigend voraus. Einen der wenigen Definitionsversuche unternimmt *Hennecke*:

> „Eine Definition läßt sich mit lediglich deskriptivem, aber auch mit normativem Gehalt aufstellen. In rein deskriptivem Sinne könnte pädagogische Freiheit als der für Lehrer individuell oder kollektiv innerhalb der Schulorganisation bestehende Freiraum für die eigenverantwortliche Gestaltung der Erziehungsarbeit gefaßt werden. In normativem Sinne wäre dies der den Lehrern individuell oder kollektiv zustehende Freiraum"[517].

Von Münch definiert die pädagogische Freiheit als Freiheit des Lehrers zur Unterrichtsgestaltung[518]. *Elfriede Müller* bezeichnet die pädagogische Freiheit als das Recht des Lehrers, seinen Unterricht so zu gestalten, wie er es nach seiner Überzeugung für richtig hält[519]. Alle drei Definitionsversuche stellen die Freiheit des Lehrers in den Mittelpunkt, treffen aber keine Aussagen dazu, welchen Umfang die Freiheit haben soll und was ihre Grenzen sind. Dies leistet – wenn auch nur in abstrakter Weise – das Bundesverfassungsgericht. In seiner vielbeachteten Entscheidung zur Sexualerziehung in der Schule bemerkt es in einem obiter dictum, dass staatliche Festlegungen immer daraufhin überprüft werden müssten, „ob sie der pädagogischen Freiheit genügend Raum lassen, ob dem Lehrer im Unterricht noch der Spielraum verbleibt, den er braucht, um seiner pädagogischen Verantwortung gerecht werden zu können"[520]. Das Bundesverfassungsgericht versteht demnach unter der pädagogischen Freiheit des Lehrers den Spielraum, den der Lehrer braucht, um seiner pädagogischen Verantwortung gerecht werden zu können. Der Umfang der pädagogischen Freiheit wird durch die funktionale Erwägung der Erforderlichkeit geprägt. Stets muss die Frage beantwortet werden, wie viel Spielraum erforderlich ist, um der pädagogischen Verantwortung gerecht werden zu können. Nicht mehr und nicht weniger als dieses erforderliche Mindestmaß an Freiraum umschreibt der Begriff der pädagogischen Freiheit. Demnach wird im Folgenden mit dem Bundesverfassungsgericht unter der pädagogischen Freiheit der Spielraum verstanden, den der Lehrer braucht, um seiner pädagogischen Verantwortung gerecht werden zu können.

Da diese Beschreibung große Ähnlichkeit mit der oben skizzierten schulischen Eigenverantwortung aufweist, liegt es nahe, nach einem gemeinsamen verfassungsrechtlichen Anhaltspunkt zu suchen. Jedoch sind die denkbaren Anknüpfungspunkte für Lehrer als natürliche Personen größer als für die Schule. Zwar können Schulen als nichtrechtsfähige Anstalten jedenfalls hinsichtlich der Grundrechtsberechtigung wie echte juristische Personen behandelt werden und sich damit grundsätzlich gem.

---

516 *Ossenbühl*, DVBl. 1982, 1157 (1158).
517 *Hennecke*, RdJB 1986, 233 (234).
518 *v. Münch*, DVBl. 1964, 789 (789).
519 *Müller*, RdJB 1977, 30 (32).
520 BVerfGE 47, 46 (83) = NJW 1978, 807 (811).

Art. 19 Abs. 3 GG auf Grundrechte berufen, sofern diese wesensmäßig anwendbar sind[521]. Denn der verfassungsrechtliche Begriff der juristischen Person ist weiter als der des einfachen Rechts[522]. Jedoch handelt es sich bei Schulen als nichtrechtsfähige Anstalten um juristische Personen des öffentlichen Rechts. Demnach gilt auch für sie der Grundsatz, dass juristische Personen des öffentlichen Rechts sich nicht auf Grundrechte berufen können[523]. Dies hat seinen Grund darin, dass juristische Personen des öffentlichen Rechts staatliche Aufgaben wahrnehmen und dem Bürger als Staat (-steile) gegenüber treten. Der Staat kann aber nicht gleichzeitig grundrechtsverpflichtet und grundrechtsberechtigt sein. Insbesondere ist es ausgeschlossen, die Erfüllung öffentlicher Aufgaben mit der Berufung auf Grundrechte zu begründen. Insofern ist es juristischen Personen des öffentlichen Rechts grundsätzlich verwehrt, sich auf Grundrechte zu berufen. Aus diesem Grund scheiden die hinsichtlich der pädagogischen Freiheit des Lehrers zu diskutierenden Gewährleistungen der Art. 5 Abs. 1 S. 1 Var. 1 GG und Art. 33 Abs. 5 GG als Anknüpfungspunkte für die schulische Eigenverantwortung von vornherein aus. Als Anhaltspunkte sowohl für die pädagogische Freiheit als auch die schulische Eigenverantwortung kommen indes die Art. 5 Abs. 3 S. 1 GG, Art. 2 Abs. 1 GG, Art. 7 Abs. 1 GG und Art. 7 Abs. 1 GG i.V.m. Art. 2 Abs. 1 GG in Betracht.

1. Art. 5 Abs. 1 S. 1 Var. 1 GG

Als erster rechtlicher Ansatzpunkt für die pädagogische Freiheit des Lehrers ist sein Grundrecht auf freie Meinungsäußerung aus Art. 5 Abs. 1 S. 1 Var. 1 GG in Erwägung zu ziehen[524]. Unterricht und Erziehung sind ohne Meinungsäußerungen nicht denkbar. Zwar darf der Lehrer seine Schüler nicht einseitig beeinflussen. Doch ist es gerade in gesellschaftswissenschaftlichen Fächern unumgänglich, dass der Lehrer Stellung bezieht und seine Meinung zu einem bestimmten Thema äußert. Dies ist auch im Sinne der Schüler durchaus wünschenswert. Die Schüler sollen die Möglichkeit haben, sich mit der Auffassung des Lehrers auseinander zu setzen. Nur in der Auseinandersetzung können sie eine eigene Position entwickeln. Fraglich ist in-

---

521 Dies bedeutet, dass sich hinsichtlich der folgenden Ausführungen auch dann kein Unterschied ergeben würde, wenn man den Schulen Rechtsfähigkeit zuerkennen und sie damit zu echten juristischen Personen machen würde. Zur Frage der alternativen Rechtsformen von Schulen siehe unten 3. Teil E.
522 So die allgemeine Auffassung. Vgl. *Dreier*, in: Dreier, GG, Art. 19 Abs. 3 Rn. 46 ff.; *Krebs*, in: v. Münch/Kunig, GG, Art. 19 Rn. 31; *Hofmann*, in: Schmidt-Bleibtreu/Klein, GG, Art. 19 Rn. 27; *Jarass*, in: Jarass/Pieroth, GG, Art. 19 Rn. 16.
523 BVerfGE 21, 362 (369 f.); 61, 82 (100 f.).
524 Vgl. dazu *Beck*, Die Geltung der Lehrfreiheit des Art. 5 Abs. 3 GG für die Lehrer an Schulen, S. 105; *Perschel*, DÖV 1970, 34 (36); *Pieske*, DVBl. 1979, 329 (331); *Roellecke*, DÖV 1976, 515 (516) – alle Autoren lehnen im Ergebnis jedoch eine Begründung der pädagogischen Freiheit aus der Meinungsfreiheit ab.

des, ob dies auch bedeutet, dass die pädagogische Freiheit des Lehrers in seiner Meinungsfreiheit wurzeln muss. Zur Beantwortung dieser Frage ist eine nähere Untersuchung der Stellung des Lehrers erforderlich. Der Lehrer nimmt in Ausübung seines Amtes hoheitliche Befugnisse wahr. Er führt im Namen des Staates den diesem obliegenden Bildungs- und Erziehungsauftrag aus[525] und übt durch seine Unterrichts- und Erziehungstätigkeit Staatsgewalt aus[526]. Als Beschäftigter des öffentlichen Dienstes hat er eine besonders enge Beziehung zum Staat, die ihn von anderen Bürgern unterscheidet.

Nach der im neunzehnten Jahrhundert von *Laband* und *Otto Mayer* entwickelten Lehre des „besonderen Gewaltverhältnisses" bewirkte die Nähe des öffentlichen Bediensteten zum Staat, dass er sich nicht auf Grundrechte berufen konnte, da er durch seine öffentliche Tätigkeit gleichsam in den staatlichen Verwaltungsbereich einbezogen wurde[527]. Seit Erlass des Grundgesetzes mit seinem umfassenden Anspruch rechtsstaatlicher Durchdringung aller Lebensbereiche ist diese Lehre in die Kritik geraten. Dennoch hielt sie sich noch bis in die siebziger Jahre. Erst die sog. Strafgefangenenentscheidung[528] des Bundesverfassungsgerichts brachte die endgültige Abkehr von der Lehre des besonderen Gewaltverhältnisses. Seit dieser Entscheidung hat sich in Rechtsprechung und Literatur die Auffassung durchgesetzt, dass die Grundrechte auch in den früher so genannten besonderen Gewaltverhältnissen Geltung haben. Damit ist grundsätzlich der Weg für eine Begründung der pädagogischen Freiheit aus dem Grundrecht der Meinungsfreiheit offen. Jedenfalls kann eine derartige Argumentation nicht damit angegriffen werden, dass sich Lehrer als öffentliche Bedienstete ohnehin nicht auf Grundrechte berufen könnten.

Indes ist die Verankerung der pädagogischen Freiheit in dem Grundrecht auf freie Meinungsäußerung aus einem anderen Grund nicht haltbar. Dieser Grund liegt in der Funktion der Grundrechte. Die durch das Grundgesetz garantierten Grundrechte sind in erster Linie Abwehrrechte des Bürgers gegen den Staat[529]. Der Staat selbst kann grundsätzlich nicht Träger von Grundrechten sein. Denn er ist gem. Art. 1 Abs. 3 GG Grundrechtsverpflichteter. Grundrechtsberechtigung und Grundrechtsbindung sollen aber nicht konfundiert, das heißt vermischt, werden[530]. Dies betrifft nicht nur den Staat als solchen, sondern auch – wie hinsichtlich der Schulen bereits erörtert – alle staatlichen Funktionsträger. Sind diese doch vom Bürger aus gesehen

---

525 *Thiel*, Der Erziehungsauftrag des Staates in der Schule, S. 217.
526 *Rux*, Die pädagogische Freiheit des Lehrers, S. 78.
527 Siehe dazu eingehend *Maurer*, Allgemeines Verwaltungsrecht, § 6 Rn. 17 ff.
528 In dieser Entscheidung stellte das Bundesverfassungsgericht fest, dass die Grundrechte auch im Strafvollzug – einem Bereich, der bis dahin auch als besonderes Gewaltverhältnis angesehen wurde – gelten und nur unter den auch sonst üblichen Voraussetzungen beschränkt werden können. Eingehend BVerfGE 33, S. 1 ff.
529 *Epping*, Grundrechte, Rn. 16; *Manssen*, Staatsrecht II, § 3 Rn. 45; *Sachs*, Verfassungsrecht II, A4 Rn. 13 ff.; *Schmidt*, Grundrechte, Rn. 15; *Pieroth/Schlink*, Grundrechte, Rn. 57 ff.
530 Sog. Konfusionsargument, vgl. *Manssen*, Staatsrecht II, Rn. 77; *Pieroth/Schlink*, Grundrechte, Rn. 154.

nur besondere Erscheinungsformen der einheitlichen Staatsgewalt[531]. Treten die Beschäftigten des öffentlichen Dienstes in Ausübung ihrer Tätigkeit mithin nicht als Bürger, sondern als Organe des Staates auf, kann ihre Tätigkeit grundsätzlich nicht als Ausübung von Grundrechten angesehen werden[532].

Dies bedeutet indes nicht, dass die Beschäftigten des öffentlichen Dienstes zur freien Disposition ihres Dienstherrn stehen. Auch der Dienstherr muss die Grundrechte der öffentlichen Bediensteten achten. Dafür muss zwischen der dienstlichen Tätigkeit, dem Verhalten bei Gelegenheit der Dienstausübung und dem außerdienstlichen Verhalten der Bediensteten unterschieden werden. Während die Grundrechte im außerdienstlichen Bereich und für das Verhalten bei Gelegenheit der Dienstausübung uneingeschränkt gelten, kann der Dienstherr die dienstlichen Aufgaben seiner Beschäftigten festlegen und damit auch den Bereich bestimmen, der vom Schutzbereich der Grundrechte ausgenommen ist. Er muss dabei allerdings die gebotene Zurückhaltung wahren und sich darauf beschränken, nur solche Aufgaben und Pflichten festzulegen, die für die Erfüllung des jeweiligen Amtes erforderlich sind[533]. Schwierigkeiten bereitet im Einzelfall die Abgrenzung der drei Bereiche.

Für die hier interessierende Frage der pädagogischen Freiheit hat dies die Konsequenz, dass die pädagogische Freiheit nicht dem Grundrecht auf freie Meinungsäußerung nach Art. 5 Abs. 1 S. 1 Var. 1 GG zugeordnet werden kann. Die pädagogische Freiheit ist nach der oben zugrunde gelegten Definition der Spielraum, den der Lehrer braucht, um seiner pädagogischen Verantwortung gerecht werden zu können. Nimmt der Lehrer aber seine pädagogische Verantwortung wahr, befindet er sich stets im Dienst. Dies gilt unabhängig davon, ob er seiner Unterrichtsverpflichtung nachkommt, die Pausenaufsicht führt oder eine Klassenfahrt betreut. Alle nicht ausdrücklich privaten Gelegenheiten, bei denen Schüler und Lehrer in Kontakt kommen, sind dem dienstlichen Bereich zuzurechnen. Denn ein Großteil der pädagogischen Verantwortung des Lehrers erfüllt dieser durch sein vorbildliches Verhalten gegenüber den Schülern. Folglich gibt es im Fall des Lehrerberufs keine Unterscheidung zwischen dienstlicher Tätigkeit und dem Verhalten bei Gelegenheit der Dienstausübung. Lehrer sind – jedenfalls soweit sie in Kontakt mit Schülern treten – immer im Dienst[534]. Da, wie oben entwickelt, die Erfüllung staatlicher Aufgaben nicht mit der Ausübung von Grundrechten begründet werden kann, ist es dem Lehrer verwehrt, sich zur Begründung der pädagogischen Freiheit auf das Grundrecht aus Art. 5 Abs. 1 S. 1 Var. 1 GG zu berufen[535].

---

531 BVerfGE 21, 362 (370); ähnlich auch 68, 193 (205 ff.); *Pieroth/Schlink*, Grundrechte, Rn. 154.
532 So im Ergebnis auch *Rux*, Die Pädagogische Freiheit des Lehrers, S. 80; ebenso *Thiel*, Der Erziehungsauftrag des Staates in der Schule, S. 217 ff. beide m.w.N.
533 Siehe dazu auch *Rux*, Die pädagogische Freiheit des Lehrers, S. 81 ff.
534 So auch *Rux*, Die pädagogische Freiheit des Lehrers, S. 86 f.; ebenso im Ergebnis wohl auch *Richter*, RdJB 1979, 250 (253).
535 So im Ergebnis auch die überwiegende Auffassung. Vgl. nur *Hennecke*, RdJB 1986, 233 (239); *Perschel*, DÖV 1970, 34 (36); *Roellecke*, DÖV 1976, 515 (516); *Pieske*, DVBl. 1979, 329 (331).

2. Art. 33 Abs. 5 GG

Scheidet eine Einordnung der pädagogischen Freiheit in die Reihe der Grundrechte demnach aus, könnte die pädagogische Freiheit aber zu den in Art. 33 Abs. 5 GG angelegten hergebrachten Grundsätzen des Berufsbeamtentums zählen und damit ein grundrechtsgleiches Recht sein[536]. Bereits im Jahre 1957 finden sich bei *Heckel* erste Gedanken in diese Richtung. Nach *Heckel* genießt der Lehrer nach heutigem Beamtenrecht eine Sonderstellung, die sich aus der Sache ergebe[537]. Dies liege unter anderem darin begründet, dass jede Unterrichts- und Erziehungstätigkeit notwendig Elemente in sich schließe, wie sie auch der freien Lehre und Forschung und der richterlichen Tätigkeit eigen seien. Diese Verwandtschaft der Lehr- und Entscheidungstätigkeit des Lehrers mit der freien Lehre und Forschung und mit der richterlichen Tätigkeit gestatte es zwar nicht, die Grundsätze des Richter- und Hochschullehrerrechts analog anzuwenden, sie zeige aber, wie sehr die rechtliche Stellung des Lehrers sich an der äußersten Grenze des allgemeinen Beamtenrechts in Richtung auf jene Sonderrechte hin befinde[538]. Später ergänzt *Heckel,* dass die pädagogische Freiheit des Lehrers eine Modifikation seiner beamtenrechtlichen Stellung im Verhältnis zur allgemeinen Gehorsamspflicht[539] darstelle. Die pädagogische Freiheit sei ihm beamtenrechtlich gewährt, damit er seine spezifischen Pflichten als Lehrer sachgerecht erfüllen könne[540]. *Heckel* deutet hier bereits an, dass sich die Begründung für die pädagogische Freiheit des Lehrers im Beamtenrecht finden könnte. Eine normative Anknüpfung nimmt er indes noch nicht vor. Dies leistet knapp zwanzig Jahre später *Ingo Richter. Richter* wirft die Frage auf, ob die pädagogische Freiheit nicht ein hergebrachter Grundsatz des Berufsbeamtentums[541] im Sinne von Art. 33 Abs. 5 GG sei[542]. *Richter* beginnt seine Untersuchung in der wilhelminischen Ära. Zutreffend stellt er fest, dass zur damaligen Zeit weder der Volksschullehrer noch der Gymnasiallehrer über einen Freiraum verfügten, der eine Begründung der pädagogischen Freiheit als hergebrachter Grundsatz des Berufsbeamtentums rechtfertigen könnte[543]. Folgerichtig wendet sich Richter deshalb dem Lehrerstatus in der

---

536 Dass Art. 33 Abs. 5 GG unter die grundrechtsgleichen Rechte fällt, ergibt sich aus Art. 93 Abs. 1 Nr. 4a GG, der für die Geltendmachung von Verletzungen der Rechte aus Art. 33 GG die Möglichkeit der Verfassungsbeschwerde eröffnet.
537 *Heckel,* ZBR 1957, 217 (218).
538 *Heckel,* ZBR 1957, 217 (218).
539 *Heckel,* ZBR 1965, 129 (130).
540 *Heckel,* ZBR 1965, 129 (130).
541 Hergebrachte Grundsätze des Berufsbeamtentums werden definiert als ein Kernbestand von Strukturprinzipien, „die allgemein oder doch ganz überwiegend und während eines längeren, Tradition bildenden Zeitraums, mindestens unter der Reichsverfassung von Weimar, als verbindlich anerkannt und gewahrt worden sind". Vgl. BVerfGE 8, 332 (343); ähnlich auch BVerfGE 70, 69 (79) und *Pieroth,* in: Jarass/Pieroth, GG, Art. 33 Rn. 35.
542 *Richter,* RdJB 1979, 250 (255).
543 *Richter,* RdJB 1979, 250 (255 ff.).

Weimarer Republik zu[544]. Unter Geltung der Weimarer Reichsverfassung habe sich die Position des Lehrers deutlich gewandelt. Sowohl die Schulaufsicht als auch die Schulleitung seien intern in ihren Funktionen begrenzt gewesen[545]. Dadurch habe der Lehrer einen Handlungsspielraum erhalten, in den Schulaufsicht und Schulleitung nur eingreifen durften, wenn besondere rechtliche oder pädagogische Gründe dies rechtfertigten[546]. Da demnach das Institut der pädagogischen Freiheit bereits in der Weimarer Zeit existiert habe, könne die pädagogische Freiheit als ein hergebrachter Grundsatz des Berufsbeamtentums eingeordnet werden[547].

Dem ist mit Blick auf Art. 142 WRV nicht zuzustimmen. Wie im zweiten Teil dargelegt, wurden umfassende Rechte des Staates aus dem Begriff der Schulaufsicht in Art. 142 WRV abgeleitet. Die staatlichen Befugnisse galten dabei nicht nur gegenüber der Schule als solcher, sondern (gerade) auch gegenüber dem einzelnen Lehrer. Dieser stand – und steht auch heute noch – unter der uneingeschränkten Fach- und Dienstaufsicht der staatlichen Behörden. Die Forderungen der damaligen reformpädagogischen Bewegung, die eine Beschränkung des Staates auf eine Rechtsaufsicht forderten, konnten sich nicht durchsetzen[548]. Die Schulaufsichtsbeamten waren – und sind – die Vorgesetzten der Lehrer. Sie konnten – und können – jederzeit von ihren Eingriffs- und Weisungsrechten Gebrauch machen. Insofern kann von einer rechtlich geschützten und anerkannten pädagogischen Freiheit unter der Geltung der Weimarer Reichsverfassung nicht gesprochen werden[549]. Daran vermag auch der Umstand nichts zu ändern, dass eine faktische pädagogische Freiheit möglicherweise bereits zu dieser Zeit existiert hat, da eine vollständige Kontrolle aller Lehrer durch die Schulaufsichtsbehörden allein aus Kapazitätsgründen schon nicht möglich war. Zu einer Anerkennung als hergebrachter Grundsatz des Berufsbeamtentums ist eine rein faktische Existenz nicht ausreichend. Vielmehr ist erforderlich, dass es sich um ein Strukturprinzip handelt, das über einen längeren Zeitraum Anerkennung erfahren hat und einem Kernbestand an Prinzipien zuzuordnen ist, welche die beamtenrechtliche Stellung prägen[550]. Der pädagogischen Freiheit ist jedenfalls die rechtliche Anerkennung aber ausdrücklich versagt geblieben und auch faktisch war sie nie so eindeutig definiert, dass man von einer (faktischen) Anerkennung sprechen könnte, die eine Einordnung als ein kennzeichnendes Strukturprinzip der beamtenrechtlichen Stellung des Lehrers rechtfertigen würde[551]. Schließlich ist auch zu vermerken, dass die pädagogische Freiheit des Lehrers nur

---

544 Dies erscheint insbesondere deshalb sinnvoll, weil erst in der Weimarer Zeit durch Art. 143 Abs. 3 WRV der Beamtenstatus auf alle Lehrer erstreckt wurde.
545 *Richter*, RdJB 1979, 250 (259).
546 *Richter*, RdJB 1979, 250 (259).
547 *Richter*, RdJB 1979, 250 (259).
548 Dies konstatiert *Richter* selbst, RdJB 1979, 250 (257 f.); siehe auch *Rux*, Die pädagogische Freiheit des Lehrers, S. 96.
549 Im Ergebnis ebenso *Thiel*, Der Erziehungsauftrag des Staates in der Schule, S. 221 und *Rux*, Die pädagogische Freiheit des Lehrers, S. 96 f.
550 BVerfGE 8, 332 (343); 70, 69 (79); siehe dazu auch bereits 3. Teil Fn. 541.
551 Ebenso im Ergebnis *Thiel*, Der Erziehungsauftrag des Staates in der Schule, S. 221.

höchst mittelbar mit seinem Beamtenstatus zusammenhängt[552]. Die pädagogische Freiheit steht zwar in unauflöslichem Zusammenhang mit der Tätigkeit des Lehrers. Ob er diese aber als Beamter oder nur als Angestellter wahrnimmt, kann hierbei keine Rolle spielen. Denn sonst käme man zu dem kurios anmutenden Ergebnis, dass sich angestellte Lehrer entweder überhaupt nicht auf eine etwaige pädagogische Freiheit berufen könnten oder aber die rechtliche Begründung der – in der Sache gleichen – pädagogischen Freiheit für verbeamtete und angestellte Lehrer in unterschiedlichen Normen zu suchen wäre. Nach alledem ist damit festzuhalten, dass die pädagogische Freiheit des Lehrers auch in Art. 33 Abs. 5 GG keine Grundlage findet.

3. Art. 5 Abs. 3 S. 1 GG

Auch wenn die dienstliche Tätigkeit öffentlicher Bediensteter grundsätzlich nicht mit der Wahrnehmung von Grundrechten begründet werden kann und auch juristische Personen des öffentlichen Rechts sich grundsätzlich nicht auf Grundrechte berufen können, hat doch der Verfassungsgeber selbst Ausnahmen von diesem Prinzip geschaffen. Eine dieser Ausnahmen ist die Grundrechtsgewährleistung des Art. 5 Abs. 3 S. 1 GG. Träger des Grundrechts der Freiheit der Wissenschaft, Forschung und Lehre ist jeder, der eigenverantwortlich in wissenschaftlicher Weise tätig ist oder tätig werden will[553]. Erfasst werden von dieser Beschreibung in erster Linie die Lehrer an wissenschaftlichen Hochschulen[554]. Sie sind auch – als Pendant zu den Lehrern an öffentlichen Schulen – die hier vornehmlich interessierende Gruppe der Träger des Grundrechts aus Art. 5 Abs. 3 S. 1 GG. Denn ist Art. 5 Abs. 3 S. 1 GG bereits auf die pädagogische Freiheit der Lehrer unanwendbar, kann die Wissenschaftsfreiheit des Art. 5 Abs. 3 S. 1 GG erst recht nicht zur Begründung der schulischen Eigenverantwortung herangezogen werden. Will sich die Schule auf die Wissenschaftsfreiheit berufen, muss es auch Menschen an der Schule geben, die im Dienst der Wissenschaft tätig werden. Dazu kommen zuvörderst die Lehrer in Betracht.

Gem. § 46 HRG werden Professoren regelmäßig zu Beamten auf Lebenszeit ernannt. Sie sind demnach dem Kreis der öffentlichen Bediensteten zuzurechnen. Zu ihren hauptberuflichen Tätigkeiten gehören nach Maßgabe des § 43 Abs. 1 S. 1 HRG die Aufgaben der Wissenschaft, Forschung und Lehre. Damit ist wesentlicher Bestandteil der dienstlichen Tätigkeit der Hochschullehrer derjenige Bereich,

---

552 So auch – allerdings mit anderer Begründung – *Rux*, Die pädagogische Freiheit des Lehrers, S. 97.
553 BVerfGE 35, 79 (112); 95, 193 (209); siehe auch *Jarass*, in: Jarass/Pieroth, GG, Art. 5 Rn. 124.
554 *Bethge*, in: Sachs, GG, Art. 5 Rn. 207.

der durch das Grundrecht des Art. 5 Abs. 3 S. 1 GG geschützt wird. Gerade die dienstliche Tätigkeit der Hochschullehrer unterfällt mithin dem Schutzbereich des Art. 5 Abs. 3 S. 1 GG. Indem die Hochschullehrer ihrer dienstlichen Tätigkeit nachkommen, betätigen sie gleichzeitig ihr Grundrecht aus Art. 5 Abs. 3 S. 1 GG. Grundrechtsausübung und dienstliche Tätigkeit sind in diesem Fall nicht voneinander zu trennen. Was den Bereich der Wissenschaft, Forschung und Lehre betrifft, erschöpft sich die dienstliche Tätigkeit nachgerade in der Grundrechtsausübung. Auch wenn das Grundrecht aus Art. 5 Abs. 3 S. 1 GG selbstverständlich jedermann zusteht, weist es dennoch eine besondere Prägung auf. Denn ausnahmsweise gestattet es auch dem „beamteten Wissenschaftler" die Berufung auf ein Grundrecht in Ausübung seiner dienstlichen Tätigkeit[555].

Für den hier interessierenden Fall der pädagogischen Freiheit bedeutet dies, dass es – anders als bei anderen Grundrechten – jedenfalls nicht von vornherein ausgeschlossen ist, dass die pädagogische Freiheit ihre Verankerung in Art. 5 Abs. 3 S. 1 GG findet. Dies wäre dann der Fall, wenn es sich bei der Unterrichts- und Erziehungstätigkeit des Lehrers um „Lehre" im Sinne des Art. 5 Abs. 3 S. 1 GG handeln würde. Art. 5 Abs. 3 S. 1 GG spricht von der Freiheit der „Wissenschaft, Forschung und Lehre". Der Wortlaut selbst gibt damit keine näheren Anhaltspunkte dafür, was unter „Lehre" im Sinne der Norm zu verstehen ist. Dieser Erkenntnis folgend wurden verschiedentlich Versuche unternommen, nicht nur die akademische Lehre, sondern auch den Unterricht an (allgemeinbildenden) Schulen unter den Begriff der Lehre zu fassen.

So führte *Ilse Staff* im Jahre 1969 aus, dass sich aus dem Wortlaut des Art. 5 Abs. 3 S. 1 GG keine Begrenzung der Lehrfreiheit auf die akademische Lehre ergebe. Insbesondere könne Art. 5 Abs. 3 S. 1 GG nicht dahingehend interpretiert werden, dass mit Lehre nur das Verbreiten eigener Forschungsergebnisse bezeichnet werde. Die Formulierung des Art. 5 Abs. 3 S. 1 GG stelle keinen besonderen Zusammenhang zwischen den Begriffen Forschung und Lehre her[556]. Auch die Entstehungsgeschichte der Norm begründet nach *Staff* keine Beschränkung auf die akademische Lehre, da sowohl im ersten, nicht veröffentlichten Vorentwurf des Reichsministers *Preuß* vom 3. Januar 1919 als auch in dem veröffentlichten amtlichen Entwurf vom 20. Januar 1919 die Lehrfreiheit ausdrücklich als Grundsatz für das Schulwesen angesehen worden sei[557].

Ebenso argumentierte ein Jahr später *Wolfgang Perschel*. Anders als in Art. 142 WRV stünde in Art. 5 Abs. 3 S. 1 GG die Freiheit der Lehre koordiniert neben den Freiheiten der Forschung, der Wissenschaft und der Kunst, ohne jede Subordination der Lehre unter die Wissenschaft[558]. Da die Subordination der Lehre kennzeichnend für die Weimarer Formulierung war, folgert er, dass das „auffällige

---

555 Vgl. *Richter*, RdJB 1979, 250 (253).
556 *Staff*, DÖV 1969, 627 (628).
557 *Staff*, DÖV 1969, 627 (629). Hervorhebung im Original.
558 *Perschel*, DÖV 1970, 34 (36).

Abweichen von einem traditionsgeladenen Wortlaut"[559] den Schluss nahe lege, dass auch die Schullehrer in die Gewährleistung des Art. 5 Abs. 3 S. 1 GG einbezogen werden sollten[560].

Indes hat sich heute die Auffassung durchgesetzt, dass der Unterricht an allgemeinbildenden Schulen nicht von Art. 5 Abs. 3 S. 1 GG erfasst ist[561]. Seit den sechziger Jahren werden Wissenschaft, Forschung und Lehre gemeinhin als eine Einheit gesehen[562]. Der Begriff der Lehre bezieht sich auf den Begriff der Forschung. Lehre im Sinne des Art. 5 Abs. 3 S. 1 GG ist nur eine Vermittlung eigener wissenschaftlicher Erkenntnisse[563]. Auch Lehrer an (allgemeinbildenden) Schulen können selbstverständlich „Lehre" in diesem Sinne betreiben. Auch sie können forschen und ihre Forschungsergebnisse einer interessierten Öffentlichkeit präsentieren. Jedoch gehört weder die Forschung noch die Vermittlung eigener Forschungsergebnisse zu den dienstlichen Tätigkeiten eines Schullehrers[564]. Die Zielrichtung der Schule ist regelmäßig auf (Allgemein-) Bildung beziehungsweise Berufspraxis ausgerichtet und nicht auf die Vermittlung (eigener) wissenschaftlicher Erkenntnisse[565]. Damit kann der Lehrer sich hinsichtlich seiner dienstlichen Aufgaben nicht auf das Grundrecht der Lehre in Art. 5 Abs. 3 S. 1 GG berufen[566]. Gleiches muss damit auch für die Eigenverantwortung der Schule gelten.

Auch die Argumentation mit der Entstehungsgeschichte der Norm vermag hier nicht weiterzuhelfen. Die in den Entwürfen noch vorgenommene Einbeziehung der Lehrfreiheit in den Schutzbereich des Art. 5 Abs. 3 S. 1 GG wurde gerade nicht in die Endfassung des Grundgesetzes übernommen. Zwar schließt dies die Einbeziehung des Schulunterrichts in die Freiheit der Lehre des Art. 5 Abs. 3 S. 1 GG nicht zwingend aus. Doch lässt es begründete Zweifel am Willen der Verfasser des

---

559 *Perschel,* DÖV 1970, 34 (37).
560 *Perschel,* DÖV 1970, 34 (37).
561 Siehe nur *Thiel,* Der Erziehungsauftrag des Staates in der Schule, S. 212 ff.; *Hopf/Nevermann/Richter,* Schulaufsicht und Schule, S. 50; *Pieske,* DVBl. 1979, 329 (331); *Roellecke,* DÖV 1976, 515 (516); *Avenarius/Heckel,* Schulrechtskunde, S. 342; *Eiselt,* DÖV 1981, 821 (825); *Ossenbühl,* DVBl. 1982, 1157 (1160); *Richter,* RdJB 1979, 250 (251); *Starck,* DÖV 1979, 269 (273 f.); *Epping,* Grundrechte, Rn. 224.
562 BVerfGE 35, 79 (113); vgl. auch *Rux,* Die pädagogische Freiheit des Lehrers, S. 88; *Bethge,* in: Sachs, GG, Art. 5 Rn. 200; *Scholz,* in: Maunz/Dürig, GG, Art. 5 Abs. 3 Rn. 9 und 81 ff.; *Epping,* Grundrechte, Rn. 222.
563 *Scholz,* in: Maunz/Dürig, GG, Art. 5 Abs. 3 Rn. 103 f.; *Rux,* Die pädagogische Freiheit des Lehrers, S. 88 f.
564 So auch *Rux,* Die pädagogische Freiheit des Lehrers, S. 89.
565 *Pernice,* in: Dreier, GG, Art. 5 Abs. 3 (Wissenschaft) Rn. 32.
566 *Avenarius/Heckel,* Schulrechtskunde, S. 343; *Bethge,* in: Sachs, GG, Art. 5 Rn. 212; *Jarass,* in: Jarass/Pieroth, GG, Art. 5 Rn. 123; *Starck,* in: v. Mangoldt/Klein/Starck, GG, Art. 5 Abs. 3 Rn. 360; *Pernice,* in: Dreier, GG, Art. 5 Abs. 3 (Wissenschaft) Rn. 32; *Scholz,* in: Maunz/Dürig, GG, Art. 5 Abs. 3 Rn. 107; *Wendt,* in: v. Münch/Kunig, GG, Art. 5 Rn. 103; *Epping,* Grundrechte, Rn. 224.

Grundgesetzes aufkommen, den allgemeinbildenden Unterricht dem Schutzbereich des Art. 5 Abs. 3 S. 1 GG zu unterstellen[567].

Dieser Befund wird dadurch gestützt, dass der Verfassungsgeber mit Art. 7 GG eine Norm geschaffen hat, die sich ausdrücklich auf das Schulwesen bezieht[568]. Indem er eindeutig zwischen der Wissenschaft, das heißt dem Hochschulwesen, und dem Schulwesen unterschieden hat, wird deutlich, dass er trotz leicht veränderten Wortlauts keine Ausdehnung der Lehrfreiheit auf das Schulwesen bezwecken wollte.

Nicht zugestimmt werden kann allerdings der Ansicht, nach der die Lehrfreiheit des Lehrers aus Art. 5 Abs. 3 S. 1 GG durch die umfassende staatliche Schulhoheit aus Art. 7 Abs. 1 GG verdrängt wird[569]. Zum einen würde dies nämlich voraussetzen, dass der Lehrer sich grundsätzlich auf Art. 5 Abs. 3 S. 1 GG berufen könnte, was – wie gesehen – nicht der Fall ist. Zum anderen beinhaltet Art. 7 Abs. 1 GG nach der hier vertretenen Auffassung aber auch kein derart umfassendes staatliches Bestimmungsrecht über das Schulwesen, wie es immer noch von der überwiegenden Meinung angenommen wird. Eine Verdrängung des Art. 5 Abs. 3 S. 1 GG durch Art. 7 Abs. 1 GG ist damit ausgeschlossen.

Demnach ist eine Begründung der pädagogischen Freiheit und der schulischen Eigenverantwortung aus Art. 5 Abs. 3 S. 1 GG nicht möglich.

4. Art. 2 Abs. 1 GG

Stellen eigene (Grund-) Rechte des Lehrers und der Schule mithin keine taugliche Basis für die pädagogische Freiheit dar, können möglicherweise die Rechte der Schüler diese begründen. Ausgangspunkt dieser – insbesondere in jüngerer Zeit hinsichtlich der pädagogischen Freiheit vertretenen – Erwägungen ist Art. 2 Abs. 1 GG. Wie schon im ersten Teil dargelegt[570], wird spätestens seit *Ekkehart Stein*[571] das Recht des Kindes auf Persönlichkeitsentfaltung als Ziel und Zweck des staatlichen Bildungs- und Erziehungsauftrags angesehen. Diesem Recht könne nur dann Rechnung getragen werden, wenn der Lehrer über einen ausreichenden Freiraum verfüge, der es ihm ermögliche, die spontanen Grundrechtsäußerungen der Schüler aufzugreifen. Möglich werde dies allein dadurch, dass der Lehrer freigesetzt werde, den schulbezogenen Grundrechtspositionen der Schüler zu entsprechen. Pädagogische

---

567 Ähnlich auch *Rux*, Die pädagogische Freiheit des Lehrers, S. 92 f.
568 Vgl. *Starck*, in: v. Mangoldt/Klein/Starck, GG, Art. 5 Abs. 3 Rn. 360; *Bethge*, in: Sachs, GG, Art. 5 Rn. 212.
569 So aber *Thiel*, Der Erziehungsauftrag des Staates in der Schule, S. 214 f.; *Pöttgen*, ZBR 1966, 48 (49); *Niehues*, Schulrecht, Rn. 511; *v. Münch*, DVBl. 1964, 789 (793); *Starck*, DÖV 1979, 269 (273 f.); *Müller*, RdJB 1977, 30 (31).
570 Siehe oben 1. Teil C. II. 1.
571 *Stein*, Das Recht des Kindes auf Selbstentfaltung in der Schule, Neuwied, Berlin 1967.

Freiheit sei daher auf Seiten der Schule – das heißt auch des Lehrers – die institutionelle Analogie zu den verfassungsrechtlich begründeten Freiheitsgarantien der Schüler[572]. Kernpunkt dieses Ansatzes ist der Gedanke, dass die Entfaltung der Persönlichkeit auf Seiten des Kindes zwingend eine gewisse pädagogische Freiheit des Lehrers und der Schule erforderlich macht. Denn nur der Lehrer ist in der jeweiligen konkreten Unterrichts- und Erziehungssituation anwesend und vermag spontan zu entscheiden, welcher Hilfestellungen und Anleitungen das Kind möglicherweise in dem Moment bedarf. Und nur die konkrete Schule, die ein Kind besucht, kann die übergreifenden Strukturen schaffen, die eine optimale Wahrnehmung des staatlichen Auftrags durch die Lehrer erst ermöglichen. Die Schule richtet sich nach den Bedürfnissen der Schülerschaft in ihrer Gesamtheit, nach den Bedingungen, die allgemein das schulische Umfeld prägen. Diese Spontaneität setzt aber eine Freiheit von einengenden Vorschriften voraus. Dabei kann bereits die Möglichkeit staatlicher Ingerenz die spontane Reaktion von Lehrern und Schulen hindern, wenn und weil sie das „Damoklesschwert des jederzeitigen Eingreifens"[573] über sich schweben sehen.

Die Herleitung der pädagogischen Freiheit und der schulischen Eigenverantwortung aus dem Recht der Schüler aus Art. 2 Abs. 1 GG hat zur Konsequenz, dass es sich um sog. fiduziarische[574] Rechte handelt[575]. Pädagogische Freiheit sei in ihrem Kern keine personale, sondern eine auf das Interesse des Kindes bezogene Freiheit[576]. Sie habe ihren Endzweck nicht in der Freistellung des Lehrers um seiner Persönlichkeitsentfaltung willen. Die pädagogische Freiheit bezwecke vielmehr die bestmögliche Erziehung der dem Lehrer im Unterricht anvertrauten Schüler[577]. Folgt man dieser Argumentation, ist die pädagogische Freiheit dem Lehrer nicht um seinetwillen gewährt, sondern im Sinne der bestmöglichen Kindesentfaltung. Ebenso verhält es sich mit der schulischen Eigenverantwortung. Beide Institute verleihen ein fiduziarisches Mandat für die erst noch in der Entfaltung begriffene Person[578]. Insofern sind sie dem Elterngrundrecht aus Art. 6 Abs. 2 GG vergleichbar[579]. Auch dieses dient in erster Linie dem Wohl des Kindes und ist wesentlich ein Recht im Inte-

---

572 *Hennecke*, RdJB 1986, 233 (240).
573 *Püttner/Rux*, Schulrecht, in: Achterberg/Püttner/Würtenberger, Besonderes Verwaltungsrecht, S. 1124 (1149, Rn. 71).
574 Der Begriff „fiduziarisch" stammt ursprünglich aus dem römischen Recht. Dort war das pactum fiduciae eine Abrede, die der mancipatio zu Sicherungs- oder anderen Zwecken hinzugefügt werden konnte. Es verpflichtete den Erwerber, mit der Sache abredegemäß zu verfahren, sie nicht vorsätzlich zu schädigen und abredegemäß zurückzuübertragen. Siehe *Gernhuber*, JuS 1988, 355 (355) und *Kaser/Knütel*, Römisches Privatrecht, § 24 Rn. 8, § 31 Rn. 7.
575 *Gampe*, Kooperation zwischen Schulaufsicht und Schule: Untersuchungen zur pädagogischen und rechtlichen Schulratsfunktion, S. 139.
576 *Evers*, VVDStRL 23 (1966), 147 (181).
577 *Starck*, DÖV 1979, 269 (273).
578 *Hennecke*, RdJB 1986, 233 (240).
579 *Stock*, Pädagogische Freiheit und politischer Auftrag der Schule, S. 244; vgl. auch *Beck*, Die Geltung der Lehrfreiheit des Art. 5 Abs. 3 GG für die Lehrer an Schulen, S. 111; *Ossenbühl*, DVBl. 1982, 1157 (1159).

resse des Kindes⁵⁸⁰. Aus diesem Grund spricht das Bundesverfassungsgericht vom Elternrecht als einem „treuhänderischen" Recht⁵⁸¹. Als Recht der Eltern statuiert es zugleich eine Pflicht, die wesensbestimmender Bestandteil des Rechts ist⁵⁸². Letzterer Gedankengang wirft eine entscheidende Frage auf. Das Elternrecht aus Art. 6 Abs. 2 GG ist – trotz seines treuhänderischen Charakters – unstreitig ein subjektiv-öffentliches Recht der Eltern, dessen Beachtung diese notfalls vor den Gerichten verfolgen können. Der Vergleich von pädagogischer Freiheit und schulischer Eigenverantwortung mit dem Elternrecht aus Art. 6 Abs. 2 GG legt folglich die Frage nahe, ob es sich auch bei den genannten Instituten um echte (subjektiv-öffentliche) Rechte handelt, oder ob sie bloßer Rechtsreflex, bloße objektive Gewährleistung sind. Hinsichtlich der insoweit bislang ausschließlich diskutierten pädagogischen Freiheit stimmt die einschlägige Literatur zu dieser Frage darin überein, dass sie in der pädagogischen Freiheit kein subjektives Recht des Lehrers erblickt⁵⁸³. Insofern führt auch der vielfach verwendete Begriff des „fiduziarischen *Rechts*" in die Irre. Denn die pädagogische Freiheit ist nach der überwiegenden Auffassung gerade *kein* Recht des Lehrers. So schreibt *Starck*:

> „Pädagogische Freiheit des Lehrers ist der Ermessensfreiheit des Beamten vergleichbar, die dem Beamten nicht um seiner selbst willen zu seiner freien Entfaltung verliehen ist. [...] Ebenso wie Ermessensfreiheit ein Reflex aus dem jeweiligen Verwaltungszweck ist, ist pädagogische Freiheit ein Reflex aus dem Schulzweck, der in erster Linie den Interessen der Kinder dient"⁵⁸⁴.

Avenarius/Heckel äußern sich dahingehend, dass bei Anordnungen der Schulaufsicht, welche die pädagogische Freiheit des Lehrers einschränkten, eine Klage nicht in Betracht komme, „da der Lehrer [...] nicht als Träger eigener Rechte betroffen"⁵⁸⁵ sei. Nach *Gallwas* verdeutlicht bereits der Charakter der pädagogischen Freiheit als fiduziarisches Recht, „daß sich mit der rechtlichen Gewährleistung nicht zwangsläufig die Möglichkeit einer gerichtlichen Klage für den betroffenen Lehrer eröffnet"⁵⁸⁶. *Niehues* legt dar, dass die pädagogische Freiheit „als ein objektives Rechtsprinzip Anerkennung gefunden"⁵⁸⁷ habe⁵⁸⁸. Dem schloss sich jüngst auch *Rux* an:

---

580 BVerfGE 72, 122 (137); siehe auch *Pieroth*, in: Jarass/Pieroth, GG, Art. 6 Rn. 31.
581 BVerfGE 59, 360 (377). Dort wird von einer „treuhänderischen Freiheit" bzw. einem „fiduziarischen Recht" gesprochen. Vgl. auch BVerfGE 64, 180 (189).
582 *Hofmann*, in: Schmidt-Bleibtreu/Klein, GG, Art. 6 Rn. 40; *Pieroth*, in: Jarass/Pieroth, GG, Art. 6 Rn. 31; vgl. auch *Coester-Waltjen*, in: v. Münch/Kunig, GG, Art. 6 Rn. 77.
583 Siehe nur *Thiel*, Der Erziehungsauftrag des Staates in der Schule, S. 224 f., m.w.N.
584 *Starck*, NJW 1976, 1375 (1378).
585 *Avenarius/Heckel*, Schulrechtskunde, S. 345.
586 *Gallwass*, Verfassungsrechtliche Aspekte der pädagogischen Freiheit, in: Lerche/Zacher/Badura, Festschrift für Theodor Maunz zum 80. Geburtstag, S. 71 (81). *Gallwas* hält die Möglichkeit einer Klage und damit das Bestehen eines subjektiven Rechts aber dann nicht für ausgeschlossen, wenn man der pädagogischen Freiheit auch eine Schutzrichtung zugunsten des Lehrers einräume.
587 *Niehues*, Schulrecht, Rn. 516.

„Zusammenfassend lässt sich damit festhalten, dass sich zwar aus dem Verfassungsrecht kein subjektives Recht der Lehrer auf pädagogische Freiheit herleiten lässt. Wohl aber besteht eine objektive Verpflichtung des Staates, den Lehrern einen hinreichenden Freiraum für die eigenverantwortliche Gestaltung des Unterrichts zu belassen."[589]

Gleiches würde nach der überwiegenden Auffassung wohl auch für die schulische Eigenverantwortung gelten[590]. Pädagogische Freiheit und schulische Eigenverantwortung wären damit allenfalls als objektive Gewährleistungen durch Art. 2 Abs. 1 GG geschützt.

Auch wenn die Herleitung der pädagogischen Freiheit und der schulischen Eigenverantwortung aus dem Recht der Schüler aus Art. 2 Abs. 1 GG weitaus einleuchtender ist als die zuerst genannten Versuche der Verankerung in Art. 5 Abs. 1 GG oder Art. 33 Abs. 5 GG – hinsichtlich der pädagogischen Freiheit – bzw. Art. 5 Abs. 3 GG – hinsichtlich pädagogischer Freiheit und schulischer Eigenverantwortung –, kann sie doch nicht in Gänze überzeugen. Kritisch ist ihr entgegenzuhalten, dass sie den staatlichen Schulauftrag nicht hinreichend einbezieht. Der Lehrer als Beamter oder Angestellter im öffentlichen Dienst und die Schule als staatliche Einrichtung sind in erster Linie dem Staat verpflichtet. In dessen Auftrag nehmen sie ihre Unterrichts- und Erziehungsfunktionen wahr. Kern der Unterrichts- und Erziehungsaufgaben wiederum ist die Förderung der bestmöglichen Persönlichkeitsentfaltung des Kindes. Insofern dienen pädagogische Freiheit und schulische Eigenverantwortung nicht unmittelbar, sondern lediglich mittelbar der Persönlichkeitsentfaltung des Kindes. Demnach ist es durchaus zutreffend, zur Begründung beider Institute *auch* an Art. 2 Abs. 1 GG anzuknüpfen. Denn dieser ist als materieller Gehalt des staatlichen Bildungs- und Erziehungsauftrags dessen wesentlicher Bestandteil. Darüber hinaus bedarf es jedoch eines deutlicheren Hervortretens des staatlichen Bildungs- und Erziehungsauftrags *selbst* in der normativen Verankerung von pädagogischer Freiheit und schulischer Eigenverantwortung[591].

---

588 *Niehues* selbst ist allerdings der Auffassung, dass die pädagogische Freiheit auch einklagbar sein müsse, da erst diese Möglichkeit sie zu einer wirklichen Freiheit mache, *Niehues*, Schulrecht, Rn. 518.
589 *Rux*, Die pädagogische Freiheit des Lehrers, S. 104.
590 Siehe unten 3. Teil C. III. 1. zu der Frage, ob schulische Eigenverantwortung und pädagogische Freiheit als subjektive Rechte gelten können.
591 Siehe unten 3. Teil C. II. 6.

5. Art. 7 Abs. 1 GG

Schließlich kommt für eine Begründung der pädagogischen Freiheit und der schulischen Eigenverantwortung auch Art. 7 Abs. 1 GG in Betracht[592]. Die pädagogische Freiheit wurzele in der vorrangig durch den Lehrer wahrzunehmenden Staatsaufgabe, erfolgreich Schule zu halten (Art. 7 Abs. 1 GG)[593]. Diese Auffassung, die der zuletzt genannten sehr ähnlich ist, begründet ihren Ansatz damit, dass die in der und durch die Schule vermittelte Erziehung die Anlagen des jungen Menschen entfalten solle. Der Lehrer, der sich die Aufgabe der Menschenbildung gesetzt habe, könne diese Aufgabe nicht dadurch erfüllen, dass er fremdbestimmten Normen folge, sondern nur dadurch, dass er einen Ort pädagogischer Begegnung, menschlichen Dialogs schaffe[594]. Wieder wird die Entfaltung des Schülers in den Mittelpunkt gestellt. Doch wird sie zutreffend nicht direkt zur Begründung der päagogischen Freiheit des Lehrers herangezogen. Gleiches gilt auch für die schulische Eigenverantwortung. Vielmehr werden pädagogische Freiheit und schulische Eigenverantwortung in den staatlichen Bildungs- und Erziehungsauftrag eingebettet. Dies ist – wie oben bereits dargelegt – erforderlich, da der Lehrer als Beamter und die Schule als staatliche Einrichtung in erster Linie dem Staat verpflichtet sind und ihre Aufgabe zuvörderst darin liegt, eine bessere Erfüllung des staatlichen Auftrags zu ermöglichen. Dass dieser darin besteht, die anvertrauten Schüler in ihrer Persönlichkeitsentfaltung bestmöglich zu fördern, kann nur als zusätzlicher Anknüpfungspunkt herangezogen werden. Demzufolge legt *Brückelmann* dar, dass der pädagogische Gestaltungsspielraum dem Lehrer zur amtlichen Wahrnehmung der in Art. 7 Abs. 1 GG konstituierten objektiven staatlichen Schulverantwortung übertragen sei[595]. *Niehues* führt aus, dass die pädagogische Freiheit ihren Grund in dem in Art. 7 Abs. 1 GG verankerten Erziehungsauftrag der Schule und dem ungeschriebenen Grundsatz optimaler Effizienz staatlichen Handelns, hier betreffend die Aufgabe, möglichst erfolgreich Schule zu halten, habe[596].

Auch aus Art. 7 Abs. 1 GG wird demnach kein subjektives Recht auf pädagogische Freiheit oder schulische Eigenverantwortung abgeleitet. Art. 7 Abs. 1 GG er-

---

[592] Vgl. *Hennecke*, RdJB 1986, 233 (241); *Thiel*, Der Erziehungsauftrag des Staates in der Schule, S. 222 ff.; *Niehues*, Schulrecht, Rn. 516; *Gampe*, Kooperation zwischen Schulaufsicht und Schule: Untersuchungen zur pädagogischen und rechtlichen Schulratsfunktion, S. 139; *Avenarius/Heckel*, Schulrechtskunde, S. 342; *Eiselt*, DÖV 1981, 821 (825).
[593] *Avenarius/Heckel*, Schulrechtskunde, S. 342; *Kopp*, DÖV 1979, 890 (892).
[594] *Hennecke*, RdJB 1986, 233 (241).
[595] *Brückelmann*, Die verfassungsrechtlichen Grenzen von Freiräumen zur Selbstgestaltung an öffentlichen Schulen, S. 113.
[596] *Niehues*, Schulrecht, Rn. 516; ebenso *Kopp*, DÖV 1979, 890 (892).

schöpft sich vielmehr in einer objektiv-rechtlichen Gewährleistung[597]. Daneben ist der Auffassung, die Art. 7 Abs. 1 GG als Anknüpfungspunkt wählt, entgegenzuhalten, dass hinsichtlich ihres Anknüpfungspunkts das Recht des Kindes auf Persönlichkeitsentfaltung normativ nicht deutlich genug wird. Insoweit ist die Kritik an dieser Auffassung das Spiegelbild zu der Kritik an der Auffassung, die Art. 2 Abs. 1 GG als alleinigen Anknüpfungspunkt sieht. Während letztere den staatlichen Bildungs- und Erziehungsauftrag normativ nicht deutlich genug hervortreten lässt, vernachlässigt erstere das Recht des Kindes auf Persönlichkeitsentfaltung. Erst beides zusammen aber ermöglicht ein umfassendes Verständnis der dienstlichen Tätigkeit des Lehrers und damit auch der pädagogischen Freiheit.

6. Art. 7 Abs. 1 GG i.V.m. Art. 2 Abs. 1 GG

Konsequenz der oben genannten Kritikpunkte ist eine Verbindung der beiden Normen. Verfassungsrechtlicher Anknüpfungspunkt der pädagogischen Freiheit und der schulischen Eigenverantwortung ist demnach Art. 7 Abs. 1 GG i.V.m. Art. 2 Abs. 1 GG. Nach dem im ersten Teil entwickelten Verständnis des staatlichen Bildungs- und Erziehungsauftrags sind es diese beiden Normen, die den staatlichen Bildungs- und Erziehungsauftrag zu begründen und mit materiellem Gehalt zu füllen vermögen. Während Art. 7 Abs. 1 GG gleichsam die „Hülle", den äußeren Rahmen des Bildungs- und Erziehungsauftrags bietet, stellt Art. 2 Abs. 1 GG den materiellen Gehalt zur Verfügung. Die Persönlichkeitsentfaltung des Kindes ist Ziel und Rechtfertigung staatlicher Bildung und Erziehung. An diesen staatlichen Auftrag sind Lehrer und Schule gebunden. Damit sind sie nicht unmittelbar dem Kind verpflichtet. Lehrer und Schule sind zunächst allein dem Staat verpflichtet. Der Staat wiederum ist durch seinen Auftrag aus Art. 7 Abs. 1 GG i.V.m. Art. 2 Abs. 1 GG dem Kind verpflichtet. Diese Verpflichtung lässt der Staat durch seine Organe, das heißt in diesem Fall letztlich Schulen und Lehrer, erfüllen. Durch sein Dienstverhältnis zum Staat ist der Lehrer damit mittelbar auch dem Kind verpflichtet. Gleiches gilt für die Schule durch ihre Eingliederung in die staatliche Verwaltung. Anknüpfungspunkt aller Gestaltungsspielräume, die Lehrer und Schule eingeräumt werden, kann damit stets nur der staatliche Auftrag sein. Auch pädagogische Freiheit und schulische Eigenverantwortung können sich demnach nur daraus rechtfertigen, dass durch sie die Erfüllung des staatlichen Bildungs- und Erziehungsauftrags an Qualität gewinnt. Da der staatliche Bildungs- und Erziehungsauftrag nach der hier vertretenen

---

597 Vgl. *Thiel*, Der Erziehungsauftrag des Staates in der Schule, S. 223; *Niehues,* Schulrecht, Rn. 516; *Avenarius/Heckel*, Schulrechtskunde, S. 345; wohl auch *Kopp*, DÖV 1979, 890 (892) und *Brückelmann*, Die verfassungsrechtlichen Grenzen von Freiräumen zur Selbstgestaltung an öffentlichen Schulen, S. 113. Die beiden Letztgenannten gehen nicht näher auf die Frage ein, nehmen aber auch nicht ausdrücklich positiv Stellung zur Gewährung eines subjektiven Rechts.

Auffassung in Art. 7 Abs. 1 GG i.V.m. Art. 2 Abs. 1 GG wurzelt, sind in diesen Normen auch die pädagogische Freiheit des Lehrers und die schulische Eigenverantwortung verankert[598].

7. Zusammenfassung

Da sowohl die pädagogische Freiheit des Lehrers als auch die schulische Eigenverantwortung den Gedanken der Verbesserung der Wahrnehmung des staatlichen Bildungs- und Erziehungsauftrags verfolgen, erscheint es sinnvoll, nach einem gemeinsamen verfassungsrechtlichen Anknüpfungspunkt für beide Institute zu suchen. Keiner der bisher vertretenen Ansätze – Art. 5 Abs. 1, Art. 5 Abs. 3, Art. 33 Abs. 5, Art. 7 Abs. 1, Art. 2 Abs. 1 GG – vermochte gänzlich zu überzeugen. Hingegen scheint eine Verankerung der pädagogischen Freiheit und der schulischen Eigenverantwortung in Art. 7 Abs. 1 GG i.V.m. Art. 2 Abs. 1 GG möglich.

III. Pädagogische Freiheit des Lehrers und Eigenverantwortung der Schule als subjektive Rechte?

In den vorangegangenen Erörterungen wurde wiederholt die Frage aufgeworfen, ob es sich bei der pädagogischen Freiheit des Lehrers und der schulischen Eigenverantwortung um subjektiv-öffentliche Rechte handelt. Während die überwiegende

---

598 Im Ergebnis ähnlich vertreten dies *Gampe*, Kooperation zwischen Schulaufsicht und Schule: Untersuchungen zur pädagogischen und rechtlichen Schulratsfunktion, S. 139 und *Avenarius/Heckel*, Schulrechtskunde, S. 342, beide allerdings ohne nähere Begründung. Die verfassungsrechtliche Anknüpfung der pädagogischen Freiheit schließt natürlich nicht aus, dass auch einfachrechtlich die pädagogische Freiheit des Lehrers ausdrücklich gewährleistet wird. Entgegen der Auffassung von *Rux* sind dafür aber momentan keine Anhaltspunkte vorhanden. Siehe zu der Auffassung von *Rux* oben Einleitung B.
Der Verankerung der pädagogischen Freiheit in Art. 7 Abs. 1 GG i.V.m. Art. 2 Abs. 1 GG steht auch nicht das im zweiten Teil zur Frage der Schulaufsicht gefundene Ergebnis entgegen. Dort wurde dargelegt, dass zwar eine Beschränkung der Schulaufsicht auf eine Rechtsaufsicht sinnvoll erscheint, dass aber verfassungsrechtlich durchaus auch die bisher bestehende umfassende Schulhoheit möglich ist. Dies könnte einer verfassungsrechtlichen Verankerung der pädagogischen Freiheit (und auch der schulischen Eigenverantwortung) entgegenstehen, da es sich dabei letztlich um widerstreitende Prinzipien handelt. Indes ist es nicht ungewöhnlich, dass die Verfassung verschiedene, auch entgegengesetzte Prinzipien enthält. In derartigen Fällen ist eine Abwägung im Einzelfall erforderlich. Es muss ein Ausgleich der beteiligten Positionen gesucht werden, bei dem beiden Positionen zu bestmöglicher Wirkung verholfen wird (praktische Konkordanz). Siehe zur praktischen Konkordanz *Epping*, Grundrechte, Rn. 79; *Hesse*, Grundzüge des Verfassungsrechts der Bundesrepublik Deutschland, Rn. 72.

Auffassung ein subjektives Recht des Lehrers auf pädagogische Freiheit stets verneinte, ist die Problematik – soweit ersichtlich – im Hinblick auf die Eigenverantwortung der Schule überhaupt noch nicht erörtert worden.

Auch wenn die nahezu einmütige Auffassung vehement Widerstand gegen die Anerkennung subjektiver Rechte im Bereich der pädagogischen Freiheit leistet, kann ihre Notwendigkeit kaum bestritten werden. Denn so stellte *Ossenbühl* zutreffend fest: „Versagt man der pädagogischen Freiheit jedwede Sanktion, so bedeutet dies für die pädagogische Freiheit als Rechtsinstitut letztlich eine Reduktion auf einen bloßen Appell an die Schulaufsichtsbehörden."[599] Dieser Auffassung schloss sich auch *Gallwas* an, der es als weder zweckmäßig noch im Hinblick auf ihre Funktion folgerichtig ansah, die pädagogische Freiheit schutzlos zu lassen[600]. Auch *Niehues* will der pädagogischen Gestaltungsfreiheit die Wehrfähigkeit, die sie erst zu einer wirklichen Freiheit macht, grundsätzlich zusprechen[601]. Schließlich plädiert *Evers* dafür, die pädagogische Freiheit als Recht anzusehen, auf das sich der Lehrer notfalls auch vor den Verwaltungsgerichten berufen kann[602]. Im Ergebnis kann den genannten Autoren[603] zugestimmt werden. Jedoch erschöpft sich ihre Argumentation in den genannten Aussagen. Eine nähere Auseinandersetzung mit der Thematik findet sich – soweit ersichtlich – an keiner Stelle. Dabei wirft die Begründung subjektiver Rechte für die Schule und den Lehrer durchaus eine Reihe anspruchsvoller juristischer Fragen auf.

1. Pädagogische Freiheit und schulische Eigenverantwortung als Grundrecht, grundrechtsgleiches Recht oder sonstiges subjektives Recht mit Verfassungsrang?

a) Art. 7 Abs. 1 GG i.V.m. Art. 2 Abs. 1 GG als Grundrecht?

Fraglich ist, ob die in Art. 7 Abs. 1 GG i.V.m. Art. 2 Abs. 1 GG verankerte objektivrechtliche Gewährleistung der pädagogischen Freiheit und der Eigenverantwortung der Schule zugleich ein Grundrecht des Lehrers und der Schule darstellt. Grundsätzlich sind weder Art. 7 Abs. 1 GG noch Art. 2 Abs. 1 GG geeignet, ein Grundrecht des Lehrers oder der Schule zu begründen. Denn Art. 7 Abs. 1 GG ist kein Grund-

---

599 *Ossenbühl*, DVBl. 1982, 1157 (1161).
600 *Gallwas*, Verfassungsrechtliche Aspekte der pädagogischen Freiheit, in: Lerche/Zacher/Badura, Festschrift für Theodor Maunz zum 80. Geburtstag, S. 71 (87).
601 *Niehues*, Schulrecht, Rn. 518.
602 *Evers*, VVDStRL 23 (1966), 147 (182).
603 Dass sich die genannten Zitate allesamt auf die pädagogische Freiheit des Lehrers und nicht auf die Eigenverantwortung der Schule beziehen, liegt daran, dass diese Thematik soweit ersichtlich noch nicht behandelt worden ist.

recht, sondern nur eine organisationsrechtliche Norm[604]. Und Art. 2 Abs. 1 GG bezeichnet in diesem Zusammenhang nach dem hier zugrunde gelegten Verständnis nicht die allgemeine Handlungsfreiheit des Lehrers, sondern das Recht des Kindes auf Persönlichkeitsentfaltung. Denkbar wäre jedoch, dass in den, in diesen Normen angelegten, Bildungs- und Erziehungsauftrag des Staates ein grundrechtsgeschützter Freiheitsbereich des Lehrers und der Schule unmittelbar kraft Verfassung eingebettet ist[605]. Es würde sich gleichsam um eine „Grundrechtsinsel"[606] innerhalb einer ansonsten lediglich objektiv-rechtlichen Gewährleistung handeln. Unabhängig davon, ob eine derartige Konstruktion überhaupt rechtslogisch denkbar erscheint, bestehen hiergegen Bedenken im Hinblick auf die rechtliche Stellung der Lehrer und der Schulen. Denn sowohl die Lehrer als Landesbeamte oder Angestellte des Landes als auch die Schulen als öffentliche Anstalten[607] sind selbst Teile des Staates, den sie repräsentieren und dessen Aufgaben sie erfüllen.

Für die Lehrer wurde oben hinsichtlich der Berufung auf Art. 5 Abs. 1 S. 1 Var. 1 GG bereits dargelegt, dass Grundrechte als Rechtfertigung der pädagogischen Freiheit nicht herangezogen werden können. Die durch das Grundgesetz garantierten Grundrechte sind in erster Linie Abwehrrechte des Bürgers gegen den Staat[608]. Die Beschäftigten des öffentlichen Dienstes treten in Ausübung ihrer Tätigkeit aber nicht als Bürger, sondern als Organe des Staates auf, so dass ihre Tätigkeit grundsätzlich nicht als Ausübung von Grundrechten angesehen werden kann[609]. Diese Argumentation kann folglich auch bezüglich Art. 7 Abs. 1 GG i.V.m. Art. 2 Abs. 1 GG herangezogen werden. Jedenfalls hinsichtlich der pädagogischen Freiheit des Lehrers kann es sich demnach nicht um ein Grundrecht handeln.

Ebenfalls wurde oben bereits hinsichtlich der Schule erörtert, dass es ihr als juristischer Person des öffentlichen Rechts im Sinne des Art. 19 Abs. 3 GG nicht möglich ist, sich auf Grundrechte zu berufen. Denn der Staat kann nicht gleichzeitig grundrechtsverpflichtet und grundrechtsberechtigt sein. Insbesondere ist es ausgeschlossen, die Erfüllung öffentlicher Aufgaben mit der Berufung auf Grundrechte zu

---

604 Siehe *Pieroth*, in: Jarass/Pieroth, GG, Art. 7 Rn. 1; vgl. auch *Hofmann*, in: Schmidt-Bleibtreu/Klein, GG, Art. 7 Rn. 3; *Hemmrich*, in: v. Münch/Kunig, Art. 7 Rn. 3.
605 Vgl. dazu *Gallwas*, Verfassungsrechtliche Aspekte der pädagogischen Freiheit, in: Lerche/Zacher/Badura, Festschrift für Theodor Maunz zum 80. Geburtstag, S. 71 (78); seine Idee aufgreifend *Thiel*, Der Erziehungsauftrag des Staates in der Schule, S. 222.
606 *Thiel*, Der Erziehungsauftrag des Staates in der Schule, S. 223.
607 Die rechtliche Beurteilung würde sich auch dann nicht ändern, wenn sich die Rechtsform der Schule verändern würde (beispielsweise zu einer öffentlich-rechtlichen Körperschaft). Dies gilt jedenfalls, solange lediglich öffentlich-rechtliche Vereinigungsformen in Betracht gezogen werden. Denn diese werden unabhängig von ihrer Rechtsfähigkeit bezüglich der Grundrechtsberechtigung gleich behandelt. Näher zu alternativen Rechtsformen siehe unten 3. Teil E.
608 *Epping*, Grundrechte, Rn. 16; *Manssen*, Staatsrecht II, § 3 Rn. 45; *Sachs*, Verfassungsrecht II, A4 Rn. 13 ff.; *Schmidt*, Grundrechte, Rn. 15; *Pieroth/Schlink*, Grundrechte, Rn. 57 ff.
609 So im Ergebnis auch *Rux*, Die Pädagogische Freiheit des Lehrers, S. 80; ebenso *Thiel*, Der Erziehungsauftrag des Staates in der Schule, S. 217 ff. beide m.w.N.

begründen. Folglich erscheint auch hinsichtlich der Eigenverantwortung der Schule die Annahme eines diesbezüglichen Grundrechts nicht statthaft.

An diesem Ergebnis vermag auch die Tatsache nichts zu ändern, dass Ausnahmen von dem oben genannten Grundsatz existieren. So können sich die öffentlich-rechtlichen Rundfunkanstalten auf Art. 5 Abs. 1 S. 2 GG, die öffentlichen Universitäten auf Art. 5 Abs. 3 GG und die Kirchen als öffentlich-rechtliche Korporationen auf Art. 4 GG berufen. Grund dafür ist, dass die genannten Rechtsträger einem grundrechtlich geschützten Lebensbereich unmittelbar zugeordnet sind und infolgedessen als eine staatsunabhängige oder doch jedenfalls staatsdistanzierte Einrichtung anzusehen sind. Diese Begründung trifft auf die Situation der Schulen indes nicht zu. Denn hinsichtlich der Eigenverantwortung der Schulen existiert gerade *kein* grundrechtlich geschützter Lebensbereich, dem die Schulen unmittelbar zugeordnet sind. Die Gewährleistung der schulischen Eigenverantwortung aus Art. 7 Abs. 1 GG i.V.m. Art. 2 Abs. 1 GG ist ihrem Grundsatz nach nur eine objektiv-rechtliche. Anders als im Fall der Rundfunkanstalten, der Universitäten und der Kirchen gibt es keine *ausdrückliche* grundrechtliche Gewährleistung, welche die Tätigkeit der Schulen erfasst. Da demnach die Schulen nicht mit den genannten Rechtsträgern vergleichbar sind, erscheint es auch nicht angebracht, diese jenen gleichzustellen, indem man in die objektiv-rechtliche Gewährleistung des Art. 7 Abs. 1 GG i.V.m. Art. 2 Abs. 1 GG eine „Grundrechtsinsel" auf schulische Eigenverantwortung hineinliest. Weder bei der pädagogischen Freiheit des Lehrers noch bei der Eigenverantwortung der Schule kann es sich folglich um ein Grundrecht handeln.

b) Art. 7 Abs. 1 GG i.V.m. Art. 2 Abs. 1 GG als grundrechtsgleiches Recht?

Unter grundrechtsgleichen Rechten versteht man solche, die zwar keine Grundrechte im eigentlichen Sinne sind, deren Verletzung aber dennoch mit der Verfassungsbeschwerde gerügt werden kann[610]. Welche verfassungsrechtlichen Rechtspositionen als grundrechtsgleiche Rechte einzuordnen sind, kann man grundsätzlich Art. 93 Abs. 1 Nr. 4a GG entnehmen. Danach kann neben einer Verletzung von Grundrechten auch die Verletzung eines der in Art. 20 Abs. 4, 33, 38, 101, 103 und 104 GG enthaltenen Rechte gerügt werden. Da Art. 7 Abs. 1 GG i.V.m. Art. 2 Abs. 1 GG nicht Teil dieser Aufzählung ist, stellt sich die Frage, ob Art. 93 Abs. 1 Nr. 4a GG möglicherweise keine abschließende Festlegung grundrechtsgleicher Rechte enthält, sondern darüber hinaus eine Anerkennung grundrechtsgleicher Rechte möglich ist. Dem steht jedoch der eindeutige Wortlaut des Art. 93 Abs. 1 Nr. 4a GG und auch die Funktion der grundrechtsgleichen Rechte entgegen. Als grundrechtsgleiche Rechte erkennt Art. 93 Abs. 1 Nr. 4a GG nur solche an, die von ihrer Struktur und ihrer Geschichte den Grundrechten der Art. 1 bis 19 GG gleich-

---

610 *Epping*, Grundrechte, Rn. 12.

stehen[611]. Bei welchen Verfassungsbestimmungen dies der Fall ist, hat der Verfassungsgeber ausdrücklich selbst in Art. 93 Abs. 1 Nr. 4a GG geregelt und dies nicht der Interpretation von Wissenschaft und Rechtsprechung überlassen. Könnte der Kreis der grundrechtsgleichen Rechte beliebig erweitert werden, würde damit einer Flut von Verfassungsbeschwerden Tür und Tor geöffnet. Es bedürfte zur Begründung der Beschwerdebefugnis nicht einmal mehr der Behauptung der Verletzung eines der in Art. 93 Abs. 1 Nr. 4a GG genannten Rechte. Vielmehr wäre es ausreichend, die Verletzung eines nur *behaupteten* grundrechtsgleichen Rechts zu rügen. Für diese Interpretation des Art. 93 Abs. 1 Nr. 4a GG bietet der Wortlaut keinerlei Anhaltspunkte. Er zählt abschließend die Rechte auf, die eine Beschwerdebefugnis zu begründen vermögen. Eine Erweiterung des Kreises der grundrechtsgleichen Rechte ist demnach nicht möglich, so dass Art. 7 Abs. 1 GG i.V.m. Art. 2 Abs. 1 GG insoweit nicht als grundrechtsgleiches Recht angesehen werden kann.

Damit ist die Anerkennung der pädagogischen Freiheit des Lehrers und der schulischen Eigenverantwortung als grundrechtsgleiche Rechte aber noch nicht generell ausgeschlossen. Wäre es nämlich möglich, die pädagogische Freiheit und die schulische Eigenverantwortung als hergebrachte Grundsätze des Berufsbeamtentums gem. Art. 33 Abs. 5 GG einzuordnen, wären sie damit gleichzeitig als grundrechtsgleiche Rechte anerkannt. Denn die in Art. 33 GG angelegten Rechte sind ausweislich des Wortlauts des Art. 93 Abs. 1 Nr. 4a GG grundrechtsgleiche Rechte. Indes ist die schulische Eigenverantwortung kein hergebrachter Grundsatz des Berufsbeamtentums. Nur die an der Schule arbeitenden Lehrer unterfallen dem Beamtenrecht, nicht aber die Schule als solche. Selbst wenn man darauf abstellen würde, dass die schulische Eigenverantwortung in erster Linie von den Lehrern als Kollektiv wahrgenommen wird – was nach der hier vertretenen Auffassung nicht der Fall ist, da auch Eltern und Schüler an den maßgeblichen Entscheidungen beteiligt werden sollen –, prägt sie dennoch deren *beamtenrechtliche* Stellung nicht dergestalt, dass sie als hergebrachter Grundsatz anerkannt werden könnte. Dafür spricht auch, dass der Gedanke der schulischen Eigenverantwortung jedenfalls aus juristischer Sicht noch ein sehr junger ist, so dass auch dies einer Anerkennung als hergebrachtem Grundsatz entgegensteht. Gleiches gilt für die pädagogische Freiheit des Lehrers. Wie bereits dargelegt[612], kann sie nicht als hergebrachter Grundsatz des Berufsbeamtentums anerkannt werden, da ihr eine rechtliche Anerkennung gerade stets versagt geblieben ist und sie im Übrigen nicht die Stellung des Lehrers *als Beamten* maßgeblich prägt. Weder pädagogische Freiheit noch schulische Eigenverantwortung sind demnach als hergebrachte Grundsätze des Berufsbeamtentums einzuordnen. Folglich können sie auch nicht mittels Art. 33 GG als grundrechtsgleiche Rechte anerkannt werden.

---

611 *Pieroth/Schlink*, Grundrechte, Rn. 51; *Sachs*, Verfassungsrecht II, A2 Rn. 7 schreibt dazu, dass die grundrechtsgleichen Rechte wie die Grundrechtsbestimmungen von grundlegender Bedeutung für das Verhältnis des Einzelnen zur staatlichen Gemeinschaft seien.
612 Siehe oben 3. Teil C. II. 2.

c) Art. 7 Abs. 1 GG i.V.m. Art. 2 Abs. 1 GG als sonstiges subjektives Recht mit Verfassungsrang?

Über die Grundrechte und grundrechtsgleichen Rechte hinaus enthält das Grundgesetz subjektive Rechte, die nicht mit der Verfassungsbeschwerde verfolgt werden können. Dies sind beispielsweise die Rechte der Parteien aus Art. 21 GG, der Amtshaftungsanspruch aus Art. 34 GG und gegebenenfalls die Rechte der Kirchen aus Art. 136, 137 WRV. Sie alle können als „sonstige verfassungsmäßige Rechte" bezeichnet werden[613]. Diese Normen geben dem Einzelnen subjektive Rechte, die er notfalls vor den Gerichten verfolgen kann, die jedoch nicht verfassungsbeschwerdetauglich sind. Fraglich ist, ob auch die pädagogische Freiheit und die schulische Eigenverantwortung als derartige subjektive Rechte anerkannt werden können. Jedenfalls stünde dem – anders als bei den grundrechtsgleichen Rechten – nicht entgegen, dass eine abschließende Enumeration der sonstigen verfassungsmäßigen Rechte vorliegen würde[614]. Da das Grundgesetz an diese Rechte keine besonderen Konsequenzen – wie beispielsweise die Möglichkeit der Verfassungsbeschwerde – knüpft, muss das Vorliegen eines subjektiven Rechts hier, wie in jedem anderen Gesetz auch, durch Auslegung ermittelt werden[615]. Hierfür ist die sog. Schutznormtheorie maßgeblich, nach der die entsprechende Norm jedenfalls *auch* dem Schutz der Interessen des betroffenen Individuums zu dienen bestimmt sein muss[616]. Maßgebliche Norm ist insoweit Art. 7 Abs. 1 GG i.V.m. Art. 2 Abs. 1 GG. Die in dieser Normenkette enthaltene pädagogische Freiheit des Lehrers und die schulische Eigenverantwortung dienen in erster Linie staatlichen Interessen. Als objektiv-rechtliche Gewährleistungen sollen sie die bestmögliche Wahrnehmung des staatlichen Bildungs- und Erziehungsauftrags ermöglichen. Die pädagogische Freiheit ist dem Lehrer nicht um seinetwillen gegeben, sondern im Sinne einer optimalen Erfüllung seiner dienstlichen Pflichten. Ebenso verhält es sich mit der schulischen Eigenverantwortung. Dies schließt jedoch nicht aus, dass die pädagogische Freiheit *auch* den Interessen des einzelnen Lehrers und die schulische Eigenverantwortung *auch* den Interessen der Schule zu dienen bestimmt ist. Denn auch der einzelne Lehrer und die Schule haben regelmäßig ein Interesse daran, ihre Aufgaben so gut als möglich zu erfüllen. Die durch die pädagogische Freiheit und die schulische Eigenverantwortung gewährten Gestaltungsspielräume bestehen im Interesse der Lehrer und Schu-

---

613 *Jarass*, in: Jarass/Pieroth, GG, Vorb. vor Art. 1 Rn. 1; *Sachs*, Verfassungsrecht II, A2 Rn. 10 ff. bezeichnet sie als „grundrechtsähnliche" Rechte in Abgrenzung zu den grundrechtsgleichen Rechten des Art. 93 Abs. 1 Nr. 4a GG.
614 Vgl. dazu *Sachs*, Verfassungsrecht II, A2 Rn. 10.
615 So schreibt auch *Jarass*, in: Jarass/Pieroth, GG, Vorb. vor Art. 1 Rn. 1, dass sich sonstige verfassungsmäßige Rechte *etwa* (Hervorhebung der Verfasserin) aus Art. 21, Art. 34, Art. 92 GG oder Art. 136, 137 WRV ergeben könnten.
616 Siehe zur Schutznormtheorie *Kopp/Schenke*, VwGO, § 42 Rn. 71, 78, 83; allgemein zum subjektiven Recht *Maurer*, Allgemeines Verwaltungsrecht, § 8 Rn. 8 und *Hufen*, Verwaltungsprozessrecht, § 14 Rn. 97.

len, die sich Gedanken machen, wie sie den Kindern und Jugendlichen am ehesten gerecht werden und ihren Bildungs- und Erziehungsauftrag in Unterricht und Schulleben erfüllen können[617]. Dieses Interesse ist zwar kein „persönliches" Interesse des Lehrers und der Schule. Doch es ist durchaus ein subjektives *funktionsbezogenes* Interesse[618]. Lehrer und Schule haben ein legitimes Interesse daran, über den für ihre Arbeit erforderlichen Gestaltungsfreiraum verfügen zu können. Dieses Interesse muss, jedenfalls in seinem Kern, auch als durch Art. 7 Abs. 1 GG i.V.m. Art. 2 Abs. 1 GG geschützt angesehen werden. Dies gebietet bereits der Zweck der pädagogischen Freiheit und der schulischen Eigenverantwortung. Da beide letztlich im Interesse des staatlichen Bildungs- und Erziehungsauftrags wahrgenommen werden, erscheint es wenig angemessen, sie schutzlos zu stellen. Ohne die Möglichkeit der gerichtlichen Geltendmachung durch die Lehrer und die Schulen liegt die Gewährung von pädagogischer Freiheit und schulischer Eigenverantwortung faktisch allein in den Händen der Verwaltung. Unzulässige Eingriffe müssen sanktionslos hingenommen werden. Dies schadet in letzter Konsequenz der Erfüllung des staatlichen Bildungs- und Erziehungsauftrags. Folglich sind Art. 7 Abs. 1 GG i.V.m. Art. 2 Abs. 1 GG, soweit sie die pädagogische Freiheit und die schulische Eigenverantwortung gewährleisten, jedenfalls *auch* den Interessen der Lehrer und Schulen zu dienen bestimmt. Insoweit sind sowohl die pädagogische Freiheit des Lehrers als auch die schulische Eigenverantwortung in ihrem Kern als sonstige verfassungsmäßige Rechte und damit als subjektive Rechte einzustufen[619]. Dass diese vom einfachen Gesetzgeber konkretisiert werden können und sollen, steht außer Frage. Solange und soweit dies aber nicht geschehen ist, können sich Lehrer und Schulen unmittelbar auf die grundgesetzliche Gewährleistung berufen.

Angesichts des vehementen Widerstands, den die überwiegende Auffassung gegen die Anerkennung eines subjektiven Rechts auf pädagogische Freiheit leistet, stellt sich die Frage, welche Befürchtungen sie zu ihrer Auffassung motivieren[620]. Ist es die Angst, dass die staatliche Schulhoheit „aus den Angeln gehoben"[621] werden könnte? Steckt die Sorge dahinter, dass die Gerichte mit einer Flut von Klagen sich gegängelt fühlender Lehrer und Schulen überschwemmt werden könnten? Wird die Gefahr gesehen, dass originär pädagogische Fragen von Juristen im Verwaltungsstreitverfahren entschieden werden könnten?

---

617 Vgl. auch *Risse*, Schulprogramm – worum es in der Praxis geht, in: Risse, Schulprogramm, S. 151 (152).
618 Von der pädagogischen Freiheit als „subjektivem Funktionsrecht" des Lehrers spricht auch *Stock*, RdJB 1986, 212 (224); vgl. ebenfalls *Kopp/Schenke*, VwGO, § 42 Rn. 80, die von „funktionalen Interessen" sprechen.
619 Dass die Verfassung lediglich einen Kern der pädagogischen Freiheit sichert, konstatiert auch *Gallwas*, Verfassungsrechtliche Aspekte der pädagogischen Freiheit, in: Lerche/Zacher/Badura, Festschrift für Theodor Maunz zum 80. Geburtstag, S. 71 (84 f.).
620 Regelmäßig wird die Anerkennung eines subjektiven Rechts ohne nähere Begründung schlicht apodiktisch abgelehnt.
621 *Starck*, NJW 1976, 1375 (1378).

Hinsichtlich der Befürchtung des „Aus-den-Angeln-Hebens" der staatlichen Schulhoheit kann festgestellt werden, dass sie logisch nicht haltbar ist. Die staatliche Schulhoheit wird nicht erst dann berührt, wenn pädagogische Freiheit und schulische Eigenverantwortung als *subjektive* Rechte zuerkannt werden. Nicht erst die Möglichkeit der gerichtlichen Geltendmachung dieser Rechte, sondern bereits die bloße *objektiv-rechtliche* Gewährleistung der Institute der pädagogischen Freiheit und der schulischen Eigenverantwortung schränken die staatliche Schulhoheit ein. Denn inhaltlich sind objektiv-rechtliche Gewährleistung und subjektives Recht deckungsgleich. Der Unterschied besteht allein in der Möglichkeit der gerichtlichen Geltendmachung. Auch die objektiv-rechtliche Gewährleistung muss von einer Verwaltung, die durch den im Rechtsstaatsprinzip des Art. 20 Abs. 2 GG verankerten Vorrang des Gesetzes an Recht und Gesetz gebunden ist, beachtet werden. Wollte man demnach die staatliche Schulhoheit vor jeglichen Einschränkungen bewahren, bedeutete dies, die Institute der pädagogischen Freiheit und der schulischen Eigenverantwortung nicht nur als subjektive Rechte, sondern generell abzulehnen. Unabhängig davon, dass dies heute – soweit ersichtlich – nicht mehr vertreten wird, steht es auch im Gegensatz zu den jüngsten gesetzgeberischen Bemühungen, Schulen und Lehrern mehr Gestaltungsspielräume zu gewähren.

Der zweiten Befürchtung ist zum einen entgegenzuhalten, dass die Annahme einer Klageflut nicht sonderlich realistisch ist. Gerade für die Schulen sind die ihnen gewährten Gestaltungsspielräume neu, und nicht wenige Schulen fühlen sich mit der Situation noch überfordert. Insofern erscheint es wenig wahrscheinlich, dass gerade sie ohne Not wegen einer Verletzung ihrer Rechte vor die Gerichte ziehen würden. Zum anderen vermag ein allein die Gerichtsökonomie betreffendes Argument grundsätzlich nicht die Ablehnung eines subjektiven Rechts zu rechtfertigen. Jedem subjektiven Recht eines Rechtsträgers liegt eine objektiv-rechtliche Pflicht eines anderen Rechtsträgers zugrunde[622]. Indem der Träger sein subjektives Recht vor den Gerichten einklagt, wird zugleich über die Erfüllung der objektiv-rechtlichen Pflicht entschieden. Die Einhaltung der objektiven Rechtsordnung dient aber auch den Interessen des Staates. Sollte sich also eine große Anzahl von Schulen und Lehrern zur Klage veranlasst sehen – wobei wohl unterstellt werden kann, dass dies ohne triftige Gründe nicht der Fall wäre –, bedeutete dies, dass nicht nur die Verletzung subjektiver Rechte, sondern auch eine Verletzung des objektiven Rechts behauptet wird. Dies durch die Gerichte klären und gegebenenfalls unterbinden zu lassen, muss auch im Interesse des Staates sein. Dies gilt selbst dann, wenn dadurch eine höhere Arbeitsbelastung auf die Gerichte zukommt.

Schließlich ist der Befürchtung entgegenzutreten, dass originär pädagogische Fragen bei Vorliegen eines subjektiven Rechts von Verwaltungsjuristen entschieden würden und sich die Auseinandersetzung damit gleichsam von der pädagogischen auf die juristische Ebene verlagern würde. Dass bei Vorliegen eines subjektiven Rechts tatsächlich die Verwaltungsgerichte darüber zu entscheiden hätten, wie weit

---

[622] *Maurer*, Allgemeines Verwaltungsrecht, § 8 Rn. 6.

die pädagogische Freiheit und die schulische Eigenverantwortung letztlich reichen, kann nicht bestritten werden. Doch bestünde damit zum ersten Mal die Möglichkeit, Reichweite und Grenzen der pädagogischen Freiheit und der schulischen Eigenverantwortung von einer unabhängigen und objektiven Instanz verbindlich klären zu lassen. Insofern kann von einer „Verlagerung" der Auseinandersetzung nicht gesprochen werden. Denn bis heute gibt es keine wirkliche Auseinandersetzung über diese Thematik. Vielmehr ist es so, dass die Aufsichtsbehörden anordnen und anweisen können und die Schulen und Lehrer sich zu fügen haben. Um es mit den Worten des versierten Schuljuristen *Heckel* zu sagen: „Meist pflegt der Lehrer sich der besseren Einsicht der Aufsichtsbehörde, seines Schulleiters oder der Konferenz zu fügen, wenn es ihm nicht gelingt, diese seinerseits zu überzeugen."[623] Im Konfliktfall kommt es demnach stets auf die Nachgiebigkeit eines der Beteiligten an. Dieser ist, allein aufgrund des hierarchischen Gefälles gegenüber der Aufsichtsbehörde, regelmäßig der Lehrer bzw. die Schule. Dies aber ist „die Bankrotterklärung eines Rechtssystems, dessen Aufgabe gerade in der Konfliktlösung liegt"[624]. Nach dem Prinzip der Gewaltenteilung sind es die Gerichte, die rechtliche Auseinandersetzungen verbindlich zu entscheiden haben[625]. Es ist nicht einsichtig, warum dies nicht auch hinsichtlich der Reichweite der pädagogischen Freiheit und der schulischen Eigenverantwortung gelten soll. Dass die insoweit zuständigen Juristen an den Verwaltungsgerichten nicht über das erforderliche pädagogische „Feingefühl" verfügten, ist eine bloße Unterstellung. Es liegt in der Natur der Rechtswissenschaft, dass sie stets nicht nur juristische Kenntnisse erfordert, sondern auch Wissen über den jeweils betroffenen Lebensbereich voraussetzt. Dies hat seinen Grund darin, dass die Rechtswissenschaft nicht Selbstzweck ist, sondern nur dienende Funktion hat. Mit ihrer Hilfe wird den unterschiedlichsten Sachverhalten ein rechtlicher Rahmen gegeben. Um rechtliche Fragen zutreffend beurteilen zu können, ist immer auch eine gewisse Kenntnis der betroffenen Materie erforderlich. Insoweit unterscheidet sich das Schulrecht nicht von anderen Rechtsgebieten. Meint der Richter, selbst nicht über ausreichende fachliche Kenntnisse zu verfügen, kann er einen fachkundigen Sachverständigen zu Rate ziehen. Dies gilt auch für das Schulrecht. Dass juristische Letztentscheidungen in ursprünglich pädagogischen Fragen nicht ganz ungewöhnlich sind, zeigt die Tatsache, dass es Schülern jedenfalls in jüngerer Zeit stets möglich war, gegen schulische Entscheidungen, insbesondere Leistungsbeurteilungen, zu klagen[626]. Auch hier müssen letztlich Juristen über die Rechtmäßigkeit oder Rechtswidrigkeit schulischer Entscheidungen urteilen. Ebenso konnten auch bisher

---

623 *Heckel*, ZBR 1957, 217 (221).
624 *Perschel*, DÖV 1970, 34 (35); siehe dazu auch *Höfling*, DÖV 1988, 416 (418) und *Burmeister*, RdJB 1989, 415 (417).
625 So schreibt auch *Gunter Kisker* in seinem Werk „Insichprozess und Einheit der Verwaltung", Baden-Baden 1968, auf S. 42, „daß Streitbereinigung durch eine weisungsgebundene Verwaltungsbehörde, statt durch ein unabhängiges Gericht, niemals ein vollwertiger Ersatz für den gerichtlichen Schutz der streitbefangenen >Organrechte< sein kann."
626 Siehe *Niehues*, Schulrecht, Rn. 622.

bereits Maßnahmen der Aufsichtbehörden, z.B. Zusammenlegungen oder Schließungen von Schulen, grundsätzlich von Schülern und Eltern vor den Verwaltungsgerichten angefochten werden[627]. Demnach vermag auch der Einwand der Verlagerung der Auseinandersetzung vor die Gerichte gegen die Anerkennung subjektiver Rechte auf pädagogische Freiheit und schulische Eigenverantwortung nicht zu überzeugen. Bestehen damit keine durchschlagenden Bedenken gegen die Anerkennung der pädagogischen Freiheit und der schulischen Eigenverantwortung als sonstige verfassungsmäßige Rechte, steht einer Einordnung der beiden Institute als subjektive Rechte nichts entgegen. Folglich sind sowohl die pädagogische Freiheit als auch die schulische Eigenverantwortung als subjektive Rechte des Lehrers bzw. der Schule anzusehen.

2. Vereinbarkeit der Aspekte „fiduziarisches Recht" und „subjektives Recht"?

Dass Art. 7 Abs. 1 GG i.V.m. Art. 2 Abs. 1 GG sowohl hinsichtlich der pädagogischen Freiheit als auch der schulischen Eigenverantwortung subjektive Gewährleistungen zugunsten der Lehrer und der Schulen enthält, ändert nichts an der Tatsache, dass es sich bei beiden Instituten um sog. fiduziarische Rechte handelt. Pädagogische Freiheit und schulische Eigenverantwortung werden zwar in erster Linie mit dem Ziel der besseren Wahrnehmung des staatlichen Bildungs- und Erziehungsauftrags gewährt. Da dieser staatliche Auftrag jedoch zuvörderst zum Zweck einer bestmöglichen Persönlichkeitsentfaltung des Kindes besteht, sind auch Lehrer und Schulen diesem Zweck verpflichtet. Indem sie dem Kind durch ihre Arbeit zur Entfaltung seiner Persönlichkeit verhelfen, nehmen sie gleichsam treuhänderisch dessen Rechte wahr. Zwar „entfaltet" nicht der Lehrer, sondern das Kind selbst seine Persönlichkeit. Doch wird es dabei maßgeblich von dem Lehrer und der Schule geprägt. Erst durch Bildung und Erziehung kann das Kind seine eigene Persönlichkeit entwickeln[628]. Insofern ist es gerechtfertigt, von einer „treuhänderischen Wahrnehmung" der Kindesrechte durch Schule und Lehrer zu sprechen. Fraglich ist nun, ob dieser treuhänderische Charakter von pädagogischer Freiheit und schulischer Eigenverantwortung damit vereinbar ist, dass beide Institute auch subjektive Gewährleistungen zugunsten von Lehrern und Schulen enthalten. Diese Frage lässt sich mit Hilfe des Elternrechts aus Art. 6 Abs. 2 GG beantworten. Das Elternrecht, das häufig als Pen-

---

627 *Niehues*, Schulrecht, Rn. 622.
628 Vgl. dazu *Jach*, Vom staatlichen Schulsystem zum öffentlichen Schulwesen, S. 44: „Damit ist vorausgesetzt, daß das Kind erst durch Erziehung zu einem Fundus geistig-seelischer Integrität geführt wird. In diesem Sinne beinhaltet ein Recht auf Persönlichkeitsentfaltung stets ein Recht auf Erziehung, welches durch ein Recht auf Bildung komplementiert wird. Hierbei stellt sich Erziehung als ein dialogischer Prozess dar, bei dem >Persönlichkeitsentfaltung durch die geistige Einwirkung anderer (Erzieher) und durch eigene Anstrengung (Selbsterziehung)< ineinander wirken."

dant zur pädagogischen Freiheit und zur schulischen Eigenverantwortung beschrieben wird[629], hat unstreitig treuhänderischen Charakter[630]. Es ist wesentlich ein Recht im Interesse des Kindes[631]. Ebenso unstreitig ist Art. 6 Abs. 2 GG aber auch ein Grundrecht, das heißt ein subjektives Recht, der Eltern[632]. Dass in diesem Fall ein subjektives Recht zugleich ein treuhänderisches Recht ist, wird – soweit ersichtlich – nirgendwo bestritten. Insofern ist eine Vereinbarkeit von fiduziarischem und subjektivem Recht nicht denklogisch ausgeschlossen. Demnach steht der fiduziarische Charakter von pädagogischer Freiheit und schulischer Eigenverantwortung ihrer Anerkennung als subjektive Rechte nicht entgegen.

3. Subjektives Recht oder wehrfähige Innenrechtsposition?

Vorgehend wurde stets von der pädagogischen Freiheit und der schulischen Eigenverantwortung als „subjektiven Rechten" gesprochen, ohne näher auf den tatsächlichen Charakter dieser Rechte einzugehen. Anlass zu einer diesbezüglichen Auseinandersetzung bietet indes die rechtliche Stellung von Lehrer und Schule. Hierbei sind zwei Konstellationen zu unterscheiden: Zum einen ist die Situation einer Klage des Lehrers oder der Schule gegen Maßnahmen der Schulaufsichtsbehörde[633] zu betrachten[634]. Zum anderen sind Streitigkeiten zwischen Lehrern und ihrer Schule in die Erwägungen einzubeziehen.

Der Lehrer ist als Landesbeamter oder Angestellter des Landes stets in die Verwaltungshierarchie des Landes eingeordnet. Auch die Schule ist nach bisherigem Recht wenn nicht Anstalt des Landes, so doch in die behördliche Hierarchie des Landes eingegliedert[635]. Sowohl Lehrer als auch Schule sind damit dem Land als juristischer Person zugeordnet. Sie stehen dem Land nicht als außerhalb der Ver-

---

629 Vgl. zum Beispiel *Hennecke*, RdJB 1986, 233 (235): „Insofern kann pädagogische Freiheit als Analogie zum Elternrecht begriffen werden [...]."; ebenso *Richter*, RdJB 1979, 250 (253): „[...], da die >Lehrfreiheit des Lehrers< – insoweit dem Elternrecht vergleichbar – als fiduziarisches Recht verstanden wird [...]".
630 BVerfGE 59, 360 (377); 64, 180 (189).
631 BVerfGE 72, 122 (137).
632 *Robbers*, in: v. Mangoldt/Klein/Starck, GG, Art. 6 Abs. 2 Rn. 140; *Schmitt-Kammler*, in: Sachs, GG, Art. 6 Rn. 47; *Gröschner*, in: Dreier, GG, Art. 6 Rn. 95; *Pieroth*, in: Jarass/Pieroth, GG, Art. 6 Rn. 31.
633 Gegen Maßnahmen des parlamentarischen Gesetzgebers steht keine Klagemöglichkeit offen, da weder die Schule noch die Lehrer im Normenkontrollverfahren antragsberechtigt sind.
634 Ob der Lehrer sich gegen Maßnahmen der Schulaufsichtsbehörde oder des Schulleiters zur Wehr setzen will, spielt dabei keine Rolle. Denn auch der Schulleiter handelt, soweit ihm dienstrechtliche Befugnisse übertragen worden sind, in schulaufsichtlicher Funktion.
635 Siehe dazu eingehend oben 1. Teil B. II. 1. b).

waltung stehende Bürger gegenüber. Vielmehr ist die Schule wohl als Organ[636] des Landes und der Lehrer als Organwalter[637] einzuordnen. Auch die Schulaufsichtsbehörde[638], deren Maßnahmen in der vorliegenden Konstellation in Rede stehen, ist Organ des Landes. Will ein Lehrer die Achtung seiner pädagogischen Freiheit oder eine Schule die Achtung ihrer schulischen Eigenverantwortung vor Gericht geltend machen, stellt sich die Frage, gegen wen eine derartige Klage überhaupt zu richten ist. Muss das Land als Träger der Schulaufsichtsbehörde verklagt werden, oder ist die Klage unmittelbar gegen die Schulaufsicht zu richten? Sollte sich ergeben, dass die Klage unmittelbar gegen die Schulaufsicht zu richten ist, stellt sich ferner die Frage, ob es sich bei der pädagogischen Freiheit und der schulischen Eigenverantwortung tatsächlich um subjektive Rechte im engeren Sinne handelt, oder ob sich nicht vielmehr sog. wehrfähige Innenrechtspositionen dahinter verbergen. Letztere Erwägung gründet in dem Gedanken, dass es sich bei einem Rechtsstreit zwischen Schulaufsichtsbehörde und Lehrer bzw. Schule um einen sog. Innenrechtsstreit, einen Streit zwischen zwei Organen bzw. Organwalter und Organ derselben juristischen Person, handelt.

Dieselbe Problematik taucht auch bei Streitigkeiten zwischen einer Schule und ihren Lehrern auf. Sieht ein Lehrer seine pädagogische Freiheit durch die Schule in Wahrnehmung ihrer Eigenverantwortung verletzt oder meint umgekehrt die Schule, eine Verletzung ihrer Eigenverantwortung durch einen einzelnen Lehrer rügen zu müssen, stehen sich ebenfalls Organ und Organwalter einer juristischen Person gegenüber. Auch hier stellt sich mithin die Frage, gegen wen die entsprechende Klage

---

636 Nach der Definition *Maurers* sind Organe rechtlich geschaffene Einrichtungen eines Verwaltungsträgers, die dessen Zuständigkeiten für diesen wahrnehmen. Das Organ ist zwar organisatorisch, nicht aber rechtlich verselbstständigt. Es nimmt ausschließlich die Zuständigkeiten seines Verwaltungsträgers wahr, d.h. es verfügt nicht über eigene Zuständigkeiten, vgl. *Maurer*, Allgemeines Verwaltungsrecht, § 21 Rn. 19 ff. Wendet man diese Definition auf die Schule an, ergibt sich Folgendes: Als nichtrechtsfähige Anstalt ist die Schule eine organisatorisch, nicht aber rechtlich selbstständige Einheit. Selbst wenn man sie nicht als Anstalt des Landes einordnet, ist sie doch in dessen Verwaltungshierarchie eingeordnet (siehe oben 1. Teil B. II. 1. b)), so dass sie als Einrichtung des Landes bezeichnet werden kann. Die Zuständigkeiten des Landes sind es auch, welche die Schule wahrnimmt. Denn sie erfüllt den staatlichen Bildungs- und Erziehungsauftrag. Da die Schule demnach (auch) eine Einrichtung des Landes ist und dessen Zuständigkeiten wahrnimmt, ist sie Organ des Landes.

637 Da Organe rechtlich geschaffene *Einrichtungen*, d.h. organisatorische Gebilde eines Verwaltungsträgers, sind, können die Lehrer als natürliche Personen keine Organe sein. Sie können aber Organwalter sein. Organwalter sind diejenigen Menschen, die konkret die den Organen zugewiesenen Zuständigkeiten ausüben. Sie sind mit der Wahrnehmung der dem jeweiligen Organ zugewiesenen Aufgaben betraut. Sie führen die Verwaltungsmaßnahmen tatsächlich durch, vgl. *Maurer*, Allgemeines Verwaltungsrecht, § 23 Rn. 19 ff., 38 ff. Die Lehrer setzen den der Schule zugewiesenen Bildungs- und Erziehungsauftrag konkret in ihrem Unterricht um. Damit üben sie die der Schule übertragenen Zuständigkeiten aus. Folglich sind sie als Organwalter anzusehen.

638 Mit Schulaufsichtsbehörde sind in diesem Zusammenhang alle Ebenen der Schulaufsicht angesprochen.

zu richten ist und welche tatsächliche Rechtsnatur die geltend gemachten Rechte haben.

a) Klagegegner

Grundsätzlich gilt für alle verwaltungsprozessualen Klagen das Rechtsträgerprinzip, wie es § 78 Abs. 1 Nr. 1 VwGO für Anfechtungs- und Verpflichtungsklagen ausdrücklich normiert. Dies bedeutet, dass Klagegegner regelmäßig die juristische Person ist, deren Organe die angegriffene Handlung vorgenommen oder die erwünschte Handlung unterlassen haben[639]. Für die vorliegenden Konstellationen würde dies bedeuten, dass Klagegegner stets das Land wäre. Denn Maßnahmen, die potenziell die pädagogische Freiheit des Lehrers oder die Eigenverantwortung der Schule beeinträchtigen können, können nur von eigenen Organen bzw. Organwaltern des Landes, nämlich den Schulaufsichtsbehörden oder den Lehrern und Schulen selbst, ausgehen. Eine Beklagtenstellung des Landes erscheint indes nicht überzeugend. Geht es doch in der Sache nicht um einen Streit der Beteiligten mit dem Land, sondern um einen Streit zwischen Organen und/oder Organwaltern des Landes als Rechtsträger[640]. Die überwiegende Auffassung weicht aus diesem Grund in derartigen Konstellationen vom Rechtsträgerprinzip ab. Die Klage ist folglich gegen denjenigen Funktionsträger zu richten, demgegenüber die mit der Organklage beanspruchte (Innen-) Rechtsposition bestehen soll[641].

Für Klagen der Schule kommen als Klagegegner sowohl die Schulaufsichtsbehörde als auch der einzelne Lehrer in Betracht. Im Fall der Klage eines Lehrers kann die Schule oder aber die Schulaufsichtsbehörde Klagegegner sein. Dies richtet sich jeweils danach, wer die angegriffene Maßnahme vorgenommen hat.

---

639 *Hufen*, Verwaltungsprozessrecht, § 12 Rn. 45.
640 Lange Zeit schienen derartige Rechtsstreitigkeiten innerhalb einer juristischen Person und innerhalb des staatlichen Behördenaufbaus schon denklogisch ausgeschlossen. Denn ursprünglich war der Verwaltungsprozess Rechtsstreitigkeiten zwischen Bürger und Staat vorbehalten. Es herrschte das Verständnis vom verbotenen Insichprozess vor, der die Einheit der Verwaltung gefährde. Mit der Zeit setzte sich jedoch die Einsicht durch, dass es auch innerhalb juristischer Personen zwischen deren verschiedenen Organen oder auch innerhalb eines Organs zu Rechtsstreitigkeiten kommen könne. Demzufolge wurden die sog. Innenrechtsstreitigkeiten als statthaft im Verwaltungsprozess anerkannt. Beteiligte sind dabei entweder verschiedene Organe einer juristischen Person (Interorganstreit) oder aber einzelne Rechtsträger innerhalb desselben Organs (Intraorganstreit). Im Rahmen eines Intraorganstreits ist es sowohl denkbar, dass Organ und Organteil, d.h. Organ und Organwalter, miteinander streiten als auch, dass zwei Organteile, d.h. Organwalter, gegeneinander streiten; vgl. dazu *Maurer*, Allgemeines Verwaltungsrecht, § 21 Rn. 28 f. Allgemein zu der Entwicklung des Innenrechtsstreits *Hufen*, Verwaltungsprozessrecht, § 21 Rn. 1 ff.
641 VG Leipzig, DÖV 1998, 1023 (1023); OVG Münster, NVwZ 1990, 188 (188); *Tettinger/Wahrendorf*, Verwaltungsprozeßrecht, S. 217; *Schoch*, Übungen im Öffentlichen Recht II, S. 193; *Hufen*, Verwaltungsprozessrecht, § 21 Rn. 10.

b) Tatsächliche Rechtsnatur der beiden Rechte

Ist damit geklärt, dass es sich bei etwaigen Klagen von Lehrern oder Schulen stets um sog. Innenrechtsstreitigkeiten handelt, schließt sich daran die Frage nach der tatsächlichen Rechtsnatur der in diesen Prozessen geltend gemachten Rechte an. Weit gehende Einigkeit besteht heute darüber, dass der Kläger im Organstreit, ebenso wie ein klagender Bürger, klagebefugt sein muss[642]. Dies bedeutet, dass auch er gem. § 42 Abs. 2 VwGO geltend machen muss, in eigenen Rechten verletzt zu sein. Dabei ist im Organstreit jedoch nach überwiegender Auffassung nicht die Verletzung eines „subjektiven Rechts" im engeren Sinne geltend zu machen. Der Kläger kann sich nicht auf „bürgerliche" Rechte wie beispielsweise die Grundrechte berufen. Die betroffenen Rechte müssen ihm vielmehr in seiner Eigenschaft als Organ zustehen[643]. Er muss über sie als sog. wehrfähige Innenrechtsposition verfügen können.

Während die Schule als solche – jedenfalls in ihrer jetzigen Rechtsgestalt als nichtrechtsfähige Anstalt – gar keine anderen als organschaftliche Rechte haben kann[644], kommen für den Lehrer sehr wohl auch „bürgerliche" Rechtspositionen in Betracht. Der Lehrer kann grundsätzlich durch Maßnahmen der Schule oder der Schulaufsichtsbehörde in „bürgerlichen" Rechtspositionen verletzt werden. Zu unterscheiden ist dabei zwischen dem amtlichen Verhältnis, das den Lehrer als Walter seines Amtes[645] und damit letztlich das Amt und dessen ordnungsgemäße Führung betrifft (früher sog. Betriebsverhältnis), und dem persönlichen Verhältnis, das ihn als selbstständige Rechtsperson, wenn auch in seiner Eigenschaft als öffentlicher Bediensteter, trifft (früher sog. Grundverhältnis)[646]. Im ersteren Fall stehen die Rechte und Pflichten des Staates in Rede, die durch den Amtswalter wahrgenommen werden sollen. Im zweiten Fall geht es um die persönlichen Rechte und Pflichten, die der Amtswalter gegenüber dem Staat hat[647]. Folglich stellt sich die Frage, welche der beiden Fallgruppen hinsichtlich der pädagogischen Freiheit des Lehrers einschlägig ist. Nur wenn dem Lehrer die pädagogische Freiheit nicht als „bürgerliches" Recht, sondern als wehrfähige Innenrechtsposition zusteht, ist er nach der überwiegenden Auffassung im Organstreit klagebefugt[648]. Handelt es sich demnach

---

642 OVG Koblenz, NVwZ 1985, 283 (283); VGH Mannheim, DÖV 1988, 469 (470).
643 OVG Koblenz, NVwZ 1985, 283 (283); VGH Mannheim, DÖV 1988, 469 (470); *Hufen*, Verwaltungsprozessrecht, § 21 Rn. 19 ff. Zu der Frage, inwieweit eine Berufung auf Grundrechte, insbesondere Art. 5 GG, möglich ist, siehe BVerwG, DVBl. 1988, 792 f.
644 Mangels Rechtsfähigkeit kann die Schule grundsätzlich nicht Träger von Rechten und Pflichten sein.
645 Da jeder Organwalter auch Amtswalter ist, können die Begriffe hier synonym gebraucht werden, vgl. *Maurer*, Allgemeines Verwaltungsrecht, § 21 Rn. 38.
646 *Maurer*, Allgemeines Verwaltungsrecht, § 21 Rn. 41.
647 *Maurer*, Allgemeines Verwaltungsrecht, § 21 Rn. 41.
648 Ob die überwiegende Auffassung in diesem Punkt tatsächlich zutreffend ist, kann bezweifelt werden. Vorliegend kann es jedoch dahinstehen, wenn sich zeigen sollte, dass die pädagogische Freiheit kein bürgerliches, sondern ein organschaftliches Recht des Lehrers ist. Vgl. dazu *Hufen*, Verwaltungsprozessrecht, § 21 Rn. 23.

bei der pädagogischen Freiheit um ein Recht, das dem Lehrer als Amtswalter gegeben wurde? Stehen also letztlich Rechte und Pflichten des Staates in Rede, die durch den Amtswalter wahrgenommen werden? Oder betrifft ihn die pädagogische Freiheit in seinen persönlichen Verhältnissen? Geht es bei der pädagogischen Freiheit um ein persönliches Recht, das der Lehrer gegenüber dem Staat hat? Nach dem oben bereits Entwickelten fällt die Antwort auf diese Fragen eindeutig aus. Die pädagogische Freiheit ist kein Recht, das dem Lehrer um seinetwillen eingeräumt wurde, sondern in erster Linie ein „funktionales" Recht, welches der bestmöglichen Erfüllung seiner dienstlichen Pflichten dienen soll. Auch wenn anerkannt wurde, dass die pädagogische Freiheit *auch* den Interessen des Lehrers zu dienen bestimmt ist, wurden diese Interessen doch ebenfalls als eindeutig funktionsbezogene subjektive Interessen definiert. Die pädagogische Freiheit ist kein persönliches, sondern ein funktionales Recht des Lehrers. Folglich macht der Lehrer bei Einschränkungen seiner pädagogischen Freiheit nicht bürgerliche, sondern organschaftliche Rechte, das heißt wehrfähige Innenrechtspositionen, geltend. Demnach sind sowohl die pädagogische Freiheit als auch die schulische Eigenverantwortung als wehrfähige Innenrechtspositionen und nicht als subjektive Rechte im engeren Sinne einzuordnen[649].

4. Konflikte zwischen Schule und Lehrer

Die vorliegend entwickelte Konstruktion, die sowohl dem Lehrer als auch der Schule ein subjektives Recht aus Art. 7 Abs. 1 GG i.V.m. Art. 2 Abs. 1 GG gewährt, wirft ein Problem hinsichtlich des Verhältnisses der beiden Rechte zueinander auf. Zwar läuft die Wahrnehmung beider Rechte im Idealfall parallel. Denn wie gesehen sind schulische Eigenverantwortung und pädagogische Freiheit notwendige Gegenstücke zueinander, die dasselbe Ziel verfolgen. Das, was der Lehrer in seinem konkreten Unterricht im Kleinen für den einzelnen Schüler leistet, vollbringt die Schule im Großen für die gesamte Schülerschaft. Doch ist es durchaus denkbar, dass Konflikte zwischen dem Lehrer und der Schule auftreten und beide bezüglich einer Angelegenheit divergierende Auffassungen vertreten. Während der Lehrer als natürliche Person unproblematisch eine Auffassung zu einer Angelegenheit haben und äußern kann, ist die Meinungsbildung und -äußerung der Schule nur in bzw. mittels Gremien- und Konferenzbeschlüssen möglich. Konflikte zwischen diesen Parteien könnten beispielsweise dann entstehen, wenn das für schulische Entscheidungen maßgebliche Gremium einen Beschluss über schulische Angelegenheiten trifft, dem ein einzelner Lehrer nicht zustimmt und durch den er seine pädagogische Freiheit beeinträchtigt sieht. Ebenso könnte die Schule geltend machen, dass ein einzelner Lehrer mit seiner Unterrichtsgestaltung den schulischen Zielen zuwider handele und

---

649 So wohl im Ergebnis auch – wenn auch nicht ganz eindeutig – *Burmeister*, RdJB 1989, 415 (424) und *Rux*, Die pädagogische Freiheit des Lehrers, S. 216 ff. (insbesondere S. 227).

damit die schulische Eigenverantwortung verletze. In diesen Fällen stellt sich die Frage, wie die konfligierenden Rechtspositionen miteinander in Einklang zu bringen sind.

Möglicherweise bieten die Schulgesetze Anhaltspunkte zur Lösung dieser Frage. Auch wenn sie nach der hier vertretenen Auffassung bislang keine Gewährleistungen der pädagogischen Freiheit des Lehrers und der schulischen Eigenverantwortung als subjektiv-öffentliche Rechte enthalten, treffen sie doch Aussagen zu dem Verhältnis von Einzellehrer und Konferenzen. So werden die Lehrer in nahezu allen Ländern an die Beschlüsse der Konferenzen (insbesondere Lehrer- und Schulkonferenz) gesetzlich gebunden[650]. Stellvertretend für die entsprechenden Regelungen der anderen Länder sei hier § 67 Abs. 2 S. 1 und 2 SchulG Berlin wörtlich wiedergegeben: „Die Lehrkräfte fördern die persönliche Entwicklung, das eigenständige Lernen und das eigenverantwortliche Handeln der Schülerinnen und Schüler. Sie unterrichten, erziehen, beurteilen und bewerten, beraten und betreuen in eigener pädagogischer Verantwortung im Rahmen der Bildungs- und Erziehungsziele und der sonstigen Rechts- und Verwaltungsvorschriften sowie der Beschlüsse der schulischen Gremien." Die Lehrer müssen sich demnach verpflichtend an die Beschlüsse der schulischen Gremien halten, soweit diese ihre Unterrichtsgestaltung betreffen. Andererseits sind die Konferenzen nahezu durchweg dazu angehalten, die Freiräume des Lehrers zur Unterrichtsgestaltung zu respektieren[651].

So heißt es in § 44 Abs. 2 S. 1 SchulG Baden-Württemberg, dass die einzelnen Lehrerkonferenzen bei ihrer Arbeit u.a. die pädagogische Verantwortung des einzelnen Lehrers beachten. Art. 58 Abs. 3 S. 2 BayEUG legt fest, dass die pädagogische Verantwortung der einzelnen Lehrkraft von den Entscheidungen der Lehrerkonferenzen unberührt bleibt. Nach § 67 Abs. 2 S. 4 SchulG Berlin darf die eigene pädagogische Verantwortung durch Konferenzbeschlüsse nicht unzumutbar eingeschränkt werden. Ähnlich heißt es in § 67 Abs. 2 S. 2 SchulG Brandenburg. Dort ist geregelt, dass die pädagogische Freiheit nicht unnötig oder unzumutbar eingeschränkt werden darf. § 86 Abs. 2 S. 2 SchulG Hessen legt fest, dass die für die Unterrichts- und Erziehungsarbeit der Lehrerin oder des Lehrers erforderliche pädagogische Freiheit durch die Rechts- und Verwaltungsvorschriften und Konferenzbeschlüsse nicht unnötig oder unzumutbar eingeengt werden darf. Die wortgleiche Regelung findet sich in § 100 Abs. 2 S. 4 SchulG Mecklenburg-Vorpommern. § 34

---

650 Vgl. §§ 44 Abs. 3 S. 1, 47 Abs. 7 S. 1 SchulG Baden-Württemberg, Art. 58 Abs. 4 S. 1, 69 Abs. 3 S. 1 BayEUG, § 67 Abs. 2 S. 2 SchulG Berlin, § 67 Abs. 2 S. 1 SchulG Brandenburg, § 59 Abs. 1 S. 1 SchulG Bremen, § 88 Abs. 2 SchulG Hamburg, § 86 Abs. 2 S. 1 SchulG Hessen, § 100 Abs. 2 S. 2 SchulG Mecklenburg-Vorpommern, § 50 Abs. 1 S. 2 SchulG Niedersachsen, § 57 Abs. 1 Hs. 1 SchulG Nordrhein-Westfalen, § 25 Abs. 1 S. 1 SchulG Rheinland-Pfalz, § 28 Abs. 1 S. 1 SchulordnungsG Saarland, § 30 Abs. 1 S. 2 SchulG Sachsen-Anhalt, § 34 Abs. 2 S. 2 SchulG Thüringen. In Sachsen und in Schleswig-Holstein finden sich – soweit ersichtlich – überhaupt keine Regelungen zur Bindung der Lehrer an etwaige Konferenzbeschlüsse.

651 Keine derartigen Regelungen finden sich – soweit ersichtlich – in Bremen, Hamburg, Nordrhein-Westfalen, Rheinland-Pfalz und Schleswig-Holstein.

Abs. 3 SchulG Niedersachsen legt fest, dass die Konferenzen bei ihren Entscheidungen auf die eigene pädagogische Verantwortung der Lehrkräfte, insbesondere auf deren methodische und didaktische Freiheit, Rücksicht zu nehmen haben. Im Saarland finden sich gleich zwei entsprechende Vorschriften. So heißt es in § 28 Abs. 1 S. 2 SchulordnungsG Saarland, dass Beschlüsse der in diesem Gesetz vorgesehenen Gremien die Gestaltung des Unterrichts und der Erziehung durch den einzelnen Lehrer nicht unnötig oder unzumutbar einengen dürfen und in § 5 Schulmitbestimmungsg Saarland, dass Beschlüsse der in diesem Gesetz vorgesehenen Gremien die pädagogische Freiheit des Lehrers nur insoweit einschränken dürfen, als es zur Sicherung der Qualität des Unterrichts, zur Vereinheitlichung von Prüfungs- und Bewertungsmaßstäben und zur Wahrung der Rechte des Schülers erforderlich ist. Nach § 44 Abs. 1 S. 3 SchulG Sachsen beachten die Lehrerkonferenzen den durch Rechtsvorschriften und Verwaltungsanordnungen gesetzten Rahmen sowie die pädagogische Verantwortung des einzelnen Lehrers. § 27 Abs. 2 SchulG Sachsen-Anhalt ordnet an, dass die Konferenzen auf die pädagogische Freiheit und Verantwortung der Lehrerin oder des Lehrers Rücksicht zu nehmen haben. § 37 Abs. 1 S. 10 SchulG Thüringen legt schließlich fest, dass die Aufgaben des Schulleiters und die pädagogische Verantwortung des einzelnen Lehrers von der Arbeit der Konferenzen unberührt bleiben.

Was bedeutet dieser Befund nun für die Lösung des oben aufgeworfenen Problems eines Konflikts zwischen Einzellehrer und Konferenz? Beide Parteien, die Lehrer und die Konferenzen, werden dazu angehalten, die jeweiligen Kompetenzen des anderen zu beachten. Eine genaue Grenzziehung zwischen den Kompetenzen der Konferenzen und der Einzellehrer ist anhand der einfachgesetzlichen Regelungen nicht möglich. Vielmehr ist es eine Frage der Abwägung, ob im Einzelfall das Bedürfnis des einzelnen Lehrers nach individueller Gestaltung seines Unterrichts oder das Bedürfnis nach einer schuleinheitlichen Regelung überwiegt[652]. Der Gesetzeswortlaut lässt jedoch Rückschlüsse darauf zu, welcher der konfligierenden Positionen im Regelfall größeres Gewicht beigemessen werden soll. So werden die einzelnen Lehrer in allen Gesetzen grundsätzlich ohne weitere Einschränkungen verpflichtet, den Konferenzbeschlüssen zu folgen. Die Pflicht der Konferenzen zur Beachtung der pädagogischen Verantwortung bzw. Freiheit der Lehrer ist hingegen weitaus vorsichtiger formuliert. Überwiegend wird den Konferenzen lediglich auferlegt, die pädagogische Freiheit bzw. Verantwortung des Lehrers nicht „unnötig" oder „unzumutbar" einzuschränken[653] bzw. auf die pädagogische Freiheit „Rücksicht zu nehmen"[654]. Diese Formulierungen, die den Konferenzen nur ein Mindestmaß an Rücksichtnahme auf die individuelle pädagogische Freiheit des Lehrers auferlegen, deuten darauf hin, dass der Position der Schule – die in den Konferenzbe-

---

652 So auch *Rux*, Die pädagogische Freiheit des Lehrers, S. 225.
653 So z.B. in § 67 Abs. 2 S. 4 SchulG Berlin oder in § 28 Abs. 1 S. 2 SchulordnungsG Saarland. Vgl. auch die Nachweise im vorigen Textabschnitt.
654 So in § 34 Abs. 3 SchulG Niedersachsen und § 27 Abs. 2 SchulG Sachsen-Anhalt.

schlüssen Ausdruck findet – im Regelfall größere Bedeutung zukommen soll als der pädagogischen Freiheit des Lehrers[655].

Es bleibt zu klären, ob das auf einfachrechtlicher Ebene gefundene Ergebnis auch der verfassungsrechtlichen Prüfung standhalten kann. Sowohl die pädagogische Freiheit des einzelnen Lehrers als auch die schulische Eigenverantwortung sind verfassungsrechtlich in Art. 7 Abs. 1 GG i.V.m. Art. 2 Abs. 1 GG verankert. Da beide Rechte mithin derselben Norm entspringen, kommt auf Verfassungsebene lediglich eine einzige Lösung des Problems in Frage. Diese ist ein Ausgleich der widerstreitenden Positionen im Wege praktischer Konkordanz[656]. Es muss eine Abwägung der Belange im Einzelfall stattfinden und ein Ausgleich gesucht werden, bei dem beiden Positionen schonend zu möglichst optimaler Entfaltung verholfen wird[657]. Grundsätzlich stehen sich dabei beide Positionen gleichwertig gegenüber. Indes liegt nahe, dass nach dem hier vertretenen Verständnis der Position der Schule in der Regel ein etwas größeres Gewicht beigemessen wird. Denn es kann nicht angehen, dass ein einzelner Lehrer unter Berufung auf seine pädagogische Freiheit die – innerhalb der Schule mehrheitlich gut geheißene – Entwicklung einer Schule als Ganzes blockiert[658]. Mithin hält die auf einfachrechtlicher Ebene gefundene Lösung auch der verfassungsrechtlichen Prüfung stand.

5. Zusammenfassung

Entgegen der überwiegenden Auffassung enthält Art. 7 Abs. 1 GG i.V.m. Art. 2 Abs. 1 GG nicht nur eine objektiv-rechtliche Gewährleistung der pädagogischen Freiheit und der schulischen Eigenverantwortung, sondern verleiht sowohl dem Lehrer als auch der Schule subjektive Rechte. Dabei handelt es sich jedoch weder um

---

655 Dies verkennt *Rux,* der davon ausgeht, dass in der Regel der einzelne Lehrer entscheiden kann und muss. Vgl. dazu *Rux*, Die pädagogische Freiheit des Lehrers, S. 225 f.
656 Siehe zur praktischen Konkordanz *Epping*, Grundrechte, Rn. 79; *Hesse*, Grundzüge des Verfassungsrechts der Bundesrepublik Deutschland, Rn. 72.
657 *Epping*, Grundrechte, Rn. 79.
658 Zwar ist es verständlich, dass viele Lehrer, die bisher als „Einzelkämpfer" gearbeitet haben, die erweiterten Gestaltungsspielräume für die Schulen zunächst als Angriff auf ihre individuellen Freiräume sehen. Doch müssen – und werden – die meisten Lehrer mit der Zeit erkennen, dass die schulische Eigenverantwortung auch für sie als Einzellehrer große Vorzüge hat. Durch gemeinsame Zielvereinbarungen, Erfahrungsaustausch und (Selbst-) Evaluation innerhalb der Schule kann dem Einzellehrer ein Großteil seiner täglichen Unsicherheit im Schulalltag genommen werden. Auch erleichtert kollegiale Zusammenarbeit dem Lehrer auf lange Sicht seine Arbeit, denn sie ermöglicht arbeitsteiliges Handeln und das Profitieren von der Arbeit der Kollegen. Vgl. dazu *Rolff*, Autonomie als Gestaltungs-Aufgabe, in: Daschner/Rolff/Stryck, Schulautonomie – Chancen und Grenzen, S. 31 (39 ff.).
Vgl. dazu auch *Heckel*, ZBR 1957, 217 (220): Die Konferenz „kann aber einen Einzelgänger, der sich ihren einheitlichen Zielsetzungen nicht fügen will, zur Ordnung rufen, weil die Idee des Ganzen die Freiheit des einzelnen begrenzt."

Grundrechte noch um grundrechtsgleiche Rechte. Vielmehr sind die pädagogische Freiheit und die schulische Eigenverantwortung als sonstige verfassungsmäßige Rechte einzuordnen. Wie das Beispiel des Elternrechts aus Art. 6 Abs. 2 GG zeigt, ist die Anerkennung als subjektives Recht auch ohne weiteres mit dem fiduziarischen Charakter beider Rechte zu vereinbaren. Da die Anerkennung als subjektive Rechte die Möglichkeit einer Klage vor dem Verwaltungsgericht mit sich bringt, darf eine Betrachtung der konkreten Prozesssituation nicht fehlen. Dabei zeigt sich, dass es sich – jedenfalls nach der momentanen Rechtslage – in jeder denkbaren Prozesskonstellation um sog. Innenrechtsstreitigkeiten handelt. Pädagogische Freiheit und schulische Eigenverantwortung müssen demnach im Rahmen der Klagebefugnis gem. § 42 Abs. 2 VwGO nicht als subjektive Rechte im engeren Sinne, sondern als organschaftliche Rechte, als wehrfähige Innenrechtspositionen, geltend gemacht werden. Da beide Rechte ohnehin funktionsbezogene Rechte sind, ist dies ohne weiteres möglich.

D. *(Verfassungs-) Rechtliche Grenzen der pädagogischen Freiheit und der schulischen Eigenverantwortung*

Weder pädagogische Freiheit noch schulische Eigenverantwortung sind grenzenlos gewährleistet[659]. Ebenso wie jedes andere Recht unterliegen sie den Beschränkungen durch Verfassungsprinzipien und durch entgegenstehende Rechte Dritter. Genannt werden insoweit im Wesentlichen die Schlagworte „staatliche Schulhoheit (Art. 7 Abs. 1 GG)", „demokratische Legitimation (Art. 20 Abs. 2 S. 1 GG)", „Sozialstaatsprinzip (Art. 20 Abs. 1 GG)", „Chancengleichheit und Gleichheitsgebot (Art. 3 Abs. 1 GG)", „staatliche Neutralitätspflicht (Art. 4 Abs. 1 GG)" und „Schüler- und Elterngrundrechte (Art. 2 Abs. 1 GG und Art. 6 Abs. 2 GG)".

I. Staatliche Schulhoheit, Art. 7 Abs. 1 GG

Gegen pädagogische Freiheit und schulische Eigenverantwortung können Bedenken insbesondere im Hinblick auf die staatliche Schulhoheit des Art. 7 Abs. 1 GG angeführt werden. Das gemeinhin immer noch angenommene umfassende Bestimmungs-

---

659 Da die (verfassungs-) rechtlichen Grenzen beider Rechte im Wesentlichen gleich sind, wird im Folgenden nicht weiter unterschieden. Sollten sich Unterschiede ergeben, wird auf diese gesondert hingewiesen.

recht des Staates im Schulwesen[660] verträgt sich prinzipiell nicht mit erweiterten Gestaltungsspielräumen für Lehrer und Schule. Die Schulaufsicht des Staates sei „originär, primär und direkt, d.h. sie darf nicht abgeschwächt und begrenzt werden durch die übrigen Beteiligten, sie ist nicht lediglich nachträgliche Kontrolle, sondern unmittelbare administrativ-hierarchische Steuerung"[661]. Der Staat dürfe sich seiner Verantwortung aus Art. 7 Abs. 1 GG nicht dadurch entziehen, dass er das Schulwesen in politisch kaum mehr beeinflussbare Subsysteme auflöse[662]. Substanzielle Entscheidungen dürfe der Staat nicht ohne staatliche Einwirkungsmöglichkeiten auf einzelne Schulen delegieren[663]. Jedenfalls müsse dem Staat stets die Letztverantwortung verbleiben. Dies bedeute, dass die Schulaufsicht im engeren Sinne (Fach-, Dienst- und Rechtsaufsicht) nicht aufgegeben werden dürfe[664].

Dieser Auffassung folgt auch die Rechtsprechung, was gleich in drei maßgeblichen Urteilen sehr deutlich geworden ist. 1994 erklärte der Bayerische Verfassungsgerichtshof auf Antrag des Staatsministeriums ein Volksbegehren für unzulässig, das unter anderem das Ziel verfolgte, jeder Schule das Recht zu geben, ihre Angelegenheiten im Rahmen der Gesetze und Verordnungen in eigener Verantwortung zu regeln[665]. Die Eigenverantwortung der Schule sollte dabei maßgeblich von dem aus Eltern-, Schüler- und Lehrervertretern bestehenden Schulforum wahrgenommen werden. Dieses sollte über „wesentliche Fragen der Schulorganisation" und die „Bildung eines pädagogischen Profils der Schule"[666] entscheiden. Die Übertragung der Aufgabenwahrnehmung auf das Schulforum war es, die letztlich dazu führte, dass der Bayerische Verfassungsgerichtshof das Volksbegehren für unzulässig erklärte. Aus dem, Art. 7 Abs. 1 GG entsprechenden, Art. 130 Abs. 1 BayV ergebe sich, dass der Staat die Pflicht zur Schulaufsicht im umfassenden Sinne habe. Diese Pflicht werde verletzt, wenn der Staat wesentliche Fragen der Schulgestaltung auf schulische Selbstverwaltungsgremien übertrage, ohne zugleich eine Möglichkeit der umfassenden Überprüfung durch die Schulverwaltung sicherzustellen.

---

660 Vgl. BVerwGE 47, 201 (204); *Gröschner*, in: Dreier, GG, Art. 7 Rn. 39; *Robbers*, in: v. Mangoldt/Klein/Starck, GG, Art. 7 Abs. 1 Rn. 61; *Schmitt-Kammler*, in: Sachs, GG, Art. 7 Rn. 17; *Brückelmann*, Die verfassungsrechtlichen Grenzen von Freiräumen zur Selbstgestaltung an öffentlichen Schulen, S. 9 f.; *Thiel*, Der Erziehungsauftrag des Staates in der Schule, S. 61 f.; *Kurtz*, Zur Geschichte der Schulaufsicht im deutschsprachigen Raum, S. 293 f.; *Starck*, NJW 1976, 1375 (1376).
661 So beschreibt *Hufen* die Sicht des BayVerfGH, DVBl. 1995, 419 in seinem Aufsatz „Verfassungsrechtliche Möglichkeiten und Grenzen schulischer Selbstgestaltung", in: Jach/Jenkner, Autonomie der staatlichen Schule und freies Schulwesen, S. 51 (55).
662 *Brückelmann*, Die verfassungsrechtlichen Grenzen von Freiräumen zur Selbstgestaltung an öffentlichen Schulen, S. 121 f.
663 *Brückelmann*, Die verfassungsrechtlichen Grenzen von Freiräumen zur Selbstgestaltung an öffentlichen Schulen, S. 121.
664 *Hufen*, Verfassungsrechtliche Möglichkeiten und Grenzen schulischer Selbstgestaltung, in: Jach/Jenkner, Autonomie der staatlichen Schule und freies Schulwesen, S. 51 (56).
665 BayVerfGH, BayVBl. 1995, 173 ff.
666 Vgl. § 1 Nr. 23 des Gesetzentwurfs, abgedruckt in BayVBl. 1995, 173 (173).

Dieselbe Argumentation führte der Hessische Staatsgerichtshof im Jahre 1995 an, wobei er allerdings zu dem entgegengesetzten Ergebnis kam[667]. Zur Entscheidung stand seinerzeit die Verfassungsmäßigkeit der Kompetenzen der Schulkonferenz gem. § 129 SchulG Hessen. Die hessische Schulkonferenz ist das dem bayerischen Schulforum entsprechende Gremium und verfügt über ähnliche Kompetenzen, wie sie für das Schulforum durch das Volksbegehren angestrebt wurden. Der Hessische Staatsgerichtshof hielt die entsprechende Vorschrift für verfassungsgemäß. In der Begründung hob er jedoch deutlich hervor, dass dies nur deshalb gelte, weil die Schulkonferenz als Organ der Schule der uneingeschränkten staatlichen Fachaufsicht unterliege. Nur so sei eine hinreichende staatliche Kontrolle gewährleistet.

Schließlich schloss sich auch der Niedersächsische Staatsgerichtshof 1996 dieser Auffassung an[668]. Er erklärte die Beteiligung von Eltern- und Schülervertretern an Konferenzentscheidungen grundsätzlich für zulässig, da regelmäßig eine umfassende nachträgliche Kontrolle der Konferenzentscheidungen möglich sei. Folgerichtig schloss er die Beteiligung der Genannten bei Entscheidungen über Zeugnisse, Versetzungen, Abschlüsse und Übergänge aus, da deren Grundlagen und Zustandekommen nur begrenzt dokumentierbar sei und daher eine effektive nachträgliche Kontrolle nicht möglich sei. Folglich sei die staatliche Schulhoheit nur dann gewahrt, wenn die Lehrkräfte als „Gewährsträger der Schulhoheit"[669] sie allein träfen.

Alle drei Entscheidungen und auch die genannten Literaturauffassungen vermischen zwei Aspekte, die zunächst einmal nichts miteinander zu tun haben. Zum einen geht es um die Frage, ob und inwieweit eine Beschränkung staatlicher Aufsichtsbefugnisse möglich ist. Zum anderen wird thematisiert, ob es zulässig ist, Personen (Eltern und Schüler) an schulischen Entscheidungen zu beteiligen, die nicht durch den Staat legitimiert sind[670]. Nur die erste Frage betrifft aber tatsächlich den Aspekt der staatlichen Schulhoheit. Für die Vereinbarkeit schulischer Eigenverantwortung und pädagogischer Freiheit mit Art. 7 Abs. 1 GG ist nur relevant, ob eine Übertragung größerer Verantwortung und die damit einhergehende Beschränkung staatlicher Aufsicht *überhaupt* möglich ist. Von wem diese größere Verantwortung letztlich wahrgenommen wird, das heißt ob auch nicht staatlich legitimierte Personen daran partizipieren können, ist in erster Linie eine Frage des Demokratiegebots. Denn die staatliche Schulaufsicht wird auch dann eingeschränkt, wenn nur die Lehrer als staatlich legitimierte Personen die größere Verantwortung wahrnehmen[671].

---

667 HessStGH, SPE Nr. 740.1.
668 NdsStGH NVwZ 1997, 267 ff.
669 NdsStGH NVwZ 1997, 267 (271).
670 Vgl. dazu auch *Rux*, Die pädagogische Freiheit des Lehrers, S. 235.
671 *Rux* vertritt diesbezüglich, dass Art. 7 Abs. 1 GG nicht die „staatliche Schul*aufsicht*", sondern die „*staatliche* Schulaufsicht" gewährleisten solle. Aus diesem Grund sei es ohne weiteres möglich, bestimmte Entscheidungen auf die Lehrer zu übertragen, ohne eine Überprüfungsmöglichkeit des Staates vorzusehen. Denn auch die Lehrer seien staatlich legitimiert, vgl. *Rux*, Die pädagogische Freiheit des Lehrers, S. 235 f. Damit folgt *Rux* nicht dem weiten Aufsichtsverständnis des Aufsichtsbegriffs des Art. 7 Abs. 1 GG, sondern legt ein eingeschränktes Verständnis zugrunde.

Wird doch die staatliche Schulaufsicht gemeinhin als umfassendes Bestimmungsrecht des Staates verstanden, das auch eine maßgebliche Beteiligung der Lehrer ausschließt. Nach dem im zweiten Teil bereits Entwickelten fällt die Antwort auf die hier interessierende Frage der Beschränkung staatlicher Aufsichtsbefugnisse leicht. Wie gesehen, kann die überkommene Auffassung, die in Art. 7 Abs. 1 GG ein umfassendes Bestimmungsrecht des Staates über das Schulwesen normiert sieht, nicht geteilt werden[672]. Art. 7 Abs. 1 GG legt vielmehr nur das verfassungsrechtliche Minimum staatlicher Einflussnahme im Schulwesen fest. Gem. Art. 7 Abs. 1 GG kommt dem Staat eine Verantwortung für das Schulwesen zu, die ihn verpflichtet, jedenfalls die Rechtsaufsicht über das Schulwesen zu führen. Im Rahmen der Rechtsaufsicht kann überprüft werden, ob die vom Gesetzgeber festgelegten Qualitätsstandards von den Schulen eingehalten werden. Legt man dieses Verständnis des Art. 7 Abs. 1 GG zugrunde, erweist sich die Übertragung größerer Gestaltungsspielräume auf die einzelne Schule und die Lehrer als wenig problematisch. Zwar muss der Gesetzgeber nach wie vor die wesentlichen Entscheidungen im Schulwesen selbst treffen. Alles andere kann er aber den Schulen und Lehrern überlassen und sich auf eine nachträgliche Kontrolle beschränken. Dass er darüber hinaus durch Beratungs- und Evaluationsangebote ebenfalls steuernd in das Schulwesen eingreifen kann und soll, steht außer Frage. Diese Befugnisse stehen jedoch einer größeren Eigenverantwortung der Schule und der pädagogischen Freiheit des Lehrers nicht entgegen, sondern setzen sie vielmehr voraus. Denn Beratung und Evaluation wären überflüssig, wenn Schulen und Lehrer ohnehin nur staatliche Vorgaben „vollziehen" würden. Insofern steht nach dem hier entwickelten Verständnis des Art. 7 Abs. 1 GG dieser weder der schulischen Eigenverantwortung noch der pädagogischen Freiheit entgegen.

II. Demokratiegebot, Art. 20 Abs. 2 S. 1 GG[673]

Das Demokratiegebot des Art. 20 Abs. 2 S. 1 GG besagt, dass alle Staatsgewalt vom Volke ausgeht. Mit „Volk" wird nach nahezu einhelliger Auffassung in Rechtsprechung und Literatur das Staatsvolk der Bundesrepublik Deutschland bzw. das je-

---

672   Vgl. dazu schon oben 2. Teil B. I. 2. sowie III. und IV.
673   Siehe allgemein zum Demokratieprinzip *Böckenförde*, Demokratie als Verfassungsprinzip, in: Isensee/Kirchhof, Handbuch des Staatsrechts der Bundesrepublik Deutschland, Band II, § 24, S. 429 ff.

weilige Landesstaatsvolk bezeichnet[674]. Das Volk muss die Wahrnehmung staatlicher Aufgaben und die Ausübung staatlicher Befugnisse legitimieren[675]. Man unterscheidet traditionell im Wesentlichen zwei Formen demokratischer Legitimation: die personelle und die sachlich-inhaltliche[676].

1. Das traditionelle Modell repräsentativer Demokratie – umfassende personelle und sachlich-inhaltliche Legitimation

Regelmäßig steht das Modell der durch Repräsentativorgane vermittelten demokratischen Legitimation im Vordergrund bei der Beurteilung der demokratischen Legitimation einer bestimmten Aufgabenwahrnehmung. Dieses Modell basiert in erster Linie auf einer personell und sachlich-inhaltlich vermittelten demokratischen Legitimation[677]. Die umfassende personelle und sachlich-inhaltliche Legitimation kann als die "vollkommenste Verwirklichung"[678] der Forderung des Art. 20 Abs. 2 S. 1 GG angesehen werden.

a) Formen demokratischer Legitimation

aa. Personelle demokratische Legitimation

Personelle demokratische Legitimation liegt dann vor, wenn die Bestellung eines eine staatliche Angelegenheit wahrnehmenden Amtswalters auf einer ununterbrochen auf das Volk zurückzuführenden Legitimationskette beruht. Zu unterscheiden

---

674 BVerfGE 107, 59 (87); 83, 60 (74); *Böckenförde*, Demokratie als Verfassungsprinzip, in: Isensee/Kirchhof, Handbuch des Staatsrechts der Bundesrepublik Deutschland, Band II, § 24 Rn. 26; *Sommermann*, in: v. Mangoldt/Klein/Starck, GG, Art. 20 Abs. 2 Rn. 142; *Schnapp*, in: v. Münch/Kunig, GG, Art. 20 Rn. 18; *Pieroth*, in: Jarass/Pieroth, Art. 20 Rn. 4. Teilweise wurde vertreten, dass auch „Teilvölker" unter den Volksbegriff des Art. 20 Abs. 2 GG fallen sollten; vgl. *Püttner*, DÖV 1988, 357 (359 f.). Diese Ansätze konnten sich jedoch zu Recht nicht durchsetzen. Siehe dazu auch *Oebbecke*, Weisungs- und unterrichtungsfreie Räume in der Verwaltung, S. 88 ff. Eine ausführliche Auseinandersetzung mit der Thematik findet sich bei *Emde*, Die demokratische Legitimation der funktionalen Selbstverwaltung, S. 322 ff.
675 BVerfGE 47, 253 (275); 77, 1 (40); 83, 60 (72 f.); 93, 37 (66 f.).
676 VerfGH NRW, NWVBl. 1997, 333 (337); *Herzog*, in: Maunz/Dürig, GG, Art. 20 (Abschnitt II), Rn. 46 ff.; *Jestaedt*, Demokratieprinzip und Kondominialverwaltung, S. 266 ff.; *Pieroth*, in: Jarass/Pieroth, GG, Art. 20 Rn. 9a f.; *Lepsius*, Steuerungsdiskussion, S. 14 f.
677 *Höfling*, RdJB 1997, 361 (365); *Kluth*, Funktionale Selbstverwaltung, S. 357 f.
678 *Emde*, Die demokratische Legitimation der funktionalen Selbstverwaltung, S. 328.

ist zwischen unmittelbarer und mittelbarer personeller Legitimation[679]. Im Fall unmittelbarer personeller Legitimation erhält der Amtswalter sein Amt durch Wahl des Volkes. Klassisches Beispiel sind hier die Abgeordneten des Deutschen Bundestags. Mittelbare Legitimation liegt demgegenüber dann vor, wenn der Amtswalter in sein Amt durch einen anderen Amtswalter eingesetzt wird, der wiederum selbst mittelbar oder unmittelbar personell legitimiert ist[680]. Als prominentes Beispiel können hier die Bundesminister genannt werden, die gem. Art. 64 Abs. 1 GG vom Bundespräsidenten ernannt werden. Da das „Volk" in der repräsentativen Demokratie der Bundesrepublik das Parlament zur Vertretung seiner Interessen legitimiert, ist das Parlament notwendiger Bestandteil einer jeden (mittelbaren) demokratischen Legitimationskette[681].

bb. Sachlich-inhaltliche demokratische Legitimation

Bei der sachlich-inhaltlichen demokratischen Legitimation wird die Ausübung der Staatsgewalt inhaltlich auf das Volk zurückgeführt. Dies ist zum einen bei der Gesetzgebung der Fall. Die vom personell demokratisch legitimierten Parlament erlassenen Gesetze binden gemäß Art. 20 Abs. 3 GG die anderen Gewalten. Damit ist das Handeln aller Gewalten inhaltlich auf den im Parlament repräsentierten Volkswillen zurückzuführen. Zum anderen besteht für Legislative und Exekutive eine sanktionsbewehrte Verantwortlichkeit gegenüber dem Volk, die in der Möglichkeit der Abwahl beziehungsweise Abberufung des jeweils Handelnden besteht[682].

b) Beurteilung der demokratischen Legitimation pädagogischer Freiheit und schulischer Eigenverantwortung nach dem traditionellen Modell

Misst man die Institute der schulischen Eigenverantwortung und der pädagogischen Freiheit an dem Modell der umfassenden personellen und sachlich-inhaltlichen Legitimation, könnten sie im Widerspruch zum Demokratiegebot des Art. 20 Abs. 2 S. 1 GG stehen. Denn Entscheidungen im Rahmen der pädagogischen Freiheit oder der schulischen Eigenverantwortung werden möglicherweise von nicht bzw. nicht ausreichend demokratisch legitimierten Personen getroffen.

679 *Böckenförde*, Demokratie als Verfassungsprinzip, in: Isensee/Kirchhof, Handbuch des Staatsrechts der Bundesrepublik Deutschland, Band II, § 24 Rn. 16.
680 *Sodan/Ziekow*, Grundkurs Öffentliches Recht, S. 31 f.
681 *Böckenförde*, Demokratie als Verfassungsprinzip, in: Isensee/Kirchhof, Handbuch des Staatsrechts der Bundesrepublik Deutschland, Band II, § 24 Rn. 16.
682 *Sodan/Ziekow*, Grundkurs Öffentliches Recht, S. 32.

Hinsichtlich der pädagogischen Freiheit ist die aufgeworfene Problematik zunächst nicht so offensichtlich. Der Lehrer als Beamter oder Angestellter ist durch seine Ernennung bzw. Einstellung in den öffentlichen Dienst grundsätzlich ausreichend demokratisch legitimiert. Dem könnte jedoch unter Bezugnahme auf das Demokratiegebot entgegengehalten werden, dass eine effektive demokratische Legitimation nicht nur eine einmalige Ernennung bzw. Einstellung voraussetze[683]. Vielmehr sei es erforderlich, dass die dem Parlament verantwortliche Regierung jederzeit in die Handlungen des Lehrers eingreifen könne[684]. Dies sei aber gerade nicht der Fall, wenn dem Lehrer die pädagogische Freiheit als eigenverantworteter Gestaltungsspielraum zugestanden werde. Daran ändere auch seine Bindung an die Gesetze nichts. Denn diese gäben nur den Rahmen für seine Tätigkeit vor[685]. Folglich bestehe bei den Lehrern zwar dem Grunde nach eine personelle demokratische Legitimation. Hinsichtlich der Wahrnehmung ihrer pädagogischen Freiheit seien die Lehrer aber gerade nicht demokratisch legitimiert. Indes setzt personelle demokratische Legitimation keine Weisungsgebundenheit der einmal legitimierten Personen voraus. Dies lässt sich am besten am Beispiel der Abgeordneten des Deutschen Bundestags verdeutlichen: Die Abgeordneten des Deutschen Bundestags werden unmittelbar durch das Deutsche Volk gewählt und verfügen somit über den denkbar höchsten Grad an personeller demokratischer Legitimation, Art. 38 Abs. 1 S. 1 GG. Sie sind gem. Art. 38 Abs. 1 S. 2 Hs. 1 GG Vertreter des ganzen Volkes. Dennoch sind sie ausweislich des Wortlauts des Art. 38 Abs. 1 S. 2 Hs. 2 GG an Aufträge und

---

683 Siehe zu dem ähnlich gelagerten Problem der personellen demokratischen Legitimation von Lehrern im Rahmen schulischer Gremienentscheidungen *Rickert*, RdJB 1997, 392 (395 f.).
684 *Brückelmann* führt dazu aus, dass nicht die mangelnde parlamentarische Verantwortung der Regierung problematisch sei, da diese dem Parlament nur soweit verantwortlich sein könne, wie das Parlament ihr Exekutivkompetenzen belasse. Problematisch sei vielmehr, ob das Parlament die Befugnis habe, maßgebliche Sachentscheidungen unter Umgehung der Exekutive auf untergeordnete Behörden bzw. Amtswalter zu übertragen. Vgl. *Brückelmann*, Die verfassungsrechtlichen Grenzen von Freiräumen zur Selbstgestaltung an öffentlichen Schulen, S. 123. Zu der Auffassung *Brückelmanns* ist zunächst festzustellen, dass es grundsätzlich im Ermessen des parlamentarischen Gesetzgebers steht, welche Personen oder Institutionen er mit der Wahrnehmung bestimmter Aufgaben betraut. Ausnahmen davon können nur in zwei Fällen gelten: Zum einen dann, wenn eine Angelegenheit derart wesentlich ist, dass sie der Regelung durch den parlamentarischen Gesetzgeber selbst bedarf. Zum anderen dann, wenn die Verfassung die Wahrnehmung bestimmter Aufgaben durch bestimmte Personen vorschreibt (so wird z.B. in Art. 92 GG die rechtsprechende Gewalt ausschließlich den Richtern übertragen). Beides ist indes im Fall der schulischen Aufgabenwahrnehmung nicht einschlägig. Schon allein aufgrund der Beschränktheit auf eine Schule kann es sich bei den von schulischen Gremien getroffenen Entscheidungen nicht um wesentliche Entscheidungen im Sinne der Wesentlichkeitsdoktrin handeln. Ferner sieht auch die Verfassung hinsichtlich der schulischen Aufgabenwahrnehmung in Art. 7 Abs. 1 GG keine Zuweisung der Aufgaben an einen bestimmten Personenkreis vor. Insofern kann von einer Umgehung der Exekutive durch die Übertragung bestimmter Aufgaben auf die Schule zur eigenverantwortlichen Wahrnehmung keine Rede sein. Vgl. zu Letzterem auch *Avenarius*, RdJB 2001, 470 (475).
685 So auch *Rux*, Die pädagogische Freiheit des Lehrers, S. 237.

Weisungen nicht gebunden und nur ihrem Gewissen unterworfen. Die Freiheit des Abgeordneten richtet sich gerade auch gegen die Einflussnahme von Wählern – das heißt des Volkes – auf die Mandatsausübung[686]. Der Gesetzestext bietet keine Anhaltspunkte für die Annahme, dass die insoweit fehlende Weisungsgebundenheit die personelle demokratische Legitimation der Abgeordneten vermindere. Dies wird – soweit ersichtlich – auch nirgendwo vertreten. Ebenso verhält es sich mit der richterlichen Unabhängigkeit. Richter werden durch ihre Ernennung gleich den Beamten – jedenfalls mittelbar – personell demokratisch legitimiert. Dennoch sind auch sie gem. Art. 97 Abs. 1 GG unabhängig und nur dem Gesetz unterworfen. Die richterliche Unabhängigkeit vermag aber an der demokratischen Legitimation der Judikative nichts zu ändern. Die genannten Beispiele zeigen, dass Weisungsgebundenheit keine zwingende Voraussetzung personeller demokratischer Legitimation ist. Allenfalls kann die fehlende Weisungsgebundenheit im Hinblick auf die grundsätzliche Weisungsgebundenheit der Beamten gem. § 37 S. 2 BRRG *beamtenrechtliche* Fragestellungen aufwerfen. Dies ändert jedoch nichts daran, dass die personelle demokratische Legitimation der Lehrer auch im Hinblick auf die Wahrnehmung ihrer pädagogischen Freiheit uneingeschränkt besteht.

Problematischer gestaltet sich die umfassende sachlich-inhaltliche Legitimation. Bei der Wahrnehmung der pädagogischen Freiheit kommt dem Lehrer ein gewisses Maß an sachlicher Unabhängigkeit zu. Er verfügt über einen eigenen Entscheidungsspielraum. Insoweit können etwaige Entscheidungen des Lehrers sachlich-inhaltlich nicht auf das Parlament zurückgeführt werden. Für eine umfassende sachlich-inhaltliche Legitimation ist es insoweit auch nicht ausreichend, dass der Gesetzgeber Standards und Ziele für die Schulen und damit auch für den Unterricht der Lehrer vorgibt. Denn diese sollen – nach dem hier vertretenen Verständnis – gerade weit gefasst sein und ausreichend Raum für die Ausgestaltung durch Schule und Lehrer lassen. Ebenso wenig vermag die, nach wie vor bestehende, Rechtsaufsicht weiterzuhelfen, da diese nur die Vereinbarkeit der Tätigkeit des Lehrers mit den – weit gefassten – Rechtsnormen prüft[687]. Folglich ist festzuhalten, dass jedenfalls eine *umfassende* sachlich-inhaltliche Legitimation der pädagogischen Freiheit nicht gegeben ist.

Bezüglich der schulischen Eigenverantwortung setzt die Demokratieproblematik bereits eine Stufe früher ein. Hier scheint es nicht nur an der umfassenden sachlich-inhaltlichen demokratischen Legitimation zu fehlen – insoweit gelten die Ausführungen zur pädagogischen Freiheit entsprechend, da auch die Schule in Wahrnehmung ihrer Eigenverantwortung über ein gewisses Maß an sachlicher Unabhängigkeit verfügt –, sondern schon die personelle demokratische Legitimation wirft

---

686 *Achterberg/Schulte*, in: v. Mangoldt/Klein/Starck, GG, Art. 38 Abs. 1 Rn. 39; *Pieroth*, in: Jarass/Pieroth, GG, Art. 38 Rn. 27.
687 *Kahl* führt dazu aus, dass ein korrelativer Zusammenhang zwischen Regelungsdichte und -präzision und dem Umfang und der Intensität der Aufsichtsbefugnisse bestehe. Ein Ausfall oder eine Abnahme auf der einen Seite müsse durch gesteigerte Anforderungen auf der anderen Seite ausgeglichen werden; siehe *Kahl*, Die Staatsaufsicht, S. 483.

Probleme auf. Wesentliches Merkmal schulischer Eigenverantwortung ist nach der hier vertretenen Konzeption eine Beteiligung der Schulgemeinde. Jedenfalls *ein* Gremium mit Entscheidungsbefugnissen muss demnach mit Lehrer-, Eltern- und Schülervertretern besetzt sein. Dieses Gremium, das in fast allen Ländern tatsächlich bereits existiert, ist die sog. Schulkonferenz (in Bayern Schulforum, in Rheinland-Pfalz Schulausschuss)[688]. Die Gremiumsmitglieder werden von der Gesamtheit der jeweiligen Gruppe gewählt, der sie zugehören. Die Schulkonferenz entscheidet nach der hier vertretenen Auffassung über die Fragen, die der Schule im Rahmen ihrer Eigenverantwortung übertragen worden sind[689], insbesondere über das pädagogische Profil und das Schulprogramm der Schule. Während die Lehrer, die in diesen Gremien vertreten sind, nach dem oben Gesagten noch als personell demokratisch legitimiert angesehen werden können, ist dies im Fall der Schüler und Eltern zu verneinen. Weder Schüler- noch Elternvertreter werden staatlich ernannt und sind damit demokratisch legitimiert. Auch die „demokratische" Wahl innerhalb der Schule vermag keine echte demokratische Legitimation zu verleihen. Diese kann – wie gesehen – nur vom Volk ausgehen. Die Gesamtheit der Schüler und Eltern einer Schule ist aber nicht „das Volk" im Sinne des Art. 20 Abs. 2 S. 1 GG[690]. Demnach sind die Entscheidungen derart gemischt besetzter Gremien jedenfalls nach dem oben skizzierten Modell der repräsentativen Demokratie schon aufgrund der Gremienbesetzung nicht mit Art. 20 Abs. 2 S. 1 GG zu vereinbaren.

Es bleibt festzuhalten, dass weder pädagogische Freiheit noch schulische Eigenverantwortung dem Demokratiegebot des Art. 20 Abs. 2 S. 1 GG gerecht werden, wenn eine umfassende personelle und sachlich-inhaltliche Legitimation als von diesem gefordert angesehen wird.

---

688 Vgl. § 47 SchulG Baden-Württemberg, Art. 69 BayEUG, § 75 SchulG Berlin, § 90 SchulG Brandenburg, § 33 SchulverwaltungsG Bremen, § 52 SchulG Hamburg, § 128 SchulG Hessen, § 76 SchulG Mecklenburg-Vorpommern, § 65 SchulG Nordrhein-Westfalen, § 48 SchulG Rheinland-Pfalz, §§ 44, 45 SchulmitbestimmungsG Saarland, § 43 SchulG Sachsen, § 91 SchulG Schleswig-Holstein, § 38 SchulG Thüringen. In Niedersachsen werden Eltern und Schüler gem. § 36 SchulG Niedersachsen an der Gesamtkonferenz der Lehrer beteiligt. Ebenso in Sachsen-Anhalt gem. § 29 SchulG Sachsen-Anhalt.

689 So ganz deutlich in § 75 Abs. 1 S. 2 SchulG Berlin und § 52 Abs. 1 S. 1 SchulG Hamburg, wonach die Schulkonferenz das oberste Beratungs- und Beschlussgremium der schulischen Selbstgestaltung/-verwaltung ist.

690 Vgl. auch *Hufen*, Verfassungsrechtliche Möglichkeiten und Grenzen schulischer Selbstgestaltung, in: Jach/Jenkner, Autonomie der staatlichen Schule und freies Schulwesen, S. 51 (57).

2. Andere Ansätze demokratischer Legitimation schulischer Eigenverantwortung und pädagogischer Freiheit

Fraglich ist hingegen, ob das skizzierte traditionelle Modell der durch Repräsentativorgane vermittelten demokratischen Legitimation das einzig mögliche ist. Dieses Modell basiert in erster Linie auf einer umfassend personell und sachlich-inhaltlich vermittelten demokratischen Legitimation. Ohne Zweifel sind dies wesentliche Elemente einer dem Demokratiegebot entsprechenden demokratischen Legitimation. Doch ist es nicht die einzige Möglichkeit, dem Demokratiegebot des Art. 20 Abs. 2 S. 1 GG gerecht zu werden[691]. Art. 20 Abs. 2 S. 1 GG enthält keine näheren Aussagen dazu, wie der Zurechnungszusammenhang zwischen Staatsgewalt und Volk ausgestaltet sein soll[692]. Die Ableitung der Staatsgewalt aus dem Volkswillen und die Rückbindung an diesen kann auch dann gewährleistet sein, wenn in begrenztem Umfang nicht personell demokratisch legitimierte Personen an der Bildung des Staatswillens beteiligt sind oder wenn staatlichen Organen ein gewisses Maß an sachlicher Unabhängigkeit gewährt wird[693]. Dem tradierten Konzept monistischer Legitimation ist ein offenes, pluralistisch-differenziertes Konzept gegenüberzustellen[694]. Allerdings muss nach der Rechtsprechung des Bundesverfassungsgerichts stets ein gewisses „Legitimationsniveau"[695] gewahrt werden. Wie dieses zustande kommt, ist nachrangig[696]. Entscheidend ist nicht die Form, sondern die Effektivität demokratischer Legitimation[697]. Aus diesem Grund haben Rechtsprechung und Literatur neben der personellen und der sachlich-inhaltlichen Legitimation weitere Formen der demokratischen Legitimation anerkannt. Einzugehen ist hier insbesondere auf die funktionell-institutionelle Legitimation[698] und die funktionale Selbstverwaltung.

---

691 *Kahl*, Die Staatsaufsicht, S. 485; *ders.* Hochschule und Staat, S. 106 f.; *v. Arnim*, AöR 113 (1988), 1 (15); *Bryde*, Personalvertretung in der parlamentarischen Demokratie, in: Becker/Bull/Seewald, Festschrift für Werner Thieme zum 70. Geburtstag, S. 9 (14 ff.); *Groß*, Das Kollegialprinzip in der Verwaltungsorganisation, S. 163 ff.; *Röhl*, Der Wissenschaftsrat, S. 130 ff. (insbes. 141, 144, 149); *Emde*, Die demokratische Legitimation der funktionalen Selbstverwaltung, S. 328.

692 *Emde*, Die demokratische Legitimation der funktionalen Selbstverwaltung, S. 327; ebenso *Höfling*, RdJB 1997, 361 (367). *Kahl* formuliert dies so, dass Art. 20 Abs. 2 S. 1 GG zwar das „Ob", nicht aber das „Wie" der demokratischen Legitimation abschließend regele. Siehe *Kahl*, Die Staatsaufsicht, S. 485.

693 *Emde*, Die demokratische Legitimation der funktionalen Selbstverwaltung, S. 328; ebenso *Höfling*, RdJB 1997, 361 (367).

694 *Kahl*, Die Staatsaufsicht, S. 485 m.w.N.

695 BVerfGE 83, 60 (72); 93, 37 (66 f.); 107, 59 (87).

696 *Emde*, Die demokratische Legitimation der funktionalen Selbstverwaltung, S. 328; *Kahl*, Die Staatsaufsicht, S. 481; ähnlich auch *Dreier*, in: Dreier, GG, Art. 20 (Demokratie) Rn. 108; *Kluth*, Funktionale Selbstverwaltung, S. 366 f.

697 BVerfGE 83, 60 (72); 93, 37 (66 f.); 107, 59 (87).

698 *Kluth* beschreibt diese als mögliches Korrektiv der sachlich-inhaltlichen und personellen Legitimation; vgl. *Kluth*, Funktionale Selbstverwaltung, S. 358.

a) Weitere Formen demokratischer Legitimation

aa. Funktionell-institutionelle demokratische Legitimation

Mit funktionell-institutioneller demokratischer Legitimation wird beschrieben, dass der Verfassungsgeber selbst Legislative, Exekutive und Judikative als eigene Funktionen konstituiert hat, durch die das Volk seine Staatsgewalt ausübt, Art. 20 Abs. 2 GG[699]. Aus dem Demokratiegebot kann keine Alleinentscheidungskompetenz für das Parlament abgeleitet werden[700]. Insbesondere muss im Lichte der besonderen Leistungsfähigkeit der Exekutive ein Höchstmaß an gesetzlicher Bindung – das eine umfassende sachlich-inhaltliche Legitimation vermitteln würde – nicht unbedingt das verfassungsrechtlich gebotene Optimum sein[701]. Vielmehr ist die aufgabenadäquate Organisation der Verwaltung ein Gebot sowohl des Rechtsstaats- als auch des Demokratieprinzips[702]. Dies gilt zum einen hinsichtlich der Funktionenteilung zwischen Regierung und Verwaltung, zum anderen aber auch für die Funktionenteilung zwischen Staatsverwaltung und Selbstverwaltung[703].

bb. Funktionale Selbstverwaltung[704] als demokratische Legitimation

Die funktionell-institutionelle Legitimation ist eng verknüpft mit dem Gedanken der – vorgehend bereits angesprochenen – funktionalen Selbstverwaltung[705]. Deren Bedeutung für das Demokratiegebot des Art. 20 Abs. 2 S. 1 GG wurde jüngst durch die sog. Wasserverbandsentscheidung des Bundesverfassungsgerichts aus dem Jahre 2002 hervorgehoben. In der Entscheidung führte das Gericht zur Frage der demokratischen Legitimation durch funktionale Selbstverwaltung Folgendes aus:

---

699 *Sommermann*, in: v. Mangoldt/Klein/Starck, GG, Art. 20 Abs. 2 Rn. 162; *Böckenförde*, Demokratie als Verfassungsprinzip, in: Isensee/Kirchhof, Handbuch des Staatsrechts der Bundesrepublik Deutschland, Band II, § 24 Rn. 15; *Kluth*, Funktionale Selbstverwaltung, S. 357.
700 BVerfGE 68, 1 (87); *Sodan/Ziekow*, Grundkurs Öffentliches Recht, S. 33.
701 BVerfGE 49, 89 (139 f.).
702 BVerfGE 68, 1 (86); *Höfling*, RdJB 1997, 361 (369); *Groß*, Das Kollegialprinzip in der Verwaltungsorganisation, S. 202 f.
703 *Kahl*, Die Staatsaufsicht, S. 484; *Schmidt-Aßmann*, AöR 116 (1991), 329 (363 ff.); *Trute*, Die Forschung zwischen grundrechtlicher Freiheit und staatlicher Institutionalisierung, S. 209 ff., 220 ff.
704 Umfassend zur funktionalen Selbstverwaltung *Winfried Kluth*, Funktionale Selbstverwaltung: verfassungsrechtlicher Status – verfassungsrechtlicher Schutz, Tübingen 1997.
705 Siehe zum Begriff oben 3. Teil B. VII. 1.

"Sowohl das Demokratieprinzip in seiner traditionellen Ausprägung einer ununterbrochen auf das Volk zurückzuführenden Legitimationskette für alle Amtsträger als auch die funktionale Selbstverwaltung[706] als organisierte Beteiligung der sachnahen Betroffenen an den sie berührenden Entscheidungen verwirklichen die sie verbindende Idee des sich selbst bestimmenden Menschen in einer freiheitlichen Grundordnung. [...] Das demokratische Prinzip des Art. 20 Abs. 2 GG erlaubt deshalb, durch Gesetz – also durch einen Akt des vom Volk gewählten und daher klassisch demokratisch legitimierten parlamentarischen Gesetzgebers – für abgegrenzte Bereiche der Erledigung öffentlicher Aufgaben besondere Organisationsformen der Selbstverwaltung zu schaffen."[707]

Das Bundesverfassungsgericht geht davon aus, dass das Demokratiegebot außerhalb der unmittelbaren Staatsverwaltung und der in ihrem sachlich-gegenständlichen Aufgabenbereich nicht beschränkten gemeindlichen Selbstverwaltung offen ist für andere, insbesondere vom Erfordernis lückenloser personeller demokratischer Legitimation aller Entscheidungsbefugten abweichenden Formen der Organisation und Ausübung von Staatsgewalt[708]. Eine gesetzliche Vorherbestimmung der Aufgaben und Handlungsbefugnisse der Selbstverwaltungseinheit verbunden mit der staatlichen (Rechts-) Aufsicht über die Wahrnehmung der Aufgaben sei ausreichend, um dem Demokratiegebot des Art. 20 Abs. 2 S. 1 GG gerecht zu werden[709].

---

706   Ob hinsichtlich der schulischen Eigenverantwortung ein Fall funktionaler Selbstverwaltung vorliegt, wird an späterer Stelle zu klären sein. Siehe unten 3. Teil D. II. 2. b) und E. II. 3. b). bb., cc. und dd. Entscheidend ist hier zunächst nur die Feststellung, dass die lückenlose personelle und sachlich-inhaltliche demokratische Legitimation nicht die einzige Art ist, dem Demokratiegebot des Art. 20 Abs. 2 GG gerecht zu werden. Vielmehr kommen auch die hier beschriebenen anderen, insbesondere sich bezüglich der verschiedenen Legitimationsformen ergänzenden, Modelle in Betracht.
707   BVerfGE 107, 59 (92).
708   BVerfGE 107, 59 (91); vgl. auch *Kahl*, Hochschule und Staat, S. 107; *Kluth* scheint demgegenüber zu vertreten, dass die funktionale Selbstverwaltung nicht als eine weitere Form demokratischer Legitimation neben der traditionellen umfassenden personellen und sachlichen Legitimation stehe, sondern dass auch die funktionale Selbstverwaltung einer personellen und sachlich-inhaltlichen Legitimation bedürfe. Die personelle Legitimation sieht er jedoch in der Gründung des Selbstverwaltungsträgers, denn diese verleihe eine kollektive personelle demokratische Legitimation. Die sachlich-inhaltliche Legitimation beruhe demgegenüber auf der Aufgabenzuweisung der Gründungsgesetze und werde durch weitere parlamentarische und exekutivische Aufgabenzuweisungen ergänzt, vgl. *Kluth*, Funktionale Selbstverwaltung, S. 369 ff. (insbes. 381 f.). Im Ergebnis sieht auch *Kluth* damit die funktionale Selbstverwaltung als demokratisch legitimiert an.
709   BVerfGE 107, 59 (94); so auch *Böckenförde*, Demokratie als Verfassungsprinzip, in: Isensee/Kirchhof, Handbuch des Staatsrechts der Bundesrepublik Deutschland, Band II, § 24 Rn. 34.

b) Beurteilung der demokratischen Legitimation pädagogischer Freiheit und schulischer Eigenverantwortung nach dem pluralistisch-differenzierten Legitimationsmodell

Wendet man den Gedanken des demokratischen „Legitimationsniveaus" auf die Institute der pädagogischen Freiheit und der schulischen Eigenverantwortung an, zeigt sich, dass diese durchaus mit dem Demokratiegebot des Art. 20 Abs. 2 S. 1 GG vereinbar sind. Hinsichtlich der pädagogischen Freiheit des Lehrers ist zunächst dessen umfassende personelle Legitimation in den Vordergrund zu stellen. Diese rechtfertigt Einschränkungen auf der Ebene der sachlich-inhaltlichen Legitimation. Bei bestehender personeller Legitimation ist nur noch ein Mindestmaß an sachlich-inhaltlicher Legitimation erforderlich. Dieser kann dadurch Rechnung getragen werden, dass der Gesetzgeber durch die Festlegung von Bildungsstandards die Grenzen und Zwecke des Wirkens der Lehrer festlegt und die Rechtsaufsicht über ihre Tätigkeit führt[710]. Ebenso kann hier der Aspekt der funktionell-institutionellen Legitimation ins Feld geführt werden. Diese kann zur Wahrung eines gewissen Legitimationsniveaus ergänzend neben der personellen und sachlich-inhaltlichen Legitimation herangezogen werden[711]. Da die Wahrnehmung des staatlichen Bildungs- und Erziehungsauftrags, wie aufgezeigt, einer gewissen Freiheit des Lehrers bedarf, scheint es gerechtfertigt, zu Gunsten der pädagogischen Freiheit Einschränkungen der sachlich-inhaltlichen Legitimation in Kauf zu nehmen[712].

Auch die schulische Eigenverantwortung lässt sich nach den oben entwickelten Vorgaben in Einklang mit dem Demokratieprinzip des Art. 20 Abs. 2 S. 1 GG bringen. Ähnlich wie im Fall der pädagogischen Freiheit ist auch bei der schulischen Eigenverantwortung die sachlich-inhaltliche Legitimation eingeschränkt. Sinn und Zweck der Gewährung größerer Gestaltungsspielräume ist gerade die Entwicklung eigener inhaltlicher Schwerpunkte und eines eigenen pädagogischen Profils. Insofern ist die sachlich-inhaltliche Legitimation auch hier auf die Vorgabe bestimmter Qualitätsstandards und die Rechtsaufsicht beschränkt. Die bei der pädagogischen Freiheit zum Ausgleich der eingeschränkten sachlich-inhaltlichen Legitimation herangezogene personelle Legitimation bereitet im Fall der schulischen Eigenverantwortung Schwierigkeiten. Denn an der Schulkonferenz, die nach der hier vertre-

---

710 Vgl. dazu auch *Emde*, Die demokratische Legitimation der funktionalen Selbstverwaltung, S. 329 f.; im Ergebnis ähnlich, allerdings bezogen auf die schulische Eigenverantwortung *Hufen*, Verfassungsrechtliche Möglichkeiten und Grenzen schulischer Selbstgestaltung, in: Jach/Jenkner, Autonomie der staatlichen Schule und freies Schulwesen, S. 51 (58).
711 Diesen Aspekt erwähnt auch das Bundesverfassungsgericht in seiner Entscheidung zum schleswig-holsteinischen Personalvertretungsrecht, BVerfGE 93, 37 (66); ebenso BVerfGE 107, 59 (87).
712 Dafür spricht auch, dass die Lehrer als staatlich ausgebildete und geprüfte Pädagogen über ein hohes Maß an Sachkompetenz verfügen. Allein die Sachkompetenz vermag zwar keine demokratische Legitimation zu vermitteln. Doch lässt sie Abstriche von einer umfassenden sachlich-inhaltlichen Legitimation weniger schwerwiegend erscheinen.

tenen Konzeption über alle wesentlichen Fragen entscheiden soll, sind auch die nicht personell demokratisch legitimierten Schüler und Eltern beteiligt. Dies bedeutet indes nicht, dass die Schulkonferenz als solche bzw. ihre Entscheidungen nicht personell legitimiert sein können. De lege lata ist die personelle Legitimation auf jeden Fall dadurch gewährleistet, dass die Schulaufsicht als Fachaufsicht stets einschreiten kann[713], wenn sie Beschlüsse der Schulkonferenz für unzweckmäßig hält. Insoweit liegt die Letztverantwortung in den Händen der staatlichen Schulaufsichtsbeamten, die durch ihre Berufung in ihr Amt personell demokratisch legitimiert sind[714]. Geht man allerdings de lege ferenda von einer Abschaffung der Fachaufsicht aus, muss die personelle demokratische Legitimation der Entscheidungen der Schulkonferenz auf anderem Wege gesichert werden. Eine personelle Legitimation wäre dann dadurch zu erreichen, dass den Lehrern als demokratisch legitimierten Mitgliedern der Schulkonferenz letztlich das entscheidende Gewicht zukommt[715]. Dies kann einmal dadurch erreicht werden, dass die Lehrer die Mehrheit in der Schulkonferenz stellen[716]. Denkbar ist auch, dass die Schulkonferenz zu 50 % aus Lehrern und zu 50 % aus Schülern und Eltern besetzt ist und die Stimme des Schulleiters im Konfliktfall entscheidet. Schließlich ist auch eine drittelparitätische Besetzung denkbar, wobei jedoch gewährleistet werden muss, dass die Lehrer nicht überstimmt werden können[717]. Vorstellbar wäre hier beispielsweise die Einführung einer doppelten Mehr-

---

713 So auch, auf die Entscheidungen über Schulprogramme bezogen, *Avenarius/Heckel*, Schulrechtskunde, S. 129 f.
714 Aus diesem Grund sind auch die in einigen Ländern bestehenden drittelparitätischen Besetzungen der Schulkonferenz nicht als verfassungswidrig einzustufen, da die Entscheidungen der Schulkonferenz jedenfalls der Fachaufsicht unterstehen. Vgl. Art. 69 BayEUG, § 77 Abs. 1 SchulG Berlin, § 90 Abs. 1 SchulG Brandenburg, § 55 Abs. 1 SchulG Hamburg, § 76 Abs. 1 SchulG Mecklenburg-Vorpommern, § 66 Abs. 3 S. 1 SchulG Nordrhein-Westfalen, § 48 Abs. 4 SchulG Rheinland-Pfalz, § 45 SchulmitbestimmungsG Saarland, § 91 Abs. 2 SchulG Schleswig-Holstein, § 38 Abs. 1 SchulG Thüringen.
715 Dass die Lehrer in den Konferenzen das Letztentscheidungsrecht haben müssen, wird auch von *Hufen*, Verfassungsrechtliche Möglichkeiten und Grenzen schulischer Selbstgestaltung, in: Jach/Jenkner, Autonomie der staatlichen Schule und freies Schulwesen, S. 51 (58) und *Brückelmann*, Die verfassungsrechtlichen Grenzen von Freiräumen zur Selbstgestaltung an öffentlichen Schulen, S. 134 vertreten. Ebenso äußert sich *Greiwe*, Wettbewerb zwischen Schulen, S. 117.
Auch hier spielt wieder die Frage der personellen demokratischen Legitimation der Lehrer eine Rolle. *Rickert* führt dazu in RdJB 1997, 392 (395 f.) aus: „[...], daß von einer hinreichenden demokratischen Legitimation der Lehrkräfte auch nur dann auszugehen wäre, wenn diese bei ihrem Abstimmungsverhalten in der Schulkonferenz den Weisungen ihres Dienstherrn unterworfen wären. Dies ist jedoch nicht der Fall." Der Auffassung *Rickerts* kann aus den oben bereits genannten Gründen nicht zugestimmt werden. Denn personelle demokratische Legitimation setzt eine Weisungsgebundenheit nicht zwingend voraus. Siehe dazu oben 3. Teil D. II. 1. b).
716 So z.B. gem. § 47 Abs. 9 SchulG Baden-Württemberg und § 131 Abs. 1 SchulG Hessen.
717 Vgl. dazu auch *Rickert*, RdJB 1997, 392 (393), der sich u.a. mit einem Gutachten von *Hufen* zur Verfassungsmäßigkeit der Besetzung der Schulkonferenz nach dem Hamburger Schulgesetz auseinandersetzt.

heit, das heißt, dass eine Entscheidung nur dann ergehen kann, wenn sowohl die Mehrheit der gesamten Konferenz als auch die Mehrheit der Lehrer zustimmt[718].

Der dominierenden Stellung der Lehrer könnte entgegengehalten werden, dass damit der Gedanke der „Schulgemeinde" ad absurdum geführt würde, weil Schüler und Eltern letztlich nichts gegen den Willen der Lehrer unternehmen könnten. Gerade Letzteres beweist aber, dass dieses Argument nicht stimmig ist. Denn es kann nicht Sinn der Beteiligung von Eltern und Schüler sein, dass diese etwas „gegen den Willen der Lehrer" unternehmen können. Die Beteiligung aller an der Schule vertretenen Gruppen beruht auf der Idee, die Wahrnehmung des schulischen Bildungs- und Erziehungsauftrags zu verbessern. Insofern sollten sich die Mitglieder der Schulkonferenz nicht als Vertreter gegenläufiger Interessen verstehen, sondern als Mitwirkende an dem einen Ziel der Schulentwicklung[719]. Eine Verbesserung der Qualität schulischer Arbeit ist aber ohne die Mitarbeit der Lehrer nicht möglich. Diese sind es, welche die tägliche Arbeit an der Schule ausführen und das pädagogische Profil der Schule umsetzen. *Ihre* Arbeit wird von etwaigen Konferenzbeschlüssen geprägt. Sie sind die einzige Schulgemeindegruppe, die dauerhaft an der Schule verbleibt und Entwicklungen auch auf lange Sicht mittragen muss. Insofern ist es – unabhängig davon, dass dies im Sinne einer personellen Legitimation erforderlich ist – gerechtfertigt, den Lehrern das „Letztentscheidungsrecht" für etwaige Konferenzbeschlüsse einzuräumen. Dadurch wird auch die Position der Eltern und Schüler nicht unbillig herabgewertet. Es wird nur ausnahmsweise der Fall sein, dass Schüler und Eltern auf der einen Seite und Lehrer auf der anderen Seite derart konträre Ansichten vertreten, dass das „Letztentscheidungsrecht" der Lehrer zum Zug kommt. Sollte dies aber wirklich einmal der Fall sein, ist es aus den oben genannten Gründen auch sinnvoll, dass die Lehrer eine Entscheidung gegen ihren Willen letztlich verhindern können. Denn wie bereits gesagt, ist die schulische Entwicklung ohne ihre Mitarbeit lahm gelegt.

Kann somit auch im Fall der schulischen Eigenverantwortung die personelle Legitimation gewahrt werden, ist eine Einschränkung der sachlich-inhaltlichen Legitimation hier ebenfalls zulässig. Dies insbesondere deshalb, weil auch hinsichtlich der schulischen Eigenverantwortung der Gedanke der funktionell-institutionellen Legitimation greift. Auch die Schule kann ihren Auftrag besser wahrnehmen, wenn sie über einen gewissen Gestaltungsspielraum verfügt. Insoweit kann auf die Ausführungen des zweiten Teils verwiesen werden. Folglich sind sowohl die schulische Ei-

---

718 Dies sieht z.B. § 91 Abs. 2 SchulG Brandenburg für die Abstimmung über das Schulprogramm vor. Siehe dazu auch *Böckenförde*, Demokratie als Verfassungsprinzip, in: Isensee/Kirchhof, Handbuch des Staatsrechts der Bundesrepublik Deutschland, Band II, § 24 Rn. 19 Fn. 28. Auch das Bundesverfassungsgericht hat sich in BVerfGE 93, 37 (67 f.) und 107, 59 (88) zur doppelten Mehrheit geäußert.
719 Insofern ist *Brückelmann* zu widersprechen, der es als „widersinnig" bezeichnet zu glauben, dass die von der Schulgemeinde gewählten Gremienvertreter auch staatliche Interessen vertreten. Nach seiner Auffassung werden durch die Gremienvertreter lediglich eigene (gegenläufige) Interessen vertreten. Vgl. *Brückelmann*, Die verfassungsrechtlichen Grenzen zur Selbstgestaltung an öffentlichen Schulen, S. 128.

genverantwortung – bei Beachtung der genannten Voraussetzungen – als auch die pädagogische Freiheit des Lehrers mit dem Demokratiegebot des Art. 20 Abs. 2 S. 1 GG vereinbar.

Auch wenn damit bereits dem Demokratiegebot Genüge getan ist, kann die demokratische Legitimation der schulischen Eigenverantwortung möglicherweise noch zusätzlich auf den Gedanken der funktionalen Selbstverwaltung gestützt werden. Dies ist indes nur dann möglich, wenn die Schulen dem Bereich der funktionalen Selbstverwaltung zugeordnet werden können. Die funktionale Selbstverwaltung setzt eine selbstständige, fachweisungsfreie Wahrnehmung bestimmter Aufgaben voraus[720]. Wie im zweiten Teil dargelegt, besteht noch in allen Ländern eine Fachaufsicht über die Schulen. Auch sind die Schulen nichtrechtsfähige Anstalten des öffentlichen Rechts und damit nicht selbstständig. Demnach handelt es sich bei Schulen de lege lata nicht um Einheiten funktionaler Selbstverwaltung[721].

Möglicherweise ist aber eine funktionale Selbstverwaltung der Schulen de lege ferenda denkbar[722]. Welche öffentlichen Aufgaben in Organisationsformen der Selbstverwaltung erledigt werden können, ergibt sich aus Art. 20 Abs. 2 GG nicht. Das Bundesverfassungsgericht äußert sich dahingehend, dass die Auswahl der auf Organisationseinheiten der Selbstverwaltung zu übertragenden Aufgaben und die Regelung der Strukturen und Entscheidungsprozesse, in denen diese bewältigt werden, weit gehend im Ermessen des Gesetzgebers stehen[723]. Von einer Übertragung ausgeschlossen seien lediglich diejenigen öffentlichen Aufgaben, die der Staat selbst durch seine eigenen Behörden als Staatsaufgaben im engeren Sinne wahrnehmen müsse[724]. Welche Aufgaben dem Staat als im engeren Sinne staatliche Aufgaben vorzubehalten sind, legt das Bundesverfassungsgericht nicht dar[725]. Es stellt sich demnach die Frage, ob das „Schule-Halten" zu den Staatsaufgaben im engeren Sinne

---

720 *Hendler*, Das Prinzip Selbstverwaltung, in: Isensee/Kirchhof, Handbuch des Staatsrechts der Bundesrepublik Deutschland, Band IV, § 106 Rn. 20; *Unruh*, RdJB 2003, 466 (474); *Kluth*, Funktionale Selbstverwaltung, S. 550. Siehe dazu schon oben 3. Teil B. VII. 1.
721 So auch *Unruh*, RdJB 2003, 466 (473 f.).
722 Dabei soll hier zunächst nur darauf eingegangen werden, ob die Entlassung schulischer Aufgaben in den Bereich der Selbstverwaltung aus Sicht der Art. 20 Abs. 2 S. 1 und 7 Abs. 1 GG materiell verfassungsrechtlich möglich ist. Nicht beantwortet werden soll an dieser Stelle die Frage nach der generellen Möglichkeit der Schaffung neuer (formeller) Selbstverwaltungseinheiten durch den Gesetzgeber. Dies wird am Ende der Arbeit erörtert, nachdem geklärt worden ist, ob die Arbeit der Schulen generell materiell in den Selbstverwaltungsbereich übergeben werden kann und welche Rechtsformen dafür zur Verfügung stehen. Siehe unten 3. Teil E. II. 3. b) dd.
723 BVerfGE 10, 89 (102, 104); 37, 1 (26); 107, 59 (93).
724 BVerfGE 38, 281 (299); 107, 59 (93).
725 Das Bundesverfassungsgericht verweist insoweit darauf, dass dies auch aus Art. 20 Abs. 2 S. 1 GG nicht hervorgehe, BVerfGE 107, 59 (93).

gehört[726]. Für eine Einbeziehung des „Schule-Haltens" in den Bereich der vom Staat selbst zu erfüllenden Aufgaben könnte angeführt werden, dass der schulische Bereich kraft Art. 7 Abs. 1 GG als originäre Staatsaufgabe materiell zur unmittelbaren Staatsverwaltung zähle[727]. Verfassungssystematisch wäre demnach kein Raum, schulische Entscheidungsprozesse außerhalb der speziellen Privatisierungsklausel des Art. 7 Abs. 4 und 5 GG zu entstaatlichen[728]. Aus der Verfassung ergibt sich indes nicht – wie auch vom Bundesverfassungsgericht hervorgehoben[729] –, welche Aufgaben dem Staat als im engeren Sinne staatliche Aufgaben vorzubehalten sind. Gerade die ausdrückliche Billigung von Privatschulen in Art. 7 Abs. 4 und 5 GG lässt darauf schließen, dass es sich beim „Schule-Halten" nicht um eine originäre Staatsaufgabe handelt, deren Übertragung auf Selbstverwaltungseinheiten verfassungswidrig wäre. Art. 7 GG lässt ausdrücklich die Errichtung von Privatschulen zu. An diesen kann, ebenso wie an öffentlichen Schulen, die Schulpflicht erfüllt werden, und sie stehen vollwertig neben den öffentlichen Schulen[730]. Können aber bereits nichtstaatliche, private Einrichtungen die Aufgabe des „Schule-Haltens" übernehmen, muss dies erst recht für, der mittelbaren Staatsverwaltung angehörende,

---

726 Von dieser Frage ist die Frage zu unterscheiden, ob die Schul*aufsicht* zu den Staatsaufgaben im engeren Sinne gehört. Auch wenn sich das Bundesverfassungsgericht selbst zu dieser Frage nicht geäußert hat, hatte das Land Nordrhein-Westfalen in seiner Stellungnahme im oben genannten Fall (BVerfGE 107, 59 ff.) ausgeführt, dass die Schulaufsicht zu den nicht delegierbaren Aufgaben des Staates gehöre. Eine nähere Auseinandersetzung mit dieser Frage findet sich bei *Jens-Peter Schneider* in seinem Gutachten „Berufliche Schulen als Stiftungen mit teilprivatisierten Leitungsgremien", Baden-Baden 2004 (der ursprüngliche Titel, der von dem Titel der veröffentlichten Fassung abweicht, lautete „Verfassungsfragen einer Verselbständigung der beruflichen Schulen Hamburgs unter Einbeziehung von Vertretern der ausbildenden Wirtschaft"). Das Land Hamburg hatte das Gutachten hinsichtlich eines Gesetzentwurfs zur Übertragung der Schulaufsicht über die beruflichen Schulen an eine Stiftung des öffentlichen Rechts in Auftrag gegeben. Eine Darstellung des Vorhabens findet sich unten 3. Teil E. II. 1. a). Eine Auseinandersetzung mit der Frage der Übertragbarkeit der Schulaufsicht an Selbstverwaltungseinheiten kann unterbleiben, da nach der hier vertretenen Auffassung gerade nicht die Schulaufsicht, sondern ausschließlich das „Schule-Halten" auf Selbstverwaltungseinheiten übertragen werden soll. Dem steht auch nicht die Reduktion der Schulaufsicht auf eine Rechtsaufsicht entgegen, denn wie dargelegt, ist verfassungsrechtlich gem. Art. 7 Abs. 1 GG keine Fachaufsicht über das Schulwesen erforderlich.
727 So *Dieter Sterzel*, ZBV 2/2004, 47 (50 f.). Der Artikel beruht auf seinem Vortrag im Rahmen der Tagung „Die Schule der Zukunft zwischen Rechtsfähigkeit und staatlicher Aufsicht" des Deutschen Instituts für Internationale Pädagogische Forschung (DIPF) am 25.3.2004 in Frankfurt. Ähnlich auch *Unruh*, RdJB 2003, 466 (475 f.), der argumentiert, dass es „gute Gründe" für die Annahme gäbe, dass gerade der schulische Bereich zu der begrenzten Anzahl originärer Staatsaufgaben zu zählen sei.
728 So wiederum *Sterzel*, ZBV 2 /2004, 47 (63), der vom Verbot der Aufgabenprivatisierung derjenigen Schulverwaltungsangelegenheiten spricht, welche die innere Schulorganisation, also das inhaltliche Leben der Schule, berühren.
729 BVerfGE 107, 59 (93).
730 Dies gilt jedenfalls für staatlich genehmigte private Ersatzschulen, siehe *Avenarius/Heckel*, Schulrechtskunde, S. 451 f.

Selbstverwaltungseinheiten gelten[731]. Solange der Staat seine letztverantwortliche Steuerungshoheit für das Schulwesen – durch gesetzlich vorgegebene Standards und die Führung der Rechtsaufsicht – wahrt, ist nicht ersichtlich, weshalb er nicht zur Optimierung des Bildungsauftrags die Ausführung desselben an Einrichtungen der funktionalen Selbstverwaltung übergeben können sollte. Unzulässig ist nach Art. 7 Abs. 1 GG nur eine umfassende Privatisierung des staatlichen Schulwesens[732]. Ein pauschales Entstaatlichungsverbot im Rahmen der Schulaufsicht gemäß Art. 7 Abs. 1 GG auf der Ebene der Einzelschulen ist hingegen abzulehnen[733].

Ferner kann für die Anwendbarkeit des Gedankens der funktionalen Selbstverwaltung auf die schulische Eigenverantwortung angeführt werden, dass sich die heute bereits vorhandenen Ansätze schulischer Eigenverantwortung – wie zu Beginn des dritten Teils ausgeführt – inhaltlich auf den Gedanken der Selbstverwaltung stützen. Schulen sind – da ihnen die rechtliche Eigenständigkeit und die Freiheit von fachlichen Weisungen fehlt – zwar formell (noch) keine Selbstverwaltungseinheiten, materiell wird ihre Eigenständigkeit aber mit der Idee der Selbstverwaltung begründet. Dies lässt eine Heranziehung der Argumente zur funktionalen Selbstverwaltung möglich erscheinen. Demnach verwirklicht die schulische Eigenverantwortung die Idee des sich selbst bestimmenden Menschen in einer freiheitlichen Ordnung und steht damit nach der Rechtsprechung des Bundesverfassungsgerichts als Ausprägung des demokratischen Prinzips gleichwertig neben dem traditionellen Modell einer ununterbrochen auf das Volk zurückzuführenden Legitimationskette[734]. Folglich verfügt die schulische Eigenverantwortung nicht nur – wie oben aufgezeigt – in personeller, sachlich-inhaltlicher und funktionell-institutioneller Hinsicht über ein ausreichendes Legitimationsniveau. Auch der Gedanke der funktionalen Selbstverwaltung kann zur demokratischen Legitimation der schulischen Eigenverantwortung herangezogen werden.

---

731 Ähnlich argumentiert auch das Bundesverfassungsgericht in der Wasserverbandsentscheidung. Es führt aus, dass Aufgaben nicht allein deshalb zwingend unmittelbar vom Staat zu erledigen wären, weil sie von wesentlicher Bedeutung für das Allgemeinwohl seien. Dies beweise ein Blick auf gewichtige Aufgaben wie die Abfallwirtschaft und die Energieversorgung, die in weitem Umfang in privater Rechtsform wahrgenommen würden, ohne dass hiergegen unter dem Gesichtspunkt des Art. 20 Abs. 2 S. 1 GG verfassungsrechtliche Bedenken geäußert würden, BVerfGE 107, 59 (93 f.). Aus dieser Argumentation lässt sich schließen, dass die Wahrnehmung von Aufgaben in privatrechtlicher Form Indizwirkung dafür hat, dass es sich bei derartigen Aufgaben nicht um Aufgaben handelt, die zwingend unmittelbar vom Staat wahrzunehmen sind. Dies schließt nicht aus, dass der Staat selbst diese Aufgaben wahrnimmt. Doch eine Delegation insbesondere an, der mittelbaren Staatsverwaltung angehörende, Selbstverwaltungseinheiten erscheint ebenfalls möglich.

732 Sehr ähnlich auch *Schneider,* Berufliche Schulen als Stiftungen mit teilprivatisierten Leitungsgremien, S. 41, bezogen auf die Schulaufsicht.

733 So auch *Schneider,* Berufliche Schulen als Stiftungen mit teilprivatisierten Leitungsgremien, S. 58.

734 BVerfGE 107, 59 (92).

III. Sozialstaatsprinzip, Art. 20 Abs. 1 GG

Das in Art. 20 Abs. 1 GG verankerte Sozialstaatsprinzip enthält die Verpflichtung, für eine gerechte Sozialordnung zu sorgen[735]. Die nähere Ausgestaltung dieser Pflicht obliegt nach ständiger Rechtsprechung des Bundesverfassungsgerichts dem Gesetzgeber[736]. Dabei sind ihm große Spielräume für die Konkretisierung des Sozialstaatsprinzips eröffnet[737]. Das Sozialstaatsprinzip ist geprägt durch große Offenheit und Flexibilität[738]. Dies hat vor allem zwei Gründe: Zum einen soll durch die Vermeidung einer starren Interpretation ermöglicht werden, das Sozialstaatsprinzip auf die jeweils geltenden gesellschaftlichen Verhältnisse bezogen auszulegen[739]. Zum anderen soll die Gestaltungsfreiheit des parlamentarischen Gesetzgebers geschützt werden[740]. Auch wenn es sich bei dem Sozialstaatsprinzip nicht nur um einen unverbindlichen Appell handelt[741], entfaltet es doch im Vergleich zu anderen Grundprinzipien des Grundgesetzes – beispielsweise dem Rechtsstaatsprinzip – nur geringe rechtliche Kraft[742]. Aufgrund seiner Weite lassen sich regelmäßig keine konkreten Einzelansprüche daraus ableiten[743]. Jedoch ist der Gesetzgeber verpflichtet, die Angleichung der tatsächlichen Voraussetzungen zum Erwerb materieller und immaterieller Güter anzustreben. Er muss eine gleichmäßige Sicherung der faktischen Vorbedingungen gewährleisten, die zur Nutzung der Freiheitsrechte notwendig sind[744]. Bezogen auf das Schulwesen bedeutet dies, dass es dem Gesetzgeber frei steht, schulische Eigenverantwortung und pädagogische Freiheit zu gewähren. Dabei muss er jedoch sicherstellen, dass alle Schulen und der Unterricht eines jeden Lehrers ein Mindestmaß an gleicher Qualität aufweisen. Wie er dies tut, liegt in seinem Ermessen. Insofern würde auch eine Vorgabe verbindlicher Qualitätsstandards, gepaart mit einer Rechtsaufsicht, ausreichen. Ist eine annähernd gleiche Qualität der Schulen gewahrt, kann die Gewährung schulischer Eigenverantwortung und pädagogischer

---

735 BVerfGE 94, 241 (263); 97, 169 (185).
736 So heißt es in der ersten Sozialstaatsentscheidung: „das Wesentliche zur Verwirklichung des Sozialstaates [...] kann nur der Gesetzgeber tun", BVerfGE 1, 97 (105). Vgl. auch BVerfGE 50, 57 (108); 53, 164 (184); 65, 182 (193); 69, 272 (314); 70, 278 (288). Siehe auch *Stern*, Staatsrecht I, S. 915.
737 *Gröschner*, in: Dreier, GG, Art. 20 (Sozialstaat) Rn. 31; *Sommermann*, in: v. Mangoldt/Klein/Starck, GG, Art. 20 Abs. 1 Rn. 110; *Brückelmann*, Die verfassungsrechtlichen Grenzen zur Selbstgestaltung an öffentlichen Schulen, S. 134.
738 *Hesse*, Grundzüge des Verfassungsrechts der Bundesrepublik Deutschland, Rn. 215. *Stern* bezeichnet das Sozialstaatsprinzip gar als „nicht detaillierte Blankettnorm", siehe *Stern*, Staatsrecht I, S. 914.
739 *Sachs*, in: Sachs, GG, Art. 20 Rn. 46.
740 *Sommermann*, in: v. Mangoldt/Klein/Starck, GG, Art. 20 Abs. 1 Rn. 110.
741 Vgl. *Gröschner*, in: Dreier, GG, Art. 20 (Sozialstaat) Rn. 30.
742 *Jarass*, in: Jarass/Pieroth, GG, Art. 20 Rn. 102.
743 So die ständige Rechtsprechung des Bundesverfassungsgerichts, siehe BVerfGE 1, 97 (105); 82, 60 (80); 84, 90 (125); 94, 241 (263); 103, 242 (259 f.).
744 Vgl. BVerfGE 33, 303 (330 ff.); *Jarass*, in: Jarass/Pieroth, GG, Art. 20 Rn. 107.

Freiheit sogar gerade Ausdruck des Sozialstaatsprinzips sein[745]. Denn nach der hier vertretenen Konzeption der beiden Institute sollen sie ein differenziertes Anknüpfen an die persönlichen Voraussetzungen der Schüler ermöglichen. Jeder Schüler soll in seiner Individualität angenommen und gefördert werden. Dies aber trägt mehr als alles andere dazu bei, für jedes Kind die faktischen Vorbedingungen zu sichern, die zur Nutzung seiner Freiheitsrechte notwendig sind.

IV. Chancengleichheit und Gleichheitsgebot, Art. 3 Abs. 1 GG[746]

Der Gleichheitssatz des Art. 3 Abs. 1 GG soll die Gleichbehandlung von Personen in vergleichbaren Sachverhalten sicherstellen[747]. Aus diesem Grund verbietet er eine Ungleichbehandlung von wesentlich Gleichem[748]. Geschützt wird durch Art. 3 Abs. 1 GG die rechtliche, nicht aber die faktische Gleichheit[749]. Art. 3 Abs. 1 GG garantiert (nur), dass alle Menschen von Geburt an *rechtlich* frei und gleich sind und durch Gesetze keine diskriminierenden Unterscheidungen getroffen werden dürfen[750]. Der Gleichheitssatz fordert demgegenüber keine *tatsächliche* Gleichstellung der Menschen[751]. Dass Art. 3 Abs. 1 GG nur entweder rechtliche oder aber faktische Gleichheit schützen kann, lässt sich damit erklären, dass rechtliche und faktische Gleichheit als Gegensätze anzusehen sind[752]. Denn für die Herstellung faktischer Gleichheit wäre eine (staatliche) Um- und Neuverteilung von Gütern erforderlich. Dies aber ginge notwendig mit einer Einschränkung der rechtlichen Freiheit und Gleichheit einher, da der frei handelnde Mensch stets die faktische Gleichheit bedroht[753]. Während Art. 3 Abs. 1 GG somit ausschließlich die rechtliche Gleichheit schützt, kann hinsichtlich des Anspruchs auf Herstellung faktischer Gleichheit auf das Sozialstaatsprinzip des Art. 20 Abs. 1 GG verwiesen werden[754]. Ferner ist fest-

---

745 Diesen Gedanken äußert auch *Horn*, Partizipation und Schulverwaltungsstruktur, S. 49, allerdings bezogen auf die Freizügigkeit.
746 Dieser Aspekt ist hinsichtlich der pädagogischen Freiheit nicht von großer Relevanz, weshalb im Folgenden nur auf die schulische Eigenverantwortung eingegangen wird.
747 *Jarass*, in: Jarass/Pieroth, GG, Art. 3 Rn. 1.
748 BVerfGE 1, 14 (52); 3, 58 (135); 18, 38 (46); 72, 141 (150).
749 *Starck*, in: v. Mangoldt/Klein/Starck, GG, Art. 3 Abs. 1 Rn. 3 ff; vgl. auch *Heun*, in: Dreier, GG, Art. 3 Rn. 66 ff.; siehe auch *Osterloh*, in: Sachs, GG, Art. 3 Rn. 44 ff.
750 *Starck*, in: v. Mangoldt/Klein/Starck, GG, Art. 3 Abs. 1 Rn. 3; siehe auch *Osterloh*, in: Sachs, GG, Art. 3 Rn. 46.
751 *Starck*, in: v. Mangoldt/Klein/Starck, GG, Art. 3 Abs. 1 Rn. 4; *Jarass*, in: Jarass/Pieroth, GG, Art. 3 Rn. 1.
752 *Heun*, in: Dreier, GG, Art. 3 Rn. 68.
753 Ähnlich *Böckenförde*, Entstehung und Wandel des Rechtsstaatsbegriffs, in: Ehmke/Schmid/Scharoun, Festschrift für Adolf Arndt zum 65. Geburtstag, S. 53 (67 ff.); *Starck*, in: v. Mangoldt/Klein/Starck, GG, Art. 3 Abs. 1 Rn. 4.
754 Siehe mit Beispielen bei *Starck*, in: v. Mangoldt/Klein/Starck, GG, Art. 3 Abs. 1 Rn. 35.

zuhalten, dass nicht jede Ungleichbehandlung – selbst bei Vorliegen einer vergleichbaren Lage – einen Verstoß gegen Art. 3 Abs. 1 GG darstellt. Ungleichbehandlungen können durch einen sachlichen Grund gerechtfertigt werden. Der Maßstab zur Überprüfung des sachlichen Grundes kann von einem bloßen Willkürverbot bis zu einer strengen Bindung an den Verhältnismäßigkeitsgrundsatz reichen[755].

Betrachtet man die Situation des Kindes im Schulwesen im Hinblick auf die Garantie des Art. 3 Abs. 1 GG, so ergibt sich, dass jedes Kind (rechtlich) die gleichen Chancen bei der freien Entfaltung seiner Persönlichkeit haben muss. Die oftmals sog. Chancengleichheit wird in erster Linie durch Rechtsgleichheit verwirklicht[756]. Dies setzt zum einen voraus, dass der Staat allen jungen Menschen die gleichen Chancen auf Zugang zu den öffentlichen Bildungseinrichtungen eröffnet[757]. Zum anderen bedeutet dies aber auch – ähnlich wie beim Sozialstaatsprinzip bereits angedeutet –, dass die Schulen ein Mindestmaß an gleicher Qualität aufweisen müssen[758]. Sowohl das Gebot gleichen Zugangs zu den Schulen als auch das Gebot vergleichbarer Qualität werfen Probleme insbesondere hinsichtlich der schulischen Eigenverantwortung auf[759].

Sinn und Zweck schulischer Eigenverantwortung ist die Profilbildung, die Unterscheidung von anderen Schulen. Dadurch entstehen begriffsnotwendig Unterschiede zwischen einzelnen Schulen. Ob dies allerdings sogleich einen Verstoß gegen den Gleichheitssatz darstellt, hängt von der Rigidität des Gleichheitsverständnisses ab. Setzt man mit einem sehr starren Gleichheitsverständnis voraus, dass alle Schüler innerhalb eines Landes inhaltlich in allen entsprechenden Schulen das jeweils gleiche Lehrangebot erhalten und auf entsprechend zentrale und gleiche Prüfungen hin ausgebildet werden müssen, stellt jede Art schulischer Profilierung, die sich in irgendeiner Form auch auf den Unterricht bezieht, eine von Art. 3 Abs. 1 GG nicht gedeckte Ungleichbehandlung der Schüler dar[760]. Unabhängig von der Güte des hinter diesem Ansatz stehenden pädagogischen Verständnisses gebietet der Gleich-

---

755 BVerfGE 88, 87 (96); 89, 15 (22); 92, 365 (407); 95, 267 (316). Kriterien für die Bestimmung der Anforderungen sind beispielsweise die Unterscheidung, ob Personengruppen oder Sachverhalte ungleich behandelt werden, ob die fragliche Maßnahme zugleich auch in andere Grundrechte eingreift, ob es sich um gewährende Staatstätigkeit handelt oder ob eine Differenzierung bereits im Grundgesetz angelegt ist. Siehe dazu bei *Jarass*, in: Jarass/Pieroth, GG, Art. 3 Rn. 18 ff.; *Heun*, in: Dreier, GG, Art. 3 Rn. 21; *Kannengießer*, in: Schmidt-Bleibtreu/Klein, GG, Art. 3 Rn. 16 f.

756 *Starck*, in: v. Mangoldt/Klein/Starck, GG, Art. 3 Abs. 1 Rn. 34. Sollte zur Herstellung der Chancengleichheit auch eine faktische Angleichung der Verhältnisse erforderlich sein, ist insoweit – wie ausgeführt – das Sozialstaatsprinzip des Art. 20 Abs. 1 GG und nicht der Gleichheitssatz des Art. 3 Abs. 1 GG heranzuziehen. Siehe mit Beispielen bei *Starck*, in: v. Mangoldt/Klein/Starck, GG, Art. 3 Abs. 1 Rn. 35.

757 *Greiwe*, Wettbewerb zwischen Schulen, S. 119.

758 *Greiwe*, Wettbewerb zwischen Schulen, S. 119; *Avenarius*, RdJB 1994, 256 (263).

759 Die pädagogische Freiheit des Lehrers ist insoweit nicht so sehr tangiert.

760 Vgl. dazu auch *Hufen*, Verfassungsrechtliche Möglichkeiten und Grenzen schulischer Selbstgestaltung, in: Jach/Jenkner, Autonomie der staatlichen Schule und freies Schulwesen, S. 51 (61).

heitssatz nicht eine derart strikte Auslegung. Wie aufgezeigt, verbietet Art. 3 Abs. 1 GG Ungleichbehandlungen nicht per se. Vielmehr sind diese bei Vorliegen eines sachlichen Grundes zulässig. Als Differenzierungsgrund können im Fall der schulischen Eigenverantwortung pädagogisch begründete Profilierungen der einzelnen Schulen angeführt werden. Selbst bei Anlegen des strengsten Prüfungsmaßstabes, der Verhältnismäßigkeitsprüfung, erscheinen etwaige Ungleichbehandlungen der Schüler durch eine Profilierung der Schulen gerechtfertigt[761]. Die Profilierung dient dem Ziel der Qualitätsverbesserung schulischer Arbeit und ist damit ein legitimes Ziel. Auch ist sie zur Erreichung des vorgenannten Ziels geeignet und erforderlich. Hierbei ist hinsichtlich der Erforderlichkeit, die voraussetzt, dass das mildeste – das heißt das Mittel, welches das betroffene Grundrecht am wenigsten einschränkt – unter den gleich wirksamen Mitteln eingesetzt wird[762], kein allzu strenger Maßstab anzulegen. Denn die Auswahl des mildesten unter gleich wirksamen Mitteln würde voraussetzen, dass es eine klare Antwort auf die Frage gäbe, welche Maßnahmen wirksam eine dauerhafte Qualitätsverbesserung von Schulen herbeiführen. Dies ist indes nicht der Fall[763]. Folglich sind mangels klarer Beurteilungsmaßstäbe während der „Versuchsphase" mit schulischer Eigenverantwortung keine hohen Anforderungen an die Beurteilung der Erforderlichkeit zu stellen[764]. Fraglich ist indes, ob die Profilbildung auch angemessen im engeren Sinne ist. Angemessenheit im engeren Sinne erfordert eine Abwägung der betroffenen Interessen[765]. Hier steht das Interesse des Staates an der Erprobung neuer Wege zur Verbesserung schulischer Qualität dem Interesse des einzelnen Kindes nach gleichen (Bildungs-)Chancen gegenüber. Der Ausgleich der Interessen erfordert, dass der Staat dem Recht des Kindes auf gleiche Bildungschancen dadurch gerecht wird, dass jede Schule eine „pädagogische Grundversorgung" gewährleisten muss, so dass die Schüler überall ein bestimmtes Maß an Kenntnissen, Fähigkeiten und Fertigkeiten

---

[761] So im Ergebnis auch *Hufen*, Verfassungsrechtliche Möglichkeiten und Grenzen schulischer Selbstgestaltung, in: Jach/Jenkner, Autonomie der staatlichen Schule und freies Schulwesen, S. 51 (61), der die Ungleichbehandlung allerdings nur am Willkürverbot misst. Ebenso *Greiwe*, Wettbewerb zwischen Schulen, S. 121.
[762] BVerfGE 53, 135 (145 f.); 67, 157 (177); 68, 193 (218 f.); 92, 262 (273).
[763] Dies zeigen bereits die verschiedenen, nach Veröffentlichung der PISA-Studie eingeschlagenen Reformwege. Siehe dazu in der Einleitung A.
[764] Zur Begründung dafür kann angeführt werden, dass es dem Gesetzgeber oftmals vor Erlass eines Gesetzes nur schwer möglich ist, die Auswirkungen der entsprechenden Regelung abzuschätzen. Demzufolge wird ihm ein weiter Prognosespielraum zugestanden. Es ist auf die Beurteilung abzustellen, die dem Gesetzgeber bei der Vorbereitung des Gesetzes möglich war. Siehe dazu BVerfGE 25, 1 (17); 50, 290 (332 ff.); 62, 1 (50); 90, 145 (173); *Schulze-Fielitz*, in: Dreier, GG, Art. 20 (Rechtsstaat) Rn. 178; *Jarass*, in: Jarass/Pieroth, GG, Art. 20 Rn. 87.
[765] BVerfGE 68, 193 (219); 71, 183 (200); 77, 84 (111); 81, 70 (92); 83, 1 (19); 94, 372 (390); *Schoch*, Übungen im Öffentlichen Recht I, S. 123.

erwerben[766]. Diese „pädagogische Grundversorgung" garantiert der Staat durch seine gesetzlich vorgegebenen Qualitäts- und Bildungsstandards und die Rechtsaufsicht über die Schulen. Solange diese notwendige Einheitlichkeit gegeben ist, bleibt jede Schule prinzipiell für alle Eltern und Schüler interessant und ihr Angebot verlässlich einschätzbar[767]. Gewährleistet der Staat dies, ist die Beeinträchtigung der Chancengleichheit durch eine Profilierung der Schulen angemessen im engeren Sinne. Dem Verhältnismäßigkeitsgrundsatz ist damit Genüge getan. Unterstützend kann auch das bereits im Rahmen des Sozialstaatsprinzips angeführte Argument hinzugezogen werden, nach dem die Profilierung der Schulen gerade dazu beitragen soll, eine individuellere Förderung der Schüler zu ermöglichen. Wird dieser Gedanke aber tatsächlich in der Schulwirklichkeit umgesetzt, wird jeder Schüler an seiner Schule die Förderung erfahren, der er zu seiner Persönlichkeitsentfaltung bedarf. Eine Beeinträchtigung der Chancengleichheit liegt dann bereits nicht vor.

Ein weiteres Problem im Rahmen des Gleichheitssatzes stellen die schulischen Abschlüsse dar[768]. Diese spielen aufgrund des vorherrschenden Berechtigungswesens eine zentrale Rolle für die weitere berufliche Laufbahn eines Menschen. Schon in unserem heutigen „zentralistischen"[769] System wird allzu häufig angemerkt, dass beispielsweise das Abitur an einer bestimmten Schule mehr „wert" sei als an einer anderen. Diese Problematik würde sich mutmaßlich durch eine Pluralisierung der Schulen noch verschärfen. Auch hier muss der Staat einschreiten. Dabei ist jedoch anzumerken, dass der Gleichheitssatz keine Gleich*artigkeit*, sondern nur eine Gleich*wertigkeit* der Bildungsabschlüsse fordert[770]. Denn auch bei einer Gleich*wertigkeit* der Abschlüsse ist die Chancengleichheit der Schüler gewahrt. Die Gleichwertigkeit der Abschlüsse kann beispielsweise dadurch erreicht werden, dass die

---

766 *Avenarius*, Autonomie im Schulsystem – verfassungsrechtliche Möglichkeiten und Grenzen, in: Koch/Fisch, Schulen für die Zukunft, S. 93 (102). Nur durch die Gewährung einer pädagogischen Grundversorgung kann der Befürchtung entgegengewirkt werden, dass durch eine Profilierung der Schulen „gute" und „schlechte" Schulen entstehen. Demgegenüber kann gegen diese Befürchtung angeführt werden, dass es auch bislang erhebliche Unterschiede zwischen den Schulen gegeben habe, weshalb man mit der Gewährung von Eigenverantwortung für die Schulen auch das zum Gesetz erheben könne, was ohnehin schon immer der Realität entsprochen habe. Denn allein die Tatsache, dass Chancengleichheit bisher nicht durchgehend verwirklicht worden ist, kann nicht dazu führen, das entsprechende verfassungsrechtliche Gebot außer Kraft zu setzen und den bisherigen Zustand zu legalisieren. Siehe dazu auch *Avenarius*, RdJB 1994, 256 (264).
767 *Greiwe*, Wettbewerb zwischen Schulen, S. 121.
768 Vgl. zur Frage der Geltung des Gleichheitsgebots bei Prüfungen verschiedener autonomer Instanzen *Pietzcker*, Verfassungsrechtliche Anforderungen an die Ausgestaltung staatlicher Prüfungen, S. 196 ff. Zwar sind Schulen momentan nicht autonom im Rechtssinne, aber möglicherweise kann die größere Eigenverantwortung der Schulen in echte Autonomie erwachsen. Siehe dazu unten 3. Teil E.
769 Siehe *Jach*, Abschied von der verwalteten Schule, S. 81.
770 Ebenso *Hufen*, Verfassungsrechtliche Möglichkeiten und Grenzen schulischer Selbstgestaltung, in: Jach/Jenkner, Autonomie der staatlichen Schule und freies Schulwesen, S. 51 (61).

Kompetenzen, über welche die Schüler bei Abschluss der Schule verfügen müssen, detailliert beschrieben werden.

Wie eine derartige Beschreibung aussehen könnte, zeigen die „Kompetenzstufen", die in Finnland, dem Spitzenreiter in der PISA-Studie, eingesetzt werden. Für jedes Fach werden verschiedene Kompetenzstufen entwickelt und beschrieben und es wird festgelegt, nach welchem Schuljahr welche Kompetenzstufe erreicht sein muss. Die Beschreibung der Kompetenzen bezieht sich dabei immer auf die sog. „gute Kompetenz", die bei einer Notenskala von zehn (beste Note) bis vier (schlechteste Note) einer acht entspricht. Zur besseren Verdeutlichung seien im Folgenden die Kompetenzen dargestellt, die ein Schüler im Fach Englisch (regelmäßig beginnend in Klasse drei) am Ende der von allen besuchten „Peruskoulu" nach der neunten Klasse erreicht haben sollte[771].

Hörverstehen:
- Der Schüler versteht die Hauptgedanken und wichtige Einzelheiten einer Darstellung, in der ständig wiederkehrende Themen aus den Bereichen Schule, Arbeitsleben oder Freizeit vorkommen, einschließlich kurzer Erzählungen.
- Er begreift die wesentlichen Aussagen von Rundfunknachrichten, von Filmen und deutlichen und klaren Telefongesprächen.
- Er ist in der Lage, einer Rede zu folgen, deren Inhalt sich auf allgemeinen Erfahrungen oder allgemeinem Wissen gründet.
- Er versteht gewöhnlichen Wortschatz und eine begrenzte Zahl idiomatischer Ausdrücke.
- Das Verstehen einer längeren Mitteilung verlangt langsameres Sprechen als es in der normalen Standardsprache üblich ist. Ab und zu sind Wiederholungen notwendig.

Sprechen:
- Der Schüler kann kurz und aufzählend über die nähere Umgebung und den Alltag berichten.
- Er kann an schablonenhaft geführten Gesprächen teilnehmen, in denen es um Persönliches oder für einen selbst wichtige Dinge geht. Eventuell braucht er Hilfestellung im Gespräch und meidet den einen oder anderen Themenbereich.
- Das Sprechen ist zeitweise flüssig, aber unterschiedliche Unterbrechungen sind deutlich wahrnehmbar.
- Die Aussprache ist verständlich, wenn auch der fremde Akzent auffällt und Aussprachefehler vorkommen.
- Er verfügt über einen guten Wortschatz für den alltäglichen Gebrauch und verwendet in gewissem Grade auch idiomatische Ausdrücke.

---

771 Alle Angaben aus „Rahmenlehrpläne und Standards für den grundbildenden Unterricht an finnischen Schulen (Peruskoulu) [Peruskoulu ist die Schule für alle Schüler von Klasse 1-9, Anm. d. Verf.] – Wesentliche Auszüge und Informationen". Zu bestellen bei myynti@oph.fi.

- Er gebraucht häufig einfache, vereinzelt aber auch anspruchsvollere Strukturen.
- Beim zusammenhängenden freien Sprechen kommen viele elementare Fehler vor (z.B. bei den Zeitformen der Verben), die manchmal das Verständnis beeinträchtigen.

Leseverstehen:
- Der Schüler kann vielfältige, mehrere Seiten lange Texte über vertraute Themen lesen (z.B. Tabellen, Kalender, Kursprogramme, Kochbücher) und kann den Hauptgedanken, den Schlüsselbegriffen und wichtigen Einzelinformationen auch unvorbereitet folgen.
- Bei Themen, die keine alltäglichen Erfahrungen enthalten, und bei Detailaussagen können Verständnisprobleme auftreten.

Schreiben:
- Der Schüler kommt schriftlich in gewöhnlichen Alltagssituationen zurecht.
- Er kann gut kurz und einfach ein Ereignis, eine vergangene Handlung, persönliche Erfahrungen oder etwas aus der alltäglichen Umgebung beschreiben (z.B. kurze Briefe, Notizzettel, Anträge).
- Er kennt den elementaren Grundwortschatz, die elementaren Strukturen und die gebräuchlichsten syntaktischen Mittel.
- Er schreibt einfache Wörter und Strukturen richtig, aber macht in weniger gebräuchlichen Strukturen und Formen Fehler und drückt sich unbeholfen aus.

Eine derartige Kompetenzbeschreibung gewährleistet zweierlei: Zum einen ist sichergestellt, dass alle Schüler im ganzen Land, die nach der neunten Klasse die Note „acht" auf dem Zeugnis erhalten, über annähernd gleiche Fähigkeiten verfügen. Dieser Punkt ist für die Chancengleichheit von zentraler Bedeutung. Zum anderen dienen die Kompetenzbeschreibungen aber auch der Rückversicherung der Schule, die prüfen kann, ob sie mit ihrer Arbeit dem nationalen Standard entspricht.

Eine andere Möglichkeit nicht nur Gleichwertigkeit, sondern sogar Gleichartigkeit zu gewährleisten, ist die Einführung zentraler Abschlussprüfungen[772]. Während

---

[772] Auch in Finnland gibt es eine zentrale Abiturprüfung. Die Aufgaben der Prüfungen werden jeweils am Tag nach der Prüfung in der Zeitung veröffentlicht, um so einen breiten Diskurs über die Qualität und das Niveau der Schulen anzuregen. Die Prüfungen setzen kein spezifisches (Fakten-) Wissen voraus, sondern es werden die übergreifenden Kompetenzen abgefragt, über die jeder abiturfähige Schüler verfügen sollte. Auf diese Weise wird verhindert, dass der Unterricht aller Schulen „gleichgeschaltet" wird. Den Schulen bleibt ihre Flexibilität vielmehr auch in der gymnasialen Oberstufe erhalten. Ein „zentrales Pauken" ist auch bereits deshalb ausgeschlossen, weil die finnische Oberstufe – ähnlich der hiesigen Universität – ein reines Kurssystem ist, in dem sich jeder Schüler seine Kurse zusammenstellen und auch wiederholen kann, wobei er eine vorgegebene Anzahl von Kursen in bestimmten Fächern abschließen muss, um die Zulassung zur Abiturprüfung zu erhalten. Die Freiheit des Schülers geht soweit, dass er – je nach eigenem Tempo – die Oberstufe in zwei, drei oder vier Jahren absolvieren kann.

das Zentralabitur in einigen Ländern schon lange Realität ist (z.B. Bayern, Baden-Württemberg), beginnen nun auch andere Länder – probeweise – zentrale (Teil-) Prüfungen im Abitur oder sogar nach der Sekundarstufe I einzuführen (z.B. Hamburg, Niedersachsen, Nordrhein-Westfalen)[773]. Dies zeigt, dass zentrale Prüfungen, die unter progressiven Pädagogen lange Zeit verpönt waren, heute längst kein Tabu mehr sind[774]. Es soll an dieser Stelle nicht auf die pädagogische Güte zentraler Prüfungen eingegangen werden. Jedoch sollen einige Punkte zu bedenken gegeben werden: So muss bedacht werden, dass zentrale Prüfungen durch die Hintertür jeden Ansatz schulischer Eigenverantwortung im Keime ersticken können, wenn sie dazu führen, dass alle Schulen gezwungenermaßen doch den gesamten Unterricht – jedenfalls der vor den Abschlussklassen liegenden Jahrgangsstufen – einheitlich gestalten müssen, um ihre Schüler adäquat auf die Prüfungen vorbereiten zu können. Dieser Problematik könnte man beispielsweise dadurch begegnen, dass in den Prüfungen kein „Faktenwissen" abgeprüft wird, sondern dass übergreifende Kompetenzen – wie die oben beschriebenen „Kompetenzstufen" – im Mittelpunkt der Prüfungsaufgaben stehen. Auch wäre denkbar, dass die Abschlussprüfung zu 50 % von der Schule gestaltet wird und zu 50 % zentral verantwortet ist. Dieses – in den Niederlanden bewährte Modell[775] – gewährleistet, dass das Profil der Schule bis zum Schulabschluss durchgängig Geltung beanspruchen kann, sichert aber dennoch die Vergleichbarkeit der Abschlüsse. Ferner ist anzumerken, dass zentrale Prüfungen nicht nur zur Gleich*wertigkeit*, sondern zur Gleich*artigkeit* der Abschlüsse führen. Sicherlich ist dies möglich und politisch zum Teil auch gewünscht. Verfassungsrechtlich erforderlich ist es, wie gesehen, nicht. Verfassungsrechtlich ist die Gleich*wertigkeit* der Abschlüsse ausreichend, die auch anders als durch zentrale Prüfungen gewährleistet werden kann.

Ein weiteres Problem im Rahmen des Gleichheitssatzes könnte das immer üblicher werdende Sponsoring von Schulen darstellen[776]. Schulen sind aufgrund ihres auf ihre Klientel und ihr Umfeld zugeschnittenen Profils unterschiedlich attraktiv für Sponsoren. Eine ungleiche finanzielle und materielle Ausstattung der Schulen führt aber zur Ungleichheit der Bildungschancen der Schüler. Wo finanzielle und materielle Mittel in größerem Maße vorhanden sind, können selbstverständlich auch mehr und bessere Lehr- und Lernmittel für die Schüler angeschafft und Exkursionen oder Ähnliches finanziert werden. Fraglich ist, wie dies im Licht des Art. 3 Abs. 1 GG zu bewerten ist. Die ungleichen Bildungschancen gehen im Fall des

---

773 Siehe zum gegenwärtigen Stand der Einführung des Zentralabiturs http://de.wikipedia.org/wiki/Zentralabitur (16.8.2005).
774 Dies gibt auch *Avenarius* zu bedenken. Vgl. *Avenarius*, Autonomie im Schulsystem – verfassungsrechtliche Möglichkeiten und Grenzen, in: Koch/Fisch, Schulen für die Zukunft, S. 93 (103).
775 Einzelheiten nachzulesen unter dem Unterpunkt „Certification" auf der Internetseite http://www.eurydice.org/Eurybase/Application/frameset.asp?country=NL&language=EN (16.8.05).
776 Siehe dazu auch *Avenarius*, Autonomie im Schulsystem – verfassungsrechtliche Möglichkeiten und Grenzen, in: Koch/Fisch, Schulen für die Zukunft, S. 93 (98 f.).

Sponsoring nicht von einem Handeln des Staates aus. Vielmehr führt das Verhalten Dritter – zum Beispiel der Wirtschaft – zu der Ungleichheit. Da Art. 3 Abs. 1 GG jedoch keine unmittelbare Drittwirkung hat, sind Dritte nicht an das Gleichheitsgebot gebunden[777]. Ein Verstoß gegen Art. 3 Abs. 1 GG käme unter diesem Gesichtspunkt also nicht in Betracht. Eine Verletzung des Art. 3 Abs. 1 GG wäre nur dann möglich, wenn dem Staat aus Art. 3 Abs. 1 GG eine Schutzpflicht erwachsen würde[778], die ein Verbot des Sponsoring oder jedenfalls ausgleichende Maßnahmen erfordern würde. Beides würde bewirken, dass der Staat die faktische Ungleichheit beseitigt, die durch äußere Umstände und das Verhalten Dritter eingetreten ist. Indes garantiert – wie oben ausgeführt – Art. 3 Abs. 1 GG keine faktische, sondern nur rechtliche Gleichheit[779]. Der Staat hat aus Art. 3 Abs. 1 GG nicht die Pflicht, ungleiche faktische Bedingungen zu beseitigen. Insoweit stellt sich nur die Frage, ob durch das Sponsoring die rechtliche Gleichheit bedroht ist. Von einer rechtlichen Ungleichheit ist indes nicht auszugehen. Soweit rechtliche Regelungen das Schulsponsoring erlauben, gelten sie für alle Schulen und alle Schüler gleichermaßen[780]. Folglich kann ein Verstoß gegen Art. 3 Abs. 1 GG durch das Schulsponsoring nicht festgestellt werden.

Auch wenn eine faktische Ungleichbehandlung demnach keine Verletzung von Art. 3 Abs. 1 GG hervorruft, erscheint es dennoch angebracht, sich über mögliche Ausgleichsmechanismen Gedanken zu machen. Denn jeder Gesetzgeber wird bemüht sein, ein leistungsfähiges und sozial gerechtes Schulwesen zu betreiben, in dem alle Schüler weit gehend gleiche Bildungschancen haben[781]. Als eine Ausgleichsmöglichkeit käme beispielsweise die Bildung eines Ausgleichsfonds in Betracht, in den jedenfalls ein bestimmter Teil der Sponsorenmittel eingezahlt wird. Die Mittel des Fonds kämen allen Schulen des jeweiligen Schulträgers zugute, wodurch eine angemessene Ausgleichswirkung zwischen den Schulen erzielt würde[782]. Jedoch ist zu bedenken, dass ein Sponsor in der Regel nur eine ganz bestimmte

---

777 Siehe z.B. *Heun,* in: Dreier, GG, Art. 3 Rn. 69.
778 Vgl. zur Frage der Schutzpflichten aus Art. 3 Abs. 1 *Heun,* in: Dreier, GG, Art. 3 Rn. 66 ff; *Isensee,* Das Grundrecht als Abwehrrecht und als staatliche Schutzpflicht, in: Isensee/Kirchhof, Handbuch des Staatsrechts der Bundesrepublik Deutschland, § 111 Rn. 96; zu Schutzpflichten aus Art. 3 Abs. 2 GG siehe *Vogel,* DVBl. 1994, 497 (500 f.).
779 *Starck,* in: v. Mangoldt/Klein/Starck, GG, Art. 3 Abs. 1 Rn. 3 f.; *Heun,* in: Dreier, GG, Art. 3 Rn. 67 f. Eine Schutzpflicht des Staates verneinend auch *Isensee,* Das Grundrecht als Abwehrrecht und als staatliche Schutzpflicht, in: Isensee/Kirchhof, Handbuch des Staatsrechts der Bundesrepublik Deutschland, § 111 Rn. 96.
780 So auch *Avenarius,* Sponsoring in der Schule, in: Erbguth/Müller/Neumann, Rechtstheorie und Rechtsdogmatik im Austausch, S. 321 (332).
781 Dies formuliert *Avenarius* gar als Pflicht eines jeden Gemeinwesens, siehe *Avenarius,* Sponsoring in der Schule, in: Erbguth/Müller/Neumann, Rechtstheorie und Rechtsdogmatik im Austausch, S. 321 (333).
782 Diese Idee deutet auch *Greiwe,* Wettbewerb zwischen Schulen, S. 122, in knappen Worten an. Ebenso *Avenarius,* Sponsoring in der Schule, in: Erbguth/Müller/Neumann, Rechtstheorie und Rechtsdogmatik im Austausch, S. 321 (333) und *Schorlemmer,* Städte- und Gemeinderat 1-2/2001, 18 (19).

Schule unterstützen möchte. Müsste er davon ausgehen, dass ein Teil seiner Sponsorengelder anderen Schulen zukommt, könnte dies negative Auswirkungen auf die Spendenbereitschaft haben. Auch würde sich der Staat in Widerspruch zu seinem eigenen Verhalten setzen, wenn er einerseits den Schulen Eigenverantwortung im finanziellen Bereich überträgt, ihnen andererseits aber die Möglichkeit nimmt, sich zusätzliche Sponsorengelder einzuwerben[783]. Ferner sollte bedacht werden, dass nicht zwangsläufig bestimmte Schulen – zum Beispiel in schwierigen sozialen Umfeldern oder mit bestimmten Profilen – durch das Sponsoring besonders bevorzugt oder benachteiligt werden. Zwar liegt die Annahme nahe, dass Schulen in eher bürgerlich geprägten Gebieten bessere Chancen haben, sich neue Finanzquellen zu erschließen, aber auch Schulen mit problematischen Einzugsbereichen haben die Möglichkeit, durch pädagogische Innovationen oder ausgefallene Programme Sponsoren für sich zu interessieren. Der oben angesprochene Ausgleichsfonds würde insoweit den Anreiz zur Eigeninitiative eher zerstören[784].

Eine ausgleichende Förderung des Schulträgers für die Schulen, die keine Sponsorengelder erhalten, erscheint als Ausgleichsmaßnahme eher fernliegend, da auf diesem Weg private Geldgeber über die finanzielle Ausstattung der Schulen entscheiden würden und dem Schulträger insoweit seine Entscheidungsmacht genommen würde. Der Schulträger ist lediglich dazu verpflichtet, allen Schulen eine angemessene Grundausstattung zur Verfügung zu stellen, die es ihnen ermöglicht, ihren Bildungs- und Erziehungsauftrag wahrzunehmen[785]. Ob und in welchem Umfang der Gesetzgeber etwaige Ausgleichsmaßnahmen vornehmen will, ist, mangels einer rechtlichen Verpflichtung zu selbigen durch Art. 3 Abs. 1 GG, eine politisch zu entscheidende Frage, die vorliegend dahingestellt bleiben kann.

Schließlich ist noch auf das oben bereits erwähnte Problem des gleichen Zugangs zu allen Bildungseinrichtungen einzugehen. Hier wird die Frage der sog. Sprengelpflicht relevant. Diese verpflichtet die Schüler – regelmäßig jedenfalls die Grundschüler –, eine bestimmte Schule zu besuchen, die in der Nähe ihres Wohnortes liegt[786]. Je ausgeprägter die Profile der Schulen hingegen werden, desto mehr stellt sich die Frage, ob eine derartige Verpflichtung noch möglich ist oder ob nicht Schülern und Eltern ein Wahlrecht hinsichtlich der zu besuchenden Schule eingeräumt werden muss. Kraft des Elternrechts aus Art. 6 Abs. 2 GG sind die Eltern berechtigt, innerhalb des öffentlichen Schulwesens zwischen den verschiedenen Bil-

---

783 So auch *Avenarius*, Sponsoring in der Schule, in: Erbguth/Müller/Neumann, Rechtstheorie und Rechtsdogmatik im Austausch, S. 321 (334).
784 So auch *Avenarius*, Sponsoring in der Schule, in: Erbguth/Müller/Neumann, Rechtstheorie und Rechtsdogmatik im Austausch, S. 321 (334).
785 Dies kann auch bedeuten, dass Schulen, die Schüler mit besonderen Bedürfnissen unterrichten – z.B. lern- oder verhaltensgestörte Schüler – eine höhere finanzielle Ausstattung erhalten als andere Schulen. Dies hat aber nichts mit einem staatlichen Ausgleich für Sponsoring zu tun. Siehe dazu auch *Avenarius*, Sponsoring in der Schule, in: Erbguth/Müller/Neumann, Rechtstheorie und Rechtsdogmatik im Austausch, S. 321 (335).
786 Siehe dazu *Niehues,* Schulrecht, Rn. 339 ff.

dungsgängen und Schularten frei zu wählen[787]. Indes ist nicht nur der Bildungsgang und die Schulart für die Entwicklung und das schulische Fortkommen eines Kindes von entscheidender Bedeutung. Je mehr sich die Schulen voneinander unterscheiden, desto mehr gewinnt auch das Profil der einzelnen Schule für die Wahl der Eltern an Bedeutung. Aus diesem Grund erscheint es sinnvoll, die Sprengelpflicht – sofern sie noch besteht – aufzuheben[788]. Problematisch wird es indes dann, wenn sich die Wahl aus faktischen Gründen – zum Beispiel dörfliche Gegend mit geringem Schulangebot – auf eine Schule beschränkt. Auch hier haben Eltern durchaus das Recht, den weiteren Weg bis zu einer Schule ihrer Wahl in Kauf zu nehmen. Wollen sie dieses nicht, müssen sie mit der Schule vor Ort vorlieb nehmen. Dies erscheint auch nicht unbillig, da – wie aufgezeigt – alle Schulen eine pädagogische Grundversorgung gewährleisten und somit prinzipiell für alle Eltern und Schüler attraktiv bleiben. Wollen Eltern über diese Grundversorgung hinaus ein besonderes pädagogisches Konzept oder bestimmte inhaltliche Schwerpunkte, sind sie gezwungen, die damit verbundenen Mühen auf sich zu nehmen.

Für die Aufnahme der Schüler an den Schulen gilt grundsätzlich, dass die Schulen verpflichtet sind, jedes Kind aufzunehmen, das generell die Voraussetzungen für diese Schulart erfüllt. Übersteigt jedoch die Nachfrage die vorhandenen Plätze für die Schüler, muss der Schule eine Auswahl nach sachlichen, willkürfreien Kriterien erlaubt sein. Hier kann insbesondere das Profil der Schule eine Rolle spielen. Motivation und Interesse der zukünftigen Schüler und der Beweggrund, gerade diese Schule zu besuchen, können in diesem Zusammenhang Kriterien sein. Auch die Tatsache, dass bereits Geschwisterkinder die Schule besuchen, oder die örtliche Nähe des Wohnortes zur Schule mögen taugliche Gesichtspunkte sein.

---

787 *Niehues*, Schulrecht, Rn. 159.
788 Ebenso *Avenarius*, Autonomie im Schulsystem – verfassungsrechtliche Möglichkeiten und Grenzen, in: Koch/Fisch, Schulen für die Zukunft, S. 93 (97). Sollte sich der Gesetzgeber nicht dazu entscheiden, die Sprengelpflicht aufzuheben, weil er beispielsweise unerwünschte Wanderungsbewegungen zwischen Schulen verhindern will, muss der Eigenständigkeit der einzelnen Schule nach *Avenarius* im Interesse der Akzeptanz der Schule Grenzen gezogen werden, vgl. *Avenarius,* Autonomie im Schulsystem – verfassungsrechtliche Möglichkeiten und Grenzen, in: Koch/Fisch, Schulen für die Zukunft, S. 93 (97). Im Ergebnis ist der von *Avenarius* gesetzten Prämisse zuzustimmen. Jedoch kann seine Auffassung nicht geteilt werden, dass es „gute Gründe" für die Beibehaltung der Sprengelpflicht gebe. Zwar ist die Wahrscheinlichkeit groß, dass eine gewisse Wanderungsbewegung zwischen den Schulen einsetzt, da bestimmte Profile mehr Interesse wecken werden als andere. Dies ist jedoch auch gerade ein gewünschtes Ziel der Eigenverantwortung von Schulen. Ein gewisser Wettbewerb zwischen den Schulen kommt der Qualität schulischer Arbeit zugute. Zieht eine Schule nicht mehr ausreichend Schüler an, muss sie die Konsequenzen daraus ziehen und ihre Arbeit verändern und verbessern. Dass dieser Wettbewerb nicht zu Ungunsten der Schüler und Eltern ausgetragen wird, wird durch die Schulaufsicht gewährleistet, die darüber wacht, dass sich die Schulen nur im gesetzlich erlaubten Rahmen bewegen.

V. Staatliche Neutralitätspflicht, Art. 4 Abs. 1 GG

Art. 4 Abs. 1 GG garantiert dem Einzelnen die Freiheit des Glaubens sowie des religiösen und weltanschaulichen Bekenntnisses[789]. Dieses, übergreifend als Glaubensfreiheit bezeichnete, Recht schützt neben der inneren Freiheit, religiöse und weltanschauliche Überzeugungen zu bilden und zu haben, die äußere Freiheit, diese Überzeugungen und Entscheidungen zu bekennen und zu verbreiten[790]. Dem Recht des Individuums entspricht auf der anderen Seite die Pflicht des Staates, sich religiös und weltanschaulich neutral zu verhalten[791]. Die grundgesetzliche Verankerung dieser Pflicht ist im Einzelnen noch ungeklärt. Jedoch wird sie aufgrund des sachlichen Bezugs als in erster Linie in Art. 4 Abs. 1 GG angelegt gelten können. Darüber hinaus werden auch Art. 3 Abs. 3 S. 1 GG und Art. 33 Abs. 3 GG als normative Grundlage herangezogen[792]. Das Gebot religiös-weltanschaulicher Neutralität verwehrt die Einführung staatskirchlicher Rechtsformen und untersagt die Privilegierung bestimmter Bekenntnisse ebenso wie die Ausgrenzung Andersgläubiger[793]. Dies bedeutet für das Schulwesen, dass auch an öffentlichen Schulen stets religiös-weltanschauliche Neutralität zu wahren ist. Die öffentliche Schule muss für verschiedene religiöse und weltanschauliche Ausrichtungen offen sein[794]. Der Staat hat im öffentlichen Schulwesen dafür Sorge zu tragen, dass die Schüler nicht monistischen Lehren ausgesetzt und für bestimmte religiöse oder weltanschauliche Tendenzen vereinnahmt werden[795]. Damit ist freilich nicht ausgeschlossen, dass auch in öffentlichen Schulen religiöse oder weltanschauliche Bezüge hergestellt werden[796]. Jedoch muss die öffentliche Schule auf jegliche Zwangselemente verzichten, soweit die Glaubensfreiheit der Kinder betroffen ist[797]. Dies äußerte das Bundesverfassungsgericht in jüngerer Zeit sehr deutlich in der sog. Kruzifix-Entscheidung[798]. In dieser Entscheidung erklärte das Bundesverfassungsgericht eine Vorschrift der bayerischen Schulordnung für Volksschulen für nichtig, nach der in jedem Klassenzim-

---

789 *Morlok*, in: Dreier, GG, Art. 4 Rn. 52 ff.; *Kokott*, in: Sachs, GG, Art. 4 Rn. 10 ff.; *Jarass*, in: Jarass/Pieroth, GG, Art. 4 Rn. 1.
790 *Starck*, in: v. Mangoldt/Klein/Starck, GG, Art. 4 Abs. 1, 2 Rn. 11; *Jarass*, in: Jarass/Pieroth, GG, Art. 4 Rn. 10.
791 BVerfGE 19, 206 (216); *Kokott*, in: Sachs, GG, Art. 4 Rn. 5; *Starck*, in: v. Mangoldt/Klein/Starck, GG, Art. 4 Abs. 1, 2 Rn. 9, 22.
792 *Mager*, in: v. Münch/Kunig, GG, Art. 4 Rn. 3; *Morlok*, in: Dreier, GG, Art. 4 Rn. 146 ff.
793 BVerfGE 19, 206 (216); 93, 1 (17).
794 Vgl. BVerfGE 41, 29 (51).
795 *Avenarius*, RdJB 1994, 256 (261).
796 So schreibt *Starck,* dass das Grundgesetz keine Laisierung der Schule fordere, siehe *Starck*, in: v. Mangoldt/Klein/Starck, GG, Art. 4 Abs. 1, 2 Rn. 29.
797 *Avenarius*, RdJB 1994, 256 (261).
798 BVerfGE 93, 1 ff.; siehe dazu auch *Badura*, BayVBl. 1996, 33 ff., 71 ff.; *Brugger*, JuS 1996, 233 ff.; *J. Ipsen*, Glaubensfreiheit als Beeinflussungsfreiheit? – Anmerkungen zum „Kruzifix-Beschluß" des Bundesverfassungsgerichts –, in: Ziemske/Langheid/Wilms/Haverkate, Staatsphilosophie und Rechtspolitik, S. 301 ff.; *Czermak*, ZRP 1996, 201 ff.; *Renck*, ZRP 1996, 16 ff.

mer ein Kreuz anzubringen war. Es begründete seine Entscheidung damit, dass der Einzelne zwar grundsätzlich kein Recht habe, von fremden Glaubensbekenntnissen, kultischen Handlungen und religiösen Symbolen verschont zu bleiben. Jedoch sei die Situation in der Schule eine andere, da der Einzelne sich dort in einer vom Staat geschaffenen Lage befinde und ohne Ausweichmöglichkeiten dem Einfluss eines bestimmten Glaubens, der sich in Symbolen manifestiere, ausgesetzt sei[799]. Der Einzelne werde aufgrund der Schulpflicht dazu gezwungen, „unter dem Kreuz" zu lernen[800]. Eine derartige mentale Beeinflussung erklärte das Bundesverfassungsgericht für nicht mit Art. 4 Abs. 1 GG vereinbar[801].

Die staatliche Neutralität in religiösen und weltanschaulichen Fragen muss auch dann gewährleistet sein, wenn die Schulen über größere Eigenverantwortung verfügen und eigene Profile ausbilden. Es ist den öffentlichen Schulen verwehrt, ihre Profile so zu gestalten, dass damit eine unzulässige Einflussnahme auf die Kinder im religiös-weltanschaulichen Bereich einhergeht. Dies gilt selbstverständlich ebenso für den einzelnen Lehrer in Wahrnehmung seiner pädagogischen Freiheit. Schulen dürfen nicht zu „ideologischen Tendenzbetrieben in Eigenregie"[802] werden. Dieses zu vermeiden ist Aufgabe der Schulaufsicht, was ihr auch durchaus bei der hier erstrebten Beschränkung auf eine Rechtsaufsicht möglich ist. Denn ein Verstoß gegen das Neutralitätsgebot ist ein Rechtsverstoß. Solange aber das Gebot religiösweltanschaulicher Neutralität gewahrt ist, ist gegen eine vergrößerte Eigenverantwortung der Schulen und gegen die pädagogische Freiheit des Lehrers im Hinblick auf Art. 4 Abs. 1 GG nichts einzuwenden.

Avenarius hat – hierauf sei der Vollständigkeit halber an dieser Stelle hingewiesen – darauf aufmerksam gemacht, dass die Neutralität der Schule und des Lehrers sich nicht nur auf den religiösen und weltanschaulichen Bereich beziehen dürfe. Auch partei- und verbandspolitisch müsse eine Schule neutral sein[803]. Dem ist uneingeschränkt zuzustimmen. Die Parteien sollen zwar gem. Art. 21 Abs. 1 GG an der politischen Willensbildung des Volkes mitwirken. Doch sind Schulen nicht der Ort, an dem die politische Willensbildung des Volkes stattfindet. Ohne Frage soll den Schülern in der Schule Wissen über politische Zusammenhänge und politische Themenfelder vermittelt werden. Eine Willensbildung im Sinne einer parteipolitischen Beeinflussung darf aber gerade nicht geschehen. Denn dieses würde dem Recht des Kindes auf freie Entfaltung seiner Persönlichkeit entgegenstehen. Außerdem sind die Lehrer als Beamte aufgrund der hergebrachten Grundsätze des Berufsbeamtentums gem. Art. 33 Abs. 5 GG zu partei- und verbandspolitischer Neutralität verpflichtet. Entsprechendes gilt auch für Lehrer im Angestelltenverhältnis. Diese individuelle, die pädagogische Freiheit beschränkende Neutralitätspflicht darf auch

---

799 BVerfGE 93, 1 (16).
800 BVerfGE 93, 1 (18).
801 Kritisch dazu *Heckmann,* JZ 1996, 880 (888 f.).
802 *Avenarius,* RdJB 1994, 256 (262).
803 *Avenarius,* RdJB 1994, 256 (262).

nicht dadurch umgangen werden, dass die Schule in Wahrnehmung ihrer Eigenverantwortung nicht dem Neutralitätsgebot entsprechende Gremienbeschlüsse fasst.

Schließlich muss sich die Neutralität der öffentlichen Schulen und ihrer Lehrer auch auf den wirtschaftlichen Bereich erstrecken. Es ist zwar durchaus zu begrüßen, dass Schulen Partnerschaften mit Wirtschaftsunternehmen eingehen und diese auch in ihre tägliche Arbeit einbeziehen. Die Kooperation darf jedoch nicht so weit gehen, dass Schulen sich ganz auf die Unternehmensprofile bestimmter Wirtschaftsunternehmen ausrichten. Die maßgeblichen inhaltlichen Vorgaben der Kooperation müssen stets von der Schule ausgehen. Diese muss den generellen Kurs bestimmen, kann und soll sich dabei aber der professionellen Hilfe der Wirtschaft bedienen. Auch diese „Neutralitätspflicht" liegt maßgeblich in dem Recht des Kindes auf Persönlichkeitsentfaltung begründet, das es verbietet, die freie Persönlichkeitsentfaltung durch einseitige wirtschaftliche Einflussnahme zu behindern.

VI. Grundrechte der Eltern, Art. 6 Abs. 2 GG, und der Schüler, Art. 2 Abs. 1 GG[804]

Hinsichtlich der schulischen Eigenverantwortung haben die Grundrechte der Eltern und Schüler eine zwiespältige Position inne. Dies hat seinen Grund darin, dass schulische Eigenverantwortung nach der hier vertretenen Konzeption stets eine Beteiligung von Schülern, Eltern und Lehrern an allen maßgeblichen, die Schulentwicklung betreffenden Entscheidungen voraussetzt. Die Beteiligung von Eltern und Schülern an schulischen Entscheidungen wirkt sich aber in zweifacher – positiver wie negativer – Hinsicht auf die Grundrechte der Schüler und Eltern aus.

Zum einen haben sie als Grundrechtsbetroffene die Möglichkeit der Mitwirkung an der Schulentwicklung. Indem sie an der Schulentwicklung mitwirken, können sie ihren grundrechtlich garantierten Freiheiten besser zum Ausdruck verhelfen, als ihnen dies ohne eine Beteiligung möglich wäre. Eltern können durch ihre Mitwirkung ihrem Erziehungsrecht aus Art. 6 Abs. 2 GG Ausdruck verleihen. Sie können mitbestimmen, welches pädagogische Profil die Schule erhält und welche Ziele und Wertvorstellungen sie in den Vordergrund stellt. Auch die Schüler können durch Mitwirkung Einfluss auf die schulische Entwicklung nehmen und so ihrem Recht auf freie Entfaltung der Persönlichkeit in höherem Maße zur Geltung verhelfen. Die Partizipation von Schülern und Eltern ist demnach als ein wesentlicher Faktor des Grundrechtsschutzes durch Verfahren einzustufen[805].

---

804 Dieser Aspekt ist wiederum hinsichtlich der pädagogischen Freiheit des Lehrers uninteressant.
805 Davon geht wohl auch *Hufen*, Verfassungsrechtliche Möglichkeiten und Grenzen schulischer Selbstgestaltung, in: Jach/Jenkner, Autonomie der staatlichen Schule und freies Schulwesen, S. 51 (57 f.) aus. Auch *Brückelmann*, Die verfassungsrechtlichen Grenzen zur Selbstgestaltung an öffentlichen Schulen, S. 139, deutet dies als Möglichkeit an, auch wenn er selbst anderer Ansicht ist.

Auf der anderen Seite wird die Partizipation von Schülern und Eltern aber zuweilen auch als Beeinträchtigung der Grundrechte anderer Schüler und Eltern gesehen. *Brückelmann* führt dazu aus:

> „Der Zwang zur Teilnahme am Unterricht ist nur gerechtfertigt, wenn er berechtigten überindividuellen Allgemeinwohlinteressen dient. Diese können aber durch die Mehrheiten der unmittelbar betroffenen Schüler und Eltern weder ermittelt und formuliert, noch konkretisiert werden, denn:
>
> (1) Schüler und Eltern verfügen regelmäßig nicht über eine Kenntnis staatlicher Aufgaben und Ziele in der Schule. Sie verfolgen vielmehr persönliche Ziele bzw. Ziele ihrer Gruppe (und sollen dies auch!). Effektiver Grundrechtsschutz durch Organisation und Verfahren setzt dagegen voraus, daß der Staat seine Handlungen im grundrechtssensiblen Bereich durch Amtswalter wahrnimmt, die mit den Grundsätzen der Verfassung vertraut gemacht sind, bevor sie mit dem Anspruch auf Verbindlichkeit Entscheidungen treffen, die andere binden. Übertragen auf die öffentliche Schule heißt das: Der Staat darf es auch per Gesetz nicht >privaten< Eltern bzw. Schülern überlassen, via Schulmitwirkung andere als die eigenen Kinder zu erziehen bzw. ein nicht eigenes Persönlichkeitsrecht zur Entfaltung zu bringen.
>
> (2) Anders als die Lehrer verfügen Schüler und Eltern regelmäßig über keine pädagogische Vorbildung. Auch insoweit bestehen Bedenken gegen die Verhältnismäßigkeit der durch solche schulischen Entscheidungen verkürzten Freiheitsrechte des einzelnen.
>
> (3) Eltern und Schüler haben notwendig persönliche Interessen. Gegen ihre Mitwirkung an pädagogischen Fragen, die Bezug zum überindividuellen Schulauftrag haben, besteht deshalb stets die begründete Besorgnis der Befangenheit."[806]

Der Argumentation *Brückelmanns* ist entgegenzuhalten, dass Schüler und Eltern regelmäßig sehr wohl über eine Kenntnis staatlicher Aufgaben und Ziele in der Schule verfügen. Zwar mag es so sein, dass Schüler und Eltern bei der bisherigen Fülle von Verordnungen und Erlassen nicht jede einzelne Vorschrift kennen und ihnen auch die Lehrpläne einzelner Fächer unbekannt sind. Dieser Befund ist jedoch auch bei der überwiegenden Anzahl der Lehrer, die nach der Konzeption *Brückelmanns* die zuständigen und kundigen Sachwalter sein sollten, zutreffend. Auch wenn Detailkenntnisse über das Schulwesen bei den Betroffenen (wohl) nicht vorhanden sind, kann ihnen eine allgemeine Kenntnis staatlicher Aufgaben und Ziele in der Schule nicht abgesprochen werden. Denn dieses zu tun, bedeutete, die Wirksamkeit und Nachhaltigkeit des gesamten Schulwesens in Frage zu stellen. Will man den Schulen nicht jede Fähigkeit zu wirkungsvoller Arbeit absprechen, muss man davon ausgehen, dass den heutigen Eltern wenigstens im Laufe ihres eigenen mindestens neun- bzw. zehnjährigen (Vollzeit-) Schulbesuchs[807] annähernd verdeutlicht worden ist, welche Aufgaben und Ziele der Staat in der Schule verfolgt. Sollte dies ausnahms-

---

806 *Brückelmann*, Die verfassungsrechtlichen Grenzen zur Selbstgestaltung an öffentlichen Schulen, S. 138.
807 Dieser Zeitspanne entspricht die Dauer der Schulpflicht hinsichtlich des Besuchs einer Vollzeitschule in den verschiedenen Bundesländern. Darüber hinaus besteht eine Berufsschulpflicht für zumeist weitere drei Jahre. Vgl. dazu *Avenarius/Heckel*, Schulrechtskunde, S. 455 f.

weise nicht der Fall sein, kann das diesbezügliche Versagen der Schule gleichwohl nicht den heutigen Eltern angelastet und als Argument zur Ablehnung der Partizipation von Eltern und Schülern verwendet werden.

Selbst wenn man aber mit *Brückelmann* unterstellen will, dass Schüler und Eltern nicht über die erforderlichen Kenntnisse hinsichtlich staatlicher Ziele und Aufgaben im Schulwesen verfügen, ist es doch ein Leichtes, sie mit diesen vertraut zu machen. Ebenso wie die Lehrer in der Regel den Schülern und Eltern zu Beginn des Schulhalbjahres den zu behandelnden Stoff erläutern und das weitere Vorgehen mit ihnen besprechen, wäre es durchaus möglich, Schüler und Eltern mit staatlichen Aufgaben und Zielen vertraut zu machen. Dies um so mehr, wenn sich der Gesetzgeber tatsächlich in der oben angedeuteten Weise auf die Festlegung von Qualitätsstandards beschränken würde. Diese Eltern und Schülern näher zu bringen, dürfte Lehrern und Schulleitung als pädagogisch geschultem Personal keine Schwierigkeiten bereiten. Eine derartiges Vorgehen ist auch im Sinne effektiven Arbeitens unumgänglich[808]. Denn effektives Arbeiten setzt voraus, dass die zu erreichenden Ziele bekannt sind. Die vermeintliche Unkenntnis von Eltern und Schülern hinsichtlich staatlicher Ziele und Aufgaben im Schulwesen reicht demnach nicht aus, die Partizipation der Schulgemeinde als Grundrechtseingriff zu bewerten.

Ebenso ist die Behauptung *Brückelmanns* zu hinterfragen, nach der Schüler und Eltern im Rahmen ihrer Mitwirkung an der schulischen Arbeit stets persönliche und nicht staatliche Ziele verfolgen und auch verfolgen sollen[809]. Indem *Brückelmann* dieses unterstellt, degradiert er Schüler und Eltern zu reinen Interessenvertretern, die sich gegenseitig und auch dem Staat konträr gegenüber stehen. Damit verkennt *Brückelmann*, dass es bei der Frage der Partizipation nicht um „Basisdemokratie"[810] geht. Vielmehr steht die Mitwirkung von Grundrechtsbetroffenen in Rede. Die Schüler verhelfen durch ihre Mitwirkung Art. 2 Abs. 1 GG zur besseren Geltung, die Eltern Art. 6 Abs. 2 GG. Beide Rechte haben letztlich die freie Entfaltung der Persönlichkeit des Kindes zum Gegenstand. Denn auch das Elternrecht ist ein fiduziarisches Recht im Sinne des Kindes. Damit aber decken sich die Interessen von Schü-

---

808 Erinnert sei in diesem Zusammenhang nur an die oben bereits erwähnte Veröffentlichung der Abituraufgaben in Finnland. Zur Erzeugung von qualitativ hochwertiger Arbeit im Bildungswesen ist es erforderlich, einen breiten Diskurs über Ziele, Aufgaben und Anforderungen zu führen. Dies setzt aber auch eine Transparenz der staatlichen Vorgaben voraus.

809 Ähnlich wie Brückelmann sieht auch *Kollatz*, DÖV 1970, 594 (595) in der schulischen Mitbestimmung die Gefahr der persönlichen Interessenvertretung: „Die unterrichtsbezogene Mitbestimmung von Schülern und Eltern bedeutet ja wohl konkret, daß etwa der schulische Werdegang, den Fritzchen Müller im Zeichen staatlich verordneter Schulpflicht zu absolvieren hätte, rechtlich verbindlich davon beeinflusst werden kann, wie Wohnungsnachbar Meier und dessen Karlchen über Unterrichtsgestaltung und Unterrichtsziele, über zu stellende Anforderungen, Modernität oder Verharren beim Altbewährten denken – nur weil dieses Karlchen zufällig zur gleichen Zeit dieselbe Schule besucht und deshalb mit seiner Stimme in der Schülerschaft den Ausschlag geben kann, während sein Vater dieselbe Funktion in der Elternversammlung wahrnimmt."

810 *Hufen*, Verfassungsrechtliche Möglichkeiten und Grenzen schulischer Selbstgestaltung, in: Jach/Jenkner, Autonomie der staatlichen Schule und freies Schulwesen, S. 51 (59).

lern und Eltern mit dem Inhalt des staatlichen Bildungs- und Erziehungsauftrags. Es ist also durchaus denkbar, die Partizipation von Eltern und Schülern nicht im Licht einer partikularen Interessenvertretung zu sehen, sondern als ein gemeinschaftliches Zusammenwirken zum Zweck der Erfüllung des staatlichen Bildungs- und Erziehungsauftrags[811]. Ist dies aber der Fall, kann die Beteiligung von Eltern und Schülern die Grundrechte anderer Eltern und Schüler nicht beeinträchtigen. Denn die Erfüllung des staatlichen Bildungs- und Erziehungsauftrags ist – soweit er einen Grundrechtseingriff darstellt – jedenfalls gerechtfertigt. Darüber hinaus kann der Argumentation *Brückelmanns* entgegengehalten werden, dass nach der hier vertretenen Konzeption keine Entscheidung gegen den Willen der Lehrer als staatliche Amtswalter getroffen werden kann[812]. Da die Lehrer als staatliche Bedienstete aber stets ihrem staatlichen Amtsauftrag verpflichtet sind, könnte dem staatlichen Bildungs- und Erziehungsauftrag auch im Fall eines Missbrauchs der Befugnisse durch Eltern und Schüler noch zur Durchsetzung verholfen werden[813]. Auf Grundlage dieser Prämisse ist die Partizipation von Schülern und Eltern keine Verletzung von Grundrechten anderer Schüler und Eltern, sondern eine zusätzliche Garantie einer der freien Persönlichkeitsentfaltung des Kindes gemäßen schulischen Entscheidungsbildung[814].

Ferner führt *Brückelmann* an, dass eine Partizipation von Schülern und Eltern deshalb verfassungswidrig sei, weil Schüler und Eltern regelmäßig über keine pädagogische Vorbildung verfügten. Dies führe zur Unverhältnismäßigkeit der durch schulische Entscheidungen bewirkten Verkürzungen von Freiheitsrechten des Einzelnen. Jedoch ist zu bedenken, dass, auch wenn Schüler und Eltern nicht über eine pädagogische Vorbildung verfügen, sie doch gerade in ihrer Eigenschaft als Schüler und Eltern über spezifische Kenntnisse verfügen, die zur Erfüllung des staatlichen Bildungs- und Erziehungsauftrags ebenso notwendig sind wie pädagogische Fachkenntnisse. Schüler und Eltern können gerade ihre jeweilige besondere Perspektive in die gemeinsame Arbeit einbringen und so einen ganzheitlichen Blick auf die schulische Arbeit ermöglichen. Sollten die Ansichten von Schülern und El-

---

811 *Wolff/Bachof/Stober* werfen diese Problematik auch für die Universitäten auf und kommen letztlich zu einem vergleichbaren Ergebnis. Siehe *Wolff/Bachof/Stober*, Verwaltungsrecht II, § 93 Rn. 90: „Die Konzeption der >Gruppenuniversität< wählt dabei angeblich >vorgegebene *typische Interessenlagen*< zum Ausgangspunkt, um die einzelnen Gruppen zu formieren. [...] In diesem Ausgangspunkt liegt die Schwäche, die der Konzeption eigen ist. Die verbindende Idee der Universität wird durch den angeblichen Interessenkonflikt auf einen nachrangigen Platz verdrängt. [...] Die Universität löst sich damit auf in (angeblich) widerstreitende Gruppeninteressen und oft antagonistisch vorgetragene individuelle Positionen, denen ein gemeinsames Ziel zu fehlen scheint und die lediglich über eine eher konfliktbegrenzende Güterabwägung und Gremienstruktur harmonisiert wird." (Hervorhebungen im Original).
812 Siehe dazu schon oben 3. Teil D. II. 2. b).
813 Ebenso *Hufen*, Verfassungsrechtliche Möglichkeiten und Grenzen schulischer Selbstgestaltung, in: Jach/Jenkner, Autonomie der staatlichen Schule und freies Schulwesen, S. 50 (60).
814 Vgl. *Hufen*, Verfassungsrechtliche Möglichkeiten und Grenzen schulischer Selbstgestaltung, in: Jach/Jenkner, Autonomie der staatlichen Schule und freies Schulwesen, S. 50 (60).

tern von der Ansicht der pädagogisch vorgebildeten Lehrer einmal derart abweichen, dass kein gemeinsamer Konsens gefunden werden kann, ist durch die Nichtübereinstimmbarkeit der Lehrer gesichert, dass sich letztlich die von *Brückelmann* für so wichtig erachtete pädagogisch „richtige" Auffassung durchsetzen kann. Auch unter diesem Aspekt kann folglich keine Grundrechtsverletzung gesehen werden.

Schließlich trägt *Brückelmann* vor, dass Eltern und Schüler notwendig persönliche Interessen hätten, weshalb gegen ihre Mitwirkung an pädagogischen Fragen, die Bezug zum überindividuellen Schulauftrag haben, stets die begründete Besorgnis der Befangenheit bestünde. Allein der Ausdruck der Befangenheit mutet in diesem Zusammenhang etwas merkwürdig an. Kennt man ihn doch aus Verwaltungs- und Gerichtsverfahren, bei denen sich stets verschiedene Parteien mit entgegengesetzten Interessen gegenüber stehen. In diesen Fällen ist es wesentlich, dass die Entscheidungsmacht bei einem neutralen, nicht befangenen Dritten liegt. Denn nur dies garantiert eine gerechte Entscheidung zugunsten einer der beiden Parteien. In der Schule gestaltet sich die Situation aber völlig anders. Dort stehen sich keine in verschiedene Lager gespaltene Parteien mit völlig entgegengesetzten Interessen gegenüber. Vielmehr gibt es dort zwar verschiedene Gruppierungen, die aber alle mit ihren Möglichkeiten und aus ihrer Perspektive zur Verwirklichung eines gemeinsamen Ziels beitragen. Je größer die persönliche Betroffenheit ist, desto höher ist das Engagement für die gemeinsame Sache. Gerade aufgrund der persönlichen Betroffenheit kommt den Beteiligten die Mitwirkung letztlich zugute. Die „Befangenheit" nützt demnach der schulischen Arbeit und schadet ihr nicht, wie dies im Verwaltungs- oder Gerichtsverfahren der Fall ist. Folglich kann auch in der „Befangenheit" der mitwirkenden Schüler und Eltern kein Anhaltspunkt für etwaige Grundrechtsverletzungen gesehen werden. Dafür spricht auch, dass es grundsätzlich – anders als dies bei einer rein staatlichen Steuerung des Schulwesens möglich ist – *allen* betroffenen Eltern und Schülern offen steht, sich an der schulischen Arbeit zu beteiligen und damit selbst aktiv an der Grundrechtsverwirklichung teilzunehmen.

VII. Zusammenfassung

Gegen die pädagogische Freiheit des Lehrers und die schulische Eigenverantwortung werden zuweilen Bedenken unter verfassungsrechtlichen Gesichtspunkten geäußert. So wird angeführt, dass schulische Eigenverantwortung und pädagogische Freiheit die staatliche Schulhoheit (Art. 7 Abs. 1 GG) in unzulässiger Weise beeinträchtigten. Damit wird die Frage der Beschränkung der Aufsichtsbefugnisse des Staates aufgeworfen. Denn schulische Eigenverantwortung und pädagogische Freiheit implizieren stets, dass den Betroffenen ein Bereich zur eigenständigen Gestaltung überlassen wird, in welchem dem Staat keine (fachlichen) Ingerenzrechte zustehen. Dies aber verträgt sich nicht mit dem traditionell weiten Verständnis des Aufsichtsbegriffs in Art. 7 Abs. 1 GG. Nach der hier vertretenen Konzeption schreibt Art. 7 Abs. 1 GG indes nicht zwingend ein umfassendes staatliches Bestimmungsrecht im Schulwesen vor, sondern lässt vielmehr auch eine Beschränkung staatlicher Befugnisse bis hin zu einer reinen Rechtsaufsicht zu. Legt man dieses Verständnis des Art. 7 Abs. 1 GG als Prämisse zugrunde, kann die staatliche Schulhoheit aus Art. 7 Abs. 1 GG der pädagogischen Freiheit und der schulischen Eigenverantwortung nicht entgegenstehen.

Auch das Demokratiegebot (Art. 20 Abs. 2 S. 1 GG) vermag keine Verfassungswidrigkeit der schulischen Eigenverantwortung und der pädagogischen Freiheit zu bewirken. Hinsichtlich der pädagogischen Freiheit gilt, dass Lehrer durch ihre Ernennung bzw. Einstellung umfassend personell demokratisch legitimiert sind. Demnach sind durch die pädagogische Freiheit hervorgerufene Einschränkungen der sachlich-inhaltlichen Legitimation gerechtfertigt. Mit Blick auf die schulische Eigenverantwortung muss im Sinne der Beschränkung der sachlich-inhaltlichen Legitimation die personelle Legitimation dadurch gewährleistet werden, dass die Lehrer in den über die Schulentwicklung entscheidenden, gemischt besetzten Gremien jedenfalls nicht überstimmt werden können. Die demokratische Legitimation wird zusätzlich auch durch den Aspekt der funktionellen Legitimation gestützt, wonach das Gebot repräsentativer demokratischer Legitimation zuweilen im Sinne einer effektiven Aufgabenwahrnehmung zurücktreten muss. Schließlich kann hinsichtlich der demokratischen Legitimation der schulischen Eigenverantwortung auch der Gedanke der funktionalen Selbstverwaltung angeführt werden. Zwar sind Schulen de lege lata keine Selbstverwaltungseinheiten, doch sind keine Gründe ersichtlich, warum sie dies nicht de lege ferenda werden sollten. Insbesondere Art. 7 Abs. 1 GG und Art. 20 Abs. 2 GG stehen dem nicht entgegen.

Ferner vermögen weder das Sozialstaatsprinzip (Art. 20 Abs. 1 GG) noch der Gleichheitssatz (Art. 3 Abs. 1 GG) eine Verfassungswidrigkeit der schulischen Eigenverantwortung zu begründen. Ebenso wie das Sozialstaatsprinzip verlangt der Gleichheitssatz nur, dass alle Schulen ein Mindestmaß an gleicher Qualität aufweisen und eine pädagogische Grundversorgung gewährleisten. Solange dies gegeben ist, kann eine darüber hinausgehende Profilierung der Schulen die Chancengleichheit der Kinder nicht beeinträchtigen. Hinsichtlich der schulischen Abschlüsse kann festgehalten werden, dass diese zwar gleich*wertig*, nicht aber gleich*artig* sein müssen, um dem Gleichheitssatz zu genügen. Was das Sponsoring von Schulen betrifft, ist die Gefahr einer Ungleichheit der Schulen und damit der Schüler groß. Da es sich jedoch um eine rein faktische Ungleichbehandlung handelt, die von Dritten – den Sponsoren – und nicht dem Staat ausgeht, ist Art. 3 Abs. 1 GG insoweit nicht verletzt. Der Staat hat aus Art. 3 Abs. 1 GG keine Schutzpflicht zur Beseitigung faktischer Ungleichheit. Nichtsdestotrotz können Maßnahmen überlegt werden, welche die faktische Ungleichheit vermindern. Ob und in welchem Umfang dies geschieht, ist jedoch eine rein politisch zu entscheidende Frage. Schließlich müsste bei einer Profilierung der Schulen die Sprengelpflicht – soweit sie noch besteht – aufgehoben werden, um allen Schülern die gleichen Zugangschancen zu den Schulen ihrer Wahl zu eröffnen.

Weitere Grenze der schulischen Eigenverantwortung und der pädagogischen Freiheit ist das staatliche Neutralitätsgebot (Art. 4 Abs. 1 GG). Dieses verwehrt

Schulen und Lehrern, einseitig indoktrinierend in religiöser oder weltanschaulicher Sicht auf die Kinder einzuwirken. Das Neutralitätsgebot muss darüber hinaus ausgedehnt werden auf den parteipolitischen und den wirtschaftlichen Bereich. Auch hier darf keine einseitige Beeinflussung der Schüler stattfinden, was sich aus dem Recht der Schüler auf freie Entfaltung der Persönlichkeit gem. Art. 2 Abs. 1 GG ergibt.

Schließlich sind die Grundrechte der Eltern (Art. 6 Abs. 2 GG) und Schüler (Art. 2 Abs. 1 GG) für die Frage der Zulässigkeit schulischer Eigenverantwortung relevant. Auch sie vermögen jedoch keine Verfassungswidrigkeit schulischer Eigenverantwortung zu begründen. Dies setzt allerdings voraus, dass die Partizipation von Schülern und Eltern keine partikulare Interessenvertretung ist, sondern ein Zusammenwirken zur Erfüllung des staatlichen Bildungs- und Erziehungsauftrags darstellt. Außerdem muss – ebenso wie hinsichtlich des Demokratieprinzips – stets die Letztverantwortlichkeit der Lehrer gesichert sein.

E. Reformansätze – Rechtsfähigkeit der Schule

„Um eine geltende rechtliche Ordnung zu verstehen und erst recht, um sie zu reformieren, muß man eine möglichst zutreffende Vorstellung von den sozialen Gebilden haben, die es rechtlich zu regeln gilt. Denn, wenn auch ein und dasselbe soziale Gebilde in sehr veschiedenen Rechtsformen bestehen kann, so ist ihm doch idR nur eine von den vielen so gemäß, daß es sein Wesen recht entfalten und in der ihm eigenen Weise nützlich für Volk und Menschheit sein kann. So abhängig mithin die geeignete Rechtsform von dem erfaßten Sozialgebilde ist, so prägt doch auch umgekehrt die Rechtsform das Sozialgebilde, weil sie das Verhalten der Menschen maßgeblich beeinflußt."[815] Dieser Satz, mit dem *Hans J. Wolff* im Jahre 1956 seine Ausführungen zur Rechtsgestalt der Universität einleitete, erlangt Gültigkeit nicht nur im Hochschulrecht. Stets hat die Wahl der Rechtsform Auswirkungen auf das Selbstverständnis und die Befugnisse eines rechtlichen Gebildes. Dies gilt auch für das Schulwesen.

(Öffentliche) Schulen wurden seit der Ausprägung des Anstaltsbegriffs durch *Otto Mayer*[816] in der Rechtsform der nichtrechtsfähigen öffentlichen Anstalt geführt[817]. Auch heute noch sind die Schulen in allen sechzehn Ländern nichtrechtsfähige öffentliche Anstalten[818]. Ausgehend von der Prämisse *Wolffs,* nach der sich die gewählte Rechtsform und das zu regelnde soziale Gebilde wechselseitig beeinflus-

---

815 *Wolff*, Die Rechtsgestalt der Universität, S. 6.
816 Siehe dazu ausführlich oben 1. Teil B. I.
817 Siehe oben 1. Teil B.
818 Während die überwiegende Anzahl der Landesschulgesetze die Schulen auch ausdrücklich als nichtrechtsfähige Anstalten bezeichnet, wählt Bremen in § 21 Abs. 1 S. 1 SchulverwaltungsG die unklare Formulierung, dass die Schule nicht rechtsfähig ist, ohne näher auf die Rechtsform einzugehen. Siehe dazu schon oben 1. Teil Fn. 83.

sen, stellt sich indes die Frage, ob die Rechtsform der nichtrechtsfähigen öffentlichen Anstalt die der Schule angemessene Rechtsform ist. Ist die nichtrechtsfähige Anstalt diejenige Rechtsform, in der die Schule als soziales Gebilde – in der Diktion *Wolffs* – ihr „Wesen recht entfalten" kann? Was es für Schulen bedeutet, in der Rechtsform der nichtrechtsfähigen öffentlichen Anstalt geführt zu werden, wurde bereits im ersten Teil der Arbeit ausgeführt. Zur Erinnerung sollen die wesentlichen Gedanken hier noch einmal aufgegriffen werden.

Schulen sind als nichtrechtsfähige Anstalten ein Bestand von „Mitteln, sächlichen wie persönlichen, welche in der Hand eines Trägers öffentlicher Verwaltung einem besonderen öffentlichen Zweck dauernd zu dienen bestimmt sind."[819]. Als Anstalten sind sie in erster Linie von den Körperschaften abzugrenzen. In der Schule als Anstalt spielt der Gedanke der Selbstverwaltung – anders als bei Körperschaften – keine Rolle. Anstalten werden regelmäßig zur Ausgliederung spezieller Verwaltungsfunktionen errichtet, ohne dass es dabei auf die spezifischen Verhältnisse und das Engagement der betroffenen Menschen erheblich ankommt[820]. Ausreichend ist die Erreichung des konkreten Anstaltszwecks mit den dafür am besten geeigneten (technischen)[821] Mitteln. Um dieses Ziel zu verfolgen, werden die erforderlichen sächlichen und persönlichen Mittel aus der allgemeinen Verwaltung ausgegliedert. Dies hat auch den Grund, dass der sonstige Verwaltungsapparat durch die Verfolgung des konkreten Anstaltszwecks nicht gestört und belastet werden soll[822]. Für die Schulen als nichtrechtsfähige Anstalten heißt dies, dass sie aus der allgemeinen Verwaltung ausgegliedert sind, um der Unterrichts- und Erziehungsfunktion nachkommen zu können. Anders als bei der Körperschaft setzt man dabei nicht auf das Engagement oder die besonderen Fähigkeiten der Betroffenen. Es geht allein um eine technische Erfüllung der Unterrichts- und Erziehungsfunktion. Demzufolge haben Anstalten auch keine Mitglieder, sondern Benutzer. Diese sind bei der Schule als nichtrechtsfähiger Anstalt in den Schülern und (wohl auch) den Eltern zu sehen. Das gesamte pädagogische Personal zählt demgegenüber zu den Mitteln der Anstalt. Benutzer einer Anstalt haben grundsätzlich keine Mitwirkungsbefugnisse[823]. Dies schließt allerdings nicht aus, dass der Gesetzgeber ihnen gewisse Mitsprache- oder Mitbestimmungsrechte einräumt. Nur so lassen sich auch die Mitwirkungsrechte von Schülern und Eltern, beispielsweise in der Schulkonferenz erklären. Räumt der Gesetzgeber aber derartige Mitbestimmungsrechte ein, liegt bereits eine Zwischenform zwischen Körperschaft und Anstalt vor[824]. Auch sind nichtrechtsfähige Anstalten im Gegensatz zu Körperschaften, wie es ihr Name bereits sagt, nicht rechtsfähig. Dies bedeutet, dass Schulen als nichtrechtsfähige Anstalten grundsätzlich nicht Träger von Rechten und Pflichten sein können. Sie können prinzipiell kein eigenes Vermögen haben und keine Rechtsgeschäfte abschließen. Dass Schulen dies teilweise heute dennoch tun (können), liegt daran, dass in diesen Fällen die Schulträger den Schulen bestimmte Mittel zur eigenverantwortlichen Bewirtschaftung überlassen und sie zur Vornahme von Rechtsgeschäften ermächtigt haben. Es handelt sich dabei aber nicht um eigene, originäre Rechte der Schulen, sondern lediglich um „geliehene", derivative Rechte, die jederzeit durch den Schulträger wieder eingeschränkt werden können[825].

---

819 *Mayer*, Deutsches Verwaltungsrecht Bd. II, S. 268.
820 *Wolff/Bachof/Stober*, Verwaltungsrecht II, § 84 Rn. 3.
821 *Wolff/Bachof/Stober*, Verwaltungsrecht II, § 84 Rn. 3.
822 *Wolff/Bachof/Stober,* Verwaltungsrecht II, § 84 Rn. 3.
823 *Maurer*, Allgemeines Verwaltungsrecht, § 23 Rn. 52.
824 *Maurer,* Allgemeines Verwaltungsrecht, § 23 Rn. 52.
825 Sofern die Mittelüberlassung an die Schulen nicht gesetzlich festgelegt ist.

Aufmerksamkeit verdient bei dieser Beschreibung insbesondere der Passus, nach dem die Rechtsform der nichtrechtsfähigen Anstalt keinen Bezug zum Gedanken der Selbstverwaltung hat. Lässt sich dies doch schwerlich in Einklang bringen mit dem, was in den vorgehenden Abschnitten als Legitimationsansatz der Eigenverantwortung der Schule beschrieben wurde. Aufbauend auf den Theorien der Schulautonomie von *Richter* kann heute davon ausgegangen werden, dass der Selbstverwaltungsansatz derjenige ist, der den neueren schulgesetzlichen Regelungen zugrunde liegt[826]. Die Möglichkeit der Profilbildung an den Schulen, die Schulprogrammerstellung, die Gewährung gewisser Finanzmittel an die Schulen zur eigenverantwortlichen Verfügung, die Beteiligung an der Personalauswahl: All diese – oben bereits beschriebenen – neueren gesetzlichen Ansätze werden von dem Gedanken getragen, dass eine Lösung vor Ort, eine Beteiligung der Betroffenen zu einer Verbesserung der Qualität schulischer Aufgabenwahrnehmung führt. Dies aber ist einer der Kerngedanken der aus dem neunzehnten Jahrhundert stammenden Selbstverwaltungsidee. Auch hier sei zur Erinnerung ein kurzer Rückgriff auf die obigen Ausführungen zur Selbstverwaltung erlaubt.

Die Idee der Selbstverwaltung geht davon aus, dass eine differenzierte Gesellschaft wie die heutige organisatorisch differenzierter Handlungsformen bedarf. Aus der Pluralisierung der gesellschaftlichen Lebensformen folgen die Dezentralisierung und Delegation von Kompetenzen. Dieses bringt eine stärkere Beteiligung der Betroffenen mit sich, was zu einer Qualitätssteigerung der Leistung führen soll. Der Umstand, dass in den Selbstverwaltungseinheiten öffentliche Angelegenheiten von den damit besonders vertrauten Personen wahrgenommen werden, spricht für eine Qualitätsverbesserung der Verwaltungsleistungen[827]. Verwaltung, die sich in Sach- und Ortsnähe zu ihrem Objekt vollzieht, wird im Idealfall zur Selbstentfaltung des Objekts[828]. Auch kann davon ausgegangen werden, dass sich persönlich von einer Angelegenheit Betroffene regelmäßig in weitaus stärkerem Maße bei der Erledigung der Angelegenheit engagieren, als Nichtbetroffene dies tun würden. Da sie selbst von dem Erfolg und der Qualität der Arbeit profitieren, ist ihr Interesse an einer effektiven Wahrnehmung der anstehenden Aufgaben größer als das des nicht betroffenen Bürgers.

Kann demnach davon ausgegangen werden, dass die neueren schulgesetzlichen Regelungen an den Selbstverwaltungsgedanken des neunzehnten Jahrhunderts anknüpfen, stellt sich die Frage, ob Selbstverwaltung in der Rechtsform der nichtrechtsfähigen Anstalt möglich und sinnvoll ist.

Auch wenn die Organisationsform der Körperschaft des öffentlichen Rechts mit dem Selbstverwaltungsgedanken traditionell eng verbunden[829], ja geradezu dessen klassische Ausprägung ist, ist die Selbstverwaltung nicht allein auf die Rechtsform

---

826 Siehe auch *Richter,* Neue Sammlung 2003, 477 (477).
827 *Hendler,* Das Prinzip Selbstverwaltung, in: Isensee/Kirchof, Handbuch des Staatsrechts der Bundesrepublik Deutschland, Band IV, § 106 Rn. 73 m.w.N.
828 *Hennecke,* Schule und Selbstverwaltung – Schülermitverwaltung und Elternmitwirkung in der Schulorganisation, in: v. Mutius, Selbstverwaltung im Staat der Industriegesellschaft, S. 931 (935).
829 *Schmidt-Aßmann,* Zum staatsrechtlichen Prinzip der Selbstverwaltung, in: Selmer/v. Münch, Gedächtnisschrift für Wolfgang Martens, S. 249 (262).

der Körperschaft beschränkt. Voraussetzung der Selbstverwaltung ist jedoch eine eigenverantwortliche Wahrnehmung bestimmter Angelegenheiten durch die Betroffenen[830], wobei der Selbstverwaltungsträger als solcher mindestens Teilrechtsfähigkeit besitzen muss[831] und regelmäßig ausschließlich unter staatlicher Rechtsaufsicht stehen darf[832]. Ist dies der Fall, ist es unerheblich, ob die betreffende Organisationseinheit körperschaftlich, anstaltlich oder stiftungsrechtlich verfasst ist[833]. Die genannten Voraussetzungen sind bei einer nichtrechtsfähigen, unter staatlicher Fachaufsicht stehenden Anstalt indes nicht gegeben. Demnach kann es sich bei der Übertragung von Eigenverantwortung auf die Schule in der bisherigen Form nicht um Selbstverwaltung im eigentlichen Sinne handeln[834].

Dennoch tragen die in den neueren Schulgesetzen gewährten Gestaltungsspielräume für die Schulen, wie gesehen, deutliche Züge der Selbstverwaltungsidee. Um dies möglich zu machen, wird die nichtrechtsfähige Anstalt in gehörigem Maße ihrer eigentlichen Rechtsform entkleidet. Um die Nachteile der Nichtrechtsfähigkeit zu umgehen, werden den Schulen zum Beispiel für bestimmte Bereiche finanzielle Mittel zur eigenverantwortlichen Verfügung zugestanden und sie werden mit der Ermächtigung versehen, Verpflichtungen im Namen des Schulträgers und/oder des Landes einzugehen.

Auch wenn demnach die Rechtsform der nichtrechtsfähigen Anstalt nicht zu dem Ziel der größeren Eigenverantwortung der Schulen zu passen scheint, gibt es selbstverständlich jedenfalls einen gewichtigen Grund, der die Gesetzgeber bislang dazu bewogen hat, an der Rechtsform der nichtrechtsfähigen Anstalt festzuhalten. Dieser ist in der großen Einflussmöglichkeit des Staates auf die Schule als nichtrechtsfähige Anstalt zu sehen. Die Schulaufsicht hat einen prinzipiell uneingeschränkten Weisungszugriff auf die Schulen[835], ohne dass diese Einflussnahme näherer Begründung

---

830 *Hendler*, Der Selbstverwaltungsgedanke in der Verfassung des Landes Hessen, in: Eichel/Möller, 50 Jahre Verfassung des Landes Hessen – Eine Festschrift, S. 313 (316).
831 *Schmidt-Aßmann*, Zum staatsrechtlichen Prinzip der Selbstverwaltung, in: Selmer/v. Münch, Gedächtnisschrift für Wolfgang Martens, S. 249 (262).
832 *Frotscher*, Selbstverwaltung und Demokratie, in: v. Mutius, Selbstverwaltung im Staat der Industriegesellschaft, S. 127 (147); *Hendler*, Der Selbstverwaltungsgedanke in der Verfassung des Landes Hessen, in: Eichel/Möller, 50 Jahre Verfassung des Landes Hessen – Eine Festschrift, S. 313 (316).
833 *Hendler*, Der Selbstverwaltungsgedanke in der Verfassung des Landes Hessen, in: Eichel/Möller, 50 Jahre Verfassung des Landes Hessen – Eine Festschrift, S. 313 (316).
834 So auch *Schmidt-Aßmann*, Zum staatsrechtlichen Prinzip der Selbstverwaltung, in: Selmer/v. Münch, Gedächtnisschrift für Wolfgang Martens, S. 249 (262). Siehe bereits oben 3. Teil D. II. 2. b).
835 *Hennecke*, Schule und Selbstverwaltung – Schülermitverwaltung und Elternmitwirkung in der Schulorganisation, in: v. Mutius, Selbstverwaltung im Staat der Industriegesellschaft, S. 931 (947 f.).

bedürfte. Denn die Anstalt als solche steht stets unter ständigem Einfluss des Anstaltsherrn[836].

Legt man indes die im zweiten Teil der Arbeit angestellten Überlegungen zur Frage des erforderlichen Umfangs staatlicher Schulaufsicht zugrunde, verliert das Argument der unbeschränkten Kontrolle des Staates über die Anstalt Schule an Schlagkraft. Mit dem Verzicht auf die umfassende Fachaufsicht eröffnen sich neue Möglichkeiten der rechtlichen Gestaltung von Schulen. Die nichtrechtsfähige Anstalt ist nicht mehr die einzig denkbare Rechtsform. Alternativ kommen insbesondere solche Rechtsformen in Betracht, die der Eigenverantwortung der Schule zur besseren Durchsetzung zu verhelfen vermögen. Dies ist insbesondere vor dem Hintergrund interessant, dass die heute bereits vorhandenen Autonomiegewährungen, wie gesehen, oftmals erhebliche Abweichungen von der eigentlichen Anstaltskonzeption erfordern. Andere Rechtsformen könnten hier möglicherweise Abhilfe schaffen, wenn und weil sie eine effektivere und einfachere Wahrnehmung der bereits heute vom Gesetzgeber eingeräumten Befugnisse erlauben. Die Wahl einer derartigen Rechtsform bedeutete zum einen die konsequente Umsetzung des Ziels der Gesetzgeber, den Schulen – anknüpfend an den Gedanken der Selbstverwaltung – mehr Eigenverantwortung zuzugestehen. Zum anderen kann bei der Suche nach anderen möglichen Rechtsformen für die Institution Schule aber auch an den Gedanken *Wolffs* angeknüpft werden, nach dem die Rechtsform und das durch sie zu regelnde Sozialgebilde in einem untrennbaren Zusammenhang stehen und sich wechselseitig beeinflussen[837]. So findet sich möglicherweise unter den für die Institution Schule in Betracht kommenden Rechtsformen eine Rechtsform, die der Schule als Sozialgebilde besser entspricht als die bislang verwendete nichtrechtsfähige Anstalt.

Das Themenfeld der alternativen Rechtsformen für die Institution Schule ist bislang weit gehend unbesetzt. Im öffentlichen Schulwesen finden sich nur sehr vereinzelt und auch erst in allerjüngster Zeit Versuche der Erprobung anderer Rechtsformen für Schulen[838]. Auch eine wissenschaftliche Auseinandersetzung mit der The-

---

[836] So *Wolff/Bachof/Stober*, Verwaltungsrecht III, § 88 Rn. 14. Auf die Problematik, ob das Land als Träger der Schulaufsicht tatsächlich auch Anstaltsherr ist, ist im ersten Teil bereits ausführlich eingegangen worden. Festgehalten werden kann jedenfalls, dass das Land – in den Worten *Anschütz'* – inhaltlich „Herr im Hause der Schule ist", auch wenn die Schule als solche kommunale Anstalt und damit die Kommune der eigentliche Anstaltsherr ist. Vertritt man hingegen, wie vorliegend, die Auffassung, dass die Anstaltsträgerschaft bei Kommune und Land gemeinsam liegen muss, stellt sich die angesprochene Problematik nicht, da dann der Staat als Anstaltsherr ohnehin dauernde Eingriffsrechte hat. Siehe zu dem Zitat *Anschütz*, Die Verfassung des Deutschen Reichs, S. 668.

[837] *Wolff*, Die Rechtsgestalt der Universität, S. 6.

[838] Genannt seien hier zunächst nur der bremische Gesetzentwurf zur Umwandlung öffentlicher Schulen in juristische Personen und der hamburgische Gesetzentwurf zur Errichtung einer Stiftung Berufliche Schulen Hamburg. Auf beides wird im weiteren Verlauf näher einzugehen sein. Siehe unten 3. Teil E. II. 1. und 2. b).

matik existiert zum jetzigen Zeitpunkt – bis auf einige wenige Ausnahmen – nicht[839].

I. Privatisierung der Institution Schule

Von den Rechtsformen des Privatrechts kommen in erster Linie der eingetragene Verein und die GmbH für die rechtliche Regelung der Institution Schule in Betracht. Neben spezifischen Rechtsfragen hinsichtlich beider Rechtsformen gibt es auch einige übergreifende Problemstellungen. Zu nennen sind hier insbesondere verfassungsrechtliche Fragen. Zum einen ist zu erörtern, inwieweit die Nichtverbeamtung von Lehrern und Schulleitern im Hinblick auf Art. 33 Abs. 4 GG zulässig ist. Zum anderen bedarf die Möglichkeit zur Führung öffentlicher Schulen in Privatrechtsformen unter der Geltung des Art. 7 Abs. 1 GG der Klärung.

1. Spezifische Probleme von Verein und GmbH als Rechtsformen für öffentliche Schulen

a) Der eingetragene Verein

Der Verein im Sinne des Bürgerlichen Gesetzbuchs ist ein auf Dauer angelegter Zusammenschluss von Personen zur Verwirklichung eines gemeinsamen Zwecks mit körperschaftlicher Verfassung[840]. Der Verein führt einen Gesellschaftsnamen, wird durch einen Vorstand vertreten und ist in seinem Bestehen unabhängig vom Wechsel der Mitglieder[841]. Nicht konstitutiv ist die Rechtsfähigkeit des Vereins[842]. Im Fall der Schule sind zwei Möglichkeiten der Verwendung des Vereins als Rechtsform zur Stärkung der Eigenverantwortung der Schule denkbar: Zum einen könnte die

---

839 Zu den Ausnahmen zählen die folgenden Abhandlungen: *Avenarius*, RdJB 2001, S 470 ff.; *Avenarius*, Autonomie im Schulsystem – verfassungsrechtliche Möglichkeiten und Grenzen, in: Koch/Fisch, Schulen für die Zukunft, S. 93 ff.; Ansätze auch bei *Püttner*, RdJB 1995, S. 187 ff. Eine weitere Auseinandersetzung mit der Thematik hat auf der Tagung „Die Schule der Zukunft zwischen Rechtsfähigkeit und staatlicher Aufsicht" des Deutschen Instituts für Internationale Pädagogische Forschung am 25.3.2004 in Frankfurt stattgefunden. Die Tagung ist dokumentiert in der Zeitschrift für Bildungsverwaltung 2/2004, S. 47 ff.
840 *Heinrichs*, in: Palandt, BGB, Einf v § 21 Rn. 13; ähnlich *Reuter*, in: Rebmann/Säcker/Rixecker, Münchener Kommentar zum BGB, §§ 21, 22 Rn. 1.
841 *Reuter*, in: Rebmann/Säcker/Rixecker, Münchener Kommentar zum BGB, §§ 21, 22 Rn. 1; *Westermann*, in: Westermann, BGB, Vor § 21 Rn. 14; *Heinrichs*, in: Palandt, BGB, Einf v § 21 Rn. 13.
842 *Heinrichs*, in: Palandt, BGB, Einf v § 21 Rn. 13.

Schule als solche in einen Verein überführt werden. Zum anderen könnte der Schule ein Verein zugeordnet werden, auf den bestimmte Aufgaben übertragen werden[843].

aa. Schule als Verein

Will man eine Schule in die Rechtsform des Vereins überführen, stellen sich vielfältige (verfassungs-) rechtliche und praktische Fragen. Als Ausgangspunkt ist zunächst zu klären, ob es sich bei der Schule als Verein um einen wirtschaftlichen oder einen nicht wirtschaftlichen Verein (sog. Idealverein) handeln würde. Die Abgrenzung der beiden Vereinstypen richtet sich nach den §§ 21, 22 BGB. Gem. § 21 BGB ist ein nicht wirtschaftlicher Verein ein solcher, dessen Zweck nicht auf einen wirtschaftlichen Geschäftsbetrieb gerichtet ist. Ein wirtschaftlicher Verein ist demgegenüber ein solcher, dessen Zweck auf einen wirtschaftlichen Geschäftsbetrieb gerichtet ist, § 22 S. 1 BGB. Ob die Schule als Verein auf einen wirtschaftlichen Geschäftsbetrieb gerichtet ist oder nicht, ist eine Frage der mit der Überführung in einen Verein verbundenen Zielsetzung. Denkbar ist beispielsweise, eine Schule in einen Verein zu überführen, um ihr die Möglichkeit zu geben, zusätzlich zu dem normalen Unterrichtsangebot kommerzielle Weiterbildungsangebote und Fortbildungsveranstaltungen zu offerieren. Insbesondere kommt dies wohl für Berufsschulen in Betracht. Aber auch allgemeinbildende Schulen mit in bestimmten Bereichen besonders qualifiziertem Personal (z.B. Lehrer mit Montessori-Ausbildung oder Lehrer, die über eine Qualifikation als Schulentwicklungsberater verfügen) könnten kommerzielle Angebote für andere Schulen oder die interessierte Öffentlichkeit machen. Ist dies in erster Linie das Ziel der Überführung der Schule in einen Verein, würde dieser auf einen wirtschaftlichen Geschäftsbetrieb gerichtet sein und wäre damit ein wirtschaftlicher Verein im Sinne des § 22 BGB. Denkbar – und vorzugswürdig – ist aber eine andere Sichtweise: Die Umwandlung der Schule in einen Verein soll zuvörderst der besseren Wahrnehmung ihres Bildungs- und Erziehungsauftrags dienen. Eine etwaige Gewinnerzielung durch Veranstaltungsangebote der Schule kann demgegenüber nur nachrangig sein. Für eine derartige Konstellation kann möglicherweise das sog. Nebenzweckprivileg nutzbar gemacht werden. Danach liegt kein wirtschaftlicher, sondern ein nicht wirtschaftlicher Verein vor, wenn der Geschäftsbetrieb im Rahmen einer ideellen Zielsetzung lediglich Nebenzweck ist[844]. Voraussetzung dafür ist, dass der Verein seinen Zweck zu einem erheblichen Teil durch nicht unternehmerische Aktivitäten fördert, und der Geschäftsbetrieb dem Hauptzweck eindeutig untergeordnet ist[845]. Hauptzweck des Vereins Schule muss

---

843 Siehe zu Letzterem auch *Hanßen*, ZBV 2/2004, 101 (103 ff.).
844 *Westermann*, in: Westermann, BGB, § 21 Rn. 3; *Reuter*, in: Rebmann/Säcker/Rixecker, Münchener Kommentar zum BGB, §§ 21, 22 Rn. 8; *Heinrichs*, in: Palandt, BGB, § 21 Rn. 5.
845 *Heinrichs*, in: Palandt, BGB, § 21 Rn. 5.

immer die Wahrnehmung des Bildungs- und Erziehungsauftrags sein. Dies ist ohne Frage ein ideeller Zweck. Eine geschäftliche Tätigkeit der Schule kann sich demgegenüber nur darauf erstrecken, diesen Zweck durch die Erzielung zusätzlicher Einnahmen zu fördern. In erster Linie wird der Zweck des Vereins aber durch die Unterrichtstätigkeit im Rahmen des normalen Schulbetriebs gefördert. Demnach würde die Schule als Verein das Nebenzweckprivileg in Anspruch nehmen können. Folglich ist davon auszugehen, dass die Schule ein nicht wirtschaftlicher, das heißt ein sogenannter Idealverein wäre.

Ferner bedarf der Erörterung, ob es sich um einen eingetragenen – und damit rechtsfähigen – Verein oder einen nicht eingetragenen Verein handeln soll. Betrachtet man den Sinn der Überführung der Schule in einen Verein, kommt einzig der rechtsfähige Verein als Rechtsform in Betracht. Denn bei der Suche nach einer alternativen Rechtsform für Schulen stehen gerade die mit der Rechtsfähigkeit verbundenen Vorteile im Vordergrund. So soll den Schulen ermöglicht werden, selbst Träger von Rechten und Pflichten zu sein. Auch soll ihre Selbstständigkeit nach außen dokumentiert werden. Beides ist nur dann möglich, wenn die Schule als Verein rechtsfähig ist. Durch die Bezeichnung „e.V.", die der Verein nach der Eintragung in das Vereinsregister gem. § 65 BGB führt, wird deutlich nach außen dokumentiert, dass es sich um eine selbstständige juristische Person handelt. Darüber hinaus spricht gegen die Gestaltung als nichtrechtsfähiger Verein die persönliche Handelndenhaftung des § 54 S. 2 BGB. Anders als beim rechtsfähigen Verein, bei dem grundsätzlich nur das Vereinsvermögen haftet, haften beim nichtrechtsfähigen Verein die Handelnden persönlich für die von ihnen abgeschlossenen Rechtsgeschäfte. Dies aber würde ein zu großes Risiko für die Mitglieder des Vereins Schule bedeuten. Das Risiko der persönlichen Haftung würde die Entschlussfreude der Betroffenen mutmaßlich beeinträchtigen, was sich negativ auf die schulische Arbeit auswirken könnte. Demnach ist davon auszugehen, dass es sich bei der Schule als Verein um einen rechtsfähigen Verein handeln soll.

Würde es sich bei der Schule als Verein folglich um einen rechtsfähigen Idealverein mit dem Zweck der Wahrnehmung des Bildungs- und Erziehungsauftrags handeln, stellt sich die Frage nach den Mitgliedern dieses Vereins. Ausgehend von dem im ersten Teil entwickelten Gedanken der Schulgemeinde sollte der Verein sowohl für Eltern als auch für Schüler und Lehrer offen stehen. In diesem Zusammenhang ergibt sich indes folgendes Problem: Jedenfalls die Schüler wären aufgrund der in allen Ländern bestehenden Schulpflicht verpflichtet, Mitglieder des Vereins zu werden. Es würde eine Zwangsmitgliedschaft für die Schüler bestehen. Hier könnten Bedenken im Hinblick auf die Vereinigungsfreiheit des Art. 9 Abs. 1 GG bestehen. Diese wäre dann berührt, wenn Art. 9 Abs. 1 GG neben der positiven Vereinigungsfreiheit als dem Recht, sich mit anderen zu einer Vereinigung zusammenzuschließen und in dieser zu wirken, auch die negative Vereinigungsfreiheit als das Recht, sich gerade keiner Vereinigung anzuschließen, einer Vereinigung gerade fern zu bleiben, schützen würde.

Aus dem Wortlaut der Vorschrift lässt sich eine negative Vereinigungsfreiheit nicht entnehmen[846]. Für eine Herleitung auch der negativen Freiheit aus Art. 9 Abs. 1 GG kann angeführt werden, dass der Beitritt zu einer Vereinigung nur dann frei ist, wenn auch die Möglichkeit besteht, der Vereinigung fern zu bleiben[847]. Die negative Freiheit wäre damit spiegelbildlich zur positiven geschützt. Dem kann jedoch entgegengehalten werden, dass ein grundgesetzlich garantiertes Recht, keiner Vereinigung beitreten zu müssen, nicht erforderlich ist. Solange keine Pflicht zum Beitritt zu einer Vereinigung besteht – und eine solche ordnet Art. 9 Abs. 1 GG nicht an – bedarf es keiner grundgesetzlichen Ermächtigung, den Beitritt zu einer Vereinigung zu unterlassen[848]. Ferner wird angeführt, dass das Argument des spiegelbildlichen Schutzes von positiver und negativer Vereinigungsfreiheit in einem wichtigen Fall, nämlich bei öffentlich-rechtlichen Zwangsverbänden, fehlschlage. Da dem Bürger nicht das Recht zustehe, eine öffentlich-rechtliche Vereinigung zu bilden, könne auch umgekehrt nicht spiegelbildlich das Recht geschützt sein, einer öffentlich-rechtlichen Vereinigung fern zu bleiben[849]. Insoweit greife allein Art. 2 Abs. 1 GG[850]. Wenn aber Art. 9 Abs. 1 GG in einem so wichtigen Fall seinen Schutz versage, könne die negative Vereinigungsfreiheit auch gänzlich in Art. 2 Abs. 1 GG verortet werden, denn für den Bürger mache es keinen Unterschied, welcher Rechtsnatur die Vereinigung sei, in die er gezwungen werde[851].

Dennoch wird ganz überwiegend davon ausgegangen, dass Art. 9 Abs. 1 GG die negative Vereinigungsfreiheit hinsichtlich privatrechtlicher Vereinigungen

---

846 *Epping*, Grundrechte, Rn. 686.
847 *Kemper*, in: v. Mangoldt/Klein/Starck, GG, Art. 9 Abs. 1 Rn. 29. Vgl. auch *Epping*, Grundrechte, Rn. 686.
848 So auch *Epping*, Grundrechte, Rn. 688.
849 Im Ergebnis auch BVerfGE 10, 89 (102); *Jahn*, JuS 2000, 129 (130); *Merten*, Vereinsfreiheit, in: Isensee/Kirchhof, Handbuch des Staatsrechts der Bundesrepublik Deutschland, Band VI, § 144 Rn. 59; *Löwer*, in: v. Münch/Kunig, GG, Art. 9 Rn. 20. Für die entgegengesetzte Ansicht siehe z.B. *Sachs*, Verfassungsrecht II, B9 Rn. 9; *Pieroth/Schlink*, Grundrechte, Rn. 730.
850 BVerfGE 10, 89 (102); 38, 281 (297 f.); 78, 320 (329); *Löwer*, in: v. Münch/Kunig, GG, Art. 9 Rn. 20; *Kemper*, in: v. Mangoldt/Klein/Starck, GG, Art. 9 Abs. 1 Rn. 58 ff.; *Merten*, Vereinsfreiheit, in: Isensee/Kirchhof, Handbuch des Staatsrechts der Bundesrepublik Deutschland, Band VI, § 144 Rn. 62; *Jarass*, in: Jarass/Pieroth, GG, Art. 9 Rn. 7; *Epping*, Grundrechte, Rn. 690. Auch dieses ist indes nicht ganz unumstritten, vgl. *Bauer*, in: Dreier, GG, Art. 9 Rn. 47. So wird im Schrifttum teilweise vertreten, dass Art. 9 Abs. 1 GG auch die negative Vereinigungsfreiheit hinsichtlich öffentlich-rechtlicher Zwangsverbände schütze. Dies kann damit begründet werden, dass das Fernbleiben von einem öffentlich-rechtlichen Verband, anders als das Gründen eines solchen, keine für einen Privaten unmögliche Handlung ist. Siehe *Höfling*, in: Sachs, GG, Art. 9 Rn. 22. Allgemein zur Frage des Schutzes vor öffentlich-rechtlichen Zwangsverbänden *Bethge*, JA 1979, 281 (284 f.); *Hesse*, Grundzüge des Verfassungsrechts der Bundesrepublik Deutschland Rn. 413 f.; *Murswiek*, JuS 1992, 116 (118 f.); *v. Mutius*, Jura 1984, 193 (196 f.); *Pieroth/Schlink*, Rn. 728 ff.
851 *Friauf*, Die negative Vereinigungsfreiheit als Grundrecht, in: Pleyer/Schultz/Schwinge, Festschrift für Rudolf Reinhardt zum 70. Geburtstag, S. 389 (395 ff.).

schützt[852], während Schutz vor öffentlich-rechtlichen Zwangsverbänden nur durch Art. 2 Abs. 1 GG gewährt wird. Als Begründung wird das bereits genannte Argument des spiegelbildlichen Grundrechtsschutzes angeführt. Festgehalten werden kann demnach jedenfalls, dass Schutz vor öffentlich-rechtlichen Zwangsverbänden stets durch Art. 2 Abs. 1 GG gewährt wird, Schutz vor privatrechtlichen Zwangszusammenschlüssen sich hingegen entweder aus Art. 9 Abs. 1 GG ergibt oder ebenfalls aus Art. 2 Abs. 1 GG abgeleitet wird[853].

Es stellt sich die Frage, welchen Schranken die negative Vereinigungsfreiheit unterliegt. Wird die negative Vereinigungsfreiheit auch hinsichtlich privatrechtlicher Zwangsvereinigungen aus Art. 2 Abs. 1 GG hergeleitet, gilt ohne weiteres die Schrankentrias des Art. 2 Abs. 1 GG, das heißt, dass insbesondere die Schranke der verfassungsmäßigen Ordnung anwendbar ist. Da dies bedeutet, dass die negative Vereinigungsfreiheit durch jede formell und materiell verfassungsmäßige Norm eingeschränkt werden kann, liegt der Schwerpunkt der Prüfung im Rahmen des Art. 2 Abs. 1 GG auf der Prüfung des Verhältnismäßigkeitsgrundsatzes. Dementsprechend ist eine Zwangsmitgliedschaft gemessen an Art. 2 Abs. 1 GG nach der Rechtsprechung des Bundesverfassungsgerichts dann zulässig, wenn die Vereinigung legitime öffentliche Aufgaben erfüllt und die Zwangsmitgliedschaft zur Erfüllung dieser Aufgaben erforderlich und angemessen ist[854]. Wird die negative Vereinigungsfreiheit hinsichtlich privatrechtlicher Vereinigungen hingegen aus Art. 9 Abs. 1 GG abgeleitet, gestaltet sich die Beantwortung der Frage nach etwaigen Schranken schwieriger. Die Schranken, die Art. 9 GG in seinem Absatz 2 enthält, beziehen sich ausschließlich auf die positive und nicht die negative Vereinigungsfreiheit[855]. Indes erscheint es nicht überzeugend, die negative Vereinigungsfreiheit hinsichtlich privatrechtlicher Vereinigungen schrankenlos zu gewähren, hinsichtlich öffentlich-rechtlicher Zwangsverbände aber die Schranken des Art. 2 Abs. 1 GG anzuwenden. Für den Bürger macht es – wie bereits festgestellt – keinen Unterschied, ob er in eine öffentlich-rechtliche oder eine privatrechtliche Vereinigung gezwungen wird[856]. Insoweit werden auch in Bezug auf den Schutz vor privatrechtlichen Zwangsvereinigungen die Schranken des Art. 2 Abs. 1 GG herangezogen[857]. Diese Schrankenleihe ist nicht ohne Kritik geblieben, doch akzeptieren auch die Kritiker als immanente Schranken des Art. 9 Abs. 1 GG „dringende Belange der staatlichen Gemeinschaft"

---

852 BVerfGE 10, 89 (102); 38, 281 (298); 50, 290 (354); *Hesse*, Grundzüge des Verfassungsrechts der Bundesrepublik Deutschland, Rn. 412; *Bauer*, in: Dreier, GG, Art. 9 Rn. 46; *Höfling*, in: Sachs, GG, Art. 9 Rn. 21; *Bethge*, JA 1979, 281 (284); *Jarass*, in: Jarass/Pieroth, GG, Art. 9 Rn. 7; *Pieroth/Schlink*, Rn. 727; *Scholz*, in: Maunz/Dürig, GG, Art. 9 Rn. 89.
853 *Epping*, Grundrechte, Rn. 692.
854 BVerfGE 10, 89 (102); siehe auch BVerfGE 11, 105 (126).
855 *Friauf*, Die negative Vereinigungsfreiheit als Grundrecht, in: Pleyer/Schultz/Schwinge, Festschrift für Rudolf Reinhardt zum 70. Geburtstag, S. 389 (396).
856 *Friauf*, Die negative Vereinigungsfreiheit als Grundrecht, in: Pleyer/Schultz/Schwinge, Festschrift für Rudolf Reinhardt zum 70. Geburtstag, S. 389 (395); vgl. auch *Epping*, Grundrechte, Rn. 687.
857 *Dolzer/Vogel/Graßhof*, Bonner Kommentar zum GG, Art. 9 Rn. 90.

oder „die Erfordernisse sachgerechter öffentlicher Verwaltung"[858]. Insofern unterscheiden sich beide Ansichten nicht grundsätzlich, denn auch bei den genannten immanenten Schranken liegt der Schwerpunkt der Prüfung auf der Verhältnismäßigkeitsprüfung. Da demnach davon auszugehen ist, dass Einschränkungen der negativen Vereinigungsfreiheit jedenfalls am Verhältnismäßigkeitsgrundsatz zu messen sind, soll dieser hier zum Maßstab der Beurteilung der Pflichtmitgliedschaft der Schüler im Verein Schule gemacht werden. Der staatliche Bildungs- und Erziehungsauftrag, den die Schule auch in der Rechtsform als Verein noch wahrnehmen würde, ist eine legitime öffentliche Aufgabe. Zur Erfüllung dieser Aufgabe ist eine Zwangsmitgliedschaft jedenfalls der Schüler geeignet, erforderlich und angemessen. Maßgeblich für die Abwägung im Rahmen der Angemessenheitsprüfung dürfte auf Seiten der Schüler insbesondere deren Interesse sein, von staatlicher Einflussnahme auf ihre Persönlichkeitsentwicklung verschont zu bleiben, Art. 2 Abs. 1 GG[859]. Für den Staat kann in erster Linie dessen Bildungs- und Erziehungsauftrag des Art. 7 Abs. 1 GG angeführt werden. In Wahrnehmung dieses Auftrags kann der Staat neben dem primären Ziel der Persönlichkeitsentfaltung des Kindes weitere Ziele verfolgen, an deren Erreichung er ein Interesse hat. Zu nennen sind hier insbesondere die Integrationsfunktion der Schule und die Ausbildung demokratischer Fähigkeiten bei den Kindern und Jugendlichen[860]. Da diese Ziele jedoch immer auch mit Blick auf die Persönlichkeitsentfaltung des Kindes verfolgt werden (müssen), würde eine Zwangsmitgliedschaft im Verein Schule das Recht des Kindes aus Art. 2 Abs. 1 GG nicht unangemessen beeinträchtigen. Die vom Staat verfolgten weiteren Ziele unterstützen gerade – wie im ersten Teil dargelegt – die Persönlichkeitsentfaltung in einer durch die Werteordnung des Grundgesetzes geprägten Gesellschaft[861]. Folglich wäre eine Zwangsmitgliedschaft der Schüler im Verein Schule insgesamt verhältnismäßig. Dieses Ergebnis wird gestützt durch das Bestehen der allgemeinen Schulpflicht, an deren Verfassungs- und insbesondere Verhältnismäßigkeit keine durchgreifenden Zweifel bestehen. Denn für den Schüler macht es keinen Unterschied, ob die von ihm besuchte Schule in privatrechtlicher oder öffentlich-rechtlicher Rechtsform geführt wird. Folglich bestünden gegen die Schule als Verein hinsichtlich der Gewährleistungen der Art. 9 Abs. 1 GG und Art. 2 Abs. 1 GG keine Bedenken.

---

858 Vgl. *Friauf*, Die negative Vereinigungsfreiheit als Grundrecht, in: Pleyer/Schultz/Schwinge, Festschrift für Rudolf Reinhardt zum 70. Geburtstag, S. 389 (396). Siehe auch *Quidde*, DÖV 1958, 521 (524).
859 Siehe dazu bereits oben 1. Teil C. II. 1.
860 Siehe dazu oben 1. Teil C. II. 1.
861 *Dittmann*, VVDStRL 54 (1995), 47 (58).

bb. Schule und Verein

Neben der vollständigen Überführung einer Schule in einen Verein kommt als weitere Möglichkeit zur Vergrößerung der schulischen Eigenverantwortung die Zuordnung eines privaten Vereins zu einer – weiterhin öffentlich-rechtlich organisierten – Schule in Betracht. Im Mittelpunkt der Vereinsaufgaben stünden ergänzende und unterstützende Aufgaben im Zusammenhang mit der Stärkung der Selbstständigkeit von Schulen. Dem (rechtsfähigen) Verein könnten Aufgaben des Schulträgers, das heißt äußere Schulangelegenheiten, übertragen und zur Erfüllung dieser Aufgaben bestimmte Mittel zugewiesen werden. Darüber hinaus könnte der Verein selbstständig Einnahmen, zum Beispiel durch Spenden, Beiträge oder außerschulische Veranstaltungen, erzielen, die wiederum der Schule zugute kämen. Dies würde in dreifacher Hinsicht die Eigenverantwortung der Schule erhöhen: Zum einen stünden der Schule durch die zusätzlich durch den Verein eingeworbenen Mittel größere Möglichkeiten bei der Entwicklung eines eigenen Profils zur Verfügung. Zum anderen könnten über den Verein Eltern, Ehemalige und interessierte Bürger in die schulische Arbeit eingebunden werden und auf diesem Weg Einfluss auf die schulische Arbeit nehmen. Schließlich könnte der rechtsfähige Verein andere Aufgaben übernehmen, welche die Schule aufgrund ihrer rechtlichen Unselbstständigkeit nicht selbst ausführen kann. Der Schulträger kann sich seinen Einfluss auf die Tätigkeit des Vereins dadurch sichern, dass er – entgegen § 27 Abs. 1 BGB, der gem. § 40 BGB dispositives Recht darstellt – selbst den Vorstand bestellt. Ein derartiges Vorgehen muss gem. § 40 BGB in der Vereinssatzung festgelegt werden. Darüber hinaus könnte er sich gem. § 35 BGB entsprechende Sonderrechte einräumen lassen.

Ein derartiges Nebeneinander von Schule als nichtrechtsfähiger Anstalt und rechtsfähigem Verein ist indes nicht das, was vorliegend unter einer Stärkung der Eigenverantwortung der Schulen durch die Wahl einer anderen Rechtsform verstanden werden soll. Denn *nicht die Schule* erlangt durch die Befugnisse des Vereins eine größere Eigenverantwortung, sondern der *Verein* erlangt Verantwortung für die schulischen Belange. Die Mitglieder des Vereins decken sich indes nicht zwingend mit den Mitgliedern der Schulgemeinde[862]. Gerade die Mitglieder der Schulgemeinde sollen aber größeren Einfluss auf die schulische Arbeit gewinnen. Insofern ist die Gründung eines Vereins zur Wahrnehmung der Schulträgeraufgaben zwar möglicherweise in einzelnen Fällen ein Schritt zur Verbesserung der Eigenverantwortung der Schule. Insgesamt stellt sie aber noch kein überzeugendes Konzept im Rahmen der Suche nach alternativen Rechtsformen für Schulen dar.

---

862 Anders als bei der Schule *als* Verein wäre hier auch eine Zwangsmitgliedschaft aufgrund der anders gearteten Aufgabenstellung in keiner Hinsicht denkbar.

b) Schule als GmbH

Neben dem Verein kommt als Rechtsform des Privatrechts insbesondere die GmbH für die rechtliche Gestaltung der Schulen in Betracht[863]. Die Gesellschaft mit beschränkter Haftung kann gem. § 1 GmbHG zu jedem gesetzlich zulässigen Zweck durch eine oder mehrere Personen errichtet werden. Zu ihrer Gründung bedarf die GmbH im Wesentlichen eines notariellen Gesellschaftsvertrags, § 2 Abs. 1 GmbHG, und eines Stammkapitals in Höhe von 25.000 €, § 5 Abs. 1 GmbHG. Die Gesellschaft muss gem. § 6 Abs. 1 GmbHG einen oder mehrere Geschäftsführer haben und nach § 7 Abs. 1 GmbHG in das Handelsregister eingetragen werden. Gem. § 13 Abs. 1 GmbHG ist die GmbH juristische Person und damit mögliches Zuordnungssubjekt von Rechten und Pflichten.

Als Gesellschafter der GmbH Schule kommen in erster Linie die Kommunen und die Länder in Betracht. Sowohl Kommunen als auch Länder kommen nach heutigem Recht für die Kosten der Schule auf und nehmen die im Zusammenhang mit der Schule entstehenden Aufgaben gemeinsam wahr. Folglich könnten sie – entsprechend ihres jeweiligen Anteils am schulischen Finanzbedarf – die Gesellschaftsanteile unter sich aufteilen. Die Schule wäre damit zwar Privatrechtssubjekt, aber zu 100 % in öffentlicher Hand. Eine Fachaufsicht im eigentlichen Sinne wäre nicht mehr möglich[864]. Das Land könnte lediglich durch seine in die Gesellschaftsorgane entsandten Vertreter Einfluss auf die Tätigkeit der GmbH nehmen. Die Schule wäre als juristische Person rechtsfähig und könnte Trägerin von Rechten und Pflichten sein. Dies bedeutete, dass sie selbstständig Verträge schließen, über eigenes Vermögen verfügen und Personal beschäftigen könnte. Die Geschäftsführung würde grundsätzlich dem Schulleiter übertragen. Denkbar wäre es auch, die bisherigen Schulleiter zu „pädagogischen" Geschäftsführern zu machen und ihnen kaufmännisch vorgebildete Geschäftsführer an die Seite zu stellen. Die Geschäftsführer können gem. § 38 Abs. 1 GmbHG jederzeit abberufen werden. Da Schulleiter momentan nahezu ausschließlich den Status von Beamten haben, kollidiert diese Regelung mit dem geltenden Dienstrecht, nach dem die Beamtenstellung regelmäßig auf Lebenszeit verliehen wird, vgl. § 3 Abs. 1 S. 2 BRRG. Auch der Status der Schüler in der Schule als GmbH ist fraglich[865].

---

863 Siehe dazu auch *Popken*, ZBV 2 /2004, 94 ff.
864 Vgl. *Lund,* RdJB 2004, 263 (270).
865 Vgl. *Lund,* RdJB 2004, 263 (271).

2. Übergreifende verfassungsrechtliche Probleme der Organisation der Schule als Privatrechtssubjekt

a) Verfassungsrechtliche Zulässigkeit der Nichtverbeamtung von Lehrern und Schulleitern[866]

Verein und GmbH führen ihre Personalbewirtschaftung regelmäßig selbstständig durch. Als privatrechtliche Unternehmen können sie grundsätzlich keine Beamten beschäftigen[867]. Zwar gibt es über eine extensive Auslegung der Sonderurlaubsbestimmungen oder über eine Zuweisung zur Dienstleistung an einen privaten Rechtsträger[868] die Möglichkeit, Beamte in Einrichtungen des Privatrechts zu beschäftigen. Doch sind diese Lösungen keinesfalls zur Schaffung dauerhafter Strukturen geeignet[869]. Fraglich ist demnach zum einen, was die Vor- und Nachteile des Beamtenstatus sind. Zum anderen stellt sich die Frage, ob die Beamtenstellung der Lehrer nach Maßgabe des Art. 33 Abs. 4 GG verfassungsrechtlich zwingend erforderlich ist, oder ob auch eine Beschäftigung im Angestelltenverhältnis möglich wäre.

Die Diskussion über die Erforderlichkeit des Berufsbeamtentums und die Vor- und Nachteile desselben wird seit langer Zeit geführt und beschränkt sich inhaltlich nicht auf die Lehrerschaft[870]. In jüngster Zeit diskutierten sowohl der Innenausschuss des deutschen Bundestags[871] als auch die Föderalismuskommission[872] über die Zukunft des Berufsbeamtentums. Auch die Landesregierungen beschäftigen sich mit der Thematik. So richtete beispielsweise die nordrhein-westfälische Landesregierung im Jahre 2001 eine Kommission mit dem Titel „Zukunft des öffentlichen Dienstes – Öffentlicher Dienst der Zukunft" ein[873]. Die in der Diskussion vorgetragenen Argumente sind vielfältig.

---

866 Da auch Schulleiter normale Lehrtätigkeiten erfüllen und sich die Fragestellungen für Lehrer und Schulleiter insoweit decken, wird im Folgenden in erster Linie von den Lehrern die Rede sein. Inhaltlich gelten die Ausführungen jedoch sowohl für Lehrer als auch für Schulleiter.
867 Dies ergibt sich im Umkehrschluss aus § 121 BRRG.
868 Vgl. zum Beispiel § 123a Abs. 2 BRRG, der die Zuweisung eines Beamten an eine privatrechtliche Einrichtung im Fall der Umwandlung einer öffentlich-rechtlichen Einrichtung in eine privatrechtliche Einrichtung regelt.
869 Vgl. *Lund*, RdJB 2004, 263 (271).
870 *Remmert*, JZ 2005, 53 (53); *Bull*, Die Verwaltung 2004, 327 (332 f.).
871 Vgl. das Protokoll der öffentlichen Anhörung vom 1.3.2004, abrufbar unter http://www.bundestag.de/parlament/gremien15/a04/Oeffentliche_Anhoerungen/Anhoerungen/index.html (16.8.2005).
872 Vgl. das Positionspapier der Ministerpräsidenten vom 14.5.2004, Kommissionsdrucksache 0045, abrufbar unter http://www.bundesrat.de/Site/Inhalt/DE/1_20Aktuelles/1.1_20Bundesstaatskommission/6._20Dokumente/6.2_20Kommissions-Drucksachen/index,templateId=renderUnterseiteKomplett.html (16.8.2005).
873 Siehe zu den dortigen Vorschlägen eingehend *Bull*, DÖV 2004, 155 ff.

Als Nachteil des Beamtentums wird zuvörderst auf das durch die Pensionslast entstehende finanzielle Problem hingewiesen[874]. Von 4,5 Milliarden Euro im Jahre 1970 wird die Beamtenversorgung voraussichtlich auf rund 90 Milliarden Euro im Jahre 2040 anwachsen[875]. Ferner wird argumentiert, dass Beamte zu wenig leistungsorientiert arbeiteten[876]. Das am Alimentationsgedanken ausgerichtete Besoldungsrecht biete zu wenig Leistungsanreize[877]. Schließlich könne man anführen, dass durch den Beamtenstatus der Austausch zwischen Verwaltung und Wirtschaft blockiert werde, da beispielsweise ein Ausscheiden aus dem öffentlichen Dienst nur unter erheblichen Einbußen in der Altersversorgung möglich sei[878]. Diesen Argumenten kann zunächst entgegengehalten werden, dass es fraglich ist, ob es den Staatshaushalt merklich entlasten würde, Beamte durch Angestellte zu ersetzen. Nach Berechnungen der Bundesbeauftragten für Wirtschaftlichkeit der Verwaltung wäre beispielsweise die Entlastung des Bundeshaushalts nur marginal[879]. Ebenso überzeugt der Gedanke nicht, dass das derzeitige Besoldungsrecht keine Leistungsanreize biete. Zum einen sind durch das Dienstrechtsreformgesetz von 1997 leistungsbezogene Zahlungselemente in das Besoldungsrecht eingeführt worden[880]. So werden zum Beispiel Bundesregierung und Landesregierungen gem. § 42a BBesG ermächtigt, durch Rechtsverordnung Leistungsprämien und -zulagen für besonders herausragende Leistungen von Beamten zu regeln. Auch können Beamte gem. § 27 Abs. 3 BBesG bei dauerhaft herausragender Leistung vorzeitig in die nächsthöhere Besoldungsstufe aufsteigen. Zum anderen ist festzuhalten, dass auch für nach Tarifvertrag arbeitende Angestellte keine stärkeren Leistungsanreize als für Beamte bestehen. Hinsichtlich des mangelnden Austausches zwischen öffentlichem Sektor und Wirtschaft kann schließlich argumentiert werden, dass der Staat ein legitimes Interesse daran haben mag, dass die im öffentlichen Sektor ausgebildeten Personen auch dort verbleiben. Die dauerhafte Bindung an den Staat soll die Identifikation mit der wahrzunehmenden Aufgabe begünstigen[881]. Dies gilt gerade auch für das Schulwesen, da für Schüler eine verlässliche Bezugsperson für den Lernfortschritt von großer Bedeutung ist[882].

---

874 *Bull*, DÖV 2004, 155 (158); *Battis/Schlenga*, ZBR 1995, 253 (253); *Remmert*, JZ 2005, 53 (54).
875 Vgl. *Remmert*, JZ 2005, 53 (54).
876 Vgl. *Bull*, Die Verwaltung 2004, 327 (334).
877 Vgl. *Remmert*, JZ 2005, 53 (54).
878 Vgl. *Remmert*, JZ 2005, 53 (54).
879 Vgl. *Remmert*, JZ 2005, 53 (54) m.w.N.
880 Siehe zum Beispiel *Summer*, ZBR 2002, 109 (111 f.). *Battis* führt jedoch aus, dass neben dem Bund nur sehr wenige Länder von diesen Möglichkeiten Gebrauch gemacht hätten, DÖV 2001, 309 (316). Er konstatiert aber, dass die Leistungsprämien (§ 42a Abs. 1 BBesG) sich bewährt hätten, wohingegen die Leistungszulagen (§ 42a Abs. 2 BBesG) nur zurückhaltend eingesetzt würden.
881 *Remmert*, Private Dienstleistungen in staatlichen Verwaltungsverfahren, S. 437.
882 *Negt*, Kindheit und Schule in einer Welt der Umbrüche, S. 273 ff.

Als Vorteil des Beamtenstatus kann in erster Linie der Gedanke angeführt werden, dass Amtsethos[883], Rechtsbindung und Zuverlässigkeit bei den Beamten in besonderem Maße sichergestellt seien[884]. Durch seine in der Regel lebenszeitliche Bindung an den Staat wachse – wie bereits erwähnt – die Identifikation mit der Arbeit. Auch habe sich das Beamtenrecht in den letzten Jahren als flexibel und anpassungsfähig erwiesen[885]. Die Flexibilisierung der Arbeitszeiten (vgl. §§ 44a und b BRRG), die Übertragung von Leitungsämtern auf Zeit (vgl. § 12b BRRG), Leistungsanreizsysteme (vgl. §§ 27 Abs. 3 und 42a BBesG) und die Öffnung des Beamtenverhältnisses für EU-Bürger aus anderen Mitgliedsstaaten (vgl. § 4 Abs. 1 Nr. 1 BRRG) stünden beispielhaft für die Innovationsoffenheit des Beamtenrechts[886]. Durch den Umstand, dass das Beamtenrecht der einseitigen Regelung durch den Gesetzgeber unterliege, sei es gegenüber dem Arbeitsrecht, das – soweit die tarifvertraglichen Regelungen reichen – nur im Einvernehmen der Parteien änderbar sei, vorzugswürdig. Auch ansonsten führten gesetzliche Änderungen im Arbeitsrecht oft zu einer Protestwelle der Gewerkschaften[887]. Ferner stehe den Beamten, anders als den Angestellten, kein Streikrecht zu. Schließlich könnten Beamte – notfalls gegen ihren Willen – abgeordnet oder versetzt werden (vgl. §§ 17, 18 BRRG)[888]. Hinsichtlich des besonderen Amtsethos der Beamten können Zweifel gerade im Hinblick auf die neueingeführten Reformen des Dienstrechts aufkommen. Leistungsanreizsysteme bringen die Gefahr mit sich, dass der Beamte nicht mehr nach seiner Überzeugung von Recht- und Zweckmäßigkeit handelt, sondern das Bestreben in den Vordergrund tritt, einen möglichst positiven Eindruck bei seinem Vorgesetzten zu machen. Kritische Beratung eines Vorgesetzten, Widerspruch und Remonstrationen werden möglicherweise seltener vorkommen[889]. Das Gleiche gilt für die Übertragung von Leitungsfunktionen auf Zeit. Auch stellt sich in beiden Fällen die Frage, wie die Leistungen eines Beamten sachgerecht zu messen sind. Die oftmals vorgeschlagene Orientierung an quantitativen Kriterien – Anzahl der erledigten Fälle oder Akten – ist zwar praktisch handhabbar, aber dennoch zweifelhaft, da sie einer sorgfältigen Arbeitsweise entgegenläuft[890]. Schließlich kann man gegen das Vorhandensein eines besonderen Amtsethos die Teilzeitregelungen anführen,

---

883 Ob ein besonderes Ethos des Beamtentums tatsächlich heute noch vorhanden und zeitgemäß ist, diskutiert *Vogelsang* in ZBR 1997, 33 ff.
884 *Isensee*, Öffentlicher Dienst, in: Benda/Maierhofer/Vogel, Handbuch des Verfassungsrechts, S. 1554; vgl. auch *Avenarius/Heckel*, Schulrechtskunde, S. 288.
885 *Bull*, DÖV 2004, 155 (158); *Battis*, DÖV 2001, 309 (316).
886 *Battis*, DÖV 2001, 309 (316).
887 *Isensee*, ZBR 1998, 295 (305).
888 Siehe *Battis/Schlenga*, ZBR 1995, 253 (259); *Strauß*, Funktionsvorbehalt und Berufsbeamtentum, S. 109; *Merten*, ZBR 1999, 1 (1). *Lecheler* führt aus, dass eine Versetzung oder Abordnung nach dem Dienstrechtsreformgesetz von 1997 nun noch leichter möglich sei, siehe in ZBR 1998, 331 (331).
889 *Lecheler*, ZBR 1997, 206 (208).
890 *Remmert*, JZ 2005, 53 (55).

die einer Hauptberuflichkeit mit voller Hingabe entgegenstünden[891]. Die ebenfalls als Vorteil des Beamtentums genannte Möglichkeit der einseitigen Regelung des Beamtenrechts durch den Gesetzgeber mag grundsätzlich tatsächlich für das Beamtentum sprechen. Jedoch haben die jahrelangen Erfahrungen mit der Tarifpolitik gezeigt, dass auch dort vernünftige Regelungen für alle Seiten gefunden werden können[892]. Was die Möglichkeit der Versetzung von Beamten betrifft, ist zunächst anzumerken, dass, auch wenn rechtlich entsprechende Befugnisse bestehen, diese in der Praxis regelmäßig nicht voll ausgeschöpft werden[893]. Des Weiteren ist bezüglich der Möglichkeit der Versetzung ein speziell auf die Situation der Schule zugeschnittenes Argument zu nennen. Auch wenn die Möglichkeit der Versetzung dazu führen mag, dass auf dem Papier Lehrkräfte und entsprechende Fächerkombinationen gleichmäßig verteilt sind, führt sie regelmäßig nicht dazu, dass Schulen die ihrem Profil entsprechenden Lehrkräfte erhalten[894]. Letzteres wäre nur dann gegeben, wenn ausnahmsweise die „aufnehmende" Schule gerade eine Lehrkraft mit den Fähigkeiten – abgesehen von der Fächerkombination – sucht, welche die „abgebende" Schule im Rahmen ihres Profils nicht sinnvoll verwenden kann. Da Versetzungen aber von den Schulbehörden und nicht von den Schulen selbst vorgenommen werden, wird dies nur ausnahmsweise der Fall sein[895]. Abschließend kann gegen das Argument der Vorteilhaftigkeit des Lebenszeitprinzips angeführt werden, dass die Entlassung des Beamten auf Lebenszeit – von wenigen Sondertatbeständen abgesehen – nur im Disziplinarverfahren möglich ist und nur dann, wenn eine schwerwiegende Dienstpflichtverletzung vorliegt. Faktisch bedeutet dies, dass ein Beamter auf Lebenszeit nach seiner Ernennung nicht mehr um seine Stelle fürchten muss, wenn er sich keiner schwerwiegenden Dienstpflichtverletzung schuldig macht. Eine qualitativ minderwertige Erledigung seiner Arbeit führt jedenfalls nicht zu einer Entlassung. Auch ein ungedeihliches Zusammenwirken mit seinen Kollegen wird keine Entlassung mit sich bringen. Auf die Situation der Schule bezogen heißt dies, dass die verbeamteten Kollegen dort regelmäßig bis zum Ruhestand tätig sind, ohne dass die Schule die Möglichkeit hat, sich von den entsprechenden Kollegen zu trennen, auch wenn diese die schulische Arbeit nicht in ausreichendem Maße mittragen.

---

891 So hat das Bundesverfassungsgericht in BVerfGE 71, 39 (59) ausgeführt: „Nicht die Teilzeitbeschäftigung, sondern die Vollzeitbeschäftigung auf Lebenszeit bildet seit jeher das Leitbild und den wesentlichen Strukturinhalt, der das Beamten- und Richterverhältnis kennzeichnet."
892 Ähnlich auch *Bull,* DÖV 2004, 155 (158).
893 *Lecheler,* ZBR 1997, 206 (210).
894 Etwas anderes gilt selbstverständlich dann, wenn die Schulleitungen in den Versetzungsprozess mit einbezogen werden.
895 Außerdem besteht die Gefahr, dass die Möglichkeit der Versetzung dazu führt, dass Lehrer von einer Schule zur anderen „abgeschoben" werden. In diesem Prozess sind die Schulen mit einer starken Schulleitung im Vorteil, da diese Wege finden werden, Kollegen, welche die Arbeit der Schule nicht im erforderlichen Maße mittragen, im Wege der Versetzung einer anderen Schule zuzuführen. Siehe dazu auch unten 4. Teil F. I.

Da weder Vor- noch Nachteile des Beamtenstatus eindeutig überwiegen, stellt sich die Frage, ob eine Verbeamtung der Lehrer möglicherweise nach Maßgabe des Art. 33 Abs. 4 GG verfassungsrechtlich zwingend erforderlich ist. Ist dies der Fall, sind Lehrer ungeachtet etwaiger Nachteile des Beamtentums stets zu Beamten zu ernennen[896].

Gemäß Art. 33 Abs. 4 GG ist die Ausübung hoheitsrechtlicher Befugnisse als ständige Aufgabe in der Regel Angehörigen des öffentlichen Dienstes zu übertragen, die in einem öffentlich-rechtlichen Dienst- und Treueverhältnis stehen. Dies sind die Beamten[897]. Fraglich ist, was unter der Ausübung hoheitsrechtlicher Befugnisse zu verstehen ist.

Möglich erscheint es, unter den Begriff der hoheitsrechtlichen Befugnisse nur den obrigkeitlichen Eingriff des Staates zu fassen[898]. Der Staat müsste demnach dem Bürger gegenüber Zwang ausüben und seine Freiheit beschränken, damit es sich um die Ausübung hoheitsrechtlicher Befugnisse handelte[899]. Folglich wäre nur die Eingriffsverwaltung, nicht aber die Leistungsverwaltung vom Funktionsvorbehalt des Art. 33 Abs. 4 GG erfasst. Bezogen auf die Tätigkeit der Lehrer stellt sich die Frage, ob es sich bei ihrer Tätigkeit um Eingriffs- oder um Leistungsverwaltung handelt. Diese Frage lässt sich nicht eindeutig beantworten. Einerseits stellt die Wahrnehmung des staatlichen Bildungs- und Erziehungsauftrags mit den damit verbundenen Einwirkungen des Staates sicherlich einen Eingriff in die Rechte der Kinder dar. Besonders deutlich wird der Eingriffscharakter anhand von Schulpflicht, Notengebung und Entscheidungen über Nichtversetzungen. Andererseits wird den Kindern und Jugendlichen in den Schulen kostenlos eine Grundbildung vermittelt, die für ein freies und selbstbestimmtes Leben in der heutigen Gesellschaft unabdingbar ist. Insofern enthält die Wahrnehmung des staatlichen Bildungs- und Erziehungsauftrags auch wesentliche Leistungselemente. Eine eindeutige Zuordnung zur Eingriffs- oder Leistungsverwaltung ist mithin nicht möglich. Vielmehr beinhaltet die schulische Aufgabenwahrnehmung beides[900]. Damit würde die Tätigkeit des Lehrers insoweit nicht unter den Funktionsvorbehalt des Art. 33 Abs. 4 GG fallen, als nur die reine

---

896 Bei einem eindeutigen Überwiegen der Vorteile des Beamtenstatus wäre eine Auseinandersetzung mit der verfassungsrechtlichen Erforderlichkeit des Beamtenstatus gem. Art. 33 Abs. 4 GG entbehrlich gewesen. Denn Art. 33 Abs. 4 GG regelt lediglich die Frage, wann der Beamtenstatus zwingend erforderlich ist. Die Norm verbietet hingegen nicht einen über die erforderlichen Verbeamtungen hinausgehenden Einsatz des Beamtenstatus. Siehe dazu *Lübbe-Wolff*, in: Dreier, GG, Art. 33 Rn. 53.
897 Vgl. *Battis*, in: Sachs, GG, Art. 33 Rn. 45; *Sannwald*, in: Schmidt-Bleibtreu/Klein, GG, Art. 33 Rn. 99; *Pieroth*, in: Jarass/Pieroth, GG, Art. 33 Rn 30.
898 Vgl. *Lübbe-Wolff*, in: Dreier, GG, Art. 33 Rn. 57 f.; *Battis*, in: Sachs, GG, Art. 33 Rn. 55; *Battis/Schlenga*, ZBR 1995, 253 (254).
899 Vgl. *Battis/Schlenga*, ZBR 1995, 253 (254).
900 Für die Annahme des Überwiegens der Leistungsverwaltung vgl. *Evers*, VVDStRL 23 (1966), S. 147 ff., der dies zwar nicht ausdrücklich ausspricht, aber offensichtlich davon ausgeht, dass es sich bei dem Betrieb von Schulen in erster Linie um eine Leistung des Staates handelt. Für die Gegenauffassung vgl. *Niehues*, Schulrecht, S. 17.

Eingriffsverwaltung als von Art. 33 Abs. 4 GG erfasst angesehen wird. Problematisch ist an dieser Argumentation, dass der Bereich der originär obrigkeitlichen Tätigkeit des Staates zu einem tendenziell eher schrumpfenden Gebiet staatlicher Tätigkeit gehört[901]. Im modernen Staat wird die Effektivität kooperativer Verfahren betont[902]. Die hoheitsrechtlichen Befugnisse des Art. 33 Abs. 4 GG auf den rein obrigkeitlichen Bereich zu beschränken, hieße daher, das Beamtentum aus einem wesentlichen Teil des Verwaltungshandelns zu verbannen. Dies kann aber nicht gewollt sein, da die für das Beamtentum stets propagierten Eigenschaften des Amtsethos, der Rechtsbindung und der Zuverlässigkeit auch im Bereich kooperativen Handelns von großer Wichtigkeit sind.

Möglicherweise ist deshalb neben der Eingriffsverwaltung auch die Leistungsverwaltung in den Begriff der hoheitsrechtlichen Befugnisse einzubeziehen. Begründet werden könnte dies damit, dass der Funktionsvorbehalt des Art. 33 Abs. 4 GG stets betroffen sei, wenn die Verwaltungstätigkeit einen „öffentlichen Zweck" verfolge[903]. Da der Lehrer mit seiner Arbeit in der Schule den staatlichen Bildungs- und Erziehungsauftrag aus Art. 7 Abs. 1 GG erfülle, verfolge er einen „öffentlichen Zweck" und die Tätigkeit des Lehrers sei von Art. 33 Abs. 4 GG erfasst. Dieser Argumentation steht die dualistische Personalstruktur des Art. 33 Abs. 4 GG entgegen. Zwar bietet Art. 33 Abs. 4 GG den Angestellten des öffentlichen Dienstes keinen einklagbaren Schutz vor Übertragung sämtlicher Aufgaben auf Beamte. Doch geht Art. 33 Abs. 4 GG eindeutig von einer dualistischen Personalstruktur aus. Der Einsatz von Beamten ist nicht generell, sondern nur in bestimmten Bereichen verfassungsrechtlich geboten. Den Einsatz von Beamten bereits dann als verfassungsrechtlich geboten anzusehen, wenn mit der fraglichen Tätigkeit ein „öffentlicher Zweck" verfolgt wird, führt zu einer von Art. 33 Abs. 4 GG nicht intendierten Ausdehnung des Beamtentums[904].

Denkbar erscheint es schließlich, von den Begriffen der Eingriffs- und Leistungsverwaltung als Entscheidungskriterien abzusehen und andere Gesichtspunkte zur Bestimmung des Anwendungsbereichs des Art. 33 Abs. 4 GG heranzuziehen. So könnte auf das Gewicht der wahrzunehmenden Aufgabe und die Notwendigkeit ihrer unbeeinflussten Erfüllung[905] abgestellt oder ein Vergleich zum Begriff der hoheitlichen Verwaltung in Art. 19 Abs. 4 GG gezogen werden[906]. Jedoch lässt sich aus diesen Umschreibungen kein klares Abgrenzungskriterium für die Begrifflich-

---

901 *Battis/Schlenga*, ZBR 1995, 253 (256).
902 *Pitschas*, DÖV 2004, 231 (232); *Koch/Gräsel*, Schulreformen und Neue Steuerung – erziehungs- und verwaltungswissenschaftliche Perspektiven, in: Koch/Fisch, Schulen für die Zukunft, S. 3 (9, 13); *Battis/Schlenga*, ZBR 1995, 253 (256).
903 Ähnlich *Leisner*, Der Beamte als Leistungsträger – Die Anwendbarkeit des beamtenrechtlichen Funktionsvorbehalts auf die Leistungsverwaltung, in: ders., Das Berufsbeamtentum im demokratischen Staat, 1975 S. 121 (133 ff.); vgl. dazu auch *Battis/Schlenga*, ZBR 1995, 255
904 *Battis/Schlenga*, ZBR 1995, 253 (256).
905 *Otto*, ZBR 1956, 233 (238 ff.).
906 *Maunz*, in: Maunz/Dürig, GG, Art. 33 Rn. 33.

keiten des Art. 33 Abs. 4 GG gewinnen, weshalb auch dieser Ansatz als ungeeignet zur Bestimmung der Reichweite des Art. 33 Abs. 4 GG ausscheidet.

Die genannten Argumente ergeben, dass jedenfalls die Eingriffsverwaltung als von Art. 33 Abs. 4 GG erfasst anzusehen ist[907]. Nicht so eindeutig ist hingegen eine Aussage zur Leistungsverwaltung zu treffen. Es erscheint weder sachgerecht, die Leistungsverwaltung vollständig unter den Funktionsvorbehalt zu subsumieren noch sie in Gänze davon auszunehmen. Demnach ist ein Kriterium erforderlich, nach dem die von Art. 33 Abs. 4 GG erfasste Leistungsverwaltung von der nicht erfassten Leistungsverwaltung abgegrenzt werden kann. Sinnvoll erscheint es, auf den hinter der Einrichtung des Berufsbeamtentums stehenden Gedanken abzustellen. Der Beamte zeichnet sich durch eine besondere Bindung an den Staat aus. Er wird vom Staat lebenslänglich alimentiert, wofür dieser im Gegenzug eine besondere Rechtsbindung, Zuverlässigkeit und ein entsprechendes Amtsethos erwartet[908]. Ferner ist der Beamte nach der Vorstellung des Art. 33 Abs. 4 GG besonders qualifiziert und erfahren im Umgang mit Rechtsnormen[909]. Unter den Funktionsvorbehalt des Art. 33 Abs. 4 GG muss demnach (nur) die Leistungsverwaltung fallen, welche die genannten besonderen Verlässlichkeits-, Stetigkeits- und Rechtlichkeitsgarantien des Beamtenstatus erfordert[910]. Dies ist dann der Fall, wenn es sich um *grundrechtsrelevante* Leistungsverwaltung handelt[911]. Maßgeblich ist, dass die Verwaltungstätigkeit den Bürger in einem grundrechtlich geschützten Lebensbereich berührt. Aufgrund der überragenden Bedeutung, die das Grundgesetz den Grundrechten beimisst, sind in diesen Fällen die besonderen Verlässlichkeits-, Stetigkeits- und Rechtlichkeitsgarantien des Beamtenstatus erforderlich. Die Ausübung hoheitsrechtlicher Befugnisse ist damit zu verstehen als die öffentlich-rechtliche Entscheidungstätigkeit der Eingriffsverwaltung und der grundrechtsrelevanten Leistungsverwaltung[912].

Die Tätigkeit des Lehrers müsste demnach in eine dieser Kategorien fallen. Lehrer führen im Rahmen ihrer Tätigkeit Prüfungen durch, bewerten Schülerleistungen und entscheiden über Versetzungen. Insoweit üben sie hoheitliche Befugnisse aus und werden im grundrechtsrelevanten Bereich tätig. Damit unterfallen grundsätzlich

---

907 *Battis/Schlenga*, ZBR 1995, 253 (256).
908 *Battis/Schlenga*, ZBR 1995, 253 (254); *Remmert*, Private Dienstleistungen in staatlichen Verwaltungsverfahren, S. 432.
909 *Remmert*, JZ 2005, 53 (57).
910 *Isensee*, ZBR 1998, 295 (304). Ähnlich auch *Paul Kirchhof*, der Entscheidungspflichten, die mitbestimmend für das einheitliche Funktionieren der Verwaltung sein können, zum ausschlaggebenden Punkt macht, siehe *Kirchhof*, Der Begriff der hoheitsrechtlichen Befugnisse in Artikel 33 Absatz IV des Grundgesetzes, S. 128.
911 *Strauß*, Funktionsvorbehalt und Berufsbeamtentum, S. 104 ff. und 136; *Huber*, Die Verwaltung 29 (1996), 437 (444 f.); *Haug*, NVwZ 1999, 816 (818); *Ruland*, ZRP 1983, 278 (283); *Lübbe-Wolff*, in: Dreier, GG, Art. 33 Rn. 59; *Pieroth*, in: Jarass/Pieroth, GG, Art. 33 Rn. 30; vgl. auch *Kluth*, Funktionale Selbstverwaltung, S. 255.
912 *Huber*, Die Verwaltung 29 (1996), 437 (444 f.); *Haug*, NVwZ 1999, 816 (818); *Ruland*, ZRP 1983, 278 (283); *Lübbe-Wolff*, in: Dreier, GG, Art. 33 Rn. 59; *Jarass*, in: Jarass/Pieroth, GG, Art. 33 Rn. 30; *Strauß*, Funktionsvorbehalt und Berufsbeamtentum, S. 104 ff. und 136.

jedenfalls gewisse Teile der Tätigkeit des Lehrers dem sog. Funktionsvorbehalt des Art. 33 Abs. 4 GG. Fraglich ist, ob dies für die Anwendung des Art. 33 Abs. 4 GG ausreichend ist.

Die Arbeit der Lehrer in den oben genannten Bereichen (Notengebung, Prüfungen, Versetzungen, Zeugnisse) ist wesentlich für die Grundrechtsverwirklichung der Schüler – zumal im Hinblick auf deren Persönlichkeitsrecht aus Art. 2 Abs. 1 GG[913]. Doch sind diese Bereiche für die Tätigkeit des Lehrers nicht prägend[914]. Der hoheitliche Aspekt der Lehrertätigkeit steht nicht mehr sonderlich stark im Vordergrund[915]. Die Wahrnehmung von Hoheitsbefugnissen ist angesichts veränderter pädagogischer Vorstellungen für die normale Unterrichts- und Erziehungstätigkeit nicht mehr kennzeichnend[916]. Insoweit könnten die genannten punktuellen Hoheitsbefugnisse unmaßgeblich für die Gesamtbewertung der Lehrertätigkeit sein. Art. 33 Abs. 4 GG wäre in diesem Fall nicht einschlägig. Von diesem Gedanken scheint auch die Praxis auszugehen. Der Beamtenstatus im Schulwesen ist in den letzten Jahren rückläufig. Gerade in den neuen Bundesländern sind Verbeamtungen der Lehrer eher die Ausnahme als die Regel[917]. Gerechtfertigt wird dies unter anderem damit, dass Prüfungen, Notengebungen und Versetzungen mit gleicher Rechtskraft ebenso von nichtverbeamteten Lehrern an staatlich anerkannten privaten Schulen vorgenommen würden[918]. Demnach könne es sich nicht um hoheitliche Tätigkeit im Sinne des Art. 33 Abs. 4 GG handeln. Dieser Befund, der die praktische Relevanz der Frage nach der Erforderlichkeit der Verbeamtungen von Lehrern verdeutlicht, könnte darauf hinweisen, dass eine Verbeamtung von Lehrern gem. Art. 33 Abs. 4 GG nicht erforderlich ist. Jedoch kann die – möglicherweise verfassungswidrige – Praxis kein durchschlagendes Argument für die Auslegung des Art. 33 Abs. 4 GG sein. Die Nichtverbeamtung der Lehrer ist demnach auch nicht widerspruchslos geblieben. Insbesondere wird eingewandt, dass das Grundgesetz in Art. 33 Abs. 4 nicht darauf abstelle, welchen Umfang die Ausübung hoheitsrechtlicher Befugnisse habe. Insofern müsse auch eine nur punktuelle Ausübung hoheitsrechtlicher Befugnisse in der Regel von Beamten wahrgenommen werden[919]. Folgt man dieser Argumentation, wäre die Tätigkeit des Lehrers vom Funktionsvorbehalt des Art. 33 Abs. 4 GG erfasst. Hiergegen kann jedoch der Ausnahmevorbehalt des

---

913 Siehe dazu bereits oben 1. Teil C. II. 1.
914 Vgl. auch *Bildungskommission NRW*, Zukunft der Bildung – Schule der Zukunft, S. 329; a.A. *Leisner*, ZBR 1980, 361 (363).
915 *Battis/Schlenga*, ZBR 1995, 253 (257).
916 A.A. hinsichtlich der Tätigkeit der Professoren *Epping*, ZBR 1997, 383 (386), der davon ausgeht, dass die Tätigkeit der Professoren durch die genannten hoheitlichen Befugnisse insgesamt ein hoheitliches Gepräge bekomme.
917 Vgl. *Avenarius/Heckel*, Schulrechtskunde, S. 288 f.
918 *Bildungskommission NRW*, Zukunft der Bildung – Schule der Zukunft, S. 327; *Bull*, DÖV 2004, 155 (158 f.); a.A. *Leisner*, ZBR 1980, 361 (372), der anführt, dass es häufig vorkomme, dass im öffentlichen Bereich Tätigkeiten von Beamten wahrgenommen würden, die im privaten Bereich durch privatrechtliche Rechtsverhältnisse geregelt würden.
919 In diesem Sinne *Strauß*, Funktionsvorbehalt und Berufsbeamtentum, S. 140.

Art. 33 Abs. 4 GG angeführt werden. Danach ist die Ausübung hoheitsrechtlicher Befugnisse nur „in der Regel" Beamten zu übertragen. Insoweit kann man darauf abstellen, dass die Tätigkeit des Lehrers zwar auch mit der Wahrnehmung hoheitlicher Befugnisse einhergeht, ihr Gesamtbild aber nicht dadurch geprägt wird. Funktionen, die nicht prägend für das Berufsbild sind, können aber auch nicht entscheidend für den Charakter des Dienstverhältnisses sein[920]. Folglich kann der gemischten Funktion des Lehrers – Ausübung von hoheitsrechtlichen und nichthoheitsrechtlichen Aufgaben – durch eine Inanspruchnahme des Ausnahmevorbehalts entsprochen werden. Etwas anderes gilt auch nicht deshalb, weil – wie an anderer Stelle nachgewiesen[921] – die gesamte Tätigkeit des Lehrers, ungeachtet der Unterscheidung zwischen Eingriffs- und Leistungsverwaltung, aufgrund der mit ihr verbundenen Einwirkung auf die Persönlichkeitsentfaltung des Kindes grundrechtsrelevant ist. Denn eine derartige „latente" Grundrechtsrelevanz vermag den Funktionsvorbehalt des Art. 33 Abs. 4 GG nicht zu aktivieren.

Dies schließt freilich nicht aus, dass der Gesetzgeber dennoch an der Verbeamtung der Lehrer und Schulleiter festhält. Art. 33 Abs. 4 GG steht dem nicht im Wege, denn die Norm regelt ausschließlich die Erforderlichkeit von Verbeamtungen, nicht aber die Möglichkeit dazu[922]. Demnach ist die Frage der Verbeamtung letztlich eine politisch zu entscheidende[923]. Verfassungsrechtlich wäre ein Absehen von der Verbeamtung jedenfalls zulässig.

An diesem Ergebnis vermag auch ein Blick in das Gemeinschaftsrecht nichts zu ändern. Maßgeblich könnte insoweit lediglich Art. 39 Abs. 4 EG (Artikel 48 Abs. 4 a.F.) sein. Möglicherweise steht dieser einer Anwendung des Art. 33 Abs. 4 GG auf die Tätigkeit von Lehrern entgegen. Dies wäre dann der Fall, wenn die Tätigkeit des Lehrers nach Gemeinschaftsrecht nicht unter den Begriff der öffentlichen Verwaltung fiele und dieses Ergebnis Auswirkungen auf die Auslegung des Begriffs der hoheitlichen Befugnisse in Art. 33 Abs. 4 GG hätte. Art. 39 EG garantiert die Freizügigkeit innerhalb der Europäischen Union. Davon ausgenommen ist gem. Art. 39 Abs. 4 EG die Beschäftigung in der öffentlichen Verwaltung. Der Begriff der öffentlichen Verwaltung wird gemeinschaftsrechtlich eng ausgelegt und auf bestimmte Tätigkeitsfelder wie Streitkräfte, Polizei und sonstige Ordnungskräfte, Rechtspflege, Finanzverwaltung, Diplomatie, Ministerial-, Kommunal- sowie Zentralbankverwaltung, soweit sie Hoheitsbefugnisse ausüben, reduziert[924]. Die Tätigkeit des Lehrers fällt nicht darunter. Dies bedeutet indes nicht, dass damit auch für das nationale Recht eine restriktive Auslegung des verwandten Begriffs der hoheitsrechtlichen Befugnisse zwingend wäre[925]. Es muss nicht in allen, in der Auf-

---

920 So *Lübbe-Wolff* insbesondere für die Tätigkeit der Lehrer, in: Dreier, GG, Art. 33 Rn. 59, die sich auf den Parlamentarischen Rat bezieht.
921 Siehe oben 1. Teil C. II. 1.
922 *Lübbe-Wolff*, in: Dreier, GG, Art. 33 Rn. 53.
923 So auch *Remmert*, JZ 2005, 53 (55).
924 Vgl. *Isensee*, ZBR 1998, 295 (301); siehe auch *Arndt*, Europarecht, S. 143 f.
925 So auch *Strauß*, Funktionsvorbehalt und Berufsbeamtentum, S. 136 f.

zählung nicht genannten, Bereichen von Verbeamtungen generell abgesehen werden. Vielmehr ist es ausreichend – und in den Beamtengesetzen mittlerweile so vorgesehen[926] –, dass auch nicht-deutschen EU-Staatsbürgern die Möglichkeit der Verbeamtung offen steht. Nur für diese ist die enge Auslegung des Begriffs der öffentlichen Verwaltung in Art. 39 Abs. 4 EG überhaupt relevant, da die Anwendbarkeit des Art. 39 EG stets einen grenzüberschreitenden Sachverhalt voraussetzt[927]. Insofern wird dem Gemeinschaftsrecht mit der Möglichkeit der Verbeamtung nichtdeutscher EU-Bürger Genüge getan. Eine bestimmte Auslegung des Art. 33 Abs. 4 GG erfordert Art. 39 Abs. 4 EG hingegen nicht.

Festzuhalten ist demnach, dass ein Absehen von der Verbeamtung der Lehrer und Schulleiter (verfassungs-) rechtlich möglich erscheint[928]. Somit bleibt es den politischen Entscheidungsträgern überlassen, eine Antwort auf die Frage nach der rechtlichen Stellung der Lehrer und Schulleiter zu geben.

b) Verfassungsrechtliche Zulässigkeit der Führung öffentlicher Schulen in Privatrechtsform

Bedenken gegen die Organisation der Schule als Verein oder GmbH könnten sich aus Art. 7 GG ergeben. Art. 7 GG konstituiert ein Regel-Ausnahme-Verhältnis zwischen öffentlicher und privater Schule[929]. Dies zeigt sich deutlich in Art. 7 Abs. 4 S. 3 GG. Danach darf die private Ersatzschule nur genehmigt werden, wenn sie in ihren Lehrzielen und Einrichtungen sowie in der wissenschaftlichen Ausbildung ihrer Lehrkräfte nicht hinter den öffentlichen Schulen zurücksteht. Die öffentliche Schule ist der Maßstab, an dem die private Schule gemessen wird. In Anbetracht dieses Regel-Ausnahme-Verhältnisses wird argumentiert, dass der Staat seine öffentlichen Schulen nicht privatisieren könne, indem er sie beispielsweise in einen eingetragenen Verein oder eine GmbH überführe, da ansonsten kein Maßstab mehr für die privaten Ersatzschulen bestünde. Öffentliche Schulen im Sinne des Art. 7 Abs. 4 S. 3 GG wären nicht länger existent. Dies aber widerspräche dem eindeutigen Wortlaut dieser Norm[930]. Bediente sich der Staat der Rechtsformen privater Schulen, um seine Aufgaben zu erfüllen, würde dies einen Formenmissbrauch darstellen[931].

Die Schlüssigkeit der genannten Argumente richtet sich nach der Auslegung des Begriffs der „öffentlichen Schule" in Art. 7 GG. Wie im ersten Teil der Arbeit dargelegt, sind mit der Bezeichnung „öffentliche Schule" regelmäßig die von den Ge-

---

926 Vgl. nur § 4 Abs. 1 Nr. 1 BRRG.
927 *Arndt*, Europarecht, S. 138.
928 So auch *Remmert*, JZ 2005, 53 (55); *Lübbe-Wolff*, in: Dreier, GG, Art. 33 Rn. 59; a.A. *Strauß*, Funktionsvorbehalt und Berufsbeamtentum, S. 141.
929 *Avenarius*, RdJB 2001, 470 (473).
930 *Avenarius*, RdJB 2001, 470 (473).
931 Vgl. *Lund*, RdJB 2004, 263 (272).

bietskörperschaften (Staat, Gemeinden, Gemeindeverbänden) getragenen Schulen gemeint[932]. Aus Art. 7 GG ergibt sich diese Umschreibung nicht. Vielmehr hat die Schulgesetzgebung die Frage, welche Schulen öffentlich und welche privat sind, bezogen auf die Schulträgerschaft konkretisiert[933]. Verfassungsrechtlich zwingend ist die Unterscheidung nach der Trägerschaft der Schule nicht. Denkbar wäre beispielsweise auch, danach zu unterscheiden, welche Schulen öffentliche Bildungsaufgaben wahrnehmen[934]. Da dies auch private Ersatzschulen tun – auch an diesen kann die Schulpflicht abgeleistet werden –, könnten folglich auch diese als „öffentliche Schulen" bezeichnet werden. Dem steht jedoch der Wortlaut des Art. 7 Abs. 4 S. 2 GG entgegen. Danach bedürfen private Schulen als Ersatz für öffentliche Schulen der Genehmigung des Staates. Das Grundgesetz stellt die privaten Ersatzschulen – trotz der Wahrnehmung öffentlicher Bildungsaufgaben – den öffentlichen Schulen gegenüber. Demnach können private Ersatzschulen keine öffentlichen Schulen sein. Folglich ist die Wahrnehmung des öffentlichen Bildungsauftrags kein taugliches Kriterium zur Unterscheidung von öffentlichen und privaten Schulen. Zieht man somit wieder die Trägerschaft der Schulen als Abgrenzungsmerkmal heran, stellt sich die Frage, wann eine Schule von einer Gebietskörperschaft „getragen" wird. Dies könnte zum einen nur dann der Fall sein – worauf die zu Beginn angeführte Argumentation offensichtlich gestützt ist –, wenn die Schulen von den Gebietskörperschaften in öffentlich-rechtlicher Rechtsform betrieben werden. Zum anderen wäre jedoch denkbar, dass auch in privater Rechtsform betriebene Schulen von einer der genannten Gebietskörperschaften „getragen" werden.

Staat, Gemeinden und Gemeindeverbände sind Träger verwaltungsrechtlicher Rechte und Pflichten und damit nach allgemeinem Verwaltungsrecht als Verwaltungsträger zu bezeichnen[935]. Entscheidendes Kriterium der Trägerschaft ist, dass sie als rechtsfähige Organisationen Zurechnungssubjekte verwaltungsrechtlicher Rechte und Pflichten sind. Die Erfüllung bestimmter Aufgaben steht damit im Vordergrund der Verwaltungsträgerschaft. Wie die Verwaltung ihre Aufgaben erfüllt, steht ihr weit gehend frei. Sie kann sich sowohl öffentlich-rechtlicher als auch privatrechtlicher Rechtsformen bedienen. Insbesondere kann sie die Organisationsformen ihrer

---

[932] *Gröschner*, in: Dreier, GG, Art. 7 Rn. 32; *Schmitt-Kammler*, in: Sachs, GG, Art. 7 Rn. 10; *Niehues*, Schulrecht, Rn. 5; *Avenarius/Heckel*, Schulrechtskunde, S. 37. Was unter einer öffentlichen Schule zu verstehen ist, erscheint vielen Autoren gar so eindeutig, dass sie von einer Definition gänzlich absehen, siehe zum Beispiel *Robbers*, in: v. Mangoldt/Klein/Starck, GG, Art. 7 Abs. 1 Rn. 65 (lediglich im Umkehrschluss aus der Definition der Privatschule lassen sich hier die Merkmale der öffentlichen Schule ableiten, vgl. *Robbers*, in: v. Mangoldt/Klein/Starck, Art. 7 Abs. 4 Rn. 178); *Hofmann*, in: Schmidt-Bleibtreu/Klein, GG, Art. 7.
[933] *Avenarius/Heckel*, Schulrechtskunde, S. 37.
[934] *Niehues*, Schulrecht, Rn. 221.
[935] *Maurer*, Allgemeines Verwaltungsrecht, § 21 Rn. 2; *Detterbeck*, Allgemeines Verwaltungsrecht, Rn. 180; siehe auch zu den verschiedenen Verwaltungsträgern *Jachmann*, Allgemeines Verwaltungsrecht, Rn. 8 ff.

Einrichtungen dem öffentlichen oder dem privaten Recht entnehmen[936]. Gründet sie eine juristische Person des Privatrechts und überträgt ihr die Wahrnehmung bestimmter Verwaltungsaufgaben, mag die entsprechende juristische Person zwar auf den ersten Blick als rechtlich selbstständiger, privatrechtlich organisierter Verwaltungsträger erscheinen[937]. Dies ändert jedoch nichts daran, dass der öffentlichrechtliche Verwaltungsträger die juristische Person des Privatrechts regelmäßig beherrscht, da er alle oder jedenfalls die Mehrheit der Anteile besitzt (und besitzen muss[938]) und über diese den maßgeblichen Einfluss auszuüben vermag. Da die Verwaltung sich folglich der juristischen Person des Privatrechts nur bedient, um ihre verwaltungsrechtlichen Aufgaben zu erfüllen, kann insoweit von einer Trägerschaft der Verwaltung gesprochen werden. Wesentlich ist, dass die juristische Person Aufgaben der Verwaltung wahrnimmt und dass der Wille der Verwaltung durch sie und in ihr zur Geltung kommt[939]. Die Verwaltung „entledigt" sich der Aufgaben nicht, indem sie diese auf Privatrechtssubjekte überträgt. Sie wählt lediglich eine privatrechtliche Organisationsform zur Wahrnehmung ihrer Pflichten. Aus dem allgemeinen Begriff der Trägerschaft im Verwaltungsrecht kann demnach nicht geschlossen werden, dass ein Verwaltungsträger nicht auch Träger einer privatrechtlich organisierten Einrichtung sein kann[940]. Folglich können auch Schulen in Privatrechtsform als öffentliche Schulen in der Trägerschaft von Gebietskörperschaften stehen[941]. Etwas anderes ergibt sich auch nicht aus dem speziellen Begriff des Schulträgers. Schulträger ist – wie im ersten Teil ausgeführt –, wer die äußeren Schulangelegenheiten verwaltet und die sächlichen Schulkosten trägt. Bestimmend für den Begriff des Schulträgers ist also lediglich die Übernahme bestimmter Kosten und Verwaltungsangelegenheiten. In welcher Rechtsform der Schulträger seine Aufgaben wahrnimmt, wird hingegen nicht ausgeführt.

---

936 *Ehlers*, Verwaltung und Verwaltungsrecht, in: Erichsen/Ehlers, Allgemeines Verwaltungsrecht, § 2 Rn. 33; *Maurer*, Allgemeines Verwaltungsrecht, § 3 Rn. 9; *Erichsen,* Jura 1980, 103 (106); nicht ausdrücklich, aber indirekt so auch *Detterbeck*, Allgemeines Verwaltungsrecht, Rn. 196 ff.
937 Dies allerdings nur dann, wenn man privatrechtlich organisierte Verwaltungsträger anerkennt, vgl. *Maurer*, Allgemeines Verwaltungsrecht, § 21 Rn. 16.
938 Vgl. *Ehlers*, Verwaltung und Verwaltungsrecht, in: Erichsen/Ehlers, Allgemeines Verwaltungsrecht, § 2 Rn. 43; *Detterbeck*, Allgemeines Verwaltungsrecht, Rn. 196 f.
939 Siehe insoweit die Beschreibung bei *Wolff/Bachof/Stober*, Verwaltungsrecht II, § 98 Rn. 8, dort allerdings zur Übertragung von Aufgaben auf Anstalten.
940 Der Begriff der Trägerschaft wird auch für privatrechtliche Schulen gebraucht, bei denen der Träger eine Privatperson oder juristische Person des Privatrechts ist und auch die Schule als solche organisiert ist (z.B. Waldorfschule e.V.). Trägerschaft bezieht sich also als Begriff nicht nur auf die Trägerschaft öffentlich-rechtlicher Einrichtungen. Es kann auch eine Trägerschaft bezogen auf privatrechtliche Einrichtungen bestehen. Siehe *Avenarius/Heckel*, Schulrechtskunde, S. 196; *Gröschner*, in: Dreier, GG, Art. 7 Rn. 95 f.; *Robbers*, in: v. Mangoldt/Klein/Starck, GG, Art. 7 Abs. 4 Rn. 178 f. Letzterer schreibt sogar ausdrücklich, dass die öffentliche Hand öffentliche Schulen in Privatrechtsform betreiben kann.
941 *Robbers*, in: v. Mangoldt/Klein/Starck, GG, Art. 7 Abs. 4 Rn. 178 f.

Festzuhalten ist demnach, dass eine öffentlich-rechtliche Organisation der Schulen von Art. 7 GG nicht gefordert ist. Art. 7 GG selbst spricht nur von öffentlichen Schulen, nicht aber von öffentlich-rechtlich organisierten Schulen. Auch eine Auslegung des Begriffs der öffentlichen Schule ergibt insoweit nichts anderes. Die allgemeine Annahme, dass öffentliche Schulen solche in der Trägerschaft von Staat, Gemeinden und Gemeindeverbänden seien, steht einer privatrechtlichen Organisation der Schulen nicht entgegen. Aufgrund der in Art. 7 Abs. 1 GG angeordneten Aufsicht des Staates über das Schulwesen muss jedoch auch bei der Organisation von Schulen in Formen des Privatrechts die – im zweiten Teil der Arbeit entwickelte – Verantwortung des Staates für die Schulen erhalten bleiben. Diese drückt sich in der Führung der Rechtsaufsicht, dem Setzen von Standards und der Evaluation und Beratung von Schulen aus[942].

Auch wenn es verfassungsrechtlich demnach möglich erscheint, öffentliche Schulen in privatrechtlichen Organisationsformen zu führen, stellt sich doch die Frage, ob dies unter praktischen Gesichtspunkten erstrebenswert ist. Denn die Verwaltung ist nur insoweit in der Wahl der Organisationsformen frei, als sie einen rechtfertigenden Grund für die Verwendung privatrechtlicher Organisationsformen anführen kann[943]. Liegt ein solcher Grund nicht vor, hat sie sich regelmäßig öffentlich-rechtlicher Organisationsformen zu bedienen, da das öffentliche Recht als Sonderrecht zur Verfassung und Disziplinierung des Staates geschaffen wurde und damit vorrangig Anwendung finden muss[944]. Folglich ist zu klären, ob eine privatrechtliche Organisation den Schulen in ihrer Eigenständigkeit Vorteile bietet, die eine öffentlich-rechtliche Organisationsform nicht mit sich bringt.

Der wesentliche Vorteil, den die Organisation der Schulen in Privatrechtsformen, beispielsweise der des Vereins oder der GmbH, bereithält, ist jener der Rechtsfähigkeit. Verein und GmbH kommt als juristischen Personen Rechtsfähigkeit zu. Das bedeutet, dass sie Träger von Rechten und Pflichten sein können. Dies wäre für Schulen, verglichen mit der heutigen Situation, ein gewichtiger Vorteil. Insbesondere die Fähigkeit, Verträge zu schließen und Vermögen zu bilden, wäre ein Fortschritt für die schulische Eigenständigkeit. Indes ist dies kein besonderer Vorzug von juristischen Personen des Privatrechts. Auch juristische Personen des öffentlichen Rechts sind rechtsfähig. Die Rechtsfähigkeit kann folglich als rechtfertigender Grund für die Wahl von Privatrechtsformen nicht angeführt werden. Auch ansonsten erscheinen privatrechtliche Organisationsformen praktisch wenig erstrebenswert. So bedarf die Schule als Institution stets der Möglichkeit der Wahrnehmung von Hoheitsrechten, zum Beispiel bei der Durchführung von Prüfungen oder der Verleihung

---

942 Siehe oben 2. Teil A. V.
943 *Ehlers*, Verwaltung und Verwaltungsrecht, in: Erichsen/Ehlers, Allgemeines Verwaltungsrecht, § 2 Rn. 43.
944 *Ehlers*, Verwaltung und Verwaltungsrecht, in: Erichsen/Ehlers, Allgemeines Verwaltungsrecht, § 2 Rn. 35; zur Unterscheidung zwischen privatrechtlichen und öffentlich-rechtlichen Verträgen siehe auch *Renck*, JuS 1999, 361 (363); *Erichsen*, Jura 1980, 103 (106); *Pielow*, Jura 1994, 158 (159); ähnlich *Schmitz*, NVwZ 1991, 1126 (1127).

von Zeugnissen. Hoheitsrechte können aber grundsätzlich nur von (juristischen) Personen oder sonstigen Vereinigungen des öffentlichen Rechts wahrgenommen werden. Eine Ausnahme hiervon besteht nur für die sog. Beliehenen. Zwar wäre es durchaus möglich, den Verein oder die GmbH Schule insoweit mit Hoheitsrechten zu beleihen[945]. Doch würde dies unnötigen Aufwand bedeuten: Der Staat würde die Schulen erst aus seinem Hoheitsbereich in das Privatrecht entlassen, indem er sie in einen privaten Verein oder eine GmbH überführt, um sie anschließend durch die Beleihung wieder mit Hoheitsrechten auszustatten[946]. Hiergegen könnte angeführt werden, dass dies auch für Privatschulen gilt und dort regelmäßig (unproblematisch) praktiziert wird[947]. Doch geht es vorliegend um öffentliche Schulen. Anders als Privatschulen sind diese nicht auf privatrechtliche Organisationsformen festgelegt, sondern können öffentlich-rechtliche Organisationsformen für sich in Anspruch nehmen. Damit stehen ihnen Rechtsformen zur Verfügung, in denen ohne weiteres Hoheitsrechte wahrgenommen werden können. Anders als für Privatschulen ist es folglich für öffentliche Schulen nicht notwendig, den umständlichen Weg der Beleihung zu wählen. Ferner stellen sich vielfältige Fragen in Bezug auf die Rechtsstellung von Schülern, Eltern und Lehrern in einer als Verein oder GmbH organisierten Schule. Müssen oder können auch Eltern Mitglieder des Vereins Schule sein? Inwieweit muss und kann der Staat Einfluss auf den Verein Schule nehmen, ohne der Rechtsform „Verein" Gewalt anzutun? Welche Rechtsstellung haben Schüler, Eltern und Lehrer bei einer GmbH? In Anbetracht dieser Fragen und der zu Beginn angeführten Bedenken erscheint die Überführung der Schule in einen eingetragenen Verein oder eine GmbH als praktisch wenig erstrebenswert. Da folglich kein rechtfertigender Grund für die Wahl privatrechtlicher Organisationsformen vorliegt, sind vorrangig öffentlich-rechtliche Organisationsformen für die Vergrößerung der Eigenständigkeit der Schule in Betracht zu ziehen.

II. Schule als juristische Person des öffentlichen Rechts

In Bezug auf die für die Organisation von Schulen in Betracht kommenden juristischen Personen des öffentlichen Rechts ist die Frage zu beantworten, ob öffentlich-rechtliche Rechtsformen existieren, die den Bedürfnissen und Gegebenheiten der Schule eher entsprechen als die nichtrechtsfähige Anstalt.

---

945 Wie dies bei anerkannten Privatschulen regelmäßig der Fall ist, siehe dazu *Avenarius/Heckel*, Schulrechtskunde, S. 216.
946 Ebenso *Avenarius*, RdJB 2001, 470 (473).
947 Siehe dazu *Avenarius/Heckel*, Schulrechtskunde, S. 216.

1. Schule als Stiftung des öffentlichen Rechts

Die Stiftung ist eine rechtsfähige Organisation zur Verwaltung eines von einem Stifter zweckgebunden übergebenen Bestands an Vermögenswerten[948]. Die Stiftung des öffentlichen Rechts ist rechtsfähig und als rechtlich verselbstständigte Institution Verwaltungsträger. Sie wird durch Gesetz oder aufgrund eines Gesetzes errichtet, erfüllt öffentliche Aufgaben, hat hoheitliche Befugnisse und unterliegt der staatlichen Aufsicht[949]. Anders als Körperschaft und Anstalt hat die Stiftung weder Mitglieder noch Benutzer, sondern Destinatäre (Nutznießer). Die Stiftung des öffentlichen Rechts ist eine Einrichtung mittelbarer Staatsverwaltung. Die die Stiftung errichtende Gebietskörperschaft ist die Stifterin.

a) Die hamburgische „Stiftung Berufliche Schulen Hamburg"

Die Errichtung einer Stiftung des öffentlichen Rechts zur Reformierung des Berufsschulwesens war im Hamburger Gesetz „Stiftung Berufliche Schulen Hamburg" vorgesehen[950]. Als Ziele der Reform des beruflichen Schulwesens in Hamburg nannte die Gesetzesbegründung eine branchenorientierte Neustrukturierung der beruflichen Schulen in enger Kooperation mit der Wirtschaft, die Konzentration des Staates auf die im Zusammenhang mit der Berufsbildung notwendigen staatlichen Aufgaben und ein hohes Maß an Selbstständigkeit für die einzelnen Schulen[951]. Die geplante Stiftung hatte gem. § 2 Abs. 1 S. 1 des Stiftungsgesetzes den Zweck, Schulen für berufliche Bildungsgänge branchenorientiert mit größtmöglicher Eigenständigkeit bereitzustellen und weiterzuentwickeln. Die Stiftung sollte Trägerin der weiterhin in der Rechtsform von unselbstständigen Anstalten zu führenden branchenorientierten beruflichen Schulen sein, § 2 Abs. 2 S. 1 des Stiftungsgesetzes. Ferner sah das Gesetz vor, dass die Stiftung Dienstherr bzw. Arbeitgeber des pädagogischen und nichtpädagogischen Personals der Schulen sowie des bei der Stiftung tätigen Personals ist, § 2 Abs. 5 des Stiftungsgesetzes. Es war geplant, dass die Stiftung – unter Beachtung der Beschlüsse der Ständigen Konferenz der Kultusmi-

---

948 *Maurer*, Allgemeines Verwaltungsrecht, § 23 Rn. 55.
949 *Maurer*, Allgemeines Verwaltungsrecht, § 23 Rn. 55.
950 Aus politischen Gründen wurde das Vorhaben im Dezember 2003 vorerst gestoppt. Der Gesetzentwurf zur Änderung des Hamburgischen Schulgesetzes vom 21. Februar 2006 sieht in § 85a die Einrichtung eines „Hamburger Instituts für Berufliche Bildung" vor, welches indes nicht als Stiftung, sondern als Landesbetrieb nach der Landeshaushaltsordnung geführt werden soll. Die Aufgaben und Funktionen des Instituts entsprechen jedoch weitgehend denen der geplanten „Stiftung Berufliche Schulen Hamburg". Der Gesetzentwurf findet sich unter http://fhh.hamburg.de/stadt/Aktuell/behoerden/bildung-sport/aktuelles/gesamt-schulreform gesetz,property=source.pdf (22.4.2006).
951 Begründung zum Gesetz über die Errichtung der Stiftung „Stiftung Berufliche Schulen Hamburg" (SBS-Gesetz – HmbSBSG), Stand 4.12.2003, S. 1.

nister der Länder in der Bundesrepublik Deutschland, der zwischen Stiftung und zuständiger Behörde getroffenen Ziel- und Leistungsvereinbarung, sowie nach Anhörung der betroffenen Schulen – über weitreichende Befugnisse verfügen sollte. So sollte sie u.a. durch Satzung Regelungen über die Stundentafeln treffen können, § 3 Abs. 1 S. 1 Nr. 1 des Stiftungsgesetzes. Darüber hinaus sollte sie zuständige Behörde u.a. hinsichtlich der Durchführung eines Schulversuchs und der Errichtung einer Versuchsschule, der Überprüfung der pädagogischen Arbeit und der Schulentwicklungsplanung sein, § 3 Abs. 2 S. 1 Nr. 1, 12 und 13 des Stiftungsgesetzes. Das Gesetz sah ferner vor, dass die Stiftung Aufsichtsbehörde über die Schulen ist, § 3 Abs. 4 des Stiftungsgesetzes. Das Stiftungsvermögen sollte gem. § 4 Abs. 1 des Stiftungsgesetzes anfänglich aus dem Eigentum an der Betriebs- und Geschäftsausstattung der beruflichen Schulen bestehen, wobei es gem. § 4 Abs. 2 des Stiftungsgesetzes durch Zustiftungen der Stifterin sowie Dritter erhöht werden könnte. Zur Erfüllung der laufenden Aufgaben legte das Gesetz fest, dass die Stiftung die jährlichen Zuwendungen der Freien und Hansestadt Hamburg verwendet, § 5 Abs. 1 S. 1 des Stiftungsgesetzes. Die Leitung der Stiftung hätte einem zweiköpfigen Vorstand oblegen, der sich aus einem pädagogischen und einem kaufmännischen Vorstandsmitglied zusammensetzen sollte, vgl. §§ 8 und 9 des Stiftungsgesetzes. Die Beratung und Überwachung des Vorstands wäre gem. §§ 11 und 12 des Stiftungsgesetzes durch ein Kuratorium übernommen worden, in dem acht Vertreter des Staates, zehn Vertreter der Wirtschaft und zwei Vertreter der Gewerkschaften versammelt sein sollten. Ferner sah der Entwurf vor, dass das Kuratorium über weitreichende Beschluss- bzw. Zustimmungsbefugnisse verfügt, vgl. § 12 Abs. 2 und 3 des Stiftungsgesetzes. Das Kuratorium selbst hätte der Beratung eines unter anderem mit Eltern-, Schüler- und Lehrervertretern besetzten Beirats unterlegen, §§ 14 und 15 des Stiftungsgesetzes. Dieser sollte freilich über keinerlei Beschlusskompetenzen verfügen. Es war geplant, die Steuerung der Stiftung durch die zuständige Behörde über Ziel- und Leistungsvereinbarungen zu regeln, § 18 Abs. 1 S. 1 des Stiftungsgesetzes. Diese sollten unter anderem
- Aussagen zu allgemeinen Bildungs- und Erziehungszielen,
- die Hervorhebung der größtmöglichen Eigenständigkeit der branchenorientierten beruflichen Schulen,
- die Festlegung, dass die branchenorientierten beruflichen Schulen durch Ziel- und Leistungsvereinbarungen global gesteuert werden,
- die Festlegung der Aufgaben der Stiftung im Einzelnen und
- Aussagen zur regelmäßigen Überprüfung und Weiterentwicklung der Ziel- und Leistungsvereinbarung enthalten.

Des Weiteren sah das Gesetz vor, dass die Stiftung in erster Linie der Rechtsaufsicht der zuständigen Aufsichtsbehörde untersteht. Darüber hinaus war in § 17 Abs. 4 und 5 des Stiftungsgesetzes eine – beschränkte – Fachaufsicht vorgesehen. Im Rahmen der Fachaufsicht sollte ausschließlich kontrolliert werden, ob die Beschlüsse der Kultusminister, die zwischen Behörde und Stiftung getroffenen Ziel- und Leistungsvereinbarungen und die Vorgaben des Zuwendungsbescheids eingehalten worden sind.

b) Rechtliche Bewertung des Vorhabens

Fraglich ist, wie dieser Gesetzentwurf rechtlich zu bewerten ist. Zu den zu bedenkenden Verfassungsfragen hat die Freie und Hansestadt Hamburg ein Gutachten eingeholt, welches von *Jens-Peter Schneider* im Mai 2003 erstellt worden ist[952]. In seinem Gutachten wertet *Schneider* in erster Linie die – oben bereits angesprochene – sog. Wasserverbandsentscheidung des Bundesverfassungsgerichts aus[953]. Dabei kommt er zu dem Ergebnis, dass alternative Repräsentationsstrukturen nach dem Grundgesetz zulässig sind, es insbesondere auch Abweichungen von dem Erfordernis lückenloser personeller demokratischer Legitimation geben dürfe[954]. Die institutionelle Garantie eines öffentlichen Schulwesens stehe der Errichtung einer Stiftung des öffentlichen Rechts als Schulträgerin mit den oben bereits genannten Kompetenzen auch bei Einbeziehung von Wirtschaftsvertretern in die Stiftungsorgane nicht entgegen[955].

> „Solange der Staat seine letztverantwortliche Steuerungshoheit für das Schulwesen wahrt, ist nicht erkennbar, weshalb er nicht zur Optimierung des Bildungsauftrags gesellschaftliche Akteure in die staatliche Entscheidungsfindung integrieren können sollte. [...] Unzulässig ist deshalb nach Art. 7 I GG nur eine umfassende Privatisierung der staatlichen Schulaufsicht."[956]

Gleiches führt *Schneider* hinsichtlich der Verselbstständigung der Einzelschulen aus. Hier sei „ein pauschales Entstaatlichungsverbot im Rahmen der Schulaufsicht gemäß Art. 7 I GG [...] auf der Ebene der Einzelschulen ebenso abzulehnen wie für die Stiftung insgesamt."[957]

Unabhängig von den – im Einzelnen bei *Schneider* nachzulesenden – verfassungsrechtlichen Fragen kann das Hamburger Stiftungsmodell jedenfalls im vorliegenden Zusammenhang nicht überzeugen. Denn nicht Schule *als* Stiftung, sondern Schule *in* Stiftung ist Kern des Stiftungsmodells[958]. Verselbstständigt werden nicht in erster Linie die Schulen, sondern die Schulverwaltung. Die Einzelschulen sollen weiterhin unselbstständige Anstalten des öffentlichen Rechts bleiben. Lediglich die Trägerschaft und weit gehende (Aufsichts-) Befugnisse sollen auf eine Stiftung übertragen werden. Dies aber bringt den Schulen im Hinblick auf ihre Eigenverantwortung keine Vorteile gegenüber dem herkömmlichen Modell. Ob der Schule Vorgaben unmittelbar durch den Staat oder durch eine Stiftung als Teil der mittelbaren

---

952 Das Gutachten ist mittlerweile unter dem Titel „Berufliche Schulen als Stiftungen mit teilprivatisierten Leitungsgremien", Baden-Baden 2004, veröffentlicht.
953 BVerfGE 107, 59 ff.
954 *Schneider*, Berufliche Schulen als Stiftungen mit teilprivatisierten Leitungsgremien, S. 36 f.
955 *Schneider*, Berufliche Schulen als Stiftungen mit teilprivatisierten Leitungsgremien, S. 41.
956 *Schneider*, Berufliche Schulen als Stiftungen mit teilprivatisierten Leitungsgremien, S. 41.
957 *Schneider*, Berufliche Schulen als Stiftungen mit teilprivatisierten Leitungsgremien, S. 58.
958 So auch *Anke Pörksen,* die das Stiftungsmodell als Vertreterin der Hamburger Behörde für Bildung und Sport im Rahmen der Tagung des Deutschen Instituts für Internationale Pädagogische Forschung (DIPF) „Die Schule der Zukunft zwischen Rechtsfähigkeit und staatlicher Aufsicht" am 25.3.2004 vorstellte. Siehe *Pörksen*, ZBV 2/2004, 86 (86).

Staatsverwaltung gemacht werden, ist für sie unerheblich. Sicherlich mag die Übertragung der Schulträgerschaft auf eine Stiftung aus anderen Gründen sinnvoll erscheinen. Zu nennen ist hier insbesondere die Möglichkeit der stärkeren Einbeziehung von Wirtschaftsvertretern als potenziellen Arbeitgebern der Berufsschulabsolventen in die Arbeit der Stiftung[959]. Auf der Suche nach einer Rechtsform, welche die Eigenverantwortung der Schulen zu unterstützen vermag, kann dieses Argument jedoch nicht durchgreifen. Auch kann nicht angeführt werden, dass den Schulen durch die Stiftung möglicherweise größere Gestaltungsspielräume gewährt würden, als dies vorher durch die staatlichen Behörden der Fall war. Denn Ursache dieser größeren Eigenverantwortung wäre nicht die Wahl einer anderen Rechtsform. Vielmehr wäre Ursache dieser (geplanten) Entwicklung der in § 2 Abs. 1 S. 1 des Stiftungsgesetzes festgelegte Stiftungszweck, nach dem die Stiftung Schulen für berufliche Bildungsgänge mit größtmöglicher Eigenständigkeit bereitstellen und weiterentwickeln soll. Größtmögliche Eigenständigkeit ohne die Wahl einer anderen Rechtsform für die Schulen hätte aber auch der Staat selbst den Schulen gewähren können. Dafür hätte es nicht des Umwegs über eine Stiftung bedurft. Ferner ergeben sich Fragen hinsichtlich des Stiftungsvermögens, welche nicht nur für den vorliegenden Fall der Schule *in* Stiftung, sondern auch für die Schule *als* Stiftung von Bedeutung sind. Gem. § 4 Abs. 1 des Stiftungsgesetzes besteht das Stiftungsvermögen anfänglich aus dem Eigentum an der Betriebs- und Geschäftsausstattung der beruflichen Schulen, wobei es gem. § 4 Abs. 2 des Stiftungsgesetzes durch Zustiftungen der Stifterin sowie Dritter erhöht werden kann. Die Annahme, dass das Eigentum an der Betriebs- und Geschäftsausstattung – nicht einmal an den Schulgebäuden – jedenfalls das ursprüngliche Stiftungsvermögen bilden soll, erscheint problematisch. Eine Stiftung basiert grundsätzlich auf der Prämisse, dass das Stiftungsvermögen in seinem Bestand nicht reduziert wird. Die Aufgaben der Stiftung werden regelmäßig aus den Erträgen des Stiftungsvermögens und aus sonstigen Zuwendungen finanziert. Das Eigentum an der Ausstattung und gegebenenfalls den Gebäuden der Schulen wirft – ausgehend von der Annahme, dass keine laufenden Mieteinnahmen oder Ähnliches erzielt werden – keine Erträge ab. Sinn einer Stiftung ist es aber gerade, den Stiftungszweck aus den Erträgen, die das Stiftungsvermögen abwirft, zu fördern. Als Stiftungsvermögen in Betracht kämen noch – anders als es das Hamburger Gesetz vorsieht – die Mittel, welche der Schule zur Wahrnehmung ihrer Aufgaben in sächlicher und personeller Hinsicht zur Verfügung gestellt werden. Auch hier ergibt sich jedoch das bereits angesprochene Problem der fehlenden Erträge, da die Schulen zur Wahrnehmung ihrer Aufgaben stets auf die genannten Mittel zugreifen müssen und damit das Stiftungsvermögen zwangsläufig in seinem Bestand redu-

---

[959] Dies war auch einer der Hauptgründe für das Hamburger Stiftungsmodell. Durch die Einbeziehung der Wirtschaft in die Stiftungsarbeit sollte im Wege von Public-Private-Partnership die Ausbildungsqualität weiterentwickelt und die Voraussetzungen für zusätzliche Arbeitsplätze geschaffen werden. Ziel war u.a. eine stärkere Kundenorientierung, eine ergebnisorientierte Steuerung mit Ziel- und Leistungsvereinbarungen und eine Delegation von Verantwortung an den „Ort der Leistungserstellung". So *Pörksen*, ZBV 2/2004, 86 (86).

ziert würde. Demnach kann das Stiftungsvermögen jedenfalls nicht (ausschließlich) aus den wiederkehrenden Zuwendungen von Land und Kommunen bestehen. Auch § 4 Abs. 2 des Stiftungsgesetzes, nach dem das Stiftungsvermögen durch Zustiftungen der Stifterin sowie Dritter „erhöht" werden kann, bereitet insoweit Probleme. Fraglich erscheint es bereits, von einer „Erhöhung" des Stiftungsvermögens zu sprechen. Denn jedenfalls nach dem hier zugrunde gelegten Verständnis stellt das Eigentum an der Ausstattung und gegebenenfalls den Gebäuden kein taugliches Stiftungsvermögen dar. Zustiftungen der Stifterin oder Dritter wären demnach entscheidender Bestandteil des Stiftungsvermögens. Was indes die Mittel der Stifterin betrifft – die nur öffentliche Mittel sein können, unabhängig davon, ob die Stifterin Kommune oder Land ist –, erscheint es angesichts der aktuellen Haushaltslage mehr als unwahrscheinlich, dass der öffentliche Haushalt überzählige Mittel zur Verfügung hat, die er für die Schulen bereitstellen könnte. Allenfalls realistisch erscheint die Bereitstellung bestimmter zweckgebundener Mittel, beispielsweise für Modellversuche oder Ähnliches. Diese Mittel wären aber gerade zweckgebunden, müssten demzufolge auch für den bestimmten Zweck verwendet und könnten nicht in das Stiftungsvermögen eingestellt werden. Hinsichtlich der Mittel Dritter ist anzumerken, dass es durchaus möglich erscheint, dass sich Privatpersonen oder Unternehmen finden würden, die bereit sind, Gelder für eine bestimmte Schule zur Verfügung zu stellen. Da die mögliche Spendenbereitschaft jedoch im Vorhinein schlecht abzuschätzen ist, erscheint es nicht sinnvoll, das Stiftungsvermögen im Wesentlichen auf privaten Zustiftungen aufzubauen. Solange private Gelder nicht tatsächlich vorhanden sind, sollten unter den derzeitigen Gegebenheiten nur das Eigentum an den Gebäuden und der Ausstattung als Stiftungsvermögen Verwendung finden. Dieses wird indes regelmäßig – wie bereits festgestellt – keine Erträge abwerfen. Fallen aber keine Erträge an, wird fraglich, warum gerade die Rechtsform der Stiftung gewählt werden sollte. Aus finanziellen Erwägungen würde die Überführung des Eigentums an Gebäuden und Ausstattung der Schulen in ein Stiftungsvermögen jedenfalls wenig Sinn machen. Die Wahl der Stiftung als Rechtsform kann sich demnach nur aus anderen Aspekten rechfertigen. In Betracht käme insoweit die Rechtsfähigkeit der Stiftung. Sicherlich ist dies im Rahmen der Vergrößerung der Autonomie von Schulen ein gewichtiger Vorteil. Doch ist die Rechtsfähigkeit keine Besonderheit der Stiftung. Alle juristischen Personen des öffentlichen Rechts verfügen über (Teil-) Rechtsfähigkeit. Die Erlangung der Rechtsfähigkeit ist demnach kein Argument, das gerade zur Begründung der Wahl der Rechtsform der Stiftung dient. Schließlich wird als Argument für die Rechtsform der Stiftung angeführt, dass bei dieser der Gedanke der Dauerhaftigkeit der Organisationsform deutlich im Vordergrund stehe, während beispielsweise Körperschaften und rechtsfähige Anstalten des öffentlichen Rechts ohne großen Aufwand durch andere Rechtsformen ersetzt werden könnten[960]. Diese Annahme erscheint fraglich. Denn hinsichtlich der Stiftung

---

960 Vgl. die Begründung zum Gesetz über die Errichtung der Stiftung „Stiftung Berufliche Schulen Hamburg" (SBB-Gesetz – HmbSBSG), Stand: 4.12.2003, S. 1 f.

wird gemeinhin konstatiert, dass sie sich von der rechtsfähigen Anstalt nicht mehr eindeutig abgrenzen lasse und Unterschiede zwischen beiden Rechtsformen kaum mehr zu erkennen seien[961]. Ist dies aber der Fall, kann es nicht zutreffen, dass sich gerade die Rechtsform der Stiftung durch ihre größere Dauerhaftigkeit auszeichnet[962]. Selbst wenn man aber eine größere Dauerhaftigkeit der Organisationsform der Stiftung annimmt[963], kann darin kein unbedingter Vorteil der Stiftung gegenüber anderen Organisationsformen gesehen werden. Die Bindung des Trägers an die von ihm gewählte Rechtsform hätte lediglich den (fragwürdigen) Vorteil, dass auf diesem Weg nachfolgende Entscheidungsträger einfacher gebunden werden könnten als bei der Wahl einer anderen Rechtsform. Die (erzwungene) Bindung nachfolgender Entscheidungsträger kann aber als Argument für die Stiftung nicht überzeugen. Ziel muss vielmehr sein, durch die Wahl einer bestimmten Organisationsform – hier der Stiftung – die Qualität der schulischen Arbeit derart zu verbessern, dass nachfolgende Entscheidungsträger gar keine Änderung der Organisationsform mehr vornehmen wollten und/oder es politisch auch nicht könnten. Eine erzwungene Bindung an eine bestimmte Rechtsform kann eine derartige Überzeugungsarbeit nicht leisten. Folglich vermag auch das Argument der Dauerhaftigkeit die Wahl der Rechtsform Stiftung nicht ausreichend zu begründen.

Demnach ist kein durchschlagendes Argument für die Stiftung als Rechtsform für Schulen zu finden. Darüber hinaus können – zumindest nach dem hier vertretenen Ansatz der Fokussierung auf die Schulgemeinde – verschiedene Nachteile der Stiftung gegenüber anderen Rechtsformen angeführt werden. Nach der oben genannten Definition der Stiftung steht der Gedanke der Verwaltung eines zweckgebundenen Vermögens im Mittelpunkt der Stiftungsarbeit[964]. Eine Stiftung hat primär den Zweck, bestimmte Vermögensmittel zur Förderung eines ausdrücklich festgelegten Zwecks zur Verfügung zu stellen. Demzufolge hat die Stiftung auch keine Mitglieder, die gemeinsam über die Arbeit der Stiftung entscheiden. Die Stiftung hat vielmehr Destinatäre (Nutznießer), die von den Geldern der Stiftung profitieren. Überträgt man diese Situation auf die Arbeit der Schulen, wären Schüler und Eltern wohl als Nutznießer der Stiftung Schule anzusehen. Als solche hätten sie regelmäßig keinen (entscheidenden) Einfluss auf die inhaltliche Arbeit der Stiftung. Gerade dies wird aber durch den Gedanken der Schulgemeinde bezweckt. Schüler und Eltern sollen ebenso wie Lehrer in die inhaltliche Arbeit der Schule einbezogen werden. Dieser Ansatz wird durch eine Rechtsform wie die der Stiftung, die primär auf eine Vermögensverwaltung ausgerichtet ist, nicht hinreichend unterstützt. Für die schulische Eigenverantwortung hätte die Stiftung als Rechtsform keinen anderen wesentli-

---

961 So ausdrücklich *Maurer*, Allgemeines Verwaltungsrecht, § 23 Rn. 55; *Ebersbach*, Die Stiftung des öffentlichen Rechts, S. 22.
962 So auch – bezogen auf die vergleichbare Diskussion im Hochschulrecht – *Löwer*, RdJB 2004, 190 (197).
963 So auch *Wolff/Bachof/Stober*, Verwaltungsrecht III, § 88 Rn. 21.
964 Vgl. *Maurer*, Allgemeines Verwaltungsrecht, § 23 Rn. 55.

chen Vorteil als den der Rechtsfähigkeit. Dieser kann aber auch in anderen Rechtsformen gewährleistet werden.

Eine andere Bewertung des Stiftungsmodells vermag auch nicht ein Blick in das Hochschulrecht herbeizuführen. Ebenso wie im Schulrecht wird dort die Stiftung als eine mögliche Rechtsform zur Vergrößerung der Eigenständigkeit der Hochschulen gesehen[965]. In Niedersachsen, das insoweit eine Vorreiterrolle eingenommen hat[966], ist die Stiftungshochschule bereits Realität geworden, weshalb das niedersächsische Vorhaben hier kurz umrissen werden soll[967]. Gem. § 55 Abs. 1 NHG besteht die Möglichkeit, die Trägerschaft staatlicher Hochschulen vom Land auf eine Stiftung des öffentlichen Rechts zu übertragen. Organe der Stiftung sind der Stiftungsrat, der mehrheitlich aus externen Mitgliedern sowie je einem Vertreter des Hochschulsenats und des Fachministeriums besteht, und das – insoweit doppelfunktionale – Präsidium der Hochschule, § 59 Abs. 1 NHG. Der Stiftungsrat fungiert als eine Art Aufsichtsrat[968], der die Hochschule berät, über Angelegenheiten der Stiftung von grundsätzlicher Bedeutung beschließt und die Tätigkeit des Präsidiums der Stiftung überwacht, § 60 Abs. 2 NHG. Das Präsidium ist demgegenüber einem Vorstand vergleichbar, der die laufenden Geschäfte der Stiftung führt und die Beschlüsse des Stiftungsrats vorbereitet und ausführt, § 61 Abs. 1 S. 1 NHG. Stiftungsvermögen sind die von der Hochschule benötigten Grundstücke, deren Eigentum auf die Stiftung übertragen wird, § 55 Abs. 1 S. 5, § 56 Abs. 1 S. 1 NHG. Das Vermögen kann durch Zustiftungen des Landes oder Dritter erhöht werden, § 56 Abs. 1 S. 2 NHG. Ebenso wie in dem Hamburger Berufsschulmodell sind Zielvereinbarungen zwischen Hochschule, Staat und Stiftung von wesentlicher Bedeutung, § 1 Abs. 3 S. 1 und 3 NHG. Der Staat führt die Rechtsaufsicht über die Stiftung, § 62 Abs. 1 S. 1 NHG und behält sich weitere Rechte, unter anderem die Berufung der Professoren gem. § 58 Abs. 2 S. 1 NHG, vor. Die Stiftung führt die Rechtsaufsicht über die Hochschulen, § 60 Abs. 2 S. 2 Nr. 7 NHG.

Die Bedenken, die anlässlich des Hamburger Vorhabens bezogen auf Schulen in und als Stiftungen geäußert wurden, gelten im Wesentlichen auch hier. Zunächst ist zu bemerken, dass – ebenso wie bei den Schulen – nicht die *Hochschule* rechtlich selbstständige Stiftung wird, sondern nur die *Trägerschaft* der Hochschule einer Stiftung übergeben wird. Es wird also nicht die Hochschule, sondern deren Trägerschaft eigenständiger[969]. Hier stellt sich – noch deutlicher als bei den Schulen – die Frage, warum nicht der Hochschule selbst, die bereits jetzt als Körperschaft mit an-

---

965 Dass das Verhältnis von Staat und Hochschule im Wandel begriffen ist, zeigt der erst 1998 eingeführte § 58 Abs. 1 S. 2 HRG, nach dem Hochschulen auch in anderen Rechtsformen als der bisher üblichen Form der Körperschaft, die zugleich staatliche Einrichtung ist, errichtet werden können.
966 *Kahl*, Hochschule und Staat, S. 94 f.
967 Auch Nordrhein-Westfalen erwägt eine entsprechende Änderung des Hochschulrechts, siehe unter www.al-bochum.net/modell_stiftungshochschule_article210.html (16.8.2005).
968 *Ipsen*, NdsVBl. 2003, 1 (3).
969 *Löwer*, RdJB 2004, 190 (192); *Thieme*, Deutsches Hochschulrecht, Rn. 178 f.

staltlichen Zügen[970] über größere Eigenständigkeit als Schulen verfügt, mehr Spielraum zugestanden worden ist. Insbesondere wäre an das Modell einer eigentumsfähigen Körperschaft des öffentlichen Rechts, die ihre anstaltlichen Züge abgelegt hat, zu denken[971]. Zwar ist hervorzuheben, dass die Hochschule über das doppelfunktionale Präsidium großen Einfluss auf das Handeln der Stiftung hat[972]. Doch wirft auch dieses Fragen auf. Zum einen übt auf diesem Weg das Präsidium als Teil der Stiftung die Aufsicht über sich selber als Teil der Hochschule aus[973]. Diese Konstruktion erscheint wenig überzeugend, da nach Sinn und Zweck der Aufsicht der Aufsichtführende vom zu Beaufsichtigenden verschieden sein muss[974]. Zum anderen ist unklar, warum bei einer offenbar beabsichtigten starken Stellung des Hochschulpräsidiums nicht auch konsequent der Hochschule als solcher größere Verantwortlichkeit übertragen worden ist. Hinsichtlich des Stiftungsvermögens gilt das zur Schule bereits Gesagte. Ohne private Zuwendungen – auf die man das Stiftungsvermögen nicht ausschließlich bauen sollte, da mit ihnen nicht verlässlich gerechnet werden kann – existiert kein taugliches Stiftungsvermögen[975]. Demnach vermag auch die (niedersächsische) Hochschulstiftung bzw. Stiftungshochschule – ebenso wie die Stiftung Berufliche Schulen Hamburg – kein taugliches Modell für eine Vergrößerung der schulischen bzw. hochschulischen Eigenständigkeit abzugeben.

2. Schule als rechtsfähige öffentlich-rechtliche Anstalt[976]

a) Anwendung der Merkmale der rechtsfähigen Anstalt auf die Gegebenheiten der Schule

Die öffentliche Anstalt ist – wie oben bereits gesehen – „ein Bestand von Mitteln, sächlichen wie persönlichen, welche in der Hand eines Trägers öffentlicher Verwaltung einem besonderen öffentlichen Zweck dauernd zu dienen bestimmt sind"[977]. Der Zweck der Anstalt besteht regelmäßig in erster Linie in der Erbringung von Leistungen für Bürger und sonstige außerhalb der Verwaltung stehende Rechtssub-

---

970 Siehe dazu näher unten 3. Teil E. II. 3. b) aa.
971 *Kluth*, RdJB 2004, 174 (181); *Löwer*, RdJB 2004, 190 (206); *Ipsen*, RdJB 2003, 36 (43).
972 *Ipsen*, NdsVBl. 2003, 1 (3).
973 So auch *Ipsen*, NdsVBl. 2003, 1 (3). Zwar obliegt die Führung der Rechtsaufsicht über die Hochschule gem. § 60 Abs. 2 S. 2 Nr. 7 NHG dem Stiftungsrat und nicht dem Präsidium. Da dieses aber die Entscheidungen des Stiftungsrats vorbereitet und ausführt, hat es auch maßgeblichen Einfluss auf aufsichtliche Entscheidungen.
974 Siehe dazu oben 2. Teil B. III.
975 *Kluth*, RdJB 2004, 174 (180 f.); *Ipsen*, NdsVBl. 2005, 5 (8 f.); *Thieme*, Deutsches Hochschulrecht, Rn. 179.
976 Siehe dazu auch *van den Hövel*, ZBV 2/2004, 80 ff.
977 *Mayer*, Verwaltungsrecht, Bd. II, S. 268, 331. Vgl. oben 1. Teil B. I.

jekte aufgrund eines Benutzungsverhältnisses[978]. Die rechtsfähige Anstalt ist selbst Zuordnungssubjekt von Rechten und Pflichten, kann folglich rechtlich handeln und haftet für ihre Verbindlichkeiten. Hauptgrund für die Errichtung von Anstalten ist der Gedanke der Dezentralisation. Staatliche Aufgaben sollen zur Entlastung der Staatsverwaltung auf selbstständige Verwaltungsträger delegiert werden. Der Gedanke der Selbstverwaltung kommt dagegen nicht zum Tragen, da es bereits am personellen Substrat fehlt[979]. Denn die Anstalt hat – im Unterschied zur Körperschaft – keine Mitglieder. Die mit der Anstalt in Zusammenhang stehenden Personen sind entweder die Bediensteten der Anstalt, welche die Anstaltsaufgaben wahrzunehmen haben, oder die Benutzer, welche die Anstaltsleistungen in Anspruch nehmen[980]. Die Benutzer sind dabei nicht Träger der Anstalt, sondern von außen kommende Dritte[981]. Geschaffen wird die rechtsfähige Anstalt durch oder aufgrund eines Gesetzes. Der die Anstalt errichtende Verwaltungsträger ist zugleich der Anstaltsträger und bestimmt als solcher die Organisation und die Aufgaben der Anstalt, soweit sie nicht durch Gesetz festgelegt sind oder der Anstalt zur eigenständigen Regelung überlassen werden. Dem Anstaltsträger steht stets jedenfalls die Rechtsaufsicht über die rechtsfähige Anstalt zu. Oftmals behält er sich aber auch weitergehende Befugnisse (z.B. Weisungsrechte, Genehmigungsvorbehalte, Mitwirkung bei Besetzung von Anstaltsorganen, Recht zur Entsendung von Vertretern in Anstaltsorgane etc.) durch entsprechende gesetzliche Regelungen vor[982].

Während die Rechtsform der öffentlich-rechtlichen Anstalt als solche für die Schulen nicht neu wäre, wäre die mit der Umwandlung der Schulen von nichtrechtsfähigen in rechtsfähige Anstalten einhergehende Verleihung der Rechtsfähigkeit ein absolutes Novum in der schulrechtlichen Wirklichkeit. Ohne dass die Rechtsform der Schulen als solche grundlegend verändert würde, könnten die Schulen Träger von Rechten und Pflichten sein und rechtlich verbindlich nach außen handeln. Die mit der Rechtsfähigkeit verbundenen Vorteile – auf die es vorliegend im Rahmen der Suche nach alternativen Rechtsformen für die Schulen maßgeblich ankommt – sind auch in einigen Bundesländern erkannt worden. Zu nennen sind hier insbesondere Bremen und Schleswig-Holstein, die bereits erste Schritte hin zu einer Verleihung der Rechtsfähigkeit an (bestimmte) Schulen unternommen haben.

---

978 *Maurer*, Allgemeines Verwaltungsrecht, § 23 Rn. 46.
979 *Maurer*, Allgemeines Verwaltungsrecht, § 23 Rn. 50.
980 *Maurer*, Allgemeines Verwaltungsrecht, § 23 Rn. 52.
981 *Maurer*, Allgemeines Verwaltungsrecht, § 23 Rn. 52.
982 Vgl. *Avenarius*, RdJB 2001, 470 (477); siehe auch *Maurer*, Allgemeines Verwaltungsrecht, § 23 Rn. 51.

b) Das Bremer Gesetz über die Umwandlung öffentlicher Schulen in juristische Personen[983]

aa. Beschreibung des Vorhabens

Den Schulen im Land Bremen sind in den vergangenen Jahren weit gehende Entscheidungsbefugnisse bei der Gestaltung des Schulprogramms und der Bewirtschaftung von Sachmitteln eingeräumt worden[984]. Da sich die Übertragung der genannten Befugnisse nach allgemeiner Ansicht grundsätzlich bewährt hatte, sollten – zunächst versuchsweise – weitere Verantwortungsbereiche auf ausgewählte Schulen übertragen werden. Insbesondere sollte die schulische Verantwortung auf die Personalwirtschaft, die innere Organisation und die gesamte Wirtschaftsführung erstreckt werden. Ein möglicher Weg der Übertragung der genannten Befugnisse auf die Schulen wäre die Ausstattung der Schulen mit entsprechenden – durch das Land und/oder die Stadtgemeinden ausgestellten – Vollmachten gewesen. Der bremische Gesetzentwurf entscheidet sich indes bewusst gegen diesen Weg. Vielmehr setzt er darauf, den Schulen – in konsequenter Umsetzung des Gedankens der Selbstständigkeit – *umfassende* rechtliche Selbstständigkeit zu übertragen[985]. Begründet wird dies neben der konsequenteren Umsetzung des Selbstständigkeitsgedankens damit, dass die rechtliche Selbstständigkeit wegen der damit verbundenen hohen Verbindlichkeit erfahrungsgemäß zu einer stärkeren Übereinstimmung der Leitungsebene und der Entscheidungsgremien mit den Zielen der Organisation führe, als dies durch die bloße Erteilung von – jederzeit widerruflichen – Vollmachten erreicht werden könnte[986]. Der Gesetzentwurf geht von der Erkenntnis aus, dass die bremischen öffentlichen Schulen auch einer *neuen Struktur* bedürfen, um den gesellschaftlichen Anforderungen angemessen begegnen zu können[987].

Gem. § 1 Abs. 1 des Gesetzentwurfs können öffentliche Schulen durch Ortsgesetze der Stadtgemeinden in juristische Personen des öffentlichen Rechts (rechtsfähige Schulen) umgewandelt werden. Auch ist es möglich, mehrere kleine Schulen, die allein mit den mit der Rechtsfähigkeit zusammenhängenden Aufgaben überfordert wären, zu einer rechtsfähigen Schule zusammenzuführen, § 1 Abs. 2 S. 1 des Gesetzentwurfs. Die rechtsfähigen Schulen erfüllen durch inhaltliche, personelle, organisatorische und wirtschaftliche Selbststeuerung den staatlichen Bildungsauftrag. Durch eine qualitätsorientierte und eigenverantwortliche Aufgabenwahrnehmung verbessern sie das Schulangebot und steigern die Wirksamkeit des Einsatzes von

---

983 Gesetz über die Umwandlung öffentlicher Schulen in juristische Personen, Entwurf 1.4.0. (14.11.01).
984 Siehe dazu bereits oben 3. Teil C. I. 1. und 3.
985 Vgl. dazu insgesamt die Begründung des Gesetzentwurfs im Eingangsteil „Allgemeines", S. 1 f.
986 Vgl. die Begründung des Gesetzentwurfs im Eingangsteil „Allgemeines", S. 2.
987 Vgl. das Gesetz über die Umwandlung öffentlicher Schulen in juristische Personen, S. 1. Hervorhebung der Verfasserin.

Personal und Sachmitteln, § 2 Abs. 1 des Gesetzentwurfs. Gem. § 2 Abs. 4 regelt jede rechtsfähige Schule ihre Aufgaben im Einzelnen durch Satzung. Die rechtsfähige Schule muss damit ihr Profil durch Satzung definieren und durch Satzungsänderungen weiterentwickeln. Organe der Schule sind gem. § 4 Abs. 1 des Gesetzentwurfs ein Verwaltungsrat, die Schulleitung und die Gremien des Kollegiums. Hinsichtlich der Institutionen der Schulleitung und des Verwaltungsrats wird damit der bei juristischen Personen üblichen Trennung von Leitung (Schulleitung) und Kontrolle (Verwaltungsrat) entsprochen. Den Gremien der Kollegien werden Organqualitäten und damit Entscheidungsbefugnisse deshalb zuerkannt, weil die Lehrkräfte in einer besonderen Verantwortung für die Unterrichts- und Erziehungsarbeit der Schulen stehen.

Die Schulleitung besteht aus einem (pädagogischen) Direktor und einem kaufmännischen Leiter. Während der Direktor die Schule nach außen vertritt und für die inhaltliche Arbeit der Schule und die Schulentwicklung zuständig ist, obliegen dem kaufmännischen Leiter die Wirtschaftsführung und das Rechnungswesen, § 9 Abs. 1 und 2 des Gesetzentwurfs. Der Direktor ist Dienstvorgesetzter der Beamten und Vorgesetzter der Angestellten und Arbeiter der rechtsfähigen Schule, § 9 Abs. 4 des Gesetzentwurfs. Die Schulleitung führt die Geschäfte unter selbstständiger und eigenverantwortlicher Abwicklung aller Maßnahmen, die zur Aufrechterhaltung des laufenden Betriebs der Schule notwendig sind, § 9 Abs. 8 des Gesetzentwurfs.

Der Verwaltungsrat setzt sich zusammen aus einem Vertreter des Senators für Bildung, dem Leiter des zuständigen Ortsamts, einem Mitglied des Beirats der Schule, drei Mitgliedern der Elternvertretung, drei Mitgliedern des Lehrerkollegiums und – ab der Sekundarstufe I – drei Mitgliedern der Schülervertretung[988], § 6 Abs. 1 des Gesetzentwurfs. Gem. § 7 des Gesetzentwurfs verfügt der Verwaltungsrat über weitreichende Befugnisse. Er legt – unbeschadet der Entscheidungsbefugnisse der Gremien des Kollegiums – die Grundsätze der Arbeit fest und überwacht die Rechtmäßigkeit, Zweckmäßigkeit und Wirtschaftlichkeit der Führung der Schulgeschäfte. Insbesondere entscheidet er unter anderem über Änderungen der (Schul-) Satzung einschließlich des Schulprogramms, über die Grundsätze der Unterrichtsorganisation, über den Wirtschaftsplan und die Feststellung des Jahresabschlusses, die Verwendung von Überschüssen und die Entlastung der Schulleitung, § 7 Abs. 3 des Gesetzentwurfs. Dem Verwaltungsrat obliegt die Bestellung und Abberufung der Schulleitung, wobei die Bestellung stets auf fünf Jahre in ein Angestelltenverhältnis erfolgt.

In den Gremien des Kollegiums wird die konkrete inhaltliche Arbeit der Schule beraten und beschlossen. Insbesondere werden Beschlüsse über die Koordinierung, Vorbereitung und Auswertung der Unterrichtsgestaltung und der Unterrichtsmethoden sowie der Leistungsbewertung gefasst. Es werden verbindliche grundsätzliche

---

988 An Schulen mit beruflichen Abteilungen kommen ferner noch zwei Vertreter des Ausbildungsbeirats oder eines entsprechenden Gremiums dazu, § 6 Abs. 1 Nr. 7 des Gesetzentwurfs.

Unterrichtsinhalte und Qualitätsstandards im Rahmen der der Schule überlassenen Handlungsräume festgelegt und die notwendigen Instrumente zur Evaluation und Qualitätssicherung der pädagogischen Arbeit entwickelt, § 12 Abs. 2 des Gesetzentwurfs.

Zur Unterstützung und Beratung bei der Verwirklichung des Schulzwecks wird der Schule ein Beirat zugeordnet. Mitglieder des Beirats sind Vertreter der Institutionen der Region. Konkret sind dies ein Vertreter der öffentlichen und anerkannten freien Jugendhilfe, zwei Vertreter der Betriebe, davon ein Arbeitgeber und ein Arbeitnehmer, und ein Vertreter der Vereine, § 5 Abs. 1 des Gesetzentwurfs.

Die rechtsfähige Schule finanziert sich aus den auf Kontrakten beruhenden wiederkehrenden Zuweisungen der Stadtgemeinden, die einen eigenständigen Schulbetrieb sicherstellen, sowie aus sonstigen Einnahmen, § 3 Abs. 1 des Gesetzentwurfs. In den Kontrakten, welche die Schule mit der Stadtgemeinde und dem durch die Stadtgemeinde mitvertretenen Land schließt, werden die von der Schule erwarteten Leistungen beschrieben und die ihr hierfür zu gewährenden Finanzmittel festgelegt. Die Höhe der Finanzmittel richtet sich dabei auch nach dem auf dem Schulprofil beruhenden Angebot der Schule. Daneben kann die Schule eigene Einnahmen erzielen. Damit wird ein wesentliches Ziel der Umwandlung der Schulen in rechtsfähige Anstalten verfolgt. Soll doch die Schule ihre Effizienz durch die Rechtsfähigkeit steigern können und ihre wirtschaftliche Eigenverantwortung erweitern. Außerdem soll eine bessere Planbarkeit der zukünftigen Entwicklungen im finanziellen Bereich durch die Möglichkeit der Rücklagenbildung unterstützt werden, § 3 Abs. 2 des Gesetzentwurfs[989].

Die Aufsicht richtet sich gem. § 13 Abs. 1 des Gesetzentwurfs nach dem Umfang der Fachaufsicht über die privaten Schulen. Damit werde – so die Begründung zum Gesetzentwurf[990] – einerseits die gleiche Aufsichtsintensität verankert, wie sie gegenüber rechtsfähigen Institutionen des nicht-staatlichen Bereichs gilt, andererseits werde die verfassungsrechtliche staatliche Mindestfachaufsicht gewährleistet.

bb. Bewertung des Vorhabens

Das vorliegend dargestellte Gesetzesvorhaben ist bis zum heutigen Tag lediglich ein Entwurf geblieben. Unterschied und – bezogen auf das Ziel der Vergrößerung schulischer Eigenverantwortung – auch Vorteil gegenüber der derzeitigen Rechtslage sind die mit der Rechtsfähigkeit der Schulen verbundenen Möglichkeiten. Schulen sind nicht weiter darauf angewiesen, dass ihnen für jegliche rechtsverbindlichen Handlungen Vollmachten erteilt werden, sondern sie können als eigene Rechtspersönlichkeiten handeln und sich selbst rechtlich binden. Damit einher geht die un-

---

989 Siehe auch die Begründung zu § 3 Abs. 2 des Gesetzentwurfs.
990 Siehe Begründung zu § 13 Abs. 1 des Gesetzentwurfs.

komplizierte Möglichkeit der Erzielung von Einnahmen, beispielsweise durch die Vermietung der Schulräume zu unterrichtsfreien Zeiten oder durch die Veranstaltung von Fortbildungen oder Ähnlichem. Nicht gering zu schätzen ist auch der durch die Verleihung der Rechtsfähigkeit regelmäßig erzeugte mentale Umschwung auf der Leitungs- und Entscheidungsebene. Durch die Zuerkennung der Rechtsfähigkeit wird der Schule im Wesentlichen – unbeschadet der natürlich weiterhin bestehenden Verantwortung des Staates – die Gesamtverantwortung für ihre Arbeit übertragen. Es ist kaum ein anderes Signal denkbar, das die Verantwortungsübertragung auf und -wahrnehmung durch die Schule deutlicher machen würde. Denn die Rechtsfähigkeit ist es erst, die ein Gebilde zu einem auch rechtlich relevanten macht. Dieser Umstand führt mutmaßlich zu einem anderen Selbstverständnis und -bewusstsein bei den Verantwortlichen in der Schule. Sie sind es, die nun aus eigenem – und nicht wie stets abgeleitetem – Recht Entscheidungen für die Schule treffen, für die Qualität der Arbeit verantwortlich sind und zur Rechenschaft gezogen werden.

Mit der Regelung, nach der mehrere kleine Schulen zu einer rechtsfähigen Schule zusammengefasst werden können, kann dem Problem begegnet werden, dass sich kleine Schulen möglicherweise den mit der Rechtsfähigkeit einhergehenden Aufgaben nicht gewachsen fühlen könnten. Die kleinen Einzelschulen können in diesem Modell relativ selbstständig handeln, die Gesamtverantwortung jedoch der Gesamtschulleitung überlassen.

Praxistauglich erscheint auch die Regelung der doppelten Besetzung der Schulleitung. Die mit der Zuerkennung der Rechtsfähigkeit verbundenen Aufgaben insbesondere in verwaltungs- und haushaltsrechtlicher Hinsicht können von einem pädagogisch ausgebildeten Schulleiter allein nicht bewältigt werden. Aus diesem Grund ist die Zusammenarbeit des pädagogischen Leiters mit einem kaufmännisch ausgebildeten Leiter von entscheidender Bedeutung. Auch die (Dienst-) Vorgesetzteneigenschaft des Direktors ist im Sinne einer eigenverantwortlichen schulischen Arbeit zu befürworten. Indem dem Direktor das Recht zuerkannt wird, dem schulischen Personal Aufgaben zuzuweisen, wird ihm ein effektiveres Reagieren auf die Bedürfnisse der Schule ermöglicht.

Durch die Zusammensetzung und die Befugnisse des Verwaltungsrats ist gewährleistet, dass tatsächlich die gesamte Schulgemeinde in die schulische Arbeit einbezogen wird. Dies ist indes kein absolutes Novum, da die Schulkonferenzen bereits heute zum Teil über ähnliche Kompetenzen verfügen. Neu ist jedoch die Existenz eines Beirats, der die Schule in ihrer Arbeit unterstützt und berät. Durch die Besetzung des Beirats mit Vertretern der Jugendhilfe, der Betriebe und der Vereine wird – jedenfalls zum Teil[991] – das regionale Umfeld der Schule in die schulische Arbeit einbezogen. Anders als eine – auch bislang schon in vielen Schulen praktizierte – punktuelle Zusammenarbeit der Schulen mit außerschulischen Partnern wird durch die Einführung eines Beirats die Zusammenarbeit institutionalisiert und erhält einen erhöhten Verbindlichkeitsgrad.

---

991 Zu denken wäre ferner an Vertreter von Kirchen und Kultureinrichtungen.

Zum Umfang der Aufsichtsbefugnisse ist zu konstatieren, dass nach der hier im zweiten Teil[992] entwickelten Konzeption auch gänzlich auf die Fachaufsicht hätte verzichtet werden können. Indem sie dem Umfang der Fachaufsicht über die Privatschulen angeglichen wird, ist sie aber jedenfalls auf ein absolutes Minimum reduziert worden.

Kritisch zum vorliegenden Gesetzentwurf sind insbesondere zwei Punkte anzumerken. Zum einen ist dies das Rechtsverhältnis und die Bestellung der Schulleitung. Zum anderen ist es die Finanzierung der rechtsfähigen Schulen. Gem. § 7 Abs. 2 des Gesetzentwurfs wird die Schulleitung von dem Verwaltungsrat auf fünf Jahre in ein Angestelltenverhältnis bestellt, wobei eine wiederholte Bestellung zulässig ist. Anders als heute üblich sollen die Schulleiter demnach künftig Angestellte mit zeitlich befristeten Verträgen und nicht mehr lebenslänglich tätige Beamte sein. Zur Frage der Notwendigkeit einer Verbeamtung des Lehrpersonals einschließlich der Schulleitung wurde oben ausführlich Stellung genommen[993]. Darauf kann an dieser Stelle verwiesen werden. Nach dem dort entwickelten Ansatz erscheint es jedenfalls verfassungsrechtlich nicht unzulässig, auf die Beamtenstellung künftig zu verzichten, auch wenn viele Gründe für die Beibehaltung derselben sprechen mögen. Als problematisch könnte sich indes die zeitlich befristete Bestellung der Schulleitung durch den Verwaltungsrat erweisen. Schwierigkeiten bereitet hierbei nicht in erster Linie die – auch nach heute geltendem Recht bereits mögliche[994] – zeitliche Befristung, sondern möglicherweise die Bestellung durch den Verwaltungsrat. Der Verwaltungsrat ist das Gremium, in dem die Schulgemeinde vertreten ist, das heißt die Personen, welche die tägliche Arbeit der Schule bestreiten. Es erscheint deshalb durchaus sinnvoll, den Verwaltungsrat in die Auswahl der Schulleitung mit einzubeziehen, da es die dort vertretenen Gruppierungen sind, die letztlich mit der Schulleitung zusammenarbeiten müssen und von deren Entscheidungen betroffen sind. Jedoch birgt die Bestellung der Schulleitung auf Zeit durch den Verwaltungsrat mit der Möglichkeit der Wiederwahl die Gefahr, Druck auf die Schulleitung auszuüben. Dieses Problem, das bereits vorgehend im Rahmen der Auseinandersetzung mit der Möglichkeit der Übertragung von Leitungsämtern auf Zeit erörtert wurde[995], bedarf einer Abwägung der mit der Befristung verbundenen Vor- und Nachteile. Einerseits kann es sich negativ auswirken, die Schulleitung dem (politischen) Druck des Verwaltungsrats auszusetzen[996], da sie, welche die Bedürfnisse der Schule mutmaßlich am besten kennt, entgegen der eigenen Überzeugung handeln könnte, um sich die

---

992 Siehe oben 2. Teil B. III.
993 Siehe oben 3. Teil E. I. 2. a).
994 Siehe dazu oben 3. Teil E. I. 2. a).
995 Siehe oben 3. Teil E. I. 2. a).
996 *Summer* äußert sich zur Übertragung von Schulleitungsfunktionen auf Zeit dahingehend, dass man die Schulleiterposition „in Abhängigkeit von Politik und hysterischen Eltern" bringe, ZBR 2002, 109 (113).

Gunst des Verwaltungsrats für die Wiederwahl zu sichern[997]. Andererseits kann durch die zeitliche Befristung der Position verhindert werden, dass sich eine für die Entwicklung der Schule hinderliche Routine einschleicht und/oder ungeeignete Kräfte Führungspositionen auf unabsehbare Zeit blockieren.

Neben der Bestellung der Schulleitung ist die Finanzierung der rechtsfähigen Schulen ein kritisch zu betrachtender Punkt. Die oben dargestellte Art der Finanzierung der rechtsfähigen Schulen wird aller Wahrscheinlichkeit nach dazu führen, dass die Schulen über Finanzmittel in unterschiedlicher Höhe verfügen. Denn einerseits werden die staatlichen Mittel durch den Senator für Bildung und Wissenschaft abhängig vom Angebot der Schule vergeben. Andererseits haben die Schulen die Möglichkeit, eigene Einnahmen zu erzielen. Eine ungleiche Verteilung der finanziellen Mittel kann aber – wie oben gesehen – zu einer Chancenungleichheit bei den Schülern führen[998]. Zunächst einmal ist zu diesem Problem anzumerken, dass gem. § 3 Abs. 1 Nr. 1 des Gesetzentwurfs jede Schule die Mittel erhält, die zur Sicherstellung eines eigenständigen Schulbetriebs zur Erfüllung des staatlichen Bildungsauftrags erforderlich sind. Insofern ist also jedenfalls gewährleistet, dass alle Schüler eine ordnungsgemäße grundständige Schulbildung erhalten, die finanziell durch den Staat abgesichert ist. Der Handlungsspielraum des Senators kann sich folglich nur auf das darüber hinausgehende Angebot der Schule beziehen. So heißt es in der Begründung zum Gesetzentwurf, dass die Schulleitungen ihre auf der Basis eines Schulprofils zu beschreibenden Leistungen „anbieten" und der Senator für Bildung und Wissenschaft die Möglichkeit hat zu entscheiden, ob und in welcher Höhe er Finanzmittel zur Umsetzung des Leistungsangebots einsetzen will[999]. Bei der Vergabe der Mittel darf der Senator indes nicht willkürlich vorgehen, sondern muss sich an sachlichen Kriterien orientieren. Dies ergibt sich zwar nicht unmittelbar aus dem Gesetzentwurf, entspricht aber der Bindung der öffentlichen Gewalt an die Grundrechte gem. Art. 1 Abs. 3 GG. Denn eine willkürliche Verteilung der Mittel an die Schulen würde mittelbar zu einer Verletzung der Grundrechte der Schüler führen. Richtet der Senator seine Mittelvergabe indes an sachlichen Kriterien aus, kann dies nicht zu einer Verletzung der Grundrechte der Schüler führen, da eine Ungleichbehandlung jedenfalls gerechtfertigt wäre.

Was die Erzielung eigener Einnahmen durch die Schulen betrifft, ist zwischen Einnahmen durch Sponsoring und sonstigen Einnahmen zu unterscheiden. Die Problematik des Sponsoring wurde oben bereits angesprochen[1000]. Von einem Verstoß gegen das Gleichheitsrecht der Schüler aus Art. 3 Abs. 1 GG durch Sponsoring von Schulen ist, wie gesehen, nicht auszugehen. Gleiches gilt für die Erzielung sonstiger Einnahmen. Die Erzielung sonstiger Einnahmen, beispielsweise durch die Vermietung von Räumen oder die Ausrichtung von Fortbildungen oder Ähnlichem,

---

997 Dieses Problem stellt sich jedoch – wie oben bereits angesprochen – bei der Befristung einer Stelle mit Verlängerungsmöglichkeit immer. Oben 3. Teil E. I. 2. a).
998 Siehe oben 3. Teil D. IV.
999 Siehe die Begründung zu § 3 Abs. 1 des Gesetzentwurfs.
1000 Siehe oben 3. Teil D. IV.

steht allen Schulen offen. Es kommt ausschließlich auf das Geschick der Schule an, sich öffentlichkeitswirksam zu verkaufen und marktgerechte Angebote zu machen. Auch wenn es faktisch einigen Schulen eher als anderen gelingen wird, sich auf dem Markt zu verkaufen, kann dies nicht als staatliche Beeinträchtigung der Chancengleichheit der Schüler gesehen werden. Denn die Reaktion des Marktes auf Angebote der Schulen ist kein staatlich zu verantwortendes Handeln. Die Erzielung sonstiger Einnahmen durch die Schulen ist somit rechtlich unproblematisch möglich. Voraussetzung ist jedoch stets, dass durch die Einnahmen erzielenden Tätigkeiten der Unterricht als eigentliche Aufgabe der Schule nicht leidet und die erzielten Einnahmen ausschließlich zur Verbesserung der schulischen Arbeit eingesetzt werden.

Abschließend bleibt festzustellen, dass es sich bei dem bremischen Gesetzentwurf um ein progressives und ambitioniertes Vorhaben mit vielen überzeugenden Elementen handelt. Es bleibt zu hoffen, dass der Entwurf nicht nur Entwurf bleibt, sondern eine Umsetzung in die rechtliche Realität erfährt.

c) Das schleswig-holsteinische Projekt „Weiterentwicklung der Beruflichen Schulen zu Regionalen Berufsbildungszentren (RBZ)"

aa. Beschreibung des Vorhabens

Neben dem – bislang Entwurf gebliebenen – bremischen Vorhaben gibt es einen ähnlichen, bereits seit 2002 andauernden Versuch in Schleswig-Holstein[1001]. Ausgangspunkt des Projektes ist nach der Präambel der Projektbeschreibung[1002] die Feststellung, dass der Übergang von der Industrie- zur Wissensgesellschaft auch in der beruflichen Bildung Reformen erfordert. Aus-, Fort- und Weiterbildungsangebote müssen noch flexibler aufeinander abgestimmt und differenzierter gestaltet werden, um das lebenslange Lernen zu fördern. Die beruflichen Schulen können derzeit als nichtrechtsfähige Einrichtungen des öffentlichen Rechts ihr Wissen und Können nur eingeschränkt in den Dienst der jeweiligen Region stellen. Ziel des Versuchs ist es demnach, berufsbildende Schulen zu Regionalen Berufsbildungszentren

---

1001 Nunmehr sieht auch der Entwurf zur Änderung des Schleswig-Holsteinischen Schulgesetzes vom 21. März 2006 in § 2 Abs. 2 S. 3 vor, dass die Träger der öffentlichen berufsbildenden Schulen diese als rechtsfähige Anstalten des öffentlichen Rechts errichten können. Siehe dazu den Gesetzentwurf unter http://www.lernnetz-sh.de/index.php?id=novellierung (22.4.2006). Ebenso ermöglicht auch § 6 Abs. 2 S. 1 des Entwurfes zur Änderung des Brandenburgischen Schulgesetzes vom 1. März 2006, dass Schulträger Schulen versuchsweise in einer anderen öffentlich-rechtlichen Organisationsform als der bisherigen nichtrechtsfähigen Anstalt organisieren können. Siehe dazu den Gesetzentwurf unter http://www.mbjs. brandenburg.de/sixcms/detail.php/lbm1.c.333491.de (22.4.2006).
1002 Alle hier erwähnten Materialien zu dem schleswig-holsteinischen Vorhaben können im Internet unter http://rbz.lernnetz.de heruntergeladen werden. (8.6.2004).

weiterzuentwickeln, die eigenverantwortlich handelnde, rechtlich und wirtschaftlich selbstständige Bildungsunternehmen sind[1003]. Diese sollen den staatlichen Bildungsauftrag erfüllen, Lernprozesse so gestalten, dass sie selbstbestimmtes und eigenverantwortliches Lernen fördern, die Gestaltungsräume für die Lehrkräfte so nutzen, dass offene Lernprozesse möglich sind, und als Dienstleistungsunternehmen in Partnerschaft mit Bildungsträgern und Unternehmen in der Region Aus-, Fort- und Weiterbildung betreiben. Hinsichtlich der Rechtsstellung wird in der Projektbeschreibung ausgeführt, dass das zu entwickelnde Regionale Berufsbildungszentrum eine Rechtsform benötige, die es ihm ermögliche, hoheitliche Aufgaben wahrzunehmen und gleichzeitig rechtlich und wirtschaftlich selbstständig zu sein. Gewählt wird aus diesem Grund – ohne nähere Begründung – die Rechtsform der öffentlich-rechtlichen rechtsfähigen Anstalt. Dabei ist anzumerken, dass die Schulen während der Versuchsdauer nach wie vor nichtrechtsfähige Anstalten des öffentlichen Rechts bleiben[1004]. Es soll lediglich erprobt werden, inwieweit es möglich und sinnvoll ist, den Schulen Rechtsfähigkeit zu verleihen. Eine endgültige Entscheidung über die Rechtsform soll erst am Ende der Erprobungsphase erfolgen[1005]. Die Regionalen Berufsbildungszentren sollen an Rahmenvorgaben des Staates – verbindliche Festsetzungen der zu erreichenden Standards und des Umfangs der Beschulung – und an die zwischen ihnen, dem Ministerium und dem Schulträger zu schließenden Kontrakte gebunden sein[1006]. Die Aufsicht des Staates soll sich auf eine Rechtsaufsicht beschränken[1007]. Die Leitungsstruktur des Regionalen Berufsbildungszentrums sieht eine aus pädagogischem und kaufmännischem Leiter bestehende Geschäftsführung sowie einen Verwaltungsrat, dessen Zusammensetzung in den einzelnen Regionalen Berufsbildungszentren variieren kann, und/oder eine Gewährträgerversammlung, bestehend aus Vertretern von Land und Schulträger, vor. Die Finanzierung der Erfüllung des staatlichen Bildungs- und Erziehungsauftrags durch die Regionalen Berufsbildungszentren wird von Land und Schulträger gewährleistet. Grundlage für den Schlüssel zur Finanzierung der Personal- und Sachkosten ist die Schülerzahl. Der festgestellte Finanzbedarf wird dem Regionalen Berufsbildungszentrum als Globalbudget zur Verfügung gestellt. Zusätzliche Mittel können die Regionalen Berufsbildungszentren durch die Vermietung von Klassenräumen, Laboren, Werkstätten und Räumen, durch die Bereitstellung von Personal für Dritte sowie durch die Beteiligung an Fort- und Weiterbildungsmaßnahmen erwirtschaften. Darüber hinaus

---

1003 Projektbeschreibung S. 4.
1004 Vgl. den Erlass des Ministeriums für Bildung, Wissenschaft, Forschung und Kultur vom 23.9.2002 – III 51 –unter 2.1.
1005 Vgl. den Erlass des Ministeriums für Bildung, Wissenschaft, Forschung und Kultur vom 23.9.2002 – III 51 –unter 2.2. Im Erlass des Ministeriums für Bildung, Wissenschaft, Forschung und Kultur vom 19.11.2004 – III 51 wurde das Ende des Erprobungszeitraums um ein Jahr aufgeschoben und auf den 31.7.2006 festgelegt, siehe dazu http://rbz.lernnetz.de/docs/erlass_rbz_12-2004.pdf (6.9.2005).
1006 Projektbeschreibung S. 6 f.
1007 Projektbeschreibung S. 10.

können Kursgebühren für über das normale schulische Angebot hinausgehende Kurse erhoben werden[1008].

bb. Bewertung des Vorhabens

Aufgrund der Ähnlichkeit der Vorhaben kann hinsichtlich der Bewertung der einzelnen Elemente auf die Ausführungen zu dem bremischen Gesetzentwurf verwiesen werden. Einige Punkte sind jedoch gesondert hervorzuheben. Anders als das bremische Projekt beschränkt das schleswig-holsteinische Vorhaben die Aufsicht des Staates konsequent auf eine Rechtsaufsicht. Auch die Zuweisung eines Globalbudgets an die Regionalen Berufsbildungszentren trägt in großem Maße zur Stärkung der schulischen Eigenverantwortung bei. Das schleswig-holsteinische Projekt bleibt indes insofern hinter dem bremischen Vorhaben zurück, als es sich ausschließlich auf berufliche Schulen bezieht. Auch die allgemeinbildenden Schulen könnten aber von den mit der Rechtsfähigkeit verbundenen Vorteilen profitieren. Da es sich bei dem schleswig-holsteinischen Vorhaben jedoch zunächst um die Erprobungsphase eines Projektes handelt, erscheint es nicht ausgeschlossen, dass die rechtlichen Rahmenbedingungen bei positiver Bilanz des Projektes auch auf andere Schulformen übertragen werden.

d) Gesamteinschätzung der Vor- und Nachteile der Umwandlung öffentlicher Schulen in rechtsfähige Anstalten des öffentlichen Rechts

Abschließend ist auf die eingangs aufgeworfene Frage der Möglichkeit und des Sinns der Umwandlung öffentlicher Schulen in rechtsfähige Anstalten des öffentlichen Rechts zurückzukommen. Die Rechtsform der rechtsfähigen öffentlich-rechtlichen Anstalt hat für die Schulen zahlreiche Vorteile: Die Schulen werden zu handlungsfähigen Einrichtungen im regionalen Umfeld, die ihre Aufgaben selbstverantwortlich wahrnehmen können. Sie können flexibel auf ihr Umfeld und etwaige Veränderungen reagieren und selbstständig Initiativen ergreifen. In wirtschaftlicher Hinsicht wird es den Schulen ermöglicht, ohne die vorherige Erteilung von Vollmachten im Rechtsverkehr tätig zu werden und eigene Einnahmen zu erzielen. Die Schulen können eigenständig mit ihren Finanzmitteln haushalten und Mittel übertragen. Durch das Zur-Verfügung-Stellen eines Globalbudgets wird die Profilbildung der Schulen unterstützt. Durch die doppelte Besetzung der Schulleitung mit einem pädagogischen und einem kaufmännischen Leiter können die durch die

---

1008 Projektbeschreibung S. 11.

Rechtsfähigkeit neu auf die Schule zukommenden Aufgaben sachgerecht bewältigt werden. Die Kompetenzen des Verwaltungsrats tragen dazu bei, die Schulgemeinde aktiv in die schulische Arbeit einzubeziehen. Die Einbindung in das regionale Umfeld wird durch die Bildung eines Beirats verbessert. Schließlich ist noch einmal die mentale Veränderung hervorzuheben, die auf der Ebene der schulischen Entscheidungsträger mutmaßlich mit der Zuerkennung der Rechtsfähigkeit einhergeht.

Auch ansonsten scheint die Rechtsform der rechtsfähigen Anstalt eine vorteilhafte Wahl zu sein. Schulen bleiben weiterhin staatliche Anstalten, verfügen aber über Rechtsfähigkeit. Der Staat ist grundsätzlich auf eine Rechtsaufsicht beschränkt, kann sich jedoch durch gesetzliche Regelungen weitergehende Befugnisse vorbehalten. Darüber hinaus kann der Staat den Schulen durch rechtssatzförmige Festlegungen Vorgaben hinsichtlich der zu erreichenden Standards und Kompetenzen und der Lernziele machen. Auch kann er die Arbeit der Schulen einer Evaluation unterwerfen. Die Rechtsform der rechtsfähigen öffentlich-rechtlichen Anstalt ist demnach eine – im Rahmen der Suche nach alternativen Rechtsformen – durchaus in Betracht zu ziehende[1009].

3. Die Körperschaft des öffentlichen Rechts

a) Abgrenzung von rechtsfähiger öffentlich-rechtlicher Anstalt und öffentlich-rechtlicher Körperschaft

Auch wenn die rechtsfähige öffentlich-rechtliche Anstalt als alternative Rechtsform den Schulen bereits gewichtige Vorteile bringen würde, kommt noch eine andere – soweit ersichtlich jedenfalls in der neueren Literatur nicht bedachte – Rechtsform für die Gestaltung von Schulen in Betracht. Dies ist die Körperschaft des öffentlichen Rechts. Eine Körperschaft des öffentlichen Rechts ist eine durch staatlichen Hoheitsakt geschaffene, rechtsfähige, mitgliedschaftlich verfasste Organisation des öffentlichen Rechts, die öffentliche Aufgaben mit i.d.R. hoheitlichen Mitteln unter staatlicher Aufsicht wahrnimmt[1010]. Die Errichtung der Körperschaft muss – wie die der rechtsfähigen Anstalt – durch oder aufgrund eines Gesetzes erfolgen. Der Gesetzgeber hat ebenso die wesentlichen Grundzüge der Körperschaft, zum Beispiel den Kreis der Mitglieder, die Aufgaben der Körperschaft, die innere Organisation etc., festzulegen. Die Ausgestaltung im Einzelnen kann der Körperschaft überlassen bleiben. Als rechtsfähige Einheit ist die Körperschaft Zurechnungssubjekt von

---

1009 Siehe auch *Lund*, RdJB 2004, 263 (265) und *Sterzel*, ZBV 2/2004, 47 (75).
1010 *Maurer*, Allgemeines Verwaltungsrecht, § 23 Rn. 7 – Freilich steht es dem Gesetzgeber offen, atypische Organisationsformen zu schaffen. Er kann z.B. rechtliche Gebilde mit anstaltlichen und körperschaftlichen Zügen schaffen, die keiner der beiden Organisationsformen gänzlich zuzuordnen sind.

Rechten und Pflichten. Durch die Rechtsfähigkeit erfährt sie die rechtliche Selbstständigkeit, derer sie für eine eigenverantwortliche Wahrnehmung ihrer Aufgaben bedarf[1011]. Tragendes Element der Körperschaft sind die Mitglieder. Die Zusammenfassung bestimmter Personengruppen zu einer Körperschaft ist Sinn und Zweck der Organisationsform Körperschaft. Die Mitglieder einer Körperschaft sollen die ihnen eigenen gemeinsamen öffentlichen Angelegenheiten im Rahmen der staatlichen Rechtsordnung eigenverantwortlich unter staatlicher Rechtsaufsicht erledigen[1012]. Aus diesem Grund haben sie maßgeblichen Einfluss auf die Gestaltung der Aufgabenwahrnehmung durch die Körperschaft. Die wesentlichen Entscheidungen werden von den Mitgliedern bzw. ihren Repräsentanten getroffen, während die laufende Verwaltung einem Leitungs- (Vorstand oder Geschäftsführer) oder sonstigen Organ obliegt[1013]. Hinter der mitgliedschaftlichen Struktur steht der bei der Körperschaft vorherrschende Gedanke der Selbstverwaltung. Hinsichtlich der Merkmale und Vorzüge der Selbstverwaltung kann insoweit auf die obigen Ausführungen verwiesen werden[1014]. Die Aufgaben der Körperschaft ergeben sich aus der mit der Errichtung verfolgten Zwecksetzung. Der Gesetzgeber ist in der Auswahl der Aufgaben der Körperschaft – insbesondere dann, wenn es sich um Körperschaften mit Zwangsmitgliedschaft handelt – nicht ganz frei. Bei den Aufgaben der Körperschaft darf es sich vielmehr nur um solche handeln, die 1. nicht dem Staat zur unmittelbaren Erledigung vorbehalten sind, die 2. nicht dem privaten Bereich überlassen bleiben können, sondern aus Gründen des öffentlichen Interesses in den Bereich der (mittelbaren) Staatsverwaltung einbezogen werden müssen und die 3. im Zusammenhang mit den „eigenen Angelegenheiten" der jeweiligen Körperschaft stehen[1015]. Da es sich bei den Körperschaften um öffentlich-rechtliche Institutionen handelt, sind sie zur Wahrnehmung ihrer Aufgaben mit Hoheitsgewalt ausgestattet, können sich Satzungen geben und Verwaltungsakte erlassen[1016]. Bei ihrer Arbeit unterliegen die Körperschaften der Aufsicht des Staates, die das notwendige Korrelat der Verleihung von Hoheitsgewalt darstellt. Regelmäßig beschränkt sich die Aufsicht des Staates auf eine Rechtsaufsicht. Ausnahmsweise, zum Beispiel bei der Wahrnehmung von Auftragsangelegenheiten durch die Körperschaft, kann die Aufsicht des Staates aber auch weiter reichen. Finanziell wird die Körperschaft in der Regel von den Mitgliedern getragen, wobei dieser Aspekt nicht konstitutiv für die Errichtung einer Körperschaft ist[1017].

1011 Vgl. *Maurer,* Allgemeines Verwaltungsrecht, § 23 Rn. 39.
1012 *Wolff/Bachof/Stober,* Verwaltungsrecht II, § 84 Rn. 4; differenzierter in der Neuauflage *Wolff/Bachof/Stober,* Verwaltungsrecht III, § 87 Rn. 5 ff.
1013 *Maurer,* Allgemeines Verwaltungsrecht, § 23 Rn. 41
1014 Siehe oben 3. Teil B. VII.
1015 So *Maurer,* Allgemeines Verwaltungsrecht, § 23 Rn. 42a.
1016 *Maurer,* Allgemeines Verwaltungsrecht, § 23 Rn. 44.
1017 Vgl. *Wolff/Bachof/Stober,* Verwaltungsrecht II, § 84 Rn. 36; nicht mehr auf die Finanzierung durch die Mitglieder als Merkmal der Körperschaft wird in der Neuauflage, *Wolff/Bachof Stober,* Verwaltungsrecht III, § 87 Rn. 5 ff., 16 ff. eingegangen.

Kann man diese Organisationsform nun auf Schulen anwenden? Würde sie möglicherweise sogar Vorteile für diese gegenüber der Form der rechtsfähigen Anstalt bringen? Schenkt man den Begründungen der oben dargestellten Vorhaben – Hamburgs Schule in Stiftung[1018] und Bremens[1019] und Schleswig-Holsteins[1020] rechtsfähigen Anstalten des öffentlichen Rechts – Glauben, ist die Rechtsform Körperschaft für Schulen nicht geeignet. In Hamburg wird dies damit begründet, dass die Körperschaft – wie die Anstalt, aber anders als die Stiftung – ohne größeren Aufwand durch eine andere Rechtsform ersetzt werden könnte[1021]. Dieser Argumentation kann aus den oben bereits genannten Gründen nicht zugestimmt werden[1022]. In der bremischen Gesetzesbegründung heißt es, dass die Rechtsform der Körperschaft – ebenso wie die der Stiftung – wegen ihrer nicht auf die Schule zutreffenden Charakteristika nicht in Betracht käme[1023]. Welche Charakteristika dies sind, wird freilich nicht erläutert. Schließlich wird in der Projektbeschreibung des schleswig-holsteinischen Vorhabens ausgeführt, dass das Regionale Berufsbildungszentrum eine Rechtsform benötige, die es ihm ermögliche, hoheitliche Aufgaben wahrzunehmen und gleichzeitig rechtlich und wirtschaftlich selbstständig zu sein. Diese Anforderungen erfülle am besten eine Anstalt des öffentlichen Rechts[1024]. Warum dies der Fall ist, wird nicht dargelegt.

Da alle drei Aussagen die Ungeeignetheit der Organisationsform Körperschaft lediglich apodiktisch feststellen, ohne eine nähere Begründung hierfür zu geben, kann ihnen so nicht zugestimmt werden. Vielmehr ist ein Vergleich der rechtsfähigen Anstalt mit der (rechtsfähigen)[1025] Körperschaft vonnöten, bei dem die jeweiligen Charakteristika im Hinblick auf die schulischen Gegebenheiten gegeneinander abgewogen werden.

Grundsätzlich ist anzumerken, dass sich (rechtsfähige) Körperschaft und rechtsfähige Anstalt in vielen Punkten vollständig gleichen. So sind beide juristische Personen des öffentlichen Rechts und damit Verwaltungsträger, die durch oder aufgrund eines Gesetzes errichtet werden. Beide verfügen über Rechtsfähigkeit und die damit einhergehende Möglichkeit, Zurechnungssubjekt von Rechten und Pflichten zu sein. Beide können als öffentlich-rechtliche Institutionen Hoheitsgewalt ausüben und Satzungen und Verwaltungsakte erlassen. Beide unterliegen regelmäßig aus-

---

1018 Siehe oben 3. Teil E. II. 1.
1019 Oben 3. Teil E. II. 2. b).
1020 Oben 3. Teil E. II. 2. c).
1021 Vgl. die Begründung zum Gesetz über die Errichtung der Stiftung „Stiftung Berufliche Schulen Hamburg", S. 1.
1022 Siehe oben 3. Teil E. II. 1. b).
1023 Siehe die Begründung zu § 1 Abs. 1 des Gesetzentwurfs über die Umwandlung öffentlicher Schulen in juristische Personen.
1024 Projektbeschreibung zum Projekt „Weiterentwicklung der Beruflichen Schulen zu Regionalen Berufsbildungszentren (RBZ)", S. 9.
1025 Das Wort „rechtsfähig" ist deshalb eingeklammert, weil Körperschaften in aller Regel rechtsfähig sind. Nur teilweise werden auch nicht- oder teilrechtsfähige Einrichtungen als Körperschaften bezeichnet, vgl. *Maurer*, Allgemeines Verwaltungsrecht, § 23 Rn. 39.

schließlich der Rechtsaufsicht des Staates, wobei der Staat sich weitere Befugnisse gesetzlich vorbehalten kann.

Zwei sehr wesentliche Unterschiede bestehen jedoch zwischen Körperschaft und Anstalt. Der eine liegt in der rechtlichen Stellung der mit der jeweiligen Institution verbundenen Personen. Der andere liegt in dem hinter der Organisationsform stehenden Argumentationsansatz. Während die Körperschaft Mitglieder hat, die wesentlichen Einfluss auf die Aufgabenwahrnehmung durch die Körperschaft haben, hat die Anstalt Benutzer und „personelle Mittel", das heißt Bedienstete, die regelmäßig keine Mitwirkungsrechte in der Anstalt haben. Der hinter der Rechtsform der Anstalt stehende Argumentationsansatz ist jener der Dezentralisation. Staatliche Aufgaben werden auf selbstständige Verwaltungsträger, das heißt Anstalten, verlagert, um die Staatsverwaltung zu entlasten[1026]. Die Verwaltung durch Anstalten ist vor allem dann angebracht, wenn spezielle Verwaltungsfunktionen ausgegliedert werden sollen, insbesondere bei der technischen Erbringung konkreter sachlicher Leistungen[1027]. Der hinter der Körperschaft stehende Gedanke ist hingegen jener der – oben bereits ausführlich erläuterten – Selbstverwaltung. Neben der Dezentralisation spielt hier die Heranziehung der lebendigen Kräfte der unmittelbar beteiligten und betroffenen Interessenträger die entscheidende Rolle. Demzufolge liegt die Aufgabenwahrnehmung auch maßgeblich in der Hand der Mitglieder der Körperschaft.

Es stellt sich die Frage, welches dieser Modelle passender für die schulischen Gegebenheiten ist. Betrachtet man die obigen Ausführungen zu den neueren schulgesetzlichen Gewährungen von Eigenverantwortung an die Schulen[1028], fällt auf, dass nahezu überall der Gedanke der Einbeziehung der Schulgemeinde in die schulische Arbeit prägend ist. Insbesondere bei der Erstellung von Schulprogrammen sollen die spezifischen Bedingungen der jeweiligen Schule berücksichtigt werden. Das Schulprogramm soll aus der Schulgemeinde heraus erwachsen und muss von dieser getragen und umgesetzt werden. Spielt aber die Schulgemeinde *faktisch* eine entscheidende Rolle für die Eigenverantwortung der Schulen, stellt sich die Frage, warum sie nicht auch *rechtlich* stärker in den Vordergrund gerückt werden soll. Eine stärkere Betonung der Funktion und der Bedeutung der Schulgemeinde ist am einfachsten durch die Rechtsform der Körperschaft möglich. Denn diese wird maßgeblich von ihren Mitgliedern geprägt. Wie die derzeitigen schulrechtlichen Regelungen zeigen, können zwar auch in der Anstalt den betroffenen Personen bestimmte Mitwirkungsrechte eingeräumt werden (z.B. Schülermitverwaltung, Schulpflegschaft, Lehrerrat, Schulkonferenz). Ist dies aber der Fall, liegt bereits eine Mischform zwischen Anstalt und Körperschaft vor[1029]. Warum dann nicht den konsequenteren Weg gehen und eine Rechtsform wählen, der die Beteiligung der betroffenen Personen we-

---

1026 Vgl. *Wolff/Bachof/Stober*, Verwaltungsrecht II, § 84 Rn. 2 f.; *Maurer,* Allgemeines Verwaltungsrecht, § 23 Rn. 50.
1027 *Wolff/Bachof/Stober,* Verwaltungsrecht II, § 84 Rn. 3.
1028 Oben 3. Teil C. I.
1029 *Maurer,* Allgemeines Verwaltungsrecht, § 23 Rn. 52.

sensimmanent ist? Wie eine Schule als Körperschaft aussehen könnte, lässt sich am besten am Beispiel der – hinsichtlich ihrer personellen Zusammensetzung und zum Teil auch hinsichtlich ihrer Aufgaben mit den Schulen vergleichbaren – Universität darstellen.

b) Die Rechtsgestalt der Universität als Modell für die Organisation von Schulen

aa. Beschreibung der rechtlichen Situation der Universität

Die Rechtsgestalt der Universität war lange Zeit sehr umstritten. Diskutiert wurde insbesondere, ob die für die Universität angemessene Rechtsgestalt die der Anstalt des öffentlichen Rechts, der Körperschaft des öffentlichen Rechts, eine Mischform aus Anstalt und Körperschaft oder eine Verbindung einer Körperschaft mit einer Anstalt sei. Bis zum heutigen Tag konnte diese Frage keiner befriedigenden Lösung zugeführt werden[1030]. Noch bis in die siebziger Jahre wurden die Hochschulen teilweise als Anstalten des öffentlichen Rechts eingestuft[1031]. Diese Ansicht bezog ihre rechtliche Fundierung maßgeblich aus dem – im zweiten Teil bereits mehrfach erwähnten – § 1 II 12 ALR, in dem Schulen und Universitäten als „Veranstaltungen des Staates" bezeichnet wurden. Ebenso wie im Schulwesen knüpften die Vertreter dieser Lehre auch nach Inkrafttreten des Grundgesetzes noch an § 1 II 12 ALR an, um die Rechtsgestalt der Hochschulen als Anstalten zu rechtfertigen[1032]. Diese Auffassung wird zu Recht in dieser Form heute nicht mehr vertreten. Berücksichtigt sie doch in keiner Weise die geänderten (verfassungs-)rechtlichen Bedingungen unter der Geltung des Grundgesetzes. Heute durchgesetzt hat sich die Auffassung, nach der es sich bei den Hochschulen um Körperschaften des öffentlichen Rechts handelt[1033]. Dies wird auch durch § 58 Abs. 1 S. 1 HRG bestätigt, nach dem die staatlichen Hochschulen „in der Regel Körperschaften des öffentlichen Rechts und zugleich staatliche Einrichtungen" sind. Unklarheiten bestehen nach wie vor hin-

---

1030 Vgl. *Kimminich*, Die Rechtsgestalt der Hochschulen, in: Flämig/Kimminich/Krüger/Meusel/Rupp/Scheven/Schuster/Graf Stenbock-Fermor, Handbuch des Wissenschaftsrechts, Band 1, S. 227 (235).
1031 *Forsthoff*, Lehrbuch des Verwaltungsrechts, Band 1, S. 489.
1032 Vgl. *Kimminich*, Die Rechtsgestalt der Hochschulen, in: Flämig/Kimminich/Krüger/Meusel/Rupp/Scheven/Schuster/Graf Stenbock-Fermor, Handbuch des Wissenschaftsrechts, Band 1, S. 227 (227 f.).
1033 Vgl. *Geis*, in: Hailbronner/Geis, HRG, § 58 Rn. 10; *Oppermann*, Staatliche Aufsicht, in: Flämig/Kimminich/Krüger/Meusel/Rupp/Scheven/Schuster/Graf Stenbock-Fermor, Handbuch des Wissenschaftsrechts, Band 1, S. 1107 (1109); *Reich*, HRG, § 58 Rn. 1; *Kahl*, Hochschule und Staat, S. 75 f.; *Thieme*, Deutsches Hochschulrecht, Rn. 172, wobei dieser in Rn. 173 auch anmerkt, dass die Körperschaftsnatur der heutigen Hochschule zweifelhaft sei, da die Rechte der Mitglieder inhaltlich so entleert seien, dass tatsächlich kein Rechtsverhältnis bestehe, das den Namen Mitgliedschaft verdiene.

sichtlich des Zusatzes „und zugleich staatliche Einrichtungen". Teilweise wird der Begriff der Einrichtung mit dem der Anstalt gleichgesetzt. Es handele sich bei der Universität um eine Körperschaft und zugleich eine staatliche Anstalt[1034]. Indes bestehen zwischen der Körperschaft und der Anstalt – wie gesehen – zwei wesentliche Unterschiede, die es rechtslogisch unmöglich machen, Körperschaft und Anstalt gleichzusetzen[1035]. Wohl ist es denkbar, eine Körperschaft mit anstaltlichen Zügen auszustatten oder eine Anstalt mit körperschaftlichen Zügen zu schaffen. Bleibt man aber in der überkommenen Terminologie, muss jedenfalls eine der beiden Formen stets überwiegen. Eine Einrichtung kann folglich nicht zugleich Körperschaft und Anstalt sein. In Erwägung gezogen wird ferner, der Universität als Körperschaft eine Anstalt zuzuordnen, die den Zweck hat, die freie Forschung und Lehre in der Körperschaft zu ermöglichen[1036]. Teilweise wird sogar angenommen, dass das Personal der Körperschaft mit dem der Anstalt identisch sei, dass also eine Doppelzugehörigkeit der betroffenen Personen bestehe[1037]. Auch wenn dieser Ansatz rechtlich stringenter ist, erscheint er doch in praktischer Hinsicht ungeeignet. Denn es bleibt unklar, wo die Grenzziehung zwischen Anstalt und Körperschaft verläuft, wann in der Funktion als Körperschaftsmitglied und wann in der Funktion als Bediensteter oder Benutzer der Anstalt gehandelt wird. Am überzeugendsten erscheint die Auffassung, die durch den Begriff der „staatlichen Einrichtung" lediglich das besondere Verhältnis der Hochschule zum Staat ausgedrückt sehen will[1038]. *Thieme* schreibt dazu:

> „Es ist unwahrscheinlich, dass mit dem Wort >Einrichtung< einer dieser beiden Anstaltsbegriffe [rechtsfähige und nutzbare Anstalten, Anm. d. Verf.] gemeint war. Die Betonung dürfte auf dem Wort >Staat< liegen, was zum Ausdruck bringt, dass eine Körperschaft Universität einen geringeren Freiraum als andere Körperschaften hat [...]. Das zeigt sich vor allem auch darin, dass – von Ausnahmen abgesehen – der Hochschulhaushalt Teil des staatlichen Haushalts ist und dass die Bediensteten im Bereiche der Hochschule gleichzeitig Mitglieder der Hochschule und staatliche Bedienstete sind."[1039]

1034 Vgl. *Thieme*, Deutsches Hochschulrecht, Rn. 176; *Kimminich*, Die Rechtsgestalt der Hochschulen, in: Flämig/Kimminich/Krüger/Meusel/Rupp/Scheven/Schuster/Graf Stenbock-Fermor, Handbuch des Wissenschaftsrechts, Band 1, S. 227 (227, 231 f.); *Kahl*, Hochschule und Staat, S. 75 m.w.N.; ähnlich auch *Hartmer*, in: Hartmer/Detmer, Hochschulrecht, Kapitel 4 Rn. 6, der zwar die körperschaftliche Struktur als das konstitutive Element der Rechtsform sieht, aber dennoch auch vom Anstaltscharakter der Hochschule spricht; nicht ganz eindeutig *Görisch*, DÖV 2003, 583 (587), der vom Doppelcharakter der Hochschule spricht; ebenso *Hufeld*, DÖV 2002, 309 (312).
1035 Ebenso *Wolff*, Die Rechtsgestalt der Universität, S 18 f.; vgl. auch *Kimminich*, Die Rechtsgestalt der Hochschulen, in: Flämig/Kimminich/Krüger/Meusel/Rupp/Scheven/Schuster/Graf Stenbock-Fermor, Handbuch des Wissenschaftsrechts, Band 1, S. 227 (231).
1036 Siehe insbesondere *Wolff*, Die Rechtsgestalt der Universität, S. 19 f.; ebenso *Reich*, HRG, § 58 Rn. 1; a.A. *Geis*, in: Hailbronner/Geis, HRG, § 58 Rn. 17.
1037 Vgl. *Wolff/Bachof/Stober*, Verwaltungsrecht II, § 93 Rn. 46; nicht eindeutig die Neuauflage *Wolff/Bachof/Stober*, Verwaltungsrecht III, § 97 Rn. 46 ff.
1038 Siehe dazu auch *Geis*, in: Hailbronner/Geis, § 58 Rn. 17.
1039 *Thieme*, Deutsches Hochschulrecht, Rn. 176.

Kimminich schreibt:

> „Ebenso begrüßenswert wäre es, wenn die Kommentatoren auf die Gleichsetzung der Begriffe >Einrichtung< und >Anstalt< verzichten könnten, damit jede Reminiszenz an die >Anstaltsherrn< ausgelöscht wird. Als >Teil des staatlichen Gefüges<, wenn so der Begriff der staatlichen Einrichtung [...] verstanden wird, bleibt die Hochschule nicht nur in der Obhuts- und Pflegepflicht des Staates, sondern auch unter dessen rechtsstaatlicher Aufsicht."[1040]

Trotz dieser Streitigkeiten im Einzelnen werden Hochschulen regelmäßig, wie bereits gesagt, grundsätzlich als Körperschaften qualifiziert[1041]. Hier stellt sich die Frage nach ihrer konkreten Ausgestaltung. Denn ebenso wie an den Schulen sind an den Hochschulen mit den Hochschullehrern, den wissenschaftlichen und künstlerischen Mitarbeitern, den Studenten und den Verwaltungsbediensteten verschiedene Gruppierungen vertreten, was die Hochschulen von anderen Körperschaften – beispielsweise der Anwaltskammer oder der Ärztekammer – unterscheidet. Auch stehen die Hochschulen – wie die Schulen – in einem besonderen Verhältnis zum Staat, da sie – ebenso wie die Schulen – hauptsächlich durch diesen finanziert werden und die Bediensteten der Hochschulen regelmäßig Landesbedienstete sind.

Mitglieder der Hochschulen sind im Wesentlichen die hauptberuflich tätigen Angehörigen des öffentlichen Dienstes – das heißt der hauptberufliche Leiter der Hochschule (Präsident bzw. Rektor oder mehrköpfiges Leitungsgremium[1042]), der leitende Verwaltungsbeamte (Kanzler[1043]), die Professoren, die wissenschaftlichen und künstlerischen Mitarbeiter, die Lehrkräfte für besondere Aufgaben, die nichtwissenschaftlichen Mitarbeiter[1044] –, die Studenten und die Doktoranden, § 36 Abs. 1 S. 1 HRG[1045]. Diese Mitglieder sind in sog. Gruppen organisiert, durch die Mitglieder mit untereinander jeweils gleichen oder ähnlichen, im Verhältnis zu anderen Mitgliedern aber unterschiedlichen Funktionen, zusammengefasst werden[1046]. Als Beispiele für Gruppen können insbesondere die Gruppen der Professoren, der Studenten, der wissenschaftlichen und künstlerischen Mitarbeiter und der sonstigen

---

1040 *Kimminich*, Die Rechtsgestalt der Hochschulen, in: Flämig/Kimminich/Krüger/Meusel/Rupp/Scheven/Schuster/Graf Stenbock-Fermor, Handbuch des Wissenschaftsrechts, Band 1, S. 227 (235).
1041 Vgl. *Oppermann*, Staatliche Aufsicht, in: Flämig/Kimminich/Krüger/Meusel/Rupp/Scheven/Schuster/Graf Stenbock-Fermor, Handbuch des Wissenschaftsrechts, Band 1, S. 1107 (1109); *Thieme*, Deutsches Hochschulrecht, Rn. 172, insbesondere Fn. 629.
1042 *Thieme*, Deutsches Hochschulrecht, Rn. 995.
1043 So lautet zumindest eine der Bezeichnungen für diesen Posten, vgl. *Thieme*, Deutsches Hochschulrecht, Rn. 998; *Schuster*, Leitungsorganisation, in: Flämig/Kimminich/Krüger/Meusel/Rupp/Scheven/Schuster/Graf Stenbock-Fermor, Handbuch des Wissenschaftsrechts, Band 1, S. 837 (851).
1044 Vgl. auch *Thieme*, Deutsches Hochschulrecht, Rn. 606.
1045 Weitergehende Regelungen können durch Landesrecht getroffen werden § 36 Abs. 1 S. 2 HRG.
1046 *Wolff/Bachof/Stober*, Verwaltungsrecht II, § 93 Rn. 89; weniger eindeutig, aber inhaltlich nicht anders die Neuauflage *Wolff/Bachof/Stober*, Verwaltungsrecht III, § 97 Rn. 54.

Mitarbeiter gelten[1047]. Aus diesen Gruppen werden Repräsentanten in die entscheidenden Gremien entsandt. Durch die Gruppenbildung wird das Prinzip gleicher Erfolgschancen für jede Stimme aufgehoben, da die Gremien regelmäßig paritätisch besetzt werden, wodurch insbesondere die Gruppe der Studenten, gemessen an ihrer gesamten Mitgliederzahl, unterrepräsentiert ist[1048]. Für diesen Umstand lassen sich indes – gerade in der Gegenüberstellung der Gruppe der Studenten mit jener der Hochschullehrer – gute Gründe anführen. So bezeichnet das Bundesverfassungsgericht die Hochschullehrer als die „Inhaber der Schlüsselfunktionen des wissenschaftlichen Lebens"[1049]. Die nach Art. 5 Abs. 3 GG besonders hervorgehobene Stellung der Hochschullehrer muss beachtet werden. Nicht nur der ausgeprägtere Sachverstand, sondern auch der unterschiedliche akademische Status der Hochschullehrer einerseits und der Studenten andererseits rechtfertigt das repräsentative Ungleichgewicht. So ist der Status der Studenten ein nur vorübergehender. Die Hochschullehrer sind hingegen dauerhaft und regelmäßig existenziell an die Universität gebunden[1050]. Diesen Unterschieden muss dadurch Rechnung getragen werden, dass den Hochschullehrern die maßgebliche Verantwortung für die Funktionsfähigkeit und die Arbeit der Hochschulen zugestanden wird[1051]. Eine Majorisierung der Hochschullehrer ist nicht zulässig[1052]. Insbesondere Angelegenheiten mit forschungsunmittelbaren Auswirkungen entziehen sich der studentischen Kompetenz[1053]. Folglich sehen auch die Hochschulgesetze der Länder differenzierte Regelungen zu der Zusammensetzung der Gremien vor[1054].

Zentrale Organe der Hochschule[1055] sind regelmäßig der Rektor bzw. der Präsident (die gegebenenfalls durch ein Rektorat bzw. Präsidium unterstützt werden[1056])

1047 Vgl. *Hartmer,* in: Hartmer/Detmer, Hochschulrecht, Kapitel 4 Rn. 56; *Wolff/Bachof/Stober,* Verwaltungsrecht II, § 93 Rn. 90; *Thieme,* Deutsches Hochschulrecht, Rn. 611; siehe beispielsweise auch § 13 Abs. 1 S. 1 HG NRW.
1048 Vgl. zur drittelparitätischen Besetzung BVerfGE 35, 79 ff.
1049 BVerfGE 35, 79 (127).
1050 *Klein,* „Demokratisierung" der Universität?, S. 46.
1051 BVerfGE 35, 79 (126); 43, 242 (268); 47, 327 (388); 61, 210 (239 f.); vgl. auch *Wolff/Bachof/Stober,* Verwaltungsrecht III, § 97 Rn. 54.
1052 *Klein,* „Demokratisierung" der Universität?, S. 45.
1053 *Klein,* „Demokratisierung" der Universität?, S. 45; vgl. auch *Hartmer,* in: Hartmer/Detmer, Hochschulrecht, Kapitel 4 Rn. 56.
1054 Vgl. nur § 13 Abs. 2 HG NRW.
1055 Siehe eingehend zur Entwicklung der Hochschulleitung nach dem HRG *Manuela Freund,* Hochschulrecht – Hochschulrahmengesetzgebung – Landeshochschulgesetzgebung, Hamburg 2002.
1056 *Thieme,* Deutsches Hochschulrecht, Rn. 1000.

und der Senat[1057]. Der Rektor bzw. der Präsident vertritt die Hochschule nach außen[1058], und der Senat verfügt über bestimmte, enumerativ aufgelistete Kompetenzen (z.B. Wahl des Rektors, Beschluss der Grundordnung etc.)[1059]. Im Senat sind die verschiedenen Gruppen der Universität vertreten. Neben den genannten Organen der Universität gibt es eine Hochschulverwaltung, die für die Erfüllung der Aufgaben der Hochschule in Planung, Verwaltung und Rechtsangelegenheiten sorgt. Die Hochschulverwaltung wird von einem Kanzler geleitet[1060]. Dieser gehört der kollegialen Hochschulleitung an, sofern eine solche besteht[1061].

Die Hochschule gibt sich gem. § 58 Abs. 2 S. 1 HRG eine Grundordnung, in der sie ihre Angelegenheiten regelt, sofern nicht bereits gesetzlich verbindliche Festlegungen erfolgt sind[1062].

Als Körperschaft des öffentlichen Rechts unterliegt die Hochschule der Aufsicht des Staates. Grundsätzlich ist die Aufsicht auf eine Rechtsaufsicht beschränkt, § 59 S. 1 HRG. Teilweise – bei der Wahrnehmung staatlicher Aufgaben – ist sie aber auch als Fachaufsicht ausgestaltet, § 59 S. 3 HRG[1063]. Dies erklärt sich daraus, dass die Hochschulen im Bereich der staatlichen Aufgaben im Auftrag des Staates handeln und der Staat die Tätigkeit der Hochschule demnach umfassend überwachen können muss[1064]. Staatliche Aufgaben sind zum Beispiel die Personalverwaltung, die Haushalts- und Wirtschaftsangelegenheiten, die Krankenversorgung und das Gebühren-, Kassen- und Rechnungswesen[1065].

1057 Vgl. *Thieme*, Deutsches Hochschulrecht, Rn. 995, der allerdings auch noch von einem zweiten Kollegialorgan neben dem Senat spricht, dieses jedoch für nicht zwingend erachtet. Seit Streichung der einschlägigen Regelungen zur Leitung der Hochschule durch das 4. Hochschulrahmengesetzänderungsgesetz vom 20.8.1998 (BGBl. I S. 2190) sind Länder und Hochschulen gegenüber dem Bund autonom in der Organisation der Hochschulen, weshalb sich unterschiedliche Organisationsformen entwickelt haben, vgl. *Thieme*, Deutsches Hochschulrecht, Rn. 995.
1058 Vgl. *Schuster*, Leitungsorganisation, in: Flämig/Kimminich/Krüger/Meusel/Rupp/Scheven/Schuster/Graf Stenbock-Fermor, Handbuch des Wissenschaftsrechts, Band 1, S. 837 (849); *Thieme*, Deutsches Hochschulrecht, Rn. 1009.
1059 Vgl. dazu beispielhaft die §§ 18 ff. HG NRW; siehe auch *Hartmer*, in: Hartmer/Detmer, Hochschulrecht, Kapitel 4 Rn. 129.
1060 *Thieme*, Deutsches Hochschulrecht, Rn. 554, 559 f; *Hartmer*, in: Hartmer/Detmer, Hochschulrecht, Kapitel 4 Rn. 141.
1061 *Thieme*, Deutsches Hochschulrecht, Rn. 559.
1062 Siehe dazu auch *Reich*, HRG, § 58 Rn. 4; *Geis*, in: Hailbronner/Geis, HRG, § 58 Rn. 81.
1063 § 59 S. 3 HRG spricht nicht explizit von einer Fachaufsicht, sondern statuiert, dass im Bereich der staatlichen Angelegenheiten „eine weitergehende Aufsicht vorzusehen" ist. Darunter wird jedoch regelmäßig die Fachaufsicht verstanden, siehe *Kahl*, Hochschule und Staat, S. 83.
1064 *Oppermann*, Staatliche Aufsicht, in: Flämig/Kimminich/Krüger/Meusel/Rupp/Scheven/Schuster/Graf Stenbock-Fermor, Handbuch des Wissenschaftsrechts, Band 1, S. 1107 (1109).
1065 So § 107 Abs. 2 HG NRW.

bb. Anwendung auf die Situation der Schulen

Fraglich ist, ob sich dieser Befund auf die öffentlichen Schulen übertragen lässt. Mitglieder der Schule als Körperschaft wären jedenfalls die Schüler und die Lehrer einschließlich der Schulleitung. Im Fall der Lehrer handelte es sich um eine freiwillige Mitgliedschaft, da diese mit der Bewerbung um eine Stelle auch der Aufnahme in die entsprechende Körperschaft zustimmen würden. Dass auch ihr Status als Landesbeamte oder Angestellte des Landes einer Mitgliedschaft in der Körperschaft Schule nicht entgegenstünde, zeigt das Beispiel der Universitäten, bei denen die Professoren als Beamte ebenfalls Mitglieder der Körperschaft sind[1066]. Die Lehrer wären folglich einerseits staatliche Bedienstete, andererseits Mitglieder der Körperschaft Schule. Im Fall der Schüler würde es sich hingegen um eine Zwangsmitgliedschaft handeln, da diese zwar – nach der hier vertretenen Konzeption[1067] – eine Wahl zwischen verschiedenen Schulen haben, nicht aber wählen können, ob sie überhaupt zur Schule gehen möchten und demnach jedenfalls in irgendeiner Schule Mitglied werden *müssten*. Aufgrund der in allen Ländern gesetzlich angeordneten Schulpflicht, gegen die auch keine verfassungsrechtlichen Bedenken bestehen, kann diese Zwangsmitgliedschaft jedoch insbesondere im Hinblick auf ihre Vereinbarkeit mit Art. 2 Abs. 1 GG als zulässig angesehen werden[1068]. Denn sie stellt keinen weitergehenden Eingriff in die Rechte der Schüler dar, als dies ohnehin durch die Schulpflicht der Fall ist. Fraglich ist indes, ob man auch die Eltern einer Zwangsmitgliedschaft in der Körperschaft Schule unterwerfen könnte. Anders als die Schüler unterliegen diese keiner „Schulpflicht". Jedoch wird bereits auf (bundes-) verfassungsrechtlicher Ebene eine andere Pflicht der Eltern statuiert, die eine Zwangsmitgliedschaft rechtfertigen könnte. So sind gem. Art. 6 Abs. 2 S. 1 GG Pflege und Erziehung der Kinder das natürliche Recht der Eltern und die zuvörderst ihnen obliegende Pflicht. Die *Pflicht* ist dabei ein wesensimmanenter Bestandteil des Elternrechts[1069]. Diese Pflicht, die sich auf alle Lebensbereiche des Kindes erstreckt, bezieht sich insbesondere auch auf den Bereich der schulischen Ausbildung des Kindes[1070]. Auch im Rahmen der schulischen Laufbahn eines Kindes sind die Eltern zur Pflege und Erziehung verpflichtet. Die Erfüllung dieser Verpflichtung kann in erster Linie durch eine Beteiligung an der schulischen Arbeit gewährleistet werden. Dem-

---

1066 Vgl. dazu auch *Thieme*, Deutsches Hochschulrecht, Rn. 606.
1067 Siehe dazu oben 3. Teil D. IV.
1068 Vgl. zur Bedeutung des Art. 2 Abs. 1 GG im Schulwesen oben 1. Teil C. II. 1. Zur Frage der Zwangsmitgliedschaft siehe oben 3. Teil E. I. 1. a) aa.
1069 *Hofmann*, in: Schmidt-Bleibtreu/Klein, GG, Art. 6 Rn. 40 f.; *Coester-Waltjen*, in: v. Münch/Kunig, GG, Art. 6 Rn. 83; *Pieroth*, in: Jarass/Pieroth, GG, Art. 6 Rn. 31.
1070 *Pieroth*, in: Jarass/Pieroth, GG, Art. 6 Rn. 32; vgl. auch *Coester-Waltjen*, in: v. Münch/Kunig, GG, Art. 6 Rn. 87 ff.; *Gröschner*, in: Dreier, GG, Art. 6 Rn. 138 f.

entsprechend sieht die überwiegende Anzahl der Schulgesetze eine Pflicht der Eltern zur Mitwirkung an der schulischen Arbeit vor[1071].

§ 55 Abs. 1 S. 1 SchulG Baden-Württemberg formuliert diese Pflicht am deutlichsten. Danach haben Eltern das Recht und die Pflicht, an der schulischen Erziehung mitzuwirken. Ähnlich heißt es in Art. 76 S. 2 BayEUG. Dort werden die Erziehungsberechtigten verpflichtet, die Erziehungsarbeit der Schule zu unterstützen. Zurückhaltender formuliert das Berliner Schulgesetz. Gem. § 88 Abs. 1 SchulG Berlin wirken die Erziehungsberechtigten bei der Verwirklichung der Bildungs- und Erziehungsziele aktiv und eigenverantwortlich mit. Hier wird die Pflicht nicht ausdrücklich ausgesprochen, aber die Mitwirkung der Eltern wird als Faktum hingestellt, weshalb die Vorschrift immanent eine Pflicht der Eltern zur Mitwirkung enthält. Gem. § 60 Abs. 2 SchulG Bremen sind die Erziehungsberechtigten gehalten, bei der Erziehung und Bildung ihrer Kinder mit den Lehrern zusammenzuarbeiten, sich über grundsätzliche und aktuelle Schulfragen durch die Lehrer informieren zu lassen und bei der Gestaltung des Schullebens mitzuwirken. Um ihnen die dafür notwendigen Kenntnisse und Befähigungen zu verschaffen, können sie gem. § 60 Abs. 3 SchulG Bremen an Fortbildungen teilnehmen. Nach § 68 Abs. 1 SchulG Hamburg haben die Eltern Rechte und Pflichten, wobei diese nicht weiter beschrieben werden. Ebendies regelt auch § 100 SchulG Hessen. Nach § 86 Abs. 1 SchulG Mecklenburg-Vorpommern wirken die Erziehungsberechtigten bei der Gestaltung und Organisation der schulischen Bildung und Erziehung ihrer Kinder auf schulischer und überschulischer Ebene durch näher genannte Maßnahmen mit. Auch hier ist die Pflicht zur Mitarbeit nicht ausdrücklich festgelegt, sie wird aber als ein gegebener Umstand beschrieben. Ebenso heißt es in § 88 Abs. 1 SchulG Niedersachsen. § 2 Abs. 2 S. 2 SchulG Nordrhein-Westfalen regelt, dass Schule und Eltern bei der Verwirklichung der Bildungs- und Erziehungsziele partnerschaftlich zusammenwirken. Gem. § 2 Abs. 2 S. 1 SchulG Rheinland-Pfalz gewährleisten Schule und Eltern gemeinsam das Recht des Kindes auf Erziehung und Bildung. Auch diesen Vorschriften ist die Pflicht der Eltern zur Mitarbeit immanent. § 45 Abs. 1 S. 1 SchulG Sachsen legt fest, dass Eltern das Recht und die Aufgabe haben, an der schulischen Erziehung und Bildung mitzuwirken. In § 31 Abs. 1 S. 1 SchulG Thüringen heißt es schließlich, dass die Rechte und Pflichten der Eltern durch die Sorgeberechtigten wahrgenommen werden, wobei keine genaueren Erläuterungen erfolgen.

Betrachtet man diese Regelungen und die ihnen zugrunde liegende verfassungsrechtliche Norm, erscheint es möglich, auch die Eltern einer Zwangsmitgliedschaft in der Körperschaft Schule zu unterwerfen. Der in der Zwangsmitgliedschaft liegende Eingriff in Art. 2 Abs. 1 GG der Eltern wird durch ihre Erziehungsverantwortung aus Art. 6 Abs. 2 S. 1 GG gerechtfertigt. Insbesondere ist der Eingriff in Art. 2 Abs. 1 GG auch verhältnismäßig. Denn die Beteiligung der Eltern an der schuli-

---

1071 Keine Regelungen diesbezüglich treffen – soweit ersichtlich – Brandenburg, Sachsen-Anhalt und Schleswig-Holstein. Im saarländischen Schulgesetz hat der Gesetzgeber in § 35 Abs. 1 ausdrücklich nur ein *Recht* der Eltern auf Mitwirkung an der Arbeit der Schule zur Erfüllung der Unterrichts- und Erziehungsaufgabe ausgesprochen.

schen Arbeit ist ein legitimes Ziel. Die (Zwangs-) Mitgliedschaft der Eltern in der Körperschaft Schule kann die Erreichung dieses Ziels fördern, ist mithin geeignet. Auch ist die Zwangsmitgliedschaft erforderlich, da kein milderes, gleich wirksames Mittel denkbar ist. So kommt insbesondere eine freiwillige Mitgliedschaft nicht in Frage, da durch diese nicht eine Beteiligung aller Eltern gewährleistet wäre. Schließlich ist die Zwangsmitgliedschaft in der Körperschaft Schule auch angemessen im engeren Sinne. Denn das Grundgesetz selbst legt fest, dass die Erfüllung der Erziehungsaufgaben die den Eltern zuvörderst obliegende Pflicht ist. Die Zwangsmitgliedschaft in der Körperschaft Schule ist eine konkrete Ausprägung dieser elterlichen Pflicht und Verantwortung gegenüber den Kindern. Da die Zwangsmitgliedschaft zeitlich auf den Schulbesuch der Kinder begrenzt und aufgrund der Schulgeldfreiheit mit keinerlei finanziellen Belastungen verbunden ist, ist sie im Hinblick auf die genannte Verantwortung der Eltern aus Art. 6 Abs. 2 S. 1 GG angemessen. Eine Zwangsmitgliedschaft der Eltern erscheint damit jedenfalls verfassungsrechtlich zulässig.

Ob eine Zwangsmitgliedschaft der Eltern auch tatsächlich gewollt ist, ist eine politisch zu entscheidende Frage. Nach der hier vertretenen Konzeption der Beteiligung aller Mitglieder der Schulgemeinde an der schulischen Arbeit hätte sie den Vorteil, dass die Eltern stärker als bisher auch rechtlich in die Arbeit der Schule eingebunden wären. Sie hätten – zumindest von ihrer rechtlichen Stellung, wenn auch möglicherweise nicht hinsichtlich bestimmter Gremienzusammensetzungen oder Abstimmungsmodi – eine gleichberechtigte Position gegenüber den Lehrern und den Schülern. Sie wären als Mitglieder der Körperschaft originär zur Mitwirkung und -entscheidung befugt – unabhängig von der konkreten Ausgestaltung – und künftig grundsätzlich nicht mehr auf die gesetzliche Einräumung von Mitwirkungsbefugnissen angewiesen. Diese rechtliche Besserstellung könnte dazu führen, dass mehr Eltern bereit sind, sich aktiv an der schulischen Arbeit zu beteiligen, weil sie sich auch rechtlich als gleichberechtigte Partner ernst genommen wissen. Denn sie haben nicht nur die Pflichten, sondern auch die Rechte eines Mitglieds.

Eine andere Möglichkeit, den Eltern Einfluss auf das schulische Geschehen zu geben, wäre die Errichtung eines Gremiums mit externen Vertretern. Vorbild für ein derartiges Gremium könnte der neuerdings in vielen Ländern eingeführte Hochschulrat sein[1072]. Der Hochschulrat – auch Kuratorium genannt[1073] – ist ein Gremium der Universität, das in die Verwaltung einer Hochschule eingebunden ist, ohne Teil der akademischen Selbstverwaltung zu sein[1074]. Wesentliches Merkmal des Hoch-

---

1072 Siehe allgemein dazu z.B. *Groß*, DÖV 1999, 895 ff.; *Schmidt*, Deutsche Hochschulräte, Frankfurt am Main 2004; *Kahl*, Hochschule und Staat, S. 100 ff. Vgl. auch beispielsweise § 52 NHG.
1073 Vgl. z. B. § 24 HG NRW.
1074 *Groß*, DÖV 1999, 895 (896).

schulrats ist die Besetzung mit nicht der Hochschule zugehörigen Mitgliedern[1075]. Dies entspricht dem Ziel, externen Sachverstand für die Arbeit der Universität nutzbar zu machen[1076]. Überwiegend kommen den Hochschulräten nur Beratungs- und keine Entscheidungsrechte zu[1077]. Sie können Stellungnahmen und Empfehlungen, aber keine bindenden Beschlüsse fassen[1078]. Dies ist der Tatsache geschuldet, dass regelmäßig keine Vertreter der Hochschulmitglieder und des Staates dem Hochschulrat beiwohnen[1079].

Überträgt man das Modell des Hochschulrats auf die Schule als Körperschaft, würde dies bedeuten, ein Gremium zu gründen, das sich aus externen Vertretern zusammensetzt. Da die Einbeziehung der Eltern – als externe Vertreter – Ziel der Errichtung eines solchen Gremiums wäre, sollten diese jedenfalls mehrheitlich vertreten sein. Darüber hinaus könnten Vertreter von Kirchen, Vereinen, Wirtschaftsunternehmen, Universitäten oder anderen örtlichen Einrichtungen einbezogen werden. Fraglich ist, ob ein solches Modell dem Ziel der stärkeren Einbeziehung der Eltern gerecht würde.

Soll das entsprechende Gremium gleich dem Hochschulrat nur beratende Tätigkeit ausüben, lässt sich bezweifeln, ob sich eine stärkere Einbeziehung der Eltern auf diesem Weg verwirklichen ließe. Hinsichtlich der Frage der Mitgliedschaft der Eltern in der Körperschaft Schule wurde argumentiert, dass diese für sinnvoll gehalten wird, da Eltern als Mitglieder die gleichen Rechte und Pflichten wie Lehrer und Schüler hätten. Dahinter steht der Gedanke, dass Eltern möglicherweise eher bereit sind, sich an der schulischen Arbeit zu beteiligen, wenn ihre Position rechtlich gestärkt wird und sie sich grundsätzlich auf einer Ebene mit Lehrern und Schülern befinden. Dem würde es entgegenstehen, das dem Hochschulrat vergleichbare Gremium nur mit Beratungsrechten auszustatten. Den Eltern ausschließlich Beratungsrechte zuzugestehen, würde ihnen weniger Entscheidungsbefugnisse einräumen, als sie momentan regelmäßig beispielsweise in der Schulkonferenz haben. Eine Zurückdrängung der Rechte der Eltern wäre aber nicht Sinn der Einführung eines einem Hochschulrat vergleichbaren Gremiums.

Denkbar wäre hingegen auch, dem Gremium externer Vertreter nicht nur Beratungs-, sondern Entscheidungsrechte zu übertragen. Derartige Kompetenzen kom-

---

1075 Vgl. z.B. § 52 Abs. 2 S. 2 NHG und § 24 Abs. 2 S. 1 HG NRW. Siehe auch *Ipsen*, NdsVBl. 2005, 5 (7); *Groß*, DÖV 1999, 895 (898); *Schmidt*, Deutsche Hochschulräte, S. 10 und 23 ff.; *Kempen*, in: Hartmer/Detmer, Hochschulrecht, Kapitel 1 Rn. 130.
1076 *Ipsen*, NdsVBl. 2005, 5 (7).
1077 Siehe zu den verschiedenen Funktionen, die den Hochschulräten in den Ländern zukommen *Alexander Laqua*, Der Hochschulrat zwischen Selbstverwaltung und staatlicher Verwaltung, Baden-Baden 2004, insbes. S. 124 ff.
1078 *Groß*, DÖV 1999, 895 (897).
1079 Es gibt allerdings auch gemischt besetzte Hochschulräte, in denen neben Hochschulfremden auch Hochschulangehörige vertreten sind, siehe dazu *Kempen*, in: Hartmer/Detmer, Hochschulrecht, Kapitel 1 Rn. 132.

men auch in einigen Ländern den Hochschulräten zu[1080]. Hier ergeben sich jedoch Fragen hinsichtlich der demokratischen Legitimation der von dem entsprechenden Gremium gefassten Entscheidungen. Denn das entsprechende Gremium bestünde – jedenfalls nach seiner ursprünglichen Konzeption – nur aus externen Vertretern. Mitglieder der Körperschaft Schule, das heißt Lehrer und Schüler, wären demgegenüber nicht vertreten. Wie im Rahmen der Vereinbarkeit schulischer Eigenverantwortung mit dem Demokratieprinzip des Art. 20 Abs. 2 GG bereits erörtert[1081], ist für eine ausreichende personelle demokratische Legitimation von schulischen Beschlüssen im Rahmen der Eigenverantwortung stets eine Zustimmung der Lehrer erforderlich. Dies ist – wie angesprochen – zum Beispiel über das Prinzip der sog. doppelten Mehrheit zu verwirklichen. Danach muss nicht nur die allgemeine Mehrheit eines Gremiums, sondern auch die Mehrheit der einzig personell demokratisch legitimierten Gruppe, der Lehrer, einer Entscheidung zustimmen. In einem dem Hochschulrat vergleichbaren Gremium wären aber regelmäßig Lehrer nicht einmal anwesend, da sie als Mitglieder der Körperschaft Schule nicht zugleich externe Vertreter sein könnten. Insoweit erscheint die demokratische Legitimation von Entscheidungen eines dem Hochschulrat vergleichbaren Gremiums zweifelhaft[1082]. Diesem Problem könnte dadurch begegnet werden, dass auch Lehrer und Schüler Vertreter in das dem Hochschulrat vergleichbare Gremium entsenden. Da keine zwingende Definition der Aufgaben und der Zusammensetzung eines dem Hochschulrat vergleichbaren Gremiums existiert, wäre dies durchaus denkbar. Hier stellt sich jedoch die Frage, welchen Vorteil die Etablierung eines mit Lehrern, Eltern und Schülern besetzten, dem Hochschulrat vergleichbaren Gremiums hätte. An der Körperschaft Schule wird in jedem Fall – dem Senat der Universität entsprechend – ein Gremium mit Entscheidungsbefugnissen bestehen, in dem die Mitglieder der Körperschaft vertreten sind. Mitglieder der Körperschaft sind jedenfalls Schüler und Lehrer. Es erscheint folglich stringenter, den Eltern die Möglichkeit der Mitwirkung in diesem – ohnehin vorhandenen – Gremium zu geben, als ein weiteres Gremium mit Entscheidungsbefugnissen zu gründen. Denn jedenfalls Lehrer und Schüler müssten ansonsten in zwei Gremien – dem dem Senat vergleichbaren und dem dem Hochschulrat vergleichbaren – mitwirken. Ferner würde die Etablierung zweier Gremien mit Entscheidungsbefugnissen Fragen hinsichtlich der Abgrenzung der Kompetenzen beider Gremien aufwerfen. Aus diesen Gründen erscheint es sinnvoller, den Eltern die Möglichkeit der Mitwirkung in dem dem Senat vergleichbaren Gremium einzuräumen – womit die Möglichkeit zur Mitgliedschaft in der Körper-

---

1080 In Bayern kommen den Hochschulräten teilweise Zustimmungsrechte zu Entscheidungen des Senats zu, vgl. Art. 28 Abs. 1 S. 1 Nr. 5 und 6 BayHSchG. In Berlin haben die Kuratorien Beschlussrechte in wichtigen Bereichen der Wirtschafts- und Personalangelegenheiten, vgl. § 65 BerlHG.
1081 Siehe dazu oben 3. Teil D. II. 2. b).
1082 Vgl. zur entsprechenden Diskussion hinsichtlich der Hochschulräte *Ipsen*, NdsVBl. 2005, 5 (7); *Groß*, DÖV 1999, 895 (899 ff.); *Kempen*, BayVBl. 1999, 454 (457 ff.).

schaft Schule einhergeht –, als ein weiteres Gremium mit Entscheidungsbefugnissen zu etablieren.

Die Leitung der Schule könnte – ebenso wie bei der Universität – durch einen pädagogisch ausgebildeten Direktor (an der Universität der Rektor bzw. Präsident) und einen kaufmännisch und verwaltungsrechtlich vorgebildeten Mitarbeiter (an der Universität der Kanzler) wahrgenommen werden[1083]. Dies hätte den – oben im Rahmen der rechtsfähigen Anstalt schon erwähnten[1084] – Vorteil, dass die mit der Verleihung der Rechtsfähigkeit neu auf die Schule zukommenden Aufgaben adäquat erledigt werden könnten[1085]. Dem Senat der Universität wäre die Schulkonferenz – bzw. ein entsprechendes Gremium – vergleichbar. Hinsichtlich der Besetzung bzw. der Abstimmungsmodi gilt das bereits oben im Rahmen der verfassungsrechtlichen Grenzen der schulischen Eigenverantwortung Gesagte[1086]. Danach muss stets gewährleistet sein, dass gegen den Willen der Lehrer als den pädagogischen Fachkräften regelmäßig keine Beschlüsse getroffen werden können. Zu diesem Punkt kann ergänzend die Argumentation zur Besetzung der Gremien an der Universität analog herangezogen werden.

Wie die Rechtsstellung der Lehrer im Einzelnen ausgestaltet wird, ist eine politisch zu entscheidende Frage. Denkbar wäre insoweit, die Lehrer – unter Verzicht auf den Beamtenstatus – in ein Angestelltenverhältnis zu der entsprechenden Körperschaft treten zu lassen. In Betracht käme aber auch, die Verbeamtung der Lehrer beizubehalten und sie entweder weiterhin als Landesbeamte zu führen oder aber sie in den Dienst der jeweiligen Körperschaft zu stellen. Unabhängig von der konkreten Gestaltung sollte jedoch stets gewährleistet sein, dass der Schulleitung die vollständigen Befugnisse des Dienstvorgesetzten der Lehrer übertragen werden. Ferner sollte die Schule die Auswahl der Lehrkräfte eigenverantwortlich treffen können. Will man der Schule selbst die Dienstherrnfähigkeit nicht zuerkennen, muss Letzteres jedenfalls durch ein den heutigen schulspezifischen Ausschreibungen[1087] entsprechendes System gewährleistet werden.

Der Grundordnung der Universität würde das Schulprogramm der Schule entsprechen. Als Körperschaft hätte die Schule die Möglichkeit, das Schulprogramm als Satzung zu erlassen, wodurch der Grad der Verbindlichkeit gegenüber der heutigen Stellung des Schulprogramms erhöht würde.

1083 Die so neu zu schaffenden Stellen könnten jedenfalls teilweise durch die im Zuge der Reduktion der Schulaufsicht frei werdenden Kräfte besetzt werden.
1084 Siehe dazu oben 3. Teil E. II. 2. b) bb.
1085 Ebenso wie im Rahmen der zur rechtsfähigen Anstalt gemachten Ausführungen käme es auch hier in Betracht, mehrere kleine Schulen zu einer Körperschaft zusammenzufassen und die Aufgaben nach Kapazitäten und Kompetenzen auf die Gesamtkörperschaft oder ihre einzelnen Teile zu verteilen.
1086 Oben 3. Teil D. II. 2. b).
1087 Vgl. zu den schulspezifischen, d.h. durch die Schule formulierten, Ausschreibungen oben 3. Teil C. I. 2. Üblich ist in diesem Zusammenhang auch der Begriff der schulscharfen Ausschreibungen.

Die Aufsicht des Staates würde sich grundsätzlich auf eine Rechtsaufsicht beschränken, wobei es dem Staat selbstverständlich frei stünde, wie eng er das Netz der gesetzlichen Vorschriften zöge. Wie im zweiten Teil bereits ausgeführt, müsste der Gesetzgeber in jedem Fall verbindliche Vorgaben hinsichtlich der von den Schulen zu erreichenden Ziele, der Standards und Kompetenzen setzen. Auch sollte ein externes Evaluationsverfahren gesetzlich festgeschrieben werden. Hinsichtlich der Überprüfung der Haushaltsführung käme ein gesondertes Controllingsystem in Betracht[1088]. Schließlich könnte sich der Gesetzgeber weitergehende Befugnisse vorbehalten. Hierbei muss jedoch stets darauf geachtet werden, der Eigenverantwortung der Schule ausreichend Raum zu lassen. Nach der hier vertretenen Konzeption bedeutet dies insbesondere, auf eine Fachaufsicht hinsichtlich der Unterrichts- und Erziehungstätigkeit der Schulen zu verzichten[1089].

cc. Stellungnahme

Wie nun ist also die Eignung der Körperschaft als Rechtsform für die Schulen zu beurteilen? Wie bereits zu Beginn festgestellt, sind die rechtsfähige Anstalt und die (rechtsfähige) Körperschaft weit gehend vergleichbar. Lediglich hinsichtlich der Stellung der mit ihr in Beziehung tretenden Personen und dem hinter der jeweiligen Rechtsform stehenden Gedanken unterscheiden sie sich grundlegend. Allein anhand dieser Unterschiede kann folglich auch entschieden werden, welches die für die Schule geeignetere Rechtsform ist. Mehrfach wurden in den vorangehenden Abschnitten die Gedanken der Selbstverwaltung und der Beteiligung der Schulgemeinde im Hinblick auf die schulische Eigenverantwortung angesprochen. Will man diese aber konsequent umsetzen, erscheint dafür am ehesten die Rechtsform der Körperschaft, die nahezu symbolisch für die beiden Elemente steht, geeignet. Denn „einer Schule, die kein Verwaltungsapparat ist und auch keinen hat, zu sagen, sie sei ein Bestand von sächlichen und persönlichen Mitteln, welche in der Hand eines Trägers öffentlicher Verwaltung einem besonderen öffentlichen Zweck dauernd zu dienen bestimmt ist, erscheint absurd (und ist inhaltlich inzwischen auch falsch)."[1090]

Auch ist die Aufgabe des „Schule-Haltens" nach Maßgabe der zu Beginn dieses Abschnitts genannten drei Voraussetzungen[1091] eine solche, die auf eine Körperschaft als Selbstverwaltungsträger übertragen werden kann. Denn sie ist – wie bereits im Rahmen der Erörterung des Demokratieprinzips dargelegt[1092] – weder dem Staat zur unmittelbaren Erledigung vorbehalten noch kann sie – wie ebenfalls dort

---

1088 Siehe *Avenarius*, RdJB 2001, 470 (476).
1089 Siehe dazu oben 2. Teil A. IV.
1090 *Kaschner*, RdJB 1995, 321 (322), der allerdings nicht auf die Möglichkeit der Gestaltung der Schule als Körperschaft eingeht.
1091 Siehe dazu oben 3. Teil E. II. 3. a).
1092 Siehe dazu oben 3. Teil D. II. 2. b).

ausgeführt – (vollständig) dem privaten Bereich überlassen werden, und sie steht schließlich auch im Zusammenhang mit den eigenen Angelegenheiten der Körperschaft.

Sicherlich mag auch die Rechtsform der Körperschaft nicht hundertprozentig auf die Gegebenheiten und Bedürfnisse der Schule passen. So entspricht es beispielsweise nicht der originären Idee der Körperschaft, einer Gruppe von Mitgliedern – hier den Lehrern – gegenüber den anderen eine hervorgehobene Stellung zuzubilligen, wie dies auch an den Universitäten hinsichtlich der Professoren praktiziert wird. Jedoch muss – solange der Gesetzgeber nicht von der ihm zustehenden Möglichkeit der Schaffung neuer Rechtsformen[1093] Gebrauch macht – mit den überkommenen Rechtsformen gearbeitet und diejenige gefunden werden, die den jeweiligen Gegebenheiten am ehesten genügt[1094]. Dies erscheint nach eingehender Prüfung die Rechtsform der Körperschaft zu sein[1095].

dd. Verfassungsrechtliche Möglichkeit der Errichtung einer neuen Selbstverwaltungseinheit Schule

Eine Umwandlung der Schulen in Körperschaften des öffentlichen Rechts wäre – wie aufgezeigt – ein eindeutiges Bekenntnis zum Gedanken der Selbstverwaltung. Als Körperschaften wären Schulen nicht nur materiell, sondern auch formell den Selbstverwaltungseinheiten zuzuordnen. Dies wirft die Frage auf, ob es dem einfachen Gesetzgeber ohne weiteres offen steht, neue Selbstverwaltungseinrichtungen zu schaffen, oder ob im Grundgesetz nicht vielmehr ein „Numerus clausus" der Selbstverwaltungseinheiten[1096] angelegt ist[1097].

Grundgesetzliche Erwähnung findet der Begriff der Selbstverwaltung zum einen in Art. 28 Abs. 2 S. 2 GG, der den Gemeinden und Gemeindeverbänden das „Recht

---

1093 Dass der Gesetzgeber diese Möglichkeit hat, ist unbestritten. Vgl. *Maurer*, Allgemeines Verwaltungsrecht, § 23 Rn. 37; ähnlich auch *Kaschner*, RdJB 1995, 321 (322).
1094 Siehe dazu – bezogen auf die Hochschulen – *Gallas*, Die Staatsaufsicht über die wissenschaftlichen Hochschulen, S. 83.
1095 *Lund* weist in ihrem Artikel in RdJB 2004, 263 (273) darauf hin, dass es kaum eine für alle Schulen gleichermaßen geeignete Lösung hinsichtlich der Frage alternativer Rechtsformen für Schulen gebe.
1096 Vgl. dazu *Hendler*, Das Prinzip Selbstverwaltung, in: Isensee/Kirchhof, Handbuch des Staatsrechts der Bundesrepublik Deutschland, Band IV, § 106 Rn. 55 ff.
1097 Von dieser Frage zu unterscheiden ist die Frage, ob die *Befugnisse* der Selbstverwaltungseinheit Schule mit der Verfassung vereinbar sind. Letztere Problematik wurde im Wesentlichen bereits oben im Rahmen der verfassungsrechtlichen Grenzen der schulischen Eigenverantwortung erörtert, siehe oben 3. Teil D. II. 2. b). Denn die Verantwortungsbereiche der Schule als Körperschaft, also als Selbstverwaltungseinheit, würden sich lediglich in ihrem Umfang, nicht aber grundsätzlich von den oben diskutierten Möglichkeiten der Eigenverantwortung (pädagogische, personelle und finanzielle Eigenverantwortung) unterscheiden.

der Selbstverwaltung" zugesteht, zum anderen in Art. 90 Abs. 2 GG, nach dem die Länder oder „die nach Landesrecht zuständigen Selbstverwaltungskörperschaften" die Bundesautobahnen und sonstigen Bundesstraßen des Fernverkehrs im Auftrag des Bundes verwalten. Während Ersteres eine verfassungsrechtliche Garantie der kommunalen Selbstverwaltung darstellt, ist Letzteres lediglich ein Hinweis auf die Zuständigkeitsverteilung im Rahmen der Bundesauftragsverwaltung und damit hier nicht weiter von Interesse. Anders die erstgenannte verfassungsrechtliche Garantie der kommunalen Selbstverwaltung gem. Art. 28 Abs. 2 S. 2 GG. Diese ist die einzige *ausdrücklich* im Grundgesetz vorgesehene Garantie der Selbstverwaltung. Über diese ausdrückliche Gewährleistung hinaus wird nach überwiegender Auffassung in wenigstens zwei weiteren Bereichen ein grundgesetzlich gewährleistetes Selbstverwaltungsrecht anerkannt. Zum einen ist dies die rundfunkrechtliche Selbstverwaltung, die aus Art. 5 Abs. 1 S. 2 Var. 2 GG abgeleitet wird, zum anderen die akademische Selbstverwaltung, die ihre Grundlage in Art. 5 Abs. 3 S. 1 GG findet[1098]. Die Anerkennung dieser Selbstverwaltungsbereiche auf verfassungsrechtlicher Ebene wird insbesondere damit begründet, dass sich die Selbstverwaltung hier als eine Ausprägung der Grundrechtswahrnehmung in dem jeweiligen Bereich darstelle[1099]. Es bestehe mithin ein verfassungsrechtliches *Gebot* zur Gewährung des Selbstverwaltungsrechts in den genannten Bereichen[1100].

Neben den drei erwähnten Selbstverwaltungsbereichen existieren weitere Selbstverwaltungseinheiten. Zu nennen sind beispielsweise die wirtschaftliche Selbstverwaltung (Industrie- und Handelskammern, Handwerkskammern und Innungen), die berufsständische Selbstverwaltung (z.B. Ärzte-, Apotheker- und Rechtsanwaltskammern) und die soziale Selbstverwaltung (Träger der Sozialversicherung wie Ortskrankenkassen, Berufsgenossenschaften und Landesversicherungsanstalten)[1101].

1098 *Hendler*, Das Prinzip Selbstverwaltung, in: Isensee/Kirchhof, Handbuch des Staatsrechts der Bundesrepublik Deutschland, Band IV, § 106 Rn. 50. Teilweise wird auch die Selbstverwaltung der Sozialversicherungsanstalten unter die verfassungsrechtlich garantierten Selbstverwaltungseinheiten gefasst, da sie gem. Art. 87 Abs. 2 S. 1 GG als bundesunmittelbare Körperschaften des öffentlichen Rechts geführt werden, siehe dazu *Avenarius*, Schulische Selbstverwaltung und Demokratieprinzip, in: Eichel/Möller, 50 Jahre Verfassung des Landes Hessen – Eine Festschrift, S. 178 (189). Das Bundesverfassungsgericht sieht die Vorschrift indes als reine Kompetenznorm, die der Abgrenzung der Verwaltungszuständigkeiten zwischen Bund und Ländern dient, vgl. BVerfGE 24, 362 (371); 39, 302 (315).
1099 Vgl. z.B. *Hennecke*, Schule und Selbstverwaltung, in v. Mutius, Selbstverwaltung im Staat der Industriegesellschaft, S. 931 (944 f.); *Schuppert* Selbstverwaltung als Beteiligung Privater an der Staatsverwaltung?, in: v. Mutius, Selbstverwaltung im Staat der Industriegesellschaft, S. 183 (205).
1100 *Hendler*, Das Prinzip Selbstverwaltung, in: Isensee/Kirchhof, Handbuch des Staatsrechts der Bundesrepublik Deutschland, Band IV, § 106 Rn. 56.
1101 Siehe dazu *Frotscher*, Selbstverwaltung und Demokratie, in: v. Mutius, Selbstverwaltung im Staat der Industriegesellschaft, S. 127 (143). Der Bereich der sozialen Selbstverwaltung kann aber natürlich nur dann unter die sonstige Selbstverwaltung gefasst werden, wenn man ihn nicht bereits den verfassungsrechtlich gebotenen Selbstverwaltungseinheiten zurechnet. Siehe zur Selbstverwaltung unten 3. Teil B. VII. 1.

Diese Selbstverwaltungseinrichtungen entspringen nach nahezu einhelliger Auffassung indes keinem verfassungsrechtlichen *Gebot* zur Errichtung derselben. So schreibt *Hendler*:

> „Die Bedeutung des – vom Prinzip formaler bzw. absoluter Gleichheit geprägten – zentralen politischen Willensbildungs- und Entscheidungsprozeßes, der bei der allgemeinen Volkswahl zu den staatlichen Parlamenten beginnt, verbietet jedoch die Annahme, daß im Grundgesetz ein über die bereits erwähnten Fälle (Art. 28 Abs. 2, Art. 5 Abs. 1 und 3 GG) hinausgehendes verfassungsrechtliches Gebot zur Bildung bzw. Bestandserhaltung von Selbstverwaltungseinrichtungen enthalten sei."[1102]

Bei *Schmidt-Aßmann* heißt es dazu: „Jenseits der im Grundgesetz und in den Landesverfassungen vorgegebenen Selbstverwaltungsbereiche läßt sich ein *allgemeines Gebot* zur >Entkoppelung< einzelner Verwaltungsbereiche im Verfassungsrecht nicht ausmachen."[1103] Nach *Hennecke* mag der Gedanke „einer Grundrechtseffektuierung durch [...] Selbstverwaltungsmodelle nicht von der Hand zu weisen sein, [...] doch [muß] betont werden, daß sich aus der Verfassung – von der Autonomie der Hochschulen abgesehen – nicht ableiten läßt, daß derartige Verstärkungsformen der Grundrechte auch verfassungsrechtlich geboten seien"[1104]. Schließlich schreibt *Bethge*:

> „Nicht jeder Art von rechtlich näher konturierter Selbstverwaltung kommt verfassungsrechtlicher, noch weniger grundrechtlicher Rang zu. Vielfach erweist sich Selbstverwaltung lediglich als eine innerstaatliche Organisationsform der Dezentralisation im Sinne einer Ausgliederung von juristischen Personen des öffentlichen Rechts aus dem Bereich der unmittelbaren Staatsverwaltung, ohne daß dieser Aussparung bestimmter Verwaltungstätigkeiten ein zwingendes verfassungsrechtliches Gebot zugrunde läge."[1105]

Geht man mit der dargestellten Auffassung davon aus, dass außer in den Bereichen der Kommunen, der Rundfunkanstalten und der Hochschulen kein verfassungsrechtliches Gebot zur Errichtung von Selbstverwaltungseinheiten besteht, stellt sich die Frage, ob das Fehlen eines derartigen *Gebots* zugleich ein *Verbot* der Errichtung weiterer Selbstverwaltungseinheiten impliziert. Die zu Beginn bereits aufgeworfene Frage eines Numerus clausus der Selbstverwaltungseinrichtungen wird hier virulent. Insbesondere das letztgenannte Zitat von *Bethge* deutet an, dass ein Numerus clausus der Selbstverwaltungseinheiten nicht existiert. Denn dem Gesetzgeber kommt eine Einschätzungsprärogative bei der Wahl der tauglichen Organisationsform zur Wahrnehmung öffentlicher Aufgaben zu. So erklärt das Bundesverfassungsgericht: „Dem Gesetzgeber steht es grundsätzlich frei, öffentliche Aufgaben unmittelbar

---

1102 *Hendler*, Das Prinzip Selbstverwaltung, in: Isensee/Kirchhof, Handbuch des Staatsrechts der Bundesrepublik Deutschland, Band IV, § 106 Rn. 56.
1103 *Schmidt-Aßmann*, Zum staatsrechtlichen Prinzip der Selbstverwaltung, in: Selmer/v. Münch, Gedächtnisschrift für Wolfgang Martens, 249 (263 f.). Hervorhebung im Original.
1104 *Hennecke*, Schule und Selbstverwaltung, in: v. Mutius, Selbstverwaltung im Staat der Industriegesellschaft, S. 931 (945).
1105 *Bethge*, Das Selbstverwaltungsrecht im Spannungsfeld zwischen institutioneller Garantie und grundrechtlicher Freiheit, in: v. Mutius, Selbstverwaltung im Staat der Industriegesellschaft, S. 149 (153).

durch staatliche Behörden oder mittelbar durch Körperschaften des öffentlichen Rechts erfüllen zu lassen, also staatliche Aufgaben an Selbstverwaltungskörper zu delegieren."[1106] „In einem Staat, der den Gedanken der Selbstverwaltung bejaht und in seiner Gesetzgebung weit gehend verwirklicht, kann die Wahl der Organisationsform einer Körperschaft nicht schon als solche verfassungswidrig sein."[1107] Damit billigt es dem Gesetzgeber das Recht zu, weitere Selbstverwaltungseinheiten zu errichten, wenn und soweit ihm dies zweckmäßig erscheint[1108]. Dabei steht der Gedanke der Zweckmäßigkeit im Vordergrund. Denn die Einrichtung verfassungsrechtlich nicht gebotener Selbstverwaltungseinheiten kommt insbesondere dann in Betracht, wenn auf diese Weise eine möglichst funktionsgerechte – das heißt zweckmäßige – Verwaltung öffentlicher Aufgaben gesichert werden soll und kann[1109]. Bezieht man diese Ausprägung der Selbstverwaltung in den Kreis möglicher Selbstverwaltungsbereiche ein, ist das Prinzip der Selbstverwaltung mithin als ein „staatsrechtliches Ordnungsprinzip"[1110] zu verstehen, das auch „interessenspezifisch ausgerichtete Organisationsformen sogenannter funktionaler Selbstverwaltung[1111] erfaßt"[1112] und für dessen Gebrauch durch den einfachen Gesetzgeber die Verfassung breiten Raum lässt[1113]. Insofern kann zwar von einem Numerus clausus der verfassungsrechtlich *gebotenen* Selbstverwaltungseinheiten gesprochen werden, nicht aber von einem Numerus clausus der verfassungsrechtlich *möglichen* Selbstverwaltungseinheiten. Bezogen auf die Situation der Schulen bedeutet dies, dass ei-

---

1106 BVerfGE 15, 235 (242). Siehe auch *Hendler*, in: Isensee/Kirchhof, Handbuch des Staatsrechts der Bundesrepublik Deutschland, Band IV, § 106 Rn. 55 Fn. 108.
1107 BVerfGE 10, 89 (104); siehe auch BVerfGE 107, 59 (90).
1108 Ausgespart von der Übertragung auf Selbstverwaltungseinheiten müssen selbstverständlich solche Aufgaben bleiben, die von politischer Tragweite sind, vgl. *Avenarius*, Schulische Selbstverwaltung und Demokratieprinzip, in: Eichel/Möller, 50 Jahre Verfassung des Landes Hessen – Eine Festschrift, S. 178 (189); *Unruh*, VerwArchiv 92 (2001), 531 (539). Dies ergibt sich auch bereits aus der im Rechtsstaatsprinzip wurzelnden Wesentlichkeitsdoktrin.
1109 *Schuppert*, AöR 114 (1989), 127 (137); siehe auch *Schmidt-Aßmann*, Zum staatsrechtlichen Prinzip der Selbstverwaltung, in: Selmer/v. Münch, Gedächtnisschrift für Wolfgang Martens, S. 249 (264).
1110 *Schmidt-Aßmann*, Kommunale Selbstverwaltung „nach Rastede", in: Franßen, Bürger – Richter – Staat, S. 121 (125).
1111 Vgl. *Avenarius*, Schulische Selbstverwaltung und Demokratieprinzip, in: Eichel/Möller, 50 Jahre Verfassung des Landes Hessen – Eine Festschrift, S. 178 (189); ausführlich zum Gedanken der funktionalen Selbstverwaltung *Emde*, Die demokratische Legitimation der funktionalen Selbstverwaltung, Berlin 1991.
1112 *Schmidt-Aßmann*, Kommunale Selbstverwaltung „nach Rastede", in: Franßen, Bürger – Richter – Staat, S. 121 (125).
1113 *Hendler*, Das Prinzip Selbstverwaltung, in: Isensee/Kirchhof, Handbuch des Staatsrechts der Bundesrepublik Deutschland, Band IV, § 106 Rn. 56.

ner Umwandlung der Schulen in (materielle[1114] und formelle) Selbstverwaltungskörperschaften aus verfassungsrechtlicher Sicht nichts entgegensteht[1115].

ee. Schulische Eigenverantwortung als subjektiv-öffentliches Recht im engeren Sinne

Wie bereits erörtert wurde, ist die schulische Eigenverantwortung ein funktionsbezogenes subjektiv-öffentliches Recht der Schule aus Art. 7 Abs. 1 GG i.V.m. Art. 2 Abs. 1 GG. Im Hinblick auf die geltende Rechtslage, nach der die Schule nichtrechtsfähige öffentlich-rechtliche Anstalt und damit Teil der unmittelbaren Staatsverwaltung ist, wurde dieses Recht – ebenso wie die pädagogische Freiheit – nicht als echtes subjektiv-öffentliches Recht, sondern als wehrfähige Innenrechtsposition eingeordnet. Denn alle denkbaren Prozesskonstellationen – Lehrer gegen Schule, Schule gegen Lehrer, Lehrer gegen Schulaufsicht, Schule gegen Schulaufsicht[1116] – sind Organstreitigkeiten, bei denen es gerade auf die Geltendmachung wehrfähiger Innenrechtspositionen ankommt. Durch die Anerkennung der Rechtsfähigkeit wird die Schule indes selbst zu einer juristischen Person des öffentlichen Rechts. Sie ist demnach nicht mehr Organ des Landes, sondern eine eigenständige, vom Land in gewisser Weise unabhängige juristische Person. Insofern ist ein Rechtsstreit der Schule gegen die Schulaufsichtsbehörde als Organ des Landes nicht mehr als Innen-

---

1114 Siehe dazu bereits oben 3. Teil D. II. 2. b).

1115 Hier sei noch einmal darauf hingewiesen, dass die grundsätzliche Frage nach der verfassungsrechtlichen Zulässigkeit der Übertragung weitergehender Befugnisse auf die Schulen von der Frage nach der verfassungsrechtlichen Zulässigkeit der Errichtung neuer Selbstverwaltungseinheiten strikt zu trennen ist. Hinsichtlich der ersten Frage kann insoweit insbesondere auf die Ausführungen oben 3. Teil D. II. 2. b) verwiesen werden.

1116 Eine Klage des Lehrers oder der Schule gegen Eltern oder Schüler aufgrund einer Verletzung der pädagogischen Freiheit oder der schulischen Eigenverantwortung kommt nicht in Betracht. Der Grund dafür liegt in der fiduziarischen Natur der pädagogischen Freiheit und der schulischen Eigenverantwortung. Lehrer und Schule haben den Auftrag, den Rechten der Schüler zur Durchsetzung zu verhelfen. Damit ist eine Klage gegen diese bereits aus logischen Gesichtspunkten ausgeschlossen. Wollen umgekehrt Schüler oder Eltern Klage erheben gegen eine Maßnahme des Lehrers oder der Schule, die diese (auch) in Wahrnehmung ihrer pädagogischen Freiheit bzw. schulischen Eigenverantwortung getroffen haben, wird die Klage nach wie vor gegen das Land – bei Nichtumsetzung des Behördenprinzips gem. § 78 Abs. 1 Nr. 2 VwGO – bzw. gegen die Schule als Behörde zu richten sein. Daran ändert auch die Tatsache nichts, dass es sich bei beiden Rechten um „subjektive" Rechte des Lehrers bzw. der Schule handelt. Denn das Schulverhältnis besteht nach wie vor zwischen der Schule und dem einzelnen Schüler. In einem etwaigen Prozess ist es für die richterliche Bewertung unerheblich, ob es sich bei der pädagogischen Freiheit und der schulischen Eigenverantwortung um subjektive Rechte im engeren Sinn oder um wehrfähige Innenrechtspositionen handelt. Denn inhaltlich unterscheiden sich beide nicht. Lediglich in Bezeichnung und Funktion bestehen kleine Unterschiede.

rechtsstreit einzuordnen. Vielmehr stehen sich zwei verschiedene Rechtsträger gegenüber. In diesem Fall ist aber die Geltendmachung einer wehrfähigen Innenrechtsposition nicht (mehr) ausreichend. Denn wehrfähige Innenrechtspositionen schützen nur vor ihrer Verletzung durch andere Organe oder Organteile derselben juristischen Person des öffentlichen Rechts[1117]. Erforderlich ist hingegen ein echtes subjektives Recht. Fraglich ist demnach, ob zwischen wehrfähigen Innenrechtspositionen und subjektiven Rechten im engeren Sinne derart große Unterschiede bestehen, dass es ausgeschlossen ist, die wehrfähige Innenrechtsposition „schulische Eigenverantwortung" in ein subjektives Recht „schulische Eigenverantwortung" im engeren Sinne überzuleiten. Auch bei den wehrfähigen Innenrechtspositionen handelt es sich um subjektive Rechte im weiteren Sinne[1118]. Auch sie dienen dem Schutz der Interessen des Einzelnen, wenn auch der Schutz ausschließlich auf funktionale Interessen beschränkt ist und keine persönlichen Interessen erfasst. Da sich der Innenrechtsstreit als Prozessart im Verwaltungsprozess aus den „normalen" Verwaltungsstreitigkeiten zwischen Staat und Bürger entwickelt hat, verfolgt er den gleichen Gedanken wie diese. Letztlich geht es beiden um den Schutz eigener – ob persönlicher oder funktionaler – Rechte. Auch inhaltlich können subjektive Rechte und wehrfähige Innenrechtspositionen durchaus deckungsgleich sein. *Hufen* gibt dafür verschiedene Beispiele: Weise ein Bürgermeister ein Gemeinderatsmitglied aus dem Raum, weil dieses sich weigere, eine Plakette abzulegen, so sei sowohl das Mitwirkungsrecht des Mitglieds als Organrecht als auch die Meinungsfreiheit als Grundrecht berührt. Auch der Anspruch auf Erlass eines Rauchverbots folge nicht nur aus dem Recht auf ungestörte Mitwirkung, sondern sei ebenso durch Art. 2 Abs. 2 GG gewährleistet[1119]. Subjektive Rechte und wehrfähige Innenrechtspositionen sind demnach nicht grundsätzlich verschieden. Es ist dem Kläger im Innenrechtsstreit nach überwiegender Auffassung lediglich verwehrt, sich auf subjektive Rechte im engeren Sinne zu berufen, da er nicht als außerhalb der Verwaltung stehender Bürger, sondern als Organ bzw. Organwalter betroffen ist. Liegt nun aber kein Innenrechtsstreit mehr vor, kann diese Argumentation nicht greifen. Ist die Schule nicht mehr Organ des Landes, sondern selbst Rechtsträger, sind die Voraussetzungen für einen Innenrechtsstreit nicht mehr gegeben. Der Schule stehen gegenüber Organen des Landes keine wehrfähigen Innenrechtspositionen mehr zu. Folglich kann die Schule durch eine Maßnahme der Schulaufsicht auch nicht in organschaftlichen, sondern nur in echten subjektiven Rechten verletzt werden. Da sich aber am Inhalt der schulischen Eigenverantwortung durch eine Veränderung der Rechtsgestalt der Schulen nichts ändert – außer dass die Schulen Rechtsfähigkeit erlangen –, kann kein Grund gesehen werden, ihnen in diesem Fall die pädagogische Freiheit nicht als subjektives Recht im engeren Sinne zuzugestehen. Denn der Sinn einer Veränderung der Rechtsgestalt der Schulen liegt gerade in der Aufwertung ih-

---

1117 *Kopp/Schenke*, VwGO, § 42 Rn. 80.
1118 *Kopp/Schenke*, VwGO, § 42 Rn. 80.
1119 *Hufen*, Verwaltungsprozessrecht, § 21 Rn. 23.

rer pädagogischen Eigenverantwortung. Insofern wäre es kontraproduktiv, wenn ihnen durch die Aufwertung ihrer rechtlichen Stellung die Möglichkeit der Klage, die sie als nichtrechtsfähige Anstalten gehabt hätten, gleichsam entzogen würde. Folglich ist die schulische Eigenverantwortung im Fall der Rechtsfähigkeit der Schulen als subjektives Recht im engeren Sinne einzuordnen.

III. Zusammenfassung

Da die Rechtsform einer Institution das durch sie geregelte soziale Gebilde maßgeblich prägt, ist nach Rechtsformen zu suchen, die das soziale Gebilde Schule möglicherweise besser zu erfassen vermögen, als dies die nichtrechtsfähige Anstalt kann. An privatrechtlichen Rechtsformen kommen insoweit insbesondere der eingetragene Verein und die GmbH in Betracht. Verfassungsrechtlich stehen der Organisation von Schulen in Privatrechtsform keine Bedenken entgegen. Art. 7 GG spricht nur von öffentlichen, nicht aber von öffentlich-rechtlich organisierten Schulen. Demnach ist denkbar, dass auch privatrechtlich organisierte Schulen in der Trägerschaft von Kommune und/oder Land stehen und damit öffentliche Schulen sind. Ebenso lassen sich keine Bedenken im Hinblick auf privatrechtliche Rechtsformen aus der möglichen Zwangsmitgliedschaft der Schüler – zum Beispiel als Vereinsmitglieder – herleiten. Diese wäre durch die verfassungsrechtlich nicht zu beanstandende Schulpflicht gerechtfertigt. Auch erscheint es verfassungsrechtlich jedenfalls zulässig – wenn auch möglicherweise nicht sinnvoll –, Lehrer und Schulleiter aus dem Beamtenverhältnis zu entlassen und in einem privatrechtlichen Angestelltenverhältnis zu beschäftigen. Jedoch erweisen sich privatrechtliche Rechtsformen letztlich aufgrund praktischer Bedenken als ungeeignet. Insbesondere die Möglichkeit, Hoheitsrechte auszuüben, ist bei Schulen in privater Rechtsform nur nach Beleihung möglich. Es erscheint indes wenig überzeugend, öffentliche Schulen, die ohne weiteres als juristische Personen des öffentlichen Rechts Hoheitsbefugnisse ausüben könnten, erst aus dem Hoheitsbereich des Staates zu entlassen, um sie dann durch die Beleihung wieder mit Hoheitsrechten auszustatten. Dies gilt insbesondere in Anbetracht der Tatsache, dass privatrechtliche Rechtsformen außer der Rechtsfähigkeit keine nennenswerten Vorteile für Schulen bieten.

An öffentlich-rechtlichen Rechtsformen sind die Stiftung, die rechtsfähige Anstalt und die Körperschaft in Erwägung zu ziehen. Die Stiftung erweist sich bereits aufgrund ihres primären Zwecks der Verwaltung eines zweckgebundenen Vermögens als ungeeignete Rechtsform für die Schulen. Denn die für die Schulen wesentlichen Aspekte der Beteiligung der Mitglieder und der eigenverantwortlichen Wahrnehmung der Unterrichts- und Erziehungstätigkeit kommen in der Stiftung nicht deutlich genug zur Geltung. Außer der Rechtsfähigkeit vermag die Stiftung keine Vorteile für die Schule zu bieten. Rechtsfähigkeit erlangt die Schule aber auch bei den anderen in Betracht zu ziehenden Rechtsformen. Zunächst ist hier die rechtsfähige Anstalt zu nennen. Diese ermöglicht den Schulen ein eigenverantwortliches Handeln und Haushalten. Sie können mit den ihnen zur Verfügung gestellten Mitteln im Sinne ihres Erziehungsauftrags wirtschaften, sie können sich flexibler in ihrem Umfeld positionieren, und sie können Träger von Rechten und Pflichten sein. Mehr als bei der Stiftung kann auch eine Beteiligung der betroffenen Personen erfolgen, zum Beispiel über die Einrichtung eines Verwaltungsrats. Optimale Möglichkeiten bietet in diesem Zusammenhang aber erst die Rechtsform der Körperschaft. Bei dieser stehen die Beteiligung der Mitglieder und der Gedanke der Selbstverwaltung an erster Stelle. Da sie der rechtsfähigen Anstalt insofern überlegen ist, sich die beiden Rechtsformen ansonsten aber gleichen, erscheint die Körperschaft als die für Schulen geeignetste Rechtsform.

Wie die Schule als Körperschaft praktisch aussehen könnte, zeigt ein Blick auf die – insbesondere hinsichtlich der personellen Zusammensetzung vergleichbare – Universität. Während Lehrer und Schüler in jedem Fall Mitglieder der Körperschaft Schule wären, ist die Stellung der Eltern fraglich. In Betracht zu ziehen sind sowohl eine Mitgliedschaft der Eltern als auch ihre Beteiligung in einem dem Hochschulrat vergleichbaren Gremium.

Der Einrichtung einer neuen Selbstverwaltungskörperschaft Schule stehen keine verfassungsrechtlichen Bedenken entgegen. Das Grundgesetz enthält – bis auf die Ausnahmen der kommunalen (Art. 28 Abs. 2 S. 2 GG), der akademischen (Art. 5 Abs. 3 S. 1 GG) und der rundfunkrechtlichen Selbstverwaltung (Art. 5 Abs. 1 S. 2 Var. 2 GG) – weder ein allgemeines *Gebot* noch ein allgemeines *Verbot* der Errichtung (funktionaler) Selbstverwaltungseinheiten. Vielmehr liegt die Errichtung (funktionaler) Selbstverwaltungseinheiten weit gehend im Organisationsermessen des einfachen Gesetzgebers.

Schließlich ist der Schule als (rechtsfähiger) Körperschaft die schulische Eigenverantwortung als subjektiv-öffentliches Recht im engeren Sinne zuzugestehen. Wurde die schulische Eigenverantwortung im Hinblick auf die geltende Rechtslage als wehrfähige Innenrechtsposition eingeordnet, da alle denkbaren Prozesskonstellationen Organstreitigkeiten darstellen, ist dies für die Schule als Körperschaft weder zutreffend noch ausreichend. Als Körperschaft ist die Schule nicht mehr Organ des Landes. Vielmehr steht sie außerhalb der unmittelbaren Staatsverwaltung. Ein Rechtsstreit der Schule gegen die Schulaufsichtsbehörde wäre demnach nicht (mehr) als Innenrechtsstreit einzuordnen. Folglich bedürfte es der Geltendmachung eines subjektiv-öffentlichen Rechts im engeren Sinne. Die Geltendmachung einer wehrfähigen Innenrechtsposition wäre hingegen nicht ausreichend. Da sowohl subjektiv-öffentliche Rechte im engeren Sinne als auch wehrfähige Innenrechtspositionen dem Schutz des Einzelnen dienen und auch inhaltlich deckungsgleich sein können, besteht kein Grund, die schulische Eigenverantwortung im Fall der Rechtsfähigkeit der Schule nicht als subjektiv-öffentliches Recht im engeren Sinne anzuerkennen.

Vierter Teil – Die Bostoner „Pilot Schools"

Wurden in den vorhergehenden drei Teilen der Arbeit die rechtlichen Rahmenbedingungen für eine erweiterte Eigenverantwortung von Schulen abgesteckt, soll der vierte und letzte Teil einen Einblick in die Realität schulischer Eigenverantwortung geben. Zu Wort kommen sollen die Personen, die vor Ort in den Schulen mit den Möglichkeiten und Problemen einer größeren Eigenverantwortung umgehen müssen. Nur ihre Einschätzung schulischer Eigenverantwortung kann den Bemühungen um größere Eigenständigkeit Sinn geben. Wird die Eigenverantwortung vor Ort nicht als überwiegend positiv und gewinnbringend eingeschätzt, erscheint die rechtliche Ermöglichung derselben wenig zweckmäßig. Ausgewählt für die Befragungen wurden keine deutschen Schulen, denn diese verfügen – sofern sie überhaupt Erfahrungen mit einem gestärkten Verantwortungsbereich machen können[1120] – nicht über einen ausreichenden Erfahrungszeitraum. Aus diesem Grund wurde auf ein U.S.-amerikanisches Modellprojekt der Stadt Boston im Bundesstaat Massachusetts zurückgegriffen. Bereits seit den siebziger Jahren wird in den USA mit verschiedenen Formen größerer Eigenständigkeit von Schulen experimentiert. Das „Pilot School"-Modell in Boston existiert seit nunmehr zehn Jahren und erschien für eine Auswertung der Erfahrungen der Personen in den Schulen deswegen besonders interessant, weil die den „Pilot Schools" zugestandenen Freiräume denen in deutschen Modellversuchen – beispielsweise dem der „Selbstständigen Schule" in Nordrhein-Westfalen – annähernd entsprechen. Aufgezeigt werden soll in erster Linie, wie sich schulische Autonomie vor Ort auswirkt, und was die Betroffenen als ihre Vor- und Nachteile empfinden.

A. *Kurzdarstellung des amerikanischen Schulsystems*

I. Zuständigkeiten

Die Kompetenz über das Bildungswesen in den USA liegt – vergleichbar mit der Situation in der Bundesrepublik – bei den Bundesstaaten. Die amerikanische Bundesverfassung sieht grundsätzlich keine Gesetzgebungsbefugnisse des Bundes im Bildungswesen vor. Dennoch hat die U.S.-Bundesregierung im Jahre 1980 ein nationales Bildungsministerium gegründet[1121]. Dieses hat zwar keine Weisungsbefug-

---

1120 Siehe dazu die Ausführungen über die Regelungen der Länder in den Bereichen pädagogische, personelle und finanzielle Eigenverantwortung. Oben 3. Teil C. I.
1121 Siehe unter http://www.ed.gov/about/landing.jhtml?src=gu (16.8.2005).

nisse, kann aber über die Zuweisung zusätzlicher zweckgebundener Finanzmittel und über die Durchführung von besonderen Programmen Einfluss auf die Schulpolitik nehmen.

Innerhalb der einzelnen Staaten ist das jeweilige Bildungsministerium die höchste Verwaltungsinstanz in Schulfragen. Dem Ministerium obliegen insbesondere Aufgaben im Bereich der Planung, Forschung und Entwicklung des Bildungswesens, die Festlegung von verbindlichen Standards und Verwaltungs- und Kontrollfunktionen über Schulen, Hochschulen und Projekte[1122]. Anders als in der Bundesrepublik nimmt die dominierende Stellung im amerikanischen Schulwesen die lokale Ebene (sog. „school district") ein. Institutionen des Schuldistrikts[1123] sind das „school board", der Superintendent und die Distriktverwaltung. Das „school board" ist das Legislativorgan des Distrikts und setzt sich zusammen aus ca. fünf bis zehn[1124] gewählten Gemeindemitgliedern. Diese müssen über keine besondere Vorbildung verfügen und sind regelmäßig erziehungswissenschaftliche Laien. Der Superintendent als höchstes Exekutivorgan des Distrikts setzt die schulpolitischen Maßnahmen des „school boards" um. Dabei wird er unterstützt von der Verwaltung des Distrikts[1125]. Im Gegensatz zu den Mitgliedern des „boards" muss der Superintendent über eine pädagogische Ausbildung und entsprechende Erfahrung im Schulbereich verfügen[1126]. Die Distrikte verfügen über einen hohen Grad an Autonomie im Hinblick auf die Einstellung von Lehrern, die Auswahl von Curricula und Lehrmaterialien, die Stundentafeln, die Einführung standardisierter Tests und im Bereich der Tarifverhandlungen mit den (Lehrer-) Gewerkschaften[1127]. Den (öffentlichen) Schulen kommt regelmäßig im Vergleich dazu nur geringe Eigenständigkeit zu. Mehr als 70 % der Entscheidungen werden traditionell auf Distrikts- oder Staatsebene getroffen. Den Schulen verbleiben im Wesentlichen nur – wenn überhaupt – Entscheidungen in den Bereichen der Unterrichtsplanung und -organisation[1128]. Finanziert werden die Schulen in erster Linie durch die Gemeinden, in denen sie ansässig sind. Diese erheben zum Zweck der Schulfinanzierung Grundsteuern, was zu einer erheb-

---

1122 http://www.dipf.de/datenbanken/ines/ines_v_usa.htm (1.8.2005).
1123 Mittlerweile gibt es ca. 15.000 Schuldistrikte in den USA, siehe *Friehs*, Das amerikanische Schulsystem zwischen Marktideologie und staatlicher Verantwortung, S. 84.
1124 *Dichanz*, Schulen in den USA, S. 99.
1125 *Friehs*, Das amerikanische Schulsystem zwischen Marktideologie und staatlicher Verantwortung, S. 19.
1126 *Friehs*, Das amerikanische Schulsystem zwischen Marktideologie und staatlicher Verantwortung, S. 19.
1127 *Friehs*, Das amerikanische Schulsystem zwischen Marktideologie und staatlicher Verantwortung, S. 85.
1128 *Friehs*, Das amerikanische Schulsystem zwischen Marktideologie und staatlicher Verantwortung, S. 86. Zum Teil werden aber selbst hinsichtlich der Unterrichtsplanung und -organisation detaillierte Vorgaben gemacht. So hat der Bostoner Schuldistrikt für das Fach Mathematik einen sog. „Scope and Sequence-Guide" herausgegeben, der den Lehrern exakt vorschreibt, zu welchem Zeitpunkt im Schuljahr sie welche Fragestellungen behandeln und welche Aufgaben der Lehrbücher bearbeiten müssen.

lich ungleichen Ressourcenverteilung zwischen den Schulen, abhängig von ihrer Lage in einem reichen oder armen Distrikt, führt[1129].

II. Die Gliederung des allgemeinbildenden Schulwesens

Anders als in Deutschland zählt in den USA bereits der Kindergarten zum Schulwesen[1130]. Dem Kindergartenbesuch folgt die der deutschen Grundschule vergleichbare „Elementary" oder auch „Primary School". Der Besuch dieser Schulform kann von vier bis zu acht Jahren dauern, je nach Festlegung des Distrikts. An die Grundschule schließt sich regelmäßig der Besuch einer weiterführenden Schule an. Diese als „Middle School" oder „Junior High School" bezeichnete Schulform bereitet die Schüler in drei bzw. vier Jahren auf den Besuch der „High School"/"Senior High School" vor. Dort wird regelmäßig nach der zwölften Klasse der „High School"-Abschluss erworben, der prinzipiell Voraussetzung für das Studium an einem College oder einer Universität ist.

Das amerikanische Schulsystem ist ein Gesamtschulsystem, das heißt, dass keine äußere Differenzierung nach Schulformen stattfindet. Innerhalb der Schulen gibt es jedoch regelmäßig – wenigstens in „Middle" und „High Schools" – ein sog. „tracking system", durch das die Kinder in verschiedenen Leistungsgruppen zusammengefasst werden. Zumeist können die Schüler ab der „Middle School" ihre Kurse – ähnlich der deutschen Oberstufe – frei wählen. Die Kurswahl und die Leistungsstufe der Kurse sind jedenfalls in der Abschlussklasse entscheidend, da diese ein Auswahlkriterium für Colleges und zukünftige Arbeitgeber sind[1131].

Ebenso wie in Deutschland besteht in allen Staaten der USA eine Schulpflicht, wobei diese zwischen neun und dreizehn Jahren variiert[1132]. Die Schulpflicht kann auch an privaten Schulen absolviert werden. Für das Privatschulwesen entscheiden sich ca. 11 % der amerikanischen Schüler und Eltern[1133].

1129 *Dichanz*, Schulen in den USA, S. 99. Gegen die uneinheitliche Finanzierung der Schulen wird in den letzten Jahren verstärkt gerichtlich vorgegangen. Regelmäßig wird ein Verstoß gegen den verfassungsrechtlich verankerten Grundsatz der Gleichbehandlung behauptet, siehe *Friehs*, Das amerikanische Schulsystem zwischen Marktideologie und staatlicher Verantwortung, S. 26.
1130 Aus diesem Grund wird häufig auch von der „K-12 education" gesprochen, womit die Schulbildung vom Kindergarten bis zur 12. Klasse gemeint ist.
1131 *Friehs*, Das amerikanische Schulsystem zwischen Marktideologie und staatlicher Verantwortung, S. 28.
1132 http://www.dipf.de/datenbanken/ines/ines_v_usa.htm (1.8.2005).
1133 *Dichanz*, Schulen in den USA, S. 124; *Friehs*, Das amerikanische Schulsystem zwischen Marktideologie und staatlicher Verantwortung, S. 156.

III. Reformbestrebungen

1. „No Child Left Behind" und das amerikanische Testwesen

Das Testwesen, das heißt die Anwendung standardisierter Testverfahren[1134], ist in Amerika seit Jahrzehnten weit verbreitet. Amerikanische Kinder sind die am häufigsten getesteten Schüler der Welt[1135]. Während der Schulzeit absolvieren die Schüler schulinterne, distriktweite, staatliche und sogar nationale Tests. Vorherrschend sind dabei sog. „Pencil and paper" Tests, bei denen die Schüler Fragen in „Multiple-choice"-Form beantworten müssen[1136]. Hinter dem Einsatz der standardisierten Testverfahren steht der Gedanke der Objektivierbarkeit von Schülerleistungen. Lernerfolge und Wissen sollen quantifizierbar gemacht werden[1137]. Während zunächst im Vordergrund stand, die Leistungen des einzelnen Schülers zu messen und daraus Konsequenzen für diesen abzuleiten, ist mit der Zeit die Schule ins Blickfeld des Interesses gerückt[1138]. Deren Effektivität und Leistungsfähigkeit steht nun bei der Begutachtung von Testergebnissen im Mittelpunkt. Verstärkt hat diesen Trend in jüngster Zeit das sog. „No Child Left Behind"-Gesetz[1139] der Bush-Regierung aus dem Jahre 2002. Kernpunkt des Gesetzes[1140] ist eine Verbesserung der Schulqualität durch eine gesteigerte Rechenschaftspflicht der Schulen. Die Staaten werden durch das Gesetz verpflichtet, Standards für alle Jahrgangsstufen zu formulieren, wobei sie wenigstens drei Leistungskategorien – „needs improvement", „proficient", „advanced" – definieren müssen. Ziel ist es, alle Schüler bis zum Schuljahr 2013/2014 auf das „proficient" Level zu bringen. Um dies zu überprüfen, müssen die Staaten verpflichtende Testverfahren in bestimmten Jahrgangsstufen einführen. Außerdem müssen die Staaten den sog. „adequate yearly progress" festle-

---

1134 Standardisierte Testverfahren bezeichnen Tests, die in Inhalt und Durchführung standardisiert, d.h. vereinheitlicht sind. Sie beziehen sich jedoch nicht – jedenfalls nicht zwingend – auf bestimmte Standards, wie es der Name vermuten lassen könnte. Siehe *American Educational Research Association, American Psychological Association, and National Council on Measurement in Education*, Standards for Educational and Psychological Testing, S. 182.
1135 *Friehs*, Das amerikanische Schulsystem zwischen Marktideologie und staatlicher Verantwortung, S. 29.
1136 *Friehs*, Das amerikanische Schulsystem zwischen Marktideologie und staatlicher Verantwortung, S. 29.
1137 *Dichanz*, Schulen in den USA, S. 163.
1138 *Koretz*, American Educator 1988, 8 (12).
1139 20 U.S.C.A. § 6311 et. seq. Zum Download unter http://www.ed.gov/policy/elsec/leg/esea02/107-110.pdf (16.8.2005).
1140 Das „No Child Left Behind"-Gesetz fällt in die Kategorie der nationalen Bildungsgesetzgebung, die sich Wirksamkeit über finanzielle Zuschüsse verschafft. Weder Staaten noch Distrikte sind verpflichtet, sich an die Vorgaben von „No Child Left Behind" zu halten. Tun sie dies jedoch nicht, entgehen ihnen auch die damit verbundenen finanziellen Zuwendungen des Bundes für das Schulwesen. Demzufolge beteiligen sich jedenfalls momentan alle Staaten an der Umsetzung des Gesetzes.

gen[1141]. Dieser bezeichnet einen festgelegten Zuwachs an Testpunkten, den jede Schule in jedem Jahr mit ihren Schülern erreichen muss. Kann eine Schule in zwei aufeinanderfolgenden Jahren den vorgeschriebenen Punktezuwachs nicht nachweisen, werden Korrekturmaßnahmen ergriffen, die bis zu einer Entlassung von Kollegium und Schulleitung und einer staatlichen Übernahme der Schule reichen können. Durch diese Vorgaben hat der Druck auf die Schulen enorm zugenommen. Oftmals ist die Folge jedoch nicht eine tatsächliche Qualitätssteigerung schulischer Arbeit. Vielmehr wird der Fokus des Unterrichts darauf gelegt, die Schüler speziell auf die verwendeten Tests vorzubereiten[1142].

2. Autonomie der Einzelschule

Ein anderer Trend ist das Experimentieren mit verschiedenen Formen größerer Eigenständigkeit der Schulen. Seit einigen Jahrzehnten beherrscht die Forderung nach verstärkter Schulautonomie die bildungspolitische Landschaft der USA[1143]. Die Eigenständigkeit der Schule soll sich auf personelle, finanzielle, curriculare und sonstige pädagogische Belange beziehen. Von der Übertragung erweiterter Entscheidungsgewalt auf die pädagogisch Verantwortlichen vor Ort wird eine Verbesserung der Leistungsergebnisse der Schüler und der Qualität der schulischen Ausbildung erwartet[1144].

Als ein erster Ansatz zur Erweiterung der – jedenfalls pädagogischen – Eigenständigkeit der Schulen können die sog. „Magnet Schools" angesehen werden. Ursprünglich in den siebziger Jahren zur Aufhebung der Rassentrennung eingeführt, sollten diese Schulen durch besondere thematische Schwerpunkte oder ein spezielles pädagogisches Konzept interessante Angebote für Kinder aus einem weiten Einzugsbereich vorhalten[1145]. Die Erarbeitung des pädagogisch-curricularen Profils lag in der Verantwortung der Schule[1146]. Primäres Ziel war, die Attraktivität des öffentlichen Schulsystems auch für Kinder der weißen Mittelschicht zu erhalten, die verstärkt in das Privatschulwesen abwanderten[1147]. Erwartet wurden jedoch auch positive Auswirkungen der „Magnet Schools" auf das gesamte Schulsystem. Durch die

---

1141 Siehe §6311 (b) (2) (A) des "No Child Left Behind"-Gesetzes.
1142 *Koretz*, American Educator 1988, 8 (15 ff.).
1143 *Friehs*, Das amerikanische Schulsystem zwischen Marktideologie und staatlicher Verantwortung, S. 86.
1144 Vgl. *Friehs*, Das amerikanische Schulsystem zwischen Marktideologie und staatlicher Verantwortung, S. 89.
1145 *Dichanz*, Schulen in den USA, S. 82 f.
1146 *Dichanz*, Schulen in den USA, S. 83.
1147 *Friehs*, Das amerikanische Schulsystem zwischen Marktideologie und staatlicher Verantwortung, S. 66.

Schaffung von „Magnet Schools" sollten die Schuldistrikte veranlasst werden, alle Schulen zu qualitätsorientierter und innovativer Arbeit anzuhalten[1148].

Ein weiter gehendes Modell zur Stärkung der Eigenverantwortung der Schulen ist das in einigen Staaten eingeführte sog. „School based management"[1149]. Der Bundesstaat Kentucky war einer der ersten Staaten, welcher der Forderung nach mehr Eigenständigkeit der Schule nachkam und bereits 1990 gesetzlich die Verlagerung wichtiger Entscheidungsfindungsprozesse vom Distrikt auf die Einzelschule vorschrieb. Die Leitung der Schulen obliegt seitdem einem sog. „School based decision making council", das sich regelmäßig aus Lehrern, Eltern und dem Direktor der Schule zusammensetzt. Dieses Gremium trifft unter anderem Entscheidungen über Einstellung und Entlassung von Lehrern, Schulentwicklungskonzepte, die Erstellung des Lehrplans, die Auswahl von Unterrichtsmaterialien, die Festlegung von Lehrmethoden und die Durchführung der Selbstevaluation[1150].

Das aktuellste und heute am weitesten verbreitete Reformmodell ist das der „Charter Schools". Nahezu alle Bundesstaaten haben mittlerweile gesetzliche Regelungen zur Einführung von „Charter Schools" getroffen. „Charter Schools" sind eigenständige juristische Personen, wobei ihnen die Wahl der Rechtsform im Rahmen der gesetzlichen Bestimmungen frei steht. „Charter Schools" werden, obwohl sie vollständig autonom und damit den Privatschulen vergleichbar sind, in der Regel ausschließlich durch öffentliche Mittel finanziert und gelten damit als öffentliche Schulen. Sie dürfen keine Schulgebühren erheben und auch eine Selektion der Schüler ist ihnen untersagt. Jedoch können weder Lehrer noch Schüler einer „Charter School" zugewiesen werden. Die Zugehörigkeit zu einer „Charter School" erfolgt nur auf freiwilliger Basis. „Charter Schools" operieren auf der Grundlage einer sog. Charter, das heißt eines Vertrags, der sie für einen bestimmten Zeitraum von den meisten gesetzlichen Bestimmungen – mit Ausnahme von Sicherheits- und Gesundheitsvorschriften – befreit und ihnen ein autonomes Handeln ermöglicht. Im Gegenzug müssen die Schulen darlegen, wie sie ihre pädagogischen und organisatorischen Pläne umsetzen werden und sich zu einer Leistungssteigerung ihrer Schüler verpflichten. Die Genehmigung einer „Charter School" wird entweder durch den Staat oder den Distrikt erteilt. Neben der vollständigen pädagogischen Eigenständigkeit können „Charter Schools" ihre Lehrer, die nicht zwingend eine pädagogische Ausbildung vorweisen müssen, eigenständig einstellen und entlassen. Häufig werden „Charter Schools" durch einen Zusammenschluss von Lehrern gegründet, die das

---

1148 *Friehs*, Das amerikanische Schulsystem zwischen Marktideologie und staatlicher Verantwortung, S. 67.
1149 Siehe zu dem Thema eine kurze Zusammenfassung bei *Peterson*, School-based management and student performance, Emergency Librarian, 0315-8888, March 1, 1992, Vol. 19, Issue 4. Zu dem gleichen Thema, jedoch unter dem Namen des „Local Management of Schools" finden sich Erklärungen bei *Bowe/Ball/Gold*, Reforming education and changing schools, S. 62 ff.
1150 *Friehs*, Das amerikanische Schulsystem zwischen Marktideologie und staatlicher Verantwortung, S. 93 f.

traditionelle öffentliche Schulsystem verlassen, um ihre pädagogischen Ideen konsequent umsetzen zu können. Doch auch Eltern und zum Teil kommerzielle Anbieter können sich für eine Charter bewerben[1151].

IV. Zusammenfassung

Wie in Deutschland liegt die Kultushoheit in den USA bei den Bundesstaaten. Während der Staat Rahmenvorgaben macht, ist zentraler Entscheidungsträger über die amerikanischen Schulen die lokale Ebene in Form des sog. Schuldistrikts. Den Schulen selbst verbleibt traditionell nur ein sehr geringer Entscheidungsspielraum. Die Schulen werden als Gesamtschulen geführt, deren Besuch regelmäßig nach dem zwölften Jahrgang mit dem „High School"-Abschluss beendet wird. Zur Verbesserung der Schulqualität sind in den letzten Jahren zum einen verstärkt standardisierte Tests eingesetzt worden, zum anderen wurde in verschiedenen (Modell-) Versuchen mit einer größeren Eigenständigkeit von Schulen experimentiert.

B. Das Modellvorhaben „Pilot Schools" in Boston

Als eine Sonderform der bereits erwähnten „Charter Schools" sind in Boston die sog. „Pilot Schools" etabliert worden. Wie „Charter Schools" sind sie von den meisten gesetzlichen Vorschriften und den Vorgaben der Lehrergewerkschaften befreit und damit weit gehend eigenständig in der Gestaltung der schulischen Arbeit. Anders als bei „Charter Schools" wird bei den „Pilot Schools" die Zugehörigkeit zum öffentlichen Schulwesen jedoch nicht nur durch die öffentliche Finanzierung, sondern auch dadurch ausgedrückt, dass sie im Distriktsystem verbleiben. Auf diese Weise können sie sowohl die Vorteile der Eigenständigkeit als auch die etablierten Strukturen des Distrikts – unter anderem hinsichtlich der Gebäude, des Schülertransports, etwaiger besonderer Serviceeinrichtungen und der Finanzverwaltung – nutzen. „Pilot Schools" stellen somit eine Zwischenstufe zwischen vollautonomen „Charter Schools" und regulären öffentlichen Schulen dar.

1151 Siehe zum Ganzen *Friehs*, Das amerikanische Schulsystem zwischen Marktideologie und staatlicher Verantwortung, S. 118 ff.

I. Geschichte der „Pilot Schools"

Fünf Bostoner Schulen öffneten ihre Pforten im Jahre 1995 als „Pilot Schools". Sie waren das Resultat einer einzigartigen Partnerschaft zwischen dem Bostoner Bürgermeister, dem Bostoner Schulkomitee[1152], dem Superintendent und der Lehrergewerkschaft[1153]. Mit Zustimmung der Gewerkschaft und des Distrikts wurden bis zum heutigen Tag vierzehn weitere Schulen als „Pilot Schools" eröffnet beziehungsweise in „Pilot Schools" überführt. Gemeinsam unterrichten und erziehen sie ca. 9,5 % der gesamten Bostoner Schülerpopulation[1154]. Dies sind 5567 Schüler der insgesamt 58.600 Schüler, welche die 145 Schulen im Bostoner Schuldistrikt besuchen. Von den Schülern im Schuldistrikt sind 46 % schwarzer Hautfarbe, 31 % südamerikanischer Abstammung, 14 % weißer Hautfarbe, 9 % asiatischer Abstammung und weniger als 1 % indianischer Abstammung. Insgesamt erhalten 74 % der Schüler freie Schulmahlzeiten, was bedeutet, dass das Einkommen ihrer Eltern zu gering für die Bezahlung der schulischen Verpflegung ist[1155]. Die mittlerweile neunzehn „Pilot Schools", deren Schülerschaft unter demographischen Gesichtspunkten derjenigen des gesamten Distrikts vergleichbar ist[1156], haben sich zu einem Netzwerk zusammengeschlossen, das der Erleichterung des Wissenstransfers untereinander und der Zusammenarbeit miteinander dient. Die Koordination des Netzwerks liegt bei einer Bostoner „Non Profit"-Organisation, dem „Center for Collaborative Education"[1157]. Dieses unterstützt die Netzwerkschulen vor allem mit der Veranstaltung von Fortbildungen, der Bereitstellung von Schulentwicklungsberatern, der Durchführung von Forschungsarbeiten über die Wirksamkeit der „Pilot Schools" und durch Lobbyarbeit.

1152 Als Schulkomitee wird in Boston das „school board" bezeichnet.
1153 *Center for Collaborative Education*, Q & A Description of the Boston Pilot School Network, S. 1. Die Informationen können unter http://www.ccebos.org/pilotschools/bostonpilot schools.html#qa (24.8.2005) heruntergeladen werden.
1154 *Center for Collaborative Education*, Q & A Description of the Boston Pilot School Network, S. 2. Die Informationen können unter http://www.ccebos.org/pilotschools/bostonpilot schools.html#qa (24.8.2005) heruntergeladen werden.
1155 Siehe zu den angegebenen Zahlen http://www.boston.k12.ma.us/bps/bpsglance.asp (11.9.2005).
1156 *Center for Collaboratiev Education*, How are Boston Pilot Schools Students Faring?, S. ii. Es bestehen allerdings geringfügige Unterschiede zwischen den verschiedenen Schulstufen, wobei insbesondere die „Pilot School"-Grundschulen nicht repräsentativ für die Zusammensetzung der Schülerschaft des Distrikts sind, sondern einen größeren Anteil weißer Schüler aufweisen, *Center for Collaborative Education*, How are Boston Pilot Schools Students Faring?, S. 4 f.
1157 Nähere Informationen über das Center finden sich unter www.ccebos.org (24.8.2005).

II. Rechtliche Grundlagen der „Pilot Schools"[1158]

Rechtliche Grundlage der Entstehung der „Pilot Schools" war und ist das sog. „Collective Bargaining Agreement" zwischen der Lehrergewerkschaft und dem Bostoner Schulkomitee. Dort heißt es:

> „The Boston Public Schools and the Boston Teachers Union are sponsoring the establishment of innovative pilot schools within the Boston Public School system. The purpose of establishing pilot schools is to provide models of educational excellence that will help to foster widespread educational reform throughout all Boston Public Schools. The parties hope to improve dramatically the educational learning environment and thereby improve student performance."[1159]

Mit dieser Beschreibung wird verdeutlicht, was Sinn und Zweck des „Pilot School"-Versuchs ist: Es sollen innovative Schulen innerhalb des Bostoner Schuldistrikts geschaffen werden, die als Modelle für reguläre öffentliche Schulen fungieren und die Schulreformbestrebungen im Distrikt voran treiben. Dadurch sollen sich letztlich – so die Hoffnung der Beteiligten – die Schülerleistungen verbessern. Um „Pilot Schools" zu Modellen innovativer Schulen zu machen, war es erforderlich, ihnen größere Freiräume zur eigenverantwortlichen Gestaltung als den regulären Schulen zuzugestehen. Diese Freiräume, die in dem „Collective Bargaining Agreement" allerdings nicht näher ausgeführt werden, beziehen sich auf die Bereiche Personal, Budget, Curriculum und Leistungsüberprüfungen, Leitungsstrukturen und Schulkalender[1160].

Zur Schaffung der Freiräume war ein Zusammenwirken von Lehrergewerkschaft und Distrikt erforderlich. Dies ergibt sich daraus, dass gem. Article I A des „Collective Bargaining Agreement between the Boston Teachers Union and the Boston School Committee 2003-2006" alle Lehrer, die in einem Anstellungsverhältnis zum Bostoner Schuldistrikt stehen, von den von der Gewerkschaft ausgehandelten (Tarif-) Verträgen erfasst werden. Damit gelten die von der Gewerkschaft ausgehandelten Arbeitsbedingungen ohne Ausnahme für alle (öffentlichen) Schulen und Lehrer. Den „Pilot Schools" sollte jedoch ein Abweichen unter anderem von bestimmten Arbeitsregelungen erlaubt werden. So sollten „Pilot Schools" zum Beispiel längere Arbeitszeiten oder die Teilnahme an Fortbildungen von ihren Lehrern fordern können. Auch sollte es ihnen ermöglicht werden, ihre eigenen Arbeitspositionen zu definieren, das heißt beispielsweise einen Lehrer mit der Hälfte seiner Arbeitszeit zu

---

[1158] Die Informationen zur Erstellung der folgenden Teile wurden im Wesentlichen aus von den Schulen und dem „Center for Collaborative Education" zur Verfügung gestellten Materialien, sowie aus an den Schulen, im Distrikt und im „Center for Collaborative Education" geführten Interviews gewonnen. Eine Auflistung der Materialien und Interviewpartner findet sich im Anschluss an das Literaturverzeichnis.
[1159] Collective Bargaining Agreement between the Boston Teachers Union and the Boston School Committee 2003-2006, Article III D. Mit „Boston Public Schools" wird hier der Bostoner Schuldistrikt bezeichnet.
[1160] Siehe dazu näher sogleich unten 4. Teil B. III. 1.

administrativen Aufgaben zu verpflichten. Schließlich sollten „Pilot Schools" das Recht haben, Lehrer nach Wunsch einzustellen und zu entlassen. Nur das Einverständnis der Gewerkschaft machte es möglich, „Pilot Schools" in diesen Bereichen von der Geltung des grundsätzlich für alle Bostoner Schulen verbindlichen „Collective Bargaining Agreements" zu befreien. Doch nicht nur die Gewerkschaft, auch der Distrikt musste auf weitreichende Rechte verzichten. So entließ er die „Pilot Schools" in erster Linie aus der Bindung an curriculare und im weitesten Sinne pädagogische Regelungen. Aus diesem notwendigen Zusammenspiel von Distrikt und Gewerkschaft erklärt sich auch die – aus deutscher Sicht erstaunlich erscheinende – Festlegung des „Pilot School"-Modellversuchs im Rahmen einer einem Tarifvertrag vergleichbaren Regelung. Auch die Eröffnung weiterer „Pilot Schools" ist nach dem „Collective Bargaining Agreement" nur nach Zustimmung sowohl der Gewerkschaft als auch des Schulkomitees möglich[1161].

Die für die Lehrer an „Pilot Schools" nicht geltenden Gewerkschafts- und Distriktregelungen werden durch sog. „Election to work agreements" an den Schulen ersetzt. Diese sind Verträge zwischen Schule und Lehrer, in denen beispielsweise die Arbeitszeit, besondere Vergütungen, Regelungen zur innerschulischen Konfliktlösung oder auch die Verpflichtung auf die pädagogische Ausrichtung der Schule festgelegt werden. „Election to work agreements" werden regelmäßig von den Kollegien in den Schulen selbst entwickelt und beschlossen. Sie werden in jedem Jahr neu zwischen Schule und Lehrer geschlossen und ermöglichen damit eine flexible Anpassung an veränderte Bedingungen.

III. Charakteristika der „Pilot Schools"

Der entscheidende Unterschied der neunzehn „Pilot Schools" zu regulären Bostoner und U.S.-amerikanischen Schulen insgesamt liegt in ihrer Autonomie. Der Errichtung des „Pilot School"-Modells lag der Gedanke zugrunde, dass Schulen, denen zur Entwicklung eines innovativen pädagogischen Profils ein Maximum an Kontrolle über ihre Ressourcen gegeben wird, ein höheres Schülerengagement und, damit einhergehend, bessere Schülerleistungen aufweisen[1162]. Die Autonomie der „Pilot Schools" erstreckt sich auf fünf Bereiche.

1161 Collective Bargaining Agreement between the Boston Teachers Union and the Boston School Committee 2003-2006, Article III D.
1162 *Center for Collaborative Education*, Q & A Description of the Boston Pilot School Network, S. 1. Die Informationen können unter http://www.ccebos.org/pilotschools/bostonpilot schools.html#qa (24.8.2005) heruntergeladen werden.

1. Die fünf Autonomiebereiche der „Pilot Schools"

a) Personal

„Pilot Schools" haben weit gehende[1163] Personalautonomie. Sie wählen ihr Personal ausgehend von ihrem einzigartigen Profil und mit Rücksicht auf die Bedürfnisse ihrer Schülerschaft aus. Anders als andere Bostoner Schulen können sie dabei auch auf Lehrer zurückgreifen, die keine Mitglieder der Bostoner Lehrergewerkschaft sind[1164]. Da „Pilot Schools" selbst keine Rechtspersönlichkeit haben, werden die Lehrer durch den Distrikt eingestellt und entlassen, wobei dieser sich an die Vorgaben der „Pilot Schools" zu halten hat. Hinsichtlich der Mindesthöhe der Lehrergehälter sind „Pilot Schools" an den jeweils gültigen Tarifvertrag gebunden. Sie können jedoch über den Mindestlohn hinausgehen und so finanzielle Anreize für Lehrer setzen. Auch können die Arbeitsbedingungen – wöchentliche und jährliche Arbeitszeit, Verpflichtung zu Fortbildungen etc. – schulintern festgelegt werden. Zur verbindlichen Regelung der Arbeitsbedingungen werden die bereits erwähnten „Election to work agreements" zwischen Schule und Lehrer abgeschlossen.

b) Budget

„Pilot Schools" operieren mit einem Globalbudget, das sich aus einem vom Distrikt festgelegten Betrag pro Schüler zusammensetzt. Der Betrag berechnet sich nach den durchschnittlichen Kosten für die Ausbildung eines Schülers einer bestimmten Klassenstufe pro Jahr im Distrikt. Auch wenn „Pilot Schools" nicht verpflichtet sind, Serviceangebote des Distrikts (z.B. Schülerbeförderung, Beratungsangebote, Mediationsprogramme) in Anspruch zu nehmen, können sie doch – anders als Privatschulen und „Charter Schools" – darauf zurückgreifen. Dies jedoch nur gegen entsprechende Vergütung. Ansonsten sind „Pilot Schools" frei, Materialien und Services von jedem beliebigen Anbieter einzukaufen.

1163 Eine Ausnahme besteht nach dem Tarifvertrag nur dann, wenn bei Ausübung der Personalautonomie durch die „Pilot School" ein anderer Lehrer im Bostoner Schuldistrikt ohne Stelle bliebe. Siehe Collective Bargaining Agreement between the Boston Teachers Union and the Boston School Committee 2003-2006, Article III D.
1164 Diese werden jedoch, sobald sie in einem Dienstverhältnis zum Bostoner Schuldistrikt stehen, ebenfalls von dem „Collective Bargaining Agreement" erfasst. Siehe zur Geltung des „Collective Bargaining Agreements" bereits oben 4. Teil B. II.

c) Curriculum und Leistungsüberprüfungen

„Pilot Schools" sind bei der Festlegung ihrer Curricula nur an die staatlichen Standards[1165], nicht aber an die detaillierten Vorgaben des Distrikts gebunden. Auch standardisierte Tests des Distrikts müssen „Pilot Schools" nicht durchführen. Jedoch sind auch „Pilot School"-Schüler dazu verpflichtet, an dem „High School"-Abschlusstest des Staates Massachusetts, dem sog. „Massachusetts Comprehensive Assessment System" (MCAS)[1166] teilzunehmen. Wie „Pilot Schools" ihre Schüler auf diesen Abschlusstest vorbereiten, ist ihnen jedoch, anders als anderen Schulen, selbst überlassen. Auch können „Pilot Schools" darüber hinaus die Erbringung weiterer Leistungen durch ihre Schüler fordern, bevor diesen der „High School"-Abschluss verliehen wird.

d) Leitungsstrukturen

„Pilot Schools" haben die Möglichkeit, ihre eigenen Leitungsstrukturen zu bestimmen. Die an allen Schulen in Massachusetts vorhandenen „School site councils" – Gremien, die ähnlich den hiesigen Schulkonferenzen gewisse Mitspracherechte hinsichtlich der Gestaltung des Schullebens haben – haben an „Pilot Schools" deutlich erweiterte Rechte und Verantwortlichkeiten. So entscheiden sie zum Beispiel, unter Vorbehalt der endgültigen Bestätigung durch den Superintendent, über Anstellung und Entlassung des Schulleiters, verabschieden das Budget und setzen Grundsätze für die Schule unter anderem in den Bereichen der Versetzung, der schulinternen Anforderungen zur Erreichung des Schulabschlusses, der Anwesenheitspflicht und der Disziplin fest. Die Zusammensetzung des Gremiums wird individuell von den Schulen bestimmt.

1165 Der Staat Massachusetts hat im Jahre 1993 nach Erlass des sog. „Education Reform Acts" begonnen, „Curriculum Frameworks" und darauf aufbauend Standards für alle Unterrichtsfächer zu entwickeln, die als Richtlinien für die Entwicklung von Curricula durch den Distrikt bzw. durch Einzelschulen fungieren. Siehe http://www.doe.mass.edu/frameworks/ (24.8.2005).
1166 Das „Massachusetts Comprehensive Assessment System" wurde ausgehend von den in Fn. 1165 beschriebenen „Curriculum Frameworks" und Standards entwickelt und testet jährlich die Lernfortschritte der Schüler in den Kernfächern Englisch, Mathematik, Natur- und Sozialwissenschaften. Während der Test für die jüngeren Schüler keine schwerwiegenden Konsequenzen nach sich zieht, ist sein Bestehen für „High School"-Schüler Voraussetzung für die Verleihung des „High School"-Abschlusses. Siehe dazu http://www.doe.mass.edu/mcas/overview_faq.html (24.8.2005).

e) Schulkalender

„Pilot Schools" haben die Freiheit, ihren eigenen Schulkalender zu gestalten, das heißt die Länge von Schultagen und Schuljahren selbst zu bestimmen. Die Festlegungen sind sowohl für Schüler als auch Lehrer verbindlich. So können „Pilot Schools" ihre Schüler beispielsweise an einem Tag der Woche früher entlassen, um Freiraum für gemeinsame Fortbildungsveranstaltungen der Lehrer zu schaffen. Ebenso können sie die Schultage für Schüler verlängern oder statt der üblichen kurzen Unterrichtsblöcke[1167] längere Lernperioden einplanen.

2. Weitere Merkmale der „Pilot Schools"

Alle „Pilot Schools" legen sog. „visions and missions" fest. In diesen beschreiben sie unter anderem ihren pädagogischen Ansatz, die (Umgangs-) Kultur, die an der Schule herrscht beziehungsweise herrschen soll und die Fertigkeiten und Fähigkeiten, die Absolventen der Schule aufweisen sollen. Auch wenn „Pilot Schools" sich demnach im Einzelnen sehr voneinander unterscheiden, werden alle Schulen von neun Grundprinzipien geleitet, die jede Schule in der ihr eigenen Weise zur Geltung bringt[1168]. Diese Grundprinzipien sind:
- An jeden Schüler werden hohe Leistungserwartungen gestellt.
- Schulen sind kleiner als üblich – wobei auch „Pilot Schools" dazu verpflichtet sind, in ihrer Schülerschaft das gesamte Spektrum Bostoner Schüler (einschließlich Schüler mit Lernbehinderungen oder körperlichen Einschränkungen) zu repräsentieren – und es wird Wert auf persönliche Beziehungen untereinander gelegt.
- Familien werden als wichtige Partner des Bildungs- und Erziehungsprozesses angesehen.
- Innovation und Risikobereitschaft der Schüler werden gefördert und unterstützt.
- Bei der Gestaltung von Lernprozessen und Leistungsüberprüfungen wird Wert auf Authentizität, Sinnhaftigkeit, Kreativität und Herausforderung gelegt. Konkret bedeutet dies, dass „Pilot Schools" von ihren Schülern den Nachweis bestimmter *Kompetenzen* erwarten und nicht – wie sonst üblich – die Absolvierung einer bestimmten Anzahl von Kursen zur Erreichung des Schulabschlusses ausreichen lassen. Die Schüler sammeln ihre Arbeiten in sog. Portfolios, anhand derer sie ihre eigenen Lernprozesse verfolgen können, und sie präsentieren ihre Fertigkeiten und Fähigkeiten vor einer Gruppe von Juroren. Bei der Auswahl

---

1167 Üblicherweise betragen die Unterrichtsblöcke zwischen 40 und 55 Minuten.
1168 *Center for Collaborative Education*, Boston Pilot Schools Network, p. 6.

der Lerninhalte gilt in „Pilot Schools" das Motto: „Depth over breadth"[1169]. " Den Schülern werden anhand einiger weniger Bereiche grundlegende Lernfähigkeiten und ein Grundverständnis der Materie vermittelt, mit deren Hilfe sie lebenslang weiterlernen können.

- Schüler lernen, Verantwortung für ihr eigenes Lernen zu übernehmen. Der Lehrer fungiert als „Trainer" oder Moderator des Lernprozesses, der dem Schüler Hilfestellungen gibt und als Ansprechpartner zur Verfügung steht. In letzter Konsequenz trägt jedoch der Schüler die Verantwortung für sein Lernen.
- Entscheidungen hinsichtlich aller Vorgänge in der Schule werden von den Personen getroffen, die der Materie und den Schülern am nächsten sind.
- Die Entscheidungsträger werden für die Effizienz und Güte ihrer Entscheidungen zur Rechenschaft gezogen. Sie sind den Schülern und ihren Familien für die Qualität des Unterrichts und der Schule als solcher verantwortlich[1170].
- „Pilot Schools" zeichnen sich durch demokratische Entscheidungsfindung und Leitungsstrukturen aus.

Darüber hinaus bieten nahezu alle Schulen sog. „advisories" für ihre Schüler an. „Advisories" sind kleine Gruppen von Schulern (maximal 20 Schüler), die sich mindestens einmal wöchentlich mit einem Lehrer treffen, um an verschiedenen Themen zu arbeiten. Regelmäßig steht dabei nicht ein bestimmter Fachinhalt im Vordergrund, sondern das Erlernen von sog. „soft skills" wie Teamfähigkeit, Kommunikationsfähigkeit, soziales Verhalten etc. Außerdem dienen die „advisories" dem Aufbau persönlicher Beziehungen der Schüler untereinander und der Lehrer zu den Schülern. Wie die „advisories" im Einzelnen gestaltet werden, obliegt der Entscheidung einer jeden Schule.

IV. Zusammenfassung

Das Bostoner „Pilot School"-Modell wurde im Jahre 1995 durch einen Vertrag zwischen dem Distrikt, der Lehrergewerkschaft und dem Bürgermeister ins Leben gerufen. Beteiligt sind heute neunzehn Schulen, deren Zusammenarbeit durch eine Non-Profit Organisation koordiniert wird. Den „Pilot Schools", die öffentliche Schulen des Bostoner Schuldistrikts sind, ist in den Bereichen Budget, Personal, Curriculum

---

1169 Sinngemäß übersetzt bedeutet dies, dass an „Pilot Schools" die vertiefte Auseinandersetzung mit einem Thema (depth) der oberflächlichen Auseinandersetzung mit mehreren Themen (breadth) vorgezogen wird.
1170 Im Wesentlichen werden zwei Kriterien zur Rechenschaftslegung herangezogen. Zum einen ist dies ein im Vierjahresrhythmus stattfindender „School Quality Review", bei dem die Schule – ähnlich wie im niederländischen Inspektoratsmodell – mehrere Tage von einem Expertenkomitee besucht und nach bestimmten Kriterien beurteilt wird. Zum anderen sind dies die Ergebnisse im alljährlich zumindest an „High Schools" stattfindenden standardisierten Abschlusstest MCAS.

und Leistungsüberprüfungen, Leitungsstrukturen und Schulkalender Autonomie gewährt worden.

C. *"Pilot School"-Profile – dargestellt am Beispiel fünf ausgewählter Schulen*

Fünf „Pilot Schools" wurden aus dem Pool der neunzehn Schulen ausgewählt, um beispielhaft zu demonstrieren, inwieweit und wozu die Schulen die ihnen gegebene Autonomie nutzen. Vier der Schulen sind „High Schools", welche die Jahrgangsstufen 9-12 umfassen, eine Schule ist eine „Elementary" und „Middle School", welche die Jahrgangsstufen vom Kindergarten bis zur achten Klasse abdeckt. Die fünf Schulen haben – unter Nutzung der ihnen gegebenen Möglichkeiten – sehr unterschiedliche pädagogische Profile entwickelt.

I. Boston Arts Academy

Die Boston Arts Academy hat es sich zum Ziel gesetzt, ca. 410 Jugendlichen mit einer Begeisterung für die Künste im weiteren Sinne einen Raum zur Ausbildung sowohl ihrer künstlerischen als auch ihrer akademischen Fähigkeiten zu bieten. Die Schüler wählen eines von vier künstlerischen Hauptfächern: Tanz, Theater, Musik oder bildende Künste. Sie werden in diesen Fächern sowohl von Lehrern der Schule als auch von externen Künstlern unterrichtet, welche die Schule als Gastdozenten verpflichtet. Zusätzlich zu ihrer Ausbildung in ihrem gewählten Hauptfach nehmen die Schüler täglich an einem Literaturseminar teil und erhalten Unterricht in Geistes- und Sozialwissenschaften, Mathematik, Naturwissenschaften und einer Fremdsprache. Zur Betonung des fächerübergreifenden Ansatzes hat die Schule eigene Konzepte entwickelt, welche unterschiedliche Bereiche in einem Fach integrieren. So werden die Geistes- und Sozialwissenschaften und der muttersprachliche Unterricht in dem Fach „Humanities" vereinigt. Die Naturwissenschaften werden im Fach „Integrated Science" unterrichtet. Getragen wird dieser Ansatz von dem Gedanken, dass die Fächer einer jeweiligen Richtung in Beziehung zueinander stehen und es deshalb sinnvoll erscheint, diese auch im Zusammenhang zu unterrichten.

Eine weitere Besonderheit des regulären akademischen Unterrichts ist, dass von allen denkbaren Perspektiven eines Themas diejenige gewählt wird, die unter künstlerischen Gesichtspunkten am interessantesten erscheint. Als Beispiel dafür sei der Physikunterricht genannt, bei welchem dem Farbspektrum besondere Beachtung geschenkt wird. Ein anderes Beispiel ist der Biologieunterricht, bei dem im sog.

„Giselle-Projekt" Anatomie und Physiologie anhand des klassischen Ballettcharakters Giselle besprochen werden[1171].

Geleitet wird der Lernprozess an der Boston Arts Academy von den „Habits of the Graduate", einer Beschreibung der Einstellung zum Lernen, die ein Absolvent der Boston Arts Academy aufweisen soll. Die erwünschte Lerneinstellung besteht aus vier Elementen: Refine, Invent, Connect, Own (RICO). Unter dem Stichwort „Refine" sollen die Schüler nach Stärken und Schwächen der Arbeit suchen und überprüfen, ob ihnen die Überarbeitung bestmöglich gelungen ist. Bezogen auf das Stichwort „Convey" ist zu beantworten, ob die Schüler mit ihrer Arbeit die Botschaft vermittelt haben, die sie vermitteln wollten. „Invent" fragt danach, was die Arbeit des Schülers erfindungsreich und innovativ macht. Der Schüler muss einschätzen, ob er bereit war (und ist), Risiken auf sich zu nehmen und sich selber bis an seine Grenzen herauszufordern. Der Punkt „Connect" fordert den Schüler dazu auf, sich über sein Publikum, das heißt die Adressaten und den Kontext seiner Arbeit bewusst zu werden und sich damit auseinander zu setzen, in welcher Weise seine Arbeit eine Verbindung zu diesen herstellt. Das letzte Stichwort, „Own", fragt schließlich danach, ob der Schüler stolz auf seine Arbeit ist, und welche (Arbeits-) Bedingungen er als für sich notwendig erkannt hat, um erfolgreich zu sein.

Die Auswahl der Schüler erfolgt anhand eines Bewerbungsprozesses. Es werden kein bestimmtes Vorwissen oder besondere Fähigkeiten und Fertigkeiten im künstlerischen Bereich erwartet. Der Auswahlprozess besteht aus zwei Teilen: einem schriftlichen, in dem die Bewerber in kurzen Aufsätzen über ihre Person und die Gründe ihrer Bewerbung berichten, und einem praktischen Teil, bei dem die Bewerber ihre künstlerischen Fähigkeiten unter Beweis stellen. Kriterium für die Bewertung ist nicht ausschließlich das bereits vorhandene Können. Auch Potenzial und Begeisterung für das jeweilige Fach, Selbstdisziplin und die Fähigkeit, zur Bildung einer Schulgemeinschaft beizutragen, werden im Aufnahmeverfahren berücksichtigt.

Das Leitungsgremium der Boston Arts Academy ist das „Board of Trustees", das mit mindestens zwei Mitgliedern einer örtlichen Vereinigung von Kunsthochschulpräsidenten, zwei Elternvertretern, einem Schüler und vier Bostoner Bürgern besetzt sein muss. Bei den Bürgervertretern wird darauf geachtet, dass sie aktiv im örtlichen Geschäftsleben oder in anderen örtlichen Aktivitäten tätig sind. Da sie unter anderem für das Fundraising der Schule Verantwortung tragen, sind ihre Beziehungen innerhalb der Stadt von großer Bedeutung. Ansonsten ist das „Board" zuständig für die Entscheidung über die Grundsätze und die Philosophie der Schule, die Überwachung der finanziellen Tätigkeit und die Beurteilung des Schulleiters.

1171 Dass hier von Physik- und Biologieunterricht gesprochen wird, dient nur der Verdeutlichung. Selbstverständlich werden auch diese beiden Fächer gemeinsam in dem Fach „Integrated Science" unterrichtet.

II. Health Careers Academy

Die Health Careers Academy bietet ca. 180 Schülern die Möglichkeit, sich mit Hilfe eines speziell entwickelten Curriculums auf verschiedene Heilberufe vorzubereiten. Neben den traditionellen Schulfächern bietet die Schule für eine „High School" einzigartige Fächer wie Ethik in Heilberufen, medizinische Fachsprache, Statistik in Heilberufen und diverse Praktikumsmöglichkeiten in Heilberufen an. Begünstigt wird die naturwissenschaftliche Ausrichtung der Schule durch die Lage auf dem Campus einer örtlichen Universität, deren Büchereien und Labore die Schüler nutzen können. Ebenso können sich besonders begabte Schüler bereits in Universitätskursen einschreiben, die ihnen später im Studium angerechnet werden können. Zusätzlich zu den Praktika in Heilberufen müssen Schüler im Abschlussjahrgang mindestens zwei Stunden in der Woche in einer von ihnen selbstgewählten „Non profit"-Organisation arbeiten. Dieses Erfordernis soll ihre Verbundenheit zur örtlichen Gemeinschaft stärken und ihnen das Gefühl geben, etwas an die Gemeinschaft zurückgeben zu können. Außerdem bietet der außerschulische Lernort die Möglichkeit für wertvolle Lernerfahrungen.

Ebenfalls wird großer Wert auf außercurriculare Angebote wie Musik und Sport gelegt. Die Schule will den Schülern auf diesem Weg vermitteln, dass jede Aktivität als Lernerlebnis genutzt werden kann. Auch soll dadurch der Kontakt und der Respekt untereinander gefördert und der Schüler ganzheitlich und nicht nur akademisch wahrgenommen werden.

Da bei den Entscheidungsträgern der Schule die Überzeugung vorherrscht, dass jedes Kind das Potenzial hat, ein hohes Lernniveau zu erreichen, findet an der Health Careers Academy kein besonderes Auswahlverfahren statt. Ausgehend ausschließlich vom Interesse an heilkundlichen Berufen und der Bereitschaft, sich mit den ihnen zur Verfügung stehenden Möglichkeiten den (Lern-) Herausforderungen der Schule zu widmen, werden die Schüler nach Verfügbarkeit der Plätze in der Schule aufgenommen. Besonderer Wert wird dabei darauf gelegt, auch Kindern, die ansonsten regelmäßig keine akademische Karriere anstreben würden, durch den Besuch der Health Careers Academy die Möglichkeit einer akademischen Laufbahn zu eröffnen. So kommen mehr als 50 % der Schüler der Academy aus Familien mit geringem Einkommen und nur 5 % der Schüler sind weißer Hautfarbe (staatsweit liegt der Durchschnitt weißer Schüler an öffentlichen Schulen bei 77 %).

Das Leitungsgremium der Schule, das „Board of Trustees", setzt sich zusammen aus zwei Lehrern, drei Elternvertretern, zwei ehemaligen Schülern, dem Schulleiter und sieben Vertretern aus dem Gesundheitsbereich, die in verschiedenen Gesundheitseinrichtungen und Universitäten arbeiten. Das „Board" trifft Entscheidungen im Bereich der Grundsätze der Schule und des Budgets. Auch bestätigt es das von den Lehrern entwickelte Curriculum.

III. Boston Day and Evening Academy

Die Boston Day and Evening Academy wird von ca. 305 Schülern besucht, die entweder den Besuch regulärer Schulen aus verschiedenen Gründen aufgegeben haben, oder die zeitlich den Besuch einer nur am Vormittag stattfindenden „High School" aus bestimmten Gründen – zum Beispiel Betreuung eines Kindes etc. – nicht ermöglichen können. Die Academy hat es sich zum Ziel gesetzt, den Jugendlichen eine Chance zu geben, die sonst keine Chancen mehr haben. Schüler, die sich an der Schule bewerben, müssen das reguläre Alter für ihre jeweilige Jahrgangsstufe überschritten haben. Um die Schüler optimal in ihrem Lernprozess unterstützen zu können, sind durchschnittlich lediglich elf Schüler in einer Lerngruppe. Anders als an anderen Schulen werden die Schüler nicht in Jahrgangsstufen eingeteilt, sondern – basierend auf den Ergebnissen einer Eingangsbewertung – in eine von zwei Kategorien eingestuft: „Undergraduates" (Schüler mit rudimentärem oder mittlerem Kenntnisstand) und „Seniors" (Schüler mit einem fortgeschrittenen Kenntnisstand). Die Zusammensetzung der Lerngruppen ist heterogen, das heißt, dass sich dort jeweils regelmäßig alle Leistungsstufen wiederfinden und auch die Altersstufen verschieden sind. Ausgehend von diagnostischen Lernstandserhebungen wird für jeden Schüler ein individueller Lernplan erarbeitet, um das Lernen möglichst zielführend zu gestalten.

Um einen „High School"-Abschluss verliehen zu bekommen, müssen die Schüler Kompetenzen in Geistes- und Sozialwissenschaften, Mathematik, Naturwissenschaften, Technologie und persönlicher Entwicklung nachweisen. Didaktisch wird dabei besonderer Wert auf Problemlösungsfähigkeiten und das Stellen weiterführender Fragen gelegt.

Die Curricula aller Fächer gruppieren sich um jährlich wechselnde essenzielle Fragen, die von Schülern und Lehrern gemeinsam ausgewählt werden. Essenzielle Fragen sind umfassend formulierte Fragen, die eine Auseinandersetzung in allen Fächern erlauben. Beispiele für derartige Fragen sind: „Wie prägt die Vergangenheit unsere Gegenwart?", „Wo kommen wir her?", „Wer sind wir?" oder „Wie trägt ein jeder zur Gemeinschaft bei?". Eine Einbeziehung der Fragen in verschiedene Fächer kann beispielsweise so aussehen, dass die Schüler sich zu der Frage „Wer sind wir?" im Kunstunterricht mit Selbstportraits auseinandersetzen, im Biologieunterricht DNA besprochen und in den Englischstunden die Literaturform des Tagebucheintrags behandelt wird. Auch wenn nicht jegliches Tun im täglichen Unterricht von der essenziellen Frage geprägt sein muss, sollte sich doch das Curriculum eines jeden Fachs in groben Zügen an der essenziellen Frage ausrichten.

Zur Aufnahme in die Schule müssen die Schüler einen Fragebogen zur Motivation ihrer Bewerbung ausfüllen und zu einem informellen Gespräch in die Schule kommen. Dieses Verfahren wird für notwendig erachtet, da Schüler, die nicht einmal diese beiden Schritte zu leisten im Stande sind, mit großer Wahrscheinlichkeit keinen Erfolg an der Schule haben werden.

Das Leitungsgremium der Schule ist das fünfzehnköpfige „Board of Trustees", dem zwei Schüler, drei Lehrer, zwei ehemalige Schüler, ein Elternvertreter, der

Schulleiter und sechs interessierte Bürger angehören. Entschieden wird über die Grundsätze und Zukunftspläne der Schule und das Budget.

IV. Boston Community Leadership Academy

Die ca. 500 Schüler der Boston Community Leadership Academy sollen durch ein spezielles Curriculum, bei dem praktisches Lernen außerhalb der Schule einen wichtigen Platz einnimmt, zu zukünftigen Führungspersönlichkeiten in der Gesellschaft ausgebildet werden. Hierbei steht nicht so sehr die tatsächliche Übernahme von Führungs*positionen* im Vordergrund als vielmehr die Entwicklung von Führungs*fähigkeiten*, die es ermöglichen, Lösungen zu drängenden sozialen Problemen zu entwickeln. Durch eine Vielzahl von Praktika im Wirtschafts-, Verwaltungs-, Sozial- und Kunstbereich, sowie durch „Job Shadowing"-Programme und von Schülern entworfene und ausgeführte Gemeinschaftsprojekte soll den Schülern ein Einblick in die Anforderungen der Gesellschaft gegeben und es sollen ihnen die zur Bewältigung dieser Anforderungen erforderlichen Fähigkeiten vermittelt werden. Die Schüler setzen sich mit Fragen der Führung, des sozialen Wandels und des Lösens von Problemen der örtlichen Gemeinschaft auseinander. Dies geschieht jedoch nicht in einem eigenständigen Fach mit dem Inhalt „Führungsfähigkeiten", sondern die Einübung von Führungsfähigkeiten wird in die traditionellen Fächer soweit als möglich integriert. Dabei wird in jeder Jahrgangsstufe ein anderer Aspekt der Thematik behandelt: In Klasse neun setzen sich die Schüler mit der Frage ihrer eigenen Position in der Gesellschaft auseinander, in Klasse zehn ist der Schwerpunkt auf Fragen der Führung in Gruppen von Gleichaltrigen, Klasse elf widmet sich der Frage der Führung in Schulen und der Übernahme von Mentorenstellungen für jüngere Schüler und in Klasse zwölf beschäftigen sich die Schüler mit sozialen Fragen der örtlichen Gemeinschaft und der Weltgemeinschaft.

Um den bestmöglichen Lernerfolg zu sichern, lernt jeder Schüler nach seinem individuellen Lernplan. Ihre Fähigkeiten und Fertigkeiten weisen die Schüler durch Portfolios und Ausstellungen nach, die von externen Juroren begutachtet werden. Geleitet werden die Schüler bei ihren Lernanstrengungen von den „Habits of Mind", welche die von der Schule erwünschten Wege des Denkens und Seins beschreiben. Diese sind: Sinnhaftigkeit, flexibles Denken, klare Kommunikation, Risikobereitschaft, Übernahme sozialer Verantwortung und das Erbringen von Transferleistungen, das heißt die Anwendung alten Wissens auf neue Situationen.

Zur Bewerbung an der Schule ist die Vervollständigung eines Fragebogens erforderlich, in dem unter anderem die Motivation für die Bewerbung an der Schule, eigene Aktivitäten und das persönliche Umfeld beschrieben werden müssen und der Schüler einen kurzen Text über eine von der Schule gestellte Frage (z.B. Was macht eine Führungspersönlichkeit aus?, Wie definierst Du soziale Verantwortung?, Wie drückst Du aus, dass Du Dich dem Lernen und der persönlichen Entwicklung widmest?) verfassen muss.

Leitungsgremium der Schule ist das „Governing Board", das aus dem Schulleiter, sechs Lehrern, zwei Elternvertretern, zwei Schülern und zwei interessierten Bürgern besteht. Diese Gruppe verabschiedet das Budget, entscheidet über alle wichtigen Grundsätze, zum Beispiel hinsichtlich Anwesenheit, Versetzung und Disziplin, bestimmt die (Zukunfts-) Vision und Philosophie der Schule, evaluiert den Schulleiter und ist mit der Aufgabe des Fundraisings betraut.

V. Mission Hill School

Mission Hill School wird von ca. 170 Schülern zwischen fünf und dreizehn Jahren (Kindergarten bis achte Klasse) besucht. Die Klassen sind altersgemischt und umfassen höchstens zwanzig Schüler. Ziel der Schule ist es, die Schüler auf die Anforderungen der „High School" und des Lebens als junge Erwachsene vorzubereiten.

Das Curriculum richtet sich in jedem Jahr nach drei zentralen Themen: Ein Thema wird aus dem Bereich der Naturwissenschaften oder der Technologie gewählt (z.B. Körper, Natur, Lebensräume), als zweites studieren die Kinder eine antike Zivilisation (z.B. antikes Griechenland, antikes China, antikes Ägypten) und als drittes wird ein aktuelles sozialwissenschaftliches Thema behandelt (z.B. Der Kampf um Freiheit aus afro-amerikanischer Sicht, Das politische System, Wie werden ökonomische Entscheidungen getroffen?). Die ganze Schule beschäftigt sich zur gleichen Zeit mit dem gleichen Thema, wobei jede Altersstufe für ihren Kenntnisstand angemessenes Material benutzt. Die Vermittlung mathematischer Kenntnisse und das Lesen- und Schreibenlernen ist in die Behandlung der Themen integriert, wird aber auch zusätzlich noch separat unterrichtet. Die gewählten Themen wiederholen sich im Vierjahreszyklus, so dass die Schüler während ihrer achtjährigen Schullaufbahn mit jedem Thema zwei Mal in Berührung kommen. Dies bietet den Schülern die Chance, auf bereits vorhandenes Wissen aufzubauen, sich mit früheren Lernprozessen auseinander zu setzen und ein bestimmtes Thema sehr intensiv und unter verschiedenen Gesichtspunkten zu erforschen.

Die Kinder arbeiten zumeist individuell oder in kleinen Gruppen an Aufgaben, die mit den genannten Themen in Zusammenhang stehen. Zusätzlich werden sie zeitweise im traditionell lehrergeführten Stil unterrichtet. Geleitet wird alle Arbeit von den folgenden fünf „Habits of Mind": Beweise (Wie wissen wir, was wahr und falsch ist?, Welche Beweise zählen?, Wie sicher können wir uns sein?,...), Sichtweisen (Wie könnte etwas aus einer anderen Sichtweise aussehen?, Wie würden wir etwas sehen, wenn wir eine andere Person wären oder andere Erwartungen hätten?,...), Verbindungen (Gibt es ein Muster?, Haben wir so etwas schon einmal gesehen?,...), Vermutungen (Könnte es auch anders gewesen sein?,...) und Relevanz (Macht es einen Unterschied?, Wen interessiert es?,...).

Hinsichtlich der Leistungsüberprüfung steht die eigene Reflexion über das Lernen im Vordergrund. Aus diesem Grund legt jedes Kind Portfolios an, in denen es seine Arbeiten sammelt. In der fünften Klasse setzen sich alle Kinder mit dem bisherigen

Inhalt ihrer Portfolios unter Anleitung eines Lehrers auseinander und schreiben einen Essay über ihren schulischen Werdegang und die bereits abgeschlossenen Lernprozesse. Die Portfolios der Klassen sechs bis acht werden zur Grundlage der Abschlussprüfungen gemacht, die in erster Linie in Ausstellungen und Präsentationen der Lernergebnisse bestehen.

Anders als die Mehrzahl der „Pilot Schools" wird Mission Hill School demokratisch von den dort beschäftigten Lehrern geleitet. Zwar gibt es auch einen Schulleiter, doch hat dieser lediglich in Ausnahmefällen Vetorechte. Regelmäßig werden wesentliche Entscheidungen, zum Beispiel über Curricula, Einstellungen, Leistungsüberprüfungen etc., von allen Lehrern gemeinsam getroffen. Daneben gibt es, wie an allen anderen Schulen auch, ein „Governing Board", das aus fünf Elternvertretern, fünf Lehrern, fünf interessierten Bürgern und einem Schüler der achten Klasse besteht. Das „Board" wählt und evaluiert den Schulleiter und verabschiedet das Budget.

VI. Zusammenfassung

Die fünf ausgewählten Schulen haben mit Hilfe ihrer Autonomie sehr unterschiedliche Profile entwickelt. Während eine Schule ein besonderes Augenmerk auf die Ausbildung künstlerischer Fähigkeiten legt, bereitet eine andere ihre Schüler auf Karrieren im Gesundheitsbereich vor. Eine dritte Schule sieht ihren Schwerpunkt in der Vermittlung von Führungsfähigkeiten und die vierte Schule hat sich der Ausbildung von Schülern gewidmet, die an anderen Schulen bisher aus verschiedenen Gründen erfolglos geblieben sind. Die vorgestellte Grundschule schließlich legt großen Wert auf die Reflexion der eigenen Lernprozesse der Schüler.

D. Die Leistungsfähigkeit der „Pilot Schools"

Wie zu Beginn des vierten Teils erwähnt, nehmen standardisierte Leistungstests eine herausragende Stellung im amerikanischen Schulalltag ein. Auch die „Pilot Schools" sind, wie bereits gesagt, jedenfalls zur Teilnahme an dem obligatorischen „High School"-Abschlusstest „MCAS" verpflichtet[1172]. Den Testergebnissen wird im Allgemeinen in der amerikanischen Öffentlichkeit und – zumal seit Erlass des „No Child Left Behind"-Gesetzes[1173] – auch von Seiten des Distrikts und des Staates eine

---

1172 Dieser wird, wie schon erwähnt, auch in anderen Jahrgangsstufen durchgeführt, hat aber nur für die Schüler an der „High School" eine wichtige Bedeutung, da sein Bestehen für die Erlangung des „High School"-Abschlusses erforderlich ist.
1173 Siehe dazu oben 4. Teil A. III. 1.

hohe Bedeutung beigemessen. Die Ergebnisse des Tests werden regelmäßig als einziges Kriterium für die Leistungsfähigkeit einer Schule benutzt. In Anbetracht der rigiden Konsequenzen, die das „No Child Left Behind"-Gesetz an die Ergebnisse knüpft[1174], kann sogar das Fortbestehen einer Schule von ihnen abhängig sein. Auch wenn den Testergebnissen vorliegend keine derart herausgehobene Bedeutung zugemessen werden soll, sind sie doch als *ein* Kriterium für die Leistungsfähigkeit der „Pilot Schools" von Interesse. Zwei Studien zum Abschneiden der „Pilot Schools" im „Massachusetts Comprehensive Assessment System" aus jüngster Zeit – „How are Boston Pilot Schools Students Faring?"[1175] und „Progress and Promise – Results from the Boston Pilot Schools"[1176] – stellen die Ergebnisse des Tests in Englisch und Mathematik aus den Jahren 2002 und 2004 für „High School"-Schüler dar[1177].

1174 Siehe dazu oben 4. Teil A. III. 1.
1175 *Center for Collaborative Education*, How are Boston Pilot Schools Students Faring?, Student Demographics, Engagement, and Performance 1997-2002, Boston 2003.
1176 *Center for Collaborative Education*, Progress and Promise – Results from the Boston Pilot Schools, Boston 2006.
1177 Da die Berechnungen in beiden Berichten mit Hilfe unterschiedlicher Datensätze und Methoden vorgenommen worden sind, können die Ergebnisse aus den Jahren 2002 und 2004 nicht miteinander verglichen, sondern lediglich separat betrachtet werden.
Da die Boston Community Leadership Academy im Jahre 2002 als solche noch nicht existent war, ist sie unter diesem Namen auch nicht in der Statistik für 2002 zu finden.

Ergebnisse des MCAS 2002 im Fach Englisch

Schule	Testergebnis 2002	Punktezuwachs von 2000 bis 2002
Boston Latin (Examination School)	260	8
Latin Academy (Examination School)	251	8
O'Bryant (Examination School)	245	13
Boston Arts Academy (Pilot School)	240	17
Fenway High School (Pilot School)	236	19
Health Careers Academy (Pilot School)	233	7
Snowden International	231	12
East Boston High	229	15
West Roxbury High	229	17
New Mission (Pilot School)	227	17
Brighton High	227	14
Boston Day and Evening Academy[1178] (Pilot School)	226	k.A.
Charlestown High	226	18
Greater Egleston Community High (Pilot School)	223	k.A.
Boston High	223	11
English High	223	14
Dorchester High	222	14
South Boston High	222	14
Burke High	221	5
McKinley	219	k.A.
Madison Park	218	12
Hyde Park High	216	7

Die Ergebnisse zeigen, dass drei der damals sechs „Pilot High Schools" im oberen Bereich der Punkteverteilung lagen. Bei den drei Schulen, die besser als die „Pilot Schools" abgeschnitten haben, handelt es sich um sog. „Examination Schools". Diese Schulen nehmen Schüler nur nach erfolgreichem Bestehen rigider Eingangstests auf, was sie hinsichtlich der Schülerklientel von anderen Bostoner Schulen unterscheidet. Die weiteren drei „Pilot Schools" befanden sich im Mittelfeld der Punkteverteilung. Verglichen mit den Schulen ohne Pilot Status sind die Punktezuwächse in den Testergebnissen von 2000 bis 2002 in den „Pilot Schools" – wenn auch nur geringfügig – höher (im Durchschnitt fünfzehn Punkte in den „Pilot Schools", zehn Punkte in den „Examination Schools" und dreizehn Punkte in den übrigen Schulen). Eine Umrechnung der in der Tabelle angegebenen „Rohpunkte" in den Prozentsatz

---

1178 Zum Zeitpunkt der Leistungserhebung hieß die Boston Day and Evening Academy lediglich Boston Evening Academy.

der Schüler, die den Test bestanden haben, ergibt für die Schüler an den drei „Examination Schools" eine Bestehensquote von 99 %, für Schüler an „Pilot Schools" eine Bestehensquote von 82,5 % und für Schüler an regulären öffentlichen Bostoner Schulen eine Bestehensquote von 52,8 %[1179].

Ein ähnliches Bild findet sich in den Mathematikergebnissen des „MCAS" im Jahre 2002.

Ergebnisse des MCAS 2002 im Fach Mathematik

Schule	Testergebnis 2002	Punktezuwachs von 2000 bis 2002
Boston Latin (Examination School)	261	0
Latin Academy (Examination School)	254	3
O'Bryant (Examination School)	244	9
Boston Arts Academy (Pilot School)	233	20
Charlestown High	227	18
Fenway High School (Pilot School)	226	17
Snowden International	223	11
West Roxbury High	223	14
Health Careers Academy (Pilot School)	222	5
East Boston High	221	12
New Mission (Pilot School)	220	15
Brighton High	218	13
Boston High	218	8
English High	218	11
Burke High	218	7
South Boston High	217	9
Boston Day and Evening Academy (Pilot School)	216	k.A.
Greater Egleston Community High (Pilot School)	216	k.A.
Dorchester High	215	10
Madison Park High	215	13
McKinley High	215	k.A.
Hyde Park High	211	8

[1179] *Center for Collaborative Education*, How are Boston Pilot School Students Faring? – Student Demographics, Engagement and Performance 1998-2003, S. 27. – Bei diesem Bericht handelt es sich um eine im Internet unter http://www.ccebos.org/pilots.faring.2004.pdf verfügbare überarbeitete Version des o.g. Berichts „How are Boston Pilot Schools Students Faring?, Student Demographics, Engagement, and Performance 1997-2002".

Wiederum befanden sich zwei der „Pilot High Schools" in der Wertung direkt hinter den „Examination Schools". Zwei weitere Schulen lagen im oberen und zwei Schulen im unteren Mittelfeld. Auch in Mathematik ist der Punktezuwachs in „Pilot Schools" von 2000 bis 2002 höher als an anderen Schulen (vierzehn Punkte in den „Pilot Schools", vier Punkte in den „Examination Schools" und elf Punkte in den übrigen Schulen). Eine Umrechnung der in der Tabelle angegebenen „Rohpunkte" in den Prozentsatz der Schüler, die den Test bestanden haben, ergibt für die Schüler an den drei „Examination Schools" eine Bestehensquote von 99 %, für die Schüler an „Pilot Schools" eine Bestehensquote von 57,5 % und für die Schüler an regulären öffentlichen Bostoner Schulen eine Bestehensquote von 34,5 %[1180].

Das positive Abschneiden der „Pilot School"-Schüler setzte sich auch im Jahre 2004 fort[1181]. Den Test im Fach Englisch bestanden 99 % der Schüler an den drei „Examination Schools", 84 % der Schüler an „Pilot Schools" und 58 % der Schüler an regulären öffentlichen Bostoner Schulen[1182]. Den mathematischen Teil des Tests bestanden 98 % der Schüler an den drei „Examination Schools", 80 % der „Pilot School"-Schüler und 59 % der Schüler an regulären öffentlichen Bostoner Schulen[1183].

Die Studien zeigen, dass Schüler an „Pilot Schools" jedenfalls keine schlechteren Leistungen in standardisierten Tests zeigen als Schüler regulärer Schulen. Was den Aspekt der Leistungssteigerung – den Punktezuwachs – betrifft, scheinen „Pilot School"-Schüler den übrigen Schülern – zumindest für den Zeitraum 2000 bis 2002 – gar ein wenig überlegen zu sein. Auch ist die Bestehensquote hinsichtlich des „MCAS" in den Jahren 2002 und 2004 im Durchschnitt an „Pilot Schools" deutlich höher als an regulären Schulen. Indes erscheint es nicht angemessen, die Leistungen der Schüler direkt mit der Autonomie der „Pilot Schools" in Verbindung zu bringen. Regelmäßig werden viele andere Kausalfaktoren – das Elternhaus, die Qualität der Lehrer, die Anlagen des Kindes, das soziale Umfeld – die Leistungen der Schüler entscheidend beeinflussen. Dies macht die Herstellung eines Kausalzusammenhangs zwischen Schulautonomie und Schülerleistungen in standardisierten Tests nahezu unmöglich[1184]. Ein Blick in die Literatur bestätigt diese Einschätzung: Während einige Studien über die Auswirkungen von schulischer Eigenverantwor-

---

1180 *Center for Collaborative Education*, How are Boston Pilot School Students Faring? – Student Demographics, Engagement and Performance 1998-2003, S. 29. Zu finden unter http://www.ccebos.org/pilots.faring.2004.pdf.
1181 Für das Jahr 2004 wurden in der Studie „Progress and Promise – Results from the Boston Pilot Schools" des Center for Collaborative Education keine Einzelergebnisse für Schulen, sondern nur die Bestehensquoten für „Pilot School"-Schüler verglichen mit Schülern an anderen Schulen veröffentlicht.
1182 Center for Collaborative Education, „Progress and Promise – Results from the Boston Pilot Schools", S. 24.
1183 Center for Collaborative Education, „Progress and Promise – Results from the Boston Pilot Schools", S. 24.
1184 Siehe dazu *OECD*, Lernen für die Welt von morgen – Erste Ergebnisse von PISA 2003, S. 268.

tung auf Schüler darauf hinweisen, dass Schulen mit größerer Eigenverantwortung zu einer Leistungssteigerung der Schüler beitragen[1185], gibt es ebenso Studien, die dies bestreiten und der Autonomie von Schulen keinen – weder einen positiven noch einen negativen – Effekt auf Schülerleistungen zuschreiben[1186]. Auch ist festzuhalten, dass etwaige Leistungssteigerungen – wenn überhaupt – erst Jahre nach der Übertragung der erweiterten Eigenverantwortung festgestellt werden können, da Veränderungen im Bildungswesen Zeit brauchen, um ihre Wirksamkeit zu entfalten[1187]. Folglich bleibt festzustellen, dass – jedenfalls gegenwärtig – keine eindeutigen Aussagen über die Auswirkungen einer größeren schulischen Eigenverantwortung auf die Ergebnisse in Leistungstests getroffen werden können.

Indes interessieren vorliegend nicht nur die Effekte einer vergrößerten Eigenverantwortung auf Schülerleistungen in standardisierten Tests. Vielmehr sollen an dieser Stelle die Vor- und Nachteile schulischer Eigenverantwortung umfassend beleuchtet werden. Dies erfordert eine Auseinandersetzung mit den Menschen, die vor Ort in den Schulen mit den Möglichkeiten und Problemen einer größeren Eigenverantwortung umgehen müssen. Nur diese können einschätzen, wie sich die schulische Eigenverantwortung in der Praxis bewährt. Hierbei sind nicht nur objektiv messbare Faktoren entscheidend, sondern auch „weiche" Faktoren – Wohlbefinden am Arbeitsplatz, Atmosphäre in der Schule, Zufriedenheit der Eltern, Lernfreude der Schüler, Einbindung in das lokale Umfeld – können eine wichtige Rolle spielen.

E. Schulautonomie aus Sicht der Betroffenen in den Schulen

Um die soeben angesprochene Einschätzung der Vor- und Nachteile schulischer Eigenverantwortung aus der Praxis zu erhalten, wurden in den fünf vorgestellten „Pilot

---

1185 *Chubb/ Moe*, Politics, Markets & America´s Schools, Washington 1990; *Hill/Bonan*, Decentralization and Accountability in Public Education, Santa Monica 1991.
1186 *Lauder/ Hughes/ Watson/ Waslander/ Thrupp/ Strathdee/ Simisyu/ Dupuis/ McGlinn/ Hamlin*, Trading in futures. Why markets in education don´t work, Buckingham 1999; *Leithwood/ Menzies*, Forms and Effects of School-Based Management: A Review, Educational Policy 12 (3), S. 326-346; *Summers/ Johnson*, The Effects of School-Based Management Plans, in: Hanushek/Jorgenson (Hrsg.), Improving America´s Schools, Washington 1996.
1187 So schreibt etwa *Jörn Ipsen* in einer ersten Zwischenbilanz des niedersächsischen Hochschulgesetzes, dass gut zwei Jahre fraglos ein kurzer Zeitraum für eine Hochschulreform seien. Siehe in NdsVBl. 2005, 5 (5).

Schools" ausführliche Interviews geführt[1188]. Befragt wurden dabei stets Schulleiter und Lehrer, in den vier „High Schools" auch Schüler und in der „Elementary" und „Middle School" eine Elternvertreterin. Eine weitere Elternvertreterin konnte an einer der „High Schools" zu einem Interview gewonnen werden. Um generelle Tendenzen erkennen zu können, werden die Interviews nicht getrennt nach Schulen dargestellt, sondern nach Gruppen zusammengefasst. Außerdem wurde ein Gespräch mit einem Vertreter des Distrikts geführt, um die schulische Sichtweise mit der Perspektive des Distrikts vergleichen zu können.

I. Schulleiter

Die befragten Schulleiter hatten zwischen zehn und vierzig Jahren Erfahrung im öffentlichen Schulwesen. Als Schulleiter waren sie an ihren Schulen seit mindestens zwei Jahren tätig.

Die befragten Schulleiter begrüßten insgesamt die Einführung der Schulautonomie. Sie waren sich darüber einig, dass sie nicht mehr an regulären öffentlichen Schulen würden arbeiten wollen, solange diese nicht über dieselben Möglichkeiten wie die „Pilot Schools" verfügten. Begründet wurde dies unter anderem damit, dass man sich im regulären System nicht als schulischer Experte ernst genommen fühle, da man im Wesentlichen nur Anweisungen ausführe, aber nicht eigenständig handele. Mit der Autonomie der „Pilot Schools" habe man die Möglichkeit, selbst zu gestalten, und auch die Lehrer der Schule als Experten ernst und ihre Anregungen wichtig zu nehmen. Als anderer Grund wurde angeführt, dass man mit den durch die Autonomie gebotenen Gestaltungsspielräumen mehr Möglichkeiten habe, auf die Schüler und ihre Bedürfnisse einzugehen und Curricula, Lehrstile und Leistungsüberprüfungen diesen anzupassen. So wurde als Beispiel genannt, dass nicht alle Schüler gut in standardisierten Testverfahren abschneiden würden, sei es aus Prüfungsangst oder aus anderen Gründen. Hier böte die Autonomie die Flexibilität, andere Formen der Leistungsüberprüfung anzubieten, um allen Schülern die Chance zu geben, ihr Wissen zu präsentieren. Einig war man sich auch darüber, dass die neuen Verantwortungsbereiche zwar mehr Zeit in Anspruch nähmen, aber dass diese Zeit

---

1188 Betont werden soll an dieser Stelle, dass die Befragungen keinesfalls mit dem Anspruch der Erlangung eines empirischen Beweises der Wirksamkeit schulischer Eigenverantwortung geführt worden sind. Eine umfassende empirische Datenerhebung und -auswertung war im Rahmen der vorliegenden Arbeit weder möglich noch gewollt. Vielmehr wurden die Interviews mit dem Ziel geführt, Eindrücke der Personen vor Ort zu sammeln, um auf diesem Weg eine Idee davon zu bekommen, wie schulische Eigenverantwortung vor Ort eingeschätzt wird. Aufgrund des vergleichsweise kleinen Studienumfangs – fünf Schulen, an denen jeweils mindestens drei Personen befragt wurden – haben die Befragungsergebnisse eher anekdotischen Charakter, als dass sie das Ergebnis einer repräsentativen Umfrage darstellen würden.

gut angelegt sei, da man selber gestalten und Eigenes schaffen könne. Man könne das tun, was nach der eigenen Überzeugung am besten für die anvertrauten Kinder und Jugendlichen sei. Dass mit erweiterter Autonomie auch eine erhöhte Verantwortung und Rechenschaftspflicht einhergehe, wurde grundsätzlich als richtig und notwendig anerkannt. Die Rechenschaftspflicht dem Staat gegenüber wurde dabei jedoch als nachrangig angesehen. In erster Linie fühlten sich die Befragten ihren Schülern und deren Eltern verantwortlich. Sie gaben an, bestrebt zu sein, die Schüler in der versprochenen Weise und auf dem angegebenen Niveau auszubilden. Ebenfalls sahen sich die Schulleiter ihren Lehrern gegenüber in der Verantwortung, denen sie die bestmöglichen Bedingungen für das Unterrichten schaffen wollten. Auch stimmten sie in ihren Bemühungen darin überein, die Lehrer nicht über die Maßen zu beanspruchen, um „burn out"-Symptome zu verhindern.

Als wesentlich für das Funktionieren der Schule wurde die Personalautonomie genannt. Alle Schulleiter waren sich einig, dass es von entscheidender Bedeutung sei, Lehrer an der Schule zu haben, die den Grundsätzen der Schule zustimmen und im Team „in eine Richtung rudern". Nur mit einer geteilten Vision könnten die Ziele der Schule effektiv verfolgt werden. Lernen geschehe in erster Linie im Klassenraum. Demnach sei es wichtig, die dort tätigen Personen besonders gewissenhaft auszuwählen. Alle Lehrer, die an „Pilot Schools" arbeiten, hätten freiwillig entschieden, dort zu sein und wollten gerade an dieser Schule und in dieser Gemeinschaft arbeiten. Hierin kann der Grund dafür gesehen werden, dass die Lehrer von den Schulleitern als enthusiastisch und engagiert beschrieben wurden. Es wurde festgestellt, dass ein guter Lehrer an einer Schule nicht notwendig auch ein guter Lehrer an einer anderen Schule sein müsse. Das „Sich-einfügen" in die Gemeinschaft wurde als wichtig empfunden. Dies bedeute nicht, dass alle Lehrer an einer Schule gleich und konform sein müssten, doch es bedeute, dass sie wenigstens Grundüberzeugungen teilen und sich gegenseitig in ihren Fähigkeiten und Voraussetzungen ergänzen müssten. Gefragt danach, welche Konfliktlösungsstrategien angewendet werden, wenn ein Lehrer in einer bestimmten Frage nicht mit seinen Kollegen übereinstimmen könne, war die einhellige Auffassung, dass dieser Lehrer – sofern es sich um wesentliche Fragen des Curriculums oder der Grundsätze der Schule handele – die Schule verlassen solle, da kein Lehrer an der Schule sein solle, der nicht in den Grundsätzen mit seinen Kollegen einer Meinung sei. Ebenfalls ermögliche die Personalautonomie, neue Stellen zu kreieren, die es üblicherweise im Distrikt nicht gebe. So nannte eine Schulleiterin als Beispiel, dass der Beratungslehrer der Schule gleichzeitig auch Verwaltungsaufgaben zu übernehmen habe – eine Kombination, die nach dem normalen Tarifvertrag nicht möglich wäre[1189].

Hinsichtlich der Budgetautonomie wurde hervorgehoben, dass sie es möglich mache, nicht die vom Distrikt vorgeschriebenen Güter und Dienste in der vorgeschriebenen Menge einzukaufen, sondern das Suchen kreativer Wege zulasse. Dies erlaube größere Investitionen in den Unterricht und die Lehrer. So müsse eine Schule, der

---

1189 Schulleiterin der Boston Community Leadership Academy.

Geld für eine weitere Stelle zustehe, beispielsweise nicht tatsächlich einen neuen Lehrer einstellen, sondern könne das Geld auf die bisher vorhandenen Lehrer als Bonus- und Anreizfunktion verteilen. Dies wurde in einer Schule praktiziert, um Lehrern, die Leitungsaufgaben mitübernommen haben, ihren besonderen Aufwand zu kompensieren[1190]. Eine andere Schulleiterin nannte als Beispiel, dass sie nicht die vom Distrikt vorgeschriebene Kopiermaschine kaufen müsse, sondern ihre Kopieraufträge billiger an ein Kopierzentrum vergeben könne[1191]. Auch das bereits erwähnte Beispiel der Schaffung einer im Distrikt nicht vorhandenen Arbeitsposition werde erst durch die Budgetautonomie möglich, da diese eine unterschiedliche Bezahlung der Lehrer erlaube. Zum Teil werde das Budget für die einzelnen Fachbereiche nicht zentral verwaltet, sondern direkt den Lehrern der Fachbereiche übergeben, damit die der Entscheidung am nächsten stehenden Personen diese auch treffen könnten[1192]. Alle Schulleiter erklärten jedoch, den Großteil ihres Budgets in die Schaffung von Lehrerstellen zu investieren, da an allen Schulen der Lehrer-Schüler-Relation im Hinblick auf die Schaffung persönlicher Kontakte große Bedeutung zugemessen wird.

Gefragt nach Schwierigkeiten bei der Verwirklichung ihrer Autonomie wurde die Bürokratie des Distrikts genannt. Zwar hielten alle Schulleiter Rechenschaftslegung für richtig und erforderlich. Doch empfanden sie die Mittel des Distrikts als unangemessen. Der Distrikt verlange vielfach Daten, schriftliche Unterlagen und Anträge, die als überflüssig angesehen wurden. „Pilot Schools" stünden unter ständiger (misstrauischer) Beobachtung und wären ohne Unterlass im Rechtfertigungszwang für den von ihnen gewählten Weg. Eine Schulleiterin wünschte sich, dass der Distrikt verstärkt nach ihren Erfolgen gucke – 90 % der Schüler besuchten das College und machten dort auch einen Abschluss – und nicht einzelne Details abfrage[1193]. Auch die noch bestehende Verbindung zum Distrikt im Hinblick auf die Gebäude wurde als störend bezeichnet. So nannte eine Schulleiterin als Beispiel, dass sie ihre Räumlichkeiten für ein Projekt der Eltern zur Verfügung habe stellen wollen, der Distrikt aber eingeschritten sei und Miete von den Eltern verlangt habe[1194]. Ebenfalls als Hürde wurden die standardisierten Tests im Staat Massachusetts gesehen. Die Schulleiter waren nicht grundsätzlich gegen derartige Tests, doch wehrten sie sich dagegen, diese als (allein) entscheidenden Maßstab für die Rechenschaftslegung der Schulen zu sehen.

1190 So geschehen in der Mission Hill School.
1191 So von der Schulleiterin der Boston Arts Academy beschrieben.
1192 So an der Boston Arts Academy.
1193 Schulleiterin der Boston Arts Academy.
1194 Schulleiterin der Boston Day and Evening Academy.

II. Lehrer

Die befragten Lehrer hatten zwischen anderthalb und dreiundzwanzig Jahren Schulerfahrung und waren seit wenigstens einem dreiviertel Jahr an ihrer jetzigen Schule beschäftigt.

Ebenso wie die Schulleiter begrüßten die Lehrer insgesamt die Einführung der Schulautonomie. Von den gegebenen Freiräumen hoben auch sie insbesondere die Personalautonomie hervor. Es sei wichtig, mit Kollegen zusammenarbeiten zu können, welche die gleichen pädagogischen Ziele teilten. Dies bedeute nicht, dass alle Lehrer gleich seien. Es wurde Wert darauf gelegt, dass das Kollegium eine gewisse Vielfalt an Lehrern aufweist, da bestimmte Lehrerpersönlichkeiten zu bestimmten Schülergruppen besseren Zugang hätten. Auch biete dies die Möglichkeit, die Schüler mit verschiedenen Lehrstilen in Kontakt zu bringen. Jedoch war man sich einig, dass die Schule ein Ort sei, zu welcher der jeweilige Lehrer passen müsse. Er könne als Lehrer nur dann „blühen", wenn seine pädagogischen Vorstellungen und Visionen von den Kollegen geteilt würden und alle Hand in Hand arbeiteten[1195]. Bei der Auswahl der Lehrer müsse ferner darauf geachtet werden, dass der Bewerber sowohl in der Lage sei, als Individuum zu arbeiten als auch im Team zu wirken und auf die Kompetenzen und Fähigkeiten seiner Kollegen zu vertrauen[1196].

Die pädagogische Autonomie wurde vor allem deshalb als positiv gesehen, weil sie es ermögliche, auf die Schüler und ihre Bedürfnisse einzugehen und an ihre Vorerfahrungen anzuknüpfen. Die Lehrer sprachen sich gegen eine „one size fits all" Schule aus[1197]. Häufig müssten für eine Klasse drei bis vier verschiedene Stundenvorbereitungen getroffen werden, da die Schüler derart unterschiedliche Leistungsniveaus aufwiesen[1198]. Dies werde erst dadurch ermöglicht, dass man nicht den strikten Lehrplanvorgaben des Distrikts folgen müsse. Ebenso legten die Lehrer Wert darauf, nicht nur für verschiedene Leistungsniveaus, sondern auch für verschiedene Unterrichtsverläufe vorbereitet zu sein. Da man vorher nicht wisse, wohin das Interesse der Kinder gehe, sei es wichtig, sich auf verschiedene Möglichkeiten vorzubereiten, damit der Unterrichtshergang sich im Gespräch mit den Schülern entwickeln könne. Auch ermögliche dies, das Tempo des Unterrichts an das Tempo der Schüler anzupassen und gegebenenfalls geplante Unterrichtseinheiten zu verschieben. Das Eingehen auf das Interesse der Kinder führt nach Einschätzung der Lehrer zu einer größeren Motivation und Lernfreude. Ferner wurde erwähnt, dass die pädagogische Autonomie nicht nur eine Berücksichtigung der Bedürfnisse des einzelnen Schülers ermögliche, sondern auch eine Analyse und gezielte Lösung schulweiter Probleme. Genannt wurde als Beispiel die Frage, warum die Anzahl afro-amerikanischer Kinder in Klassen höherer Leistungsniveaus sehr gering ist[1199].

1195 Lehrerin an der Boston Community Leadership Academy.
1196 Lehrerin an der Mission Hill School.
1197 So die Lehrerin an der Boston Day and Evening Academy.
1198 Lehrerin an der Boston Day and Evening Academy.
1199 Lehrer an der Boston Arts Academy.

Hier könne beispielsweise die Lehrerfortbildung – anders als an regulären Schulen – direkt auf diese Fragestellung zugeschnitten werden. Es wurde weiter betont, dass an „Pilot Schools" der Austausch und die Auseinandersetzung mit Kollegen über pädagogische Fragen sehr viel intensiver sei als an regulären Schulen, da die Lehrer an „Pilot Schools" in eigener Verantwortung über pädagogische Fragen entscheiden könnten. Die Diskussion mit den Kollegen wurde zwar zum Teil als kraftaufwändig, aber auch als sehr gewinnbringend beschrieben, da man sich selbst in professioneller Hinsicht weiterentwickele. Generell wurde die Gemeinschaft zwischen den Kollegen und auch mit den Schülern als positiv bewertet.

Erwähnung fand ferner die Budgetautonomie, die es ermögliche, höhere Lehrergehälter als an regulären, tarifgebundenen[1200] Schulen zu zahlen und damit besonders exzellente Lehrer zu werben.

Gefragt nach den Nachteilen der Autonomie stimmten die Lehrer darin überein, dass die Arbeitsbelastung enorm sei. Gerade junge Lehrer seien mit der zusätzlichen Belastung neben dem Unterricht oft überfordert. Auch wurde hervorgehoben, dass die Bezahlung im Verhältnis zu der geleisteten Arbeit zu gering sei[1201]. Eine Lehrerin stimmte zwar zu, dass die Arbeitsbelastung sehr hoch sei, gab jedoch an, diese gerne auf sich zu nehmen, da sie es als noch belastender empfinden würde, nicht auf die Schüler eingehen zu können. Sie nehme es in Kauf, drei bis vier verschiedene Unterrichtsvorbereitungen zu machen, wenn sie auf diesem Weg den Schülern den Unterrichtsstoff vermitteln könne[1202]. Generell schienen sich die Lehrer einig zu sein, dass die hohe Arbeitsbelastung insgesamt durch die ansonsten besseren Arbeitsbedingungen – größere Freiheit, Gemeinschaft mit den Kollegen, positive Arbeitsatmosphäre – ausgeglichen werde. An einer Schule schien das Verhältnis zur Schulleitung problematisch zu sein. Die befragte Lehrerin gab an, dass von Seiten der Schulleitung Druck auf die Lehrer ausgeübt werde, weitere Aufgaben zu übernehmen, dem sich die Lehrer nur schlecht entziehen könnten[1203]. Eine Lehrerin berichtete, die große Freiheit in pädagogischer Hinsicht in manchen Momenten als Belastung zu empfinden. Sie wünsche sich, hin und wieder einfach nur gesagt zu bekommen, was sie machen solle[1204]. Hinsichtlich der Frage nach weiteren möglichen Autonomiebereichen wurde der Wunsch nach Freiheit von dem obligatorischen standardisierten „High School"-Abschlusstest (MCAS) geäußert. Dieser schränke die pädagogische Autonomie empfindlich ein, da ganze Unterrichtseinheiten dafür aufgewendet werden müssten, die Schüler auf den Test vorzubereiten. Schließlich wurde bemängelt, dass die Autonomie der „Pilot Schools" rechtlich kaum gesichert sei und von der Gunst der Gewerkschaft und des Distrikts abhinge[1205].

1200 Auch die Pilot Schools sind insofern an den Tarifvertrag gebunden, als sie keine niedrigeren Gehälter als dort festgelegt zahlen dürfen. Höhere Zahlungen sind hingegen möglich.
1201 Lehrer an der Boston Arts Academy.
1202 Lehrerin an der Boston Day and Evening Academy.
1203 Lehrerin an der Boston Community Leadership Academy.
1204 Lehrerin an der Health Careers Academy.
1205 Lehrer an der Boston Arts Academy.

III. Schüler

Zwei der befragten Schüler befanden sich in der zwölften Jahrgangsstufe, eine Schülerin besuchte die neunte Klasse und drei an einer Schule befragte Schüler waren im zehnten Jahrgang.

Auch wenn die befragten Schüler in der Einschätzung der Bedeutung der Schulautonomie altersbedingt nicht so eindeutig waren wie Schulleiter und Lehrer, war in den Gesprächen zu erkennen, dass auch sie in der Einführung der Schulautonomie eine positive Entwicklung sahen. Die Schüler waren sich des speziellen Status ihrer Schulen insoweit bewusst, als sie die Schulen als etwas Besonderes und anders als andere Schulen bezeichneten. Mehrfach wurde das Wort „unique[1206]" als Bezeichnung für die Schule verwendet[1207]. Die Schule hebe sich von den anderen Schulen ab, was als positiv empfunden wurde. Dadurch – so meinten die Schüler – könne die Schule zu „ihrer" Schule werden[1208]. Dass die Schulen nur aufgrund ihrer vom Distrikt und der Gewerkschaft gewährten größeren Eigenverantwortung ihr einzigartiges Profil herauszubilden in der Lage waren, konnten nur die älteren der befragten Schüler eindeutig benennen[1209]. So nahm ein Schüler an, dass die Schule nur aufgrund ihrer Freiheit von den Regelungen des Distrikts die Möglichkeit habe, zu einer guten Schule zu werden, die sich auf das Lernen und die Bedürfnisse der Schüler konzentriere[1210]. Die jüngeren Schüler beschrieben zwar auch die Schule als anders und besonders, waren sich aber nicht im Klaren darüber, was das Entstehen dieser Besonderheit erst ermöglicht.

Hervorgehoben wurde von allen Schülern die Gemeinschaft in der Schule sowohl unter den Schülern als auch zwischen Schülern und Lehrern. Als Grund für diese Gemeinschaft wurde die Tatsache genannt, dass jeder freiwillig an der Schule sei und diese bewusst gewählt habe. Man könne sich bei jedem, den man treffe, sicher sein, dass er an der Schule sein wolle[1211]. Es entstehe das Gefühl einer „close-knit family"[1212]. Auch der Kontakt zu den Lehrern wurde sehr geschätzt. Diese seien nahezu durchweg nicht nur in akademischen, sondern auch persönlichen Fragen ansprechbar, und sie seien sich der Tatsache bewusst, dass sich persönliche Probleme häufig auf die akademische Leistungsfähigkeit auswirkten. Als unterstützend wurden in diesem Zusammenhang die „advisories" genannt, die Raum für das (persönliche) Gespräch zwischen Schülern und Lehrern institutionalisierten[1213].

1206 „Unique" bezeichnet etwas Einzigartiges, Einmaliges.
1207 So die Schüler an der Boston Arts Academy und der Boston Community Leadership Academy.
1208 Schüler an der Boston Community Leadership Academy.
1209 Schüler an der Boston Arts Academy und der Boston Community Leadership Academy.
1210 Schüler an der Boston Community Leadership Academy.
1211 Schüler an der Boston Arts Academy.
1212 Schüler an der Boston Arts Academy. Sinngemäß übersetzt bedeutet dies, dass das Gefühl einer eng verbundenen Familie entstehe.
1213 Schüler an der Boston Community Leadership Academy.

Hinsichtlich des Unterrichts betonten die Schüler – in Übereinstimmung mit den Aussagen der Lehrer – die individuelle Betreuung und das Eingehen der Lehrer auf Interessen und Bedürfnisse der Schüler. Immer wieder wurde hervorgehoben, dass Lehrer „one-on-one" mit Schülern arbeiteten und versuchten, einen Weg für jeden Schüler zu finden, den Unterrichtsstoff zu lernen. Die Schüler gaben an, dass die Lehrer bemüht seien, auf individuelle Lernstile der Schüler Rücksicht zu nehmen[1214]. Der Lehrer sei eine Art Mentor, der zunächst den Schüler selbstständig arbeiten lasse und erst dann eingreife, wenn der Schüler auf seine Art nicht mehr weiterkomme[1215]. Als besonders wesentlich wurde auch das Eingehen auf die Interessen der Schüler beschrieben. Lehrer würden nicht den vorbereiteten Unterrichtsstoff um jeden Preis abhandeln, sondern Rücksicht auf das Tempo und die Fragen und Vorlieben der Schüler nehmen. Dadurch seien Schüler motivierter und hätten Spaß am Lernen, auch wenn sie nicht überall die Besten sein könnten[1216]. Ferner wurde als Grund für die größere Lernmotivation angegeben, dass die Schüler wüssten, was von ihnen erwartet wird und die Lehrer erklärten, was warum gelernt wird[1217].

Im Vergleich zu regulären Schulen wurde hervorgehoben, dass dort Konformität eine größere Rolle spiele. Als Beispiele wurden Schuluniformen oder das Aufreihen der Schüler im Gang genannt. Besonders ein Schüler hob hervor, dass an seiner jetzigen „Pilot School" mehr Raum für Individualität und Unabhängigkeit sei, was er darauf zurückführte, dass die Schule selbst größere Freiheiten genieße[1218]. Dies könne nur insofern problematisch sein, als die größeren Möglichkeiten und Freiheiten teilweise von den Schülern unterschätzt, das heißt nicht verantwortungsvoll genutzt, würden[1219].

Die Schüler stimmten darin überein, dass sie sich ernst genommen, respektiert und wie Erwachsene behandelt fühlten. Dies gelte zum einen für den normalen Umgang miteinander, zum anderen aber auch in Gremien. Die Schüler beschrieben, dass Lehrer ernsthaft an ihrer Perspektive interessiert seien und von ihnen lernen wollten[1220].

Als nachteilig wurde von einem der Schüler an einer vergleichsweise jungen „Pilot School" – Pilot Status seit drei Jahren – beschrieben, dass die Schule immer noch ihren eigenen, besonderen Weg suchen müsse und sich daher Abläufe häufig änderten, was einen gewissen Unsicherheitsfaktor mit sich bringe[1221].

1214 So insbesondere die Schüler an der Boston Day and Evening Academy und der Health Careers Academy.
1215 Schülerin an der Boston Day and Evening Academy.
1216 So insbesondere die Schüler an der Boston Day and Evening Academy und der Boston Arts Academy.
1217 Schüler an der Boston Arts Academy.
1218 Schüler an der Boston Arts Academy.
1219 Schüler an der Boston Arts Academy.
1220 Hinsichtlich der Gremien insbesondere Schüler an der Boston Arts Academy und der Boston Community Leadership Academy.
1221 Schüler an der Boston Community Leadership Academy.

IV. Eltern

Die beiden befragten Mütter hatten jeweils drei Kinder, welche die entsprechende Schule besuchten bzw. besucht hatten. Zum Zeitpunkt der Interviews befand sich das jüngste Kind der Grundschulmutter in der dritten Klasse, während die beiden Älteren die Schule bereits verlassen hatten. Das mittlere Kind der anderen Mutter war im zwölften Jahrgang, während der älteste Sohn bereits das College besuchte und der Jüngste gerade für das kommende Schuljahr an der in Rede stehenden Schule aufgenommen worden war.

Auch die beiden befragten Mütter teilten insgesamt die positive Einschätzung der Einführung der Schulautonomie. Wie schon Schüler und Lehrer hervorhoben, war auch für sie die individuelle Aufmerksamkeit, die ihren Kindern zuteil wird, ein besonderes Merkmal der jeweiligen Schule. Beide Mütter betonten, dass die Lehrer stets versuchten, auf die Bedürfnisse der Kinder einzugehen und nicht alle Kinder in ein einheitliches Schema zu pressen. Individuelle Lernstile würden ernst genommen, und die Lehrer passten sich diesen nach Möglichkeit an. Auch wurde erwähnt, dass den Kindern mehr Freiraum bei der Auswahl der zu bearbeitenden Themen gelassen werde. Ferner wurde in diesem Zusammenhang das Portfolio-System genannt, das es den Kindern ermögliche, ihre Arbeiten zu korrigieren und zu lernen, konstruktiv mit Kritik umzugehen. Schließlich wurden die Lehrer als sehr enthusiastisch und motiviert beschrieben, was zu einer größeren Motivation der Kinder führe.

Geschätzt wurde von beiden Befragten der intensive Kontakt zwischen Eltern und Schule. Eltern seien nicht nur stets in der regulären Gremienarbeit beteiligt, sondern jeder Lehrer würde sich um eine enge Zusammenarbeit mit den Eltern bemühen. Eltern werde das Gefühl gegeben, dass jeder Beitrag ihrerseits willkommen sei. Sie fühlten sich ernst genommen, und Lehrer und Schulleitung hörten ihnen und ihren Vorstellungen zu. Überhaupt sei die Schule von großer Offenheit geprägt. Lehrer hielten telefonischen Kontakt zu den Eltern, wobei sie nicht nur bei Problemen, sondern auch bei positiven Ereignissen mit den Eltern in Verbindung treten würden[1222]. Auch erwähnten beide Mütter, dass die Schule sie regelmäßig – wöchentlich bzw. monatlich – durch eine kurze Broschüre über die Ereignisse und das Leben in der Schule informiere. Dies ermögliche, einen Einblick in die gesamte schulische Arbeit und nicht nur die Belange des eigenen Kindes zu bekommen[1223].

Die Mutter der Kinder an der „High School" beschrieb zusätzlich, dass nicht nur Eltern, sondern auch Schüler intensiv in die Arbeit der Schule eingebunden seien.

1222 Mutter der Schüler an der Boston Arts Academy.
1223 So insbesondere die Mutter an der Mission Hill School.

Schüler erhielten „ownership[1224]" an der Schule. Sie nähmen die Schule als „ihre" Schule wahr, die sie zu einem besonderen und „coolen" Ort machen wollten[1225].

Als größter Vorteil der Autonomie der Schulen wurde genannt, dass die Schulen mit Hilfe der Autonomie ihr Schicksal selbst bestimmen und Individualität und Kreativität zeigen könnten. Dies könne jedoch auch gewisse Nachteile mit sich bringen. So wurde zum einen moniert, dass der intensive Diskurs unter den Lehrern – der grundsätzlich begrüßt wurde – hin und wieder die Aufmerksamkeit von den Kindern ablenke[1226]. Zum anderen wurde – wie auch schon von einem der Schüler angesprochen – erwähnt, dass neue Schulen erst ihren Weg finden müssten und sich daher Abläufe häufig veränderten. Dies wurde jedoch als „growing pains[1227]" eingestuft und trübte das insgesamt positive Bild nur unwesentlich[1228].

V. Distrikt

Befragt für die Perspektive des Distrikts wurde der „Chief of Staff" des Superintendents. Seine Position erfordert Arbeit in verschiedenen Themenbereichen, insbesondere solchen, die mit einer Zusammenarbeit zwischen mehreren Abteilungen der Verwaltung einhergehen, wozu auch die die „Pilot Schools" betreffenden Fragestellungen gehören. In seiner jetzigen Position arbeitet der Befragte seit zwei Jahren, in anderen Positionen im Distrikt bereits seit sieben Jahren.

Das „Pilot School"-Modell wurde als eine der kraftvollsten Reformen des Distrikts bezeichnet. „Pilot Schools" hätten im Großen und Ganzen viel Kreativität bewiesen und die ihnen übertragene Autonomie gut und verantwortungsvoll genutzt. „Pilot Schools" stellten den Status quo in Frage und verhinderten, dass sich alte Muster verfestigten. Trotz dieser positiven Gesamteinschätzung und obwohl „Pilot Schools" insgesamt beeindruckende Ergebnisse zeigten, seien sie nicht als „besser" als andere Schulen zu bezeichnen. Es gäbe keine eindeutige Beschreibung dessen, was „besser" im Bereich von Schulen heiße. Festgestellt werden könne lediglich, dass Eltern großes Interesse an „Pilot Schools" zeigten, da diese ein spezielles Profil hätten und etwas Besonderes seien. Auch Lehrer fühlten sich häufig zu „Pilot Schools" hingezogen, wenn und weil sie sich in regulären Schulen nicht ausreichend einbringen könnten und frustriert von der fremdbestimmten Arbeit seien.

1224 Wörtlich übersetzt bedeutet „ownership" Besitz oder auch Eigentum. Im vorliegenden Zusammenhang ist dies zu verstehen als „geistiger" Besitz bzw. „geistiges" Eigentum an der Schule. Der Ausdruck „ownership" soll ein besonderes Zugehörigkeitsgefühl zu der jeweiligen Schule ausdrücken.
1225 Mutter an der Boston Arts Academy.
1226 Mutter an der Mission Hill School.
1227 „Growing pains" bezeichnet üblicherweise Wachstumsschwierigkeiten bei Kindern. Hier ist es im übertragenen Sinne zu verstehen.
1228 Mutter an der Boston Arts Academy.

Gefragt danach, warum den „Pilot Schools" die Autonomie nicht wieder aberkannt würde, wenn das „Pilot School"-Modell dem regulären zentralisierten Modell nach Einschätzung des Distrikts nicht überlegen sei, wurde geantwortet, dass es nicht Ziel des Distrikts sei, das „bessere" Modell zu finden. Sowohl die Autonomie als auch der sehr zentralisierte Ansatz, der ansonsten in den regulären Schulen verwirklicht würde, hätten Vor- und Nachteile. Beide Systeme sollten nebeneinander existieren dürfen. In eben diese Richtung wies auch die Anmerkung, dass regelmäßig nicht einmal „Pilot Schools", die schwache (Schüler-) Leistungen zeigten, der Status aberkannt würde, da sich nicht eindeutig feststellen lasse, ob diese Probleme auf die Autonomie zurückzuführen seien oder auf andere Umstände.

Hinsichtlich des Modellcharakters der „Pilot Schools" für andere Schulen wurde zunächst die Budgetautonomie genannt. Diese habe sich als so positiv erwiesen und habe derart großes Interesse bei regulären Schulen gefunden, dass sie mittlerweile auf nicht zum „Pilot School"-Versuch gehörende Schulen übertragen worden sei. Vorbild seien die „Pilot Schools" auch im Hinblick auf die Vermarktung und Transparenz des schulischen Profils. „Pilot Schools" seien sehr professionell darin, ihr spezielles Profil nach außen deutlich zu machen, was Wettbewerb und eine gezieltere Auswahl der Schulen durch Eltern ermögliche. Ebenfalls als positiv wurde die Personalautonomie eingeschätzt. Es habe sich gezeigt, dass es für die Arbeit der Schule gewinnbringend sei, Lehrer, welche die Arbeit der Schule nicht in ausreichendem Maße mittrügen, entlassen zu können. Auch die Autonomie hinsichtlich der Leitungsstrukturen wurde vom Befragten als sinnvoll eingestuft, da sie es den Beteiligten ermögliche, die Schule zu „ihrer" Schule zu machen und eine Gemeinschaft in der Schule zu bilden. Diese Gemeinschaft wurde als besonderer Vorteil der „Pilot Schools" für Schüler beschrieben, da eine derartige Gemeinschaft an regulären Schulen nur äußerst selten zu finden sei, es den meisten der „Pilot Schools" aber gelungen sei, eine solche aufzubauen.

Als mögliche Schwachstelle eigenverantwortlicher Schulen wurde die Erschwerung der Mobilität in der Bevölkerung genannt. Da die Schulen sich mehr und mehr unterschieden, sei es schwieriger, die Schule zu wechseln. Aus diesem Grund begrüßte der Befragte die staatlichen Standards für alle Jahrgangsstufen, an denen sich auch „Pilot Schools" orientieren müssen. „Pilot Schools" sind jedoch in der Wahl ihrer Methoden frei und müssen lediglich nachweisen, dass sie – wenn auch mit anderen Mitteln – zum gleichen Ziel gelangen. Als problematisch wurde auch der Vergleich von regulären Schulen und „Pilot Schools" gesehen. Auch wenn „Pilot Schools" ihre Schüler nicht auswählen dürften und die gesamte Bostoner Schülerschaft bedienen müssten, zeuge schon allein das Wissen um und das Interesse an „Pilot Schools" für ein gewisses Engagement, was die Klientel an „Pilot Schools" möglicherweise von der an anderen Schulen unterscheide. Gefragt nach der Rechenschaftslegung der „Pilot Schools" wurde angemerkt, dass der Distrikt erwäge, die Curricula der „Pilot Schools" unter Genehmigungsvorbehalt zu stellen, da „Pilot Schools" zwar ihren eigenen Weg gehen können sollten, dieser jedoch auch pädagogisch sinnvoll sein müsse. Schließlich wurde als Problem (selbstkritisch) beschrieben, dass die Autonomie der „Pilot Schools" nicht ausreichend kodifiziert sei. Oft herrsche Unkklarheit darüber, was „Pilot Schools" dürften und was nicht. Im Sinne einer größeren (Rechts-) Klarheit für alle Beteiligten sei es erforderlich, die Rechte und Pflichten der „Pilot Schools" rechtlich genauer festzulegen.

Auch wenn der Distrikt „Pilot Schools" nicht für das „bessere" Modell hält, besteht der Wunsch, weitere „Pilot Schools" zu genehmigen. Dies wird jedoch bislang von der Gewerkschaft, die ebenfalls zustimmen muss, verhindert. Ablehnend stand der Befragte einer Übertragung der „Pilot School"-Autonomie auf alle 145 Bostoner Schulen gegenüber. Der Distrikt sehe sich nicht in der Lage, alle 145 Schulen rechenschaftspflichtig zu halten und die Qualität der Schulen zu sichern. Darüber hinaus hätten die jetzt existierenden „Pilot Schools" bereits dadurch ein besonderes Engagement bewiesen und sich von anderen Schulen abgehoben, dass sie sich um den Pilot Status aufwändig beworben hätten. Gewährte man allen Schulen ohne Unterschied die „Pilot School"-Autonomie, entfiele dieser erste „Selektionsschritt", womit die Wahrscheinlichkeit einer größeren Motivation an den autonomen Schulen geringer werde.

Als besonders hilfreich für den *Distrikt* wurde das „Pilot School"-Modell deshalb eingestuft, weil es ihn bei der Suche nach einer neuen Position gegenüber den Schulen unterstütze. Das bisher herrschende „parent-child[1229]"-Modell zwischen Distrikt und Schulen solle durch ein kooperatives Modell ersetzt werden, und dies könne im Verhältnis zu den „Pilot Schools" erprobt werden.

VI. Zusammenfassung

Einig waren sich alle befragten Gruppen – Schulleiter, Lehrer, Eltern, Schüler und Distrikt –, dass die Autonomie es ermögliche, eine besondere Schule aufzubauen, in der sich eine Gemeinschaft von Schülern, Eltern und Lehrern entwickeln könne. Schüler und Eltern hoben dabei besonders die Einmaligkeit der Schule und ihre Unterscheidbarkeit von anderen hervor. Für Lehrer erschien die Zusammenarbeit im Kollegium und der Kontakt zu den Kindern wichtiger.

Hinsichtlich des Unterrichts wurde von den Lehrern und Schulleitern als Ziel genannt, individuell auf die Bedürfnisse und Interessen der Kinder einzugehen. Dass ihnen dieses zumeist zu gelingen schien, bestätigten Eltern und Schüler dadurch, dass sie genau dieses als einen großen Vorteil der Schulen beschrieben.

Als wesentlich für die Arbeit der Schule wurde die Personalautonomie eingeschätzt. Es sei wichtig, Lehrer an der Schule zu haben, die eine gemeinsame pädagogische Vision teilten. Während Schulleiter, Lehrer und Distrikt dies auch genau so benannten, umschrieben Eltern und Schüler es damit, dass die Lehrer an der Schule besonders enthusiastisch und engagiert seien. Auch erwähnten die Schüler

---

1229 Mit „parent-child"-Modell wird das einer Eltern-Kind-Beziehung vergleichbare Verhältnis von Distrikt und öffentlichen Schulen beschrieben.

häufig, dass jeder an der Schule – Lehrer und Schüler – auf eigenen Wunsch dort sei.

Das Wissen, ernst genommen zu werden, war ebenfalls entscheidend für die Beteiligten. Schulleiter gaben an, sich aufgrund der Autonomie als schulische Experten anerkannt zu fühlen. Dies ermögliche es ihnen, auch die Lehrer als Fachleute ernst zu nehmen. Eltern und Schüler wiederum hatten den Eindruck, dass ihnen Respekt und Verständnis von Schulleitung und Lehrern entgegengebracht und ihre Vorstellungen gehört wurden.

Als Nachteile der Autonomie gaben Lehrer und Schulleitungen die höhere Arbeitsbelastung an. Sie waren sich jedoch im Großen und Ganzen einig, dass dieser Nachteil nicht die Vorteile der Autonomie überwiege. Auch wünschten sich Schulleitungen und Lehrer Freiheit von dem standardisierten „High School"-Abschlusstest, der oftmals als einziges Kriterium zur Bewertung einer Schule herangezogen werde und den pädagogischen Gestaltungsspielraum enorm einschränke. Eltern und Schüler äußerten, dass neue Schulen zum Teil in ihrer Verlässlichkeit zu wünschen übrig ließen, da sie ihren Weg erst noch suchen müssten und sich Abläufe deshalb häufig veränderten. Schließlich wurde von Seiten des Distrikts und der Lehrerschaft moniert, dass keine klaren rechtlichen Regelungen zu der Autonomie der „Pilot Schools" bestünden.

F. Parallelen zu deutschen Bestrebungen und Übertragbarkeit rechtlicher Regelungen

I. Für die deutsche Diskussion relevante Probleme der „Pilot Schools"

Wie bereits zu Beginn erwähnt, ist das „Pilot School"-Modell deutschen Modellversuchen mit ähnlichen Zielrichtungen – wie beispielsweise der „Selbstständigen Schule" – vergleichbar. Die den „Pilot Schools" gewährten Autonomiebereiche entsprechen in etwa denen, die den deutschen Schulen in derartigen Versuchen zukommen. Aus diesem Grund erscheint es lohnenswert, ein besonderes Augenmerk auf die beschriebenen Probleme zu legen, da der jeweilige Landesgesetzgeber und auch die Schulen insoweit möglicherweise von den erfahreneren amerikanischen Schulen lernen können.

Die in den Interviews oftmals erwähnte Budgetautonomie scheint in der amerikanischen Praxis wenig Probleme zu bereiten. Auch in Deutschland ist dieser Aspekt der Eigenverantwortung – wie im dritten Teil dargelegt[1230] – bislang am weitesten verbreitet, was auf seine Bewährung in der Praxis hindeutet. Auch wenn die Lage in den USA und der Bundesrepublik demnach relativ ähnlich ist, gibt es doch einen entscheidenden Unterschied: In den USA werden sämtliche Mittel – sowohl perso-

---

1230 Siehe oben 3. Teil C. I. 3.

nelle als auch sächliche – vom jeweiligen Distrikt bereit gestellt. Nach deutschem Recht ist hingegen der – regelmäßig kommunale – Schulträger für die sächlichen Ausgaben und das Land für die Personalkosten zuständig[1231]. Während die Überlassung finanzieller Mittel für sächliche Ausgaben – wie gesehen[1232] – weit verbreitet ist, werden Personalmittel nur in wenigen Fällen den Schulen zur Verfügung gestellt[1233]. Indes wurde in den Interviews zum Ausdruck gebracht, dass gerade auch die freie Verfügung über Personalmittel von entscheidender Bedeutung ist. Die Verfügung über die Personalmittel solle einhergehen mit einer gegenseitigen Deckungsfähigkeit aller – personeller und sächlicher – Mittel. Denn nur auf diesem Weg werde ein kreativer Umgang mit Finanzmitteln möglich. Dass das genannte Problem auch in Deutschland bereits als ein solches erkannt worden ist, zeigen die Regelungen derjenigen Länder, die zum Teil jedenfalls eine gegenseitige Deckungsfähigkeit der sächlichen Mittel vorsehen oder den Schulen sogar Personalmittel zur Verfügung stellen[1234]. Insofern bleibt an dieser Stelle lediglich der Hinweis, dass es in Anbetracht des amerikanischen Beispiels sinnvoll erscheint, den bereits eingeschlagenen Weg weiterzugehen.

Mit Blick auf die Personalautonomie hat sich in den USA insbesondere die Möglichkeit der Auswahl und des Entlassens von Lehrern als positiv erwiesen. Während eine schulspezifische Auswahl von Lehrern auch in Deutschland möglich ist und – wie im dritten Teil dargelegt[1235] – zum Teil bereits praktiziert wird, ergeben sich hinsichtlich der Entlassung von Lehrern große Probleme. Denn aufgrund des bei Lehrern immer noch vorherrschenden Beamtenstatus[1236] ist eine Entlassung von Lehrern praktisch unmöglich. Das amerikanische Beispiel bietet zu diesem Problem eine – wenn auch fragwürdige – Lösung. Denn auch in den USA ist eine endgültige Entlassung von Lehrern – jedenfalls nach Überschreiten einer bestimmten Tätigkeitsdauer – nur schwer möglich. Regelmäßig gestehen die Distrikte den Lehrern nach einer gewissen Zeit eine gesicherte Arbeitsposition zu[1237]. Um den „Pilot Schools" dennoch die Möglichkeit der „Entlassung" von Lehrern zu geben, wurde eine eigentümliche Regelung geschaffen: Zwar können die „Pilot Schools" jeden Lehrer am Ende eines Schuljahrs „entlassen", doch verliert dieser damit nicht seine Beschäftigung im Distrikt. Er fällt vielmehr zurück in den Distriktpool und kann

---

1231 Siehe dazu oben 1. Teil B. II. 1. a).
1232 Siehe oben 3. Teil C. I. 3.
1233 Siehe oben 3. Teil C. I. 2.
1234 Siehe dazu oben 3. Teil C. I. 3. Interessant ist in diesem Zusammenhang auch der Modellversuch „Schule gemeinsam verbessern" im Land Hessen, im Rahmen dessen den Schulen von Land und Schulträger ein gemeinsames Schulbudget zur Verfügung gestellt wird, siehe dazu http://www.schule-gemeinsam-verbessern.de/html/kurzbeschreibung.html (9.9.2005).
1235 Siehe oben 3. Teil C. I. 2.
1236 Siehe dazu oben 3. Teil E. I. 2. a).
1237 Siehe dazu *Friehs*, Das amerikanische Schulwesen zwischen Marktideologie und staatlicher Verantwortung, S. 56 Fn. 17 und *Dichanz*, Schulen in den USA, S. 147.

(und muss) an einer anderen Schule beschäftigt werden[1238]. Die Problematik einer derartigen Regelung wurde bereits im dritten Teil im Rahmen der Frage nach der Erforderlichkeit der Verbeamtung von Lehrern erörtert[1239]. Auch in Deutschland ist es – wenn auch nicht so einfach wie in den USA – möglich, Lehrer (zwangsweise) von einer Schule an eine andere zu versetzen. Doch es kann nicht Sinn und Zweck personeller Eigenverantwortung sein, „schlechte" Lehrer von einer Schule an eine andere „abzuschieben". Zwar ist es durchaus denkbar, dass ein Lehrer sich in einer Schule als ein „guter" Lehrer erweist und in das Profil der Schule passt, während seine Fähigkeiten einer anderen Schule keinen Nutzen einbringen. Jedoch wird es ebenso Fälle geben, in denen ein Lehrer weder in das Profil der einen noch der anderen Schule passt. Im Beispiel der „Pilot Schools" ist dies regelmäßig kein Problem, mit dem sich die jeweilige „Pilot School" auseinander setzen muss[1240]. Vielmehr ist es Aufgabe des Distrikts, eine Beschäftigung für den entsprechenden Lehrer zu finden. Die Einführung einer entsprechenden Regelung in Deutschland würde bedeuten, dass zwar die einzelne Schule einen Lehrer problemlos „entlassen" könnte, das Land für diesen aber – im Wege der Versetzung – eine andere Beschäftigung suchen müsste. Demnach kann das Beispiel der „Pilot Schools" in diesem Punkt keine tragfähige Lösung bieten, denn Sinn der Personalautonomie kann nicht das „Weiterreichen" schlechter Lehrer sein. Eine Lösung des Problems scheint in Deutschland de lege lata aufgrund des noch vorherrschenden Beamtenstatus im Lehrerberuf nicht möglich. Hier ist auf die Diskussion zur Erforderlichkeit der Verbeamtung von Lehrern im dritten Teil zu verweisen[1241].

Bezüglich der pädagogischen Autonomie wurde in den Interviews neben ihren vielfachen Vorzügen mehrfach ihre Einschränkung durch den standardisierten Test „MCAS" genannt. Auch diesen Punkt gilt es in der deutschen Diskussion zu bedenken. Denn wie bereits im dritten Teil dargelegt[1242], werden auch in Deutschland verstärkt standardisierte zentrale schulische Abschlussprüfungen eingeführt. Diese bergen – wie ebenfalls im dritten Teil bereits angesprochen[1243] und in den Interviews zum Ausdruck gebracht – die Gefahr, dass die pädagogische Autonomie der Schulen empfindlich eingeschränkt wird, wenn und weil sie zu einer Gleichschaltung der schulischen Curricula und des Unterrichts führen. Hinsichtlich der Möglichkeiten, die bestehen, um schulische Eigenverantwortung und zentralisierte Abschlussprü-

---

1238 Siehe dazu das Collective Bargaining Agreement between the Boston Teachers Union and the Boston School Committee 2003-2006, Article III D. Sollte an keiner anderen Schule eine freie Stelle zur Verfügung stehen, kann ggf. sogar die „Pilot School" zur Weiterbeschäftigung des entsprechenden Lehrers verpflichtet werden, vgl. das Collective Bargaining Agreement between the Boston Teachers Union and the Boston School Committee 2003-2006, Article III D.
1239 Siehe oben 3. Teil E. I. 2. a).
1240 Zu der Ausnahme siehe oben Fn. 1163.
1241 Siehe dazu oben 3. Teil E. I. 2. a).
1242 Siehe oben 3. Teil D. IV.
1243 Siehe oben 3. Teil D. IV.

fungen sinnvoll zu vereinbaren, kann auf die im dritten Teil der Arbeit angesprochenen Lösungsvorschläge verwiesen werden[1244].

Ferner erscheint es wesentlich, eine verbindliche Kodifizierung der gewährten Eigenständigkeit vorzunehmen. Dies ist – auf die deutsche Situation übertragen – zum einen für das Land wichtig, damit Klarheit darüber besteht, was noch in den Eigenständigkeitsbereich der Schule fällt und was nicht. Zum anderen ist dies aber auch für die Schule wichtig, da diese sich auf das Fortbestehen der Eigenständigkeit verlassen können muss, um sinnvoll die schulische Arbeit und die Entwicklung der Schule planen zu können. Die Betonung der Notwendigkeit einer eindeutigen Kodifizierung der schulischen Eigenverantwortung erscheint gerade im Hinblick auf die im zweiten und dritten Teil vorgenommene Analyse der landesgesetzlichen Bestimmungen wichtig, da – wie gesehen – bisher keine rechtlich abgesicherte schulische Eigenverantwortung besteht, sondern diese vielmehr im Ermessen der jeweiligen Schulaufsichtsbehörde liegt.

Hinsichtlich des Umfangs der Übertragung von Autonomie scheint das amerikanische Modell zu zeigen, dass man – jedenfalls in der Entwicklungs- und Übergangsphase – nur solchen Schulen größere Eigenständigkeit geben sollte, die diese auch wollen. Da die Eigenverantwortung der Schule ein höheres Engagement der Lehrer und Schulleitung erfordert, scheint ein Bewerbungsverfahren um die Verleihung der Eigenverantwortung sinnvoll. Dieses ermöglicht eine erste Selektion der Schulen, die nicht einmal die zusätzlichen Belastungen für die Bewerbung auf sich nehmen wollen.

Die fehlende Rechtsfähigkeit erschwert auch den „Pilot Schools" die Arbeit. So ist es ihnen nicht möglich, Gelder zu empfangen. Diese müssen entweder über den Distrikt verwaltet werden – was einen großen bürokratischen Aufwand darstellt und den Schulen die Möglichkeit nimmt, schnell an Finanzmittel zu kommen –, oder die Schulen müssen sich einen sog. „fiscal agent" suchen, der das Geld für sie verwaltet. Zum Teil übernehmen dies „Non Profit"-Organisationen kostenlos für die Schulen, teilweise müssen die Schulen für diesen Dienst aber auch bezahlen. Ebenso können Verträge von den Schulen nicht geschlossen werden, weshalb stets zunächst der Distrikt eingeschaltet werden muss. Dieser bürokratische Aufwand erscheint überflüssig, da der Distrikt aufgrund der Autonomie der „Pilot Schools" deren Vorgaben ohnehin regelmäßig entsprechen muss. Demzufolge erschiene es folgerichtig, die „Pilot Schools" auch mit Rechtsfähigkeit auszustatten, um ihnen eigenständiges Handeln im Rechtsraum zu ermöglichen. Gleiches gilt für die deutsche Diskussion. Wie mehrfach angesprochen, erscheint es widersprüchlich, den Schulen größere Freiräume geben zu wollen, ihnen aber nicht die zum eigenständigen rechtlichen Handeln nötige Rechtsfähigkeit zu verleihen.

Als wichtig wurden von Seiten des Distrikts die staatlichen Standards hervorgehoben, die eine gewisse Vergleichbarkeit der Schulen garantierten. Dieser Punkt ist ebenfalls auf die deutsche Situation zu übertragen, wobei hier noch unterstützend

---

1244 Siehe oben 3. Teil D. IV.

hinzugefügt werden kann, dass der Staat – wie bereits im zweiten und dritten Teil dargelegt – mit der Festlegung von Standards für die Schulen seiner Verantwortung aus Art. 7 Abs. 1 GG nachkommt.

Schließlich ist auf den Konflikt mit der Lehrergewerkschaft hinzuweisen. Auch wenn diese im deutschen Schulwesen nicht den rechtlichen Einfluss hat, welcher der amerikanischen Lehrergewerkschaft zukommt, trägt sie doch zur Meinungsbildung bei den Lehrern bei und kann dadurch die Arbeit in den Schulen erleichtern oder erschweren. Hinzuweisen ist hier insbesondere auf den Protest der „Gewerkschaft Erziehung und Wissenschaft" (GEW) anlässlich des Projektes „Selbstständige Schule" in Nordrhein-Westfalen. Die Gewerkschaft warnte vor der höheren Arbeitsbelastung der Lehrer, der Verlagerung der Personalratsfunktionen auf den Lehrerrat der Einzelschule und den Konsequenzen der Übertragung der Dienstvorgesetzteneigenschaft auf den Schulleiter[1245]. In einigen Schulen konnte daraufhin die nötige Zustimmung des Kollegiums zur Teilnahme am Modellversuch nicht erreicht werden. Um Konflikte mit den Gewerkschaften zu vermeiden, erscheint es sinnvoll, auch diese von Anfang an in die Planung mit einzubeziehen. Möglicherweise könnten sie die neue Situation besser akzeptieren, wenn sie als Partner behandelt würden und beispielsweise die Fortbildung der Lehrerräte übernähmen, um sie mit den bislang unbekannten Personalratsaufgaben vertraut zu machen.

II. Übertragbarkeit rechtlicher Regelungen

Wie bereits kritisch angemerkt, sind die rechtlichen Regelungen des „Pilot School"-Versuchs verhältnismäßig lückenhaft und unverbindlich ausgefallen. Weder ist den Schulen die Eigenverantwortung als solche rechtlich garantiert noch ist die Autonomie der „Pilot Schools" verbindlich definiert und ausgestaltet. Rechtliche Grundlage des Modellversuchs ist nach wie vor ausschließlich das „Collective Bargaining Agreement" zwischen dem Distrikt und der Lehrergewerkschaft. Dieses wird ergänzt durch die, in den Einzelschulen zu schließenden, „Election to work agreements".

1. Das „Collective Bargaining Agreement"

Dass eine dem „Collective Bargaining Agreement" vergleichbare rechtliche Regelung für das deutsche Recht nur schwer vorstellbar ist, wurde oben bereits angedeutet. Lehrer in der Bundesrepublik sind auch heute noch mehrheitlich Beamte des je-

---

1245 Siehe dazu unter http://gew-duisburg.net/s_s_site/pos_gew.html (1.8.2005).

weiligen Bundeslandes[1246]. Auch wenn es Beamten nicht verwehrt ist, Gewerkschaftsmitglieder zu werden und ihre Interessen von der Gewerkschaft vertreten zu lassen, werden die arbeitsrechtlichen Bedingungen doch stets einseitig vom Staat durch Gesetz geregelt[1247]. Anders als in dem amerikanischen Beispiel müsste demnach die Gewerkschaft hier nicht auf Rechte zugunsten einer größeren schulischen Eigenverantwortung verzichten. Insofern erscheint es rechtlich nicht erforderlich, die Gewerkschaft zum Partner etwaiger Verträge zur Vergrößerung der schulischen Eigenverantwortung zu machen. Dass es im Hinblick auf eine Unterstützung geplanter Vorhaben durch die Gewerkschaft dennoch sinnvoll wäre, diese von Anfang an jedenfalls mit beratender Funktion einzubeziehen, wurde bereits dargelegt.

Auch wenn demnach die in Boston verwendete Vertragsgestaltung nicht auf die deutsche Situation übertragbar ist, sind möglicherweise Verträge zwischen anderen Vertragspartnern zur Regelung einer größeren Eigenverantwortung von Schulen denkbar.

a) Kooperationsvereinbarungen zwischen Staat und (kommunalem) Schulträger

Partner eines Vertrags zur Gewährung größerer schulischer Eigenverantwortung könnten der Staat auf der einen Seite und – bei regelmäßig vorliegender kommunaler Schulträgerschaft – die Kommune auf der anderen Seite sein. Beide verfügen über Rechte und Kompetenzen, die sie im Rahmen einer vergrößerten Eigenverantwortung auf die Schulen übertragen könnten. Staat und Kommune könnten folglich einen Vertrag mit dem Inhalt schließen, zu Gunsten gestärkter schulischer Eigenverantwortung bestimmte Rechte und Kompetenzen an die Schulen zu übergeben. Der Staat, der die inneren Schulangelegenheiten regelt, könnte – vergleichbar dem Distrikt in dem amerikanischen Beispiel – auf seine umfassenden Rechte hinsichtlich der inhaltlichen Ausgestaltung der Schulen (z.B. Curriculum, Lehrpläne, Stundentafeln) verzichten. Auch bezogen auf das Lehrpersonal könnte der Staat Rechte an die Schulen abtreten (z.B. bei der Auswahl der Lehrer für eine Schule). Die Kommune könnte in erster Linie die Hoheit über die sächlichen Mittel der Schule aufgeben und diese den Schulen zur freien Verfügung überantworten.

Rechtlich wäre ein solcher Vertrag zwischen Staat und Kommune als öffentlichrechtlicher Vertrag im Sinne des § 54 S. 1 VwVfG einzuordnen. Danach kann ein Rechtsverhältnis auf dem Gebiet des öffentlichen Rechts durch Vertrag begründet, geändert oder aufgehoben werden, soweit Rechtsvorschriften nicht entgegenstehen. Unterschieden werden dabei sog. subordinationsrechtliche und koordinationsrechtli-

---

1246 Siehe dazu oben 3. Teil E. I. 2. a).
1247 Siehe dazu schon oben 3. Teil E. I. 2. a). Etwas anderes könnte für die angestellten Lehrer gelten, bei denen insbesondere Gehalt und Arbeitszeit durch Tarifvertrag geregelt werden (BAT).

che Verträge[1248]. Die Kriterien, die zur Abgrenzung beider Vertragsarten eingesetzt werden, sind vielfältig. Abgestellt werden könnte zum Beispiel auf das grundsätzliche Verhältnis der Vertragspartner[1249], auf den konkreten Vertragsgegenstand[1250] oder die am Vertragsschluss beteiligten Rechtssubjekte[1251].

Letztlich kommt es hier darauf jedoch nicht an, denn eine Einordnung des hypothetischen Vertrags als koordinationsrechtlich oder subordinationsrechtlich kann aus zwei Gründen dahinstehen: Zum einen ist die Klassifizierung als koordinationsrechtlicher oder subordinationsrechtlicher Vertrag lediglich für die Anwendung der – nur für den subordinationsrechtlichen Vertrag geltenden – §§ 58 Abs. 2, 59 Abs. 2 und 61 VwVfG von Bedeutung. Diese Vorschriften, welche die Zustimmung von Behörden zum Vertragsschluss (§ 58 Abs. 2 VwVfG), spezielle Nichtigkeitsgründe des Vertrags (§ 59 Abs. 2 VwVfG) und die Unterwerfung unter die sofortige Vollstreckung (§ 61 VwVfG) regeln, spielen – aller Voraussicht nach – in der vorliegenden Konstellation aber keine Rolle. Demnach dürfte es unnötig sein, eine Einordnung des Vertrags vorzunehmen, da diese praktisch ohnehin keine Relevanz hätte. Zum anderen erscheint die ausschließlich vertragliche Regelung des genannten Bereichs – Gewährung größerer Eigenständigkeit an die Schulen – generell zweifelhaft. Nach wie vor sehen die Landesgesetze grundsätzlich umfassende Rechte des Landes zur Regelung und Beaufsichtigung der schulischen Angelegenheiten vor[1252]. Gleiches gilt für die Rechte des Schulträgers. Diese gesetzlichen Regelungen durch einen vertraglichen Verzicht auf die genannten Rechte zu unterlaufen, wäre unzulässig. Denn die bestehenden gesetzlichen Regelungen können als der vertraglichen Regelung entgegenstehende Rechtsvorschriften angesehen werden, § 54 S. 1 VwVfG. Sollen die Rechte von Land und Kommunen zurückgenommen werden, muss dafür eine gesetzliche Grundlage geschaffen werden, wie dies beispiels-

---

1248 *Kopp/Ramsauer*, VwVfG, § 54 Rn. 46; *Ule/Laubinger*, Verwaltungsverfahrensrecht, § 68 Rn. 8. Siehe zur Kritik an dem Begriff des „subordinationsrechtlichen" Vertrages *Bonk,* in: Stelkens/Bonk/Sachs, VwVfG, § 54 Rn. 3.

1249 Demnach wäre ein koordinationsrechtlicher Vertrag bei grundsätzlicher Gleichordnung der Vertragspartner, d.h. wenn keine Rechtsbeziehungen vorliegen, welche, abstrakt betrachtet, einseitig durch Verwaltungsakt geregelt werden könnten, gegeben. Vgl. *Maurer*, Allgemeines Verwaltungsrecht, § 14 Rn. 12; *Schimpf*, Der verwaltungsrechtliche Vertrag unter besonderer Berücksichtigung seiner Rechtswidrigkeit, S. 69 ff.; *Henneke,* in: Knack, VwVfG, § 54 Rn. 6.

1250 In diesem Fall läge ein koordinationsrechtlicher Vertrag nur dann vor, wenn hinsichtlich des konkreten Vertragsgegenstands kein Teil dem anderen übergeordnet ist. Siehe bei *Ule/Laubinger*, Verwaltungsverfahrensrecht: ein Studienbuch, S. 515; *Kopp/Ramsauer*, VwVfG, § 54 Rn. 47; *Stelkens*, Verwaltungsverfahren, Rn. 633; ähnlich *Ule/Laubinger*, Verwaltungsverfahrensrecht, § 68 Rn. 12.

1251 Danach wäre ein Vertrag dann als koordinationsrechtlich einzuordnen, wenn auf beiden Seiten ausschließlich Träger öffentlicher Verwaltung oder ausschließlich Private handeln. Vgl. *Erichsen*, Das Verwaltungshandeln, in: Erichsen/Ehlers, Allgemeines Verwaltungsrecht, § 25 Rn. 1; *Bull*, Allgemeines Verwaltungsrecht, Rn. 682; *Ipsen*, Allgemeines Verwaltungsrecht, Rn. 792; *Weck*, DVP 2003, 133 (136).

1252 Siehe dazu oben 2. Teil A. II.

weise der nordrhein-westfälische Gesetzgeber zur Durchführung des Modellversuchs „Selbstständige Schule" getan hat[1253]. Dass zusätzlich zu einer gesetzlichen Regelung der Abschluss von Verträgen möglich ist, in denen die Modalitäten der Ausübung der an sich bestehenden Kompetenzen geregelt werden, steht außer Frage[1254]. Jedoch kann die vertragliche Regelung nicht eine ausschließliche sein[1255].

b) Kooperationsvereinbarungen zwischen Land, Kommune und Schule

Denkbar wäre jedoch, dass Land, Kommune und Schule einen Vertrag zur näheren Ausgestaltung der gesetzlich geregelten Neuverteilung der Rechte und Pflichten schließen. Als Vorbild für derartige Vereinbarungen könnten die nunmehr üblichen Ziel- und Leistungsvereinbarungen zwischen Staat und Hochschulen dienen[1256]. Diese können – sofern nicht die entsprechenden Gesetze ausdrücklich etwas anderes vorschreiben[1257] – als koordinationsrechtliche öffentlich-rechtliche Verträge qualifiziert werden[1258]. Inhalt dieser Verträge können insbesondere Absprachen über Schwerpunkte in Lehre und Forschung, Maßnahmen zur Qualitätsförderung, die haushaltsrechtlich zur Verfügung stehende Finanzierung oder organisatorische Maßnahmen sein[1259]. Überträgt man diese Vorgaben auf die Schulen, könnte dies bedeuten, dass Schulen, Land und Kommunen Zielvereinbarungen schließen über Profile der Schulen, Schwerpunkte des Unterrichts, die Leitungsstruktur der Schule oder die von Kommune und Land gewährten Finanzmittel. Probleme ergeben sich bei dieser Konzeption jedoch in zweierlei Hinsicht: Zum einen setzt der Abschluss eines Vertrags die Rechtsfähigkeit der Beteiligten voraus[1260]. Schulen sind indes nichtrechtsfähige Anstalten und können damit grundsätzlich keine Verträge schlie-

---

1253 Siehe das Gesetz zur Weiterentwicklung von Schulen (Schulentwicklungsgesetz) vom 27.11.2001 in NRW, GV NRW S. 811/SGV NRW 223 mit Ber. GV NRW 2002 S. 22.
1254 *Trute*, Wissenschaftsrecht Bd. 33 (2000), 134 (148).
1255 Nicht als Argument angeführt werden kann hingegen, dass Art. 7 Abs. 1 GG einer derartigen vertraglichen Regelung aufgrund ihres Inhalts entgegenstünde. Wie gesehen, lässt Art. 7 Abs. 1 GG einen deutlich weiteren Spielraum zur Einschränkung staatlicher Befugnisse als bisher genutzt. Insofern stünde er einem Verzicht auf bislang bestehende staatliche Rechte grundsätzlich nicht entgegen.
1256 Siehe dazu allgemein *Trute*, Wissenschaftsrecht Bd. 33 (2000), S. 134 ff.; vgl. auch *Erichsen*, Das Verwaltungshandeln, in: Erichsen/Ehlers, Allgemeines Verwaltungsrecht, § 25 Rn. 2. Beispielhaft für entsprechende Regelungen sei § 9 HG NRW genannt.
1257 So legt *Trute*, Wissenschaftsrecht Bd. 33 (2000), 134 (148) dar, dass beispielsweise in den Hamburger Zielvereinbarungen zwischen Land und Hochschule das Vorliegen eines im Rechtssinne verbindlichen Vertrags ausdrücklich ausgeschlossen sei.
1258 *Erichsen*, Das Verwaltungshandeln, in: Erichsen/Ehlers, Allgemeines Verwaltungsrecht, § 25 Rn. 2; ähnlich auch *Trute*, Wissenschaftsrecht Bd. 33 (2000), 134 (148 f.).
1259 So z.B. § 9 S. 2 HG NRW.
1260 *Erichsen*, Das Verwaltungshandeln, in: Erichsen/Ehlers, Allgemeines Verwaltungsrecht, § 25 Rn. 1.

ßen. Anders wäre die Lage selbstverständlich dann, wenn ihnen – wie im dritten Teil vorgeschlagen – Rechtsfähigkeit verliehen würde. Zum anderen könnte sich ein praktisches Problem aus der – verglichen mit den Universitäten – hohen Anzahl der Schulen ergeben. Eine Vertragsaushandlung mit allen Schulen könnte eine Überforderung von Land und Kommunen darstellen. Insoweit böte es sich an, den Abschluss von Ziel- und Leistungsvereinbarungen auf die Schulen zu beschränken, die Schwierigkeiten mit der Umsetzung ihres eigenen Programms haben. Hier könnten derartige Vereinbarungen den Schulen helfen, sich auf das Wesentliche zu konzentrieren. Ferner würden sie dem Land eine gezielte Beratung der Schulen ermöglichen.

2. Die „Election to work agreements"

Neben dem „Collective Bargaining Agreement" spielen die „Election to work agreements" eine wichtige Rolle für die rechtliche Regelung der Rechte und Pflichten der Lehrer an den „Pilot Schools". Fraglich ist, ob derartige Abkommen zwischen Schule und Lehrer, mit denen die Lehrer insbesondere auf die pädagogische Ausrichtung der Schule verpflichtet werden, nach deutschem Recht möglich und sinnvoll sind. Mit anderen Worten ist zu klären, ob und wie deutsche Lehrer, die regelmäßig Beamte sind, auf ein bestimmtes Schulprofil verpflichtet werden können[1261].

Als Beamter ist der Lehrer in die hierarchisch aufgebaute Verwaltung eingegliedert. Gem. § 37 S. 2 BRRG ist er verpflichtet, die von seinen Vorgesetzten erlassenen Anordnungen auszuführen und deren allgemeine Richtlinien zu befolgen. Darin drückt sich die Weisungsgebundenheit des Beamten aus[1262]. Auch wenn der Beamte nicht bloßer Befehlsempfänger ist[1263] – wie unter anderem die Pflicht zur Beratung des Vorgesetzten aus § 37 S. 1 BRRG zeigt –, hat er letztlich doch den ihm erteilten

---

[1261] Aufgrund der hohen Bedeutung des jeweiligen Schulprofils für die Arbeit der Schule interessiert insbesondere die Möglichkeit der Verpflichtung der Lehrer auf das Schulprofil. Die anderen in den „Election to work agreements" angesprochenen Aspekte – siehe dazu oben 4. Teil B. II. – werden insoweit nicht weiter behandelt. Es soll lediglich festgehalten werden, dass die Arbeitszeit der Beamten durch Rechtsverordnung des jeweiligen Dienstherrn bestimmt wird (vgl. Behrens, Beamtenrecht, § 5 Rn. 10), sie jedoch bei Bedarf auch darüber hinausgehende Arbeit ohne Vergütung leisten müssen, vgl. § 44 S. 1 BRRG. Ferner soll zur Regelung etwaiger besonderer Vergütungen bemerkt werden, dass das Beamtenrecht Leistungsanreizsysteme in gewissem Umfang vorsieht (vgl. z.B. §§ 27 Abs. 3 und 42a BBesG), diese jedoch gesetzlich und nicht vertraglich geregelt sind. Darüber hinausgehende finanzielle Anreize sind de lege lata schon allein deshalb problematisch, weil den Schulen zumeist keine Mittel für Personalausgaben zur Verfügung stehen, siehe dazu bereits oben 4. Teil F. I. und 3. Teil C. I. 3.
[1262] *Wagner*, Beamtenrecht, Rn. 213.
[1263] *Wagner*, Beamtenrecht, Rn. 212.

Weisungen Folge zu leisten. Für die Erteilung von fachlichen, das heißt auf die dienstliche Tätigkeit bezogenen, Weisungen ist der Vorgesetzte zuständig[1264]. Wer Vorgesetzter ist, bestimmt sich nach dem Aufbau der öffentlichen Verwaltung, den einschlägigen Organisationsgesetzen, Verwaltungsvorschriften und Satzungen sowie nach den Organisationsplänen der Behörde[1265]. Im Fall der Lehrer ist Vorgesetzter der jeweilige Schulleiter[1266]. Vor diesem Hintergrund erscheint eine Verpflichtung der Lehrer auf ein bestimmtes Schulprofil relativ problemlos möglich. Anders als in den amerikanische Schulen ist keine vertragliche Regelung erforderlich. Vielmehr kann der Schulleiter als Vorgesetzter den Lehrern Weisungen hinsichtlich der Ausführung ihrer Tätigkeit erteilen und sie damit auch auf die Umsetzung eines bestimmten pädagogischen Profils verpflichten.

Ferner ist zu bemerken, dass sich die konkrete Dienstpflicht des Beamten nicht nur aus Einzelweisungen ergibt, sondern auch aus den jeweils anzuwendenden Rechtsvorschriften abzuleiten ist[1267]. Ein Blick in die Schulgesetze der Länder zeigt, dass die Lehrer – wie im dritten Teil bereits dargelegt[1268] – in nahezu allen Ländern gesetzlich an die Beschlüsse der Konferenzen (insbesondere Lehrer- und Schulkonferenz) gebunden werden[1269]. Beschließen diese ein bestimmtes Schulprofil, ist der einzelne Lehrer demnach dazu verpflichtet, sich auch an dessen Umsetzung zu beteiligen. Hinsichtlich der Konflikte, die daraus mit der pädagogischen Freiheit des Einzellehrers entstehen können, kann auf den im dritten Teil entwickelten Lösungsansatz Bezug genommen werden[1270].

Festzuhalten ist demnach, dass die Verpflichtung eines Lehrers auf ein bestimmtes Schulprofil bereits auf der Grundlage des geltenden Beamtenrechts, aber auch insbesondere nach Maßgabe der geltenden Schulgesetze möglich und insoweit eine vertragliche Regelung nicht erforderlich ist. Damit ist indes nicht geklärt, ob es auch sinnvoll erscheint, einen Lehrer zur Umsetzung eines bestimmten Schulprofils zu

---

1264 Vgl. § 3 Abs. 2 S. 2 BBG. Siehe auch *Peine/Heinlein*, Beamtenrecht, S. 49; *Weber*, Beamtenrecht, S. 9; *Behrens*, Beamtenrecht, § 1 Rn. 9. Vom Vorgesetzten, der für fachliche Weisungen zuständig ist, ist der Dienstvorgesetzte zu unterscheiden, der für beamtenrechtliche Entscheidungen über die persönlichen Angelegenheiten der ihm nachgeordneten Beamten zuständig ist, siehe *Wagner*, Beamtenrecht, Rn. 43 f.
1265 *Peine/Heinlein*, Beamtenrecht, S. 50; *Weber,* Beamtenrecht, S. 9.
1266 *Avenarius/Heckel*, Schulrechtskunde, S. 293.
1267 *Peine/Heinlein*, Beamtenrecht, S. 65.
1268 Siehe dazu oben 3. Teil C. III. 4.
1269 Vgl. §§ 44 Abs. 3 S. 1, 47 Abs. 7 S. 1 SchulG Baden-Württemberg, Art. 58 Abs. 4 S. 1, 69 Abs. 3 S. 1 BayEUG, § 67 Abs. 2 S. 2 SchulG Berlin, § 67 Abs. 2 S. 1 SchulG Brandenburg, § 59 Abs. 2 S. 1 SchulG Bremen, § 88 Abs. 2 SchulG Hamburg, § 86 Abs. 2 S. 1 SchulG Hessen, § 100 Abs. 2 S. 2 SchulG Mecklenburg-Vorpommern, § 50 Abs. 1 S. 2 SchulG Niedersachsen, § 57 Abs. 1 Hs. 1 SchulG Nordrhein-Westfalen, § 25 Abs. 1 S. 1 SchulG Rheinland-Pfalz, § 28 Abs. 1 S. 1 SchulordnungsG Saarland, § 30 Abs. 1 S. 2 SchulG Sachsen-Anhalt, § 34 Abs. 2 S. 2 SchulG Thüringen. In Sachsen und in Schleswig-Holstein finden sich – soweit ersichtlich – überhaupt keine Regelungen zur Bindung der Lehrer an etwaige Konferenzbeschlüsse.
1270 Siehe oben 3. Teil C. III. 4.

verpflichten. Hier ist zu differenzieren: Steht den Schulen ein Recht zur Personalauswahl nicht zu, kann sich ein auf dem Lehrer lastender Zwang zur Umsetzung des jeweiligen Schulprogramms als kontraproduktiv erweisen[1271]. Denn der Lehrer hat die Schule und damit deren Profil nicht frei gewählt. Sind die Schulen hingegen frei in der Auswahl ihres Personals, erscheint eine Verpflichtung der Lehrer auf das jeweilige schulische Profil durchaus sinnvoll[1272]. Können Lehrer sich eigenständig an bestimmten Schulen bewerben, drücken sie mit ihrer Bewerbung Interesse an dem Profil der Schule und eine gewisse Übereinstimmung mit deren Zielen aus. Dies lässt die Erwartung legitim erscheinen, dass die Verpflichtung zur Umsetzung des jeweiligen Programms der Schule – die rechtlich in jedem Fall besteht – tatsächlich ernst genommen und mit starkem Engagement betrieben wird. Zwar ist hierfür – wie gesehen – rechtlich kein gesondertes Abkommen zwischen Schule und Lehrer notwendig, doch mag es aus symbolischen Gründen sinnvoll erscheinen, den Lehrer noch einmal ausdrücklich auf das Schulprofil zu verpflichten. Beamtenrechtlich dürfte ein derartiges „symbolisches" Abkommen keine Probleme aufwerfen. Denn es verstärkt lediglich die ohnehin beamtenrechtlich und schulgesetzlich bestehende Pflicht des Lehrers.

III. Zusammenfassung

Es erscheint nicht ausgeschlossen, dass die für das amerikanische „Pilot School"-Modell dargestellten Probleme auch in Deutschland bei einer größeren Eigenverantwortung der Schulen auftreten könnten. Insbesondere das „Entlassen" von Lehrern, der Druck durch standardisierte Testverfahren, die mangelnde Kodifizierung der Autonomie und die fehlende Rechtsfähigkeit der Schulen führen in dem amerikanischen Vorhaben zu Schwierigkeiten. Diese Punkte dürften auch in der Bundesrepublik die problematischen Kernpunkte sein. Aufgrund des Beamtenstatus ist in der Bundesrepublik de lege lata eine „Entlassung" von Lehrern nicht möglich. Auch werfen die verstärkt eingeführten zentralen Abschlussprüfungen ähnliche Fragen wie die in Amerika verwendeten standardisierten Tests auf. Ferner stellt sich gerade in Anbetracht der nur sehr punktuell vorhandenen Regelungen zur schulischen Eigenverantwortung in den Landesgesetzen die Frage einer verbindlichen Kodifizierung schulischer Eigenverantwortung. Schließlich ist auch in Deutschland den Schulen bislang keine Rechtsfähigkeit zuerkannt worden[1273]. Hinsichtlich der rechtlichen Gestaltung des „Pilot School"-Modells ist festzustellen, dass das in den USA

1271 Siehe auch *Avenarius*, Autonomie im Schulsystem – verfassungsrechtliche Möglichkeiten und Grenzen, in: Koch/Fisch, Schulen für die Zukunft, S. 93 (98).
1272 Wenn auch möglicherweise nicht unbedingt erforderlich, da die Lehrer ohnehin bereits aus freien Stücken die jeweilige Schule gewählt haben.
1273 Siehe dazu oben 1. Teil B. II. 2.

gewählte Vertragsmodell nicht auf die deutsche Situation übertragbar ist. Ein Vertrag mit der Gewerkschaft zur Regelung größerer schulischer Eigenverantwortung ist rechtlich nicht erforderlich, aber auch Verträge zwischen anderen Parteien scheinen keine zufriedenstellende rechtliche Lösung zu bieten. Bezogen auf die „Election to work agreements" ist zu bemerken, dass eine Verpflichtung der Lehrer auf ein bestimmtes Schulprofil bereits aus beamten- und schulrechtlicher Sicht (einseitig) möglich und insoweit keine vertragliche Regelung notwendig ist. Dennoch kann durch ein Abkommen zwischen Schule und Lehrer diese Pflicht symbolisch verstärkt werden. Festgehalten werden kann demnach abschließend, dass die schulische Eigenverantwortung von den Menschen vor Ort überwiegend als positiv und gewinnbringend eingeschätzt wird, auch wenn in einzelnen (rechtlichen) Aspekten nach wie vor Verbesserungen möglich erscheinen.

Abschließende Gedanken und Ausblick

Die Ausweitung des schulischen Gestaltungsspielraums stellt sich als ein internationaler Trend dar, der mit der Hoffnung auf Leistungs- und Qualitätssteigerung der Schulen einhergeht. Ob jemals endgültig bewiesen werden kann, dass die Übertragung von Eigenverantwortung auf die Schulen zu einer messbaren Leistungssteigerung von Schülern führt, ist fraglich. Auch wenn Indizien – wie beispielsweise die in der Einleitung genannten PISA-Ergebnisse – dafür sprechen, dass schulische Eigenverantwortung zu besseren Schülerleistungen führt, werden regelmäßig zu viele weitere Faktoren – das Elternhaus, die Qualität der Lehrer, die Anlagen des Kindes, das soziale Umfeld – mitwirken, um eine Leistungsverbesserung (oder auch -verschlechterung) letztlich und ausschließlich der größeren Eigenverantwortung der Schulen zuschreiben zu können[1274]. Festgestellt werden kann damit, dass – jedenfalls gegenwärtig, da nahezu sämtliche Vorhaben noch zu jung sind, um ihre endgültigen Effekte einzuschätzen[1275] – keine eindeutigen Aussagen über die Auswirkungen einer vergrößerten schulischen Eigenverantwortung auf Schülerleistungen getroffen werden können. Dies bedeutet indes nicht, dass die größeren Freiräume keinen positiven Einfluss auf Schulen hätten. Die Befragungen in den amerikanischen „Pilot Schools" deuten darauf hin, dass sich „weiche" Faktoren – Wohlbefinden am Arbeitsplatz, Atmosphäre in der Schule, Zufriedenheit der Eltern, Lernfreude der Schüler, Einbindung in das lokale Umfeld – sehr viel schneller und spürbarer verbessern können als Ergebnisse in Leistungsvergleichsstudien. Demnach erscheint eine Übertragung größerer Verantwortung auf die Schulen trotz nicht eindeutig nachweisbarer Leistungssteigerung sinnvoll.

Für eine derartige Vergrößerung schulischer Eigenverantwortung lässt das deutsche Verfassungsrecht weitaus mehr Raum, als bisher von den Landesgesetzgebern genutzt worden ist. Die vorliegende Arbeit möchte dazu anregen, die Eigenverantwortung der Schulen, die von den meisten Landesparlamenten bereits vorsichtig angestrebt wird, rechtlich konsequent abzusichern. Dabei ist über eine Beschränkung der Schulaufsicht im traditionellen Sinne und über die Entwicklung anderer Unterstützungsformen des Staates nachzudenken. Ferner ist die Entwicklung neuer, den schulischen Bedürfnissen angepasster Rechtsformen in Erwägung zu ziehen. Denn auch wenn vorgehend die Organisation einer Schule als Körperschaft erörtert wurde, bedeutet dies nicht zwingend die ideale Lösung für Schulen. Möglicherweise kann eine gänzlich neuartige, auf Schulen zugeschnittene Rechtsform geschaffen werden. Schließlich ist zu erwägen, Schulen und Lehrern schulische Eigenverantwortung und pädagogische Freiheit als einklagbare subjektiv-öffentliche Rechte zuzugestehen, da

---

1274 *OECD*, Lernen für die Welt von morgen - Erste Ergebnisse von PISA 2003, S. 268.
1275 Siehe – allerdings bezogen auf die Situation der Hochschulen – *Ipsen*, NdsVBl. 2005, 5 (5).

diese sonst Freiheiten nach Maßgabe der staatlichen Schulaufsicht bleiben werden. Abschließend kann konstatiert werden, dass die meisten Landesgesetzgeber bereits viele Schritte auf dem Weg zu einer größeren schulischen Eigenverantwortung gegangen sind. Es bleibt abzuwarten, ob sie den begonnenen Weg auch konsequent zu Ende gehen werden.

Zusammenfassende Thesen

Erster Teil – Die Schule

1. Während Schule nach der gesetzlichen Definition eine vom Wechsel der Beteiligten unabhängige Unterrichts- und Erziehungseinrichtung ist, stellt der Begriff der Schulgemeinde die konkret Beteiligten – Lehrer, Schüler und Eltern – in den Vordergrund der Betrachtungen. Die Arbeit der Schule muss an den spezifischen Voraussetzungen der ihr eigenen Schulgemeinde und ihres Umfelds ausgerichtet sein.
2. Auch wenn Schulen in allen Ländern nichtrechtsfähige Anstalten sind, ist eine Regelung der Anstaltsträgerschaft regelmäßig nicht oder jedenfalls nicht befriedigend erfolgt. Die bestehenden Gesetze, welche die Anstaltsträgerschaft entweder überhaupt nicht festlegen oder den kommunalen Schulträger als Anstaltsträger benennen, erklären den Einfluss des Staates auf das Schulwesen nur unzureichend. Zutreffender erschiene aus diesem Grund eine gemeinschaftliche Anstaltsträgerschaft von Staat und Kommune.
3. Der staatliche Bildungs- und Erziehungsauftrag ergibt sich – konstitutiv oder deklaratorisch – aus der in Art. 7 Abs. 1 GG angeordneten Aufsicht des Staates über das Schulwesen. Nicht unmittelbar aus Art. 7 Abs. 1 GG können hingegen Ziel und Zweck des Bildungs- und Erziehungsauftrags und die konkreten Befugnisse des Staates im Schulbereich abgeleitet werden.
4. Auch wenn verschiedene legitime Ziele des staatlichen Bildungs- und Erziehungsauftrags denkbar sind und in den Schulen verfolgt werden können und sollen, muss das eigentliche Ziel stets die Entfaltung der Kindespersönlichkeit sein. Art. 2 Abs. 1 GG garantiert jedem Menschen das Recht auf die freie Entfaltung seiner Persönlichkeit. Daraus folgt das Recht eines jeden Kindes auf eine möglichst ungehinderte Entfaltung seiner Persönlichkeit, seiner Anlagen und Befähigungen in der Schule. Art. 2 Abs. 1 GG stellt damit den materiellen Gehalt des staatlichen Bildungs- und Erziehungsauftrags dar.

Zweiter Teil – Die Schulaufsicht

1. Aufsicht in Art. 7 Abs. 1 GG wird gemeinhin definiert als die Gesamtheit der staatlichen Befugnisse zur Organisation, Planung, Leitung und Beaufsichtigung des Schulwesens. Diesem umfassenden Verständnis zufolge besteht nach wie vor in allen Ländern nicht nur eine Dienst- und Rechts-, sondern auch eine Fachaufsicht über die schulische Arbeit. Der Umfang der Fachaufsicht ist indes in den einzelnen Ländern sehr unterschiedlich ausgestaltet. In einigen Ländern ergibt sich in bestimmten Bereichen sogar eine Beschränkung auf eine Rechtsaufsicht. Kein Land hat jedoch bisher ausdrücklich die Aufsicht über die schulische Tätigkeit auf eine reine Rechtsaufsicht beschränkt.

2. Ein „zentralistisches" Schulwesen kann den veränderten Bedingungen in einer immer pluralistischer werdenden Welt nicht gerecht werden. Dies gilt gerade auch im Hinblick auf die Werteordnung des Grundgesetzes, welche die öffentliche Gewalt begrenzt und das Ziel verfolgt, die Eigenständigkeit, die Selbstverantwortlichkeit und die Würde des Menschen in der staatlichen Gemeinschaft zu sichern. Das Grundgesetz akzeptiert und fördert die Individualität der Menschen und ermöglicht plurale Anschauungen und Lebensmuster.

3. Nur eine Schule, der selbst genug Freiraum zum eigenverantwortlichen Handeln gelassen wird, kann ihre Schüler individuell fördern. Über die Mittel der Fachaufsicht kann der Staat jedoch heute immer noch bis in das kleinste Detail regelnd in das Schulwesen eingreifen. Die Eigenverantwortung der Schulen ist – trotz gesetzlicher Regelungen zur schulischen Eigenverantwortung – rechtlich momentan nicht abgesichert. Eine auch rechtlich bestehende Eigenverantwortung würde die Beschränkung des Staates auf eine Rechtsaufsicht voraussetzen.

4. Der Begriff der Aufsicht in Art. 7 Abs. 1 GG fordert keine derart umfassenden Befugnisse des Staates im Schulwesen, wie bisher gemeinhin angenommen. Zwingende Elemente eines Aufsichtsverhältnisses sind lediglich das Vorliegen eines Subordinationsverhältnisses zwischen zu Beaufsichtigendem und Aufsichtführendem und die Wahrnehmung von Beobachtungs- und Berichtigungsfunktionen durch Letzteren. Die Berichtigung des zu Beaufsichtigenden setzt dabei ein Fehlverhalten seinerseits voraus, welches anhand eines im Voraus festgelegten Maßstabs beurteilt wird. Dieser kann sich nur auf die Rechtmäßigkeit des Verhaltens des zu Beaufsichtigenden beziehen, denn nur dies lässt sich (rechtlich) eindeutig feststellen. Sollen dem Aufsichtführenden weitere Befugnisse als die Rechtsaufsicht zustehen, muss dies ausdrücklich festgelegt werden. Art. 7 Abs. 1 GG sieht derartige Befugnisse allerdings nicht vor.

5. Auch wenn Art. 7 Abs. 1 GG lediglich eine Rechtsaufsicht als Mindestgehalt staatlicher Aufsicht im Schulwesen vorsieht, schließt dies nicht weitergehende Regelungen der Landesgesetzgeber aus. Hätte der Verfassungsgeber die Aufsicht des Staates über das Schulwesen generell auf eine Rechtsaufsicht be-

schränken wollen, hätte er dies – wie beispielsweise in Art. 84 Abs. 3 S. 1 GG, wonach die Aufsicht *nur* überwacht, ob die Gesetzesausführung dem geltenden Recht gemäß erfolgt – ausdrücklich anordnen müssen.

6. Werden die Fachaufsichtsbefugnisse im eigentlichen Sinne beschränkt, müssen Unterstützungssysteme für die Schulen an ihre Stelle treten. Je mehr Eigenverantwortung den Schulen zugestanden wird, desto größere Bedeutung gewinnen die Elemente der Evaluation und Beratung. Im internationalen Kontext scheint sich in diesem Zusammenhang zu zeigen, dass eine Trennung von (Rechts-) Aufsichtsfunktionen und Beratungs- und Evaluationsaufgaben sinnvoll ist.

Dritter Teil – Eigenverantwortung der Schule

1. Als Begründung für eine Erweiterung schulischer Eigenverantwortung wird vermehrt der Gedanke der Selbstverwaltung angeführt. Dieser beruht auf der Vorstellung, dass durch eine Dezentralisierung von Aufgaben die Qualität der Ergebnisse verbessert wird, da die Betroffenen vor Ort oftmals über eingehendere Kenntnisse der jeweiligen Materie verfügen. Ausgehend von diesem Konzept ist die schulische Eigenverantwortung nicht Selbstzweck, sondern wird von der Idee der Verbesserung der Qualität schulischer Arbeit getragen.

2. Eine verfassungsrechtliche Verankerung von pädagogischer Freiheit des Lehrers und schulischer Eigenverantwortung kann nicht in Grundrechten des Lehrers oder der Schule gesucht werden, sondern kann sich ausschließlich aus dem staatlichen Bildungs- und Erziehungsauftrag ergeben. Der Staat ist durch seinen Bildungs- und Erziehungsauftrag aus Art. 7 Abs. 1 GG i.V.m. Art. 2 Abs. 1 GG dem Kind verpflichtet. Diese Verpflichtung lässt der Staat durch seine Organe, das heißt in diesem Fall Schulen und Lehrer, erfüllen. Anknüpfungspunkt aller Gestaltungsspielräume, die Lehrer und Schule eingeräumt werden, kann damit stets nur der staatliche Auftrag aus Art. 7 Abs. 1 GG sein.

3. Pädagogische Freiheit des Lehrers und schulische Eigenverantwortung können als sonstige subjektive Rechte mit Verfassungsrang angesehen werden. Pädagogische Freiheit und schulische Eigenverantwortung bestehen jedenfalls *auch* im Interesse von Lehrer und Schule. Dieses Interesse ist zwar kein „persönliches" Interesse des Lehrers und der Schule. Doch es ist ein subjektives *funktionsbezogenes* Interesse. Folglich muss der subjektivrechtliche Gehalt der pädagogischen Freiheit und der schulischen Eigenverantwortung jedenfalls in seinem Kern als durch Art. 7 Abs. 1 GG i.V.m. Art. 2 Abs. 1 GG geschützt angesehen werden.

4. Sowohl pädagogische Freiheit als auch schulische Eigenverantwortung sind nicht als subjektive Rechte im engeren Sinne, sondern als organschaftliche Rechte, das heißt wehrfähige Innenrechtspositionen, einzustufen. Für die Schule folgt dies bereits daraus, dass sie – jedenfalls in ihrer jetzigen Rechtsgestalt als nichtrechtsfähige Anstalt – gar keine anderen als organschaftliche Rechte haben kann. Für den Lehrer ergibt sich dies daraus, dass es sich bei der pädagogischen Freiheit in erster Linie um ein „funktionales" Recht handelt, welches der bestmöglichen Erfüllung der dienstlichen Pflichten des Lehrers dienen soll.

5. Die staatliche Schulhoheit aus Art. 7 Abs. 1 GG steht einer Erweiterung der schulischen Eigenverantwortung nicht entgegen. Art. 7 Abs. 1 GG schreibt nicht zwingend ein umfassendes staatliches Bestimmungsrecht im Schulwesen vor, sondern lässt eine Beschränkung staatlicher Befugnisse bis hin zu einer reinen Rechtsaufsicht zu.

6. Das Demokratiegebot vermag keine Verfassungswidrigkeit der schulischen Eigenverantwortung und der pädagogischen Freiheit zu bewirken. Hinsichtlich der pädagogischen Freiheit gilt, dass Lehrer durch ihre Ernennung umfassend personell demokratisch legitimiert sind. Dies rechtfertigt Einschränkungen der sachlich-inhaltlichen Legitimation, die durch die Gewährung der pädagogischen Freiheit hervorgerufen werden. Mit Blick auf die schulische Eigenverantwortung muss im Sinne der Beschränkung der sachlich-inhaltlichen Legitimation die personelle Legitimation dadurch gewährleistet werden, dass die Lehrer in den über die Schulentwicklung entscheidenden, gemischt besetzten Gremien jedenfalls nicht überstimmt werden können. Die demokratische Legitimation der Schule wird zusätzlich auch durch den Aspekt der funktionalen Selbstverwaltung gestützt, wonach das Gebot repräsentativer demokratischer Legitimation zuweilen im Sinne einer Partizipation der Betroffenen zurücktreten muss.

7. Das Sozialstaatsprinzip und auch der Gleichheitssatz des Art. 3 Abs. 1 GG begründen keine Verfassungswidrigkeit der schulischen Eigenverantwortung. Ebenso wie das Sozialstaatsprinzip verlangt der Gleichheitssatz nur, dass alle Schulen ein Mindestmaß an gleicher Qualität aufweisen und eine pädagogische Grundversorgung gewährleisten. Solange dies gegeben ist, kann eine darüber hinausgehende Profilierung der Schulen die Chancengleichheit der Kinder nicht beeinträchtigen.

8. Die Rechtsform der nichtrechtsfähigen Anstalt ist einer Schule mit erweiterter Eigenverantwortung nicht angemessen. Als nichtrechtsfähige Anstalt kann die Schule grundsätzlich nicht Träger von Rechten und Pflichten sein. Ein Handeln im Rechtsraum ist ihr damit verwehrt. Auch widerspricht es dem Gedanken der Selbstverwaltung durch die Betroffenen, dass die Lehrer zu den persönlichen Mitteln der Anstalt Schule gehören und die Schüler und Eltern Benutzer derselben sind, als welche sie prinzipiell keinerlei Mitwirkungsrechte haben.

9. Der Organisation von Schulen in Privatrechtsform steht weder Art. 33 Abs. 4 GG noch Art. 7 GG entgegen. Auch wenn die Tätigkeit des Lehrers punktuell mit der Wahrnehmung von Hoheitsbefugnissen einhergeht und generell eine „latente" Grundrechtsrelevanz hinsichtlich der Persönlichkeitsentwicklung der Schüler vorliegt, vermag dies nicht den Funktionsvorbehalt des Art. 33 Abs. 4 GG zu aktivieren. In Bezug auf Art. 7 GG ergibt sich, dass dieser eine öffentlich-rechtliche Organisation der Schulen nicht fordert. Art. 7 GG spricht nur von öffentlichen Schulen, nicht aber von öffentlich-rechtlich organisierten Schulen. Jedoch erscheint es praktisch wenig erstrebenswert, Schulen in Privatrechtsformen zu organisieren.

10. Die öffentlich-rechtliche Stiftung als rechtsfähige Organisation zur Verwaltung eines von einem Stifter zweckgebunden übergebenen Bestands an Vermögenswerten basiert grundsätzlich auf der Prämisse, dass das Stiftungsvermögen in seinem Bestand nicht reduziert wird. Die Aufgaben der Stiftung werden regelmäßig aus den Erträgen des Stiftungsvermögens und aus sonstigen Zuwendungen finanziert. Als Stiftungsvermögen einer Schule kommt indes zunächst nur das Eigentum an der Ausstattung und gegebenenfalls den Gebäuden der Schule in Betracht, welches aber regelmäßig keine Erträge abwirft und damit den Sinn eines Stiftungsvermögens nicht erfüllt.

11. Die rechtsfähige Anstalt bietet den Schulen – ebenso wie die Stiftung – den Vorteil der Rechtsfähigkeit, wirft aber – ebenso wie die nichtrechtsfähige Anstalt – Fragen hinsichtlich der Mitwirkungsbefugnisse von Lehrern, Eltern und Schülern auf. Auch die rechtsfähige Anstalt ist nicht mitgliedschaftlich organisiert, sondern hat die Lehrer als persönliche Mittel der Anstalt und Schüler und (wohl auch) Eltern als deren Benutzer. Diese Klassifizierung wiederspricht den Gedanken der Selbstverwaltung und der Einbeziehung der Betroffenen vor Ort, die hinter den Bemühungen um größere schulische Eigenverantwortung stecken.

12. Tragendes Element der Körperschaft sind die Mitglieder. Die Mitglieder einer Körperschaft sollen die ihnen eigenen gemeinsamen öffentlichen Angelegenheiten im Rahmen der staatlichen Rechtsordnung eigenverantwortlich unter staatlicher Rechtsaufsicht erledigen. Diese Beschreibung entspricht am ehesten den Bestrebungen der Übertragung erweiterter Befugnisse auf die Schulgemeinde. Zwar mag auch die Körperschaft nicht die ideale Rechtsform für Schulen sein, doch solange der Gesetzgeber von seinem Recht zur Schaffung neuer, auf die Schule zugeschnittener Rechtsformen keinen Gebrauch gemacht hat, scheint eine Verwirklichung größerer schulischer Eigenverantwortung in einer Körperschaft am konsequentesten möglich zu sein.

Vierter Teil – Die Bostoner „Pilot Schools"

1. Erfahrungen mit größerer schulischer Eigenständigkeit in Boston (USA) haben gezeigt, dass die Schulen (sog. „Pilot Schools") die ihnen gegebenen Gestaltungsspielräume kreativ und verantwortungsbewusst nutzen.
2. Anders als an vielen regulären Schulen entwickeln Schüler, Eltern und Lehrer an „Pilot Schools" ein starkes Zugehörigkeitsgefühl zu „ihrer" Schule. Die Arbeitsmotivation wird als hoch beschrieben.
3. Als besonders effektiv werden die größeren Gestaltungsspielräume in den Bereichen Personal, Curriculum und Budget genannt.
4. Bezogen auf die deutsche Situation erscheint eine vertragliche Regelung größerer schulischer Eigenverantwortung rechtlich als nicht möglich, solange (einfach-) gesetzlich umfassende Rechte des Staates und auch der Kommunen bestehen. Doch auch wenn diese wegfallen, dürften vertragliche Regelungen mit jeder einzelnen Schule einen zu großen praktischen Aufwand bedeuten. Eine Beschränkung der vertraglichen Regelungen auf Schulen, die Schwierigkeiten bei der Nutzung ihrer Eigenverantwortung haben, könnte sich als sinnvoll erweisen. Abkommen der Schulen mit den Lehrern zur Verpflichtung auf ein bestimmtes Schulprofil sind nicht erforderlich, da beamten- und schulrechtlich ohnehin eine Verpflichtung des Lehrers zur Umsetzung eines bestimmten Schulprofils möglich ist.

Literaturverzeichnis

Achilles, Harald: Mitarbeit von Eltern und anderen Personen in Unterricht und Schule, RdJB 1998, S. 345 ff.

Achterberg, Norbert/Püttner, Günter/Würtenberger, Thomas (Hrsg.): Besonderes Verwaltungsrecht, Band 1, 2. Auflage, Heidelberg 2000.

American Educational Research Association, American Psychological Association, and National Council on Measurement in Education (Hrsg.): Standards for Educational and Psychological Testing, Washington 1999.

Anschütz, Gerhard: Die Verfassungs-Urkunde für den Preußischen Staat, Erster Band, Berlin 1912.

Anschütz, Gerhard: Die Verfassung des deutschen Reichs, 14. Auflage, Berlin 1933.

Arndt, Hans-Wolfgang: Europarecht, 7., neu bearbeitete Auflage, Heidelberg 2004.

Avenarius, Hermann: Berufliche Schulen als Kompetenzzentren regionaler Bildungsnetzwerke – Rechtliche Rahmenbedingungen, RdJB 2001, S. 470 ff.

Avenarius, Hermann: Schulische Selbstverwaltung – Grenzen und Möglichkeiten, RdJB 1994, S. 256 ff.

Avenarius, Hermann/Heckel, Hans: Schulrechtskunde, 7. Auflage, Neuwied, Kriftel 2000.

Badura, Peter: Das Kreuz im Schulzimmer, BayVBl. 1996, S. 33 ff.

Badura, Peter: Das Kreuz im Schulzimmer, BayVBl. 1996, S. 71 ff.

Bärmeier, Erich: Über die Legitimität staatlichen Handelns unter dem Grundgesetz der Bundesrepublik Deutschland: die Unvereinbarkeit staatlichen Schulehaltens mit den Verfassungsprinzipien der „Staatsfreiheit" und der „Verhältnismäßigkeit", Frankfurt a.M. 1992.

Battis, Ulrich: Hergebrachte Grundsätze versus Ökonomisierung: Das deutsche Beamtenrecht in der Modernisierungsfalle?, DÖV 2001, S. 309 ff.

Battis, Ulrich/Schlenga, Hans Dieter: Die Verbeamtung der Lehrer, ZBR 1995, S. 253 ff.

Beck, Ekkehard: Die Geltung der Lehrfreiheit des Art. 5 III GG für die Lehrer an Schulen, Bonn 1975.

Becker, Bernd/Bull, Hans Peter/Seewald, Ottfried (Hrsg.): Festschrift für Werner Thieme zum 70. Geburtstag, Köln, Berlin, Bonn, München 1993.

Becker, Hellmut: Die verwaltete Schule (1954), RdJB 1993, S. 130 ff.

Becker, Klaus: Aufsicht über Privatschulen, Köln 1969.

Beetz, Sibylle: Hoffnungsträger „Autonome Schule", Frankfurt a.M. 1997.

Behrens, Hans-Jörg: Beamtenrecht, München 1996.

Bellenberg, Gabriele/Böttcher, Wolfgang: Budgetierung in Schulen – ein Element neuer Ressourcenbewirtschaftung, RdJB 1999, S. 439 ff.

Benda, Ernst/Maierhofer, Werner/Vogel, Hans-Jochen (Hrsg.): Handbuch des Verfassungsrechts der Bundesrepublik Deutschland, 2., neubearbeitete und erweiterte Auflage, Berlin, New York 1994.

Bethge, Herbert: Grundrechtsprobleme einer Zwangsmitgliedschaft in Verbänden des öffentlichen Rechts, JA 1979, S. 281 ff.

Bildungskommission NRW: Zukunft der Bildung – Schule der Zukunft: Denkschrift der Kommission „Zukunft der Bildung – Schule der Zukunft" beim Ministerpräsidenten des Landes Nordrhein-Westfalen, Neuwied, Kriftel, Berlin 1995.

Bothe, Michael: Erziehungsauftrag und Erziehungsmaßstab der Schule im freiheitlichen Verfassungsstaat, VVDStRL 54 (1995), S. 7 ff.

Bowe, Richard/Ball, Stephen J./Gold, Anne: Reforming education and changing schools, London, New York 1992.

Brückelmann, Nils: Die verfassungsrechtlichen Grenzen von Freiräumen zur Selbstgestaltung an öffentlichen Schulen, Diss. iur. 2000.

Brugger, Winfried: Der praktische Fall – Öffentliches Recht: Das störende Kreuz in der Schule, JuS 1996, S. 233 ff.

Bull, Hans Peter: Allgemeines Verwaltungsrecht – Ein Lehrbuch, 6., neubearbeitete Auflage, Heidelberg 2000.

Bull, Hans Peter: Das öffentliche Dienstrecht in der Diskussion, DÖV 2004, S. 155 ff.

Bull, Hans Peter: Positionen, Interessen und Argumente im Streit um das öffentliche Dienstrecht, Die Verwaltung 2004, S. 327 ff.

Bundesministerium für Bildung und Forschung (Hrsg.): Vertiefender Vergleich der Schulsysteme ausgewählter PISA-Staaten, Bonn 2003.

Burmeister, Thomas: Die „pädagogische Freiheit" – ein klagloses Recht?, RdJB 1989, S. 415 ff.

Center for Collaborative Education: How are Boston Pilot Schools Students Faring?, Student Demographics, Engagement, and Performance 1997-2002, Boston 2003.

Center for Collaborative Education: How are Boston Pilot School Students Faring? Student Demographics, Engagement, and Performance 1998-2003, Boston 2004.

Center for Collaborative Education: Progress and Promise – Results from the Boston Pilot Schools, Boston 2006.

Chubb, John E./Moe, Terry M.: Politics, Markets & America's Schools, Washington 1990.

Constantopoulos, D.S./Wehberg, Hans (Hrsg.): Gegenwartsprobleme des internationalen Rechtes und der Rechtsphilosophie, Festschrift für Rudolf Lau zu seinem siebzigsten Geburtstag, Hamburg 1953.

Czermak, Gerhard: Der Kruzifix-Beschluß zwischen Neutralität und Glaubensförderung sowie als Spielball der Emotionen, ZRP 1996, S. 201 ff.

Daschner, Peter/Rolff, Hans-Günter/Stryck, Tom (Hrsg.): Schulautonomie – Chancen und Grenzen, Impulse für die Schulentwicklung, Weinheim, München 1995.

Delbrück, Jost/Ipsen, Knut/Rauschnig, Dietrich (Hrsg.): Recht im Dienst des Friedens, Festschrift für Eberhard Menzel zum 65. Geburtstag am 21. Januar 1976, Berlin 1975.

Denninger, Erhard (Hrsg.): Hochschulrahmengesetz, Kommentar, München 1984.

Detterbeck, Steffen: Allgemeines Verwaltungsrecht mit Verwaltungsprozessrecht, 2. Auflage, München 2004.

Deutscher Bildungsrat: Empfehlungen der Bildungskommission, Zur Reform von Organisation und Verwaltung im Bildungswesen. Teil I: Verstärkte Selbständigkeit der Schule und Partizipation der Lehrer, Schüler und Eltern, 1. Auflage, Stuttgart 1973.

Deutscher Bildungsrat: Empfehlungen der Bildungskommission, Strukturplan für das Bildungswesen, 2. Auflage, Stuttgart 1970.

Deutscher Juristentag: Schule im Rechtsstaat, Band I, Entwurf für ein Landesschulgesetz, Bericht der Kommission Schulrecht des Deutschen Juristentages, München 1981.

Dichanz, Horst: Schulen in den USA – Einheit und Vielfalt in einem flexiblen Schulsystem, Weinheim, München 1991.

Dittman, Armin: Erziehungsauftrag und Erziehungsmaßstab der Schule im freiheitlichen Verfassungsstaat, VVDStRL 54 (1995), S. 47 ff.

Dolzer, Rudolf/Vogel, Klaus/Graßhof, Karin (Hrsg.): Bonner Kommentar, Grundgesetz, Loseblatt (Stand: Juni 2005, 117. Aktualisierung), Heidelberg.

Dörpfeld, Friedrich Wilhelm: Die freie Schulgemeinde und ihre Anstalten, Gütersloh 1863.

Dreier, Horst (Hrsg.): Grundgesetz, Kommentar, Band I (Präambel, Art. 1-19), 2. Auflage, Tübingen 2004.

Dreier, Horst (Hrsg.): Grundgesetz, Kommentar, Band II (Art. 20-82), Tübingen 1998.

Ebersbach, Harry: Die Stiftung des öffentlichen Rechts, Göttingen 1961.

Ebert, Wilhelm: Mehr pädagogische Freiheit durch mehr Gesetz?, RdJB 1981, S. 207 ff.

Ehmke, Horst/Schmid, Carlo/Scharoun, Hans (Hrsg.): Festschrift für Adolf Arndt zum 65. Geburtstag, Frankfurt a.M. 1969.

Eichel, Hans/Möller, Klaus Peter (Hrsg.): 50 Jahre Verfassung des Landes Hessen – Eine Festschrift, Wiesbaden 1997.

Eilers, Rolf: Die nationalsozialistische Schulpolitik, Köln, Opladen 1963.

Eiselt, Gerhard: Ein höchst gefährlicher Vorschlag: Schulaufsicht als reine Rechtsaufsicht, RdJB 1981, S. 169 ff.

Eiselt, Gerhard: Schulaufsicht im Rechtsstaat, DÖV 1981, S. 821 ff.

Emde, Ernst Thomas: Die demokratische Legitimation der funktionalen Selbstverwaltung, Berlin 1991.

Epping, Volker: Rechte und Pflichten von Professoren unter besonderer Berücksichtigung der Beamtenpflichten, ZBR 1997, S. 383 ff.

Epping, Volker: Grundrechte, Berlin, Heidelberg 2004.

Erbguth, Wilfried/Müller, Friedrich/Neumann, Volker (Hrsg.): Rechtstheorie und Rechtsdogmatik im Austausch, Gedächtnisschrift für Bernd Jeand'Heur, Berlin 1999.

Erichsen, Hans-Uwe: Die Zulässigkeit einer Klage vor dem Verwaltungsgericht, Jura 1980, S. 103 ff.

Erichsen, Hans-Uwe/Ehlers, Dirk (Hrsg.): Allgemeines Verwaltungsrecht, 12., neu bearbeitete Auflage, Berlin 2002.

Evers, Hans-Ulrich: Verwaltung und Schule, VVDStRL 23 (1966), S. 147 ff.

Evers, Hans-Ulrich: Die Befugnis des Staates zur Festlegung von Erziehungszielen in der pluralistischen Gesellschaft, Berlin 1979.

Falckenberg, Dieter: Bildungspolitik im Gewande des Juristentags?, RdJB 1981, S. 174 ff.

Fauser, Peter: Pädagogische Freiheit in Schule und Recht, Weinheim 1986.

Flämig, Christian/Kimminich, Otto/Krüger, Hartmut/Meusel, Ernst-Joachim/Rupp, Hans Heinrich/Scheven, Dieter/Schuster, Hermann Josef/Graf Stenbock-Fermor, Friedrich (Hrsg.): Handbuch des Wissenschaftsrechts, Band 1, 2., völlig überarbeitete und erweiterte Auflage, Berlin, Heidelberg, New York 1996.

Forsthoff, Ernst: Lehrbuch des Verwaltungsrechts, Erster Band, Allgemeiner Teil, 10., neubearbeitete Auflage, München 1973.

Franßen, Everhardt (Hrsg.): Bürger – Richter – Staat: Festschrift für Horst Sendler zum Abschied aus seinem Amt, München 1991.

Freund, Manuela: Hochschulrecht – Hochschulrahmengesetzgebung – Landeshochschulgesetzgebung, Hamburg 2002.

Friehs, Barbara: Das amerikanische Schulwesen zwischen Marktideologie und staatlicher Verantwortung, Frankfurt a.M. 2002.

Gallas, Andreas: Die Staatsaufsicht über die wissenschaftlichen Hochschulen unter besonderer Berücksichtigung der Staatsaufsicht über die Studentenschaften, Berlin 1976.

Gampe, Harald: Kooperation zwischen Schulaufsicht und Schule, Untersuchungen zur pädagogischen und rechtlichen Schulratsfunktion, Neuwied, Kriftel 1994.

Gernhuber, Joachim: Die fiduziarische Treuhand, JuS 1988, S. 355 ff.

Görisch, Christoph: Wissenschaftsfreiheit und Hochschulmanagement, DÖV 2003, S. 583 ff.

Greiwe, Evelyn: Wettbewerb zwischen Schulen, Frankfurt a.M. 2001.

Groß, Thomas: Was bedeutet „Fachaufsicht"?, DVBl. 2002, S. 793 ff.

Groß, Thomas: Das Kollegialprinzip in der Verwaltungsorganisation, Tübingen 1999.

Groß, Thomas: Das Kuratorium – Hochschulautonomie durch institutionalisierte Kooperation?, DÖV 1999, S. 895 ff.

Hailbronner, Kay/Geis, Max-Emanuel (Hrsg.): Kommentar zum Hochschulrahmengesetz (HRG), Ordner 2, Loseblatt (Stand: September 2004, 32. Aktualisierung), Heidelberg, München.

Hanßen, Klaus D.: Modelle denkbarer Rechtsformen für Schulen – Schule als Verein, ZBV 2/2004 S. 101 ff.

Hanushek, Eric A./Jorgenson, Dale W. (Hrsg.): Improving America's Schools, Washington 1996.

Hartmer, Michael/Detmer, Hubert (Hrsg.): Hochschulrecht, Ein Handbuch für die Praxis, Heidelberg 2004.

Haug, Volker: Funktionsvorbehalt und Berufsbeamtentum als Privatisierungsschranken, NVwZ 1999, S. 816 ff.

Heckel, Hans: Deutsches Privatschulrecht, Berlin 1955.

Heckel, Hans: Eine Grundordnung der deutschen Schule, Stuttgart 1958.

Heckel, Hans: Pädagogische Freiheit und Gehorsamspflicht des Lehrers, ZBR 1957, S. 217 ff.

Heckel, Hans: Schulfreiheit und Schulaufsicht, ZBR 1965, S. 129 ff.

Heckmann, Dirk: Eingriff durch Symbole?, Zur Reichweite grundrechtlichen Schutzes vor geistiger Auseinandersetzung, JZ 1996, S. 880 ff.

Hennecke, Frank: Staat und Unterricht, Berlin 1972.

Hennecke, Frank: Versuche einer juristischen Begründung von pädagogischer Freiheit, RdJB 1986, S. 233 ff.

Hesse, Konrad: Grundzüge des Verfassungsrechts der Bundesrepublik Deutschland, 20., neubearbeitete Auflage, Heidelberg 1995.

Hill, Paul T./Bonan, Josephine: Decentralization and Accountability in Public Education, Santa Monica 1991.

Höfling, Wolfram: Demokratiewidrige Schulautonomie?, RdJB 1997, S. 361 ff.

Höfling, Wolfram: Öffentliches Schulwesen und pädagogische Autonomie, DÖV 1988, S. 416 ff.

Hofmann, Christian: Der Beitrag der neueren Rechtsprechung des BVerfG zur Dogmatik des Beurteilungsspielraums, NVwZ 1995, S. 740 ff.

Hopf, Christel/Nevermann, Knut/Richter, Ingo: Schulaufsicht und Schule, Stuttgart 1980.

Horn, Peter: Partizipations- und Schulverwaltungsstrukturen, Köln 1976.

Huber, Peter M.: Das Berufsbeamtentum im Umbruch, Die Verwaltung 29 (1996), S. 437 ff.

Huber, Peter M.: Erziehungsauftrag und Erziehungsmaßstab der Schule im freiheitlichen Verfassungsstaat, BayVBl. 1994, S. 545 ff.

Hufeld, Ulrich: Staatlicher Schutz der Universitas litterarum, DÖV 2002, S. 309 ff.

Hufen, Friedhelm: Verwaltungsprozessrecht, 5., neubearbeitete Auflage, München 2003.

Ipsen, Jörn: Stiftungshochschule und Hochschulstiftung, – Rechtsformen der Hochschulen im Wandel –, RdJB 2003, S. 36 ff.

Ipsen, Jörn: Das Niedersächsische Hochschulgesetz in der Bewährung – Eine Zwischenbilanz –, NdsVBl. 2005, S. 5 ff.

Ipsen, Jörn: Hochschulen in Trägerschaft von Stiftungen des öffentlichen Rechts - Ein Beitrag Niedersachsens zur Hochschulreform?, NdsVBl. 2003, S. 1 ff.

Ipsen, Jörn: Allgemeines Verwaltungsrecht, 3., neu bearbeitete Auflage, Köln, Berlin, Bonn, München 2003.

Isensee, Josef: Affekt gegen Institutionen - überlebt das Berufsbeamtentum?, ZBR 1998, S. 295 ff.

Isensee, Josef/Kirchhof, Paul (Hrsg.): Handbuch des Staatsrechts der Bundesrepublik Deutschland, Band II, 3., völlig neubearbeitete und erweiterte Auflage, Heidelberg 2004.

Isensee, Josef/Kirchhof, Paul (Hrsg.): Handbuch des Staatsrechts der Bundesrepublik Deutschland, Band IV, 2., durchgesehene Auflage, Heidelberg 1999.

Isensee, Josef/Kirchhof, Paul (Hrsg.): Handbuch des Staatsrechts der Bundesrepublik Deutschland, Band V, 2., durchgesehene Auflage, Heidelberg 2000.

Isensee, Josef/Kirchhof, Paul (Hrsg.): Handbuch des Staatsrechts der Bundesrepublik Deutschland, Band VI, 2., durchgesehene Auflage, Heidelberg 2001.

Jach, Frank-Rüdiger: Revision der Schulgesetze, Pädagogik 9/1995, S. 48 ff.

Jach, Frank-Rüdiger: Schulvielfalt als Verfassungsgebot, Berlin 1991.

Jach, Frank-Rüdiger: Vom staatlichen Schulsystem zum öffentlichen Schulwesen, Erziehungsziele und Persönlichkeitsentfaltung in der Schule, Bremen 1988.

Jach, Frank-Rüdiger: Abschied von der verwalteten Schule, Neuwied 2002.

Jach, Frank-Rüdiger/Jenkner, Siegfried (Hrsg.): Autonomie der staatlichen Schule und freies Schulwesen, Festschrift zum 65. Geburtstag von J. P. Vogel, Berlin 1998.

Jachmann, Monika: Allgemeines Verwaltungsrecht, 2., neubearbeitete Auflage, München, Neuwied 2003.

Jahn, Ralf: Zur Verfassungsmäßigkeit der Pflichtmitgliedschaft in öffentlich-rechtlichen Körperschaften – BVerwG, NJW 1998, 3510, JuS 2000, S. 129 ff.

Jarass, Hans. D./Pieroth, Bodo: Grundgesetz für die Bundesrepublik Deutschland, Kommentar, 7. Auflage, München 2004.

Jecht, Hans: Die öffentliche Anstalt, Wandlungen und gegenwärtige Strukturen, Berlin 1963.

Jestaedt, Matthias: Demokratieprinzip und Kondominialverwaltung, Berlin 1993.

Kahl, Wolfgang: Hochschule und Staat, Tübingen 2004.

Kahl, Wolfgang: Die Staatsaufsicht: Entstehung, Wandel und Neubestimmung unter besonderer Berücksichtigung der Aufsicht über die Gemeinden, 1.Auflage, Tübingen 2000.

Kaschner, Ulrich: Die überkommene Begriffsbildung im Schulrecht, RdJB 1995, S. 321 ff.

Kaser, Max/Knütel, Rolf: Römisches Privatrecht, 17., wesentlich überarbeitete und ergänzte Auflage, München 2003.

Kempen, Bernhard: Bayerische Hochschulräte, BayVBl. 1999, S. 454 ff.

Kirchhof, Paul: Der Begriff der hoheitsrechtlichen Befugnisse in Artikel 33 Absatz IV des Grundgesetzes, München 1968.

Kisker, Gunter: Insichprozeß und Einheit der Verwaltung, Baden-Baden 1968.

Klein, Hans H.: „Demokratisierung" der Universität?, Göttingen 1968.

Kloss, Heinz: Lehrer Eltern Schulgemeinden, Der Gedanke der genossenschaftlichen Selbstverwaltung im Schulwesen, Stuttgart, Köln 1949.

Kluth, Winfried: Funktionale Selbstverwaltung: verfassungsrechtlicher Status – verfassungsrechtlicher Schutz, Tübingen 1997.

Kluth, Winfried: Der Übergang von der selbstverwalteten Gruppenuniversität zur Hochschule als autonomer Forschungs- und Dienstleistungseinheit, RdJB 2004, S. 174 ff.

Knack, Hans Joachim: Verwaltungsverfahrensgesetz, Kommentar, 8., neubearbeitete Auflage, Köln, Berlin, Bonn, München, 2004.

Koch, Stefan/Fisch, Rudolf (Hrsg.): Schulen für die Zukunft, Neue Steuerung im Bildungswesen, Baltmannsweiler 2004.

Kollatz, Udo: Freiheit des Lehrers vom Grundgesetz?, DÖV 1970, S. 594 ff.

Kopp, Ferdinand O.: Die pädagogische Freiheit des Lehrers, Grundlagen und Grenzen, DÖV 1979, S. 890 ff.

Kopp, Ferdinand O./Schenke, Wolf-Rüdiger: Verwaltungsgerichtsordnung, Kommentar, 13., neubearbeitete Auflage, München 2003.

Kopp, Ferdinand O./Ramsauer, Ulrich: Verwaltungsverfahrensgesetz, 8., wesentlich überarbeitete Auflage, München 2003.

Koretz, Daniel: Arriving in Lake Wobegon – Are Standardized Tests Exaggerating Achievement and Distorting Instruction?, American Educator 1988, S. 8 ff.

Kurtz, Dietmar: Zur Geschichte der Schulaufsicht im deutschsprachigen Raum, Darmstadt 1982.

Laqua, Alexander: Der Hochschulrat zwischen Selbstverwaltung und staatlicher Verwaltung, Eine Analyse der Ratsmodelle nach den Landeshochschulgesetzen, 1. Auflage, Baden-Baden 2004.

Lauder, Hugh/Hughes, David/Watson, Sue/Waslander, Sietske/Thrupp, Martin/Strathdee, Rob/Simisyu, Ibrahim/Dupuis, Ann/McGlinn, Jim/Hamlin, Jennie: Trading in futures. Why markets in education don´t work, Buckingham 1999.

Lecheler, Helmut: Leitungsfunktionen auf Zeit – Eine verfassungswidrige Institution, ZBR 1998, S. 331 ff.

Lecheler, Helmut: Reform oder Deformation?, Zu den „Februar-Reformen" des öffentlichen Dienstrechts, ZBR 1997, S. 206 ff.

Leibholz, Gerhard/v. Mangoldt, Hermann: Jahrbuch des Öffentlichen Rechts der Gegenwart, Neue Folge, Band 1, Tübingen 1951.

Leisner, Walter: Müssen Lehrer Beamte sein?, ZBR 1980, S. 361 ff.

Leisner, Walter: Das Berufsbeamtentum im demokratischen Staat, Beiträge zum Dienstrecht und zur Dienstrechtsreform, Berlin 1975.

Leithwood, Kenneth/Menzies, Teresa: Forms and Effects of School-Based Management: A Review, Educational Policy 12 (3) 1998, S. 326 ff.

Lenzen, Dieter: Enzyklopädie Erziehungswissenschaft, Band 5, Stuttgart 1984.

Lepsius, Oliver: Steuerungsdiskussion, Systemtheorie und Parlamentarismuskritik, Tübingen 1999.

Lerche, Peter/Zacher, Hans/Badura, Peter (Hrsg.): Festschrift für Theodor Maunz zum 80. Geburtstag am 1. September 1981, München 1981.

Liket, Theo M. E.: Freiheit und Verantwortung, Das niederländische Modell des Bildungswesens, Gütersloh 1993.

Löwer, Wolfgang: Das Stiftungsmodell Universität – ein neuer Weg?, RdJB 2004, S. 190 ff.

Lund, Jessica: „Die Schule der Zukunft zwischen Rechtsfähigkeit und Staatlicher Aufsicht", Bericht über eine Tagung am 25. März 2004 in Frankfurt am Main, RdJB 2004, S. 263 ff.

Manssen, Gerrit: Staatsrecht II, Grundrechte, 3. Auflage, München 2004.

Maunz, Theodor/Zippelius, Reinhold: Deutsches Staatsrecht, 30. Auflage, München 1998.

Maunz, Theodor/Dürig, Günter (Hrsg.): Kommentar zum Grundgesetz, Band I (GG-Text- Art. 5), Loseblatt (Stand: Februar 2005), München.

Maunz, Theodor/Dürig, Günter (Hrsg.): Kommentar zum Grundgesetz, Band II (Art. 6-16a), Loseblatt (Stand: Februar 2005), München.

Maunz, Theodor/Dürig, Günter (Hrsg.): Kommentar zum Grundgesetz, Band III (Art. 17-27), Loseblatt (Stand: Februar 2005), München.

Maunz, Theodor/Dürig, Günter (Hrsg.): Kommentar zum Grundgesetz, Band IV (Art. 28-69), Loseblatt (Stand: Februar 2005), München.

Maurer, Hartmut: Allgemeines Verwaltungsrecht, 15., überarbeitete und ergänzte Auflage, München 2004.

Maurer, Hartmut (Hrsg.): Das akzeptierte Grundgesetz, Festschrift für Günter Dürig zum 70. Geburtstag, München 1990.

Mayer, Otto: Deutsches Verwaltungsrecht, Band 2, 3. Auflage, München, Leipzig 1924.

Merten, Detlef: Das Berufsbeamtentum als Element deutscher Rechtsstaatlichkeit, ZBR 1999, S. 1 ff.

Merten, Detlef/Schmidt, Reiner/Stettner, Rupert (Hrsg.): Der Verwaltungsstaat im Wandel, Festschrift für Franz Knöpfle zum 70. Geburtstag, München 1996.

Müller, Elfriede: Die Meinungsfreiheit des Lehrers im Unterricht, RdJB 1977, S. 30 ff.

Murswiek, Dietrich: Grundfälle zur Vereinigungsfreiheit – Art. 9 I, II GG, JuS 1992, S. 116 ff.

Negt, Oskar: Kindheit und Schule in einer Welt der Umbrüche, Göttingen 1999.

Niehues, Norbert: Schul- und Prüfungsrecht, Band 1, Schulrecht, 3. Auflage, München 2000.

Oebbecke, Janbernd: Weisungs- und unterrichtungsfreie Räume in der Verwaltung, Köln, Stuttgart, Berlin, Hannover, Kiel, Mainz, München 1986.

OECD (Hrsg.): Lernen für die Welt von morgen – Erste Ergebnisse von PISA 2003, Paris 2004.

OECD (Hrsg.): Lernen für das Leben – Erste Ergebnisse der internationalen Schulleistungsstudie PISA 2000, Paris 2001.

OECD (Hrsg.): What makes school systems perform? Seeing schools through the prism of PISA, Paris 2004.

OECD (Hrsg.): First results from PISA 2003. Executive Summary, Paris 2004.

OECD (Hrsg.): Messages from PISA 2000, Paris 2004.

Oppermann, Thomas: Kulturverwaltungsrecht, Bildung – Wissenschaft – Kunst, Tübingen 1969.

Ossenbühl, Fritz: Die pädagogische Freiheit und die Schulaufsicht, DVBl. 1982, S. 1157 ff.

Ossenbühl, Fritz: Schule im Rechtsstaat, DÖV 1977, S. 801 ff.

Otto, W.: Der Beamte als Träger der Staatshoheit, ZBR 1956, S. 233 ff.

Palandt: Bürgerliches Gesetzbuch, 64., neubearbeitete Auflage, München 2005.

Parlamentarischer Rat: Verhandlungen des Hauptausschusses, Bonn 1948/1949.

Peine, Franz-Joseph/Heinlein, Dieter: Beamtenrecht, 2., neubearbeitete Auflage, Heidelberg 1999.

Perschel, Wolfgang: Die Lehrfreiheit des Lehrers, DÖV 1970, S. 34 ff.

Peters, Hans: Die Höhere Schule als Gemeindeeinrichtung, Der Städtetag, April 1952, S. 99 ff.

Peters, Hans: Die freie Entfaltung der Persönlichkeit in der höchstrichterlichen Rechtsprechung, BayVBl. 1965, S. 37 ff.

Peterson, David: School-based management and student performance, Emergency Librarian, 0315-8888, March 1, 1992, Vol. 19, Issue 4.

Pielow, Johann-Christian: Viel Lärm um den „Bolzplatz" – Zur Frage der bau- und immissionsschutzrechtlichen Zulässigkeit von Sportanlagen in Wohngebieten, Jura 1994, S. 158 ff.

Pieroth, Bodo/Schlink, Bernhard: Grundrechte, Staatsrecht II, 20., neubearbeitete Auflage, Heidelberg 2004.

Pieske, Eckart: Gesetzesvorbehalt im schulrechtlichen Bereich unter besonderer Berücksichtigung der pädagogischen Freiheit, DVBl. 1979, S. 329 ff.

Pietzcker, Jost: Verfassungsrechtliche Anforderungen an die Ausgestaltung staatlicher Prüfungen, Berlin 1975.

Pitschas, Rainer: Neues Verwaltungsrecht im partnerschaftlichen Rechtsstaat?, DÖV 2004, S. 231 ff.

Pleyer, Klemens/Schultz, Dietrich/Schwinge, Erich (Hrsg.): Festschrift für Rudolf Reinhardt zum 70. Geburtstag, Köln, Marienburg 1972.

Pörksen, Anke: Schule als Stiftung oder besser: Schule in Stiftung, ZBV 2/2004, S. 86 ff.

Pöttgen, Heribert: Eingeschränktes Weisungsrecht der Schulaufsichtsbehörden?, ZBR 1966, S. 48 ff.

Popgen, Jens: Rechtsfähige Schule – die gemeinnützige GmbH als Träger, ZBV 2/2004, S. 94 ff.

Prenzel, Manfred/Baumert, Jürgen/Blum, Werner/Lehmann, Rainer/Leutner, Detlev/Neubrand, Michael/Pekrun, Reinhard/Rolff, Hans-Günter/Rost, Jürgen/Schiefele, Ulrich (Hrsg.): PISA 2003 – Ergebnisse des zweiten internationalen Vergleichs, Zusammenfassung, http://pisa.ipn.uni-kiel.de/, 2004 (12.9.2005).

Püttner, Günter: Alternative Rechtsformen kommunaler Einrichtungen, RdJB 1995, S. 187 ff.

Püttner, Günter: Mitbestimmung und demokratische Legitimation insbesondere im Kulturbereich, DÖV 1988, S. 357 ff.

Quidde, Torsten: Grundrechtsschutz vor Zwangsmitgliedschaften, DÖV 1958, S. 521 ff.

Rebmann, Kurt/Säcker, Franz Jürgen/Rixecker, Roland (Hrsg.): Münchener Kommentar zum Bürgerlichen Gesetzbuch, Band 1 Allgemeiner Teil §§ 1-240, 4. Auflage, München 2001.

Reich, Andreas: Hochschulrahmengesetz, Kommentar, 9., neubearbeitete Auflage, Bad Honnef 2005.

Rein, W. (Hrsg.): Encyklopädisches Handbuch der Pädagogik, 8. Band, 2. Auflage, Langensalza 1908.

Remmert, Barbara: Private Dienstleistungen in staatlichen Verwaltungsverfahren, Tübingen 2003.

Remmert, Barbara: Warum muss es Beamte geben?, JZ 2005, S. 53 ff.

Renck, Ludwig: Der Rechtsweg im gerichtlichen Verfahrensrecht – Allgemeine Grundsätze, JuS 1999, S. 361 ff.

Renck, Ludwig: Zum rechtlichen Gehalt der Kruzifix-Debatte, ZRP 1996, S. 16 ff.

Richter, Ingo: Freiheit als Begründung der Schulautonomie, In Erinnerung an Hellmut Becker, Neue Sammlung 2003, S. 477 ff.

Richter, Ingo: Theorien der Schulautonomie, RdJB 1994, S. 5 ff.

Richter, Ingo: Die gesetzliche Regelung des Lehrerstatus, RdJB 1979, S. 250 ff.

Rickert, Willi: Zur Verfassungsmäßigkeit der Befugnisse von drittelparitätisch besetzten Schulkonferenzen, RdJB 1997, S. 392 ff.

Risse, Erika (Hrsg.): Schulprogramm – Entwicklung und Evaluation, Neuwied 1998.

Risse, Erika/Allhoff, Jörg/Müller, Judith (Hrsg.): Gymnasium heute – ...und es bewegt sich doch!, Neuwied, Kriftel 1999.

Robert, Annette: Schulautonomie und -selbstverwaltung am Beispiel der Waldorfschulen in Europa, Frankfurt a.M. 1999.

Roellecke, Gerd: Die Exekutionsmacht des Lehrers und ihre Rechtfertigung, DÖV 1976, S. 515 ff.

Röhl, Hans Christian: Der Wissenschaftsrat, Kooperation zwischen Wissenschaft, Bund und Ländern und ihre rechtlichen Determinanten, 1. Auflage, Baden-Baden 1994.

Rohlf, Dietwalt: Der grundrechtliche Schutz der Privatsphäre, Berlin 1980.

Ruland, Franz: Verfassungsrecht und Beamtenrecht, Dargestellt am Beispiel aktueller Schwierigkeiten des Beamtenrechts mit Lehrern, ZRP 1983, S. 278 ff.

Rux, Johannes: Die pädagogische Freiheit des Lehrers, Eine Untersuchung zur Reichweite und zu den Grenzen der Fachaufsicht im demokratischen Rechtsstaat, Berlin 2002.

Sachs, Michael: Verfassungsrecht II, Grundrechte, 2. Auflage, Berlin, Heidelberg, New York 2003.

Sachs, Michael (Hrsg.): Grundgesetz, Kommentar, 3. Auflage, München 2003.

Schimpf, Christian: Der verwaltungsrechtliche Vertrag unter besonderer Berücksichtigung seiner Rechtswidrigkeit, Berlin 1982.

Schmidt, Rolf: Grundrechte sowie Grundzüge der Verfassungsbeschwerde, 7. Auflage, Hildesheim 2005.

Schmidt, Thomas: Deutsche Hochschulräte, Begriff, Darstellung und rechtliche Analyse, Frankfurt a.M. 2004.

Schmidt-Aßmann, Eberhard: Verwaltungslegitimation als Rechtsbegriff, AöR 116 (1991), S. 329 ff.

Schmidt-Aßmann, Eberhard (Hrsg.): Besonderes Verwaltungsrecht, 12. Auflage, Berlin 2003.

Schmidt-Aßmann, Eberhard/Groß, Thomas: Zur verwaltungsgerichtlichen Kontrolldichte nach der Privatgrundschul-Entscheidung des BVerfG, NVwZ 1993, S. 617 ff.

Schmidt-Bleibtreu, Bruno/Klein, Franz (Hrsg.): Kommentar zum Grundgesetz, 10. Auflage, München 2004.

Schmitz, Uta: Privat- und öffentlichrechtliche Abwehransprüche gegen Sportlärm, NVwZ 1991, S. 1126 ff.

Schneider, Jens-Peter: Berufliche Schulen als Stiftungen mit teilprivatisierten Leitungsgremien, Anforderungen des Demokratieprinzips und des Gebots staatlicher Schulaufsicht, 1. Auflage, Baden-Baden 2004.

Schoch, Friedrich: Übungen im Öffentlichen Recht I, Verfassungsrecht und Verfassungsprozeßrecht, Berlin, New York 2000.

Schoch, Friedrich: Übungen im Öffentlichen Recht II, Verwaltungsrecht und Verwaltungsprozeßrecht, Berlin, New York 1992.

Schorlemmer, Helmut: Schule profitiert von Image-Werbung, Städte- und Gemeinderat 1-2/2001, S. 18 ff.

Schuppert, Gunnar Folke: Selbstverwaltung, Selbststeuerung, Selbstorganisation – Zur Begrifflichkeit einer Wiederbelebung des Subsidiaritätsgedankens, AöR 114 (1989), S. 127 ff.

Selmer, Peter/v. Münch, Ingo (Hrsg.): Gedächtnisschrift für Wolfgang Martens, Berlin, New York 1987.

Sievering, Ulrich O. (Hrsg.): Schulrecht – Schulpraxis, Schule in der Bundesrepublik Deutschland und der demokratische Rechtsstaat als Grenze pädagogischen Handlungsspielraums, Frankfurt a.M. 1984.

Sodan, Helge/Ziekow, Jan: Grundkurs Öffentliches Recht, München 2005.

Spörl, Johannes: Historisches Jahrbuch, 72. Jahrgang, München, Freiburg 1953.

Staff, Ilse: Schulaufsicht und pädagogische Freiheit des Lehrers, DÖV 1969, S. 627 ff.

Ständige Deputation des Deutschen Juristentages (Hrsg.): Verhandlungen des einundfünfzigsten Deutschen Juristentages, Band 1 (Gutachten), München 1976.

Starck, Christian: Organisation des öffentlichen Schulwesens, NJW 1976, S. 1375 ff.

Starck, Christian: Staatliche Schulhoheit, pädagogische Freiheit und Elternrecht, DÖV 1979, S. 269 ff.

Stein, Ekkehart: Das Recht des Kindes auf Selbstentfaltung in der Schule, Neuwied, Berlin 1967.

Stein, Ekkehart/Frank, Götz: Staatsrecht, 19., neubearbeitete Auflage, Tübingen 2004.

Steiner, Udo (Hrsg.): Besonderes Verwaltungsrecht, 7., neu bearbeitete Auflage, Heidelberg 2003.

Stelkens, Paul: Verwaltungsverfahren, München 1991.

Stelkens, Paul/Bonk, Hans Joachim/Sachs, Michael (Hrsg.): Kommentar zum Verwaltungsverfahrensgesetz, 6. Auflage, München 2001.

Stephany, Horst: Staatliche Schulhoheit und kommunale Selbstverwaltung, Stuttgart, Berlin 1964.

Stern, Klaus: Das Staatsrecht der Bundesrepublik Deutschland, Band I, 2., völlig neubearbeitete Auflage, München 1984.

Sterzel, Dieter: Die Schule der Zukunft zwischen Rechtsfähigkeit und staatlicher Aufsicht, ZBV 2/2004, S. 47 ff.

Stock, Martin: Die pädagogische Freiheit des Lehrers im Lichte des schulischen Bildungsauftrags, RdJB 1986, S. 212 ff.

Stock, Martin: Auf dem mühsamen Weg zur „Selbstständigen Schule" – ein Modellversuch in Nordrhein-Westfalen im Zeichen der PISA-Debatte, RdJB 2002, S. 468 ff.

Stock, Martin: Pädagogische Freiheit und politischer Auftrag der Schule, Heidelberg 1971.

Strauß, Thomas: Funktionsvorbehalt und Berufsbeamtentum, Berlin 2000.

Summer, Rudolf: Gehen wir vorwärts oder gehen wir zurück? – Gedanken zu beamtenpolitischen Modernismen –, ZBR 2002, S. 109 ff.

Terhart, Ewald: Zwischen Aufsicht und Autonomie, Geplanter und ungeplanter Wandel im Bildungsbereich, 1. Auflage, Essen 2001.

Tettinger, Peter J./Wahrendorf, Volker: Verwaltungsprozeßrecht, Köln, Berlin, München 2005.

Thiel, Markus: Der Erziehungsauftrag des Staates in der Schule, Grundlagen und Grenzen staatlicher Erziehungstätigkeit im öffentlichen Schulwesen, Berlin 2000.

Thieme, Werner: Deutsches Hochschulrecht, Das Recht der Universitäten sowie der künstlerischen und Fachhochschulen in der Bundesrepublik Deutschland, 3., vollständig neu bearbeitete Auflage, Köln, Berlin, München 2004.

Thode, Frank-Ulrich: Das kommunalstaatliche Kondominium in der Schulträgerschaft, Hamburg 1982.

Trute, Hans Heinrich: Die Rechtsqualität von Zielvereinbarungen und Leistungsverträgen im Hochschulbereich, Wissenschaftsrecht Bd. 33 (2000), S. 134 ff.

Trute, Hans-Heinrich: Die Forschung zwischen grundrechtlicher Freiheit und staatlicher Institutionalisierung: das Wissenschaftsrecht als Recht kooperativer Verwaltungsvorgänge, Tübingen 1994.

Ule, Carl Hermann/Laubinger, Hans-Werner: Verwaltungsverfahrensrecht, Ein Lehrbuch für Studium und Praxis, 4., neubearbeitete Auflage, Köln, Berlin, Bonn, München 1995.

Unruh, Peter: Demokratie und „Mitbestimmung" in der funktionalen Selbstverwaltung – am Beispiel der Emschergenossenschaft, VerwArchiv 92 (2001), S. 531 ff.

Unruh, Peter: Schulautonomie und Demokratieprinzip – im Lichte der neueren Rechtsprechung des Bundesverfassungsgerichts, RdJB 2003, S. 466 ff.

v. Arnim, Hans Herbert: Gemeindliche Selbstverwaltung und Demokratie, AöR 113 (1988), S. 1 ff.

v. Brauchitsch, M.: Verwaltungsgesetze für Preußen, Band VI, erster Halbband, Berlin 1933.

v. Mangoldt, Hermann/Klein, Friedrich/Starck, Christian (Hrsg.): Das Bonner Grundgesetz, Kommentar, Band I (Präambel, Art. 1 - 19), 5. Auflage, München 2005.

v. Mangoldt, Hermann/Klein, Friedrich/Starck, Christian (Hrsg.): Das Bonner Grundgesetz, Kommentar, Band II (Art. 20 - 78), 4. Auflage, München 2000.

v. Münch, Ingo: Die pädagogische Freiheit des Lehrers, DVBl. 1964, S. 789 ff.

v. Münch, Ingo/Kunig, Philip (Hrsg.): Grundgesetz-Kommentar, Band 1 (Präambel bis Art. 19), 5., neubearbeitete Auflage, München 2000.

v. Münch, Ingo/Kunig, Philip (Hrsg.): Grundgesetz-Kommentar, Band 2 (Art. 20 bis Art. 69), 4./5., neubearbeitete Auflage, München 2001.

v. Mutius, Albert: Die Vereinigungsfreiheit gem. Art. 9 Abs. 2 GG, Jura 1984, S. 193 ff.

v. Mutius, Albert (Hrsg.): Autonomie öffentlicher Unternehmen in Anstaltsform: die Studentenwerke in der Bundesrepublik Deutschland als autonome Wirtschaftsbetriebe mit sozialer Zielsetzung oder/und nachgeordnete öffentliche Verwaltung, Baden-Baden 1987.

v. Mutius, Albert (Hrsg.): Selbstverwaltung im Staat der Industriegesellschaft, Festgabe zum 70. Geburtstag von Georg Christoph von Unruh, Heidelberg 1983.

Välijärvi, Jouni/Linnakylä, Pirjo/Kupari, Pekka/Reinikainen, Pasi/Arffman, Inga: The finnish success in PISA – and some reasons behind it, Jyväskylä 2002.

van den Hövel, Werner: Modelle denkbarer Rechtsformen für Schulen – Schulen als rechtsfähige Anstalten des öffentlichen Rechts, ZBV 2/2004 S. 80 ff.

Vogel, Hans-Jochen: Die Reform des Grundgesetzes nach der deutschen Einheit, DVBl. 1994, S. 497 ff.

Vogel, Johann Peter: Verfassungsrechtliche Bemerkungen zur Verselbständigung der Schule, Zeitschrift für Pädagogik 41 (1995), S. 39 ff.

Vogel, Johann Peter: Die Privatschulbestimmungen des Grundgesetzes – ein Verfassungsmodell für das gesamte Schulwesen?, Neue Sammlung 1988, S. 367 ff.

Vogelsang, Klaus: Ethos des Berufsbeamtentums in der Gegenwart, ZBR 1997, S. 33 ff.

Wagner, Fritjof: Beamtenrecht, 7. neu bearbeitete Auflage, Heidelberg 2002.

Weber, Achim: Beamtenrecht, München 2003.

Weck, Markus: Der koordinationsrechtliche öffentlich-rechtliche Vertrag, DVP 2003, S. 133 ff.

Westermann, Harm Peter (Hrsg.): Erman, Bürgerliches Gesetzbuch, Handkommentar, 11., neubearbeitete Auflage, Münster, Köln 2004.

Wolff, Hans J.: Die Rechtsgestalt der Universität, Köln, Opladen 1956.

Wolff, Hans J./Bachof, Otto/Stober, Rolf: Verwaltungsrecht, Band 1, 11., neubearbeitete Auflage, München 1999.

Wolff, Hans J./Bachof, Otto/Stober, Rolf: Verwaltungsrecht, Band 2, 5., neubearbeitete Auflage, München 1987.

Wolff, Hans J./Bachof, Otto/Stober, Rolf: Verwaltungsrecht, Band 3, 3., neubearbeitete Auflage, München 2004.

Zedler, Peter/Fickermann, Detlef: Pädagogik und Recht – Rechtliche Rahmenbedingungen und Handlungsspielräume für eine erweiterte Selbständigkeit von Einzelschulen, Erfurt 1997.

Ziemske, Burkhardt/Langheid, Theo/Wilms, Heinrich/Haverkate, Görg (Hrsg.): Staatsphilosophie und Rechtspolitik, Festschrift für Martin Kriele zum 65. Geburtstag, München 1997.

Zippelius, Reinhold/Würtenberger, Thomas: Deutsches Staatsrecht, Ein Studienbuch, 31. Auflage des von Theodor Maunz begründeten Werkes, München 2005.

Zubke, Friedhelm: Schulaufsicht der allgemeinbildenden Schulen, dargestellt am Beispiel Niedersachsen, Selbstverlag 1973.

Materialsammlung

1. Interviewprotokolle

a) Boston Arts Academy
   Interview mit der Schulleiterin vom 14.4.2005
   Interview mit einem Lehrer vom 28.4.2005
   Interview mit einem Schüler vom 21.3.2005
   Interview mit einer Mutter vom 27.4.2005

b) Boston Community Leadership Academy
   Interview mit der Schulleiterin vom 8.4.2005
   Interview mit einer Lehrerin vom 8.4.2005
   Interview mit einem Schüler vom 8.4.2005

c) Boston Day and Evening Academy
   Interview mit der Schulleiterin vom 23.3.2005
   Interview mit einer Lehrerin vom 29.4.2005
   Interview mit einer Schülerin vom 29.4.2005

d) Health Careers Academy
   Interview mit dem Schulleiter vom 15.4.2005
   Interview mit einer Lehrerin vom 15.4.2005
   Interview mit drei Schülern vom 15.4.2005

e) Mission Hill School
   Interview mit der Gründungsschulleiterin und der für Fundraising zuständigen Person vom 6.4.2005
   Interview mit einer Mutter vom 6.4.2005
   Interview mit einer Lehrerin vom 2.5.2005

f) Boston School District
   Interview mit dem „Chief of Staff" des Superintendents vom 20.4.2005

g) „Center for Collaborative Education"
   Interview mit dem Geschäftsführer des „Center for Collaborative Education" vom 22.4.2005

2. Weitere Materialien

a) Boston Arts Academy
   „School Report Card" des Distrikts
   Handbook 2004/2005
   Year End Report 2003/2004
   „Election to work agreement"

b) Boston Community Leadership Academy
   „School Report Card" des Distrikts
   „Election to work agreement"
   School Proposal (Dokument, mit dem sich die Schule um den „Pilot-Status" beworben und in dem sie ihre besondere Ausrichtung beschrieben hat)

c) Boston Day and Evening Academy
   „School Report Card" des Distrikts
   Faculty and Staff Dispute Resolution Process and Disciplinary Procedures
   Informationsflyer Ausgabe 1 vom Sommer 2004
   Flyer mit Beschreibung der Schule
   Annual Report 2003/2004

d) Health Careers Academy
   „School Report Card" des Distrikts
   Families and Students Handbook – Code of Conduct
   Broschüre „A smart move forward... Health Careers Academy"
   Flyer mit Beschreibung der Schule
   Annual Report 2002/2003

e) Mission Hill School
   „School Report Card" des Distrikts
   Dispute Resolution Guidelines
   Letter of Understanding for Mission Hill Teachers
   Broschüre über die Leitungsstrukturen an der Mission Hill School
   Informationsbroschüre über die Schule
   „Recollections" – eine Dokumentation über Reflexionen von Schülern über ihre Lernprozesse der ersten bis zur vierten Klasse
   Informationsbroschüre über „Graduation Requirements and Portfolio Review process"
   Informationen über Curriculum, Habit of Minds etc. zum Download unter www.missionhillschool.org

f) Allgemeine Materialien
„Collective Bargaining Agreement" zwischen der „Boston Teachers Union" und dem „Boston School Committee"
Informationsbroschüre „Boston Pilot Schools Network" des „Center for Collaborative Education"